国家社科基金后期资助项目

艺术、考古与文字起源：
前文字研究

黄亚平　著

商务印书馆
创于1897　The Commercial Press

图书在版编目(CIP)数据

艺术、考古与文字起源：前文字研究/黄亚平著. —
北京：商务印书馆，2023
ISBN 978 - 7 - 100 - 22882 - 4

Ⅰ.①艺… Ⅱ.①黄… Ⅲ.①汉字—汉语史—研
究 Ⅳ.①H12

中国国家版本馆 CIP 数据核字(2023)第 166038 号

艺术、考古与文字起源：前文字研究
黄亚平 著

商 务 印 书 馆 出 版
(北京王府井大街36号 邮政编码100710)
商 务 印 书 馆 发 行
北 京 冠 中 印 刷 厂 印 刷
ISBN 978 - 7 - 100 - 22882 - 4

2023 年 11 月第 1 版 开本 710×1000 1/16
2023 年 11 月北京第 1 次印刷 印张 31½
定价：148.00 元

国家社科基金后期资助项目
出版说明

后期资助项目是国家社科基金设立的一类重要项目，旨在鼓励广大社科研究者潜心治学，支持基础研究多出优秀成果。它是经过严格评审，从接近完成的科研成果中遴选立项的。为扩大后期资助项目的影响，更好地推动学术发展，促进成果转化，全国哲学社会科学工作办公室按照"统一设计、统一标识、统一版式、形成系列"的总体要求，组织出版国家社科基金后期资助项目成果。

全国哲学社会科学工作办公室

目　录

上编　前文字研究

下编　汉字起源专题研究

上　编
前文字研究

绪　　论

拙作伊始，我们尝试先确立几条基本原则：

其一，文字与文明关系原则。前文字是文明的符号表征，文字的传承与文明的延续之间始终存在相互成就、共同成长，不断变革创新的辩证发展关系。因此，前文字研究应与某个具体的文明体结合起来，从文明史的高度加以研究。

其二，系统研究与综合考量原则。前文字研究应自觉纳入考古学文化类型学的框架之内，尽可能还原前文字材料的出土语境，结合相应的神话叙事，深入挖掘前文字材料与早期神话叙事之间的互文关系，加以综合考量，以此确保该研究的系统性与科学性。

其三，符号考古原则。考古发现的器物上的图画、符号与器物一样具有同等研究价值，可以作为独立的研究对象，进行"符号考古"。

在绪论部分，我们讨论五个问题：前文字的概念、前文字的性质、前文字的功能、前文字研究的价值、前文字与文字起源的关系。

一、前文字的概念

要弄清"前文字"的概念，首先需要明确什么是"文字"？"前文字"和"文字"有什么区别与联系？

什么是"文字"呢？按照当下语言学、文字学的研究成果和多数学者们的认识，通常所说的文字是指记录语言的视觉符号系统，这是狭义文字学的"文字"概念。这一概念事实上指的是能逐词记录语言的成熟文字。尽管我们并不完全认同狭义的"文字"定义，但若以狭义的文字概念为基点讨论"前文字"问题，还是有许多便利之处的。因此，本书在讨论"前文字"问题时单独提到的"文字"概念，大都是指狭义的文字。

如果说文字（writing）是记录语言的视觉符号系统，那么前文字（pre-writing）则是指记录语言的文字产生之前的、与文字起源存在一定的字符关联的多种原始视觉表达方式，即先民们用来表现心智的视觉表现形式。

前文字并不是指史前社会和部落社会里先民们普遍使用的全部原始视觉表达方式,而是指原始视觉表达方式中与后起的文字系统可能存在字符关联的那一部分。

文字和前文字都是人类创制的、用来表情达意的视觉表达形式,这是两者的共同点。前文字主要出现在史前艺术和部落艺术中,通常所说的岩画、陶器纹饰与图案、徽号、记号,以及民族学调查中发现的众多实物记事、图画记事和符号记事等,均可归属于前文字的研究范畴。就文字起源研究而言,具备明确的表意功能、一定的记事功能、原始记数功能和标记功能,出现在成熟文字之前的文字萌芽,如苏美尔楔形文字之前的"复杂陶筹",古埃及圣书字之前的"那尔迈调色板"、前王朝时期的涅迦达陶符,古汉字之前的仰韶文化晚期陶符、良渚文化刻画符号、大汶口陶文,玛雅文字之前的奥尔梅克图符,以及在史前社会和部落社会里普遍使用的众多原始记事方式,尤其是其中的复杂记事,都是典型的前文字。

那么,前文字与文字之间的区别与联系又是什么呢?

前文字与文字的区别主要体现在两者记录语言的功能方面:前文字尚不能充分地记录语言,文字则"能够完备地按照语词次序记录语言";①前文字明显受制于即时语境的限制、有较为强大的象征功能和多姿多彩的表现形式,其表现形式多样而符号功能弱小;文字则能超越即时语境的限制,作为一种独立的符号系统普遍应用于社会交际的各个层面,以及对历史事件的记录之中,其表现形态虽然相对单一,但符号功能却异常强大,这是两者的根本区别。

前文字与文字的联系主要表现在符号形态的继承与符号构意方面:一方面,前文字是文字系统中字符的主要来源,文字系统中的众多字符都有持久传承与长期积累的经历。另一方面,前文字虽然是文字系统中众多字符来源的主体,但前文字本身并不会自动演变为记语的文字系统,前文字和文字的性质并不相同。文字系统的出现必然是社会发展到一定阶段,当社会对事件记录、商品交换、信息储存、社会交流等方面有了强烈的需求之后,才会应运而生的视觉符号系统。记录语言的文字系统的激发扩散,显然要更多地依赖早期社会围绕社会上层人士的读写能力培养而建立起来的"文字制度",并在其强力保障下,借助行政力量加以推广与传播,仅仅纯粹符号个体的积累,因为缺乏结构性力量的撬动,并不会自然演变为文字系统。

普通文字学家先前就提出了一些与"前文字"类似的术语,如"文字画

---

① 　周有光:《世界文字发展史》,上海教育出版社,1990年,第21页。

（沈兼士，1986：387）""图画文字（唐兰：1949：69；I. J. Gelb：1953/1962：250）""语段文字（王伯熙：1984：103～104；王德春：1987：296）""原始文字（I. J. Gelb：1953/1962：191）""句意字（伊斯特林：1987：28）""早期文字（王元鹿：2001：25）""史前文字（王凤阳，1989：269～272；饶宗颐，2001：6）""史前汉字（黄亚平，2001：60）"等等。

"文字画"是 20 世纪 20 年代沈兼士先生在北京大学讲授文字学课程的讲义未完成稿《文字形义学》中提出来的一个术语。沈兼士先生将文字（汉字）区分为四个层级：文字画、象形文字、义字、表音字。认为"在文字还没有发明以前，用一种粗笨的图画来表现事物的状态、行动，并数量的观念，就叫作文字画。……我们研究人类文化史，追溯到文化最初的起源，莫不经过用文字画的一个阶级的。……到了铜器时代之后期，文字画的形式似乎渐渐的蜕化成为象形文字"。①

在普通文字学中使用的"图画文字"术语，首先是由中国文字学的奠基人唐兰先生在 1949 年提出来的。唐兰先生把汉字区分为六个层级：图画文字、象形文字、象意文字、形声文字、记号文字和拼音文字。图画文字是指象形文字之前的文字，记号文字和拼音文字是指汉字发展到今天的状态，象形文字、象意文字、形声文字是指古汉字发展阶段。唐兰先生认为只有图画文字才是象形文字的真正源头，"我们说图画文字，是用图画方式写出来的文字"，"象形文字是由图画演化而来的"②。普通文字学奠基人格尔伯（I. J. Gelb，1963：191）将世界文字史分为三个发展阶段：非文字/图画（no writing/picture）、文字先驱/示意文字（forerunners of writing/semasiography）、成熟文字/表音文字（full writing /alphabetic systems）。文字先驱/示意文字又细分为描述—具象装置、标识—助记装置两小类（Descriptive-Representational Device，Identifying-Mnemonic Device），成熟文字/表音文字又细分为词—音节文字（word-syllabic）、音节文字（syllabic）、字母文字（alphabetic）三小类。在其《文字研究》第十一章"文字学术语"中，格尔伯还明确提出了"图画文字（pictography）"的术语，用来指"在象形文字中使用的作为文字先驱的图画，也就是在美洲印第安人中就有的，用图画作为符号使用的情况。"③

"语段文字"是由王伯熙先生首先提出来的一个术语，他说："这是指的

---

① 沈兼士：《文字形义学》，载《沈兼士学术论文集》，中华书局，1986 年，第 387 页。

② 唐兰：《中国文字学》，上海古籍出版社，2001 年，第 71 页，第 70 页。

③ I. J. Gelb, A *Study of Writing*, Chicago: University of Chicago Press. 1952. second Edition 1963. pp. 250～251.

记录一个语段的图形、记号组合。这种组合不是供人欣赏的图画，而是以书面交际为目的的语言代用品。它们是交际工具，是语言的一种书面形式，具有文字的性质和功能。有人根据这类组合脱胎于图画，便称之为'图画文字'或'文字画'。这是形式分类法。按其所记录的语言单位，应称为'语段文字'。"①王德春先生主张按照符号表示语言要素的功用，将文字类型区分为语段文字、词符文字、词素文字、音节文字、音素文字五大类型。指出："语段文字是原始的文字，它表示整个语段，书写上不划分为词。按其所用的材料，语段文字包括文字画和最古的约定符号。"②

与"语段文字"大致相同的术语是普通文字学家伊斯特林提出的"句意字"。伊斯特林把文字区分为：句意字、表词字、词素字、音节字、语音字等五个层级，指出："'句意文字'是历史上最初的文字，它的图形或符号（'句意字'）表达整个信息，但字形上不分解为单个的词。""句意字可以区分为两种：图画字和古老的约定符号。"③但伊斯特林之后，"句意字"这个术语并未在普通文字学界流传开来。

"原始文字（primitive writings/proto-writing）"也是最先出现在东西方普通文字学奠基人（唐兰，1949:74～75；I. J. Gelb，1953/1962:191）著作中的术语。在多数情况下，普通文字学著作中使用的"原始文字"术语都是一种比较笼统的用法，用来泛指成熟文字之前的图画和记号组合等。只有少数普通文字学家使用"原始文字"区分世界文字的历史和类型。如周有光（1997:4～9.；1998:10～16）把世界文字的历史区分为三个时期：原始文字时期、古典文字时期、字母文字时期。原始文字表形和表意，又称"形意文字"；古典文字表意兼表音，又称"意音文字"；字母文字记录音节、辅音、音素，又称"表音文字"。形意文字、意音文字、表音文字即是周先生归纳出来的世界文字的三大类型。阿列霞（volkova olesia，2019:17～21）把"原始文字"看成是史前视觉表达方式与成熟文字之间的重要环节，认为原始文字包括记名符号、记数符号、记时符号三类，并尝试从世界四大成熟文字（原始楔文、古埃及文字、甲骨文和古中美洲文字）中寻找各自的原始文字痕迹。此外，在普通文字学著作中也能看到"文字萌芽（buds of writing）"这个术语，与"原始文字"的前一种用法一样，在多数情况下，文字萌芽也是一个笼统使

---

① 王伯熙：《文字的分类和汉字的性质》，《中国语文》，1984 年第 2 期，第 103～104 页。

② 王德春：《语言学教程》，山东教育出版社，1987 年，第 296～297 页。

③ 〔俄〕B. A. 伊斯特林：《文字的产生和发展》，左少兴译，北京大学出版社，1987 年，第 28～29 页。

用的术语,较少作为文字类型的专用术语来使用。

　　"早期文字(early writing)"是比较文字学家王元鹿先生(2001:25～36)提出来的一个术语。他用这一术语区分文字发展阶段,将文字史区分为"早期文字"、"表词—意音文字"、"表音文字"三个发展阶段。据王先生自己的解释,他使用的"早期文字"与上述介绍的"图画文字""语段文字""原始文字"等术语类似,大体上是指成熟文字之前人们用来表情达意和记录专名的符号。此外,王先生还提出了一个很独特的术语——渊源物,并将其看作是"非文字"和"早期文字"之间的一个过渡阶段,试图解决"非文字"与"文字"之间的界限,即什么是文字的问题。

　　"史前文字"的术语首见于王凤阳先生的《汉字学》(1989:269～272),饶宗颐先生(2001:6)进一步提出"史前文字学"的概念,主张用不同于古文字学的方法研究史前文字。若从时间角度来区分,"前文字"当然可以称之为"史前文字"。笔者之前也是赞同并使用这个术语的。因为"史前文字"的名称与"史前时代"对应,用来代指那些历史时代之前的各种符号,比如陶符、岩画、部落徽号、图腾标记,等等。"在考古学上把凡没有当时文字记录的,被称为史前时代;当任何地区出现文字记录之后,就被称为历史时代。"①然而,史前文字不但与历史学的"史"存在抵牾之处,通常认为有"史"才有"文字","文字"是历史开端的标志,而且无法包容人类学和民族学调查中发现的活材料。对许多生活在近现代甚至当代的原住民部落或习惯于使用物件记事方式的原住民族群而言,"史前"的称名还往往带有"野蛮""落后"的含义,这对原住民族群而言是不公平的。至于"史前汉字"的提法是笔者(2001:60)从汉字自身形成发展的角度来考察部分史前符号的结果。现在看来,这一术语的使用主体尚不够明晰,不利于文明史高度的"前文字"研究的深入开展,而本书所说的"前文字",显然已经超出了现有的汉字史研究的范畴,因此,本书不再使用"史前汉字"的术语。

　　除了上面列举的与"前文字"近似的术语之外,英国学者威廉·哈桑(Willian Haas,1983:16)早在1983年就提出了"pre-writing(前文字)"的术语,他说:"文字的最初阶段——有时被称为'前文字'——属于独立的一类;而我们的一些高度专业化的符号、图形和图表,还在持续地利用非源于语言的图形交际的特殊的优点。"遗憾的是,威廉·哈桑提出的这一术语并未被同期的中国学者所知晓。对笔者而言,"类文字"与"前文字"两个术语都是徐通锵先生在2003年读到《符号学视域的史前文字研究》《广义文字学刍

---

①　〔英〕戈登·柴尔德:《考古学导论》,安志敏、安家瑷译,上海三联书店,2008年,第11页。

议》两篇小文的初稿后给笔者提出的建议,徐先生所说的"类文字"主要考虑符号形体的因素,其优点是可以展开对符号形体的充分讨论,其不足之处是容易让人们混淆古与今。鉴于此,本书也不使用"类文字",而把它留给将来讨论当下盛行的视觉符号时再加以使用。至于徐先生提出的"前文字"术语,我们则欣然接受并在本书中加以使用。①

虽然普通文字学家们早就提出过类似甚至完全相同的"前文字"术语,并在探讨文字起源问题时或多或少地提到过,但至目前为止,应该说前文字的概念并不十分清晰,大多数人只是把前文字作为文字研究的背景知识加以使用而已,因此,我们在这里所做的较为全面而细致的工作,或许能对前文字研究起到一点抛砖引玉的作用。

当然,若从艺术史的角度看问题,我们也完全可以把发生在史前时代的众多原始视觉表达方式,比如图画、符号、雕塑等称之为"原始艺术",这样的称名或许更加直截了当,简便易行,但我们显然不能选用这样的称名。因为"原始艺术"的术语和概念太过笼统,未能区分图画、记号、图案、纹饰等不同表达方式。而且,若使用"原始艺术"的概念,其研究范畴则与艺术史家的研究有更高的关联度,但与本书立足于文明史高度探索文字字符来源与文字系统形成问题没有直接联系了。鉴于此,本书虽然事实上以原始艺术材料作为前文字与文字起源关系研究的一手材料,但并不打算采用"原始艺术研究"的名目。

在以往的研究中,笔者曾把中国文字发展史区分为两个时期四个阶段,并对两个时期四个阶段的特征作过简明扼要的说明。两个时期是指史前文字时期和成熟文字时期。四个阶段是说史前文字时期又包括泛文字阶段和单体文字阶段,成熟文字时期又包括古文字阶段和今文字阶段。现在看来,这一分类及名称尚有不足之处。在本书中,我们首先把文字史区分为前文字时期与成熟文字时期,前文字时期出现了文字萌芽或原始文字,成熟文字包括表意和表音两大系统,合起来就是"两期三类",如果将表音系统再细分为辅音音素文字、全音素文字和元音附标文字三类,则是"两期五类"。我们所作的两期三类或两期五类的区分既从文字史角度考虑了文字的分期与类型,同时兼顾了史前社会和部落社会原始视觉表达形式的各种复杂状况。

前文字时期文字萌芽处在史前社会和部落社会,那时虽无文字,但使用繁复多样的表情达意方式记数、表意、记事与叙事;成熟文字时期的表意文字和表音文字分布在不同的文化之中,人们使用文字来记录历史和交流信

---

①　徐通锵:《汉语结构的基本原理—字本位和语言研究》附录 2,中国海洋大学出版社,2005年,第 295 页。

息,并通过不间断的文字文献,跨越了时间的鸿沟,撇开了遗忘的侵蚀,建构出代代相沿的历史文化。

经过以上的讨论,现在我们再次重申"前文字"的概念如下:本书所说的前文字,是与文字字符来源和符号构意有关的、在史前社会和部落社会里通行的多种原始视觉表达方式。前文字包含史前绘画、图案、符号、雕塑艺术等各类原始视觉艺术形态,以及原住民社会的物件记事、图画记事和符号记事等原始记事方式。前文字是成熟文字之前普遍存在过的一种原始表达状态,前文字的表达方式多样,但符号功能较弱;文字的表达方式单一,但符号功能强大。

经过我们梳理的前文字,应包含如下内容:

1.物件记事(原始记数、复杂的物件记事、结绳、契刻、筹策、八卦、陶筹等)。

2.图画记事(描述—表达装置、记事图画、图画文字等)。

3.象征形式(族氏铭文、记名文字、语义图式、文身、象征人物和动物雕塑等)。

4.约定形式(标识—助记装置、标识记号、记号组合等)。

"前文字"主要发生在不同文明体的史前社会和部落社会,而文明体始终是以具体的形式存在于一定的社会人群中,以确定的样貌出现于一定的时空之内的。因此,面貌各不相同的文明体的存在正是"前文字"出现的前提条件。众所周知,世界范围内人类族群的发育程度和人类社会的发展程度并不均衡,他们使用的表情达意方式自然也不完全相同。即便同样使用文字,西亚地区的苏美尔楔形文字、北非地区的古埃及圣书字距今都有5000年以上的历史,玛雅文字和东巴文则最多不超过2000年的历史;即便到了近现代,非洲的布须曼人,大洋洲的许多原住民族群仍然没有创制出记录其语言的文字;而在历史上,如南美秘鲁的印加人,北美印第安人也都没有创制出记语的文字,但他们却有发达的结绳系统,复杂的用羊毛绳编织图案和烧制而成的陶器图案,以及被后人称之为"图画文字"的表意或记事符号。因此,说到底,"前文字"与"文字"只是一个相对的概念:史前社会和部落社会孕育了文字的萌芽,历史社会仍部分保留着前文字的表达方式。前文字与文字并没有绝对的"先进"与"落后"之分。因此,如果我们说"前文字"是史前社会和部落社会里用来表情达意的多种视觉表达方式,那么,"文字"只不过是历史社会里记录语言的视觉符号系统而已。

二、前文字的性质

虽说前文字与文字之间存在字符的天然联系，但并不能由此推出，前文字的性质即是文字性质的自然延伸。"前文字"的性质与"文字"的性质明显不同，文字是记录语言的视觉符号系统，文字的性质是由它所记录的语言单位来决定的。记录语言中辅音单位的叫"辅音文字"，记录语言中音节单位的叫"音节文字"，记录语言中音素单位的叫"音素文字"，它们合起来称为"表音文字"；记录语言中的语素或词的文字叫"表意文字"，汉字是表意文字的典型代表。总之，文字的性质取决于其记语性质及其所记的语言单位，这是文字史家们公认的事实。

"前文字"是盛行于史前社会和部落社会的多种原始视觉表达方式。对现代人而言，"前文字"更多是以史前艺术和部落艺术的形态呈现给我们的原始的视觉表达方式。从考古学发掘和人类学调查所得的证据得知，史前社会和部落社会里多种视觉表达方式严重依赖社会语境（包括生活场景和仪式语境）才能完全呈现，而且其多种视觉表达方式之间实际上并不分主次。因此，在史前社会和部落社会里，在一定的生活场景和仪式语境中，前文字只是先民或原住民用来表情达意、传递信息的多种多样的视觉符号，虽然其中有一部分具有实用功能的前文字已经初步用于记数和记事，但还没有发展到与语言中的某个单位发生密切关联的程度，并不具备充分的记语能力。由此可见，前文字缺乏"记语性"，前文字的出现和使用取决于先民们表达心智的需要，高度受制于生活场景和仪式语境的制约，是由先民的心理认知能力和社会语境的双重条件来决定的。

由于"前文字"的性质与文字的性质有所不同，前文字的性质并不取决于它与语言的关系，而是以表达原始心智为目的，同时它又高度受制于生活场景和仪式语境，所以，艺术史家们对原始艺术创作动机的探讨显然有助于我们深刻认识前文字的性质。同理，人类学家对原住民部落使用的原始记数、简单记事和图画记事方式的调查和描写材料显然也有助于我们对"前文字"性质的深入探讨。

中外艺术史家在讨论原始艺术创作动机时提出了许多假说。比如，"为艺术而艺术说"强调史前艺术的审美愉悦性质，"原始宗教或仪式说"（包括巫术论、图腾论、萨满论、母神崇拜论、性符号体系论、季节符号论）强调交感巫术、图腾禁忌和萨满巫术等与史前仪式语境相关联的原始宗教性质。[①]

---

① 朱狄：《雕刻出来的祈祷——原始艺术研究》，武汉大学出版社，2008年，第256~332页。

原始艺术的审美愉悦性质和原始宗教性质虽然各有其合理性和一定的适用范围，但显然不能够涵盖全部原始艺术的丰富内涵。原始艺术同样存在实用性质，而且，与审美愉悦性质和原始宗教性质相比，原始艺术的实用性质显然对我们讨论文字起源和文字体系的形成更有价值，应予以高度重视。

在史前社会和部落社会里，前文字是伴随着原住民心智表达的能力和社会需求而即时出现的，且常常综合使用多种表达手段。若从字符的实用性质加以考察，在史前社会和部落社会里盛行的前文字应具有记数、记事与叙事性，表意与象征性，符号标记与提示性三大性质。

（一）记数、记事与叙事

具备记数、记事与叙事性质的前文字可分为两种情况：即通常所谓的"物件记数和记事"与"图画记事与叙事"。物件记数和记事性质的前文字可再区分为简单记事和复杂记事，图画记事与叙事的前文字亦可再区分为图画记事和图画叙事。

1. 物件记数和记事性

在部落社会里，部分日常生活中所见、所用的物件常常被人们赋予简单记数和记事功能，因而具备了物件记事的性质。物件记事使用的物件和记事的表现手法多样化。使用的物件包括石子、土块、瓦块、骨头、陶筹码、玉米粒、贝壳、筹策、小木棍、稻草秆、树叶、绳索、玉佩、念珠等随手可及的物件，甚至日常生活用品。物件记事的表现手法多样化，或者使用石子蚌壳堆砌，或者使用筹策摆弄，或者在木、骨之上刻契，或者编珠、编贝、编筐，或者结绳，等等，不一而足。

无论使用堆砌、刻木、结绳、筹策，还是编珠、编贝，它们都属于"简单记事"，其记事能力非常有限，而且高度依赖生活场景。因此，简单的物件记事前文字往往同时具备实物性与符号性的双重属性。这些平常的物件，只有在一定的生活场景中，被使用者临时赋予了记数和记事功能时，才有可能具备前文字的简单记数和简单记事性质，若舍弃这个场景，它们仍然是自然的"物件"，并不具备符号属性。

相对而言，在所谓物件记数和记事类的"复杂记事"中，由于使用了多种实物物件、动用了多种表达手段，尤其是借用某物件在当地语言中的读音和意义来记事，且能够借助他人的叙述而得以理解，因而较充分地发挥出前文字的表意和记事的功能。具备复杂记事性质的物件记事，由于其创作和表现方式极有可能为早期的文字创造者所借鉴和吸收，所以对文字字符来源和符号构意研究的价值明显大于简单记事。

在复杂的物件记事中,符号化的过程已经初现端倪,各种表达手段也被综合运用,且经过此种高度发达的智力活动的训练,先民们的心智水平得以极大地提升,也在无意间也拉近了部落社会里语言符号和视觉符号的距离。正因为如此,对物件记事中的"复杂记事"现象的深入研究,对其记事功能的深入挖掘,对文字起源及其文字系统形成研究具有积极的作用。

2.图画记事和叙事性

图画记事和叙事性质的前文字是史前社会和部落社会里的先民们用来记录和叙述生活事件的主要表达方式,它们跟文字起源的关系比较密切,通常所谓"文字起源于图画"的说法,实际上主要是指文字起源于具有记事与叙事性质一类的原始图画(此类性质的原始图画常常被文字学家称为"图画文字"),而非所有的原始图画。

许多原始民族都有图画记事的传统,世界各地的史前岩画、雕塑和彩陶上都有大型的图画记事,它们有的忠实记录和呈现原始狩猎、舞蹈、部落战争的场景,比如西班牙拉文特岩画中的猎豹岩画,南非奥兰治自由邦的部落交战岩画,甘肃黑山岩画的原始祭祀舞蹈岩画,等等;有的表现生动的神话故事与传说、仪式场景,比如著名的古埃及那尔迈调色板,蝎子王权杖头,南美洲莫切文化中的祭祀场景等;有的用来记录原住民社会日常生活的方方面面,比如印第安图画记事中用于记账、发布通告、指示方位、写信、缔结条约的象形文字;甚至还可以用图画记事的方式记录某一段时期发生的历史事件,而这种情况就与历史社会里的编年体史书的原理相似了。

史前社会和部落社会里的图画记事传统相沿进入历史社会之后,不但很好地保留在历史时代的叙事图画和雕塑艺术中,如历史题材漫画、连环画、儿童绘本等图画书,以及历史人物雕塑和英雄人物浮雕群像、游览地图的图画叙事之中,而且在历史时代进一步抽象化、符号化,成为文字字符的源头,为文字创制奠定了坚实的字符和字符构意基础。可以说,史前社会和部落社会里的图画记事传统与历史社会里的文字记事和叙事方式存在千丝万缕的联系,世界各地的文字基本上都是在各自图画记事传统之上的进一步符号化。这也正是文字学领域中所谓"文字起源于图画说"被确立为不二法则的深层次原因。

(二) 表意与象征

具有图画表意和象征性质的前文字似可进一步区分为图画表意、图案表意和图画象征三种情况。

先说图画表意性质的前文字。世界各地的史前岩画、陶器、木器、石器、古器以及金属器上都有写实性史前动、植物形象,但根据我们的初步观察,纯粹的写实图画更多是历史时代的绘画艺术的滥觞,应与文字起源没有太直接的关联。

世界各地的史前岩画和史前陶器上,同样会出现比较抽象的表意图案。如马家窑文化彩陶器上的十字纹图案、卍字纹图案,辛店文化双钩曲纹图案,意大利梵尔卡莫妮卡岩画中的纪念碑式图案,南美印第安人的雷鸟图案,等等。这些抽象图案充分表现了先民的心理体验和认知水平。图案表意性质的前文字同样与文字社会里的记录语言的文字距离较远,但其中一部分可能与早期文字中的徽号标识一脉相承,应是后世标识图案的远源。

再说图画象征性质的前文字。图画象征性质的前文字惯于使用隐喻手法表现对超自然力,比如梦境、异象、幻觉、精灵等的情感体认。此种性质的前文字集中表现了先民们的心理体验,折射出史前社会和部落社会里的先民们为了寻找生活的意义,而精心编织符号网络的心理活动过程。因此,图画象征性质的前文字对先民构建其观念和意义世界尤为重要。在构图方面,原始艺术家们普遍使用变形、错位、倒置、扭曲等变异表现手法,极度夸张地表达心目中的梦幻、异象、精灵形象,如著名的"闪电兄弟""布雷德肖"风格人像,世界各地众多的巫师像、恶魔像等,都是史前时期的人们在艰苦的生存环境下,人类群体的情感体认模式和语义建构"图式(schema)"。[①]通过隐喻和转喻手法的普遍使用,先民们为自己建构起超出物而专属于人类社会的语义世界,并即时赋予其声音和语义解释,在无意间将象征图画与早期口述文学形式——神话叙事绑定在一起,给人的心理活动赋予社会属性。而这一具有明显神话内涵的语义世界通过对前理解语境的充分挖掘,变成了先民心目中可以理解的"语义",并在史前社会和部落社会里以隐喻的方式与想要发生的事物发生着任意的关联。

（三）标记与提示

世界各地出现在石、陶、玉、骨器上的史前时代的记号数量众多。大多数情况下是单个记号与纹饰或图案伴随出现的,纯粹记号组合的情况相对较少。依据史前记号的分布状态,我们将其区分为单个记号与记号组合两种情况。

在史前社会和部落社会,出现在陶器上的单个记号大多是具有标记与

① 笔者注:所谓"图式"是指围绕着某个主题组织起来的知识表征和贮存方式,即人对事物的概念性和程序性认知,在这里指的是早期先民在其社会生活中建立起来的情感体认与意义建构模式。

提示性质的史前记号。无论是西亚陶器上出现的单个记号,还是中国境内陶器上出现的单个记号,它们在整体上都是标记与提示用途的史前符号,与成熟文字的字符之间的关系应该比较疏远。

中国境内岩画中发现的单个记号数量较多,如阴山岩画、乌兰察布岩画、巴丹吉林沙漠岩画、贺兰山岩画等。据说宁夏大麦地是目前发现记号岩画最多的岩画地点。新发现的中原地区具茨山记号岩画也很有特色。其实岩画的性质比较复杂,岩画中发现的单个记号是否是某种文字的字符来源,需要具体分析,逐一讨论,不宜概而论之。

在史前社会和部落社会晚期出现在陶、石、骨、木器上的记号组合,由于其时社会条件已经具备,其中有可能隐含着记录词语或语段的记号组合,因此,史前时代晚期的记号组合是值得文字起源研究高度重视的优质前文字材料。就中国境内而言,尤其是仰韶文化晚期——龙山时代出现在中原系、山东系和江南系考古学文化陶器上的记号组合,应与汉字成熟文字存在一脉相承的关系。

三、前文字的功能

前文字主要有三大功能,即储存记忆功能、观念与意义建构功能、社会交际与信息交流功能。

(一) 储存记忆

在史前社会和部落社会里,名目繁多的祭礼仪式常常以节日和庆典的方式不断重复上演并循环往复,在一次次循环往复的仪式语境中,制作和保存在陶器、石器、骨头、木头、树皮、纺织品等众多媒介上的图画、纹饰、符号、图案等前文字作为有效的储存方式,在防止遗忘、帮助记忆,并确保其有效发挥作用方面具有不可替代的作用。得益于实物的、礼仪的和传统习俗的帮助,以及在仪式和庆典中的不断再现,史前社会和部落社会的文化记忆得以长久地延续下来。

德国学者扬·阿斯曼(Jan Assmann)举了两个明显具有储存记忆功能的例子。一个是印第安奥色治人(Osage Indians)的部落节日。奥色治人在他们最重要的部落节日——夏季举行的"太阳舞(the sun dance)"节庆期间,会把营地住宿的帐篷围在一起构成 24 个圆锥形帐篷圈,号称"We-gatche"(意思是火堆),对奥色治人而言,We-gatche 体现了整个可见的、有声的、有形的世界。在 24 个火堆中,他们声称其中的 21 个火堆来自远古时代天上的祖先,另外 3 个火堆来自地上的祖先。每一个帐篷都有自己独特的、不可替代的位置。这些帐篷和位置象征着该氏族在宇宙中的真正地位，整个围成一圈的 24 个帐篷，是奥色治人建构出来的宇宙模型。在夏季太阳舞节庆活动中，表现空间的 24 顶帐篷的排列组合，表现社会的 24 个代表会议，表现物质的象征物以及表现听觉的公共的吟诵方式同步呈现出来，一次又一次的重复表演，展现出这一重要节日里部落民众共有的文化记忆。帐篷使空间结构具体化，代表会议体现出部落身份，象征物体现了物的一致性，表现各族群起源神话的公共诵读体现了各群体成员之间的关联及各个群体的独特个性。另一个例子发生在古埃及晚期"奥西里斯（Osiris）"的复活仪式中。这一时期，古埃及已经使用文字，但典礼仪式与文字并行不悖，相得益彰。"人们相信埃及每个地区都是奥西里斯神的一个特定身体部位的归宿，奥西里斯神的肢体也就成为这一地区的核心奥秘和圣物。……埃及人将奥西里斯神的肢体碎片跟相应的地区对应起来，为的是通过把散乱的肢体重聚为一个身体的仪式显示和建立与大地的统一……奥西里斯的死和荷鲁斯的即位是一个政治神话，这一政治神话仪式分期上演，巩固了埃及的政治、文化、宗教认同。"[1]

（二）观念与意义建构

图画表意、象征图式性质的前文字虽然与文字的构形关系并没有那么直接，但却在史前社会和部落社会的思想观念和意义建构中发挥了极为重要的作用。尤其是象征图式性质的前文字，更是对人类社会早期的观念和意义建构做出了极为重要的贡献。跟印第安部分原住民族群在仪式场中使用吟唱方式的情况类似，中国云南境内的"坡芽歌书"，[2]以及新近发现的彝族他留人的"铎系文图符"，[3]都是绝好的象征图式性质的前文字材料。在原住民社会的仪式场语境中，象征图式性质的前文字与歌手的吟唱、萨满巫师的解说、舞蹈和表演展示等同时呈现出来，且具有大致同等的地位和作用，它们相互补足，共同服务于仪式活动的需要。很显然，象征图式性质的前文字在这里并不是单一的载体和工具，而是一种情感体认模式和意义建构图式。象征图式性质前文字运用符号变异的手段表现作者的心理意象，充分彰显了物、我之间的艺术张力。沿着这一路径追踪，我们会发现这种情

---

①　以上两例转引自〔德〕扬·阿斯曼：《宗教与文化记忆》，黄亚平译，商务印书馆，2018 年，第 13～18 页。

②　王志芬：《云南壮族坡芽歌书符号意义解读》，博士学位论文，中央民族大学，2009 年。

③　王海滨：《他留人铎系文图符研究》，《民族语文》，2011 年第 6 期，第 69～73 页。

况在前文字里比比皆是。前文字的构型恰好体现出客观事物与人的心理意象的紧密关联，像似又不全同的形式，充分彰显出人类使用象征符号为自己构建生活意义的最初努力。

人类对象征符号的狂热追捧与不断赋能，对众多史前象征图式的创制与维护，是人类社会赋予自身意义并迈进文明门槛的至关重要的一步。原始先民们通过对代表时间、空间和人的象征符号的宣示以及在仪式节庆的上演与不断的重复，以象征为武器找到了物我之间的意义关联，最终确立了自我身份，建构起为人类所独具的社会性自我认同观念，为自己和自己所在的部落和族群编织了共同的文化家园、建构了观念和意义的世界。

（三）社会交际与信息交流

在史前社会和部落社会里，前文字的社会交际和信息交流功能相对于上面所说的储存文化记忆功能、观念意义构建功能而言，应该说发育得最晚，其地位也要低于前两者。若仅从符号功能的角度考察，前文字的社会交际与信息交流功能主要体现在日常记事、叙事以及信息交流与传递等方面，以图画记事和叙事为主，它们出现在有限的地域范围内，具有一定的社会属性。

若从记事能力来观察，史前社会的图画记事比同期出现的实物记事与符号记事的功能都要强大得多，仅仅简单的图画记事就已经能够表情达意了。至于复杂的图画记事，尤其是当复杂的图画记事与生动鲜活的神话传说结合在一起的情况下，则更是史前社会和部落社会里功能最为强大的叙事方式。比如美洲印第安原住民使用的图画文字记事方式就是被部落成员普遍知晓，并能自如地应用于社会生活的各个方面。此类图画文字不但能记录简单事件，还能记录复杂的事件；不但有简单的构图形式，还有较繁复的类似于后世"连环画"形式。这些主要用于日常记事的材料主要出现在墓志和人物传记，狩猎、采摘和旅行、战争或战役的记录，以及著名的"冬日记事"中。①

在史前社会和部落社会里，前文字的社会交际和信息交流功能还不够充分，并不能毫无遗漏地记录事件发生的过程与细节。因此，要正确解读前文字的含义，常常需要借助于其他表达方式的帮助，如口述、神话叙事、舞蹈，等等。从总体上看，图画记事型前文字对社会语境的依赖性强，流通范

---

① 黄亚平：《北美印第安原住民的象形文字（上）：日常使用中的交际功能》，《中国文字》，2017年第 2 期，第 125～136 页；黄亚平、伍淳：《北美印第安原住民的象形文字（中）日常使用中的记事功能》，《中国文字》，2018 年第 2 期，第 121～132 页。

围小，其记事功能尚处在充分发育的过程中，所记只是"梗概"，仅能起到一定的提示与帮助记忆的作用，并不能做到像历史社会里的文字文献那样，毫无遗漏地逐词记录和描述事件。

四、前文字的研究价值

（一）前文字研究最适合使用跨学科综合研究方法

前文字材料的久远程度与多样化的表现方式决定了其必然会与诸多学科研究领域有所关联，也最适合使用跨学科的综合研究方法。原始艺术、考古学、早期口述文学——神话叙事、符号学和语言学、传世文献研究与出土文献研究、古文字研究等学科，都与前文字研究存在不同程度的关联。

原始艺术是前文字研究使用的一手材料。舍弃原始艺术材料，前文字与文字起源关系研究必然会成为无源之水、无本之木。前文字研究与原始艺术自然地联系在一起，原始艺术的研究方法与理论思考值得前文字研究借鉴。当然，相对艺术史研究重点关注艺术起源、审美观念、艺术发展规律，分门别类的讨论建筑、雕塑、绘画等艺术种类的构图、色彩、图式、风格而言，前文字研究更加重视原始艺术对文字字符来源的贡献，原始艺术对文明形成的促进作用，以及原始艺术发生的社会语境及其对最初的"文字制度"所起的助推作用，并试图通过对原始艺术的考察探讨字符的来源以及文字系统形成的制度性根基。

前文字研究跟考古学文化类型学存在一定的关联。在本书的研究中，我们尝试把一切可归入前文字研究范畴的史前符号尽可能置于考古学类型学的语境之下，充分重视对前文字材料的考古学文化类型学语境还原，尽量杜绝时下比较流行的猜谜式的形体比对方法，为史前符号研究建立系统的、科学的基础。

前文字研究跟早期口述文学——神话叙事的联系也比较密切。早期文学往往以口述的形式出现。这些口述形式的早期文学与前文字之间存在非常明显的互文关系。初民们对生活事件以及人自身心理意识的视觉呈现，经常与口说形式的早期文学叙事，如神话传说、英雄故事、史诗和寓言等相互补足。因此，要想正确解读前文字的含义，不但要通过考古学类型学还原前文字发生时的社会语境，而且要深入挖掘视觉表达形式的前文字与以神话为代表的多种早期口述文学形式之间的内在联系，并将两者有机结合起来加以考察。我们发现，在文明奠基和形成的进程中，文学文本的经典化与文字系统的成熟密切关联。而文字与经典文本的关系，跟我们通常理解的先识字后读书的途径恰好相反，常常是因经典的习得才有了进一步习得并研究文字的需求，而不是反过来，先有字书和文字研究，再去学习经典。至于专门化的童蒙识字课本、字样书等供儿童学习的专门字书，那更是与"正典"①的形成相互伴随。

符号学和语言学对符号组合关系、聚合关系的揭示同样有助于前文字研究。在本书中，我们尝试运用符号学和语言学的组合关系与聚合关系理论解读部分前文字材料，使用"符号考古"的研究方法（见第三章第三节讨论），并将其置于文明史研究的大框架之内。此外，我们还尝试从文明史高度把握文字起源研究命题，假定前文字时期的言文关系是各自独立、平行发展的符号系统，并以此为基础处理文字起源研究中的言文关系。

古文字学实际上是现代以来真正兴盛起来的一门学科，古文字学的兴起与现代考古学的建立与发展密切相关。随着中国境内以甲骨文为代表的古文字材料的陆续出土，经考古发掘的古文字资料日益丰富，基本上能够实现古文字材料与传世文献相互印证的目标。古文字研究通过"偏旁分析""历史比较""字例推堪"等研究方法的使用，结合出土文献与传世文献提供的书证与文字使用情况，取得了前所未有的成就。古文字研究中使用的从字形入手考察文字形体结构，结合出土文献与传世文献书证考释古文字的研究方法同样适用于前文字研究，当然，我们同时也要看到，仅凭借古文字研究中使用的此一研究方法解读前文字尚有不足之处。前文字研究还需要另辟蹊径，寻找自己的研究方法。

前文字研究应首先关注史前社会和部落社会里的多种视觉表达方式，比如物件记事、图画记事、符号记事等，并充分考虑各种记事方式之间的差异。其次，前文字研究还要充分关注史前视觉表达方式与其他表达方式的关系，比如前面所说的前文字与多种早期口述文学之间的互文关系等。因此，前文字研究必然会突破现有的普通语言学和普通文字学的理论局限，上升到文明史的高度，并从文明史的高度重置言、文关系，将前文字定义为文明的标识和表情达意的视觉表达手法，而不仅仅是记录语言的辅助性工具，并且充分运用多个学科的知识，进行跨学科的综合研究。我们所说的前文字研究是从文明史的角度考察文字问题的广义文字学研究，而非局限于言、文关系的狭义文字学研究。

（二）前文字材料与考古发现的实物具有同等价值

前文字是史前社会和部落社会里原始族群表达心智的重要手段，也是

---

①　笔者注：此处所说的"正典"概念，参见〔德〕扬·阿斯曼：《宗教与文化记忆》，黄亚平译，商务印书馆，2018年，第76页。

至今还能直接看到的最为可靠的原始视觉表达材料。假如这些通常归属于原始艺术的材料没有遗留下来，我们对史前社会和部落社会原始族群生活状态的了解，将会因为缺乏第一手材料而产生极大的缺憾。而有了这些原始艺术作品，我们就能够更好地了解史前社会和部落社会里人类族群在原始视觉创造方面已经取得的伟大成就，从整体上把握文字创制过程中人们对史前社会和部落社会原始视觉表达艺术成果的继承和发展。换句话说，只有充分掌握了原始艺术材料，我们才能更好地理解"文字形成"这一重大事件对人类文明发展进程所起到的重大塑形作用和深远影响。

在史前社会和部落社会里，前文字具有明显的身份认同作用，许多前文字表达了"有意味的形式"，成为史前社会和部落社会原住民族群文化认同的标志与象征。这些"有意味的形式"随着部落和氏族的扩张而传播，亦伴随着氏族的埋灭而被新的意象所取代。史前时期遍布于中国境内的彩陶纹饰、图案、刻画符号，如鱼纹、鸟纹、兽面纹、十字纹、卍字纹等等，正是其中的典型代表。因此，史前考古中发现的前文字资料与考古发现的实物具有同等的价值，理应作为"符号考古"的对象，予以充分挖掘并加以利用。①

（三）区分"前文字"与"文字"有助于文明史和文字史研究

前文字研究必须纳入整个人类文明发展史的长河之中，立足于文明史高度，从文字与文明的关系以及文字对文明的呈现角度展开讨论，充分重视前文字及其表意图式在文明发生发展过程中所起到的锚固作用。② 我们始终认为，不但人类群体的生产方式、经济活动等社会发展形态决定了文明发展的进程，人类的观念信仰、生活习俗、交流方式，人类社会早期出现的智慧机构及其文字符号的创制与激发扩散也极大地促进并引导规范了人类社会群体的发展方向。

人类的精神活动及其产品——原始艺术是凝聚群体、形成文明共同体不可或缺的重要条件之一。人类学研究已经为我们充分展示出原始社会图腾信仰的重要凝聚力。作为人类群体早期精神信仰及象征的前文字，在文明体形成的过程中必然发挥着不可替代的作用，成为锚固文明架构的重要

---

① 笔者注：刘敦愿先生（1986.6：52～59）首先提出"古代造型艺术品是实物史料的重要组成部分"的观点，实际促成了中国考古学分支学科——"艺术考古"或"美术考古"的诞生。在此基础之上，本书进一步提出"前文字材料与考古发现的实物具有同等价值"的观点，希望借此引出"符号考古"方法，切实促进普通文字学对前文字与文字起源关系的关注和研究。

② 王景：《汉字应用推广与社会读写机制的关联——以汉代为例》，硕士学位论文，中国海洋大学，2018年。

力量。因此,文明史研究离不开前文字研究,前文字研究也离不开文明史研究。只有从文明史高度观察文字发生发展的全过程,从文字和文明关系入手,在前文字和文字之间架起一道桥梁,将两者紧密结合起来,才能充分彰显文字形成对文明锚固所起到的极大推动作用。

在世界范围内,前文字与文字的联系是普遍存在的。在西亚的原始楔文之前出现了数量众多的前文字,如常常应用于建筑物和财物之上的"滚印"及"印纹",就是西亚史前社会用来封门或做财产证明,体现当时发达的经济与社会管理制度权威性的前文字。其"印纹"既有写实图案也有抽象图案,而且这些图案须事先通过权威的管理部门的认定并发行,才被赋予权利,行使相应的功能。"滚印"之前,"平印"已经存在了很长时间,而平印被用在私有身份和地位的证明及其担保方面。乌鲁克晚期(Late Uruk)出现的雕刻艺术品,如猎狮石碑、长嘴壶、石膏瓶等原始艺术品也都早于原始楔文。用于原始记数和记事的"陶筹"早在此前很久就已经出现。从公元前9000年左右的简单陶筹,到公元前4000年左右的"复杂陶筹"上的孔洞、刻道等早期的符号形式,进而发展成公元前3500~3400年的陶印泥板上的古朴符号,物价性的陶筹最终被符号所取代,这一发展过程前后历经数千年之久。陶筹、滚印、雕刻艺术品、大型建筑等符号形式与发达的社会经济活动、经济管理制度、高度的社会分工等物化形式共同构建出高度发达的苏美尔文明的轮廓。而在苏美尔文明发展的进程中,物件形状的陶筹逐渐向相对抽象的符号化形式过渡,最终在此基础之上酝酿出成熟的"苏美尔楔形文字"。至于古埃及出现的公元前3600年以前的陶筹、滚印、象牙标签、装饰板及其与西亚风格接近的符号,通常被认为很可能与西亚的美索不达米亚文明的影响有关。而美索不达米亚文明和古埃及文明之间的文化交流,也是以我们所说的前文字的传播为重要特征的。

虽然我们至今还没有发现比甲骨文更早的汉字成熟文字或文字系统,但甲骨文之前的殷商陶文,以及仰韶晚期—龙山时代中国境内中原和周边地区考古学文化中出现的"文字萌芽",都已经初步具备了原始汉字的基本条件。甲骨文一定不是汉字最初的形态,甲骨文前面还应有更早的文字,这是目前大多数人的共识。显然,应将前文字研究纳入整个汉字发展史的研究范畴,作为汉字成熟文字之前的文字萌芽加以认真梳理,深入挖掘汉字字符的来源,充分揭示汉字的理据性特征,补表音文字研究与语言学"约定俗成"理论之不足,为充分吸收汉语汉字研究成果的普通语言学、普通文字学理论重构做出应有的贡献。

（四）前文字是"符号考古"的理想对象

考古学文化类型学在讨论相关考古文化的传播和相互间的文化渗透与影响时，经常采用将某某"典型器"与同类型器加以比对的方法，从器物比对中发现不同文化之间相互渗透与影响的物证，这一方法即"器物考古"或"器物探源"，比如考古学家对陶鼎与陶鬲的追踪。[①] 尤其是"陶鬲"这种器物，它在中华古文化里几乎存在了2000多年之久，且分布于不同的文化区系之间，几乎是"中华古文化的一种代表性化石，对于追溯中华古文化和古文明的起源与流变具有特别意义。"[②]因此，通过对考古发掘的陶鬲的分类、分型与探源，就可以找到各相关考古学文化之间的传播与相互影响的蛛丝马迹。

既然考古发掘出土的器物可以进行比对与探源，器物的分布可以作为考察考古学文化类型传播与交流现象的物证，那么，器物之上的"符号"为什么不可以独立出来作为比对与探源研究的材料，同样作为考察史前文化传播与文化交流现象的实物证据来使用呢？实际上，学术界在这方面的努力一直以来都在进行中，比如张光直先生（1988：1～3）就讨论过艺术、神话与政治制度的关系，指出中国古代王朝的权力不仅来源于对武装力量、财富的占有等物质基础，同时也来源于统治者对艺术、文字、祭祀仪式等精神层面活动的独占。刘敦愿先生（1986：52～59）倡导"艺术考古"，明确主张把古代造型艺术看成是实物史料，把古代造型艺术的研究当作史前考古的重要内容，并运用艺术材料的实物证据来还原历史。刘凤君先生（1995：83～129）讨论了美术考古与其他学科的关系，并对美术考古的研究范畴和具体内容做了有益的探索。陆思贤先生（1995）将神话与造型和图像艺术结合起来，进行了深入细致的"神话考古"，通过重构中国神话系统来还原中国早期历史。以上学者的研究显然都对中国文明史的研究做出了杰出的贡献。

本书首倡并尝试使用的"符号考古"研究方法，是将符号学和结构主义语言学的理论方法应用于前文字研究之中，结合考古学文化类型学对某考古文化发掘出土的符号形态、类型分类，以及流传于异地、异文化之后发生的符号形态的变异与重构情况，深入发掘史前符号在文明史发展进程中所起到的作用，进而揭示文字与文明之间的良性互动关系的一种研究方法。

---

① 裴文中：《中国古代陶鬲及陶鼎研究》，载《裴文中史前考古论文集》，文物出版社，1987年，第108～147页。

② 苏秉琦：《中国文明起源新探》，辽宁人民出版社，2009年，第11页。

（五）前文字研究将助推网络时代"类文字"的兴旺发达①

"类文字"的术语来自于徐通锵先生（2005：295）。"对我们而言，类文字的提法意味着'广义文字学'对文字应用问题的关注。……这一思路首先源于我对'史前文字'研究价值的思考，……其次，'类文字'的提法源于我的课堂实践。"②孟华先生（2011：59～72）另有专文讨论这一概念。在本书中，我们打算把"类文字"术语限制在当今社会流行的网络语境下使用，而不包括成熟文字之前的前文字。在我们看来，"前文字"是史前视觉符号的总称，那么，"类文字"则是活跃于现代网络新媒体上的众多符号表现形式；前文字是发生在遥远的过去的视觉符号，类文字则是活跃在当下的视觉符号；前文字是从时间角度对符号的区分，类文字是从符号形体的相似程度对符号所作的区分。前文字和类文字之间既有联系，又有区别。前文字是类文字的根基与渊源，类文字则可以看成是前文字在当下新媒介技术条件下的华丽转身与艺术再现。我们认为，前文字研究必将为当下新媒介条件下的"类文字"符号创意提供充足的学理依据，促使其成为当代文化创意活动的重要组成部分。

前文字的表现方式丰富多样，形式灵活。前文字的现代形式——"类文字"虽然也算得上丰富多样，但其表现方式和创意媒介较之史前和原住民社会的前文字而言，已经相对规范化与标准化。即便如此，类文字在表达人的情感变化和心理需求方面，较之现行的成熟文字而言有其独到的特点。在现代人的符号创意活动中，"类文字"对"前文字"的艺术化更新、再度创意、意象复兴及其现代声、光、电、网等现代新媒体手段的使用，应是未来融媒体符号创意活动发展的主要内容之一。所以，随着汉字式类文字符号创意活动的不断兴起，进一步加深对前文字的研究，从久远的原始艺术中汲取营养是自然而然的事情。

---

① 参见黄亚平：《论汉字身份认同对中华民族文化复兴的重大意义》，载《中国文字学报》第八辑，2017年，第1～7页。

② 笔者注：有关类文字概念，参见黄亚平（2014.6：105～106）；有关广义文字学理论对文字应用功能的思考，参见黄亚平（2008：15～20）。另，在2008年～2013年期间，笔者为中国海洋大学汉语言文字学专业多级研究生开设"广义文字学""前文字研究"课程，在此期间，先后有40余篇研究生课程论文都以"类文字"为主题进行PPT展示汇报。其中，王晓（2012）、张欢（2013）、刘欣然（2013）等多位同学的课程论文还公开发表；笔者指导的这一主题的硕士论文也有多篇，如唐绪诚（2009）、祁晓旭（2009）、曾媛春（2010）、刘洁（2010）、郭文红（2014）等。这一延续多年的教学和指导研究生论文的实践为笔者把握和研究类文字积累了丰富的经验。在这里，谨向各位充分展示自己研究心得、参与广义文字学课程建设的各位研究生同学致以衷心地谢忱！

随着网络新技术的不断涌现,发源于汉字文明圈内外的、以汉字和其他文字为创意基础的新表意图式将会变得更加简便快捷,并深受年轻一代的广泛欢迎。在艺术园地,以表情符号(emojis)为代表的现代符号表达方式在表情达意方面独具特色。而受过长期的汉字和书法艺术熏陶的中国艺术家们,在符号创意方面则更加具备天然的优势,如画家韩美林的部分绘画作品就充分融合和吸收了史前岩画的风格,徐冰的《天书》《地书》,谷文达的《阴园》《阳园》《中园》,张洹的《家谱》一类的作品,都尝试把表意汉字元素重新放置在绘画艺术创作的中心,其符号构意遥接史前时代。① 数量众多的中国网民,充分利用长期使用表意汉字提供的先天经验和便利,创作出大量"汉字式"的网络符号,极大丰富了网络世界的内容。在中文互联网上出现了大量的"艺术汉字式"的创意图案,如"美丽的姑娘""长命百岁""狐狸""猫头鹰""唐僧""孙悟空""猪悟能""沙悟净"等,都是天才网友们的杰作;而当下为广大新生代喜爱并每日都在频繁使用的以表情符为代表的网络图符,已经发展到了百万级的数量,而且还在不断地增长。内容无所不包的"新表意符号"和多姿多彩的"表情包",不仅为年轻一代使用,就连许多中老年朋友也乐此不疲,流连忘返,时不时要秀一把网技,过一把网瘾。还有所谓的"火星文""颜文字"等等,也都方兴未艾,层出不穷。而以上提到的这些网络符号,其内在精神则遥接古老的汉字表意符号与中国史前文明,都深深地植根于"汉字文明圈"的沃土之上。这背后隐藏的道理,值得我们深入思考和认真研究。

五、广义文字学的文字分期与分类

本书所说的"前文字"是对文字之前的种种原始视觉表达手法的概括。前文字有多种类型。多种类型的前文字中都有部分内容与文字字符及符号构意有一定的关联。

世界四大文字系统(楔形文字、古埃及文字、汉字、玛雅文字)的研究表明,没有一种文字系统是从某个单一的史前符号系统发展而来的,也没有一种文字系统最初是作为记录语言的工具而发明出来的。前文字与文明史研究的诸多学科密切关联,理应是揭示文明史发展演进过程的一把钥匙。

广义文字学的文字分期和类型可简要概括为"两期三类"或"两期五类",即前文字时期和成熟文字两个时期,原始文字、表意系统和表音系统三

---

① 彭芃:《文字、书写与图像:论徐冰创作的三种形式》,《艺术评论》,2021 年第 11 期,第 102～112 页。

大类型;如果表音系统再细分为辅音音素文字、全音素文字和元音附标文字,则为"两期五类",如表 0-1 所示。

表 0-1 文字分期与类型简表

前文字时期	原始文字(proto-writing) 1. 物件记事 2. 图画记事 3. 象征图式 4. 约定形式	原始记数、复杂记事、结绳、契刻、筹册(八卦)、陶筹等。 记事图画、图画文字(印第安图画文字、东巴文、沙巴文等)。 表意图式、族氏铭文、记名文字、文身、象征人物、动物雕塑等。 提示记号、标识记号、记号组合等。
成熟文字时期	表意系统 (morphographic)	苏美尔文字、古埃及文字、汉字、玛雅文字等。
	表音系统 (phonographic)	辅音音素字母(abjad):闪米特字母、腓尼基字母、亚拉姆字母、希伯来字母、阿拉伯字母、印度字母、斯拉夫字母等。
		全音素字母(alphabet):希腊字母、拉丁字母、英文等。
		元音附标文字(abugida):埃塞俄比亚文字;婆罗米字母、缅文、藏文、八思巴文等。

第一章　前文字材料的梳理

原始视觉表达艺术是人类历史上别开生面的最伟大的发明之一。如果没有这一伟大的发明，人类文明的进程将要迁延日久。

原始视觉表达艺术是前文字研究的天然材料。在本章中，我们要做的事情是对世界范围内的原始视觉表达艺术进行一番仔细的梳理，弄清其中与文字起源研究可能有关的部分，即我们所说的前文字材料，而想要正确梳理与科学利用前文字材料，则需要首先树立两个标尺：

首先，以"有没有文字"作为一个标尺来区分无文字社会与文字社会[①]，明确前文字是仅仅出现在无文字社会（包括史前社会和部落社会）里的原始视觉表达方式。其次，以"世界各地文字出现的时间节点"为另一个标尺，明确区分前文字与文字的时间界限。在此基础之上，建立起前文字研究的时空框架。

无文字社会虽然没有文字，却有着非常丰富的原始表达方式，如实物的、图画的、符号的视觉表达方式，口说的、吟唱的、祝祷的听觉表达方式，舞蹈的、展演的身体表达方式，等等。在诸多原始表达方式中，唯有原始的视觉表达方式因其具有穿越时空、留存后世的便捷，能让研究者实际目睹，因而成为前文字与文字起源关系研究最为可靠的材料。

实际上，无文字社会里的原始艺术（包括史前艺术和部落艺术）不但包括诉诸视觉的表达方式，还包含了诉诸听觉的口说表达方式和诉诸感觉的身体表演方式。诉诸听觉的口说表达方式同样留下了数不胜数的早期口述文学——神话叙事作品，这部分材料得益于人类学和民族学调查而被充分发掘出来，它们也理应是前文字研究应该关注的对象之一。另还有诉诸感觉的身体表演是一种综合表达的艺术，具有即时性和现场表演性。由于史前时代的技术手段相对匮乏，集歌、舞、唱、念、作、展演诸多表达方式于一体

---

① 笔者注：有关"无文字社会"与"文字社会"的区分，参见〔德〕扬·阿斯曼（Jan Assmann，2004:72~74）。我们这里所说的"无文字社会"实际包含了本书"绪论"部分所说的"史前社会"与"部落社会"。

的表演艺术没有办法原汁原味的保留下来,但在世界上一些社会发展比较缓慢的地区,原住民部落持续不断地身体表演活动至今仍在继续,在条件成熟时,这些活材料也应受到关注。

前面我们交代过,与文字起源研究有关的前文字材料实际包括史前艺术、部落艺术和原始记事方式三类。史前艺术是指史前社会里盛行的种种与文字起源有关的原始视觉表达方式,如岩画、小雕像和雕塑品、彩陶纹饰、图腾标记、图案和文身等。部落艺术是指部落社会里使用的与文字起源有关的各种表意、记事和叙事方式,如印第安人的图画文字、手势符号、结绳记事等。原始记事方式是指人类学和民族学调查中发现的没有文字,或者虽有文字却并不经常使用,而在日常生活中更多使用的、与文字起源有关的原始记事方式,如物件记事、图画记事和符号记事等。研究文字起源和文字体系的形成,必须从以上三类材料入手,并以此为研究对象,舍此之外并无良方。

世界各地的原始视觉表达艺术异彩纷呈,很难用一个统一的标准加以取舍。为了确保前文字材料甄别的客观真实性,做到有据可依,我们尝试将原始的视觉表达艺术材料尽可能纳入历史学和考古学文化类型学的范畴,并参考该地区记录语言的文字体系出现的年代,建立起前文字研究的时空框架,以便于我们仔细梳理世界范围内的与文字起源有关的前文字材料。

历史学将人类社会分为前后相继的四个时代:

旧石器时代(Palaeolithic),从距今约 300 万年开始至 1.5 万年左右,以使用打制石器为主要特征,旧石器时代相当漫长,占迄今为止整个人类史的99.5%。在旧石器时代晚期,欧洲地区出现了数量众多的洞窟艺术,文明之门在这个地区首先开启。

新石器时代(Neolithic),新石器时代是以使用磨制石器为特征的人类社会发展阶段,世界范围内新石器时代的时间跨度从距今约 1 万年前开始至 4500 年左右。在新石器时代,农业、畜牧业得以建立和发展,聚落和村落规模发展壮大,人们开始定居生活,制作陶器,并在陶器器表涂绘具象或抽象的图案和纹饰。

青铜时代(Bronze Age),青铜时代是指人们制造和使用金属器具,青铜器在人们的社会生活中占据重要地位的人类社会发展阶段。世界范围内青铜时代的时间跨度从距今约 6000 年开始至公元初年不等。在青铜时代,社会分工高度层级化和复杂化。在世界范围内,专门的记事机构和文字系统在这个阶段应运而生。人们不但用青铜制造出各种生产工具,而且制造出花样繁多的青铜礼器。青铜礼器上精美和繁缛的纹饰不但反映了工艺水平的进步,而且与种种早期口述文学——神话叙事密切联系。

铁器时代(Iron Age),铁器时代是指人类能够制造并广泛使用铁器的社会发展阶段。世界范围内铁器时代的时间从距今 3400 年左右开始。铁器的出现极大地促进了社会生产力的发展,锋利的兵器和便利的农具促使人类社会迅速步入冷兵器时代。

世界各地的文化发展并不均衡。世界各大洲的石器时代、铜器时代和铁器时代在各地出现的早晚和它们的分期并不一致,甚至不一定每个地区都有完善的依次递进的四个时代。若要辨别某个地区的前文字材料的真伪,还必须结合那个地区的考古学文化类型。以上所列举的四个考古学时代只是一个大致的时间框架。很显然,仅仅依据这样一个粗疏的时间框架是远远不够的。我们还需要参考另一个尺度,即文字出现的时间,并以记录该地语言的文字出现的那个时间节点为一个标尺,并以此节点为准向前追溯,无论几千、几万年,均可称之为"无文字社会";往下延续,无论多少年,同样可称之为"文字社会"。

为方便读者简要了解世界范围内各主要文字的情况,我们在这里斟酌取舍文字史家们的研究,按出现时间早晚的顺序列出一张世界部分主要文字简表,供读者参考,见表 1-1。

世界文字中的三大"自源型"[①]文字:即苏美尔楔形文字、古埃及象形文字和古汉字都属于表意体系的文字,它们都有各自独立地发展之路。

表 1-1　世界部分主要文字简表

名　称	出现时间
苏美尔楔形文字(Sumerian Cuneiform)	公元前 3300 年
古埃及象形文字(Egyptian Hieroglyphics)	公元前 3050 年
印度河谷文字(Indus Script)	公元前 2500 年
阿卡德楔形文字(Akkadian Cuneiform)	公元前 2350 年
巴比伦楔形文字(Babylonia Cuneiform)	公元前 1900 年
原始伽南字母(Proto-Canaanite)	公元前 1600 年
埃兰楔形文字(Elam)	公元前 16 世纪
古赫梯文字(Old Hittite)	公元前 16 世纪
亚述楔形文字(Assyr Cuneiform)	公元前 14 世纪
乌加里特楔形字(Ugaritic)	公元前 14 世纪

---

① 周有光:《世界文字发展史》,上海教育出版社,1997 年,第 4 页。

（续表）

名　　称	出现时间
克里特岛线形文字 B(Linear B)	公元前 1380 年
汉字(Chines Characters)	公元前 1300 年
腓尼基字母(Phoenician)	公元前 1100 年
亚拉姆字母（Aramaic ）	公元前 11 世纪
古希伯来字母(Old Hebrew)	公元前 1000 年
伊特鲁斯坎字母(Etruscan)	公元前 8 世纪
希腊字母(Greek)	公元前 8 世纪
拉丁字母(Latin)	公元前 7 世纪
波斯楔形文字(Persian)	公元前 6 世纪
埃塞俄比亚字母(Ethiopic)	公元前 4 世纪
印度婆罗米字母(Brāhmi)	公元前 3 世纪
如尼字母(Runic)	公元 1 世纪
玛雅文字(Maya)	公元 2 世纪
欧干文字(Ogham)	公元 5 世纪
阿拉伯字母（Arabic）	公元 7 世纪
水书（Shui Script）	公元 7 世纪以后
东巴文(Dongba writing)	公元 12 世纪
老彝文(old Yi)	公元 14 世纪

此表依韦恩 M. 森纳(Wayne M. Senner,1989)制作,笔者做了部分修正与扩充。部分文字起源时间学界尚有不同看法和争论,特此说明。

公元前 3300 年左右,两河流域的苏美尔人创制了楔形文字。楔形文字先后经历了苏美尔时期、阿卡德时期、巴比伦时期、亚述时期和波斯时期,被许多持有不同语言的民族不断改进,有多种变体,成为最早的国际性通用文字,并由此奠定了人类历史上出现最早、影响最大的楔形文字文明圈。楔形文字在公元前 1 世纪后逐渐消亡,先后延续了 3000 多年的历史。至 19 世纪,随着西亚考古的出现而被重新发现。

公元前 3050 年左右,尼罗河流域的古埃及人创制了古埃及文字。古埃及文字有三种书体:碑铭体(hieroglyphika),主要用于在神庙墙壁、坟墓石碑和礼仪器物上的雕刻,表达美、尊贵和永恒的含义;僧侣体(hieratika),主要用来书写宗教读物,偶尔用于文学作品、商业信件和私人信件的书写;民书体(demotika)是为更多人广泛使用的一种书体,它进一步简化僧侣体的笔画,并成为通用的书体。古埃及文字在公元 450 年左右消亡,先后延续了 3000 多年的历史。19 世纪,随着西方人热衷埃及考古而被重新发现。

古汉字是至今唯一幸存并至今仍在持续使用的表意系统的文字,古汉字比苏美尔楔形文字和古埃及文字晚出,从成熟的汉字甲骨文算起至今,汉字已经有 3300 年以上的历史。甲骨文之前应该还有文字,这是许多文字学家们的共识。与楔形文字的情况类似,汉字在历史上被周边国家不断借用来记录他们的语言,汉字自身的字形和书体也在不断地演变。隶楷阶段的汉字,已经变成了记号不断增加,表意成分逐渐弱化的文字系统。但迄今为止,汉字书体的演变并没有从根本上改变汉字的表意性质。进入现代,汉字实际上也经历了非常严峻的"拼音化运动"的考验,为了更好地适应世界范围内的拼音化大潮,汉字的使用者创制出表音文字性质的"汉语拼音",极大地提升了汉字的应用程度。

表 1-2　字母文字简表

名称	创制时间	使用地点	文字性质
原始迦南字母	约公元前 17 世纪	地中海东岸今黎巴嫩一带	辅音音素文字
亚拉姆字母	公元前 11 世纪	叙利亚、美索不达米亚北部	辅音音素文字
腓尼基字母	公元前 11 世纪	地中海沿岸各地	辅音音素文字
古希伯来字母	公元前 10 世纪	今以色列一带	辅音音素文字
伊特鲁斯坎字母	公元前 8 世纪	意大利半岛	全音素文字
希腊字母	公元前 9 世纪	希腊	辅音音素文字
拉丁字母	公元前 7 世纪	意大利半岛及罗曼语系各国	全音素文字
埃塞俄比亚字母	公元前 4 世纪	埃塞俄比亚	元音附标文字
婆罗米字母	公元前 3 世纪	印度、巴基斯坦、孟加拉国	元音附标文字
新希伯来字母	公元前 1 世纪	今以色列一带	辅音音素文字
阿拉伯字母	公元 6 世纪	两河流域阿尔希拉	辅音音素文字
藏文字母	公元 7 世纪	中国西藏、青海、甘肃等地	元音附标文字
斯拉夫字母	公元 9 世纪	俄国、东欧等斯拉夫语系各国	辅音音素文字
缅文字母	公元 12 世纪	缅甸	元音附标文字

此表斟酌取舍周有光(1997)和亨利·罗杰斯(2016)制作而成。表中部分字母文字的创制时间学术界尚有不同看法,特予说明。

中美洲的玛雅文字和中国境内西南地区的纳西东巴文的创立时间相对

较晚,传播范围也相对较小,并没有形成大范围的文字文明圈,所以在这里我们不再赘述。

文字既是文明的产物,又是文明形成的符号标识,还是记录语言的符号系统。文化发展的不均衡性在文字起源和发展的过程中充分表现出来。发源于地中海东岸黎凡特走廊的原始迦南字母,被航海民族腓尼基人接过来,改造成更加简便的音素文字,随着腓尼基人商业贸易活动的步伐,走向欧亚大陆各地。其后,与腓尼基字母一脉相承的字母文字随着历史上罗马帝国和大英帝国两次历史性的地理大扩张,迅速走向世界,成为迄今为止使用范围最广、使用人口众多的世界性文字。今天流行西方各地的英文、法文、德文、西班牙文等,正是其后裔和代表。

为方便读者了解当今世界范围内字母文字的基本情况,我们斟酌取舍文字史家们的研究,按照时间顺序,列出字母文字简表,供读者参考,见表1-2。

有了上述历史学和文字学两大标尺,我们对前文字的梳理便有了相对客观的尺度,对前文字和汉字起源关系的深入考察也就有了科学研究的基础。

第一节　欧洲前文字材料

欧洲地区的"史前艺术"是近代以来世界范围内最先发现和最早研究的原始艺术标本之一,因而在世界原始艺术研究史上具有示范性的地位。

20世纪初,法国著名史前考古学家H.步日耶(H. Breuil)在加里埃尔·德·莫尔蒂纳(Gabriel de Mortillet)等人对欧洲旧石器时代分类的基础之上,将欧洲旧石器时代分为六期,并得到学界广泛认可。这六个时期是:

> 舍利文化期(Chellean),旧石器时代早期。
>
> 阿舍利文化期(Acheulian),约当旧石器时代早期。
>
> 莫斯特文化期(Mousterian,距今12万~3.5万年,约当旧石器时代中、晚期之交。莫斯特文化晚期,人类艺术制作逐次展开,原始艺术诞生,欧洲前文字研究的真正的时间框架应从这个时间开始。
>
> 奥瑞纳文化期(Aurignacian)距今3万年左右。制作维纳斯小雕像、洞穴艺术、骨器技术。
>
> 梭鲁特文化期(Solutrean),旧石器时代艺术黄金阶段。距今2万年左右。浅浮雕雕像,石矛头。

马格德林文化期(Magdalenian)，距今 1.5 万～1 万年。精巧的骨头和鹿角艺术品。

20 世纪末，保罗 G. 巴恩和让·韦尔蒂(Paul G. Bahn，Jean Vertut)进一步把欧洲旧石器时代晚期细分为八期：

沙泰勒佩龙文化期(Chatelperronian)，距今 3.5 万年左右，原始艺术依次展开。

奥瑞纳文化期(Aurignacian)，距今 3 万年左右。维纳斯小雕像，洞穴艺术。

格拉维特文化期(Gravettian)，距今 2.5 年左右。有背石刀叶片。

梭鲁特文化期(Solutrean)，距今 2 万年左右。浅浮雕，石矛头。

马格德林文化期早期(Early Magdalenian)，距今 1.5 万年左右。洞穴艺术和鹿角艺术。

马格德林文化期中期(Middle Magdalenian)，距今 1.3 万年左右。精巧的骨头和鹿角艺术品

马格德林文化期晚期(Late Magdalenian)，距今 1 万年左右。猛犸象和披毛犀在中欧和西欧灭绝。此后 1000 年，弓箭开始流行。普遍使用鹿角器、骨器、渔网和绳索。

阿齐尔文化期(Azilian)，距今 1 万～8000 年。狩猎采集者，聚落生活。

欧洲史前艺术大体上从旧石器时代晚期的奥瑞纳文化晚期才真正展开，历经新石器时代以及铜器时代早期，前后绵延达三、四万年之久。

一、欧洲旧石器时代晚期

欧洲奥瑞纳文化期至马格德林文化期(距今 3 万～1 万年)旧石器时代史前艺术材料大致有两类：一是小型雕刻艺术；二是岩刻、岩画等洞穴艺术。

欧洲旧石器时代晚期小型雕刻艺术品出现在中欧、东欧和西欧地区，从质料上又可区分为骨器、竹木器、石器、投掷器、贝壳制品，等等。据法国岩画学家埃玛努埃尔·阿纳蒂(2007:24)估计：现藏于世界各地博物馆的欧洲旧石器时代晚期雕刻艺术品的总数在 10 万件左右，欧洲地区有 3.4 万件，其中 50% 集中在法国佩力格尔地区(Périgord)。其中，代表性的小雕像如玛萨特洞(Massat)出土的鹿角熊头骨雕，拉马尔什洞(La Marche)骨雕，内

斯切尔斯洞(Neschers)驯鹿骨雕雌性红鹿,拉马德莱娜洞(La Madeleine)象牙骨片猛犸象,雷蒙德遗址(Raymonden)出土的骨雕图腾祭祀图像,布留涅契尔洞(Bruniquel)出土的双联驯鹿小雕像,等等。这些"小型艺术品的题材分为动物、人物和几何图形等,制作手法分为圆雕、浮雕和线刻等,艺术风格有写实、程式化、几何化以及粗拙、精细等类型。"①

欧洲旧石器时代晚期小型雕刻艺术品中最著名的一类被称为"维纳斯小雕像",其高度在5～10厘米之间,一般用石料、骨骼和象牙制成,形状多表现女性身体,特别突出女性器官。在考古发掘中,此类小雕像经常被发现放置在史前房屋的火炉旁或者洞窟内,被认为有家庭或洞窟保护神的功能,或者是欧洲史前生殖女神崇拜的产物。其中有一部分维纳斯小雕像与洞穴岩画伴生出土,且有明确的出土层位,如法国波拉桑布洞窟(Brassempony)出土的"波拉桑布维纳斯"女神像,法国莱斯皮克洞(lespuque)出土的象牙"莱斯皮克维母神"像,法国多尔多涅省洛塞尔(Laussel)发现的"持角的维纳斯"女神像,法国西雷尔(Searell)蒂勒扎克岩壁发现的女神像,奥地利下奥地利州(Basse-Autriche)出土的"维伦多夫维纳斯"女神像,捷克共和国南摩拉维亚(Moravie)出土的"多尼维斯通尼斯"母神像,等等。

欧洲地区旧石器时代晚期的"洞穴艺术"集中分布在欧洲西南部的伊比利亚半岛(Iberian Peninsula)和法国西南部与西班牙北部交界的法兰克-坎塔布利亚地区(Franco Cantabrique)。伊比利亚半岛史前洞窟总数多达200个左右。早在史前时代,"法兰克—坎塔布里亚"美术风格就已经呈现出向周边传播的趋势,其影响不仅达到西班牙、法国其他地区,而且辐射到周边的意大利、葡萄牙、比利时、德国,甚至到达俄罗斯的乌拉尔山、罗马尼亚等地。1998年,伊比利亚半岛地中海盆地岩画(Rock-Art of the Mediterranean Basin on the Iberian Peninsula)还被联合国教科文组织整体列入世界遗产名录。

按照时间顺序,我们在这里列举部分欧洲地区的著名洞窟岩画:

肖韦洞(Grotte de Chauvet,距今3.1万～2.4万年,1994年发现)。该洞窟位于法国东南部阿尔代什河瓦隆-蓬特-德拉克(Vallon-Pont-d'Arc)附近,是迄今为止新发现的时代最早的欧洲旧石器时代洞穴岩画,被誉为20世纪最重要的考古发现之一。该洞窟石壁上布满熊、狮子、犀牛、猛犸象、河马、野牛、牧鹿、群马等大型动物的岩画群像,岩壁下有火堆残留物,说明曾经举行过祭祀仪式。另有一幅长野牛头的人像,一幅犀牛群的图像。狮子

---

① 陈兆复、邢琏:《原始艺术史》,上海人民出版社,1998年,第11页。

图形上有红色斑点。朱狄（2008:188）指出：这幅图与梭鲁特文化期许多动物身上的红色斑点一样，应该是表示祭礼仪式的符号。

克斯凯尔洞（Cosquer，距今 2.7 万～1.6 万年，1991 年发现）。该洞窟位于法国马赛地中海边缘的卡锡斯湾（Cassis），深埋海底 120 英尺之下近 2 万年之久，直至 20 世纪 90 年代初才被发现。该洞穴中发现的史前岩画大致属于两个时期的作品：第一个时期主要是简单的动物轮廓画和断指画，据说有 46 个制作于距今 2.7 万～1.8 万年之间的"断指"手印，有人认为这些断指手印与切断手指的仪式有关，此种习俗在巴布亚新几内亚就有；也有人认为是弯曲的手指在石壁上的形象，可能是一种手势语，因为南非的卡拉哈里人，西非的布须曼人，澳洲原住民在狩猎和成人礼中都会使用这样的手势符号。第二个时期主要是动物和几何形符号，时间在距今 1.8 万～1.6 万年的梭鲁特文化期，其中的几何形符号有波浪线、点、棒状线、倒钩线和四方形，等等。该洞窟出现的海洋动物图案则为其他洞窟所未见。

拉斯科洞（Lascaux，距今 1.8 万～1.6 万年，1940 年发现）。该洞穴位于法国多尔多涅省蒙尼克镇附近的韦泽尔河谷（Vézére Valley）。该洞窟分前洞、后洞和连接通道，前洞又称"公牛大厅"。史前艺术家在前后洞窟崖壁上彩绘了许多野牛、野马、驯鹿、犀牛等大型动物，动物图像多施以流畅的黑色线条，辅以红、黄、褐、黑等不同色彩而成。所绘动物多呈奔跑状，故以动态化图像著称于世，并被认为已经具有初步的构图意识。岩画或绘或刻在黑暗的洞壁上，常见多次重叠的痕迹，前后风格迥然不同，可见岩画作品不是一次而是多次完成的。其中以所谓的"中国马"为代表，在其图像的周围还有一些抽象符号；另一幅称为"鸟头呆子"的岩画也非常有名，被认为是欧洲史前岩画中唯一描写狩猎场面的一幅岩画。据说 H. 布日耶和 S. 布朗曾经在这幅岩画的附近捡到过马格德林早期的一些长杆矛枪。至于这些岩画表达的意义，有人认为是对原始狩猎失败的记录，有人认为是狩猎巫术的产物。拉斯科洞窟所在地韦泽尔河谷包含 147 个史前遗址，25 个洞窟，由于史前遗迹丰富，历史悠久，1979 年，"韦泽尔山谷洞窟崖壁画（Decorated Grottoes of the Vézére Valley）"被联合国教科文组织列入世界遗产名录。

阿尔塔米拉洞（Altamira，距今 1.8 万～1.6 年万年，1879 年发现）。该洞穴位于西班牙坎塔布里亚地区桑坦德（Santian）附近，该洞穴是有历史记载的首个被现代人发现的欧洲旧石器时代洞穴，由一位西班牙业余考古学家马塞利诺·特·绍图奥拉（Mmarceino de Sautuola）和他的 5 岁小女儿玛丽亚（Maria）于 1879 年发现。该洞窟中的彩色岩画被原始艺术家图绘于不见阳光的洞壁之上，其中最著名的一幅"大壁画"全长 46 英尺，其上描绘了

15 头野牛、3 头野猪、3 只母鹿、2 匹马和 1 只狼,图像尺寸接近动物原型,野牛下面有许多难以辨认的几何符号。其中的动物虽然是静止的,但其姿态比自然状态更具魅力。大壁画所在的位置被戏称为"史前的西斯廷教堂",此一洞穴岩画的美感直逼拉斯科洞穴的"公牛大厅"。1985 年,"阿尔塔米拉洞窟岩画(The Altamira cave paintings)"被联合国教科文组织列入世界遗产名录。

三兄弟洞(Les Trois Freres,距今 1.5 万～1.3 万年,1912 年发现)。该洞窟位于法国阿列日省比利牛斯山谷地区蒙德斯鸠-阿瓦蒂斯(Montesquieu-Avantés),洞穴底部有一处地势深陷的"圣殿",旧石器时代最精美的雕塑和雕刻岩画都集中在这里。其中的"鹿角巫师"图像是旧石器时代岩画艺术中的精品。另雕刻有大量动物,尤其是牛和马形象的组合图,图中还有一些抽象符号。岩画的图像很可能是很多代人不断叠加上去,并非一次性的雕刻行为。

方哥摩洞(Font de Gaume,距今 1.5 万～1.3 万年,1901 年发现)。该洞穴位于法国多尔多涅省彼尼(Binn)山谷。洞穴岩画从距离洞口 65 米处开始,全长 48 米,创作于距今 1.4 万～1.2 年之间。该洞窟岩画或画或刻,形象包括动物和少量人物,动物有猛犸象、野牛、驯鹿、马、狮子、犀牛、羚羊等共 198 个大型动物图像,其中,"相向的驯鹿"的构图处理很有特色。另一幅"野兽攻击马群"被认为是图腾部族间相互攻击的巫术行为。盖山林认为:"联系到岩画上刻的牛头或屋顶形,或手印等标记符号,这种推测或许是对的。"[①]该洞穴人物画像数量较少且比较抽象化与概念化,缺少细节描写。

康巴里勒斯洞(Combarelles,距今 1.5 万～1.3 万年,1901 年发现)。该洞窟位于方哥摩洞附近。洞口宽敞,可供人居住,但洞穴内部深邃曲折,十分潮湿。该洞穴岩画有大型动物、人物和几何符号。包括 46 头穴熊、马、驯鹿等大型动物的图像,少量戴面具或头部变形的人物形象,少量裸体女性的躯干线描图像,以及直线、交叉线、划道等几何图形。其中,对人物像头部的变形或头戴面具的现象,其表现手法与方哥摩洞基本一致。洞中还发现了少量岩画使用岩石凹凸面的构图手法。

沙龙·尼奥洞(Salon Nior,距今 1.3 万年左右,1906 年发现)。该洞窟位于法国阿烈日省比利牛斯山谷地区,全长 1400 米,在进入洞穴 500 米处才有岩画。该洞穴岩画集中在 135 米长的"黑厅(The Black Salon)",岩画中最著名的图像是 7 只"中矢的野牛",这些图像"被认为是旧石器时代狩猎

---

① 　盖山林:《世界岩画的文化阐释》,北京图书馆出版社,2001 年,第 5 页。

巫术的最好证明。其他的区域也有个别的动物形象,但绝大部分是抽象符号,有许多三角符号和阿尔塔米拉洞穴中的三角形符号几乎完全一样。"①该洞穴没有岩雕,但是在泥地上发现了男孩的脚印,因此,该洞穴被认为与史前时代的成人礼有关。该洞穴岩画使用黑色线条勾勒岩画轮廓,动物鬃毛用虚线和阴影式表现手法,牛角和蹄子用透视画法,还能利用岩石的凹凸不平,创作出具有浮雕效果的岩画图像。

鲁菲亚纳克洞(Rouffignac,距今 1.3 万年左右,1575 年发现,1956 年再次发现)。该洞穴位于法国多尔多涅省,洞穴中发现了数量众多的猛犸象岩画,猛犸象的侧面神似人的样子,甚至"眼神调皮",被认为充分反映了原始艺术的审美本质。该洞窟还发现了布满单束、平行双束和多束的波状、十字和曲线图案。其中在某些动物图像旁还发现"儿童手指槽痕迹"的神秘图案。这种"手指槽"据说在西欧和澳大利亚南部史前洞穴里也有所发现。

欧洲旧石器时代晚期的"洞穴艺术"不仅包括岩刻、岩画,还包括洞穴雕刻艺术品。据说,法国的拉斯科洞发现了 600 幅岩画,伴随出土了 1500 件雕刻艺术品。三兄弟洞发现了 1100 幅岩画,也出土了许多雕刻艺术品,这两个洞穴都是史前岩画和史前雕刻艺术品等前文字研究材料的富集地。当然,也有许多洞窟,以上两类作品都零星散见,或者只有一类作品出现。据20 世纪 80 年代的初步统计:法国同时具有两类艺术作品的洞穴有 27 个,西班牙有 9 个,意大利只有 3 个。②

欧洲旧石器时代晚期"洞穴艺术"的表现主题多为动物+象征物的组合,其中,大型动物明显是洞穴岩画的主角。而在欧洲旧石器时代的小型雕塑艺术品中的人物形象,如上面所说的"维纳斯小雕像",其面部形象模糊,五官不够明确,或许表现的是原始宗教萌芽阶段人们想象中的女神。

总之,欧洲旧石器时代晚期艺术具有明显的巫术—原始宗教的特征,主要表现在以下四个方面:

第一,部分洞穴有明显的仪式大厅与祭祀痕迹,岩画经常刻画或图绘在洞穴深处,明显拒绝外人观看。

第二,部分岩画动物图形在很长的时间段里反复重叠出现,充分表现出原始巫术的"一次有效性"证据。

第三,岩画动物画面的下方和周围经常有棍棒、长矛、树枝形以及点、线、波浪线、四方形等几何记号,还有不明类型的武器或使用工具打击过的

---

① 盖山林:《世界岩画的文化阐释》,北京图书馆出版社,2001 年,第 172 页。

② G.托塞罗:《旧石器时代洞穴岩画和可携带艺术遗址名录》第 3 卷,巴黎:1983 年。

痕迹。

第四,许多洞穴内伴随出土了许多史前艺术小雕像,并不只有孤零零的图画。由此可见,这些不同形式的洞穴艺术、雕刻艺术明显存在着相互的关联。

二、欧洲中石器时代

部分历史学家把欧洲公元前 8000～公元前 3200 年之间的一段时间视为欧洲中石器时代(Mesolithic),用来指"农业引入前的冰后期阶段"或"冰后期初的狩猎采集者",并且用来专指"欧洲全新世初的觅食者"。具体又分为三个时期:

马格勒莫瑟(Maglemose)时期(公元前 7500～公元前 5700 年),聚落生活。

孔格莫瑟(Kongemose)时期(公元前 5700～公元前 4600 年),聚落生活。

埃特博莱(Ertebolle)时期(公元前 4600～公元前 3200 年),定居聚落。出现公共墓地。埋藏方式独特,并伴随动物,如狗的陪葬。

欧洲各地中石器时代的起始时间并不一致,所谓的"中石器时代"概念也并非严格意义上的与旧石器时代、新石器时代并列的一个考古学文化分期,但从研究史前艺术的风格和类型的角度看,还是应该把它独立出来。

欧洲中石器时代,由点、线和网状线等几何图形或记号重复组合而成的抽象字符群岩画和岩石雕刻艺术密集分布在法国的阿齐尔文化,西班牙的拉克西纳(La Cocian)文化,德国北部和丹麦的马格勒莫瑟文化中。

意大利卡莫尼卡山谷(Camonica Valley)"前卡莫尼安(Former Carmonia)"岩画风格中的动物形象繁简相参,人物祈祷、膜拜太阳和膜拜动物图像风格单一。葡萄牙、挪威、芬兰、瑞典等欧洲周边国家以及俄罗斯欧洲部分的乌拉尔地区,乃至亚洲部分的乌兹别克斯坦都发现了岩画画风由比较写实逐渐向简略和抽象过渡的痕迹。

西班牙东部沿海地区拉文特(Levant)岩画是欧洲中石器时代乃至新石器时代早期岩画的代表,共发现了 50 多处岩画地点。拉文特岩画充分反映了人与动物主角地位的反转,狩猎岩画中的人物手持弓箭,动物处于明显的被动地位。大型动物已经很少见,而蜘蛛、蜜蜂、苍蝇等小昆虫也被吸收了进来。拉文特岩画以拉长的四肢和夸张的动作表现人物、动物的动感,人物形象的剪影效果非常突出,其中的代表作如"跳舞的妇女""采蜜的妇女""母与子"等等,充分反映了那个时代的生活场面和仪式表达的需求,具有浓厚的生活气息。此外,拉文特岩画的作者们已经具有明显的构图意识,画中人物的安排,图画布局皆表现出一定的叙事性质。

北欧斯堪的纳维亚半岛的瑞典、挪威、芬兰、丹麦等地出现了不少时间相对较早的史前岩画。如芬兰的阿斯图万萨尔米(Astuwan Saami)岩画,挪威雪地狩猎岩画。俄国卡累利阿(Karelia)白海之滨岩画等。"与历史上将中石器时代看作是'缺乏艺术'的图像相反,装饰艺术和装饰品出现在整个丹麦的中石器时代。琥珀小塑像和缀饰非常著名。装饰有典型几何形纹的各种材料和器物,贯穿整个中石器时代。"①

三、欧洲新石器时代

新石器时代,欧洲地区的先民开始驯养牲畜,从事农业种植,有了定居村落,普遍开始使用弓箭。由于气候变迁和猛兽对人类的威胁程度降低,大型动物猛犸象、披毛犀、驯鹿等基本绝迹,欧洲岩画地点从以洞窟岩刻为主转到以露天崖壁画为主,岩画的主角由以动物为中心转变为以人物为中心。

欧洲各地进入新石器时代的起点和终止时间各不相同。公元前 7000 年左右,西南欧地区率先进入新石器时代,而中东欧地区则迟至公元前 4500 年左右才进入新石器时代。

意大利北部的卡莫尼卡河谷是史前岩画密集分布的一个地点。联合国教科文组织下属的"国际岩画委员会(International Commission on Rock Painting)"就坐落在这里的卡波迪蓬村(The village of Capotipong)。梵尔卡莫尼卡(Vercamonica)岩画总数在 14 万幅左右,时代从公元前 8000 年一直延伸到中世纪,几乎达 1 万年之久。梵尔卡莫尼卡岩刻不但历史悠久,而且内容丰富、岩画风格也多姿多彩。

公元前 5000 年左右,新石器时代的梵尔卡莫尼卡岩刻主要是图案化的各类人物,作品比较孤立,风格比较僵硬,反映了史前部落社会的狩猎、采集和初期农业生活的场景。1979 年,梵尔卡莫尼卡岩画被联合国教科文组织列入世界遗产名录。

西班牙瓦伦西亚(Valencia)"大图"风格岩画表现了巫师一类人物在幻觉中的状态,是对巫师作法场景的忠实再现。西班牙罗斯奥卡诺斯(Ross Ocanos)人形神话生灵、鹿和符号岩画表现了狩猎巫术的场景。

---

① 〔美〕道格拉斯·普赖斯:《欧洲中石器时代》,潘艳译,《南方文物》,2010 年第 4 期,第 163 页。

四、欧洲青铜时代与铁器时代早期

在黑海西岸保加利亚境内的瓦尔纳(Varna)墓地发掘出迄今为止欧洲地区最早(公元前4600年左右)的红铜制品和黄金制品。公元前4000年左右,爱琴海(Aegean sea)地区真正进入青铜时代。公元前3730年,克诺索斯农民就已经参与到长途贸易活动中。由于地理位置的特殊,通商的便利,这个岛屿上的米洛斯人(Milos)较早接触到了来自美索不达米亚和埃及的文明成果,建成克诺索斯(Knossos)、法埃斯特(Faeste)、古尔尼亚(Gulnia)、菲拉卡斯特罗(Fila Castro)等城邦国家,这些城邦国家建造了富丽堂皇的王宫、发达的海港。他们崇拜丰产女神,制造出大量陶器、金银铜器、石质花瓶、印章和象牙雕刻等工艺品,并在这些器皿上装饰了精美的图案和纹饰,图画叙事方式非常发达。

公元前2500年左右,克里特岛(Crete Island)进入青铜时代。克里特岛米洛斯彩陶作品的早期代表是"维西尼亚式(Visnian style)"鸟嘴壶,其装饰图案为较写实的动植物或菱形、山形、三角形、圆圈形、漩涡形、波浪形等几何形纹饰。

公元前2000~公元前1450年,克里特岛"米洛斯文明(Melian civilization)"发展到顶峰。建造了宏伟的宫殿,墙壁上涂绘了各种几何图案,各种鲜活的生活场景,以及大小不一的人物形象。同时表现了舞蹈和宗教祭祀的场面,还制作出女祭司的小雕像和彩绘陶器,以及泥板上和圆盘上的被统称为"线形文字A(Line A)"的文字,[①]虽然这些文字至今未被释读出来,但我们推测应与同地域考古学文化中发现的前文字存在一定的关联。

公元前1900~公元前1700年,克诺索斯城邦宫殿匠人制作的"卡曼莱斯式陶器(Camanlesian Pottery)"器表装饰带有图案化倾向的植物纹饰,此类陶器多用于祭祀场合。公元前1800~公元前1600年,米洛斯陶器先以图案化风格见长,陶器表面彩绘动、植物为主图案,如著名的"卡玛瑞斯陶瓶图案(Camares ceramic bottle pattern)"。其后则以栩栩如生的珊瑚、海藻、章鱼、海豚等海洋生物和动物图案为主,如著名的章鱼壶。

公元前1600~公元前1150年,爱琴海地区的文明中心转移到希腊大陆,在希腊大陆阿尔戈斯(Argos)平原地区出现了"迈锡尼文明(Mycenae civilisation)"。迈锡尼文明遗址考古发现了壮观的陵墓,出土的随葬品有

---

① 〔英〕约翰·查德威克:《克里特岛出土线形文字B的解读》,夏洁译,载黄亚平:《广义文字研究》,齐鲁书社,2009年,第153~195页。

青铜武器和黄金制品，以及精美的黄金面具。迈锡尼文明的国王们大多是勇敢的武士，其生平传说被载入几百年后的《荷马史诗》。希腊中部的塞萨利亚（Thessalia）逐渐成为克里特岛之外的陶器制造中心，该地的陶器制造同时吸收了金属制造工艺，如船型调味壶和高嘴大壶，用黏土溶液在陶器表面上涂成深色底，然后勾上简单的几何纹样。据说迈锡尼人改进了来自克里特岛的米洛斯文字，创造出适合自己使用的"线形文字B（Line B）"，用来书写希腊语。从目前已知的材料来看，距今3500年左右的"线形文字B"应是欧洲地区出现最早的文字。"线性文字B"很有可能借鉴了米洛斯文字，同时又跟迈锡尼文明，甚至跟本土文化独立使用的前文字有所关联。

公元前1100年左右，古希腊文明出现。古希腊陶器纹饰并非完全来自米洛斯-迈锡尼文明，而是独立制作出具有几何风格的陶器。希腊陶器使用了轮制技术，最初的陶器器形简略而偏小，器表彩绘以锯齿纹、十字纹、圆形纹、漩涡纹等几何形纹饰及纹饰组合，通常以带状形式出现在器表之上。公元前9世纪出现的希腊字母，不但与腓尼基字母和埃特鲁斯坎字母有一定的继承关系，而且与古希腊时期活跃的前文字也应有一定程度的符号关联。

青铜时代的欧洲地区出现了比较宏大的神话仪式、祭祀舞蹈、神话人物和动物岩画。西班牙伊比利亚半岛地区出现了大量"伊比利亚图案式美术（Iberian pattern art）"，岩画中大量出现简化人物、动物、车辆、房屋、太阳和直线、十字、同心圆、十字交叉线等多种抽象化的符号和图案。并出现了复杂而完整的构图意识。

公元前3000年左右，意大利梵尔卡莫尼卡岩画出现了斧头、戟、三角形匕首等武器以及刻制在巨石上的纪念碑式的岩画。纪念碑式岩画的中心装饰有巨大的放射状的太阳，人物、动物、抽象符号，可能是对太阳崇拜仪式场景的描写。另外，在意大利的奥特兰托市（City of Otranto）附近发现的一座巨大的岩洞内也发现了同一类型的青铜时代的岩画；在博阿里奥·特麦-达福地区（Boario Temai-Dafoe area）发现的"短剑石崖（Short sword stone cliff）"岩画上刻有大量的短剑、长钺、斧子及其他金属武器和工具图形。

北欧斯堪的纳维亚半岛（Scandinavian Peninsula）地区的瑞典、挪威、芬兰、丹麦等地岩画出现了船只、人物、家畜、武器、道具和几何图形，这里的岩画不但有了明确的构图意识，而且有固定的模式，出现程式化、图案化的倾向。岩画主题多与太阳崇拜神话有关。岩画中出现车轮、圆形、船只等形象具有象征含意。据说车子象征雷神多纳尔（Donard），锤子表示多纳尔雷神的男根，象征生殖力。岩画中出现的树，也是半岛地区神话中的"宇宙树（Yggdrasil）"。

公元 1 世纪，北欧地区的日耳曼人（Germans）创造了"如尼字母（Runic）"，据说这种字母是最适合书写魔法的神秘文字，这种文字出现在魔法盛行的北欧地区是最适合不过了。据说，最初的如尼字母经常刻写在刀片、盾牌、珠宝、梳子、衣扣、小型人像等随身携带的物件之上。巫师们常使用如尼字母书写咒语，进行命理推算。①

公元前 1000 年之后，欧洲铁器时代开始，在意大利的梵尔卡莫尼卡纳奎尼（Naquane）出现了规模宏大的农业劳动和生活场面岩画。公元前 6 世纪，意大利古代民族埃特鲁斯坎的影响波及意大利，该文化风格的头盔、盾牌、刀剑等武器以及埃特鲁斯坎字母赫然出现在岩画中。斯堪的纳维亚半岛，阿尔卑斯山地区，布斯坦地区、格鲁吉亚等地出现了非常贴近当时社会生活的岩画，表现了骑马战斗、放牧、捕鱼以及部落生活的场景。

公元前 900～公元前 800 年，雅典的狄比隆（Dibilon）出土的陶器器形高大，几何图案繁复多样。陶器图案的主题以狩猎、祭祀、歌舞、征战、神话传说为主，表现出神秘的宗教倾向和最初的哲学思想。器表通常由横带分隔开来，每个横带自成单元，其上彩绘了不同的几何图案，或者干脆把横带切割成方块，每个方块彩绘不同动植物图案。此种陶瓶多用于随葬，具有类似纪念碑的性质。

公元前 600～公元前 500 年，希腊进入"埃特鲁斯坎"时期，希腊彩绘陶出现"黑绘（Black painting）"和"红绘（Red painting）"两种风格，两种彩绘陶器图案的主题都表现希腊神话。黑绘的代表作如《阿喀琉斯和埃阿斯玩骰子》《狄俄尼索斯在舟中》《阿特拉斯和普罗米修斯》等；红绘的代表作如《就餐的赫拉克勒斯》《赫拉克勒斯与阿波罗争夺神鼎》《厄俄斯扶持门农的尸体》等。② 埃特鲁斯坎字母上承希腊字母，下启罗马字母。罗马字母则传遍世界各地，成为字母文字的主干。

公元 500～公元 700 年，北欧地区的爱尔兰出现欧干铭文（Ogam），欧干铭文外形奇特，字母符号由槽口和刻线构成，通常雕刻在纪念碑石碑的边缘。欧干铭文应是北欧地区的另一种文字系统。

总之，若从有没有文字的尺度加以判断，欧洲大陆整体在迈锡尼文明的"线形文字 B"（距今 3500 年左右）出现之前的时期，甚至放宽到米洛斯文明的线形文字 A（距今 3900 年左右）之前的时期，似可归属于欧洲地区的前文字时期。与此同时，我们也应清醒地看到：虽然欧洲地区的前文字材料异常

①　〔加拿大〕亨利·罗杰斯：《文字系统：语言研究方法》，孙亚楠译，商务印书馆，2016 年，第 375～381 页。

②　陈兆复、邢琏：《原始艺术史》，上海人民出版社，1998 年，第 181～187 页。

丰富,如史前岩画、维纳斯小雕像、史前陶器及陶器图案和纹饰等。但拥有丰富的前文字材料,并不等同于统一的"欧洲文字"的概念可以成立。因为史前欧洲地区并非只有一种文明形态,东欧、中欧、西欧、南欧和北欧的情况各不相同。正是由于这种情况,我们对欧洲各地前文字性质及其与文字关系的讨论,还必须就事论事,逐一考察,并不适合笼统地一以贯之。这一研究立场,应该同样适用于世界各大洲文字发展的基本状况。在此一并说明,后面各节不再赘述。

第二节　西亚、南亚和中亚前文字材料

亚洲地域广大,为了叙述的方便,我们把该地区前文字材料分成两节来加以梳理。本节先介绍西亚、南亚和中亚地区的前文字材料。

亚洲境内新石器时代遗址密集分布,前文字材料无论数量和形态都极为丰富。尤其是在西亚地中海东岸黎凡特走廊(Levant Corrdor)[①]、西亚美索不达米亚(Mesopotamian)平原,以及与欧洲接壤的安纳托利亚(Anatolian)地区、南亚印度次大陆和东亚中国境内,与文字起源相关的新石器时代的前文字材料可以说比比皆是。

一、西亚地区

西亚地区位于欧、亚、非三大洲枢纽位置,自古以来,西亚地区就与欧洲、非洲地区有非常密切的经济和文化上的交往与联系。西亚考古的石器分类和命名多采用欧洲标准。西亚地区旧石器时代早期以砍斫器和手斧为主要文化特征,类似欧洲的阿舍利文化;中期以石片器为主要文化特征,与欧洲的莫斯特文化接近;晚期遗存主要以石叶文化为主,与欧洲的奥瑞纳文化和欧洲东部的格拉维特文化(Gravite culture)近似。

(一)西亚新石器时代

地中海东岸的黎凡特走廊最先进入农业社会。在以色列的内盖夫沙漠(The Negev Desert)、约旦、叙利亚到埃及的西奈半岛(Sinai Peniasula),密集分布着从旧石器时代晚期直至晚近长达 1 万年左右的岩画。岩画序列风

---

① 笔者注:此处的"黎凡特"走廊,地理位置在地中海东岸一带,包括今叙利亚、黎巴嫩、约旦、以色列、巴勒斯坦等国。该地史前艺术与地中海西岸一带中石器时代的西班牙艺术同名而异地。

格包含了早期狩猎者时期、进化了的狩猎者时期、采集者时期、畜牧者时期、罗马—拜占庭时期、早期伊斯兰时期以及当今时期。

公元前 7000 年左右，约旦的杰里科(Jericho)以及安纳托利亚的查塔尔·胡尤克(Chatal Huyuk)就已经初具城市规模。杰里科的居民不但能制造陶器和雕像，而且已经显露出灵魂转世观念和祖先崇拜的痕迹。他们制作了许多用死人的头骨加工而成的头像，有些头像还被嵌入石墙中。

公元前 1500 年左右，定居在黎凡特走廊的西部闪米特人(Western Semitic)创立了原始闪米特辅音音素文字(Abjad)，这是字母文字的滥觞，其后遍及世界各地的字母文字，如腓尼基字母、希伯来字母、亚拉姆字母等都是这个字母大家庭的成员。在西闪米特人创造原始辅音音素文字的时候，东面的阿卡德帝国和西面的古埃及帝国都已经有了自己的文字，因此，亨利·罗杰斯(2016:173～175)认为西闪米特人创造的字母有可能是借鉴了古埃及文字。

两河流域下游的扎格罗斯(Zagros)丘陵和美索不达米亚平原，从公元前 10500～公元前 5000 年都有农业聚落遗迹。公元前 7000 年，扎格罗斯山区最著名的新石器时代遗址雅莫(Jarmo)已经是一个建造完善的定居农庄，该遗址出土了丰富的农业栽培的大麦、双粒小麦、作物种子、山羊和绵羊的骨头、镰刀、磨盘和其他耕种工具，还有黑耀岩、绿松石、海贝等来自远方贸易的物品。在美索不达米亚平原，距今 1 万年左右就出现了用来记录贸易活动的陶筹(clay token)，被美国学者丹尼斯·斯曼特·贝瑟拉(2015:5)认定为最早的文字。

公元前 7000 年，最早居住在亚述(Assyria)平原上的农人们就能制作夹沙陶器，并在器表上彩绘或刻画点、圆圈以及其他纹饰，这类陶器被称为哈苏纳(Hassunan)陶器，广泛分布在底格里斯河(the Tigris River)上游至摩苏尔(Mosul)的广大地区。

公元前 6500 年，"哈拉夫类型(Halaf Type)"陶器出现在美索不达米亚北部。该类型陶器制作出非常精美的陶质用具，如碗、盘、长颈瓶等，并在器物上标明和绘制了精美的牛头图案以及人和动物的形象。公元前 6000 年左右，西亚制陶已经发展成一个行业。彩陶器表面经常绘制有各种栩栩如生的图案和纹饰。

公元前 6000 年，"萨马拉类型(Samarran Type)"陶器出现在从北部摩苏尔到南部巴格达之间的广大地区。陈兆复指出：萨马拉陶器在盆心绘制着回旋形象。哈拉夫陶器把简化的牛头发展为繁复的纹饰图案，用于装饰。"两种风格互相影响，出现许多雷同之处。某些哈拉夫设计中的象征符号转变为苏美尔人早期的象形文字。"①

公元前 5800 年左右,在南部欧贝德(Al-'Ubaid)农业聚落小村庄中出现了礼仪中心,他们制作的陶器已经贸易到伊朗、叙利亚、沙特阿拉伯等地。欧贝德人创造出丰富的陶器艺术品,如有蜥蜴状面孔的哺乳妇女赤陶塑像,小公牛塑像,还在陶器表面彩绘网纹、带状纹、编织纹等几何形纹饰及精美的植物图案,充分反映了其农业经济生活方式。

从公元前 4500 年起,两河流域苏美尔文明的第一座城邦国家——埃利都(Eridu)建立。其后,在 1000 年左右的时间里,又陆续建立了基什(Kish)、拉格什(Lagash)、乌鲁克(Uruk)、乌尔(Ur)、尼普尔(Nippur)等城邦国家。这些城邦国家在城市中心建筑神庙、金字塔、祭坛、献祭处和中央大殿,因为争夺用水权、道路、贸易和游牧民族进贡品等事项,这些城邦国家很快陷入无休止的争战之中。

在西亚的伊朗高原,新石器时代遗址同样广泛分布。最有代表性的苏萨(Susa)遗址在公元前 6000 年左右就出土了与欧倍德同期的陶器,被命名为"苏萨陶器Ⅰ"。器表以几何化的蛇、水鸟、山羊等动物和人物,以及波浪纹、锯齿纹、顶角相对三角纹等几何形纹饰为主。其后的数千年里,此地一直延续彩陶传统。公元前 3400 年左右,大致与乌鲁克同期的"苏萨陶器Ⅱ"器表纹饰精美绝伦,装饰风格极强。既有三角纹、十字纹、卍字纹等几何形风格,又有图案化和程式化的植物和动物纹风格,还有少数写实的动物纹,纹饰风格多样而统一,如图案化彩陶盘,程式化彩陶高脚山羊杯容器,等等。

公元前 3200 年,伊朗南部的原始埃兰(Proto-Elamite)文化在苏萨和胡兹斯坦(Khuzistan)地区出现,该文化以远途交换为特征,以天青石、绿松石等贸易为主,将伊朗高原、波斯湾,以及远在印度半岛的摩亨佐达罗一带广大地区连在一起。该文化发现的泥板、印章和陶器广泛分布于伊朗高原各地。

中央阿拉伯是西亚地区另一个存在完整序列岩画的地区,其中以沙特阿拉伯岩画为代表。沙特阿拉伯岩画又以公元前 6000～公元前 2000 年之间的狩猎-畜牧者时期描绘野牛和狩猎场景的岩画最具代表性。中央阿拉伯岩画中发现的新石器时代女性形象与同期西亚地区出土的维纳斯女神像高度一致。岩画中的男性形象,虽然出现在狩猎场景中,却不与被狩猎的动物存在联系,而是非常突兀地占据了画面的正中。

进入文字社会之后,阿拉伯半岛出现的各塞姆语族(West Semitic)文字,包括柴姆特(Thamudic)、里赫尼特(Lihyanite)、桑贝(Sabaean)等部落

---

① 陈兆复、邢琏:《原始艺术史》,上海人民出版社,1998 年,第 170 页。

铭文经常与岩画伴随出现。另一些重要的中央阿拉伯国家阿曼和也门也都有岩画分布，而且有著名的"文字岩画"。据阿曼学者阿迈德·阿里（Ahmed Ali）说，阿曼文字岩画中有多达 4500 个古闪米特文字，距今约六七千年的历史。[①]

（二）　西亚青铜时代

公元前 3500 年左右，乌鲁克发展成一座超大规模的城市，城市的统治者恩（En）既是神庙管理者，又是世俗领袖。公元前 3200 年左右，为确保政令畅通，促进贸易活动顺利进行，世界上最早的文字以及圆柱形印章在乌鲁克城邦应运而生，并迅速成为高效管理的有效工具。乌鲁克文字主要用来记账，乌鲁克印章则作为护身符或符咒以及财产标记，两者功能互补。乌鲁克遗址出土雪花石膏雕刻饮水槽，其表面上排列着多种行进的动物；另有雪花石膏雕刻的妇女小雕像，祭司祈祷小雕像等。

公元前 2350 年，闪米特东支的阿卡德人征服了苏美尔地区，建立了萨尔贡王朝（Sargon dynasty）。苏美尔语和阿卡德语本不相干。起初，阿卡德人沿用苏美尔文字书写苏美尔语，其后干脆借用苏美尔文字书写阿卡德语。公元前 2000 年左右，阿卡德语正式取代了苏美尔语的位置，成为这个地区的通用语言。巴比伦语、亚述语都是阿卡德语的地方变体，其书面文字统属于阿卡德楔形文字。

公元前 2000 年左右，地中海东岸贸易活动已经国际化。在美索不达米亚的西北部（今地中海东岸黎巴嫩和叙利亚沿海地带），生活着古老的腓尼基人，他们是西闪米特人的西北分支。腓尼基人擅长国际长途贸易，曾经垄断了西地中海的贸易。公元前 1000 年左右，他们创立了著名的腓尼基字母，腓尼基字母主要用于贸易活动中的记账事务。公元前 800 年左右，腓尼基商人遍及地中海地区，随着商业贸易，腓尼基字母走向世界各地，并被广泛借用，成为影响深远的字母文字的鼻祖。

公元前 11 世纪，生活在叙利亚和美索不达米亚平原北部的亚拉姆人借用腓尼基字母书写亚拉姆语。公元前 6 世纪，亚拉姆字母成为巴比伦帝国使用的书面文字。该文字属于辅音音素文字。公元前 549 年，波斯人攻占了巴比伦，建立起波斯人统治的阿契美尼德帝国（The Achaemenid Empire），仍沿用亚拉姆字母书写公文、合约及各种应用性文献。其后的亚述帝国继续沿用亚拉姆文字书写，这使亚拉姆字母成为国际通用度较高的字母文字。

---

① 　参见盖山林：《世界岩画的文化阐释》，北京图书馆出版社，2001 年，第 77 页。

二、安纳托利亚地区

(一) 安纳托利亚新石器时代

亚洲西北部的安纳托利亚(又名小亚细亚,今土耳其境内),早在公元前9500年左右就出现了农业聚落,并且有发达的物品交易和复杂的礼仪性建筑。尼瓦里·科利遗址(Nevali Cori)考古发掘出神庙一类的礼仪性建筑,神庙中心有一根石柱,柱子上有纹饰,室内有许多雕塑,其中有一件神像的后脑勺上阳刻一条大蛇,一只石灰岩残碗上出现了一对高举双臂的男女,中间夹着一只象征丰产的甲鱼。[①]

公元前7250～公元前6000年,今土耳其南部的恰约尼(Cayonu Tepesi)遗址发现了明显的祭祀杀牲的痕迹,遗址周边的山顶还有"哥贝克力石阵(Gobekli Tepe)",其中的石柱上刻有动物,该遗址的功用可能是一个仪式中心。

公元前6000～公元前5600年,安纳托利亚恰塔尔·休于城(Chattar Huyu)出土了一些绘画和雕塑艺术,主要刻画女性形象、生育场景、萨满舞蹈和女性祖先,反映母神崇拜观念。如著名的生育女神坐像,盘腿坐姿人物陶瓶等。恰塔尔·休于城的房屋壁面已经用壁画装饰。在该遗址的第五层、第六层还发现了公元前6000年左右围杀公牛的狩猎场景和豹形石浮雕。[②]

(二) 安纳托利亚青铜时代

公元前3500年左右,安纳托利亚中部的卡帕多细亚地区(The Cappadocia Region)进入青铜时代。人们在希沙利克(Hissarlik,又名Troy)等遗址的安纳托利亚聚落中发现了权力和财富集中的现象。公元前2300年,特洛伊二期(Troy II)墓葬中出土了精美的建筑和贵重的黄金以及青铜饰品窖藏。公元前2000年左右,安纳托利亚中部的阿拉卡·湖尤克(Alaca Hoyok)遗址发掘出带有黄金乳房的精美的铜雕像,以及嵌银青铜雄鹿像。

公元前1650～公元前1200年,古赫梯人控制了整个小亚细亚半岛(Asia Minor Peninsula),并开始了大规模的扩张。赫梯帝国位于欧亚大陆的交接处,西临爱琴海诸岛、西南接近古埃及、南部与两河流域遥相呼应,其地理位置赋予赫梯人勾连亚、欧大陆的便利条件。古赫梯人有自己的象形

---

① 〔美〕戴尔·布朗:《安纳托利亚:文化繁盛之地》,王淑芳等译,广西人民出版社,2002年,第31页。

② 高火:《古代西亚艺术》,河北教育出版社,2003年,第14～23页。

文字铭刻和印章,但至今没有释读出来。公元前 1400 年之后,由于赫梯人长期以来从亚述人那里学习苏美尔文字和阿卡德楔形文字,并用楔形文字来书写赫梯语,因此留下大量有关行政、文学、宗教内容的楔形文字文献,这是世界上发现最早的用楔形文字记录的印欧语系文献记录,目前已经能基本释读。

三、南亚次大陆

(一) 印度、巴基斯坦石器时代

南亚次大陆具有丰富的文化多样性和独特的文化特征。

旧石器时代晚期,印度契特里萨尔(Chandresal)就发现了刻在鸵鸟蛋壳上的雕刻和骨质的原始艺术品。印度最早的岩画约距今 2.5～1.5 万年,分布于印度中部维德雅-沙特普拉(Vindha-Satpura)山脉丘陵地带,画面主要表现狩猎和舞蹈。

印度中央邦是印度岩画分布非常丰富的地区,在中央邦首府博帕尔(Bhopal)周围的赖森(Rison)、霍申加巴德(Hoshengabad)、默哈代奥(Mohadeo)丘陵、贝德瓦河(Betwa River)地区和北方邦的米尔扎布尔(Mirzabul)、班达(Bandha)等地都有大量旧石器时代晚期的岩画,画面表现原始的狩猎巫术、精灵崇拜、生殖崇拜等内容,为生活于印度次大陆各地的原住民部落所创造。

印度中央邦首府博帕尔东南部的皮摩波特卡(Bhimbetka)山地发现了数量众多的距今约 1 万年的中石器时代岩画。该地 257 个崖壁上共有 1 万多幅彩色岩画,描绘狩猎、舞蹈、战争等内容。岩画风格多姿多彩:早期岩画中出现了众多自然主义风格的写实性野生动物,如水牛、犀牛、大象、马、羚羊、猪、猿猴等。这些动物形象一般不使用线条勾勒轮廓,只用单色的颜料平涂而成,动物形象类似剪影。中期岩画的动物形象虽保持写实风格,但使用线条勾勒轮廓;人物形象出现图案化、几何化风格,人体躯干呈方形,头部呈三角形或圆形。后期岩画线条趋向装饰化,在女人体和动物的轮廓中填充直线、斜线、蛇形曲线;男人形象则用细长线条描绘出棍形人体从而代替了中期的方形人体,更加重视人体在狩猎、舞蹈、奔跑等各种剧烈运动中的动态。①

公元前 2600 年,印度河流域的哈拉帕文化(Harappan Culture,主要分

---

① 陈兆复、邢琏:《原始艺术史》,上海人民出版社,1998 年,第 155～158 页。

布于今巴基斯坦境内)出现了规模宏大的城市,如哈拉帕(Harappan)、摩亨佐达罗(Mohenjo-daro)等。城市内有整齐的街道,发达的排水系统,专门的商店区和工坊区,以及壮观的寺庙、圣坛,以及用来进行宗教性净身的大浴池。陶器作坊内发现数量众多纹饰精美的陶器,铜器作坊内已经在使用"失蜡法"①铸造斧子、凿子、小刀等各种工具,石器作坊内能大量生产滑石印章并在侧面雕刻上精美的动物纹饰,制作串珠等珠玉饰品。除了大量的印章,哈拉帕文化也发现了少量石质小雕像以及动物和人型的赤陶雕像。

哈拉帕文化信仰大地与生育女神,在哈拉帕文化印章上该女神经常以头戴角饰、瑜伽姿势端坐的三头人物形象出现。② 哈拉帕文化遗址中发现了距今4500年左右的"印度河文字,有研究者指出这一文字被用来书写达罗毗荼语(Dravidian)。印度河文字刻写在滑石印章上,考古发掘的滑石印章图文并茂,数量近3万枚,大约有400多个字符和众多图案,字符表示人名及身份等级、众神名、工匠名、书记员名等。印章图案包括各种动物,如象、虎、犀牛和羚羊,也有幻想动物,有时还雕刻人形和神像。这些印章可能是宗教遗物,也可能是家族或私人图章。③

公元前1700年,使用印度—雅利安语(Indo-aryan language)的外来族群经伊朗高原进入南亚次大陆。他们首先占领了印度次大陆北部地区,迫使居住在印度河流域说达罗毗荼语的原住民族群向南迁移,留在原地的本土居民仅剩下少数群体。印度河文明和印度河文字从此消失殆尽。其后,外来的印度-雅利安族群继续向印度次大陆的东南部扩张,最终他们占领了整个恒河流域。恒河流域文明由此逐渐取代了印度河流域文明而成为印度次大陆文化中心。在恒河平原上先后出现了16个大城市,南亚地区古典文明时代——"吠陀时代"正式开启。

印度-雅利安文化使用吠陀梵语(Vedaic),最早出现的吠陀梵语文献是公元前1200年左右的《梨俱吠陀》(Rigveda)。其后,出现了古典梵语,使用古典梵语书写的文献非常丰富,最为著名的是公元前3世纪写成的《帕尼尼语法》(the grammar of Pānini)。

公元前1500～公元前600年,印度北部实际使用语言是帕拉克里语

---

① 笔者注:所谓"失蜡法"是一种发明很早的精密铸造工艺。工匠们先用蜂蜡做成铸件的模型,用耐火材料填充泥芯并敷成外范。然后加热烘烤,让蜡模熔化流失,整个铸件模型会变成空壳。最后再往空壳模型内浇灌熔液,铸成器物。

② 〔美〕戴尔·布朗:《古印度:神秘的土地》,李旭影译,广西人民出版社,2002年,第1～31页。

③ 〔美〕沃尔特 A. 费尔斯沃斯、吉尔:《印度河文明的古文字》,廉珍译,载黄亚平:《广义文字研究》,齐鲁书社,2009年,第133～152页。

(Prakrit)，它是梵语的后继者。在印度次大陆，梵语是印度境内各印度—雅利安语，如信德语(Sindhi)、乌尔都语(Urdu)、印地语(Hindi)、吉吉拉特语(Gujarati)、旁遮普语(Panjabi)、孟加拉语(Bengali)、僧伽罗语(Sinhala)等语言的共同祖源。梵文实际上以一种学术语言和宗教语言的面貌出现，其地位相当于楔形文字圈里的"阿卡德文字"，字母文字圈里的"拉丁文字"和汉字文化圈里的"文言文"。

公元前3世纪的阿育王时代，"婆罗米文是用来书写帕拉克里语的文字，后来也用来记录梵语。除了西北地区使用佉卢文外，印度大部分地区都使用婆罗米文。而婆罗米文是所有印度文字、藏文以及东南亚很多文字的根源。"①

（二）印度铜器时代

印度铜器时代岩画已经出现从巫术仪式向宗教仪式，从形象符号向抽象符号逐渐转变的过程。如拉科杰瓦尔(Rakojwal)岩画《手印、骑象者与图形》，画面上头饰奇异的骑象者和大小不一、虚实相间的抽象几何图形，构成了一种原始宗教特有的神秘氛围。皮摩波特卡岩画《人与带角的神野猪》类似X光透视风格，具有极强的装饰性和神秘意味。而皮摩波特卡岩画中所谓的《重叠的动物》，应是此地原住民不同时期在同一岩壁上反复涂绘的结果，这说明该处是举行巫术礼仪的一个圣地。辛甘普尔(Singanpur)岩画《围猎》所在的崖壁甚至被当地原住民称作"社殿"，透露出远古狩猎巫术仪式的信息。哥托蒂(Gototti)岩画《男根崇拜》明显是原始生殖崇拜的例证。皮摩波特卡岩画一直持续到公元6世纪～公元10世纪，这一时期的岩画被岩画学家们归入综合化时期，以《手握金盏花的妇女》为代表。岩画表现手法综合上述各期，表现对象有骑马、骑象或步行的战士，手持盾牌、刀剑格斗的战争场面，以及定居生活、歌舞、奏乐、畜牧、耕耘、采蜜、植树等混合经济的部落生活情景。部分作品中还出现了"婆罗米字母"题铭。

四、中亚地区

中亚地区的哈萨克斯坦、乌兹别克斯坦、土库曼斯坦、吉尔吉斯斯坦、塔吉克斯坦五国均有丰富的岩画分布，从旧石器时代、铜器时代直至铁器时代的突厥岩画应有尽有。

---

① 〔加拿大〕亨利·罗杰斯著：《文字系统：语言学的方法》，孙亚楠译，商务印书馆，2016年，第304页。

　　哈萨克斯坦境内东南部山区的山前草原地带有数公里长的岩画点分布。在准噶尔阿拉套山系(Aratao Mountain in Junggar)的山隘中,在一条连接中亚、西亚和东欧的古商道上发现了从旧石器时代到突厥时期的几千幅岩画,内容以狩猎和祭祀为主。在阿拉木图(Alma-Ata)西北180公里的塔木嘎里山谷(Tamgaly Valley)发现了青铜时代直至20世纪初的岩画和聚落、墓葬遗址。"岩画分布在由巨石堆成的祭祀地点,岩画有单独图像,也有多幅图画构成的大型画面,有些多幅构图的大型画面具有某些固定不变的主题,将各幅画连接起来,可以形成一个连续的故事,一些具有象征意义的图画是连接故事的焦点,同时也标明画面的展开方向。在这些画面后面可能隐含有根深蒂固的、长期酝酿形成的神话观念。通过神话,可以了解古代宇宙的起源。"[①]

　　乌兹别克斯坦沙漠岩画从中石器时代一直延续到中世纪。石器时代岩画主要表现大型动物及捕猎动物的场面,青铜时代最典型的形象是马车和太阳符号,早期游牧部落时期岩画有各种动物、符号、狩猎场景。突厥时期岩画则主要表现武装骑兵及阿拉伯神话内容。

　　土库曼斯坦在东西方文化交流中曾经起到过重要的桥梁作用。公元前2世纪的帕提亚王国(The Kingdom of Parthia)成为中国汉朝和罗马帝国之间的经济联络人,推动了欧亚大陆的经济、文化的交流和繁荣。与伊朗接壤的边境小村庄诺克乌尔(Nokhur)至今还保留着独特的墓葬制度,这里的人在去世后都要在墓碑上树立一只神圣的山羊角,他们宣称自己是亚历山大大帝的后裔。

　　吉尔吉斯斯坦赛马里塔什地区(The Ritash region of Kyrgyzstan)发现从青铜时代直至突厥时期的10万幅岩画,内容包括各种动物、狩猎场面、家畜、耕犁和工具。塔吉克斯坦东部帕米尔高原地区巴德赫尚州(Badhshan State)有自石器时代至公元后的岩画分布。该地岩画主要描绘狩猎场面,也有战争、舞蹈、射箭等内容。"各组岩画几乎都同时伴有各种符号,有五指伸开的手印形,这种符号是巴德赫尚每组岩画几乎必然具有的表征符号。有圆圈中画一个圆点的图形,有些考察家把它释为太阳图形。还有一部分尚未释读出来的图形,其中可能有一些可能是氏族徽记——氏族印记,另一些则可能具有象征性意义,要解读它们须与当地居民的神话传说或宗教观念联系在一起。"[②]

---

① 盖山林:《世界岩画的文化阐释》,北京图书馆出版社,2001年,第78页。
② 同上书,第80页。

五、西伯利亚和蒙古高原

从俄罗斯境内乌拉尔山脉以东横贯整个西伯利亚，直至黑龙江左岸阿穆尔地区，在这个与蒙古国接壤的广大区域，广泛分布着远古以来的众多岩画地点。西伯利亚和蒙古高原岩画与中国境内北方地区的宁夏、甘肃、内蒙古、黑龙江等地的岩画一脉相承，这是一个超越国家行政区划的文化区系，对这一广大地区发现的岩画，应予以通盘考虑。

（一）俄罗斯境内亚洲部分

西西伯利亚平原南部托木河（Tom River）流域下游地区发现青铜器时代早期至中世纪早期岩画。主要表现驼鹿、人面像和神人同形像。

俄罗斯境内的阿尔泰山地区密集分布着从石器时代一直到早期铁器时代的岩画。其中的戈尔诺·阿尔泰（Gornyi Altai）岩画最具代表性。在与蒙古国北部接壤的加兰加什河（The Garangash River）畔，密集分布着上千幅岩画，其中最著名的是瀑布附近的“圣堂祭坛”岩画。此地大部分岩画是铜器时代中期和铁器时代早期的作品，作者可能是塞种人，岩画所在地往往是他们举行盛大祭祀场所和圣地。

俄罗斯与蒙古国接壤的叶尼塞河（Yenisei）上游穆古尔·苏古尔（Mugul Sugur）圣地有 250 个青铜时代的面具岩画，此类岩画的创作可能与接收男子加入秘密团体的某种神圣仪式有关。这些面具岩画据说具有神力，其后被喇嘛教改造为佛教之神，成为喇嘛教的跳神面具。

俄罗斯境内贝加尔湖畔查干巴扎（Chagan Bazaar）、阿雅湖湾（The bay of Ayya Lake）等岩画点发现了规模宏大的青铜时代的群舞岩画，最早的一批岩画出现在公元前 2000 年左右，作画者据说是布里亚特人（Buriats）。查干巴扎岩画中头顶两角、手执铃鼓的类人形是布里亚特人的萨满巫师。查干巴扎山崖的主神被布里亚特人称为“佛爷”，佛爷还有原配，两位神祇都有名字。山崖岩画前面有萨满巫师使用的祭台，巫师们在这些岩画前面不断进行祭祀活动。举行祭祀神灵活动时，巫师们还必须按照规定的程序进行，祭品也是固定的 1 只大羊 1 只小羊，同时要念诵祷文。由此可知，查干巴扎的岩画、祭祀仪式和早期口述文学——神话叙事之间存在明显的互文关系。贝加尔湖岩画的另一岩画地点阿雅湖湾岩画有“骨架式”或“X 光式”画法的巫师形象，还有众多一字排列的作为巫师在天上的妻子的天鹅形象。众多的萨满祭祀遗迹说明，贝加尔湖畔岩画与萨满教宗教仪式有明显的关系。西伯利亚贝加尔湖沿岸勒拿河畔希什金诺村（The village of Shishkino)岩画从旧石器时代一直延续至公元 17 世纪,长达 1.5 万年之久。最古老的岩画是马和野牛,共有三幅,都是用粗线条画动物的外廓,风格简单而质朴,被认为与西班牙阿尔塔米拉牛形岩画和法兰克—坎塔布利亚马形岩画风格一脉相承,是欧洲旧石器时代晚期岩画的北方姊妹篇。[①]

俄罗斯境内黑龙江左岸地区阿穆尔河(The Amur River)沿岸分布着从旧石器时代至中世纪的岩画,岩画的作者是古代说通古斯语(Tungus)的民族。旧石器时代岩画主要是猛犸象、北美野牛和犀牛等动物,以及单人和成群人像,其内容和风格都比较单一。新石器时代晚期至青铜时代早期的黑龙江左岸岩画和乌苏里江东岸岩画出现了风格化的、但又绝不雷同的人面像或面具岩画,以及在麋鹿、驼鹿等动物身上密布漩涡纹和同心圆的岩画,此类岩画与当地萨满教传统存在密切的关联。该地区早期铁器时代至中世纪岩画出现了"神话风格"岩画,如卡拉河(Karadarya)沿岸岩画,岩画画面上有成行的圆形斑点、纵线、动物和飞鸟图形和没有手臂的人形。阿尔比(Albi)岩画出现了张着嘴巴的人形神像、兽形神像和蛇形神像,人形和兽形形象没有手臂,画面图形数量较少,主要反映蛇神间彼此的搏斗。尽管这两处岩画晚至公元前后,但由于制作岩画的土著民族尚无文字,故也属于史前岩画,纳入我们所说的前文字的研究范畴之内。

(二) 蒙古国境内

蒙古国南连中国北接俄罗斯,境内岩画数量众多而分布广泛,从新石器时代直至各个历史时期,这里的岩画是不同时期的游牧民作品。

蒙古石器时代(公元前 2000 年之前)的岩画以蒙古西南边境科布多省(Cobudo Province)辉特-青格尔洞窟(The Huit-Zinger Cave)岩画为代表。该洞窟岩画只有动物没有人物,动物形象基本上呈现为静止状态,表现手法比较写实,其中的动物形象以及椭圆形斑点、树状、蛇、猎人的箭、男女生殖器等符号被认为与欧洲旧石器时代的方哥摩洞窟岩画类似,是一种表现狩猎魔法的岩画。

蒙古青铜时代(公元前 2000~公元前 1000 年)的"围墙岩画"多为方形或圆形围墙,围墙中有圆形的斑点,围墙的旁边有马匹或狗的图形或者排列成行的类人形,空中有展翅飞翔的保护围墙中动物的苍鹰。这类岩画叙述了"圣鸟苍鹰崇拜和旨在保证牲畜丰富、氏族公社发展、公社成员平安的集

---

① 有关苏联境内加兰加什岩画、贝加尔湖岩画、希什金诺岩画相关文章,参见陈泓法编译:《亚欧草原岩画艺术论集》,中国人民大学出版社,2005 年。

体仪式。"①蒙古围墙岩画与中国境内与蒙古接壤之地同类岩画同出一源。另一处青铜时代代表性岩画位于杭爱省的楚鲁特岩画（Churrut），该地共有13个岩画地点，岩画以红色颜料画出写实风格的动物和人物形象，以抽象风格的数字和符号为辅，其创作年代大约在公元前16世纪以后。

蒙古高原阿尔泰山岩画分布在西南部边境巴彦乌列盖省（Bayan Urige Province）、科布多省、戈壁阿尔泰诸省，向北延伸至乌布苏省（Uvs Aimag）。其中最有代表性的是车辆岩画，目前已发现22幅。许多车辆岩画创作于公元前16世纪之后的青铜时代。盖山林先生在比较了蒙古境内及其周边地区的车辆岩画、中国北方地区的内蒙古、宁夏、青海、新疆等地的车辆岩画与殷周甲骨文、金文"车"字字形之后指出：中国境内北方地区阴山、乌兰察布、阿勒泰山等地发现的车辆岩画，其年代约相当于中原商周至战国之间的青铜器时代。在此之前，中原腹地就已经在制造和使用车辆了，殷周古文字中出现的形体各异的"车"字字形就是很好的证明。"因此，我国北方草原的早期车辆，必将受到欧亚北部草原地带车型的影响，而中原地区造车的起始年代较早，给予北方草原乃至欧亚北大陆的造车业的影响就更大些。"②

蒙古铁器时代（公元前7世纪～公元初）的岩画有不同的绘画风格，早期被称为"斯基泰野兽风格（Scythian beast style）"，出现四腿蜷曲，犄角华丽的鹿形。此类岩画与西伯利亚"塔加尔时代（Tagal age）"青铜动物金饰牌上的动物形似。公元后几个世纪，蒙古岩画盛行"匈奴风格"，在动物或人物躯干上凿刻骨架似的线条。而在广泛流传于外贝加尔地区草原和图瓦共和国的色楞格河（Selenga）、鄂嫩河（Onon River）、叶尼塞河（Yenisei）上游以及蒙古鄂尔浑河（Orkhon River）地区的"鹿石风格（Deer stone style）"岩画则具有共同特征。

蒙古古突厥时代（公元7～8世纪）的岩画流行记号状的野山羊图形，其中尤以鄂尔浑河谷阙特勒碑及其附近的同形岩画为代表，他们都是突厥汗国的权力象征。而在楚鲁特岩画中发现的场面宏大的狩猎图和放牧图，也是晚至铁器时代突厥民族的作品。

蒙古时代岩画（公元13～14世纪）中最典型的是博格多乌拉头戴筒形高帽（名叫"姑姑"）的妇女岩画。1963年，在蒙古人民共和国乌兰巴托附近的伊赫-腾格里-阿姆（大天谷）博格多乌拉山（Bogdoora Mountain）一处山

---

① 〔蒙古〕Д迈达尔：《蒙古历史文化遗存》，载陈泓法：《亚欧草原岩画艺术论集》，中国人民大学出版社，2005年，第9页。

② 盖山林：《中国岩画学》，书目文献出版社，1995年，第123页。

坡上发现了一幅引人注目的铭文和图形。"图形中的鸟形是乐善好施的上天力量的象征,而魔法围墙则可以保护众乡亲和畜群——用长方形的斑点来表示——免受恶势力的侵暴。"①图形和铭文是成吉思汗时代的作品,铭文用蒙文和汉文撰写,大意是"托永存蓝天的气力,托洪福,让我们面对这石崖为福气施礼吧"。在图形和铭文的下面有一位身穿蒙古袍,头戴蒙古"鲍卡(Bogtar,即高筒帽子)"的蒙古贵妇的形象。该妇女头戴的高筒帽子,据说还让出使蒙古的南宋使者感到惊讶。

从语言运用的情况来看,以上中亚五国、西伯利亚和蒙古高原地区通行的语言属于阿尔泰语系突厥语族、蒙古语族和通古斯语族。在公元6世纪中叶以前,中亚地区的许多部族集团或国家只是散布在广阔的欧亚草原之上,他们之间并没有创制出通用的语言和文字。直至公元6世纪以后突厥汗国建立,欧亚草原、蒙古高原、西域诸国才被连成一片。突厥汗国创制出突厥文字,并竖立起一些用突厥文记载的碑铭,用来颂扬可汗或贵族的文治武功,这些碑铭在蒙古鄂尔浑河谷以及俄罗斯境内的叶尼塞河附近都有发现。

蒙古高原通用蒙古语,但在公元13世纪之前,都没有出现过蒙古语的书面文献。蒙古高原最早的蒙古文是成吉思汗时代的文字。从公元13世纪开始,蒙古人用维吾尔文字书写蒙古语文献,其后又改用了从藏文派生出来的"八思巴文"书写。

"通古斯"是中国境内东北地区原住民的名称,早在公元前3世纪,通古斯人就生活在松花江和牡丹江流域。公元12世纪,通古斯的一支女真人建立金国,创制出"女真文"。记录通古斯语的最早文字就是用女真文书写的。

按照本书所说的历史学和考古学文化类型学时空框架以及文字创制时间节点两大尺度来衡量,中亚五国、西伯利亚和蒙古高原广阔区域内出现的岩画,除部分明确知悉其创作年代晚于本地文字者之外,绝大部分都可以作为前文字研究的材料来加以使用。

第三节　东亚、东南亚前文字材料

东亚地区前文字研究材料集中分布于中国、日本、韩国等地,而以中国为主。中国境内前文字研究材料主要包括各地考古发掘出土的史前陶器之

---

① 〔苏联〕A. П. 奥克拉德尼科夫:《博格多乌拉山麓石崖上的蒙古古代人像、铭文和图形》,载陈泓法编译:《亚欧草原岩画艺术论集》,中国人民大学出版社,2005年,第33页。

上的记事图画、表意图案和记号,以及青铜器上的族氏铭文和表意图案,以及中国境内中原和周边省区的岩画等。

东南亚内陆和海岛国家,自古以来不但受中国南方地区和印度次大陆文化的影响,而且受到大洋洲和美拉尼西亚诸岛南太平洋土著文化的影响,并在两者之间起到了文化交流桥梁的作用,表现为具有高度文化一致性的环太平洋文化。正因为如此,我们将东南亚内陆国家和东南亚岛国的前文字材料置于东亚地区之后,以见文化流布之踪迹。

一、中国境内

(一) 中国境内石器时代

为方便叙述,我们按照考古学文化类型学的时空框架,将公元前 5000 年以前中国境内各地史前艺术统称为"前仰韶时期"艺术;将公元前 5000～公元前 3500 年中国境内黄河流域中游出现的仰韶文化史前艺术称为"仰韶前期"艺术;将公元前 3300～公元前 2900 年黄河流域中游仰韶文化晚期史前艺术,以及公元前 2600～公元前 2100 年黄河流域中下游龙山文化史前艺术,合称为"仰韶晚期—龙山时代"史前艺术。

1. 前仰韶时期艺术

"前仰韶时期(公元前 5000 年以前)"属于中国史前艺术的早期阶段。在早期阶段,中国境内诸多史前文化大体上呈现出散见于各地,还没有连成一片的状态。各史前遗址考古发掘出土的器物以较原始的粗陶器为主,但在陶器器表上已经出现绳纹一类的几何纹饰以及一定数量的刻画符号。另有部分陶塑、堆塑艺术品和骨雕艺术品。

2001 年,在中国重庆奉节境内的兴隆洞发现了 1 件距今 12 万～15 万年之久,刻有简单纹饰的象牙,据说这是迄今为止世界范围内发现最早的具有原始艺术萌芽的旧石器时代的实物。另有带有明显人工制作痕迹的石哨、石鸮各 1 件。20 世纪 80 年代,在山西朔州峙峪遗址出土了公元前 2.6 万年之久的刻有纹饰的骨雕 1 件,另有数以千计的人工刻痕。[①] 江西万年仙人洞遗址发现了距今 2 万年前的世界最古老的陶罐。在河北境内距离北京东北 110 公里的一个山洞内,发现了 1 块距今 1.3 万年左右的雕有复杂纹饰的鹿骨骨雕。

除以上旧石器时代的遗物之外,公元前 5000 年以上的新石器时代早期

---

① 参见尤玉柱:《史前考古埋藏学概论》,1989:107。

文化遗存广泛分布于中国境内。

公元前 8000 年左右，江西万年仙人洞和吊桶环遗址、广东南海西樵山遗址和广西桂林甑皮岩遗址都出土了夹沙陶器，器表上面有绳纹、席纹、篮纹、方格纹、曲折纹、叶脉纹、划纹等几何形纹饰。

公元前 6300 年左右，黄河流域中原地区的裴李岗文化陶器上出现了篦点纹、弧线篦纹、划纹、指甲纹和乳钉纹，同时出土了陶塑人头、猪头和羊头等陶质艺术品。河南舞阳贾湖遗址还出土了 10 余个刻画符号。

公元前 5800 年左右，甘肃东部的大地湾文化一期有少量的彩陶，陶器表面口沿位置涂一圈红色宽带纹，部分宽带纹内还有刻画符号。

公元前 5800 年左右，湖南怀化高庙文化出土了许多白陶制品，其上装饰了精美的祭仪图案。

公元前 5300 年左右，安徽蚌埠双墩文化出土了著名的人面神像，在出土陶碗的圈足内还发现了 600 多个刻画符号，蚌埠双墩因此成为迄今为止前仰韶时期发现刻画符号最多的考古遗址。

公元前 5000 年左右，长江流域的河姆渡文化遗址考古发现了黑陶和骨器，在黑陶上装饰有精美的动物图案和符号，在有柄骨匕、骨笄上雕刻花纹或双头连体鸟纹图案。

2. 仰韶前期史前艺术

中国境内新石器时代文化的典型代表是公元前 5000～公元前 3000 年黄河流域的仰韶文化，仰韶文化出土了大量的彩陶，故又被称为"彩陶文化"。

为了方便叙述，我们把仰韶文化简要区分为前期和晚期。

仰韶文化前期（公元前 5000～公元前 3300 年），中国境内各地史前文化虽仍具有鲜明的地方特色，但已经出现了一些规模较大的区域文化中心。仰韶文化前期发现的许多彩陶纹饰和图案都已经具有宗教审美意味，如人面纹、鱼纹、鱼鸟结合纹、鹿纹，以及附着在陶器上的隼形饰、羊头器钮、鸟形盖把、人面头像、壁虎及鹰等动物雕塑等。在仰韶文化早期半坡类型的彩陶器上，还发现 50 多种标明个人所有权的记号，许多文字学家认为半坡陶符具有原始文字性质。河南濮阳西水坡发现公元前 4400 年左右的蚌塑龙虎图案，这是目前公认的中国境内最完整的龙虎形象。

与中原仰韶文化前期大致同时，中国东部山东大汶口文化，东北红山文化，长江中游西段大溪文化，长江下游钱塘江流域的崧泽文化也都比较发达。

公元前 4300 年左右山东大汶口文化彩陶出土了单色的红彩或黑彩，部分晚期遗址出土了带有刻文的陶尊，陶尊上的符号和图案被文字学家释读为原始文字。

公元前4000～公元前3000年,东北辽河流域的红山文化考古发现了巨大的神庙、祭坛等大型礼仪性建筑,同时出土了大量的玉器,如玉猪龙、玉龟、玉鸮等,以及著名的地母女神像雕塑。

公元前4400年左右,长江中游西段大溪文化比较发达。大溪文化中期红陶兴盛,纹饰以通体装饰印纹、刻划纹、漩涡纹、变体卷云纹为特点。大溪文化发现了数十种刻画符号。

公元前3900～公元前3300年,长江下游地区钱塘江、太湖流域崧泽文化出土了许多陶器、石器和玉器。

3.仰韶晚期—龙山时代史前艺术

最新的考古资料表明,中原仰韶文化晚期(公元前3300年之后),尽管中国境内各史前文化仍保留一定的地域特色,但各地已经涌现出了区域性的文明古国,且各地域文化之间的跨文化交流日益频繁,辐辏中原的大趋势已经非常明显了。

2020年,在河南巩义河洛镇新发现了公元前3300年左右的双槐树遗址,这是迄今为止黄河流域仰韶文化晚期发现的规格最高的具有都邑性质的中心聚落,被考古学家称之为"河洛古国""早期中华文明的胚胎"。该遗址出土了精美的牙雕家蚕,其与青台遗址、汪沟村遗址等周边同期遗址出土的丝绸实物,共同证明距今5000年以前该地先民已经在养蚕缫丝,成为中原农桑文明的可靠证据。同时还发现了"前朝后寝式"宫城布局建筑,以及用九个陶罐模拟建构的"北斗九星"天文遗迹,被认为不但开创了"中国宫室制度的先河",而且表现出中国古代文明对"承天之命"的高度重视。

甘肃庆阳西峰镇境内发现了公元前3200年左右的南佐遗址,该遗址中的大型建筑基址表明,该地很可能是仰韶文化中晚期阶段泾、渭地区又一处高等级的区域性古国文化中心遗址,该遗址对研究中国仰韶文化晚期社会形态,认识黄土高原地区在中华文明起源和形成过程中的关键地位,具有重要的价值。

甘肃秦安大地湾遗址发现公元前3000年左右表现巫师驱鬼仪式的仰韶文化"地画"。公元前3000～公元前2000年,仰韶文化向西发展并与当地文化结合,造就出"马家窑文化"。马家窑文化彩陶艺术异彩纷呈,纹饰繁复多样,彩陶纹饰或图案与器腹部或底部的抽象符号甚至还构成了结构性的符号关系,彩陶纹饰、图案、记号,包括器物造型一起,共同表达了内容丰富的原始意义。

公元前3300年左右,安徽凌家滩遗址出土了大量精美的玉质礼器。2013年以来,中国社会科学院考古所、安徽省考古研究所等单位联合对凌家滩遗址进行了多次系统的新发掘,在新发现的祭祀坑内又出土了许多重要的玉器和陶器。其中包括一件体量最大的石钺,一件体量最大的玉璜以及龙首形玉器等。出土的陶器有杯、鬶、鼎、豆、壶、罐、大口尊等,其中两件饰垂幔纹的彩陶葫芦形壶较有特色。

公元前3300~公元前2300年,长江下游地区钱塘江、太湖流域的良渚人建造了规模宏大的水利设施、城址、宫殿以及祭坛、高等级大墓等大型礼仪性建筑。良渚文化被考古学界认定为实证中华五千年文明史的重要遗址,良渚文化遗址2019年被列入世界遗产名录。良渚文化遗址中出土了大量的玉质礼器,如玉钺、玉琮、玉璜、玉璧等,玉器表面刻画了精美的图案和纹饰,如著名的羽冠神人纹等,充分反映了良渚人的精神信仰。良渚文化的陶器主要是泥质黑皮陶,良渚墓葬之中陪葬的陶器已经出现了鼎、豆、壶的组合。在良渚陶器和玉器上还发现了600多个刻画符号及丰富的纹饰图案。

公元前3300~公元前2400年,江汉平原地区屈家岭文化晚期有发达的泥质黑陶和泥质灰陶,有少量朱绘陶和彩陶纺轮和篦点纹空心陶球,彩陶纺轮上彩绘的纹饰多为同心圆、漩涡纹、太极纹、对顶三角纹、短弧线纹和卵点纹等,图案相当美观。随葬品有鸟类、羊类动物的小雕塑制品。

公元前2900~公元前2800年,仰韶文化庙底沟二期处在向龙山文化过渡的发展过程中,该文化主要分布在豫西地区,出土的陶器以夹砂灰陶为主,器型既有来自仰韶文化的罐、尖底瓶,又有可能来自河南龙山文化的双耳盆和陶斝。

为了更好地说明仰韶文化晚期之后中国境内各史前文化的发展趋势,严文明先生(1981:41~48)提出了龙山时代(公元前2600~公元前2100年)的概念,强调应充分关注龙山时代许多重大发明对生产力发展的极大促进作用,这些重大发明包括制造铜器,普遍地使用陶轮技术制陶,有一定的城防设施,等等。龙山时代中国境内各地域文化中普遍出现的重大技术发明说明史前各地域文化正在加速融合,不断向中原腹地汇聚,"多元一体"的华夏文明大格局逐渐形成的历史事实。而这些重大的技术发明又势必反过来促进空前的史前文化大交流和民族大融合趋势,催生汉字系统的加速形成。许宏指出:"总体上看,龙山时代中原腹地接受的周边地区文化因素可以分为三大类,即泛东方文化系统(含主要分布于豫北、豫东及更东的后冈二期文化、造律台文化或称王油坊类型,以及海岱龙山文化)、南方文化系统(主要指长江中游的石家河文化)和泛西北文化系统(含晋陕高原的各支龙山文化和甘青地区的齐家文化)。……可见,周边地区不同考古学文化的影响,是构成中原腹地各区域社会文化面貌差异的一个重要因素。从考古学现象上,可以窥见周边地区的人群通过不同的途径施加各自的影响,从而参与到'逐鹿中原'的过程中来。"①

公元前 2600～公元前 2000 年,河南龙山文化主要分布在豫西、豫北和豫东地区,上承庙底沟二期文化,下启夏、商青铜文化。主要考古遗址有洛阳王湾、登封王城岗、陕县三里桥、华县泉护村等。陶器以泥质和夹砂灰陶为主,褐陶和黑陶次之,陶器种类增多。彩陶上的变体鸟纹图案纷繁复杂。

公元前 2500～公元前 2000 年,山东龙山文化主要分布在山东省东部和江苏省淮北地区,上承大汶口文化,下接岳石文化,主要考古遗址有章丘县城子崖、胶县三里河、日照两城镇等地。山东龙山文化制陶业和制玉工艺都很发达,其黑陶制作使用轮制技术,器类繁多,造型规整,工艺水平高超。其中高颈陶鬶、薄胎高柄杯、鬼脸式足(又称鸟首式)泥质盆形鼎最具特色。玉器制作已经专业化,发现了一定数量的精美玉器,在陶器和玉器器表发现了精美的云雷纹、兽面纹等纹饰,这些精工细作的精美陶器和玉器都是为特殊需要制作的显示主人尊贵身份的礼器。

公元前 2300～公元前 2000 年,陕西龙山文化主要分布在泾河、渭河流域,主要遗址有西安客省庄、武功赵家来等。该文化制陶业比较发达,陶器以灰陶为主,器型有三耳罐、鬶、单把鬲等。发现玉制装饰品和卜骨,尚未发现铜器。

公元前 2400～公元前 1900 年,龙山文化陶寺类型遗址出土的陶器以夹砂灰陶和泥质灰陶为主,随葬泥质陶器器表绘有几何纹、龙纹和变体动物纹等各式纹饰。彩绘陶器是陶寺文化的一大特点,其中的彩绘蟠龙纹陶盘最具代表性。部分陶寺彩绘纹样跟商、周青铜器纹样颇为接近。陶寺出土了许多玉、石礼器和装饰品,发现少量铜器。陶寺龙山文化被许多考古学家认为很可能是夏文化的遗存。

龙山时代,长江流域和中原周边的各大区域性文化中心同样处在蓬勃发展的过程中。

公元前 2600～公元前 2000 年,长江流域中游汉江平原地区的石家河文化蓬勃发展。石家河文化早期阶段发现的"太极图"式的陶纺轮图案与屈家岭文化一脉相承。邓家湾遗址和肖家屋脊遗址集中出土了数以百计的陶偶、数以万计的陶质小动物,以及数量众多的套叠陶缸和红陶杯等,还出土了青铜块、玉质小雕像,以及接近于文字的刻画符号。这些器物均被认为与

---

① 许宏:《何以中国:公元前 2000 年的中原图景》,生活·读书·新知 三联书店,2014 年,第 38 页。

宗教祭祀有关,邓家湾遗址也因此被认为是从屈家岭文化开始直至石家河文化时期的宗教中心。石家河文化早期和晚期的面貌差别较大,早期有比较独特的地域特色,晚期受河南龙山文化和山东龙山文化的影响,迅速融入中原龙山文化和夏文化向南发展的大潮之中。

公元前 2500～公元前 1700 年,四川盆地成都平原出现属于新石器时代晚期的地域性文化—宝墩文化(三星堆文化 I 期),宝墩文化发现了大型的史前城址基址和殿堂建筑遗迹,陶器制作使用慢轮修整技术,器形以宽沿、大翻口风格的小平底器和圈足器,不见三足器和圈底器。

公元前 2300～公元前 2000 年,迄今为止中国境内发现的龙山文化晚期规模最大的史前城址——陕西神木石峁(mǎo)遗址出土了大量的陶、玉、石器,据说离散在外的石峁玉器达 4000 多件。其中的磨制玉器十分精致,包括石质的刀、镰、斧、钺、铲、石雕人头像等,玉质的玉璇玑、玉璜、玉铲等。另在该遗址石城的墙体中发现 20 余件"石雕人面像",其中不乏高鼻深目面貌的雕像。在外城东门处还发现了 100 余块史前壁画残块,壁画以白灰面为底,以红、黄、黑、橙等颜色绘出几何形图案,最大的一块约 30 厘米见方。城址外不远处还发现祭坛、祭祀遗迹以及城台夯土基址、池苑遗址,这些遗址可能在原始宗教信仰中发挥着重要作用。

公元前 2200～公元前 1600 年,黄河上游地区的齐家文化是一支具有特殊价值的新石器时代晚期至青铜时代早期考古学文化。齐家文化的陶器以平底器的双大耳罐、高领双耳罐、深腹盆、侈口罐为主。还出土了一批人头造型、动物小塑像,陶质鼓形响铃、陶祖和圆雕女神小雕像等,并且使用骨卜。齐家文化仅有少量彩陶,陶器上绘有菱形、网格、三角、波折纹和蝶形纹,线条疏朗。齐家文化的冶铜业比较发达,可以制造铜刀、锥、镜、指环等一类小型红铜器和青铜器。由于发现了从原始的纯铜——红铜——青铜的完整序列,齐家文化被认为是中国境内集中出土早期铜器的代表性青铜文化。齐家文化独特的地理位置决定了它是连接中原地区和欧亚草原青铜文化的纽带,因而在探讨中国铜器起源与发展方面具有不可替代的价值。齐家文化墓地的随葬品数量差别比较明显,部分墓葬随葬较多的琮、璧、环、璜、钺、刀、璋等玉礼器。其中有兽首或兽面纹琮、人面纹琮,琮形器上有精美的牛、羊、熊、虎等浮雕纹饰。

(二) 中国境内青铜时代

公元前 2000 年之后,中原腹地及周边一些早期城邦和区域文化中心率先进入青铜时代,造就出灿烂辉煌的青铜艺术。中原腹地,陆续出现了王国阶段的中心都邑，如二里头、殷墟等地，而且在殷墟发现了大量成熟的汉字——甲骨文、金文与陶文。

在中原腹地，与夏、商文化相关或有所关联的考古学文化及其前文字材料在中原腹地有二里头文化、二里岗文化、殷墟文化等考古学文化；在中原周边地区有江西清江吴城、河北藁城台西、江西新干大洋洲等考古学文化遗址的分布。

公元前 1750～公元前 1520 年，中原腹地黄河南岸伊、洛盆地出现了"二里头文化"。该遗址是当时一个非常强大的王国的中心城市，城市内有明显的社会层级，有巨大的宫殿和手工业者、农人聚居的城区。二里头遗址出土了特色鲜明的陶器群，大批的印文陶以及陶器上的刻画符号。二里头青铜工匠已经能使用合范技术[①]铸造复杂的青铜礼器。二里头遗址的宫殿区及其附近集中发现了较多的"龙文物"，大型绿松石龙形器被认为是一种礼器，有可能是夏人崇拜的龙图腾。[②]

公元前 1550～公元前 1300 年，洛阳偃师商城遗址被认为是商早期都城——西亳城遗址。该遗址出土了大量石器、陶器、铜器、玉器等遗物，城内有大型宫殿建筑和军事防御设施，具备早期都城的特点。

公元前 1500 年左右的郑州商代遗址是早于殷墟的商代中期都城遗址，考古学文化通常称之为"二里岗期商文化"。其中，位于郑州商代遗址中心位置的郑州商城是规模宏大的商代中期都城，许多学者认为它是商代中期"仲丁迁隞"的隞都。[③] 考古发掘探明城址东北宫殿建筑群分布密集。商城周围发现铸铜、制陶、制骨作坊多处，出土遗物以陶器最多，石器依然起重要作用。一些泥质陶器表装饰有饕餮纹、夔龙纹、云雷纹、方格纹、圆圈纹等纹饰。青铜器有工具、礼器和乐器等，器种和数量都比二里头文化期有明显增长。还发现了较多的无字卜骨（其中 3 例有字者，其刀法与殷墟甲骨文相似），部分的陶文、刻画记号以及小动物、人像等原始艺术小雕像。

公元前 1300～公元前 1000 年，中原腹地的殷墟文化是商代晚期最具

---

① 笔者注：所谓"合范技术"是指在文明早期手工业匠人为了制造某种陶器或铜器时使用的一种铸造工艺和技术，工匠们先将所要制造的器物原型雕刻成两体或多体的泥模，铸件时再将分体的泥模合为整体并加以固定，然后才将熔化的铜液浇注其中，待铜液冷却后，打碎外范，掏出内范，将所铸的铜器取出，经过打磨修整，一件精美的青铜器就算制作完成了。根据其工艺的复杂程度，合范技术又分为单范和复合范两类，单范用来制造相对简单的器物，复合范则用来制造工艺要求高的复杂器物。

② 殷玮璋：《二里头文化探讨》，《考古》，1978 年第 1 期，第 1～4 页。

③ 安金槐：《试论郑州商代城址——隞都》，《文物》，1961 年第 4 期，第 73～80 页；安金槐：《再论郑州商代城址——隞都》，《中原文物》，1993 年第 3 期，第 23～28 页。

代表性的中国青铜文化的代表。作为商代晚期长达 273 年之久的都邑，殷墟充分展现了中国古代青铜文化顶峰时期的面貌。殷墟遗址考古发掘发现了宫殿宗庙建筑群遗址，王陵遗址，洹北商城遗址，铸铜、制骨和制玉作坊，以及数量多达 5000 余件的各种品类规格的青铜礼器、乐器、兵器、工具、生活用具、装饰品、艺术品等。殷墟青铜礼器不但数量众多，而且纹饰繁缛神秘，夸张怪诞，表达了殷人尊神信鬼的宗教观念。更为宝贵的是殷墟遗址同时发现了大型礼仪性建筑、青铜器、甲骨文和金文，文明三要素具足完备，达到了中国青铜文化的巅峰。

1928～1937 年，李济、梁思永等人先后主持对殷墟进行了 15 次考古发掘，基本弄清了商代王陵、宫殿建筑群的分布和组合关系，并在 YH127 号坑中一次性发现了刻字甲骨 1.7 万余片。1949 年中华人民共和国成立之后又先后发掘了武官村大墓、后岗祭祀坑、小屯南地、妇好墓等重要遗址，极大地充实了殷墟考古学文化的内涵。[①] 殷墟遗址出土了大量的"甲骨文"，另在殷墟出土的青铜器之上发现了铜器铭文（金文），这是目前公认的中国最早的成熟文字，年代距今约 3300 年。

在中原腹地的周边，与中原文明密切接触的部分史前文化同时迈入青铜时代，出现了许多与商、周文化有一定关联的考古遗址和考古学文化。如湖北武汉的盘龙城遗址，江西新干大洋洲遗址、清江吴城文化，河北南部下七垣遗址、藁城台西遗址，东北地区夏家店文化、西北地区辛店文化、四川盆地三星堆文化，等等。

公元前 1800～公元前 1600 年，长江流域中游地区今湖北武汉市黄陂区盘龙城遗址（上限为屈家岭文化，下限相当于殷墟早期）属于中国青铜文化时代的早期城市遗址。其内城兴建相当于商代二里岗期（公元前 15 世纪）。盘龙城遗址出土了数百件商代青铜器、陶器、玉器、石器和骨器。其中的兽面纹盉、大铜鼎、铜锁、铜提梁卣均制作精良，纹饰华美，另出土了 94 厘米长的大玉戈。

公元前 1500～元前 1100 年，江西清江吴城遗址是长江流域一处规模较大的商代中晚期都邑遗址，该遗址内发现有陶窑区、冶炼区、居住区、墓葬区、祭祀广场等遗迹。出土了陶器、原始瓷器、铜器、石器等遗物数千件。许多陶器上还带有刻画的文字符号。吴城遗址出土文物明显受到殷商青铜文化的深刻影响，如青铜斝、鼎、矛以及西周甬钟等，但也有一定的地域特色。充分反映了中原文化和地方文化之间的文化交融与互动。

---

① 郑振香：《殷墟发掘 60 年概述》，《考古》，1988 年第 10 期，第 929～941 页。

江西新干大洋洲发掘的一座商代晚期商代大墓,出土了总数达 1900 件的铜器、玉器和陶器。出土青铜器多成组成套。有的器种还有若干件,如夔形足的扁足鼎有大小不同 30 多件。墓中还有象征统治者权威的青铜器,如象征兵刑权力的大钺及可能与当时的祭祀崇拜有关的青铜人面像。墓中还出土玉器 1072 件,分为礼器、仪杖和装饰品三类。出土陶器 356 件,陶器纹饰多为几何纹,有少量仿铜器的兽面纹。部分陶器器表口沿和器底位置还发现了一些陶文或刻画符号。新干大墓出土的铜器、玉器的造型和纹饰明显与中原殷商文化存在密切关联,同时也有自己独特的地方文化风格。

河北磁县下七垣遗址文化层从下而上的第三层至第一层分别对应商代早、中、晚期,最下面的第四层对应二里头文化。在第三层早商遗存中,同时发现了青铜器、陶文、卜骨与卜甲,卜骨可以追溯到第四层(二里头文化期),陶文可以上溯到第一层(商晚期)。

藁城台西遗址早、晚两期(相当于商前期和商后期早段)墓葬出土了青铜器和陶器,陶器纹饰有饕餮纹、夔龙纹、云雷纹等商代青铜器上常见的纹饰。由于藁城台西遗址出土的陶文的象形程度很高,通常被认为是文字。该遗址还伴随出土了部分卜骨与卜甲。

公元前 2000～公元前 1500 年,中国东北地区的夏家店文化主要分布在燕山山地、辽西及内蒙古东南部地区。该文化居民盛行骨卜。陶器上彩绘各种图案,多数纹饰是由复杂的卷曲线条构成多种二方连续单元,少数纹样以兽面为主,夏家店下层陶器纹样无论在画面分割布置,还是在辅纹配合方面,均与商、周青铜器图案存在一定的联系。

公元前 1100～公元前 800 年,黄河上游的辛店文化主要分布在黄河上游及其支流湟水、洮河与大夏河流域,年代大致相当于商代晚期至周代。辛店文化制陶业和青铜冶铸业都比较发达。陶器以夹砂红褐陶为主,彩陶的数量也比较多,彩陶纹饰以双钩纹、S 形纹、太阳纹、三角纹为主,还有少量动物纹饰,如犬纹、羊纹、鹿纹、蜥蜴纹等。羊角双勾纹是辛店文化最具代表性的纹饰。辛店文化的冶铜工艺水平远超齐家文化,铜制品已不限于小型工具,而能铸造较大的青铜器。辛店文化属于中国境内西北地区青铜时代羌戎文化的一支,与同属西北羌戎系统的卡约文化和寺洼文化都有一定的关联。辛店文化与中原商周文化的关系也比较密切的,如双耳袋足鬲与西周早期的陶鬲近似,彩陶上的连续回纹、云雷纹等纹饰与中原铜器上的纹饰雷同。

公元前 1800～公元前 1200 年,与中原二里头夏/早商文化至商末文化同期,四川盆地成都平原出现了地域性的三星堆文化。三星堆Ⅱ～Ⅴ期晚商遗址发现大型祭祀坑，出土了数量众多、制造工艺精良的玉器、金器和青铜器。其中著名的如青铜立人神像、青铜太阳神鸟树、青铜太阳轮形器、兽面纹青铜牌饰等都具有明显的象征含意。三星堆青铜文化既立足于本地，又兼收并蓄，与中原夏商文化及长江中游地区、陕南地区文化都有相互交融的情况。

公元前 1200～公元前 600 年（商代晚期至西周时期），四川成都金沙遗址是这一时期长江上游古蜀王国的都邑。该遗址出土的一件金饰图案内层圆圈周围等距分布十二条旋转的齿状光芒线条，外层图案由四只逆时针方向飞行的鸟组成，四鸟首足相接，朝同一方向飞行，与内层漩涡旋转方向相反。该图案很可能表现了远古人类"金乌负日的神话传说故事，表达了远古人类对太阳鸟的崇拜观念。成都金沙遗址"黄河"地点出土部分铜兵器和工具，兵器上既有"巴蜀符号"也有兽面纹，其中的突出五指的巴蜀符号或许是目前所见最早的巴蜀符号之一。此外，在历史时代的春秋乃至秦汉时期，在这个地区的青铜器上发现的"巴蜀符号"（又称"巴蜀文字""巴蜀图语"），[①]虽然发现时间较晚，但从其出土地点、符号排列组合方式的繁复程度，以及缺乏规范等方面看，该符号具有一定的巫术风格，且部分符号与远在印度河流域的哈拉帕文明的印章文字在形体上比较接近，其性质或许是一种地域性标识文字，虽然出现时间较晚，但亦可归入前文字研究范畴之中。

（三）中国境内岩画艺术

中国境内周边地区发现岩画的县级单位多达 160 个以上，按照岩画分布的地理位置、文化属性、岩画作品的内容和风格，岩画学家把中国境内的岩画区为北方系统岩画、西南系统岩画、东南系统岩画三大区域类型。

1. 北方系统岩画

北方系统岩画主要分布在中国北部周边地区，从西向东依次为西藏西部和羌塘高原无人区、青海、新疆、宁夏、甘肃、山西、内蒙古、辽宁、黑龙江等省区，大体上沿昆仑山、天山、阿尔泰山、贺兰山、阴山一线分布。具体的岩画发现地依次为：西藏西北部阿里地区的日土、革吉、改则等地岩画；羌塘高原的文部、申扎、班戈、那曲、当雄、索县等地岩画。青海省格尔木市郭勒木得乡的野牛沟岩画、天峻县江河乡卢山岩画、玉树州结古镇勒巴沟岩画。新疆维吾尔自治区阿勒泰地区的阿尔泰山岩画，尉犁县的库鲁克山岩刻，且末县的昆仑山岩刻，皮山县的桑株镇岩刻，呼图壁县康家石门子岩刻，哈密地

---

① 严志斌、洪梅：《巴蜀符号集成》，科学出版社、龙门书局，2019 年。

区的沁城岩刻、巴里坤岩刻，吐鲁番地区托克逊县托格拉克布拉克岩刻等。宁夏回族自治区贺兰山岩画，中卫市大麦地岩画等。甘肃省嘉峪关市黑山岩画，靖远县吴家川岩画。山西省吉县岩画。内蒙古自治区阴山岩画、巴丹吉林沙漠岩画、乌兰察布岩画等。黑龙江省海林县牡丹江右岸岩画等。

中国境内北方岩画与中亚、西伯利亚等地岩画有密切联系，它们是亚欧大草原岩画的重要组成部分。中国境内北方系统岩画大致是由不同历史时期的北方游牧民族，如匈奴、突厥等在漫长的时间内制作完成的。北方系统岩画多用岩刻方式，图形比较写实，主要表现对象是动物与狩猎和游牧生活，多数岩刻动物图形大体上是从新石器时代至青铜时代的作品，其中的驼鹿和大角鹿图形，则早至距今 1 万年左右。北方岩画中的人物图像基本上是萨满教信仰和巫术崇拜的产物，主要是对各类神灵和巫师形象的生动描绘。

2. 西南系统岩画

西南系统岩画分布在中国境内西南边境地区的藏东南、四川、云南、贵州、广西等省区。自西向东依次有西藏藏南谷地的定日门吉岩画、贡嘎多吉扎岩画，藏东南的八宿岩画、墨脱岩画等。四川省珙县麻糖坝岩画。云南省西南部的沧源崖壁画、耿马傣族佤族自治区大芒光岩画，云南南部的麻栗坡大王岩崖壁画、元江它克岩画等，以及 20 世纪 80 年代和 21 世纪初在云南丽江地区金沙江流域新发现的部分动物岩画和人物岩画，贵州开阳县马马崖岩画，广西左江流域崖壁画群（又称"花山岩画"）等。

中国境内西南系统岩画与东南亚地区的史前艺术有密切的联系。西南系统岩画主要表现的是定居农业生活，岩画创制者多为中国境内西南地区古代少数民族。多数岩画用颜料绘制而成，岩画主体是人像和人的生活场景，画面壮阔雄浑，人物众多，层次感强。许多岩画还反映了各式各样的原始宗教活动场景，如云南沧源岩画表现的神灵祭祀场面，广西左江流域宁明花山岩画表现的崇日仪式等，就是其中的典型代表。

3. 东南系统岩画

东南系统岩画分布在中国境内的江苏、福建、广东以及香港、台湾等东南沿海省区。从北向南依次有江苏连云港岩刻，江苏灌云岩刻，福建华安县汰溪仙字潭岩刻，华安石井、石门坑、东山岣嵝山岩刻，广东珠海市高栏岛宝镜湾岩刻，香港高栏岛摩崖石刻，台湾高雄市万山岩刻，等等。

中国境内东南系统岩画具有环太平洋区域海洋文化的特质。东南系统岩画地点和岩画数量虽然规模较小，但内容丰富，风格奇特，图形抽象简略，近似于图案，且多采用岩刻手法。东南系统岩画表现的题材内容大多与沿海地区居民的祭天、祭海、星象崇拜活动有关，比如江苏连云港岩画表现神灵、天体、银河星辰图像,连云港市灌云岩刻、华盖山岩刻表现的星辰图像,福建仙字潭岩画表现的"七闽"祭祀遗迹,福建东山岣嵝山岩刻表现的天体崇拜遗迹,广东珠海宝镜湾岩画表现的大型船队场景,香港高栏岛抽象化图案,台湾万山岩刻的祭祀场景等,均有环太平洋地区海洋文化的共同特质。

在上述三大系统岩画之外,2014 年在中原腹地的河南省新郑市具茨山境内新发现了近万幅以各类通常被称为"杯状穴"的记号岩画,其中有单个的杯状穴圆、连成串的杯状穴,还有棋盘格状的、长方形的几何图形。具茨山岩画的发现,颠覆了以往中原腹地没有岩画的认识。具茨山境内及周边地区调查发现了许多与轩辕黄帝有关的神话传说,这些口头传说故事或许有助于具茨山记号岩画的解读。

二、日、韩境内

(一)日、韩境内石器时代

据说在距今 1 万年左右,日本进入新石器时代,出现了"绳纹文化"。人们采集贝类、捕鱼,制作陶器。绳纹文化中期,出现了颇具代表性的火焰型、王冠型陶罐。陶土烧制的女性偶人也是日本史前时代绳纹文化的代表作。中外学者一致认为,日本史前文化主要来自于中国的华南地区,无论绳纹时代的陶器和石器,还是稻作农业,都表现出"华南地区古人类与日本化石人类有极大相似性"。[①]

公元前 3000 年左右,新石器时代中期代表性陶器"篦纹陶"普遍出现在韩国境内各地,其外表的图案被认为带有某种宗教意义。此类陶器在西伯利亚沿海地区、中国东北的松花江流域、黑龙江流域、蒙古国境内都有所发现。其后出现的雷纹、绳纹和彩绘陶器则明显受到从中国华北地区东传辽东的彩陶文化的影响。[②]

(二)日、韩境内铜器时代

1950 年,在日本北海道西部小樽市发现了富戈佩洞窟岩刻。在洞窟墙壁上发现了各类人物岩刻,同时还出土了 2700 多件"后北式"陶器,89 件石器和 48 件骨器。洞窟人物岩刻和陶器的年代距今 1500～2000 年,属于日

---

① 蒋远金:《从史前文化看日本列岛和华南的亲缘关系》,《史前研究》,2000 年,第 616～620 页。

② 杨雨蕾等:《韩国的历史与文化》,中山大学出版社,2011 年,第 11 页。

本的铜器时代。① 该地岩刻图像比较抽象,表现主题为化妆人物、舟船、海洋动物、女阴、小圆穴等,其中有较多带翼人像和戴角人图形,他们是沟通天地的萨满巫师。② "鸟人像"集中分布在一面石壁之上,"角人像"则集中分布在洞窟深处。另在洞窟深处发现涂成红色的变形人物图像,洞窟岩画描绘的内容主要是萨满巫师作法,表现主题为太阳崇拜和生命增殖仪式。

　　韩国境内分布着从新石器时代直至历史时代的岩画,其中以青铜时代的作品为多。韩国境内青铜时代岩画主要分布在庆尚北道、庆尚南道和全罗北道等地,而以庆尚北道蔚山郡盘龟台(Ulsan Bangudae)岩刻最有代表性。盘龟台岩画主要有斗东面川前里和彦阳面大谷里两个岩画地点:川前里岩画点的表现题材为动物、面具和几何纹,图形比较抽象。大谷里岩画点的表现题材为鹿、虎、鲸鱼等动物和人物,其中鲸鱼的形象特别突出,动物图形比较写实。韩国境内青铜时代普遍出现的岩画题材有小圆穴、星辰、舟船、海洋动物、太阳神、人面形面具等,这些岩画充分反映出沿海居民的星象崇拜、生殖崇拜、太阳神崇拜等原始宗教观念,以及祈求渔业捕获丰收的愿望。③

　　中国东南沿海一带的苏、闽、台、港、澳岩画,东南亚大陆国家岩画,以及东北亚的韩国、日本岩画都是环太平洋岩画的重要组成部分,都具备了丰富的海洋文化元素。

　　日本和韩国在历史上属于"汉字文明圈"内国家,曾长期借用汉字书写其历史文献,其后逐步改造汉字用来记录自己的语言。日本最早出现的汉字书写系统是在公元 3 世纪,几个世纪之后,出现了假名,使用汉字和假名(kana)混合书写日语。古代朝鲜早在公元前 3 世纪就接触到了中国文化,起先他们借用汉字书写,早期文献都是汉文。公元 5 世纪,出现了使用汉字书写韩语的石柱铭文。其后又改造汉字,创造出吏读(idu)、乡札(hy-angchal)、口诀(kwukyel),与汉文一起混合书写朝鲜语。公元 15 世纪,朝鲜王朝创制了全新的文字系统——谚文(hankul)来记录朝鲜语,谚文属于拼音文字,但其符号形态仍取法于汉字笔画,书写采用毛笔,结构保留方块,这些因素均取法于汉字。

---

① 〔日〕峰山岩:『謎の刻画フブッペ洞窟』(富戈贝洞崖岩刻之谜),东京:1983 年。

② 〔日〕名取武光:《北海道富戈佩洞窟的发掘》,《民族学研究》十六卷二号,东京:1951 年,第85~86 页;〔日〕大塚和義著,魏堅译:《雕刻的船型——富戈佩洞穴岩画的历史背景》,《内蒙古文物考古》,1997 年,第 103~105 页。

③ 李洪甫:《太平洋岩画——人类最古老的民俗文化遗迹》,上海文化出版社,1977 年,第79~82 页。

三、东南亚陆地国家

东南亚地区石器时代的前文字材料虽然从早期到晚期都有，但往往不够完备，在地区和时间上都有很多空白，不少遗址缺乏可靠的年代学证据，而东南亚文化的多样性与丰富性又决定了该地区岩画具有多样化的风格和鲜明的海洋文化特征。

缅甸掸邦高原西部巴达林（Padah-lin）洞窟发现了公元前9000年左右，约中石器时代至新石器时代早期东南亚地区最古老的岩画。洞窟岩画可辨识的图形有野牛、牧鹿等动物，也有太阳和手印等。其中一个手印的掌心还绘制了一个同心圆符号，另一个手印掌心绘制了一个面具图形，表现了初民的太阳崇拜观念。

泰国境内许多地方都发现了史前岩画，如在泰国南部的攀牙府（Phang Nga）、西部北碧府（Kanchanaburi）和乌太他尼府（Uttahne），东部的那空拍浓府（Nakhon Phanom）、加拉信府（Kalasin）、乌隆府（Udon Thani）、黎府（Loei）、孔敬府（Khon Kaen）、呵叻府（Korat）和乌汶府（Ubon）等地都有史前岩画发现。在泰国东部乌汶府孔尖县华湃区班恭村湄公河畔山崖上发现的史前崖壁画，距今已经有三、四千年的历史。[①] 孔尖崖壁画有三个岩画地点：拍堪、拍蒙和拍掹。拍掹规模最大，表现题材有动物、人物、手印、捕鱼工具和几何形图样等，其中的人物画分为"骨架式"和"全色式"两类。崖壁上还有200多个手印岩画。该地崖壁画反映了当时人类的渔猎生活。该地岩画还特意强调使用红色，另在岩画分布区还发现了整齐排列的立石，两者都被认为是史前丧葬礼仪的遗迹。[②]

东南亚地区的文化和语言状况比较复杂，汉藏语系（Sino-Tibetan Family）、南岛语系（Austronesian Family）在这里交错分布，中国文化、印度文化在这里交汇。汉藏语系中的藏缅语族（Tibeto-Burman Branch）分布在中国西南地区的西藏、甘肃、青海、四川、云南、贵州、湖南等省和缅甸境内。西藏语公元7世纪就有书面语，用来翻译佛经。缅甸语虽然在公元7世纪就出现了一些碑铭，但普通文献比藏语还要晚许多。藏缅语族文字是以印度婆罗米字母为模板创制的元音附标文字。

汉藏语系泰语族分布在印度以东缅甸北部、泰国、老挝等国，以及中国境内的云南、贵州、广西、广东、海南岛等地。泰语族分为南北两系：北系叫

---

① 〔泰〕蓬猜·素吉：《湄公河畔班恭村岩壁画》，《艺术与文化》，1981年第11期，第115～118页。

② 〔泰〕素拉奔·丹里军：《丧葬的山崖》，《艺术与文化》，1981年第11期。

"傣",由壮、傣、掸、侗、黎等民族组成；南系叫"泰",由泰、老挝、阿含姆等组成。南系说泰语的民族大体上是古代从中国南方逐渐南迁湄公河流域的人群,迁入之后,在印度文化强力影响之下,改用印度字母书写他们的语言。最早的泰语文字(Thai Language)是公元 13 世纪创立的,留下了许多碑铭。①

南亚语系中的孟·高棉语族(Mon-Khmer Branch)分布在缅甸南部和柬埔寨一带。高棉语(Khmer Language)公元 7 世纪就有书面文字,孟语(Old Mon)最迟也在公元 11 世纪就有了自己的文字。

四、东南亚岛国

东南亚岛国岩画与东南亚陆地国家岩画一样,具有明显的文化多样性和海洋文化特征。因为地理位置的原因,东南亚岛国史前文化的面貌不但与大洋洲、美拉尼西亚群岛联系密切,而且大都以中国台湾和菲律宾为媒介,与中国大陆沿海东夷、骆越、苗蛮文化以及南亚次大陆的印度文化均有不同程度的联系。

印度尼西亚诸岛发现了不少从旧石器时代直至铁器时代的岩画。波尔尼(Borneo)岛发现两组手印岩画,有些手印盖在人物或动物图像之上,有些盖在由点线组成的图形之上,可能具有宗教仪式意味。伊里安·加雅岛(Irian Jaya)岩画出现人物、动物、螺旋形、手印、船、巫术符号及 X 光风格形象,被认为与澳大利亚原住民岩画类似。素拉威斯(Sulawesi)东南,瑟姆岛(Seam)、蒂姆岛(Timor)东部、肯岛(Kei)等地的大部分岩画表现了部落狩猎、战争、舞蹈和农耕生活,部分岩画与原始禁忌和图腾崇拜相互联系。

马来西亚新石器时代的岩画分布在该国的东、西部。西部帕拉克州依朴镇(Ipoh)发现了与澳大利亚阿纳姆高地类似的 X 光风格岩画。东部沙拉瓦克(Sarawak)发现了新石器时代的"灵魂之舟"岩画,与当地的葬礼风俗有关。该洞窟伴随出土了古代的葬礼用船。

斯里兰卡岩画分布在该岛东部、东南部、北部和中央山区。位于东部、东南部和北部的岩画作品是由当地原住民维达斯民族(Veddas)创作的,据说该民族早在距今 2.8 万年以前就生活在岛上,他们的生活方式仍处在原始阶段。斯里兰卡岩画表现题材主要是人物、动物和抽象符号,这些形象都以单个图形表现,构图简略概括,象征意味非常强烈,且有明显的程式化风格。

东南亚岛国语言属于南岛语系的印度尼西亚语族(Indonesian Branch),在这一语族中,只有爪哇语(古称加维,Kawi)在公元 9 世纪初使用印度字母

---

① 岑麒祥:《语言学史概要》,世界图书出版公司,2008 年,第 148～156 页。

书写文献。菲律宾、苏门答腊、佛罗里斯等地也曾经采用印度字母书写,但其后陆续改为拉丁字母。另外,马来半岛、苏门答腊和菲律宾部分信奉伊斯兰教地区采用阿拉伯字母。

第四节 大洋洲前文字材料

若以东南亚岛国印度尼西亚为地理坐标,由西向东、再向北依次排列着美拉尼西亚群岛、密克罗尼西亚群岛、波利尼西亚群岛等太平洋三大群岛。大洋洲唯一的大陆是澳大利亚大陆,大陆的东南方紧邻新西兰岛。

艺术史家通常把美拉尼西亚群岛、密克罗尼西亚群岛、波利尼西亚群岛原始艺术统称为太平洋诸岛原始艺术,澳大利亚大陆则单独称为澳大利亚原始艺术。为了研究的方便,在本节中,我们仍将该地原始艺术笼统称之为"前文字"。

大洋洲前文字的创造者是当地原住民,包括巴布亚人(Papuans)、塔斯马尼亚人(Tasmanians)、毛利人(Māori)、美拉尼西亚人(Melanesians)、密克罗尼西亚人(micronesians)和波利尼西亚人(Polynesians)等。这些人群中的大部分是在久远的过去从中国大陆东南部沿海地区和台湾地区,经东南亚大陆岛国迁徙而来的人群。相对近代从欧洲大陆迁徙而来的白人而言,他们才是这块土地的原住民,但目前大洋洲原住民人口据说仅占大洋洲总人口的 20％左右。

东南亚岛国和南太平洋地区诸岛在语言系属上同属于南岛语系。该语系广泛分布在北自中国台湾、夏威夷,南至新西兰,西至马达加斯加,东至复活节岛的广大区域,包括多种语言和方言。分为四个语族:印度尼西亚语族、美拉尼西亚语族、密克罗尼西亚语族、波利尼西亚语族,它们都没有文字。其中,美拉尼西亚语族和密克罗尼西亚语族的语言比较近似,波利尼西亚语族与印度尼西亚语族还有亲属关系。

与欧洲和亚洲史前岩画的状况有所不同,大洋洲原住民创制的岩画直至近现代仍存活在原住民社会中,作为他们表情达意的有效手段来加以使用。原住民的岩画具备各种各样的社会和艺术功能:有些岩画是为了纯粹的娱乐而创作的;有些岩画记录了某个故事或某些经济活动;有些岩画表现了神话内容或图腾崇拜仪式中的重要事件,此类岩画被原住民认为是最重要的,仅允许少数人观看,此类往往还与原住民的神话故事存在密切的互文关系,是前文字研究的绝好材料。在大洋洲原住民社会,岩画和岩雕在原住民社会的成人礼中往往扮演着极为重要的角色,这也是大洋洲岩画至今仍活在原住民社会的另一个显证。

一、太平洋诸岛

据说,在距今2万年前最后一个冰期末期,从中国东南部出发的一部分早期人类族群一路向南穿山过海来到爪哇、婆罗洲,渡过班达海,来到新几内亚和澳大利亚,这些人成为太平洋诸岛和大洋洲境内第一批原住民。第一批居民来到新几内亚和澳大利亚之后,在漫长的岁月里继续向东、东南和东北方向迁徙,逐渐散布于除波利尼西亚之外的广袤的太平洋深处。公元前1万年左右,又有一部分人类族群从东南亚的菲律宾、婆罗洲出发,渡海来到美拉尼西亚和密克罗尼西亚,这些人是第二批到达太平洋诸岛的原住民。公元前1000年左右,掌握了独木舟航行技术的新几内亚人来到波利尼西亚群岛,并以此为基地,向北、东南扩张,直至遍布各地。16世纪20年代开始,欧洲地区的白人大量进入太平洋诸岛和澳大利亚,成为大洋洲的新统治者和主要居民。

(一)美拉尼西亚群岛

美拉尼西亚群岛包括新几内亚、新爱尔兰、所罗门群岛、新赫布里底群岛、斐济群岛、新喀里多尼亚岛等。在所罗门群岛、新赫布里底群岛、斐济群岛的洞窟和崖壁上都有年代很早的崖壁画和阴刻岩画,岩画题材为圆点纹、漩涡纹、十字纹、放射状图案等几何纹饰以及手印、足印和人像,其中的漩涡纹、人像和足印均见于中国台湾万山岩雕。美拉尼西亚岩画往往伴随着与东南亚原住民艺术相同的环状列石、巨石建筑和祭祀场景,明显与东南亚史前艺术存在一定的联系,其远源或许来自中国东南沿海地区的史前艺术。

新几内亚的麦克尔湾(Maccluer Golf)发现了许多人物、海洋动物、手印、独木舟等图形,几何记号和抽象图案岩画非常突出。托罗布里安群岛岛基达温岛伊那克布洞窟(The Inakb Caves)岩画主要表现鱼类,但岩画中的大部分鱼形都被鱼叉刺中,明显具有渔猎巫术的含意。

所罗门群岛的瓜达尔卡纳尔(Guadal canal)岛岩画的表现题材为太阳、船只和复杂抽象图案,此类岩画据说至少有3000年以上的历史。

新赫布里底群岛的主岛莱莱帕(Lelepa)岛上有一处菲雷斯(Feles)洞穴,在该地发现了数以百计的岩绘和岩刻,表现题材为人物、海洋动物、圆点和棒状线的组合等。这里的大多数岩画点还是原住民举行典礼仪式的圣坛。

斐济群岛岩画多数是岩绘,使用红色和黑色描绘人面像、神人像和圆圈形、螺旋形,具有某种宗教含意。斐济群岛温滋雷雷岛上的彩绘神像与复活节岛上的"马克马克(Makemake)"神像相似。

新喀里多尼亚岩画题材包括神人同形像、海龟、蜥蜴、圆形、螺旋形和曲线形等,有许多类似迷宫般的杂乱无章的图样,以及围绕着十字形分布的回纹图案。

(二) 波利尼西亚群岛

波利尼西亚群岛包括夏威夷群岛、萨摩亚群岛、汤加群岛、社会群岛、复活节岛等。该地原住民约在公元前 1000 年从东南亚地区辗转而来。该地盛行各种祭祀艺术,多巨石建筑、原始图案。岩画风格多剪影式,且比较程式化。岩画表现题材和风格均与美拉尼西亚岩画有所不同。

夏威夷群岛各处遍布原住民岩画,画面上的萨满巫师和舞蹈人物,具有娱神、祈求神灵护佑的作用。不少的抽象符号、成群的杯状穴,大都具有巫术功能。夏威夷原住民还保留了把新生儿的脐带先置于葫芦之中,过一段时间再放入杯状穴,以祈求长生不老的习俗。公元 18 世纪以后,欧洲人入侵该地,夏威夷群岛的原住民文化被彻底改变。

复活节岛原住民创作出大量的有自己独特风格的主题岩画,如该岛欧洛哥(Orongo)一带的"鸟人崇拜"题材,北部海岸一带的船只岩画,北部顶端的金枪鱼、海龟岩画以及人与海豹、人与章鱼等海洋动物结合的岩画,以及南部玛塔·格拉洞(Mata Gra Cave)的女阴岩画,等等。这些岩画都是原住民为祭祀而创作的,一般凿刻在隐秘之处,它们在祭祀仪式中具有重要作用。如"鸟人"题材岩画就是为祭祀"马克马克神"而创作的。公元 400 年左右,复活节岛的居民创造了灿烂辉煌的巨石艺术,其中有数量众多、体积高大的石雕部落头人像,巨石建筑群等。据说这些石雕人像是对村落首领的神化。

新西兰岛分为北岛和南岛两部分,史前岩画主要分布于南岛。新西兰岩画彩绘在石壁和凸出岩面之上,岩画图像比较程式化,只出现剪影式的轮廓。岩画表现题材主要是狗、鸟、鱼等反映采集捕猎生活的图形,岩画风格与波利尼西亚群岛基本一致。今天为我们所熟知的毛利人,据说是在 4000多年前从中国台湾地区迁徙到波利尼西亚中部的原住民人群。距今 1000年左右,毛利人才陆续南迁往新西兰各地。毛利人喜欢在脸上和身上文代表不同意思的图案,精美文身往往代表拥有者的尊贵身份,也可用来吸引异性。毛利人信仰多神,尊崇祖先,重视葬礼,毛利人创造了许多神话传说,如森林之神,大海之神等。

在南太平洋地区的史前时期,有一个独特的文化现象需要特别予以关注:即在公元前 1500～公元前 1000 年,南太平洋波利尼西亚群岛各岛屿之间"拉皮塔文化群(Lapita Cultural Complex)"的贸易活动在整个西南太平洋地区展开。拉皮塔人使用独木舟和双体船装载食品、人工蓄养的小动物、人工制品、贸易品、仪式用品、小雕像等,建立起往返距离超过 8000 多公里的海上贸易网络。为了给频繁的贸易活动提供便利,拉皮塔文化还自觉推行标准图案,贸易流通的器物也有标准化的倾向。在拉皮塔文化聚落遗址中发现了精美的陶器和黑曜石制品,这些精美的陶器随着拉皮塔文化的广泛传播而遍及太平洋诸岛。

拉皮塔陶器上的纹饰和图案与其文身习俗相得益彰,"拉皮塔陶器对文身史具有特别的意义,因为它为我们提供了有关古代波利尼西亚文身图案性质的最古老的证据。许多拉皮塔陶器都有切割的装饰,含有 V 形的元素,相互锁定的几何图案,以及类似面具和海兽的风格化的母题。类似的文身图案母题在波利尼西亚各地都可以找到。就连一连串间隔紧密的扎眼或点刻图案切割术都表明,陶器装饰中使用的技术与文身中使用的相同。"①

二、澳大利亚

真正的澳洲原住民据说是在距今 2 万年以前,从中国东南部地区和东南亚地区经南太平洋诸岛辗转迁徙而来的第一代居民。他们生活在澳洲大陆、塔斯马尼亚、离岸岛屿和托雷斯海峡群岛(Torres Strait Islands),目前仅剩 45 万人。据说他们有超过 500 种语言,但这些语言多数今天已经成为语言遗骸。历史比较语言学很少留下研究澳洲原住民的语言和文字材料,所以,外界对澳洲原住民的历史以及他们的语言文字面貌都了解不多。

澳洲原住民信奉万物有灵、灵魂不灭观念,并且认为这样的观念适用于人和各种动植物,甚至所有的物。动物生命由专门的神灵主宰,人们只有控制了这些神灵才能控制动物的灵魂,从而保证狩猎成功。直至晚近时期,万物有灵观念和图腾崇拜现象都仍然在大洋洲原住民社会生活的各个方面普遍盛行,并且与远在石器时代的岩画存在密切的互文关系。生活在澳大利亚的许多原住民都通过岩画来讲述他们的创世神话和英雄故事,对这一类岩画的正确解读显然离不开原住民神话叙事,两者可以相互补足。

澳大利亚岩画数量巨大,分布广泛。数量达 100 万个图像的岩画点就

---

① 帕特里克·克奇:《拉皮塔人》,转引自〔美〕史蒂夫·吉尔伯特:《文身的历史》,欧阳昱译,百花文艺出版社,2006 年,第 1～19 页。

有好多处。重要岩画分布地有：大陆西北部金伯利高原（Kimberley Plat），北部阿纳姆高地（Arnhem Land），东北部昆士兰州（Queensland）约克角半岛（cape york peninsula）劳拉（Laura）地区、丹皮尔（Dampier）地区，维多利亚大沙漠（great victoria desert），新南威尔士州（New South Wales）等地。澳大利亚岩画题材以动物形象居多，人物形象为辅，人形图像又以人形精灵和巫师形象最为常见。

澳大利亚西北部的金伯利高原和北部的阿拉姆地是澳大利亚岩画最为丰富的地区。在金伯利高原西澳大利亚州凯瑟德拉尔峡谷（Cathedral Gorge）原住民居住地，1983 年新发现了一处地理奇观——邦戈拉邦戈拉山脉（Bungle Bungle Range），2003 年被划归"普尔努卢卢国家公园（Purnululu National Park）"管理，2005 年该公园被列入世界遗产名录。1979 年，阿拉姆地达尔文市以东 220 公里处一个占地 2 万平方千米的原住民自治区被划归"卡卡杜国家公园（Kakadu National Park）"管理，1981 年该地被列入世界遗产名录。以上两个国家公园都有历史非常悠久的原住民岩画传统，具有独特的艺术风格，其中最早的岩画可追溯到 2 万年以前，约与欧洲旧石器时代晚期相当，而最晚的岩画据说一直到 1972 年还在进行创作。

澳大利亚西北部金伯利高原的"勃兰特肖风格（Bradshaw Style）"岩画已有 1.7 万年以上的历史，几乎与法国拉斯科洞、肖韦洞洞窟岩画同时。在原住民的传说里，勃兰特肖岩画是发生在"他们的时代之前"的作品，而且据说这些作品是由鸟儿用嘴啄岩石直至流血，然后用鸟嘴和鸟尾蘸着鲜血画成的作品。

澳大利亚西北部金伯利高原著名的"汪吉纳风格（Wandjina Style）"岩画，主要表现原住民神话中的祖先创世神。这类岩画被绘制在可以防避热带暴雨的悬崖下面或者巨石下面，有时与勃兰特肖风格岩画同在一处。汪吉纳形象多数情况下采取躺卧的人形姿势，面部只画眼睛和鼻子，没有嘴巴。身体通常用白色直线描绘，手和脚不大清晰但脚掌明显。大"汪吉纳"精灵周围还有小"汪吉纳"，他们是大"汪吉纳"的孩子们。画面上还有许多伴生的植物、巨蟒和一些表示蜜蜂的图案。原住民认为蜂蜜是精灵的食物。在澳大利亚西部和中部，都有这种"汪吉纳"式崖壁画分布。原住民相信，汪吉纳既是他们的生命之源、又是他们死后灵魂的归属，而且还可以在原住民的祭仪生活中转化为伟大的生命力，因此，汪吉纳岩画在原住民的宗教仪式中扮演着非常重要的角色，这种岩画要不断地加以重画和粉刷，使其保持新鲜并具有活力。少数汪吉纳岩画有数千年的历史，大多数汪吉纳岩画只是数百年前的作品。

澳大利亚北部的阿拉姆地分布着著名的"米米风格(Mimi Style)"精灵岩画,米米风格岩画的创作年代约在距今 4000 年以前,反映的是一个已经灭绝了的原住民种族的日常生活或者他们的精灵。此类岩画图形较小,有纤细的轮廓和复杂的头饰,人物始终处在运动状态,身体弯向前面,叉开双腿,迈开大步,很长的胳膊正在投掷出一支长矛或回力棒。许多"米米风格"人物都头戴能遮住面孔的巨大头饰,看不清人物面貌,手脚上不画手指和脚趾等细节。米米风格艺术还出现在树皮画上。"米米风格"岩画与南部非洲布须曼人细长风格的岩画在构图上颇为近似。在阿拉姆高地德拉米尔附近发现的著名的"雷电兄弟"巨像高达 3 米,画面风格诡异奇特,据说表现的是当地原住民的雷电神神话。

阿拉姆地另一著名的"X 光线风格(X-ray style)"岩画,既能表现动物也能表现人物,创作年代也在距今 4000 年以前。X 光线风格岩画外形上有点像 X 光的透视图,该类除了画出动物和人物的外部形象之外,还画出了人和动物的骨骼、心肺甚至五脏。阿纳姆地区还发现了同一时期的"X 光风格"树皮画。X 光线风格崖壁画表现了被祖先神灵所猎获并食用的动物,与原住民死而复生的宗教观念有关。"X 光线风格"岩画,在非洲撒哈拉沙漠塔西里岩画、南美印第安人岩画和蒙古岩画中都有发现。

澳大利亚昆士兰州北部约克角半岛的劳拉崖壁画有各种不同的神人同形像。岩画图像有 2.5 米高,用当地出产的矿物质颜料画成,大部分岩画具有比较写实的风格,据说是原住民的守护神和精灵,而且有男女的区别,不允许参观者靠近。劳拉崖壁画所画的守护神和精灵是原住民巫术活动中不可或缺的偶像,有些岩画形象是重新绘制的,有些甚至是后来增添上去的。该地岩画的另一个主要表现题材是大型动物,如鸟、鱼、爬行动物等。这里的岩画按照表现的内容被原住民区分为"好岩画"和"坏岩画"两类:好岩画描绘的是原住民的古代英雄、图腾和神;坏岩画描绘的是会加害于人的"昆康"精灵、巫术、魔法主题。在有些神人同形的古代英雄或保护神身上的前胸、腹部、肩部、手臂和大腿等部位,还会出现一些有意画上去的"瘢痕"样的标记,瘢痕标记同样出现在树皮画和文身艺术中。岩画、树皮画和文身的瘢痕都是有一定意义的,还可以对瘢痕进行分类,以上原住民社会里的视觉表达方式处于活态,它们共同服务于宗教仪式和活动。

澳大利亚中部的"乌鲁鲁-卡塔楚塔国家公园(Uluru-Kata Tjuta National Park)"1987 年被列入世界遗产名录,公园内有一座由一整块岩石构成的山峰,英文名"艾尔斯巨石(Ayers Rock)",原住民认为这块巨石是英雄祖先在"梦幻时代(Dreamtime)"开辟路径时所留下的路标,巨石上的每一道裂痕和纹路都有特殊的含意，能为原住民狩猎生活提供路径和位置信息。据说，乌鲁鲁巨岩上的纹路和裂痕信息曾经被各部族的巫师破译，整座乌鲁鲁巨岩被澳洲数百个原住民部族看成是他们共同的守护神和图腾受到顶礼膜拜。当地原住民使用岩画、神话传说、歌谣和舞蹈等不同形式的原始艺术，在漫长的历史上不断呈现和上演他们从乌鲁鲁岩石纹路中解读出来的信息，以期延续他们古老的文化传统。

1961 年，在澳大利亚西部沙漠克勒莱德（Cleland）山发现了 16 个各有 1～2 米宽的人面像，被称为"微笑的人面"。这些以沟槽雕刻成的形象，极具神秘感。人面像画面通常是用成对的紧密排列在一起的圆圈和圆点或同心圆表现眼睛。这些构图代表了很早的人面像岩画传统，相同的风格不但在西部澳大利亚有所发现，而且也出现在沙漠地带澳洲原住民艺术之中。

澳大利亚塔斯马尼亚岛西北海岸的卡玛隆西山（Mt. Cameron West）发现了一批距今 1500 年前的抽象主义风格符号岩画，其中最常见的是各种大小不一、形状不同的圆圈，如同心圆、小圆穴以及环形，伴随着抽象的圈圈，也有少量写实的鸟爪和人的足迹。这里的岩刻刻槽有 3 厘米深，5 厘米宽，这些圆圈形的抽象符号可能与当地原住民社会中盛行的天体日月崇拜仪式有关。同类的作品也发现在澳大利亚南部的新南威尔士州岩刻、维多利亚河地区岩刻和北部阿拉姆地的早期艺术中。

第五节　非洲前文字材料

非洲不但是人类的发祥地，也是史前艺术和部落艺术材料的重要分布地区。非洲史前艺术材料可大致分为北部非洲、中部非洲的东部和南部非洲三部分加以讨论。此外，非洲的部落艺术也十分发达。

一、北部非洲

环地中海沿岸分布的北部非洲，包括撒哈拉、摩洛哥和埃塞俄比亚，向南延伸至肯尼亚等国，其黑人文化与欧洲和西亚有比较密切的关系。在这一地区，广泛分布着从公元前 1 万年左右旧石器时代晚期直至 19 世纪以来上万年的岩画。岩画题材非常丰富，包括各种野生动物，各种幻想人物和精灵，狩猎和放牧的场景以及部落之间的战斗，等等。

岩画学家陈兆复（2010:233）把撒哈拉沙漠岩画分为五个时期：

1.古水牛时期（距今 1.2 万～8000 年，又称"狩猎时期"）。在这一时期,撒哈拉大沙漠岩画表现对象是水牛、大象、长颈鹿、犀牛和河马等大型动物,而很少有人形图像,这种情况反映出动物在人们的生活中占有重要地位。这一时期的动物图像比较写实,岩刻尺幅接近动物原大,甚至超过动物好几倍的岩刻图形也比较常见,偶尔还可以看到较为复杂的动物图形的组合形式。这个时期的人们还没有学会使用弓箭,岩画风格属于早期狩猎者岩刻。

2.圆头人时期(距今1万～8000年前),"圆头人"是北非撒哈拉沙漠岩画的典型代表。圆头人的巨大面孔上没有眼睛,也缺少细节描绘。人的身体各部位都布满规则的白色斑点,这些斑点或许跟至今还在流行的非洲黑人文身习俗有所关联。有些圆头人的头部刻画上程式化的羚羊头,或者头戴面具;有些图像的四肢部位似乎长出蘑菇状的植物,表现了超自然的神灵。其中有一幅被称之为"带角女神"的岩画,被认为受到过埃及绘画的影响。圆头人像之外,还有神奇生物、精灵或怪物、面具以及奇特的动物图案和抽象符号,以上两类图像说明作画者可能是在幻觉状态下完成的,表现出超自然的生灵和神秘的场景,画面充满幻象与隐晦寓意,具有明显的神话特征,因此常常伴随着丰富的神话传说和神话叙事。这个时期涂绘岩画常见,岩画风格总体上属于早期采集者时期。

3.放牧时期(距今7500～4000年,又称"饲养公牛时期")。在这个时期,虽然还有大象、犀牛、狮子、长颈鹿、鳄鱼等大型动物出现,但已经不见公牛和水牛岩画,代之而起的是人饲养的膘肥体壮的单个牛和牛群,以及人们赶牛、拴牛的情景。岩画风格属于进化了的狩猎者艺术。从距今4000年起,岩画表现题材和风格进一步丰富,出现了细线刻的公牛,以及狩猎、放牧、舞蹈、战斗、生活居家、争夺家畜,手持弓箭射猎,牧人与家畜的岩画,等等。

4.马匹时期(距今3000～2000年),距今3500年左右,家养马从亚洲引入非洲。马的引入,开辟了一个新的时代,同时也成就了一种艺术风格。这个时期的岩画主要表现风格化的人物,驾马板车,以及两匹马或四匹马拉的大型战车,随后还出现了骑者的图形。另还有受其影响出现的风格化公牛和饲养动物图像。这个时期的岩画风格属于牧人和畜养者时期。

5.骆驼时期(距今2000年前至今),主要表现的是线刻的单峰骆驼、武装骆驼,以及一些抽象图案,如大象与漩涡纹岩画,混合题记和象征性标志,等等。部分岩画中夹杂着古代撒哈拉文字(Saharan script)和古代拉费那固文字(La Fenagu script),岩画风格属于复合经济形态的族群艺术。

北部非洲中部撒哈拉山区是最重要的岩画地点,其地域分布在今天的乍得、利比亚、尼日尔、阿尔及利亚等国。阿尔及利亚东南部的塔西里·恩·阿杰尔(Tassilli n'Ajjer)高原被誉为"世界上最大的史前岩石艺术博物馆"。塔西里有近 2 万幅用燧石刻划并涂色的岩画,仅在其中的"巴扎连"(Bazarian,意思是巨人,因该地有一幅高 6 米的人像岩画而得名)山谷一块长达 600 米的矩形石壁上,就有 5000 幅左右的史前岩画作品。另一个名叫"以色发鲁(Esphaloth)"的岩山,在 1 平方千米的山谷中,在数十个岩阴处绘制了数千幅岩画,其中最为突出的是圆头人像和戴面具的人像。在这些圆头人像的身体各部位有规则分布的白色斑点,"这可能就是现在还继续在西非与中非流行的文身习俗的艺术再现。在同期的岩画上还出现戴面具的人物形象,不过大都为程式化的羚羊头形,这种样式的面具与今天西非的塞奴弗族举行成年礼时所戴的面具相似。"①1982 年,塔西里岩画被列入世界遗产名录。此外,利比亚费赞西南部的梅撒克(Messak)和塔德拉尔特·阿卡库斯(Tadrart Acacus),尼日尔的阿尔山,马里多贡的松戈(Dogon Songo)等地也是北非撒哈拉大沙漠地区重要的岩画地点。

北部非洲撒哈拉大沙漠地区国家的黑人所说的语言大部分属于苏丹—几内亚语系(Sudan-guinean language family),这一语系通常没有创制出记录语言的书面文字。

公元前 4000～公元前 3000 年,农业生产已经扎根于尼罗河畔。在尼罗河流域,陶器生产和贸易活动非常兴盛。公元前 3500 年,在上埃及出现了三个前王朝时期的酋邦:纳加达(Naqada)、尼肯(Nekhen)和迈哈迪(Maadi)。尼肯附近的阿布苏菲(AbuSuffian)墓地出土了许多陶器,陶器上布满纹饰,出现各种刻画符号。著名的"那尔迈石板"也出现在这里。

非洲语言分闪含语系(Semito-Hamitic family)、班图语系(the Bantu group of languages)和苏丹—几内亚语系。闪含语系在非洲北部主要分布在埃及境内。埃及语(Egyptian)是闪含语系埃及语支中仅有的一种,出现在公元前 3000 年左右。同期,古埃及象形文字出现。古埃及象形文字主要有三种书体:圣书字(Hieroglyphic)的意思是"神圣的字符",被用来书写宗教文献。僧书(Hieratic),意思是"僧侣的文字",用于日常宗教生活。圣书字和僧书字几乎同时出现,相互补充,用来书写上古埃及语和中古埃及语。公元前 600 年,在记录文档和实用性文本中开始使用人民语,书写人民语的文字被称为民书字(Demotic)。在希腊、罗马统治期间,古埃及传统文化及其语言文字仍然被保留下来。直至公元 2～3 世纪,在埃及完成基督教化改

---

① 陈兆复、邢琏:《世界岩画Ⅰ》(亚非卷),文物出版社,2010 年,第 202 页。

造之后,埃及语被科普特语(Coptic)代替,记录科普特语的文字也转变成在希腊字母的基础上创制的科普特字母文字。公元 7 世纪,信奉伊斯兰教的民族入侵埃及,埃及再度由信奉基督教转变为信奉伊斯兰教,使用阿拉伯语和阿拉伯字母文字,直至今天。[①]

二、东部和中部非洲

东部非洲岩画主要分布于坦桑尼亚中央高地孔多阿(Kondoa)与邻近埃亚(Eyasi)湖盆地一带,大致有 330 多个岩画点,岩画点多为天然洞窟与地穴,在洞窟和地穴的崖壁、墙壁和顶棚之上,画满了相互覆盖的岩画,这些岩画分属于不同时代的不同部族。

坦桑尼亚中央高地最早的岩画出现在距今约 3 万年前,大体上与非洲南部阿波罗 Ⅱ 号洞窟的年代相当。坦桑尼亚人物岩画基本不表现脸部,这可能与史前社会的巫术禁忌观念相互联系。部分崖壁画地点其神圣场所,岩画画面反复重叠,杂乱无章,很可能与举行萨满仪式有关。坦桑尼亚的"红色岩画"是很独特的一类岩画,这类岩画中的动物、人物和生活场景都用红色颜料涂绘,人物戴有头饰,身体上有文身痕迹。

中非西部的加蓬、喀麦隆也有岩画分布。加蓬岩画集中在伊拉荷拉(Elarmekora),岩画创制时间大致在公元前后。岩画主要凿刻在卵形巨石露出地面的岩层之上,形态多为抽象的杯状小圆穴,仅有少量的四足动物。喀麦隆岩画集中在北部的皮底扎(Bidzar),岩刻被制作在白色的云母大理石之上,是用铁器制作的,距今 2500 年左右,似乎表现的是经过有意设计的抽象图案。

中非共和国的岩画大体上可区分为北部山阴岩画,南部岩画和西部岩画三个区域。北部岩画点仅有托劳(Toulou)等三处,都是岩阴岩画,岩画是用黑、白、红三彩绘制了正面手形,大象、水牛、猫科动物和蜥蜴,以及几何形符号和部分图案;南部岩画点有 30 处之多,以班巴里(Bambari)和楞果(Lengo)为代表。岩刻出现在红色岩石之上,表现形象有羚羊、鸟、和猫科动物,大小相等的圆圈和长方形,以及战争场景中的人物形象;西部岩画区只有一个名叫"巴维勒(Bwale)"的岩画点,主要表现几何图形和拿着枪支的神人同形像。

---

① 〔加拿大〕亨利·罗杰斯:《文字系统:语言学研究方法》,孙亚楠译,商务印书馆,2016 年,第 146~152 页。

三、南部非洲

南部非洲具有异常丰富的岩画，而且出现时间早，时间跨度大。据说津巴布韦的某些岩画距今 4 万～1.3 万年。在纳米比亚、博茨瓦拉、莱索托等地，一些岩画有上万年的历史，同时还有几十万件雕刻和绘画作品。南非夸祖卢地区博得洞（Border）出土的木质、骨质雕刻品在距今 3.75 万～3.5 万年。纳米比亚阿波罗 11 号岩棚中发掘出的 7 块石板上的 4～5 个动物形象双色画，据碳 14 测定距今 2.6 万～1.9 万年。

布须曼（Bushmen）人是南部非洲岩画的主要创作者。布须曼人制作的岩画广泛分布在非洲南部各地，其岩画数量之多，创作之久，岩画表现题材之广泛都是非洲大地上的一大文化奇迹。仅南非一地就分布着 2000 个以上布须曼人岩画地点。赞比亚中部的戈维索温泉（Goviso Hot Springs）遗址是狩猎采集者布须曼人的中心营地，从布须曼人营地发掘出数量众多的倒钩石箭头、刮削工具、石磨棒和磨盘、石锤、挖棒、皮革斗篷等。这个遗址甚至被连续使用超过 3000 年之久，以至于至今仍生活在卡拉哈迪沙漠中的布须曼人还熟悉遗址中他们的老祖先使用过的工具。布须曼人的许多岩画与萨满教有密切的联系，具有复杂的象征意义，重叠的图像之间、拉长的人像和动物像，以及人像与动物之间存在着复杂的隐喻关系。

南非岩画主要分布于德兰士瓦省（Transvaal Province）西部、奥兰治自由邦（Orange Free State）西部、开普省（Cape Province）西北部等地。南非岩画不但题材广泛，而且造型优美，风格独特。南非岩画的创作者是原本居住此地的布须曼人，最早的岩画创作于距今 4000 年以前，最晚的岩画创作直至 20 世纪 80 年代。南非布须曼人的岩画题材非常广泛，但凡战争、械斗、集体狩猎、采集、舞蹈、娱乐生活等内容，都一应俱全。其中尤以战争题材岩画最为有名，这些岩画记录了历史上布须曼人和班图人（Bantu）之间旷日持久的战争，激烈的战斗场面被描绘得惟妙惟肖，叹为观止。[①] 与莱索托交界的南非夸祖鲁-纳塔尔省（KwaZulu-Natal Province）德拉肯斯（Drakensberg）山是南非境内布须曼人岩画比较集中的岩画发现地点。2000 年，该地的马罗提-德拉肯斯堡公园（Maloti-Drakensberg Park）被联合国教科文组织列入世界遗产名录。2013 年，德拉肯斯堡公园莱托索境内部分也被联合国教科文组织列入世界遗产名录。

---

① Campbell, C. *Images of War: A Problem in San Rock Art Research*, World Archaeology 18, pp. 255～267.

津巴布韦布拉瓦约(Bulawayo)南的马托博山(Matobo Hills)是南部非洲岩画最集中的地点之一,其中的布须曼人岩画是马托博岩画中的主体。马托博山岩画由于记录了距今约 2.5 万年前的非洲历史和史前文化,2003年被联合国教科文组织列入世界遗产名录。

博茨瓦纳西北部卡拉哈迪沙漠(Kalahadi desert)中的措迪洛山(Tsodilo)布须曼人岩画具有浓厚的宗教信仰观念,这里的大多数图形是孤立的图案和仅仅描绘轮廓的大羚羊等野生动物,很少复杂的叙事图画。2001 年,措迪洛山被联合国教科文组织列入世界遗产名录。

纳米比亚境内的岩画非常独特,如命名为"葬礼"的人物岩画,命名为"一对女演奏者"的岩画,尤其是被称作"白妇人"的崖壁画,都是南部非洲布须曼人岩画的代表作。

四、非洲部落艺术

非洲部落艺术基本上是活态的、表现形式丰富多彩的原住民部落艺术。原住民部落艺术的表现内容常常与其宗教信仰观念密不可分。在非洲地区,原住民部落普遍流行"万物有灵"观念,认为灵魂不灭,并可以在不同物体之间随意转换。部分原住民甚至认为在自然万物中有一种生命的原力,人世间的一切都因此而动,生生不息,如西非很多部族信奉"尼耶玛(Nyama)",东非、中非一些部族信奉"玻瓦恩格(Bwanga)"。部分原住民已经有至高神和祖先神崇拜,如尼日利亚约鲁巴人的"奥罗伦(Oiorun)"崇拜,肯尼亚吉库尤人的"姆隆古(Murungu)"崇拜,等等。正因为这个原因,非洲原住民部落艺术所要表达的内容,往往与原住民的神话传说联系紧密,其艺术表现形式往往具有非常诡异和奇特的艺术风格。

近现代时期,西非、中非等地的民族艺术长盛不衰。虽然这些艺术品的时间一般不会超过 200 年左右,绝对年代比较晚近,但艺术内容和艺术品表现的传统观念却是非常悠久的,同样可以作为前文字研究的辅助材料来加以使用。

非洲原住民部落艺术中的木雕主要表现祖先神、祖先精灵、部族保护神、心形面具或巫师形象等,这些木雕神像在祭祀仪式中被供奉起来,或者与其他传统,如祖先神话诵读、部族传统训练等一起直接加入到诸如部落成员成丁礼一类的礼仪活动中,赋予部落青年以生命原力,帮助礼仪参与者获得新生。正因为如此,非洲原住民木雕艺术作品极富想象力,且具有明显的象征功能。由于长期的原始部落艺术实践,非洲原住民的木雕作品已经形成了某些固定风格和类型,如西非雕刻和中非雕刻都有各自独特的艺术风格，西非雕刻具有写实风格和程式化风格，中非雕刻则强调怪诞和恐怖风格。[①]

第六节　美洲前文字材料

通常认为美洲地区没有发现属于本土的猿人化石。据说美洲大陆早期人群是在最后一个冰期末期（距今约 1.5 万年左右），经由白令海峡大陆桥从亚洲西伯利亚东北部迁徙到阿拉斯加，并在约 2000 年左右的时间里广泛分布于美洲各地的。

美洲是世界范围内重要的史前艺术和部落艺术材料富集之地，两种艺术交相辉映，相互补足，自觉服务于印第安原住民族群社会，达到了灿烂辉煌的程度。

美洲境内印第安原住民族群史前艺术非常发达，广泛分布于北美洲、中美洲和南美洲各地。今美国境内加利福尼亚、新墨西哥、明尼苏达、艾奥瓦等州都有大量的史前岩画，岩画遗址数量约在 2200 个以上。陈兆复指出："在世界上，美洲岩画组成一个史前史和部落艺术的整体。它能够提供有关祭礼、神话和社会各种思想方法的充满活力的信息"。[②]

美洲境内印第安原住民部落艺术更加发达，如面具、文身、木刻、石刻、骨刻、编织、编筐、涂绘、沙画、图腾柱、筑丘、结绳、手势符、象形文字等视觉表达方式，念咒、吟唱、口述和神话叙事等听觉表达方式，以及宗教舞蹈、图像展演、节庆活动等身体展演形式都应有尽有。

但是，整个北美洲地区的印第安原住民部落社会始终没有出现过大范围通行的成熟文字。虽然晚近时期，北美洲个别地区出现了几种新创制的文字，如借用和改造罗马字母创制的切罗基文字（Cherokee writing，1820 年）、克里文字（Cree script，1840 年）和因纽特文字（The Inuit script，19 世纪中期）等，但这些文字都是白人进入该地之后或由白人创制，或受白人使用的字母文字的影响创制出来的，它们的流行范围和使用人群都非常有限。在南美洲地区，如果不把印加结绳记事系统看成是成熟文字的话，就没有出现过成熟的能够逐词记录语言的文字。相对而言，只有中美洲地区可以说是世界范围内又一个重要的"自源型文字"发源地之一，但该地文字的出现

---

① 牛克诚：《原始美术》，中国人民大学出版社，2004 年，第 161～188 页。

② 陈兆复、邢琏：《世界岩画Ⅱ》（欧美大洋洲卷），文物出版社，2011 年，第 136 页。

时间相对较晚。著名的"玛雅文字"已经是成熟的表意系统文字,阿兹特克文字(Aztec script)则仍是早期文字。这两种文字的使用和通行范围仍然相对有限,而且在使用玛雅文字和阿兹特克文字的同一地域的原住民部落社会中,在使用文字的同时,上述种种前文字表达手法的使用也相当普遍。

一、北美地区

(一) 阿拉斯加

据说阿留申人(Aleuts)和因纽特人(Inuit,旧称爱斯基摩人)的祖先均来自亚洲,这两个族群被认为是所有美洲原住民族群中最像亚洲人的群体。公元前 9000 年左右,这些狩猎采集者生活在北极地区的白令海峡到阿拉斯加沿岸地区。公元前 7000 年左右,他们向南移动到了阿拉斯加半岛,又过了 1000 年,他们出现在阿留申群岛。

数千年来,因纽特人在石头、木头和骨头上雕刻了数不清的小雕像,他们的世界充满各种精灵,据说这些小雕像具有护身符的功能,能帮助佩戴者抵御恶魔,一些小雕像还是猎人们想要捕获的动物。因纽特人认为猎人通过雕刻动物雕像,就能控制动物的灵魂,从而保证狩猎成功。雕刻对他们是一种释放他者灵魂的活动,所以因纽特雕刻家面对一块未经雕刻的象牙时可能会发问:"你是谁?""是谁藏在里面?"[①]该地岩画多表现人面像,形似面具。

(二) 北美西北海岸

北美西北海岸太平洋沿岸一带,今加拿大、美国境内"纳德内语系(Na-denet language Family)"的印第安原住民族群,如阿萨巴斯卡人(Athabas-kan)、特林吉特人(Tlingit)、海达人(Haida)等,直至晚近都还保留着母系氏族制度。在这些部落之中,无论婚丧嫁娶等日常生活事宜,还是重大事件,都会举行"夸富宴"(potlatches,一译"波罗拉支",原住民社会中普遍流行的社会经济制度)。在"夸富宴"中,主人必须散尽钱财,且倾其所有慷慨赠送前来赴宴的客人各种物品,满足客人提出的各种要求,并以此举彰显主人的财富和地位。而主人在"夸富宴"中的表现,则会直接决定本人在部落社会中的身份和地位。该地盛行图腾崇拜观念和以雕刻图腾柱为代表的各

---

① 〔美〕爱得蒙·卡彭特:《爱斯基摩人的艺术家》,载夏洛特 M. 奥腾编:《人类学与艺术》,纽约:1971 年,第 165 页。

种象征艺术。高大的图腾柱上雕刻了许多原住民崇奉的神人同形像和图腾动物,如海狸、锯鲉、虎鲸、鲨鱼、熊、鹰、隼、蜻蜓、青蛙、蛇以及海妖等。这类神人同形像和图腾动物也出现在岩画、面具、文身、木刻、编织等不同门类的原始艺术中,每种神人同形像和图腾动物及图案都有丰富的意味和与之相配的神话传说叙事。图腾动物的图案和纹样不但有初步的规范,也有丰富的变化。而且,同一个神人同形像和图腾动物的神话传说故事在不同的族群社团里还会有各自流行的版本。

(三)北美西南部

北美西南部地区广泛分布着"普韦布洛(Pueblo)"人群。

公元 200 年,在美国西南部高原台地大部分地区(科罗拉多州、犹他州、亚利桑那州和新墨西哥州)居住着"阿那萨齐(Anasaziculture)人"。他们起初居住在坑道式的房子中,以编筐为生,被称为"编筐人"。后来移居地上,建造了迷人的印第安普韦布洛多层石屋群和崖屋,过着采集植物和狩猎生活。公元 1000~公元 1300 年,他们的文化发展到顶峰,能够制作出复杂的陶器艺术品,在他们居住的悬崖上创造出许多史前岩画。

公元前后,在亚利桑那州到新墨西哥北部一带的高山地区出现了莫戈隆(Mogollon)文化。莫戈隆人早期延续了"崖居者"传统,村落建在悬崖边上,房屋为半地穴式建筑。其后放弃了半地下的房屋,建造出复合式的单元,被称之为"普韦布洛"。他们还建筑了用于宗教仪式的长方形半地下礼堂。莫戈隆人以高地狩猎、采集和农业种植为生,出产彩绘陶器、精美的篮子,使用弓箭。莫戈隆人中的一支明布雷斯人(Mimbres)非常擅长制作精美的陶器,他们制作的陶碗上绘制了精美的图案。

公元 500 年,在亚利桑那沙漠南部、新墨西哥州交界地区和墨西哥北部,兴起了霍霍卡姆(Hohokam)文化。霍霍卡姆人与整个西南部以及墨西哥北部的民族都有复杂的贸易关系,其祭礼仪式也存在一致性。亚利桑那州斯内克墩霍霍卡姆文化聚落遗址就以圆形广场和其他礼仪性建筑为主。公元 1000~公元 1450 年之间,霍霍卡姆文化发展到顶峰,当地与周边地区的绿松石、彩绘陶和海贝、铜铃交易非常兴盛,其艺术形式高度发达,能够用石片制造蛇、蟾蜍、鸟等动物形象,模制泥塑像,还发明了酸蚀法贝雕技术,在贝壳上蚀刻动物形象。

公元 100~公元 1200 年,早期普韦布洛印第安人活动在犹他州、亚利桑那州、科罗拉多州和新墨西哥州交界处一带的广大地区。公元 1050 年左右,新墨西哥州的查科峡谷(Chaco Canyon)成为普韦布洛文化区域性宗教网络中心。村落中有许多大房子,其中最大的一座大房子至少拥有 600 间房屋,可供 1000 多人同时居住。村落中心坐落着礼仪性的建筑——基瓦(Kivas)会堂,其社会组织为层级结构,宗族和家族的元老们在头领选举时具有重要作用。他们制作出白底黑花的陶器,编织了精美的篮子,陶器纹饰、篮子图案,甚至文身图案都装饰着丰富多彩的神话人物、动物及部落神话故事。部落节日中不但有各种祈雨、丰收舞蹈,还有各种献给神灵的象形舞蹈,如鹿舞、鹰舞、水牛舞、羚羊舞等。

(四) 北美中部大平原

距今 1 万年之后,生活在北美中部大平原地区的古印第安人就已经使用便携式工具——尖石器、投矛器和其他工具狩猎野牛。这一传统一直被生活于此地的众多印第安原住民部落继承下来,他们世世代代以捕获野牛为生。直至美国内战结束之时,依然有成千上万头美洲野牛奔驰在北美大平原上,大多数平原印第安部落仍以捕猎游牧为主。比如提顿苏族人(Teton Sioux,即东部苏人,其分支如黑脚族、奥格拉拉族)、夏延人(Cheyenne)、科曼奇人(Comanche)、克劳人(Crow)等等,都是典型的游牧部落。这些游牧部落多由宗族组成,平时住在圆锥形帐篷里,分散狩猎。只有在夏季大狩猎会战或者部落举行重要宗教仪式,如跳"太阳舞"等大型活动中才会聚在一起。另有少数部落虽然也以游牧生活方式为主,但属于半定居部落,如波尼人(Pawnee)、曼丹人(Mandan)、希达察人(Hidatsa)、阿里卡拉人(Arikara),等等。这些部落有固定的住所,一年中会有一部分时间住在村庄里,边狩猎边种植谷物、从事编织,制作陶器。部落成员必须加入部落和氏族社团,参与各种礼仪和祭祀活动。

北美大平原印第安原住民生活在氏族社会里。有些部落尚处在母系氏族社会阶段,如希达察人、曼丹人、克劳人;有些部落则已经进入父系氏族社会阶段,如艾奥瓦人(Iowa)、堪萨斯人(Kansas)、奥马哈人(Omaha)、奥萨格人(Osage)、篷卡人(Ponca),等等;还有一些部落处在过渡期,在这些部落中既有母系氏族存在,又有父系氏族存在。

该地区原住民部落普遍存在萨满信仰。奥吉布瓦(Ojibwa)树皮画动物身上的箭镞表现的是原住民的狩猎巫术,它常常与巫术歌曲伴随出现。纳瓦霍(Navajo)人的沙画则具有祛病巫术的功能。达科他人(Dakota)使用一种贝壳串成的贝珠带(Wampum)来缔结盟约。许多部落还创造并使用"图画文字"(有人称"象形文字")记事。在原住民社会的宗教生活中,象形文字与念咒、吟唱、神话叙事以及宗教舞蹈等共同应运于仪式场合之中,存在明显的互文关系。在白人进入北美大平原之后，印第安"象形文字"还增加了白人元素的图画字符，进一步扩大了象形文字的使用范围，并且将其逐渐延伸到日常生活领域，用来交流信息，表情达意，极大地拓展了象形文字的社会交际功能。为了适应狩猎生活的实际需要，平原印第安人还专门发明了能够跨越语言障碍的交际手段——"手势符号"（又称"手势语"），用于狩猎活动中与同伴之间的联络。手势语或手势符号被许多操不同语言的印第安原住民部落普遍使用。

印第安原住民部落艺术中丰富多彩的表情达意方式尚未进入逐词记录语言的成熟文字阶段。虽然其表达方式丰富多样，但其性质总体上还只是使用图画记事加上实物帮助记忆，符号自身尚不能独立表意，并不能完整的记录语言。因此，以上介绍的印第安原住民表达方式中虽有少部分已开始与语言有一定的关联，但总体还应归入前文字研究范畴。

（五）北美东部

公元前 500～公元 100 年，北美东部俄亥俄山谷地区的阿登纳（Adena，又名 Woodland）人成为第一批伟大的"筑丘人"，阿登纳人擅长长途贸易，他们经销石斧、贝壳和红铜制品，建造了大土堆形的陵墓和巨型"肖像冢（Effigy Mound）"土墩，土墩形状以蛇形动物和巨人形为主，其中心地带为部族成员的墓地，其他部分则用于祭祀仪式。墓葬中有丰富的陪葬品。

公元前后，北美东部出现了霍普威尔（Hopewell）文化，霍普韦尔人继承了阿登纳文化的筑丘传统，非常重视丧葬仪式，坟墓中的陪葬品非常丰富，如烟斗、斧子、装饰品等，甚至还用动物和人来陪葬，其中人工制品制作精美，图案繁复，具有丰富象征含义。

公元 800 年之后，密西西比河流域出现了许多强权酋邦，出现了狂热的宗教崇拜，特殊的社会—宗教组织。他们崇尚战争礼仪，盛行祖先崇拜，通过共享神秘人工制品分享权力。贵族墓地中的陪葬品不仅有战斧、权杖、海贝和异域的红铜等物品，还有精美的陶器和人工制品，其上刻满了外来的宇宙形象、神话动物和神话人物，这些图案、纹饰和符号充满象征含意。这些象征符号在很大地域范围内广泛分布，被命名为"南方祭仪（Southern Cult）"。其中鸟的形象，流泪的双眼、圆圈纹、十字纹等都有明显的文化母题的价值。伊利诺伊斯州的卡霍基亚（Cahokia）是当时著名的文化中心，这是一个规模很大的中心聚落，遗址中有数量众多的土台，土台成组分布于许多广场周围，最大的一组土台被称为僧侣墩（Monk's Mound），它是古代北美最大的人造建筑物。

二、中美洲地区

中美洲地区位于今墨西哥中南部、伯利兹、危地马拉、萨尔瓦多、洪都拉斯和尼加拉瓜的境内,以及安第斯山脉地区中部(今秘鲁境内中部高地及海岸)一带。公元前 2000 年左右,定居村落首先出现在中美洲大部分地区。公元前 1500～公元前 1000 年之间,政治和社会复杂化的中美洲城邦在若干地区出现。公元前 1200 年之后,美洲印第安原住民文明几乎在以上两个地区同时兴起。

考古学家通常将中美洲文明分为前古典时期(公元前 1500～公元 250 年)、古典时期(公元 250～公元 900 年)、后古典时期(公元 800～公元 1520 年),每一个时期又区分为早、中、晚三个时期。以尤卡坦半岛低地玛雅文明、特奥蒂瓦坎、蒙特阿尔班中美洲高地文明为代表。半岛地区和墨西哥高地文明犬牙交错,经常相互影响。中美洲加勒比海地区的也是一个多元文化聚集之地。

(一) 尤卡坦半岛

中美洲前古典时代中期(公元前 1500～公元前 500 年),尤卡坦半岛低地(Yucatán Peninsula low land)墨西哥南部海湾沿岸的奥尔梅克文明(The Olmec civilization)制作出精细的浮雕和雕塑品,如公元前 1250 年圣洛伦索(San Lorenzo)纪念碑式人像,公元前 800 年左右拉文塔(La Venta)头像等,都是奥尔梅克文明"美洲豹(Jaguar)"风格主题人像的代表。奥尔梅克艺术风格影响及于周边的墨西哥谷地、危地马拉、萨尔瓦多和其后的玛雅文明,被公认为中美洲母体文明。

公元前 800 年起,半岛低地地区就建立了最初的玛雅人政权。公元前 600 年,低地中部贝登(Peten)等地几个遗址出现了大量的金字塔以及祖先崇拜的痕迹。公元前 600～公元前 400 年,前古典时代中晚期的纳克贝(Nakbe)、瓦哈克(Uaxactúm)等玛雅遗址出现大量精美的石质统治者雕像、祖先雕像、石膏制神灵和祖先面具,这些艺术品是君权与神权结合在一起的明显证据。

公元前 150～公元 50 年,前古典时代晚期最大的玛雅文化中心城市埃尔·米拉多尔(El Mirador)古城被建造起来,城市中有巨大的金字塔、神庙、广场、堤坝等公共建筑,并且发现了刻在陶器碎片上的最早的玛雅文字。

约公元 1 世纪的古典时期,低地中部的蒂卡尔城(Tikal City)出现并迅速扩张,从蒂卡尔发现的象形文字表明,这个城市在公元 292～公元 869 年之间前后存续了 669 年，先后有 32 位君主在位。在其高峰期，城市中有 30 万人生活。频繁的礼仪性祭祀、军事征服、政治婚姻和长途贸易维系了蒂卡尔社会，并在其后的几个世纪里演化为中美洲地区的宗教祭祀传统。公元431～公元 799 年，低地西部今墨西哥境内的帕伦克（Palenque）古城建筑了帕伦克宫、太阳神庙、狮子神庙、碑铭神庙巨型建筑。太阳神庙内壁四周146 个玛雅象形文字，至今保存完整。碑铭神庙金字塔式台基下面发现的帕卡尔王陵墓四周刻有玛雅九神的图像，王棺四周则雕刻着国王的直系祖先。由于该遗址典雅精致的建筑和玛雅神话主题浮雕极具玛雅文化代表。1987 年，"帕伦克古城国家公园（Pre-Hispanic City and National National Park of Palenque）"被联合国教科文组织列入世界文化及自然遗产保护名录。公元 430 年左右，尤卡坦半岛顶端、今墨西哥境内中东部尤卡坦州的奇琴伊察（Chichén Itzá）古城融合了玛雅文明建筑技巧和来自墨西哥中部的文化元素，建成了巨大的勇士庙、城堡和名为"蜗牛"圆形天文台，成为古典时期最重要的玛雅文明中心之一。1988 年被联合国教科文组织列入世界文化遗产名录。公元 435～公元 738 年，低地南部今洪都拉斯境内的科潘（Copán）城邦成为玛雅世界的主要力量。他们建造了作为政治宣言的象形文字梯道神庙。1980 年，玛雅科潘遗址（Maya Site of Copan）被联合国教科文组织列入世界文化遗产名录。

玛雅文明在古典时期进入繁荣期之后，各玛雅文明城邦之间一方面因宗教观念和宗教体系的近似使其文化面貌总体上具有一致性，但其政治和经济并不统一，出现了一系列城邦国家，如西部的帕伦克、中部的蒂卡尔、南部的科潘，等等。这些城邦国家之间相互竞争，致使玛雅文明的政治中心不断变动。正是由于这个原因，公元 900 年左右，尤卡坦半岛地区的玛雅文明突然崩溃。虽然如此，玛雅人留下的精美的玛雅文字及其玛雅艺术还是给后人复原玛雅文明的盛况提供了极大的便利。目前所知，玛雅文字是世界范围内的"自源文字"之一，它是用来记录玛雅语（邱尔语族）的成熟的表意文字。最早的一篇带有确定日期的玛雅文字石碑出现于公元 199 年。

（二）中美洲高地

公元前 1200～公元前 1150 年，中美洲高地的墨西哥瓦哈卡（Oaxaca）谷地由于长距离贸易活动的兴盛，形成层级分离、人口密集的大聚落社会，出现专门的神职人员和手工业者，美洲豹文化母题出现在各种媒介之上，陶器上的神灵主题和四角凳模型成为统治权的象征。古典时代后期，瓦哈卡谷地复杂社会兴起，至少出现了 7 个小规模政治实体。公元 200 年左右，蒙特阿尔班(Monte Albán)逐渐发展为一个巨大的礼仪中心。该地拥有规模宏大的神殿、金字塔神庙、宫殿、庭院和墓葬等公共建筑。神权和政权被某个精英家族控制,人们信奉雨神、玉米神等几十位众神,同时实行祖先崇拜。人们的生活全部围绕着对众神的祭祀展开。

公元 500 年左右,位于墨西哥城东北部 50 公里处的特奥蒂瓦坎(Teotihuacán)发展成为墨西哥瓦哈卡谷地最大的城市,同时也是中美洲地区最强大的宗教、政治和文化中心,其文化影响力遍及整个地区。特奥蒂瓦坎社会的上层由神职人员、武士和世俗领袖组成,商人和日常行政管理者构成了社会的中坚。他们通过严格的等级掌控城市,祭礼仪式在生活中具有极为重要的地位。城市建筑按照几何图形和象征意义布局,规模巨大的太阳神庙、月亮金字塔、雨蛇神庙等宗教建筑享誉当时,城市中宫殿、广场、集市、公寓、排水设施、农业生产场所等居民生活建筑一应俱全。1987 年,玛雅古城特奥蒂瓦坎(Pre-Hispanic City of Teotihuacan)被联合国教科文组织列入世界文化遗产名录。

公元 1150～公元 1519 年,来自墨西哥谷地的阿兹特克人(Aztec)在中美洲地区建立了一系列由大小不等的城邦国家和城市组成的松散联合体。阿兹特克国王依靠宗教法令、人牲人祭和嗜血习俗维护统治。阿兹特克社会是一个严密的等级社会,国王具有半人半神的人格,贵族、祭司、职业商人和武士构成社会上层,手工业者构成的城市大量人口为自由民,农奴、失地农民和奴隶沦为社会最底层。阿兹特克社会奉行宗教祭祀,雨神和战神是最重要的神灵,他们认为只有不断举行人祭和嗜血仪式,才能让神灵不至于发怒而降罪于人。阿兹特克人创造了自己的象形文字,现存《门多萨抄本》(Codex Mendoza)等数种手抄本。在 1519 年西班牙人踏入中美洲之前,阿兹特克王国是这个地区最重要的政治实体。

(三) 加勒比海地区

中美洲加勒比海地区众多岛国是一个种族多样化的地区。公元前4000～公元前 3500 年,人类活动的痕迹就出现在今古巴、多米尼加、海地等国,该地区最早的居民可能来自尤卡坦半岛,以狩猎、捕鱼和采集为生。

公元前 2000 年左右,今波多黎各和加勒比海东部的大安德列斯群岛(The Grand Andres Islands)居住着一些原住民族群,他们使用磨制石器,制作碗和雕刻工艺品。公元前 500 年,来自南美的萨拉多依德移民(Saladoid Migrations)进入小安德烈斯群岛(The Little Andreas Islands),公元前 100 年左右,他们居住在更大的定居村庄内,种植木薯,制作白底红花刻花陶器。

公元 500～公元 1000 年,今巴哈马、波多黎各、牙买加及古巴内陆高地都有移民居住。大安德列斯群岛社会化复杂程度日益提高。公元 700 年,泰诺(Taino Chiefdoms)酋邦建立,酋邦内村落林立,有些村落有数千村民。他们种植木薯和捕鱼,制作华丽的珠饰品、陶器、纺织品木工制品,居民信奉萨满教,经常举行规模宏大的仪式。1492 年,随着西班牙人的到来,泰诺酋邦很快消亡。

三、南美洲地区

公元前 3000 年左右,今秘鲁海岸和安第斯山高地形成了拥有众多原住民的复杂社会。

(一) 秘鲁沿海

公元前 2600 年,在秘鲁中部沿海的苏佩河谷,卡拉尔统治下的当时美洲地区最大的聚落建立起来,它比墨西哥谷地特奥蒂瓦坎还要早 750 年左右。公元前 1800 年之后,一系列酋邦国家在北部海岸建立。位于夏兰河口附近的埃尔·帕拉伊索(El Paraiso)和胡瓦卡·佛罗里达是当时的礼仪中心。这些酋邦国家的出现,连接了高地和沿海,促进了各地技术和观念的传播,孕育出共同的陶器和建筑艺术风格。公元前 1400 年,沿海地区的卡斯马河谷(Casmara Valley)在谢钦·阿尔托(Sechin Alto)建造了高达 40 米的 U 形巨石平台,平台包括两端神庙、下沉庭院和广场等,这些规模巨大的礼仪中心是安第斯人的圣地。

公元前 200～公元 600 年,起源于奇卡马河谷(Chicama Valley)和莫切河谷(Moche Valley)一带的莫切王国在秘鲁北部沿海发展起来。莫切王国不但建造了发达的灌溉体系,制造出精美的模制陶器,而且有非常发达的祭祀礼仪,建造了宏伟的纪念性平台和神庙等礼仪性建筑,如日神庙、月神庙和金字塔等。莫切社会由祭司和武士、陶工和大量的农人组成。莫切文化在陶器上的绘画非常出色,描绘的祭祀场面令人震撼,其艺术表现力与发达的图画叙事方式相得益彰。

秘鲁太平洋南部沿海地区的纳斯卡谷地(Nazca Valley)和朱马纳大草原(Jumana steppe)发现了著名的"纳斯卡线条(Nazca Lines)",即通常所说的"巨型地画",其图形有几何形、动物形、植物形和巨人形等等。据说大多数直线地画的制作年代在公元前 2000～公元前 1500 年,动物形象地画的制作年代则在公元前 500～公元 500 年。这些地画被原住民用于观察天象或作为祭祀仪式的场所，或被认为是古代的灌溉系统。纳斯卡地画所在地纳斯卡和朱马纳大草原，1985 年被联合国教科文组织以"查文考古遗址（Chavín Archaeological Site）"的名称列入世界遗产名录。

（二）安第斯山脉秘鲁高原

公元前 900～公元前 600 年，安第斯山脉秘鲁高原中部出现了闻名遐迩的"查文文化"礼仪性建筑——金字塔、神庙、广场、梯道、画廊、石碑及其镌刻其上精心设计的动物和人纠缠在一起的图像和符号主题，如最重要的美洲豹主题、长冠鹰雕、猫科动物等神话母题以及神话叙事，形成了新的政权与神权结合在一起的威权理念，其艺术主题与宗教信仰的结合，尤其艺术主题传达的宗教信仰影响了整个安第斯地区的文明走向，其地位相当于这个地区的母体文明。

公元前 1400～公元 100 年，南部高地的的喀喀湖（Lake Tiacaca）周围出现了区域性的复杂社会。的的喀喀湖南岸的齐里帕（Chiripa）建造了神殿、有阶梯的门道、下沉的院子和壁龛似的窗子，石刻建筑上刻满了动物和人像。礼仪性建筑与宗教信仰紧密结合，被称为"丫丫妈妈（YaYaMama）"传统。

南部高地的的喀喀湖北岸的普卡拉（Pukara）建造了壮观的台地似的礼仪建筑群和巨大的居住区，制造了"普卡拉风格"陶器。公元 600～公元 1000 年，南部高地的提瓦那库（Tiwanaku）发展成地区贸易中心和宗教中心，发展了制铜工艺和肖像画艺术，艺术表现主题是美洲狮和秃鹰及人格化神。公元 800 年，地处高原中部的瓦里（Wari）人制作普卡拉艺术风格的拟人猫科动物、鹰、蛇，以及拟人神灵"维拉科查（Viracocha）"等。

公元 1476～公元 1534 年，印加王朝统治了秘鲁沿海和安第斯高地。印加人继承了奇穆文化（Chimor Culture）的财产和继承权分离制度，并在此基础之上发展出一套贵族化的祖先崇拜程式，他们崇拜印蒂神（Inti），认为他是天上的神圣祖先。过世的印加统治者被制作成木乃伊。他们认为，祖先木乃伊并没有真正死去，他可以参加重大仪式，造访新的统治者，并与新统治者交谈。因此，逝去国王的木乃伊是王国中的圣物。虽然新王具有很大的权威，却没有多少财产，而他必须获得财富，以便自己死后也能被制作成木乃伊，具有权威，让人敬拜。印加统治者必须在生前建功立业或努力工作，才能拥有财富。因此，他们建立起卓有成效的官僚机构来管理国家，建立起高效交通网络和驿站确保商品流通和军力运送。他们还生产出数量巨大的金银工艺品和色彩艳丽的彩陶器具，陶器上装饰着黑、白、红三彩几何形图案和纹饰。

　　印加社会以年龄为标准被分成十二个层级,每个层级有着不同的劳动时间,所有的劳动成果都用绳结加以记录。国家定期派出巡视员督促检查,其中,对绳结记录的考核是巡视员重要的工作。由此可见印加结绳具有相当程度的记事功能,绳结具有符号性和区别性,但不一定能记录语音。印加结绳的释读需要结绳者或口头记忆专家加以解释,其中记录的一些历史故事和传说口口相传,因此,印加结绳的记事功能是受到限制的,并不具有记语语言的功能,显然还不是成熟的文字。

　　今秘鲁境内库斯科市(Cuzco city)西部 75 公里处的马丘比丘(Machu Picchu)遗址是至今保存完好的前哥伦比亚时期(Pre-columbian period)印加文明(Incan Civilization)遗迹。1983 年,马丘比丘遗址被联合国教科文组织列入世界自然遗产和文化遗产名录。该遗址始建于公元 1440 年左右,由印加帝国统治者帕查库蒂(Pachacuti)所建,该遗址至今完好保留了太阳神崇拜遗迹,如圣广场庙(Holy square temple)、太阳神巨石(Helios boulder)等。城内建有一座庞大的国王宫殿群及埃尔-托雷翁神庙(Temple of El Torreon),这些巨型石头建筑都是为了供奉活着的太阳神国王,举行太阳神崇拜仪式而建的宗教性建筑。

第二章　前文字发生时的社会语境
及其与神话叙事的关联

在初步梳理了世界各地的前文字材料之后，我们还需要进一步了解前文字材料发生时的社会语境。只有这样，才有可能正确解读史前社会和部落社会里前文字的含义，并以此为基础，进一步讨论前文字与文字起源的关系。

第一节　前文字材料发生时的社会语境

社会语境包含社会组织结构和观念形态两大部分，前者是指物化的社会组织，后者是指精神层面的人类早期社会群体的社会与心理活动。

一、氏族社会的组织结构

早在旧石器时代中期，人类社会就出现了最初的社会组织——氏族。在这一时期，人类社会主要的社会组织形式是氏族集团，以及由地域群体构成的地域集团。氏族集团由氏族(Clan)、胞族(Phratry)、部落(Tribe)和部落联盟(Confederacy of Tribes)四个层级组成，氏族是最基本的社会组织单位。四级社会组织健全的氏族社会事实上并不常见，比如美洲的易洛魁人(Iroquois)是母系氏族社会的代表，但同样在美洲的奥吉布瓦人、奥马哈人中，其世系已经由女性本位转变为男性本位。在达科他人的社会里，氏族制度实际上已经解体。欧洲旧石器时代中期就有由非外婚制的地域群体构成的社会组织，这些群体似乎与莫斯特文化初期和阿舍利文化晚期的原始人群有一定联系。在世界其他地方，也普遍存在一些生活在一定地域范围内的、由相当数量的原始人群聚集而成的地域群体，比如中国境内历史传说中的炎黄集团、东夷集团和九黎集团等。据中国先秦文献记载，从黄帝得姓者十二姓，这十二姓或许就是散居各地的地域性血亲集团。①

为了简明扼要地了解氏族社会的组织结构，我们引入摩尔根《古代社会》(2007)里分析过的北美易洛魁人的例子加以说明。

(一) 伊洛魁联盟的社会组织

在易洛魁部落联盟(Iroquois Confederacy)社会里，女性是社会组织的中坚力量，血亲是以女方为主计算的。氏族内部皆为同一血缘的血亲，同一个氏族内部禁止通婚。因此，婚姻只能出现在几个相邻的亲族间，这就是著名的氏族社会的"外婚制"。摩尔根指出："在古代的氏族中，只有按女性下传的世系。它包括出自一个假定的共同女性始祖、并由女性世系传下来的所有的子孙，他们具有共同的氏这一点即可为证。这位始祖及其子女、她的女儿们所生的子女，她的女性的后代所生的子女，一直由女性传袭下去的各代统统包括在本氏族之内；而她的儿子们所生的子女，她的男性后代所生的子女，由男性传袭下去的各代则都属于别的氏族，也就是各属于其母方的氏族。"②

伊洛魁联盟由五大部族，即摩霍克部(Mohawk)、鄂奈达部(Onaida)、鄂农达加部(Onondagas)、塞内卡部(Senecas)、卡尤加部(Cayuga)组成，后期加上了图斯卡罗拉部(Tuscarora)。该部落联盟是 16 世纪美国东北部和加拿大东部最强大的原住民社会组织，他们实行母系氏族制度，氏族是他们的基层社会组织。据摩尔根的调查：易洛魁人有 38 个氏族，组成 6 个部落（其中 4 个部落有 8 个胞族，另外 2 个部落没有自己的胞族）。这 6 个部落组成统一的部落联盟，部落联盟定期举行部落联盟会议，而且有自己的名称、方言、领土和政府，如表 2-1 所示。

伊洛魁人的氏族是以血缘关系为纽带自然形成的、有共同名称的血亲团体。氏族内部的事务由全体成员决定，"氏族会议(the gentile council)"负责执行。氏族首领是从氏族德高望重者中选拔出来的，她们必须亲自参加劳动。在分配劳动产品中也不享有任何特权，而且她们可以被随时罢免。本氏族内部禁止结婚，氏族成员的财产相互继承，氏族成员遇事必须相互援助，并有为血亲报仇的义务。同一氏族的死者都葬在同一个氏族墓地里：母亲与其子女，兄弟与姊妹葬在一起。夫妻分葬，父亲与其子女也不能葬在一起。

---

① 《国语·郑语》："黄帝之子二十五宗，其得姓者十四人，为十二姓，姬、酉、祁、己、滕、葴(qián)、任、荀、僖、姞、儇(xuán)、衣是也。唯青阳(玄嚣)与夷鼓同己姓。"

② 〔美〕路易·亨利·摩尔根：《古代社会》(新译本)，杨东莼等译，中央编译出版社，2007 年，第 48 页。

表 2-1　北美印第安人易洛魁部落联盟社会组织简况表（图表来源：摩尔根）

部落（6）	氏族（38）	胞族（8）
塞内卡部	1.狼氏；2.熊氏；3.龟氏；4.海狸氏；5.鹿氏；6.鹬氏；7.苍鹭氏；8.鹰氏。	胞族1：熊氏、狼氏、海狸族、龟氏；胞族2：鹿氏、鹬氏、苍鹭氏、鹰氏。
卡尤加部	1.狼氏；2.熊氏；3.龟氏；4.海狸氏；5.鹿氏；6.鹬氏；7.鳗氏；8.鹰氏。	胞族1：熊氏、狼氏、龟氏、鹬氏、鳗氏；胞族2：鹿氏、海狸氏、鹰氏。
鄂农达加部	1.狼氏；2.熊氏；3.龟氏；4.海狸氏；5.鹿氏；6.鹬氏；7.鳗氏；8.球氏。	胞族1：狼氏、龟氏、鹬氏、海狸氏、球氏；胞族2：鹿氏、鳗氏、熊氏。
鄂奈达部	1.狼氏；2.熊氏；3.龟氏。	
摩霍克部	1.狼氏；2.熊氏；3.龟氏。	
图斯卡罗腊部	1.苍狼氏；2.熊氏；3.大龟氏；4.海狸氏；5.黄狼氏；6.鹬氏；7.鳗氏；8.小龟氏。	胞族1：熊氏、海狸氏、大龟氏、鳗氏；胞族2：苍狼氏、黄狼氏、小龟氏、鹬氏。

伊洛魁人的胞族（Curia）是由有同宗亲属关系的几个氏族为了某些共同目的，比如通婚、相互扶持和萨满教仪式而建立的比氏族高一级的社会组织。同属于一个胞族中的氏族彼此互为姻亲，而与另一胞族之氏族彼此为从姊妹氏族。起初，仅允许不同胞族间各氏族内的自由通婚，不允许同一胞族内的各氏族之间通婚。后来，这一禁忌被逐步打破，只保留了本氏族不得通婚的禁令。

伊洛魁人的部落则是由若干氏族结合而成的社会组织，每一个部落都有自己的名称和专用的方言，有自己的宗教信仰和祭拜仪式，有自己的领土，也有由酋长会议组成的政府。最高权力机构是"部落会议（Tribal Council）"，由各氏族酋长代表各自氏族参加部落会议。部落会议有宣战、维和、派出和接受使节、结盟的权力。在某些情况下，部落中有一个部落大首领，但大首领的职责和权力都很小。氏族社会通常以部落形式示人，氏族是隐含但却是最基本的社会组织，部落则是对外的社会组织。部落容易分化，一个母部落（如奥吉布瓦部落、达科他部落和易洛魁部落）可以分化出许多新部落，新部落不断形成，比如从上述所说塞内卡部落中分离出来休伦人（维安多特人），从达科他母部落中分离出来蓬卡（Ponka）部、奥马哈部等，奥吉布瓦母部落一分为三：奥吉布瓦部，渥太华部（Ottawa）和波塔瓦塔米部（Potawatami）等。

伊洛魁人的部落联盟是由若干部落结合而成的氏族社会里最高级别的社会组织，部落联盟是自然形成的社会团体，建立在同宗氏族和一种共同语言的基础之上。部落联盟的最高行政机构是"部落联盟会议（Tribal Federation Council）"。部落联盟会议具有立法、行政及司法之权，负责本部落联盟对外宣战、媾和、派遣和接纳使者、缔结条约；对内推举首领并举行授职仪式及举行公共典礼等活动。部落联盟会议由各部落某些氏族中推选出来的常任首领组成。以易洛魁部落联盟为例，该部落联盟设立 50 名常任首领，这 50 名部落联盟首领同时也是各自所属氏族的酋长。50 名联盟首领中的每位首领都有一个终身使用的名号，这个名号不但终身不变，其后继者也不能改变。如塞内卡部 8 首领中的第 1 位首领的名号是"加-内-鄂-迪-约"，属于龟氏族；第 2 位首领的名号"萨-达-加-鄂-雅塞"，属于鹬氏族。首领一旦亡故，可由所出身的氏族补选。部落联盟会议成立之后，专属于某部落的事务仍由部落会议全权处理，但部落联盟中的每一项公共法令，都必须得到部落联盟会议的批准方能执行。部落联盟会议不设最高行政长官，仅设立 2 名权力平等的最高军事统帅。

（二）北美西北海岸育空地区印第安原住民氏族社会组织结构

加拿大人类学家朱莉·克鲁克香克（Julie Cruikshank）编撰的现代印第安原住民生活口述史《生活就像故事》（1990）不但收集了北美西北海岸育空（Yukon）地区三位年长的印第安原住民妇女安吉拉·西德妮（Angela Sidney）、吉蒂·史密斯（Kitty Smith）和安妮·奈德（Annie Ned）女士讲述的原住民社会的生活故事，也连带叙述了原住民社会氏族组织的情况。这些材料是对以上北美伊洛魁人氏族社会结构的很好的补充。

加拿大西北海岸育空地区印第安原住民社会由居住在内陆地区的阿萨帕斯卡人和居住在沿海地区的特林吉特人，两者建立了长久的贸易伙伴关系。起初，沿海的特林吉特人进口内陆阿萨帕斯卡人的云杉篮子、雪松箱子、药材、烟草、贝壳和黑曜石等商品，并向内陆出口北美黑山羊羊毛、染料、驼鹿皮和北美驯鹿皮、筋及生铜等。19 世纪，随着俄罗斯、英国和美国商人们的到来，特林吉特人转而进行欧洲商品贸易，并向欧洲商人出口有价值的内陆皮草。由于贸易关系紧密，特林吉特人不但把自己的姐妹嫁给内陆的阿萨帕斯卡人，而且也有部分沿海居民移居到内陆，顺便也让沿海的语言、社会习俗、融入内陆文化中。育空北部地区生活的印第安原住民，如阿萨帕斯卡印第安人、卡斯卡印第安人、旱印第安人、库钦印第安人、上塔纳印第安人等由于共同参与皮草贸易活动。逐渐形成了共同的生活方式和相对一致的文化主题，其生活方式已经发生了改变，其主业也已经由狩猎和采集变为皮草贸易。

育空地区本来有八种不同的印第安语言：远北地区的库钦语（Kutchin）和旱语（Han）、图琼语（Tutchone）、南图琼语（Southern Tutchone）、上塔纳纳语（Upper Tanana）、塔吉什语（Tagish）、卡斯卡语（Kaska），远南地区的特林吉特语(Tlingit)。由于19世纪后期集中的皮草贸易,促使原住民部落语言和文化边界变得相当模糊。书中的三位主人公之一的西德妮女士出生在一个说塔吉什语的部落,史密斯女士和奈德女士生活在南图琼语地区,但她们都不止会说一种部族语言,而且也接受了一些新的生活方式。

　　育空地区互为婚配关系的氏族组织主要是狼胞族和乌鸦胞族,这两个胞族不但世代婚配,而且在诸如出生、青春期、死亡以及不定期举行的"夸富宴"仪式活动中,人们的举止行为还要受胞族和部族联盟的引导与约束。

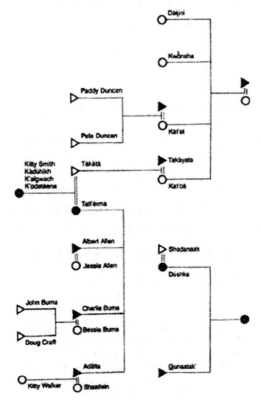

说明:该图表中的符号＝代表婚姻;符号┏━┓代表血统;符号▲/●代表乌鸦胞族的男性或女性;符号△/○代表狼胞族的男性或女性。

图 2-1　加拿大育空地区印第安原住民吉蒂·史密斯"外婚制"遗俗氏族谱

(图片来源:Julie Cruikshank)

　　育空南部特林吉特人的势力很大,特林吉特人中的狼胞族和乌鸦胞族均包括若干氏族,比如狼胞族就有达克拉韦迪(Daklaweidi)、烟叶定(Yanyeidin)、嘎瓦娜塔纳(Kaagwaantaan)氏族;乌鸦胞族有德施塔纳(Deisheetaan or Tukyeidi)、格拉克·阿迪(Gaanax.adi)、格拉克·泰迪(Gaanaxteidi)氏族。每个氏族都有与众不同的顶饰、歌曲和口传历史。

育空地区印第安原住民的氏族组织仍基本维持母系氏族组织及其社会习俗,即同一氏族内部不能婚配,允许娶寡嫂等氏族外婚制的规则仍然被严格执行,但实际上也已经存在"对偶婚"家庭。

这里介绍的加拿大育空地区印第安原住民氏族组织材料正好是对摩尔根揭示的"氏族外婚制"的很好补充,进一步印证了氏族外婚制在育空地区原住民婚姻习俗中发挥的作用。比如在故事讲述人之一吉蒂史·密斯的氏族谱中,所有婚配关系只能是乌鸦胞族的男/女与狼胞族的男/女,无一例外。下图中吉蒂史·密斯的父亲塔卡它(Takata)与母亲塔特尔玛(Tatler-ma),就分别来自狼胞族与乌鸦胞族,婚后诞下女儿吉蒂史·密斯(Kitty Smith)。塔卡它去世后,他的堂兄弟皮特邓·肯(Pete Duncan)取而代之与寡嫂塔特尔玛结婚,两年后,皮特邓·肯去世,其弟帕蒂·邓肯(Paddy Duncan)继而与塔特尔玛结婚。如图2-1所示。

二、氏族社会的观念形态

早在旧石器时代中期就产生了最初的巫术—宗教观念。在法国莫斯特文化洞穴中发现了一具距今12.5万～3.2万年左右的尼安德特人(Neanderthal)的尸骨,他头枕燧石,四周摆放了74件石器,左侧还有1件石斧,头肩部用石板保护起来。距今5万～1万年的中国境内山顶洞人(Upper Cave Man)的洞室前后分隔,前部住活人,后部埋葬逝者,逝者遗骸的周围随葬有燧石和石器,还撒上红色的粉末。这些考古遗迹说明:"最简单的巫术观念与仪式是在旧石器时代中期产生的,因此,可以将旧石器时代中期确定为宗教产生的时期。"[1]

从考古学科学还原的史前材料和人类学调查所得的部落艺术材料判断,史前社会和部落社会的原始宗教—巫术观念包括万物有灵与灵魂不灭,多神信仰与图腾崇拜,萨满教以及各种巫术禁忌等。以上诸种观念形态即是前文字使用的社会观念形态。

(一)万物有灵与灵魂不灭

英国人类学家爱德华·泰勒(Edward Tylor,1929)提出了著名的"万物有灵观"。他认为:原住民[2]根据清醒、梦、失神、疾病、死亡和幻觉等心理现象,推导出每个人都有肉体和灵魂的观念。并将这一观念由人推及万物,形

---

① 〔苏〕A.И.别尔什茨:《原始社会》,苗欣荣等译,中央民族学院出版社,1987年,第36页。

② 笔者注:本书使用"原住民"一词替代泰勒原书中使用的"原始人"一词,全书皆同此例。

成了"万物有灵观"。

泰勒把原住民灵魂概念的属性总结如下:"灵魂是不可捉摸的虚幻的人的影像,按其本质来说虚无得像蒸汽、薄雾或阴影;它是赋予个体以生气的生命和思想之源;它独立地支配着肉体所有者过去和现在的个人意识和意志;它能够离开肉体并从一个地方迅速地转移到另一个地方;它大部分是摸不着看不到的,它同样也显示物质力量,尤其看起来好像醒着的或者睡着的人,一个离开肉体但跟肉体相似的幽灵;它继续存在和生活在死后的人的肉体上;它能进入另一个人的肉体中去,能够进入动物体内甚至物体内,支配它们,影响它们。"①

原住民认为,人的灵魂是生命之源,人活着的时候,灵魂就居住在肉身之内。睡梦中,灵魂可能会离开人身临时出走。幻觉中,灵魂可能显现在眼前。而人生病的时候,灵魂就暂时丢失了,但丢失的灵魂可以通过仪式召回。一旦人死,灵魂会离开肉身飞升天地或附着在其他物之上。肉身是可以毁坏的,但灵魂不灭。不但人有灵魂,动物、植物、任何生物,甚至非生物都有灵魂。

原住民不但认为人和物都有灵魂,而且认为灵魂具有迁移的特性。人的灵魂可以在动物的躯体中复活,也可以转移到相应的植物或非生物当中。孟加拉邦桑塔人(Sontaran)认为善良的灵魂将进入果树。巴西伊桑部落(Isan Tribe)印第安人相信勇敢者的灵魂将变成美丽的鸟,胆小鬼的灵魂则会变成爬虫。奥吉布瓦人认为:斧头和锅釜、猎枪、烟斗一类的器物跟人一样也有灵魂,这些器物的灵魂也有飞升的能力。因此,放在坟墓中的陪葬器物,在主人死后的世界中也能跟主人生前一样派上用场。

原住民不但有以上关于人的灵魂的观念,还有比较完善的"精灵观念"。精灵无所不在,有梦幻精灵、祖先神灵、吸血鬼、守护神灵、黑暗精灵、火山精灵、漩涡精灵、峭壁精灵、小溪精灵、湖泊精灵、树精灵、丛林精灵以及各种动物精灵,等等。精灵数目无穷,充满整个世界。精灵还可区分"善灵"和"恶灵",恶灵和魔鬼进入体内是人致病的原因,疾病和死亡都可以推到恶魔或恶灵上。甚至巫师的特异功能也是精灵附体的表现,因此,巫师治病等同于驱逐恶灵。

(二) 多神信仰与图腾崇拜

原始巫术—宗教观念里的万物有灵、灵魂不灭与原始的多神信仰、图腾崇拜是一对孪生兄弟。万物有灵、灵魂不灭观念是多神崇拜与图腾崇拜的

---

① 〔英〕爱德华·泰勒:《原始文化》(重译本),连树声译,广西师范大学出版社,2005年,第351页。

基础,它必然会导致多神信仰与图腾崇拜,而多神信仰与图腾崇拜也会反过来强化万物有灵与灵魂不灭的原始观念。

原住民多神信仰包括对太阳神、月亮神、天神、地神、风神、雨神、雷神、火神、水神、河神、海神、石神、山神等自然神的信仰,也包括对祖先神、人格神、守护神、农业神、战神、死神、丰产神、蚕神、谷神、玉米神、树神、花神、草神等人格神的信仰。众神跟人一样,不但有配偶,而且也分善、恶两道。比如太阳和月亮,光明之神和黑夜之神,在许多民族的观念里就代表着"善"与"恶"的对立。

图腾崇拜现象是原始的万物有灵观与多神信仰的象征形式。"图腾(totem)"一词出自印第安奥吉布瓦语,意思是"他的亲族"。图腾崇拜观念认为:某种动物、植物或无生物与自己的氏族有血亲关系,是本氏族的始祖和亲人,从而将其尊奉为本氏族的标志、象征和保护神。图腾崇拜现象盛行于史前社会和部落社会中。

氏族社会的图腾崇拜是一种与其社会组织相向而行的宗教形式,它跟氏族制度相应,因此,可区分为不同层级的图腾崇拜:如氏族图腾和胞族图腾、部落图腾和图腾集团、个人图腾和家庭图腾以及性别图腾。其中的氏族图腾则是图腾崇拜的主体。

氏族图腾崇拜现象广泛存在于世界各地。大洋洲新不列颠,新爱尔兰,马特维亚、克鲁亚、安德拉群岛上原住民以鱼、鸟、昆虫和树为氏族图腾。波利尼西亚群岛陶马克岛上的鲨鱼氏族、龟氏族、长鱼氏族,不准杀食本氏族崇拜的图腾动物。美洲印第安特林吉特人有熊、鹰、大乌鸦、燕子、狼等氏族,这些氏族互相混杂居住,以至于在每一个村落中都居住着不同氏族的人,为了表示区别,每个氏族的人都在自己的住所雕刻上本氏族的动物图腾。夸扣特尔人有狼、熊、山羊、海狮、燕子等氏族,这些氏族图腾动物及其精灵同时是氏族的保护者。因纽特人中以乌鸦为图腾的氏族在他们的箭袋、武器和工具上,甚至在脸上都刻画或刺上乌鸦的图像。

胞族图腾在美洲、非洲和澳洲的许多原住民部落中都有一定的保留。现知胞族名称大多数是动物的名称,澳洲原住民中最普遍的是鸟类。部落图腾是由氏族图腾演变而来的,大多源于其中某个或某几个重要的氏族。在东非瓦尼杨伟齐部落中,蛇既是部落的祖先,又是部落中几个氏族的神圣动物。性别图腾仅存在于澳大利亚、非洲和波利尼西的个别部落中。性别图腾是对部落图腾的补充。家庭图腾是按父系传承的,仅存在于印度尼西亚、大洋洲、非洲一些实行氏族制度的部落中。个人图腾主要存在于澳大利亚中部的阿兰达(Aranda)和阿卢里迪亚(Alulidya)部落,新南威尔士的尤瓦拉因（Yuvarain）部落和维拉迪尤里（Viradiuri）部落，以及维多利亚东南部、昆士兰东部和金伯利地区的一些部落中。在发达的氏族—部落社会里，最原始的部落中完全没有个人图腾。反之，存在个人图腾的部落之中，也完全没有氏族图腾。①

（三）萨满教与巫术禁忌

1.萨满教

萨满（saman）一词源于通古斯语，意思是"智者"。"萨满"是地地道道的巫术专家。他们有独特的技能，这些技能可以通过私相传授和学习获得。原住民相信：萨满有能力帮助他人，也有能力害人。因为他们具有神力，能通过与灵魂交流的方式治疗被恶魔所害者。萨满在原住民社会里享有极大权力和声望，同时也容易招致他人的猜忌、防范并引起恐惧。

"萨满教"是一些既没有统一的教条，又缺乏知识体系的原始信仰及原始信条的集合，但它同时也是原住民获得知识的主要方式，这种方式建立在"万物有灵""灵魂不灭""多神崇拜"等原始信仰的基础之上。据研究，萨满教传统遍布于全世界各地，伏尔加河流域、西伯利亚是重点分布区域。②南、北美洲、非洲、大洋洲、亚洲腹地同样广泛分布。

萨满通过施行巫术来影响和干预人与自然的进程，实现其预期目标。其施行的巫术又分为"黑巫术"和"白巫术"。黑巫术是以害人为目的的巫术，如巫蛊、厌胜、诅咒等。白巫术是向神灵祈福，寻求神灵祐助的巫术，如祈雨、止雨、招魂、驱鬼等。

英国人类学家詹·乔·弗雷泽（J. G. Frazer, 1987:21～23）归纳了世界各地原始巫术的种种形式，提出"交感巫术""交感律"的概念，深入讨论了原住民社会巫术活动发生的深层原因，为科学研究原始巫术奠定了坚实的基础。他还区分了原始巫术的两种形式：即"模拟巫术"与"接触巫术"。

模拟巫术是一种使用代用品以祈福或致灾的巫术手段。这类巫术的施行原理是"同类相生"，以"相似律"为基础。如苏门答腊岛的巴塔克人（Bataks）会制作一个木偶婴儿，让想要怀孕的妇女抱在膝盖上，相信妇女这样就能怀孕生子。北美印第安奥吉布瓦族按照某个仇人的形象制作出一个小木偶，用一根针刺在木偶的心脏部位或用箭头射进心脏部位，一面念咒，一面把木偶烧毁。他们相信这样就能向仇人复仇。

---

① 〔苏〕Д. E.海通：《图腾崇拜》，何星亮译，广西师范大学出版社，2004年，第4～14页。
② 参见富育光：《萨满教与神话》，辽宁大学出版社，1990年。

接触巫术是一种利用事物的部分或与事物关联的物品来祈福或致害的巫术手段，以"接触律"（或互渗透律）为理论基础。原住民相信，人身体的一部分，如指甲、头发、牙齿、脐带、胞衣、伤口甚至脚印都可能存在很强的相互感应的魔力。如非洲莱索托地区的黑人部族巴苏陀人（Basuto）总是小心翼翼地保存他们被拔掉的牙齿，生怕这些牙齿落到那些施行黑巫术的人的手里，对他们产生危害。

2. 巫术禁忌

如果说巫术是人类社会早期智者和能人们干预自然，掌控自己命运的积极尝试。那么，"禁忌"则是早期社会原住民因为敬畏超自然的神力而催生出来的一种消极的防范措施。跟原始巫术一样，原始禁忌品类繁多，功用各异。

原住民认为自己的灵魂很容易受到伤害，所以他们在跟陌生人交往时有许多禁忌。不允许陌生人进入自己的领地，或者为即将进入自己领地的陌生人举行一定的仪式以便除去可能带来的危害。比如东爪哇岛巫师的主要任务就是为踏上这些岛屿的陌生人举行"祓除仪式"。饮食也是禁忌重点防范之区，不但吃喝食物时要高度警惕，防止恶灵乘机进入人体，而且对吃剩的食物也要严格处理，防止黑巫术施行者对食物施加魔力，侵害他人。原住民把人的头部、面孔、头发、指甲、血液、唾沫，甚至人使用过的工具，如铁器、锋利的兵器、结和环也都纳入禁忌对象。柬埔寨人、爪哇人、波利尼西亚人都有关于头部的禁忌，他们不允许别人随意摸自己的头部。一些非洲原住民习惯于用面纱遮住自己的面孔，据说是为了阻挡邪灵。修剪头发对许多地区的原住民可是一件大事，因为他们相信，修剪头发可能会损伤头部居住的神灵，受到惩罚。因此，他们对自己剪下的头发和指甲的处置也是非常谨慎的。

3. 名号及其禁忌

原住民不但有种种针对人、生物和非生物实体的禁忌，还有专门针对人和神名号以及名号使用的种种禁忌。"因为根据原始人的哲学，一个人的名字，即使不等于人的灵魂的话，也是人的生命的一部分。"[1]北美印第安人认为自己的名字就是自身极重要的一部分，损害自己的名字就等同于损害自己。[2] 北美阿劳坎人（Araucanians）不愿对陌生人说出自己的名字，如果有人问他/她的名字，他们会请旁边的人回答。澳大利亚原住民不想让人知道自己的名字，因为他们担心知道自己名字的陌生人会运用黑巫术加害自己。不但自己的名字不能轻易说出口，就是那些有血缘关系的姻亲的名字也有

---

[1]　〔英〕詹・乔・弗雷泽：《金枝》（上），徐育新等译，中国民间文艺出版社，1987年，第379页。

[2]　黄亚平、伍淳：《美洲印第安人使用的象形文字名称和标志》，《汉字汉语研究》，2018年第2期，第21～32页。

同样的忌讳。

逝者的名字更是莫大的忌讳。因为害怕得罪鬼魂，受到鬼魂的侵害，澳大利亚原住民坚决不肯说出逝者的名字。美洲广大地区印第安人都保留着对逝者名字的禁忌，如果贸然在逝者家属面前提到他/她的名字，一定会受到很重的处罚，甚至被处死。北美印第安人中有一种风俗，如果氏族部落中有人与刚刚逝世者恰好同名，那这个人一定要放弃自己的名字，另取他名。如果逝者的名字恰好是某种动植物或日常生活中熟悉的某事物的名字，那他们也会换用他名称呼这种动植物或事物。这种习俗不但引起语言的变化，而且还直接导致了历史书写的困难。

国王和神圣人物的名字则有更多的禁忌，祖鲁人(Zulu)坚决不肯说出酋长和酋长祖辈的名字，更不肯说出全祖鲁族国王的名字。马达加斯加活着的和逝去的国王和酋长的名字都要避讳，国王和酋长逝世之后要重新议定谥号，并成为正式的称名，从此以后，国王和酋长生前所用的名字便成为秘密，不得继续使用。冒犯者要受到严厉的处罚。新西兰毛利酋长的名字也非常神圣，因避讳改词的现象更是常见。

巫术和禁忌作为原始社会的"习惯法"，维系并约束着原住民族群的社会生活。而呈现巫术观念和禁忌习惯的最好方法莫过于不断重复的、即时性的仪式与节庆，以及在仪式和节庆活动中相互成就的原始视觉艺术和神话叙事的综合表达。

第二节　前文字与早期口述文学——神话的关联

在介绍了前文字发生的社会语境之后，我们还需要对前文字与早期口述文学——神话叙事的关系加以讨论。我们这里所说的早期口述文学，主要是指在史前社会和部落社会里流行的以神话叙事为代表的神话、箴言、部落和民族史诗、英雄故事一类的早期口述文学形式。在史前社会和部落社会里，初民们对生活事件以及人的心理意识的视觉呈现，经常与早期口述文学——神话叙事相互补足，相互成就，其间存在明显的互文关系。[①]　在许多

---

① 笔者注:本书所说的"互文关系"脱胎于法国符号学家茱莉亚·克利斯蒂娃(Julia Kristeva,1969)提出的"互文性(intertextuality)"理论。互文性理论认为:一个文本总会同别的文本发生这样或那样的关联。任何一个文本都是在它以前的文本的遗迹或记忆的基础上产生的，或是在对其他文本的吸收和转换中形成的。因此，在文学领域的不同文本之间的始终存在着一种相互关系，即互文性，又称"文本间性"。实际上，这一文学批评理论同样适合应用在不同类型的符号关系之中，比如我们这里所说的前文字与神话叙事之间。

情况下,若想要正确解读某些前文字的含义,不但需要了解前文字发生的社会语境,还要深入挖掘前文字与早期口述文学——神话叙事之间的内在关联。正是因为这个原因,对前文字与早期口述文学——神话叙事关系的揭示就成为前文字研究的基本研究方法之一。

在史前社会和部落社会,与视觉表达形式的前文字共存的、以神话为代表的早期口述文学,对先民们来说就是他们生活的真实反映。马林诺夫斯基指出:"存在蛮野社会里的神话,以原始的活的形式而出现的神话,不只是说一说的故事,乃是要活下去的实体。那不是我们在近代小说中所见到的虚构,乃是认为在荒古的时候发生过的实事,而在那以后便继续影响世界影响人类命运的。蛮野人看神话,就等于忠实的基督徒看《创世记》,看《失乐园》,看基督死在十字架上给人赎罪等等新旧约的故事那样。我们底神圣故事是活在我们底典礼,我们底道德里面,而且制裁我们底行为支配我们底信仰,蛮野人底神话也对于蛮野人是这样。"①

当然,为了科学、系统地研究和解读前文字材料,我们还需要自觉将前文字与早期口述文学——神话叙事之间的互文关系一同并置于考古学文化类型学的框架之中,尽量寻找同一地域或同一考古学文化区系内部相互关联的前文字与早期口述文学——神话叙事相互印证的案例,彻底摒弃迄今为止仍在使用的、为了找到共性而满世界找材料,牺牲文化差异的研究方法。在我们看来,不属于同一个考古学文化类型或者互相之间没有关联的案例最多只能作为旁证,不能拿来作为直接证据使用,除非能找到此一案例与相应的考古学类型之间的内在联系,或者能恰当说明此一案例在不同文化之间存在着交流、渗透与融合的情况。

一、欧洲史前"维纳斯"小雕像与"大母神"神话叙事的关联

据美国学者马丽加·金芭塔丝(Marija Gimbutas,2016)的研究,欧洲境内从史前时代开始一直延续到历史时代,普遍存在着"大母神"信仰及其神话传说。史前欧洲大母神信仰不但充分表现在"维纳斯"小雕像、史前岩画等原始艺术中,而且与欧洲地区各地流传的众多神话传说存在着千丝万缕的联系,具体体现为生育女神、丰产女神、死亡女神与再生女神等不同神格。不同神格的女神皆有相应的神话传说、女神雕像和史前岩画,他们相互印证,相辅相成,其间始终存在着密切的互文关系。如具有生育与丰产女神

---

① 〔英〕马林诺夫斯基:《巫术科学宗教与神话》,李安宅译,中国民间文艺出版社,1986年,第85页。

神格的史前小雕像多呈怀孕妇女状,此类神像表现了生育与守护生命的神话母题。欧洲地区石器时代乃至青铜时代发现的此类女神像多达数十件。图 2-2,1 为一件旧石器时代(奥瑞纳文化晚期)的怀孕女神浅浮雕神像,出自法国史前洞窟,位于该洞窟石灰石岩棚之上。女神的左手置于腹部,右手拿着一只牛角,牛角上刻画了 13 条短线。女神的面部特征有意被省略,但乳房、臀部、女阴等女性特征被刻意突出,隐喻女神的生育与丰产能力。图 2-2,2 为一件新石器时代怀孕女神坐姿像,雕像的双手置于腹部,身上刻画了巨大的阴部三角,同样隐喻了女神的生殖能力。图 2-2,3 是意大利巴尔齐罗斯出土的一件站姿的滑石维纳斯女神小雕像,该雕像脸部没有五官,但突出孕妇特征——乳房、腹部和丰硕的臀部,隐喻了女神强大的生育能力;图 2-2,4 是俄罗斯阿芙狄沃露天遗址出土的维纳斯小雕像中的四个,该类小像同样没有五官,但突出孕妇特征,同样表现生殖女神。

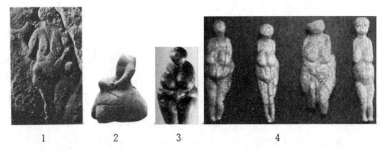

1.怀孕女神浅浮雕像:高 42 厘米,法国多尔多涅劳塞尔(Laussel)遗址,距今 2.7 万～2.2 万年;2.新石器时代怀孕女神坐姿像:高仅 4 厘米,塞斯克洛文化,距今 8000～7800 年;3.滑石维纳斯小雕像:高 4.7 厘米,意大利巴尔齐罗斯(Balziros),格拉维特文化,距今 2.9 万年;4.象牙维纳斯小雕像:高 15 厘米,俄罗斯阿夫狄沃(Aphdivo)露天遗址出土,距今约 2 万年。

图 2-2　欧洲史前生育女神(图片来源:1-2 马丽加·金芭塔丝;3.卡罗尔·弗里兹;4.保罗·G.巴恩)①

欧洲史前大母神信仰常常伴随出现一些神圣动物,这些神圣动物是史前女神的诸多化身。常见的神圣动物有熊、蛙、鱼、猪等,这些动物本身就有很强的繁殖力,所以被原始巫术—宗教观念顺势引入女神信仰之中,成为史前时代的熊女神、蛙女神与鱼女神,等等。在欧洲发现神圣动物造像的地区,同时也流传着相关的神话传说。据说克里特岛的阿尔忒弥斯·埃蕾西娅

---

①　笔者注:本书中引用的图片材料,凡来源于各种图谱、研究性著作者,皆一一出注;凡来源于各种考古报告者,图片下一般不注明出处,但在引文或脚注下会加以说明,或列入参考文献。全书皆仿此例,统一说明于此,以示不敢掠美之意,并致衷心地谢忱!

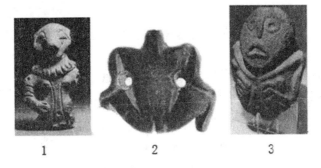

1.熊妈妈:南斯拉夫南部,温查文化,距今 6500～6000 年;2.蛙女神,高 3.2 厘米,塞斯克洛文化,距今 8000 年左右;3.鱼女神:高 51 厘米,南斯拉夫北部,距今 8000～7800 年。

图 2-3　欧洲史前生殖神格动物女神(图片来源:马丽加·金芭塔丝)

(Artemis Eresia)女神会在妇女分娩时现身,她的名字的意思就是"生育",阿尔忒弥斯·埃雷西娅不但是一位生育女神,还是大自然丰产的化身。在克里特岛西部阿克若提瑞(Acrtiri)洞穴还有一种专门纪念"熊妈妈"的神话仪式。图 2-3,1 是一件出土于东欧地区温查文化遗址中的熊妈妈雕像,熊头、身背育儿袋,用左胳膊搂着幼仔,表现为慈祥母亲的形象;图 2-3,2 是一件蛙女神雕像,雕像特意突出女神的阴部,刻意强调其生育功能;图 2-3,3 是一件鱼女神石雕像,出土于多瑙河流域一处丧葬礼仪的圣地。该女神双手呈鸟爪样,乳房和外阴裸露,同样强调其生育能力。

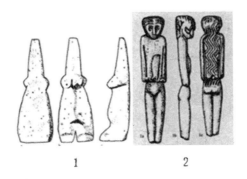

1.新石器时代"白色夫人"小雕像:哈曼吉亚文化,多瑙河河口,距今 7000 年左右;2.青铜时代蚕茧形裸女神像:高约 5.8 厘米左右,西班牙,距今 5000 年左右。

图 2-4　欧洲史前死亡与再生女神(图片来源:马丽加·金芭塔丝)

在先民的原始宗教信仰里,生育与死亡往往是同一个主题的两个方面。因此,古欧洲女神同时还具有死亡神格与再生神格,而表现死亡与再生女神的史前小雕像则相应呈现出僵硬的蚕茧形。图 2-4,1 是一件新石器时代的红陶小雕像,此类雕像无头,背部扁平、颈部细长,阴部三角区特别突出,表明其女神身份,其颜色与骨头相仿,被称为"白色夫人",象征着死亡;图2-4,2是一件青铜时代的"蚕茧形"裸女神像,蚕茧形表示死亡带来的僵硬,阴部三角区表明女神身份。另在神像头部刻有山形纹、V形纹等代表神圣的符号,造像与纹饰形成一组组合符号关系,两者共同隐喻神圣的死亡主题。

伴随着死亡与再生女神神格出现的神话动物有蛇、猫头鹰等。这些神话动物经常与人合体,它们不是简单的动物,也不是动物崇拜,而是史前时代象征死亡与再生的蛇女神、猫头鹰女神,等等。在新石器时代和青铜器时代的许多雕像和绘画上,蛇盘纹都是典型的蛇女神的标配。图2-5,1是新石器时代爱琴海诸岛发现的蛇/人合体造型的女神像。蛇女神呈瑜伽状坐姿,双腿呈蛇盘形,头部带有王冠或由蛇盘组成的拟人形卷发。猫头鹰是与死亡与再生女神相伴的另一种神话动物。这种动物总是在夜间出现,伴随着阴郁、冷酷和神秘的气氛,同时它又有敏锐的视觉,眼睛充满神圣力量。所以,在欧洲许多地方的神话中,猫头鹰都是可怕的死亡女神的化身。图2-5,2瓮棺上雕塑的猫头鹰女神像特别突出脸孔、乳房和外阴,充分表现了女神的死亡与再生功能。

1.新石器时代陶土蛇女神像:高14.2厘米,克里特岛南部,距今8000～7500年;2.青铜时代猫头鹰女神形瓮棺:高24.3厘米,利姆诺斯岛,距今5000～4500年。

图2-5　欧洲史前死亡与再生神格动物女神(图片来源:马丽加·金芭塔丝)

除了上面介绍的史前时代女神信仰和女神崇拜之外,欧洲地区历史时代还有地域性的三大神话体系:古希腊神话、凯尔特神话和日耳曼神话体系。虽然这些神话体系最终都完成在历史时期,但其中蕴含的许多宗教信仰及历史渊源却与原始巫术—宗教观念一脉相承。这种情况不但出现在欧洲,在世界各地也都是普遍存在的现象。

即便在欧洲历史时代的三大神话体系中,视觉表现形式的神像、圣物与听觉表现形式的神话叙事始终密切关联,它们共同缔造了古典时代的欧洲记忆。

古希腊神话大体上形成于公元前8世纪的氏族社会时期。最初口头相传，其后被记载在《神谱》和《荷马史诗》等书中。《神谱》记载的古希腊神话原型大都来自史前的美索不达米亚、安纳托利亚和地中海东岸的腓尼基地区。智慧女神雅典娜与史前女神密切相关，狩猎和月亮女神阿尔忒弥斯源于史前欧洲神话，太阳神阿波罗有亚细亚血统，爱与美女神阿弗洛狄忒（又称"维纳斯"）起源于东方，是巴比伦女神伊师塔的后裔。希腊民间秘密崇拜的神祇还有酒神狄俄尼索斯（源于克里特、底比斯和吠陀传统），农业丰产女神德墨忒尔，而对这两位神祇的信仰则延续了史前女神及其生殖力崇拜的主题，但在希腊神话中则主要强调他们的地神属性，即死亡与死后的复活。另外，希腊诸神与史前部落图腾崇拜和神话动物崇拜也有千丝万缕的联系。比如给神后赫拉献祭的圣物有石榴、布谷鸟、孔雀、乌鸦等，给海神波塞冬献祭的圣物有马、海豚、牛和松树，给阿波罗神献祭的圣物有月桂树、棕榈树、狼、海豚、鹰、鼠、蜥蜴等，给阿尔特弥斯女神的献祭圣物是鹿和熊，给爱与美之神阿弗洛狄忒献祭的圣物是海豚、麻雀、鸽子、芍药、罂粟、苹果，等等。这些献祭的圣物与祭品同样跟史前时代原始巫术—宗教观念存在密切的联系。

凯尔特人（Celts）是罗马帝国之前就广泛分布在西欧地区的民族之一。凯尔特神话的内容充分反映出其与原始的万物有灵、灵魂不灭观念之间的紧密联系。"牝马女神"是凯尔特所有女神当中最有影响的一位，她象征着生育。牝马女神不但有不同形式的雕像，而且在不同的地方还有不同的称谓：比如在高卢称为"埃波娜（Ebona）"，在爱尔兰称为"玛查（Marcha）"，在不列颠则称为"里安农（Rhiannon）"。另一位女神名叫"摩莉甘（Mulligan）"，她象征着死亡与再生。两位女神共同掌管部落与国家的命运。在凯尔特神话中，女神还经常以三位一体或三位一组的形式出现：如高卢"马特洛涅三圣母"；爱尔兰"布里吉三姐妹"。摩莉甘有三种形态：分别象征死亡和凶兆，战争与恐慌及命陨沙场。无论她有多少形式的雕像与称谓，都与史前时代欧洲女神崇拜有千丝万缕的联系。

北欧日耳曼人（Germans）的神话大体上属于巫术—宗教体系。北欧神话口头传播史可追溯至公元1～2世纪的挪威、丹麦和瑞典，公元7世纪传至冰岛等处，中世纪时被基督教定性为异端邪说因而受到排斥。保留至今的记载北欧神话的文献是冰岛史诗《埃达》，日耳曼史诗《尼伯龙根之歌》等。在北欧神话中，世界将会毁灭并会重生，神也一样面临着灭亡的命运，万物消亡，新生命将再次出现并循环往复。主神奥丁（Odin）是众神之王，神鸦和狼是听他调遣的神话动物。主神奥丁发明了用来记载一切魔法的如尼文字，在北欧地区，如尼文字自然而然成了魔法施行的有力助手，并且经常被擅长魔法的侏儒所使用。

二、亚洲史前女神像与女神信仰神话

与欧洲地区的史前女神信仰一样,亚洲两河流域的美索不达米亚和安纳托利亚地区,早在旧石器时代晚期就已经有大母神信仰,且延续到苏美尔文明时期及其后续阶段。

(一)美索不达米亚女神像与女神信仰神话

新石器时代,随着定居农业与手工业的初步发展,两河流域下游地区的人们开始制作陶器和女神小雕像,在陶器上涂绘各种神祇及神圣动物图案和纹饰,并频繁使用于仪式场合,表现出强烈的女神信仰和女神崇拜。

距今 7700 年左右,位于北部美索布达米亚丘陵边缘地带的哈拉夫文化陶器在两河流域北部流传广泛,据说仅恩萨万丘(Nsawancho)一地就出土了几百件哈苏拉时期的雪花石膏女神像。哈拉夫文化存在了约 800 年,大致与内部的欧倍德文化同期。欧倍德人是苏美尔人的祖先,他们已经用鱼和小动物给淡水之神恩奇献祭,并制造出大量彩绘图案的陶器,神话故事进一步丰富起来,神的形象开始出现塑像形式。图 2-6,1 美索布达米亚北部哈拉夫文化哈苏拉时期女神像,该神像特别突出乳房和阴部三角区,颈部还挂有项链,可能是用于陪葬的殉葬品;图 2-6,2 是美索不达米亚南部欧贝德文化的女神,该女神长着一幅蜥蜴状面孔,左臂怀抱的婴儿正在吃奶,表示女神身份的阴部三角区纹饰特别突出。

1.雪花石膏女神小雕像,哈拉夫文化哈苏纳时期,距今 7700 年左右;2.蜥蜴状面孔赤陶鸟女神像,欧倍德文化,距今 7800～6000 年。

图 2-6　美索布达米亚女神(图片来源:戴尔·布朗)

距今 6000 年左右,美索不达米亚南部的乌鲁克出现了规模巨大的苏美尔人城市。在当时的乌鲁克、乌尔、埃里都、拉格什、尼普尔这些苏美尔文明城市遗址中都出土了一些距今 5000 年以上的陶制、石制的动物雕塑以及各种形态的神像。这些造像都是略早于苏美尔文字的造型艺术,其中的许多艺术造像都具有象征含义。

苏美尔人在城市中心建立神殿,供奉众神,崇拜的大小神祇多达百位。"在美索不达米亚的神话里,首要的主题是繁殖力,并且总是和大母神相关。这是从旧石器时代月亮女神那里传袭下来的。苏美尔人称这位大母神为伊南纳,而后来的闪米特入侵者把她称为伊师塔。她代表大地、爱和繁殖力。"①

公元前 3500 年,苏美尔文明中心城市乌鲁克出现,掌管性爱、繁殖和战争的伊南娜(Inanna)女神是该城的主神,她同时是妇女保护神、农业丰产女神。乌鲁克城内祭祀伊南娜女神的主庙名叫"埃安纳塔(Eannata)"。图 2-7 是跟真人大小的美丽的苏美尔女神伊南娜石雕像,相连的两眉是她的标志。巴比伦史诗《吉尔伽美什》讲述了她被英雄国王吉尔伽美什(Gilgamesh)拒绝并因此报复该国王的故事。

雪花石膏伊南娜女神像,高 21 厘米,乌鲁克,距今 5000 年左右。

图 2-7　苏美尔女神伊南娜(图片来源:戴尔·布朗)

公元前 4500 年左右,两河流域南部第一座城市埃利都出现。埃利都和另一座苏美尔城市基什是另一位苏美尔大母神宁胡尔萨格(Ninhursag)神庙所在地。她的神庙名叫"埃萨吉拉"(Esagila,苏美尔语的意思是"巍峨山顶之庙"),位于埃利都的库尔(Kur)。宁胡尔萨格是"众神之母""分娩女神""子宫女神"和"众神的接生婆",她是产房,怀孕者和动物的保护神。她的头发呈"Ω(欧米伽)"的形状,这是母牛"子宫"的形象。这一符号经常出

---

① 〔美〕埃维·利明,埃德温·贝尔德:《神话学》,李培茱等译,上海人民出版社,1990 年,第 64 页。

现在公元前3000～公元前2000年西亚早期艺术中。宁胡尔萨格佩戴长角形头饰,身着节裙,肩膀上系着蝴蝶结。有时还携带着欧米伽或其衍生图案的权杖,牵着一头小狮子。

苏美尔女神有许多人的弱点,她们与凡人恋爱,嫁夫生子。当时的苏美尔各城邦都有自己的保护女神,这些女神往往由女祭司担任,她们几乎每年都要举行女神自己与城邦国王的婚礼,因此,每位城邦保护女神在人间都有若干个丈夫,并跟他们的丈夫生出无数个孩子。担当城邦保护神的女神们同时还要担当起保护丈夫和儿子的职责。因此,在苏美尔神话中,生育女神同时又是人世间的母亲,她们总是以受苦受难和哀号的形象出现,因为她们时刻遭受丧亲之苦。上面列举的伊南娜、宁胡尔萨加都是这样的女神。①

(二)安纳托利亚女神小雕像与女神崇拜

图2-8,1是安拉托利亚中部的恰塔尔·休于遗址出土的著名的陶制分娩女神小雕像。表现了一位正在分娩的女神,婴儿的头部已经露出,两头神兽守护在她的身边,明显表现出浓浓的生殖崇拜观念。恰塔尔·休于是世界上最早的一批城市之一,这里的居民崇拜大母神,他们尤其喜爱成双成对的人物和动物形象,图2-8,2是恰塔尔·休于新石遗址出土的黑石雕双头女神像,有人认为这是一对母女;图2-8,3是阿拉卡·休于遗址出土的早期青铜

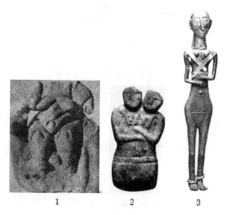

1.新石器时代陶制分娩女神像:像高20厘米,安拉托利亚恰塔尔·休于遗址第二层,距今8000年左右;2.双头女神像:恰塔尔·休于遗址;3.青铜时代早期女神像,高9英寸,阿拉卡·休于遗址,距今5000年左右。

图2-8 安纳托利亚史前大母神(图片来源:戴尔·布朗)

---

① 萨缪尔·诺亚·克拉莫尔著:《苏美尔神话》,叶舒宪、金立江译,陕西师范大学出版社,2013年。

时代的银质镀金女神像,神像表现了安拉托利亚青铜器时代早期的一位丰产女神。神像头部镀金,前胸部有交叉形金带,脚上戴有脚镯,乳房、肚脐和阴部三角区特意突出,双手置于腹部,手臂上刻有平行线,艺术风格已经程式化。

(三) 印度、巴基斯坦史前女神信仰神话

印度、巴基斯坦境内的史前文明大体上分为两大系属:其一是兴起于印度河谷地、源于本土的哈拉帕文明,他们信仰大地与生育女神,此一信仰与欧洲、西亚地区的大母神信仰一脉相承。其二是盛行于恒河平原的、来自外部的印度—雅利安文明,他们建构了以三大男性主神为主的神话体系。

图2-9,1是哈拉帕文明信仰的大地与生育女神,此一信仰在哈拉帕文明印章上经常以头戴角饰、瑜伽姿势端坐的三头人物形象出现。印章之上图文并茂:字符表示人名、神名、工匠名、书记员名等,人、神、动物图符表现神话人物与动物。哈拉帕文明印章之上的文字与图案的结合形式应是亚欧大陆史前大母神崇拜现象的物化表达方式之一,它们可能与西亚地区流行的大母神崇拜具有同样的文化渊源,具有相近的原始宗教功能,或许是哈拉帕文明用来表现家族或个人身份的徽章。[①]

1. 哈拉帕文明三头状生育女神像;2.印度教三头状男性湿婆神像。

图2-9　印度、巴基斯坦史前女神(图片来源:沃尔特 A. 费尔斯沃斯等)

公元前1500～公元前600年左右,《吠陀经》问世,这是印欧语系诸民族中最为古老的一部文学著作,内容全部是祭祀用的圣歌和祷词。据说吠

---

① 〔美〕沃尔特 A. 费尔斯沃斯,吉尔:《印度河文明的古文字》,廉珍译,载黄亚平等:《广义文字研究》,齐鲁书社,2009年,第133～152页。

陀经中主神的原型因陀罗(Indra)原本是带领雅利安人入侵印度的英雄,他死后成为神。吠陀神话信奉多神,并有轮换主神的倾向,早期主要神话典籍是《梨俱吠陀》。公元前 1000 之后,融合了外来的雅利安文化和本土印度河文化的印度教神话兴起并逐渐取代了吠陀神话的地位,印度教神话致力于建构一神论的神话体系,以三大男性主神:梵天(Brahma,创造者)、毗湿奴(Vishnu,保护者)和湿婆(Mahesh,毁灭者)为主,主要神话典籍是《罗摩衍那》《摩诃婆罗多》《往事书》等史诗。后期,印度教神话索性将三位主神合为一体,建构了三位一体,分工负责的神话系统。在印度教神话中,源于南亚本土的哈拉帕文明的生育女神在印度教中变身为男性的湿婆神(God Siva),并成为最受崇拜的大神之一。图 2-9,2 印度教的湿婆神既是生殖之神,掌管生育、驯养野兽,同时也是毁灭之神,具有起死回生的能力。以他为原型,衍生出无数的次生神话。湿婆神的众多妻子,如毗湿奴、室健陀等,都可以从哈拉帕文明的原型中找到对应的形象。

印度境内以中央邦为代表的众多岩画乃是印度本土原住民群体的作品,其与印度—雅利安文明的吠陀神话并无直接的关联。

(四) 中国境内史前艺术图像与相应神话的关联

1. 女神造像、纹饰、图案和女神信仰

中国境内北方地区诸多考古学文化都发现了多姿多彩的女神像,它们是欧亚大陆史前大母神信仰文化的重要组成部分,对这些女神像的含意,同样可以与本地流传的相关神话叙事结合起来考察,深入发掘其中的互文关系。

中国境内北方地区的兴隆洼文化、红山文化、仰韶文化、大汶口文化、马家窑文化等诸多考古学文化之中,都发现了程度不同的孕妇状女神小雕像,以及蟾蜍、蛙、蚕、鱼、雌熊、雌鹿等神圣动物小雕像,还有一部分与史前女神与神话动物相应的纹饰与图案。

距今 8000～7000 年的兴隆洼文化就发现了石雕裸女神像和动物蟾蜍像。内蒙古自治区林西县城西采集的两尊石雕人像眼嘴凹下,鼻子凸起,乳房高耸,鼓腹,着力突出女性特征。图 2-10,1 双臂交叉腰腹之间,双腿下部合拢呈楔状以便于插地祭拜;图 2-10,2 双臂分开向上弯曲,颈胸前凸雕半圆形项饰。王刚(1983:3:12)认为:林西县出土的两尊石雕人像反映了史前时期对生育繁殖女神的崇拜。图 2-10,3 是林西县白音长汗遗址二期 A 区第 19 号房址(AF19②:4)内出土的一尊石雕人像,头部呈三角形,胸部有乳,腹部正中微微隆起,整体呈躬身跪踞状,底端做成楔形,出土时发现被插

置于房址内灶前。① 汤池认为:白音长汗的石雕像"其雕琢风格更为粗犷拙稚,而凸乳鼓腹、双臂抱腹及屈腿蹲踞的孕妇特征仍然隐约可辨。"②郭治中(1993:29～41)认为:白音长汗遗址出土的标本 AF19②:4 应是由欧亚大陆发现的旧石器时代女神小雕像发展而来的,可能具有生殖崇拜意义,可能是当时人们所崇奉的生殖之神。图 2-10,4 是在白音长汗遗址二期 A区第 19 号房址(AF19②:4)内伴随出土的 1 件到葫芦状蛙形石雕像(标本 AF19②:1),另在该遗址同期地层中发现了 1 件石雕熊神像(标本M7:4)。显然,白音长汗出土的这两件石质动物小雕像并非史前动物崇拜,而是具备生殖巫术功能的史前蛙女神与熊女神。同样的情况还出现在下面列举的辽宁东港后洼遗址、河北滦平后台子遗址和红山文化牛河梁遗址中。

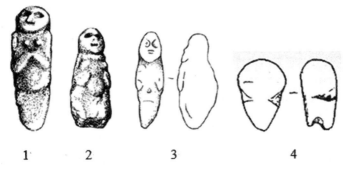

1.石雕女神像(采集品):像高 67 厘米,内蒙古林西县城西;2.石雕女神像(采集品):像高 40 厘米,内蒙古林西县城西;3.石雕女神像:像高 36.6 厘米,宽 10.8 厘米,内蒙古林西县白音长汗遗址二期;4.石雕蛙女神像:像高 2.05 厘米,宽 1.3 厘米,内蒙古林西县白音长汗遗址二期。

图 2-10　内蒙古兴隆洼文化石雕女神

距今 6000 年左右的辽宁东港后洼遗址下层集中出土了 25 件新石器时代的陶、石艺术品,发现 6 件人像:其中石质 3 件,图 2-11,1 为石质人鸟合体石雕像,正面为人头像,背面为回首鸟形;图 2-11,2 为一尖头长条石雕半身人像,人像背面刻满网格纹;图 2-11,3 为一雕刻出人头、身、腿外形的石雕人像,其面部与身上刻交叉的斜十字纹和平行斜线纹。陶质 3 件。陶质 3 件,图 2-11,4 是一件有座陶质人头像,头圆形,平底座;图 2-11,5 是一件陶质残破人头像,仅剩头部一半;图 2-11,6 是一件陶质扁平椭圆形人

_____

① 内蒙古自治区文物考古研究所编著:《白音长汗——新石器时代遗址发掘报告》(上),科学出版社,2004 年,第 131～133 页。

② 汤池:《试论滦平后台子出土的女神像》,《文物》,1994 年第 3 期,第 50 页。

头像,形象类似图案化的脸谱。图 2－11,7～11 是该遗址伴随出土的若干件石质和陶质猪、虎、鸟、鹰、鱼、蝉、虫等小动物雕像。① 综合后洼遗址集中出土的人像、动物小雕塑及其身体上刻画的纹饰和图案,我们倾向于认为:这些石质和陶质的小像是后洼人心目中的护佑女神,其中的动物则既是巫师通神的神器,又是史前女神的动物化身,它们表现了原始巫术—宗教信仰中常见的女神崇拜,应是欧亚大陆史前大母神信仰文化的重要组成部分。

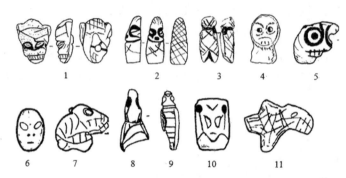

1.石雕人头像(ITI④:59):像高 4.1 厘米;2.石雕半身人像(VT1④:8):像高 4.3 厘米;3.石雕人形象(标本Ⅱ T15④:1):像高 3.5 厘米;4.陶质有座人头像(标本 VT21④:1):像高 5.5 厘米;5.陶质人头像(标本Ⅱ T4④:25):像残,宽 3.3 厘米;6.陶质人头像(标本Ⅱ T4④:17):像高 1.7 厘米,宽 1.1 厘米;7.石猪(Ⅰ T5④:27):高 2.5 厘米,宽 1.8 厘米,形似"猪龙";8.石鸟(Ⅱ T1④:2):残长 2.5 厘米;9.石虫(VT1④:4):残长 2.6 厘米;10.石虎(Ⅲ T16④:6):长 1.9 厘米;11.石鹰(Ⅲ T10④:12):长 4.8 厘米,宽 3.5 厘米。

图 2－11 辽宁东港后洼遗址石、陶质女神和神圣小动物

距今 6500～6000 年的河北滦平后台子遗址下层集中发现了 7 件新石器时代的石雕像。除了 1 件被称之为猴头形人兽合体像外②,其余 6 件均为裸体坐姿孕妇像。这批石雕女像总体上都呈凸乳鼓腹,双臂屈肘抚腹、双腿屈膝蹲踞状。其中,图 2－12,1 是一件完整的石质裸体孕妇像,女神的乳房、小腹与后腰隆鼓,曲肘抚腹,臀部与尖形小石座相连成楔形状,便于插地;图 2－12,2 也是一件完整的石质裸体孕妇像,女神乳房突出、腹部呈圆形隆起,两手相对抚腹;图 2－12,3 是一件裸体孕妇形态女神造像,胸、腹、鼻及右耳残损,似曲肘抚腹,座底呈楔形状;图 2－12,4 是一件完整的石质怀孕女神像,神像胸腹较平略内凹,两臂下垂至膝,阴部刻画出竖沟;图 2－12,5 是一件残破的石质坐姿裸体怀孕女神像,神像无头,乳房突出,腰腹粗肥,曲肘抚腹,阴部有凹坑,臀部落座在圈足形座位之上。神像背脊磨有沟

---

① 许玉林等:《辽宁东沟县后洼遗址发掘概要》,《文物》,1989 第 12 期,第 9～13 页。
② 笔者注:考古报告等认为此一雕塑为人猴合一形象,疑非,似为"熊女神"像。

槽,颈后部有人字形阴刻线纹,通体磨光,制作精细,肌肤感很强;图2-12,6为一件上半身残缺石质怀孕女神像,女神曲肘抚腹,小腹粗隆,两腿曲脚相对;图2-12,7为一件石质蹲坐式怀孕状动物(猴头形人兽合体)女神像,兽面,竖耳上刻阴线网格纹。双目睁圆,嘴角微张,面部姿态祥和,腹部滚圆呈怀孕状。① 汤池认为:这批石雕像"孕妇特征极其鲜明,并以蹲踞临产姿态为其造型特色,堪称我国迄今发现最完整、最典型的史前'维纳斯'。""从白音长汗石雕女神像戳立于住址火塘旁边的放置情况来看,这种石雕偶像很可能是北方地区远古先民的家族保护神,具有生育女神与火神的双重神格,'是赐予人们幸福、财富,以及人丁兴旺、传宗接代的源泉',与蒙古族崇奉'握德·嘎赖汗·额赫'(直译为火神母)的古老习俗颇为吻合。"②综合考察这批石雕像的表现形态和刻意突出的乳房、女阴、孕肚,以及个别神像上的纹饰,以及怀孕的熊女神像,后台子遗址出土的这一批裸体怀孕女神像应是中国境内北方地区普遍存在的史前女神生殖崇拜的物证,这批史前艺术雕像的出现,充分反映了史前时期后台子社会人们祈求人口繁衍的愿望,表现了母系氏族社会对生育女神的崇敬,这种现象同样是亚欧大陆史前女神信仰和女神崇拜的重要组成部分。

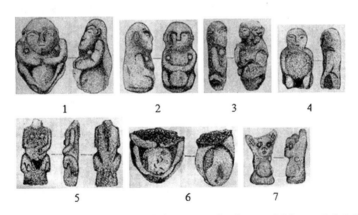

1.石质坐姿尖底怀孕女神像(采14):像高32.7厘米,宽23.5厘米;2.石质坐姿平底怀孕女神像(采15):像高34厘米,宽17厘米;3.石质尖底怀孕女神像(采17):像高32.5厘米,宽16厘米;4.石质端坐平底怀孕女神像(采19):像高9.5厘米,宽5.5厘米;5.石质无头怀孕女神像(采18):像残高20厘米,宽8.5厘米;6.石质坐姿怀孕女神像(采16):像残高19厘米,宽18.5厘米;7.石质坐姿熊女神像(采20):像高7.5厘米,厚3.3厘米。

图2-12　河北滦平后台子遗址石质怀孕女神

① 承德县文管所、滦平县博物馆:《河北滦平县后台子遗址发掘简报》,《文物》,1994年第3期,第61~63页。

② 汤池:《试论滦平后台自出土的女神像》,《文物》,1994年第3期,第48~50页。

距今 6000～5000 年,东北地区辽河流域的西拉木伦河和老哈河、大凌河上游的红山文化发现了比较完整的神庙、祭坛、高等级的墓葬和丰富的陪葬品。红山文化遗址中存在明显的女神崇拜痕迹,红山文化考古发现的女神像大致可分为两类:一类是裸体的"小型孕妇塑像",如图 2-13,1～2。另一类是大型的女神坐像,如图 2-14 所示。

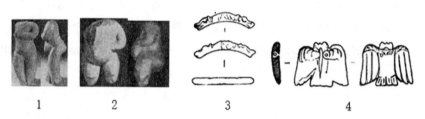

1.陶塑小型孕妇像(TD8②;5):残高 5.8 厘米;2.陶塑小型孕妇像(TD9②;7):残高 5 厘米;3.双龙首璜形玉饰(TE6②g1:1):长 4 厘米;4.鸮形绿松石饰(TC6②:1):宽 2.8 厘米,高 2.4 厘米,厚 0.4 厘米。

图 2-13 红山文化生育女神以及神圣动物

红山文化东山嘴祭祀建筑遗址考古发现的陶塑人像残块共有 20 余件。图 2-13,1～2 为小型孕妇陶塑像,出土于石圈形台址东北侧和东侧黄土层中,两像皆为裸体陶质立像,头、右臂、下肢残缺,臀部肥大,腹部凸起呈怀孕状,左臂屈曲抚腹,且有表现阴部的记号。图 2-13,3 是东山嘴遗址方形基址出土的一件双龙首玉璜,仅一面有雕纹,中部对穿一孔,两端各有一吻向前伸的龙首,龙首上唇翘起,口微张,目作菱形框,身饰瓦沟纹样。图 2-13,4 是另一件绿松石雕像作展翅鸮形,片状分层,绿松石面上用细线纹雕出鸮的首部及翅尾部的羽毛,绿松石面下为一种黑色石皮,背面黑石皮正中对穿单孔。

距今 5500～5000 年,牛河梁"女神庙"与积石冢群遗址考古发掘在著名的"女神庙"地点发现了大型的女神头像、女神身躯雕塑残块、动物雕塑残块等。图 2-14,1 女神头像(标本 JIB:1)出土于女神庙主室西侧北壁下,头像相当于真人大小,面涂红彩,头顶和左耳残缺,鼻脱落,眼窝较浅,眼内嵌圆形玉片为睛,炯炯有神;图 2-14,2～5 为女性手部、肩部、肩臂部、乳房残块,尺寸大小约当真人或较真人大 1～2 倍。另在牛河梁 1 号积石冢群的大墓中还发现了数量较多的玉制小动物,出土时部分玉制小动物被握在墓主人的手中,部分玉制小动物被安放在墓主人骨架上或身体周围,很可能具有通神功能(参见第三章第三节)。发掘简报指出:"牛河梁'女神庙'、积石冢是红山文化大型祭祀遗迹和墓葬的第一次明确发现与正式发掘。……位于积石冢群内的圆坛，显然带有某种"墓祭"的性质。……'女神庙'的泥塑群像，反映了上古宗教的一定发展阶段。泥像雕塑得极为逼真，有很高的艺术性。已发现的人像残块约分属五六个个体，她们形体有大小之分，年龄有老少之别，或张臂伸手，或曲肘握拳，组成了多彩多姿、栩栩如生的女神像群。这些形象有的可能象征当时社会上的权势者，有的或许是受到崇敬的祖先。根据群像之间大小和体态的差别判断，似已形成有中心、有层次的'神统'。……动物像形体硕大，同样是神化的偶像，受到人们的崇祀。猪龙神的出现，意味着原始宗教超越了自然崇拜阶段，而禽类神与之伴存，尚带图腾崇拜的遗痕。"[①]陈星灿(1990:94～96)指出:红山文化的"小型孕妇像"是原始人施行丰产巫术的"道具"，而被安置在远离村寨的社坛或神庙中的、具有写实风格的大型人物坐像，则很可能是原始的东山嘴人和牛河梁人的女祖先崇拜偶像。"陆思贤(1995:39)指出:红山文化的女神配以猪龙为神话中的"豨韦氏"，裸体孕妇像为神话中的"女娲氏"崇拜的遗迹。

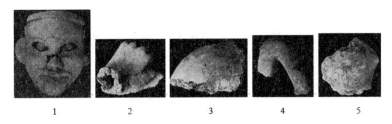

1. 陶塑女性祖先神像(J1B:1):像高 22.5 厘米，宽 16.5 厘米;2. 手部残块(J1B:2):通长 12 厘米，宽 9.5 厘米，高 4 厘米;3. 肩部残块(J1B:3):臂至肘存长 25.5 厘米，臂直径 9 厘米;4. 肩臂部残块(J1B:4):肩头至前胸高 18 厘米，臂至肘存长 25.5 厘米，臂直径 9 厘米;5. 乳房残块(J1B:6):长 13.5 厘米，宽 13 厘米，峰高 4 厘米。

图 2-14　红山文化女性祖先

距今 7000～5000 年之间的仰韶文化既有人物式陶瓶(壶)女神像、陶塑人头像或人面像，又有猪、猴、猫头鹰、蜥蜴等神话动物雕塑，在许多彩陶器物上还彩绘了鱼纹和变体鱼纹、鸟纹和变体鸟纹、蛙纹和鹿纹等富有生殖含意的纹饰，甚至还有丰富的人面与鱼纹的组合形式，它们都与母系氏族社会里普遍流行的女神信仰与女神崇拜有关，应是氏族社会生殖与大地丰产的象征表现形式。

仰韶文化考古发现的女性雕塑大体可分为人物式陶瓶女神像和人头/

---

①　方殿春、魏凡:《辽宁牛河梁红山文化"女神庙"与积石冢群发掘简报》，《文物》，1986 年第 8 期，第 15～16 页。

面式女神像两类。丰富的人物式陶瓶（壶）女神像是仰韶文化的一个特色。如图 2-15,1 是甘肃秦安大地湾出土的人头形器口彩陶瓶,器的头部做成圆雕的人头像,头像的发式刻画细致,左右和后部披发,前额上还垂着整齐的短发,蒜鼻头,雕空的眼和鼻,嘴微张。人头像运用了雕塑和彩绘结合创作手法,头发和嘴是雕刻而成的,鼻子、额和脸部是塑成的;图 2-15,2 是一件出土于甘南藏族自治州卓尼县木耳乡冰崖村附近的人头形器口彩陶壶,头部采用刻、塑结合的方法,头部有黑绘发迹,器身绘有两组二方连续的几何形纹饰,与秦安大地湾遗址出土的彩陶瓶有部分雷同之处。① 仰韶文化庙底沟类型人物式彩陶瓶（壶）不但器口为人头造像,而且还在腹部用黑彩绘满了花纹图案。图 2-15,1 彩陶瓶的腹部以黑彩画三排弧线三角纹与二方连续斜线组成的图案,这一纹样与河南陕县庙底沟类型的花纹格式大体相同。张朋川指出:“大地湾出土的这件人头形器口彩陶瓶上的主题花纹是杏圆形框内两端尖而中间弧圆的几何形纹,这种纹样则是庙底沟类型典型花纹之一的鸟纹的变体和简化,乃是河南庙底沟、山西大禹渡村、陕西泉护村等庙底沟类型遗址中彩陶上的正面的飞翔的鸟纹,经过演绎而抽象化了。”②图 2-15,2 人头形器口彩陶壶腹部的花纹同样具有仰韶文化庙底沟类型的文化特色,虽然两地出土的纹饰图案有自己的特色,但若与“秦安大地

1　　　　　　2

1.人头形器口彩陶瓶:高 31.8 厘米,口径 4.5 厘米,底径 6.8 厘米,甘肃秦安郡店村,仰韶文化庙底沟类型;2.人头形器口彩陶瓶:瓶高 24 厘米,口径 6 厘米,底径 7 厘米,甘南藏族自治州卓尼县木耳乡,仰韶文化庙底沟类型。

图 2-15　仰韶文化人物式陶瓶（壶）女神

① 李振翼:《甘南出土的人头形器口彩陶瓶》,《考古》,1995 年第 4 期,第 40～41 页。
② 张朋川:《甘肃出土的几件仰韶文化人像陶塑》,《文物》,1979 年第 11 期,第 53 页。

湾遗址出土的人头瓶相比,有着很多共性,如人头部均采用雕刻手法,瓶体均采用二方连续几何纹装饰,整体造型也很相似。"①"大地湾的这件人头形器口彩陶瓶上的花纹,与相距几千里的河南西部的庙底沟类型彩陶上的花纹相同。这不是偶然的现象,应是这些相距很远的部族有着共同的意识形态。尤其这种庙底沟类型的典型花纹中的鸟纹画在人头形口的彩陶瓶上,说明了这种花纹和人之间有必然的联系;彩陶人头瓶上的鸟纹,可能是庙底沟类型文化主人的部落联盟的图腾之一。……在甘青地区由庙底沟类型基础上延续发展的马家窑、半山、马厂等文化类型中,人头形器口的彩陶器的人面上还画有类似山猫或虎豹之类的兽皮花纹,这或是当时部族人们的文面和文身习俗的反映。大地湾出土的人头彩陶瓶瓶身上的鸟纹,也可以认为是反映了文身的习俗。"②我们认为,以上两例彩陶瓶腹部的彩绘抽象鸟纹并非"文身的习俗",而是具有隐喻含义的图案和符号。彩陶瓶腹部的花纹不但有纵向的纹饰传承关系,而且还有横向的符号组合关系,器口位置的女神头像、女神造像鼓起的腹部以及腹部的彩绘抽象鸟纹构成一组共时的符号关系,这一符号关系是史前时代重要的构意方式,它们共同强化了器物本身和器物拥有者的神秘性,传达出庙底沟生育女神繁衍生息的生命意象。

在仰韶文化半坡类型文化中,除了人头形器口彩陶瓶外,还发现了一些兽头型器口瓶以及兽头型雕塑与图案纹饰相互转换的例子,可作为上述观点的旁证。如在陕西南郑龙岗寺遗址中,就发现了两件兽头型器口瓶。图2-16,1为一件兽头型器口尖底瓶,兽的双目、鼻孔和口均与器腹穿通,头顶部亦有一个与腹腔相通的直径为1.2厘米的圆孔。兽头部的戳刺纹表现毛发,器身的腹部饰仅有横向绳纹。该器出土于1座16~17岁少女的墓葬中,根据墓葬中陪葬品的丰富程度,可以推测墓主人生前在氏族社会中具有一定社会地位;③图2-16,2为一件兽头形器口细颈壶,器口为兽头,已残破,腹部素面,考古报告认为这是一件"审美与实用相结合的陶塑艺术品";图2-16,3小头细颈壶,腹斜直与颈相接,腹颈部无明显分界,下腹肥大,平底。腹部饰折波三角纹似隐喻生命之水。此类蒜头壶仅在龙岗寺一地就发现数十件之多,在少数蒜头壶或瓶身上没有彩绘纹饰,但在大部分蒜头壶或

① 李振翼:《甘南出土的人头形器口彩陶瓶》,《考古》,1995年第4期,第40页。

② 张朋川:《甘肃出土的几件仰韶文化人像陶塑》,《文物》,1979年第11期,第54~55页。

③ 魏京武、杨亚长:《陕西南郑龙岗寺半坡类型墓地发掘简报》,《史前研究》,1988年第6期,第191页。

瓶身上则有动物纹、水波纹之类的纹饰。此类史前陶器器口的头部应是对史前女神信仰与女神崇拜观念的形象表达,其女性头像表现女神,兽头也非动物崇拜,而是女神的化身;陶壶或陶瓶隆鼓的腹部隐喻女神的生育功能。这里所谓的"蒜头"是对人头或兽头的抽象化,而彩绘的动物纹与堆塑的兽首造型在原始的巫术—宗教语境中可以自由转换,它们共同表达了氏族社会里的女神信仰与女神崇拜。

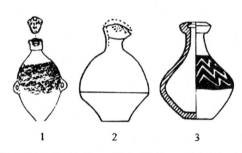

1.兽头型器口尖底瓶(M394:1):器高 34 厘米,腹径 18 厘米,陕西南郑龙岗寺;2.兽头型器口细颈平底壶(M75:9):器残高 12.2 厘米,腹径 14.8 厘米,陕西南郑龙岗寺;3.小头细颈壶(M291:8):器高 18.6 厘米,口径 2 厘米,腹径 15 厘米,陕西南郑龙岗寺。

图 2-16　仰韶文化半坡类型兽头型器口堆塑与纹饰图案

仰韶文化考古发现的另一类史前女性雕塑是人头/面型女神塑像,其中有少量的陶塑裸女神像和孕妇像。图 2-17,1 是西安半坡出土的一件人头型女神像,该像用细泥块捏塑而成,女神面部呈方形,口、耳锥刺成洞,头顶至颈部穿一小孔,孔径达 7.7 厘米,"似为插在某种东西上的附饰或者是玩具。"[①]图 2-17,2 是甘肃礼县高寺头出土的 1 件仰韶文化晚期陶塑人头像,陶塑人头为陶器所残存的口部,人头像的顶部有一黄豆大的小孔,作用不明。头像双眼和嘴直接透空成椭圆形,双耳耳垂处有穿孔,用来垂系饰物,该陶塑为单独的女性头像,而非实用器;图 2-17,3 是"陕西华县柳子镇发现一块庙底沟类型的泥塑人面,鼻梁用泥条堆成,双目呈桃叶形,外眼角微微上翘,双目的间距较宽,鼻下挖出菱形小嘴,神情娇美,多数研究者认为它是女孩的面部塑像。"[②]图 2-17,4 是陕西临潼邓家庄出土的一件仰韶文化庙底沟类型陶塑裸女像,雕像下肢部分残缺,帽子顶部有一小孔,胸前和后背各有一对乳房,面部丰满,五官匀称,造型准确;[③]图 2-17,5 是陕西扶

---

① 中国科学院考古研究所、陕西省西安半坡博物馆:《西安半坡》,文物出版社,1963 年,第189~190 页。

② 汤池:《黄河流域的原始彩陶艺术》,《美术研究》,1982 年第 3 期,第 74 页。

③ 赵康民:《临潼原头、邓家庄遗址勘查记》,《考古与文物》,1982 年第 1 期,第 6 页。

风案板遗址一期出土的陶塑裸体女神像,头部及四肢残缺,乳房饱满,腹部隆起,颈部有一深3.5厘米的圆孔直通体内,为连接头部之用;图2-17,6是同一遗址出土的一件陶塑女神像。①

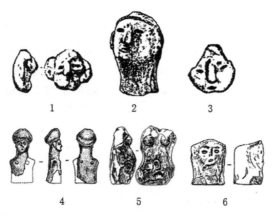

1.陶塑人首女神像:像高4.6厘米,宽6厘米;2.陶塑人头女神像:残高12.5厘米,宽8.5厘米;3.陶塑人面(H139);②4.陶塑裸体女像:像高6.4厘米;5.陶塑裸女神像(GNZH2:41):残高6.8厘米,胸宽4.5厘米,臀宽4.8厘米;6.陶塑女神像(GNZH26:32):像高3.2厘米。

图2-17　仰韶文化人头/面型女神塑像

公元前4300～公元前3200年的马家窑文化通常被认为是仰韶文化向西发展的地方类型,它深受中原仰韶文化的影响,同时又有自己的鲜明特色。马家窑文化可区分为四个类型:石岭下类型、马家窑类型、半山类型和马厂类型。马家窑文化彩陶异彩纷呈,纹饰繁复多样,女神信仰和女神崇拜雕塑更加常见,比如人头像彩陶器、著名的人蛙纹及其变形纹饰等,就是对大母神子宫、生育和再生能力的象征。这些史前艺术图像和造像中具有再生功能的部分,似有可能跟中国上古西王母神话有一定的关联。

马家窑文化石岭下类型和马家窑类型早期发现的彩陶器和彩陶图案与仰韶文化庙底沟类型有明显的传承关系,如盆、钵等陶器的造型,以及鸟纹、蛙纹、蜥蜴纹、平行线纹、螺旋纹、波浪纹等彩陶纹饰和图案等,就与该文化东部地区和中原庙底沟类型存在千丝万缕的联系。③

马家窑类型出土的人面像总体上接近中原仰韶文化人面像的艺术风

<hr>

① 西北大学文博学院考古专业:《扶风案板遗址发掘报告》,科学出版社,2000年,第109～110页。

② 黄河水库考古队华县队:《陕西华县柳子镇考古发掘报告》,《考古》,1959年第2期,第73页;图版贰:第12页。

③ 石兴邦:《有关马家窑文化的一些问题》,《考古》,1962年第6期,第318～329页。

格,人像头发下垂,表情自然。图2-18,1是甘肃秦安焦家沟出土的彩陶瓶颈部塑绘人面像,人像的鼻、嘴、耳用附加泥条堆塑,眼睛和嘴用褐彩绘成,双眼下各有3道短竖线纹,颈部绘平行线纹,腹部绘水鸟纹和弯月形网纹。彩陶瓶背面腹部正中突出彩绘生命柱纹图案,并与周围的弯月形网纹构成一组符号关系,弯月形网纹隐喻女神的子宫,种子纹或生命柱纹隐喻生命成长,两者共同表现了女神的生育功能。该器上的纹饰大部分为仰韶文化所有,但像眼睛下的垂泪纹当为马家窑文化新起的地域性文化元素,可能与中亚文化有关;图2-18,2是甘肃东乡林家遗址马家窑类型出土的残陶盆人面女神纹,人面呈圆脸状,自鼻梁以上至额头皆以黑彩涂绘,双眼、鼻孔及嘴用黑彩画成圆圈。[①]

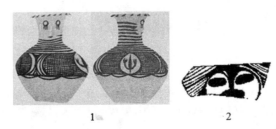

1.彩陶瓶颈部塑绘人面像:器高32.8厘米,口径14.6厘米,底径12厘米;2.彩陶盆人面纹。

图2-18　马家窑文化马家窑类型人面女神像

半山、马厂类型的陶器人面女神像,不但继承了来自仰韶文化同类造像与纹饰共生的传统,而且还吸收了来自马家窑文化早期眼睛之下的"三联垂泪纹",人面部和嘴部出现的"溪流纹"和Z形纹等新纹饰,这些新纹饰或许来自中亚,与东部仰韶文化庙底沟类型人面像纹饰有所区别,而与史前亚欧大陆再生神格女神崇拜存在一定的关联。

图2-19,1~3是甘肃广河县采集的三件马家窑文化半山类型人头形器盖雕塑,这三件人头形器盖雕塑通常被认为是"男像",其上的纹饰被认为是黥面或文身的遗迹,其实非是。图2-19,1所谓"男像"嘴下的"胡须",其实是流水状的"溪流纹",它象征着女神赐予的生命与健康之水,带来富足的雨水,等等。"溪流纹"与女神的嘴巴等器官的关联进一步强化了女神的施与能力。[②]图2-19,2~3人头形器盖塑像表面的纹饰并不是锯齿纹和直线纹,而是Z形纹和溪流纹,这两种纹饰都是生命之水的象征,不是通常所

---

① 甘肃省文物工作队等:《甘肃东乡林家遗址发掘报告》,载《考古学集刊》(第4集),中国社会科学出版社,1984年,第138~139页。

② 〔美〕马丽加·金芭塔丝:《女神的语言》,苏永前等译,社会科学文献出版社,2016年,第41页。

说的"黥面"。出现在图 2-19,3 中的人像头上的羊角与后脑下堆塑的蛇,①在史前时代的原始巫术——宗教语境中既可以自由转换,又可以相互补足。在西亚地区新石器时代和青铜时代出土的蛇女神的身体上,我们经常可以看到画有各种与水有关的象征符号,如 Z 形纹、回波纹、溪流纹等,而且这些象征纹饰常常与蛇纹或蛇的雕塑伴随出现,有时还会出现有角的蛇、羊首蛇塑像,甚至蛇还可以像小鸟一样在空中飞翔。这些形象实际上表现了史前时期欧亚大陆的大母神崇拜现象。由此观察,甘肃广河县采集的以上三件马家窑文化半坡类型的人头形器盖的性质就能基本说清楚了,它们都是史前时代的半山人的家族护佑女神,是马家窑文化女神信仰和女神崇拜的物化形式。图 2-19,4 是一件青海乐都柳湾墓地出土的塑绘方形人面彩陶壶,人面耳鼻捏塑而成,目、耳、口雕空,头发、睫毛、胡须用黑彩画成,器腹部彩绘螺旋纹;图 2-19,5 是出土于青海乐都柳湾墓地三坪台的马厂类型人像彩陶壶,壶正面捏塑一裸体人像,侧面彩绘一组对称两圈网纹,背面彩绘蛙肢。捏塑人像位于壶正面上腹部,人像先捏塑再用黑彩勾勒人像突出部位。头部眼、口、鼻俱全,披发,眉毛外撇呈八字形,半闭双眼,嘴大张,翘鼻。器腹最大径处乳房丰满,性器显露,下部、四肢袒露,腹部鼓起,双手抱腹,似蹲跪状。② 学术界对这件彩陶壶人像的性别有不同认识,柳湾墓地的发掘者认为:"原始社会进入父系,反映在意识形态上,就是男性崇拜的出现。柳湾第三平台出土的一件彩陶壶,上面雕一男性裸体像,就是最好的证明。"③李仰松认为:"陶壶上的这个塑绘人像是男女两性的'复合体'。人像的胸前有一对男性乳头,在两边还有一对丰满的女性乳房(乳头用黑彩绘成)。人像的腹部似为男性生殖器,又为女性。"④张广立等人认为:"柳湾彩陶壶上的浮塑彩绘人像下性特征上属于女性的可能性大一些,所刻画的性器官应为女阴。此外,人头面部有许多垂直的墨绘线条,是古羌先人被发覆面习俗的写照,据此由第二性特征观察,它也应属女性。可以认为这种彩陶壶是原始时代祝殖巫术所用的器具。"⑤柳春诚认为这件陶塑人像属于女性,她就是柳湾先民的"原始大母神",是原始丰产、孕育和繁衍的象征符号。

---

① 杨晓能:《中国原始社会雕塑艺术概述》,《文物》,1989 年第 3 期,第 65~66 页。

② 青海省文物管理处考古队、中国社会科学院考古研究所:《青海柳湾——乐都柳湾原始社会墓地》(上),文物出版社,1989 年,第 116~117 页。

③ 青海省文物管理处考古队等:《青海乐都柳湾原始社会墓葬第一次发掘的初步收获》,《文物》,1976 年第 1 期,第 72 页。

④ 李仰松:《柳湾出土人像彩陶壶新解》,《文物》,1978 年第 4 期,第 88 页。

⑤ 张广立等:《黄河中上游地区出土的史前人形彩绘与陶塑初释》,《考古与文物》,1983 年第 3 期,第 55~56 页。

"柳湾'裸体人像壶'正是一件陶塑'维纳斯'。4000多年前,青海高原古代先民运用模拟类比的创作手法,巧妙利用腹型隆鼓的陶容器与女性人体相结合,捏塑绘制出一位远古裸体孕妇形象。使圆鼓的器物腹部恰好象征着妇女孕凸的腹部。"①我们认为:上述观点中将此件柳湾彩陶人像定为女神的看法比较合理。此外,还应看到,在这件彩陶壶上的女神像与人像周边的纹饰图案之间存在着不可分割的互文关系,蛙肢纹和对称的两个圆圈内的网纹都是史前女神的标配纹饰,本身就有丰富的意味。在这件史前艺术精品中,陶壶隆鼓的腹部、堆塑女神像和壶腹部纹饰共同表现了原始的女神信仰和女神崇拜观念,蕴含了丰富的象征意义。唯其如此,这件陶壶才能成为柳湾社会"祝殖巫术所用器具"之一。图2-19,6是同一地点出土的一件塑绘圆形人面彩陶壶,人面目、鼻、口雕空,面部彩绘平行条纹,腹部彩绘四大圈纹。② 对于这两件彩陶壶人面的性别,学术界也持有不同的看法。《青海柳湾》考古报告的作者认为是男性,张广立等人认为:"一件似肥壮的喋喋不休的中年妇女,一件似修眉大眼、小口、秀颈的窈窕少女,人首雕塑及彩绘花纹与整个器型浑然一体,颇具特色。也许,这类人像彩陶壶就是一个'储种罐',将储种与孕育等同起来,也应是一种祝殖巫术",并由此推断,"从马厂类型的浮塑彩绘裸女彩陶壶可以看出,马厂人由于祈求丰产依然奉行有女性崇拜"。③ 我们以为:柳湾墓地出土的这两件彩陶人面像当为马家窑文化马厂类型文化的女神像,女神像双眼之下的"三联线"纹象征生命之水,鼓起的腹部的圆圈纹是女神像的标配,象征生命之源与再生。整个彩陶壶造像、圆鼓鼓的腹部及纹饰表现了女神的生育与再生能力。图2-19,7是甘肃广河县收集到的一件马家窑文化马厂类型彩绘人头像的摹本,该人头像的鼻、耳是堆塑和捏塑而成的,眼和嘴是浅刻而成的,双耳上有垂系饰物的穿孔;眉毛、眼眶、上下唇都用深褐色彩绘,眼睛和鼻子底下还各画有两道竖线纹;头发画成分头式,从额顶向脑后画两道竖线,头发从中间向两边披分,分垂于脑后;肩部绘一圈宽带纹。李永魁等认为:"这件人像彩陶清楚地描绘了马厂类型这一地区人们的发型式样,比以前出土的几件马厂彩陶人像,更明确地显现了披发的样式。眼下的竖线纹,应是剺面的反映,而披发剺面正是以后秦汉时

---

　　① 柳春诚:《青海彩陶上的史前"维纳斯"——柳湾"裸体人像彩陶壶"解读》,《青海社会科学》,2010年第4期,第146～147页。

　　② 青海省文物管理处考古队、中国社会科学院考古研究所:《青海柳湾—乐都柳湾原始社会墓地》,文物出版社,1989年,第116～117页。

　　③ 张广立等:《黄河中上游地区出土的史前人形彩绘与陶塑初释》,《考古与文物》,1983年第3期,第56页。

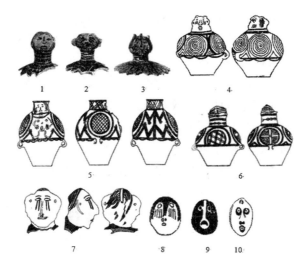

1～3.人头形器盖:其中1:器高14.8厘米;2.器高12.5厘米;3.器高未知。以上3器皆为甘肃广河县采集品,马家窑文化半山类型;4.彩陶壶方形人面像(M216:1,正面,侧面):壶高22厘米,青海乐都柳湾墓地,马厂类型;5.裸体女神塑像(采01,正、侧、背);彩陶壶通高34厘米,人像高20厘米,宽15厘米,青海乐都柳湾,马家窑文化马厂类型;6.彩陶壶圆形人面像(M242:21,正面,侧面):壶高32厘米,青海乐都柳湾墓地,马厂类型;7.彩绘头像(摹本):残高7.5厘米,宽6.5厘米,1986临夏收集,马家窑文化;8.彩陶筒形罐人头形圆钮(M99,此为放大人头形圆钮):甘肃永昌鸳鸯池,马家窑文化;9.彩陶筒形罐人头形圆钮(M87,此为放大人头形圆钮):甘肃永昌鸳鸯池,马家窑文化;10.石雕人头像(M51):像高3.8厘米,宽2.5厘米,甘肃永昌鸳鸯池,马家窑文化。

图 2－19　马家窑文化半山、马厂类型女神

羌族的习俗。"[①]图2－19,8是出土于甘肃永昌鸳鸯池遗址彩陶筒形罐上的人头形圆钮,筒形罐的腹部彩绘水波纹、平行纹、竖行纹、方格纹和菱形图案,圆钮形似人头,钮之正面雕成人面,面上深刻两眼和两鼻孔,鼻下有口,鼻脊稍突,面部填绘黑色竖道,颈上绘两个同心圆;图2－19,9也是该地出土的彩陶筒形罐的人头形圆钮,筒形罐器腹部绘平行线纹、竖线纹、交叉宽带纹和方格纹,在方格内填圆点。器钮亦雕刻成人面,有眼、口、鼻等器官,钮颈饰圆点一圈;图2－19,10是该地出土的一件石雕像,先用白云石磨成椭圆状,再用胶质物将白色骨珠镶嵌成人的口、鼻和双眼,雕像顶端有可系佩带的圆孔,供随身系带。[②]鸳鸯池遗址出土的这三件人像都是新石器时代的女神像。

实际上,在马家窑文化半山、马厂类型中,"人蛙纹"才是最具典型意义

---

① 李永魁等:《临夏市发现马厂类型人像彩陶》,《考古与文物》,2003年第3期,第95～96页。
② 甘肃省博物馆文物工作队等:《永昌鸳鸯池新石器时代墓地的发掘》,《考古》,1982年5期,第305～308页。

的代表性纹饰母题之一。据龙丽朵（2018：30～31.）的统计，马家窑文化中的人蛙纹有73例之多，从人蛙纹的构图方式，大致可以将其区分为有头人蛙纹和无头人蛙纹两大类。在马家窑文化中，这两大类人蛙纹被史前艺术家用黑彩涂绘在陶壶和陶钵的腹部和内壁，而且在蛙肢之内还填充了各种符号。这些充满神秘意味的人蛙纹，都是史前时代拟人化的女神，是马家窑文化女神信仰和女神崇拜的遗迹，它们都具有明显的象征功能。

2.鸟图像与"太阳鸟"崇拜神话

距今6000～5000年，中原地区仰韶文化庙底沟类型彩陶纹饰母题主要表现鸟纹与变体鸟纹，图2-20的侧视鸟纹与图2-21的正视鸟纹都存在从具象到抽象的演变规律。石兴邦（1962.6：327）首先注意到庙底沟类型鸟纹的演变问题。苏秉琦（1965.1：51～82）列出了庙底沟侧面鸟纹的演变轨迹图，他将庙底沟类型鸟纹分为四式三期，并明确指出从写实向写意，再到抽象的演变规律（见图5-35,1）。张朋川（2005：158～161.）列出了庙底沟类型正面鸟纹的演变轨迹图，认同庙底沟类型鸟纹有一个从形象向抽象演化的规律（见图5-35,2）。王仁湘（2011：461）根据华县泉户村新出材料，再次排列了鸟纹演变的轨迹。朱乃诚进一步指出："庙底沟类型彩陶阴文鸟纹是由半坡类型的彩陶阳线阴地鸟纹发展演变而来的。庙底沟类型彩陶阳文鸟纹是由半坡类型史家期的彩陶阳文鸟纹发展演变而来的，这些现象充分说明在半坡类型史家期已经孕育着庙底沟类型的文化因素。"①

1.侧面鸟纹和曲线纹；2.侧面鸟纹、太阳纹和曲线纹。

图2-20 庙底沟类型侧视鸟纹、弧线纹和太阳纹

1.正视鸟纹和太阳纹：陕县庙底沟；2.正视鸟纹和太阳纹（HB25：40）：大禹渡；3.正视鸟纹和太阳纹（H21：32）：南交口二期六段；4.正视鸟纹和太阳纹（H9：47）：陕县庙底沟。

图2-21 庙底沟类型正视鸟纹和太阳纹

庙底沟类型鸟纹和变体鸟纹不但有仰韶文化史家类型鸟纹的血统，而且与中国东部沿海地区大汶口—龙山系文化，以及东南地区河姆渡—崧泽—

---

① 朱乃诚：《仰韶文化庙底沟类型彩陶鸟纹研究》，《南方文物》，2016年第期，第71页。

良渚系文化似存在一定的关联,甚至有可能与石家河文化中出现的所谓"太极纹"及其中国历史早期原始的"阴阳"观念有所关联,[①]而这一符号的关联应视为中国境内东南部几大史前考古学文化之间存在内在联系的图像证据。

距今 6300 年左右,大汶口文化尚处在氏族社会阶段。"大汶口文化同仰韶文化的年代大体相当,大汶口墓群大约相当于仰韶文化的中晚期。"[②]大汶口人信奉灵魂不灭观念,有拔牙和人工头骨变形的习俗。墓葬中的随葬品比较丰富,但墓葬规模、随葬品数量和质量悬殊,说明大汶口社会已经出现贫富分化和社会分工。图 2-22,1~3 是大汶口墓出土的陶背壶上发现的太阳鸟纹,以及在部分圆腹罐、背壶上发现的圆点纹,其风格与仰韶文化庙底沟类型的圆点太阳纹非常接近;图 2-22,4 彩陶罐颈部有一个象征太阳的重圈圆点纹,肩部一圈排列双鸟纹,双鸟头部省略,共用一圆圈作为双鸟的眼睛,隐喻太阳,鸟身变形夸张,呈展翅飞翔状;[③]图 2-22,5 是大汶口文化出土的实足与空足鸟形鬶陶器。大汶口文化遗址出土的太阳鸟图像和鸟造型陶器,都是东夷文化太阳鸟崇拜的实物和图像证据。图 2-22,6 是大汶口文化

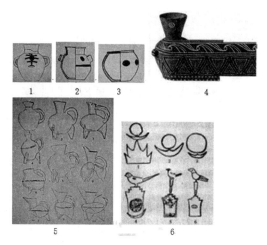

1.太阳鸟纹:大汶口文化早期;2.圆点太阳纹:大汶口文化中期;3.圆点太阳纹:大汶口文化中期;4.彩陶双鸟纹与太阳纹(原图,展开图):大汶口文化晚期;5.鸟形鬶,大汶口文化早、中、晚期。其中 1.为无足鬶,早期;2.3.4.5.6.7.为实足鬶,中期;8.9.10.为空足鬶,晚期;6.大汶口文化原始文字。

图 2-22 大汶口文化太阳鸟纹、鸟形器与原始文字

---

① 黄亚平:《考古发现最早的"太极纹":原始"阴阳"观念的形象表达》,《鲁东大学学报》,2020年第 4 期,第 26~33 页。

② 山东省文物管理处、济南市博物馆:《大汶口:新石器时代墓葬遗址发掘报告》,文物出版社,1974 年,第 121 页。

③ 笔者注:此一彩陶壶肩部的纹饰,原报告解释为漩涡纹,似误。此一纹饰当为双鸟纹,双鸟共用一首,隐喻太阳,鸟身极度夸张,充分表现太阳的运动感与神秘感。

发现的部分原始文字,更是对大汶口文化太阳鸟崇拜习俗的最好说明。

　　中国上古有非常丰富的太阳鸟崇拜神话。在神话传说中,太阳的运行是由"金乌""三足乌"背负着,金乌是天帝的儿子,他们每日里从东方汤谷扶桑木上出来,傍晚入于西方的禺谷(虞渊)之中。金乌一共有 10 只,即有 10 个太阳。平日里,十日依次接力上岗,清晨出发,黄昏落幕,日日不辍。《山海经·大荒东经》云:"汤谷上有扶木,一日方至,一日方出,皆载于乌。"《山海经·海外东经》:"汤谷上有扶桑,十日所浴,在黑齿北。居水中,有大木,九日居下枝,一日居上枝。"中国上古神话传说中有"后羿射日"的故事,《淮南子·本经训》:"逮至尧之时,十日并出,焦禾稼,杀草木,而民无所食。尧乃使后羿……上射十日……。"《楚辞章句·天文》王逸注:"尧时十日并出,草木焦枯,尧命羿射十日,中其九日,日中九乌皆死,堕其羽翼,故留其一日也。"上引各条神话叙事正好是对上述庙底沟类型侧面鸟纹的生动诠释。在原始的神话观念看来,"金乌""三足乌"即是"太阳神"本尊的化身,金乌与太阳神在先民们所熟悉的宗教—巫术语境内顺势转换。也正是因为有这样的神话叙事,我们才能更好地理解庙底沟鸟纹图像的原始含义。

　　以上神话叙事,在历史时代的图像叙事中有更加直接的表现形式。图2-23,1 为四川广汉三星堆遗址二号祭祀坑出土的Ⅰ号大型青铜神树,青铜神树由底座、树身和龙三部分组成。树干残高 3.59 米,其上有 3 层树枝,每层 3 枝,全树共有 9 根树枝,每根树枝之上均站立 1 只鹰嘴钩喙的神鸟,全树共有神鸟 9 只,当为太阳鸟神话在商周时期蜀地广为流传的最好物证。[①] 图 2-23,2 为湖北隋县战国早期曾侯乙墓遗址出土的漆器箱盖上彩绘的射日图像,在两组高大的扶桑树枝头各有九颗太阳,两树中间有一带弋箭坠落的大鸟,鸟下方还有一弋射之人形,这一彩绘图像为我们生动地呈现出历史传说中的"后羿射日"神话故事;图 2-23,3 为汉代画像石之太阳鸟,整幅图中间的太阳图形前后与鸟的头尾相连,上下加画两翅,鸟纹周围云气缭绕,活脱脱一幅太阳鸟展翅高飞于云端的神话叙事;图 2-23,4 亦是汉画像中常见的神话母题"三足乌"或"金乌",金乌置身于太阳之中,俨然为太阳神的化身。[②]

---

　　①　四川省文物考古研究所:《三星堆祭祀坑》,文物出版社,1999 年,第 214～219 页,图一二○。

　　②　蒋书庆:《破译天书:远古彩陶花纹揭秘》,上海文化出版社,2001 年,第 139～140 页。

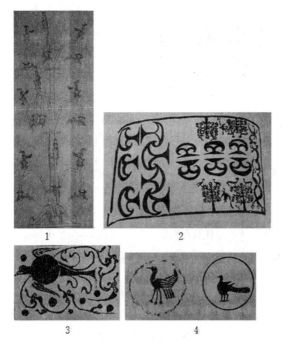

1.三星堆太阳鸟神树(K2②:94),通高3.96米,约当中原商末周初;2.太阳鸟与扶桑树纹饰:战国曾侯乙墓漆器箱盖;3.汉画像石太阳鸟。4.汉画像砖三足乌。

图2-23　历史时代的太阳鸟神话图像

　　图2-24是山东龙山文化鸟形器和陶塑鸟图像,山东龙山文化上承大汶口文化,其鸟纹和鸟形器等史前艺术品的装饰功能相对大汶口文化已有所下降,但实用功能却不断增强。陶器三足盘、盆形鼎流行以鸟头作脚,鸟嘴着地,面如鹰隼一类的猛禽形足。此类陶器足或被称为"鬼脸式"足,或称为"鸟首式"足,或被称为"鸟喙式"足。刘敦愿先生指出:"山东是古代东夷族聚居所在,东夷族以鸟为图腾是其突出的特征,小形的陶鸟及鸟头纽的器盖屡有发现。陶器全形拟立鸟之状,或部分结构如鸟喙的情况更是多见。"①何德亮(2003:8~17)认为:山东龙山文化盆形鼎鬼脸式足可能是对鹰鸷类猛禽鸟喙的模拟,此一鸟喙式足"可能为少昊氏族的图帜"。安立华认为:盆形鼎"这一器物的产生与史前太阳崇拜活动有关,具有'金乌负日'的观念意义。此足的形象来源于'三足乌'的喙部,是对鸟喙的夸张与神化,并以此象征背负太阳的金乌。"②

　　① 刘敦愿:《古史传说与典型龙山文化》,载《山东龙山文化研究文集》,齐鲁书社,1992。
　　② 安立华:《龙山文化"鸟首式鼎足"的象形及造型特点》,《管子学刊》,1989年第4期,第91页。

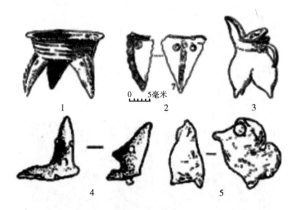

1.鸟喙式足盆形鼎，日照两城镇；2.鸟喙式足；日照两城镇；3.鸟形鬶，日照两城镇；4.鹰形器盖，青州凤凰台；5.陶鹰，日照两城镇。

图2-24　山东龙山文化鸟形器、鸟喙式鼎足和陶塑鸟

中国上古文献中有东夷鸟图腾部落集团的神话记载。《左传·昭公十七年》郯子言："我高祖少暭挚之立也，凤鸟适至，故纪于鸟，为鸟师而鸟名：凤鸟氏，历正也；玄鸟氏，司分者也；伯赵氏，司至者也；青鸟氏，司启者也；丹鸟氏，司闭者也；祝鸠氏，司徒也；雎鸠氏，司马也；鸤鸠氏，司空也；爽鸠氏，司寇也；鹘鸠氏，司事也。五鸠，鸠民者也。五雉为五工正，利器用、正度量，夷民者也。九扈为九农正，扈民无淫者也。"石兴邦先生指出："这些记载，不是向壁虚造，而是以真实的鸟图腾历史为基础的。二十四官职，无一非鸟，这是保持鸟图腾制最完备的记述。从这个叙述中探知少昊部落中，大图腾中包括小图腾集团，形成一个鸟图腾氏族部落社会的三部组织，即部落（少昊），胞组（五雉、五鸟）和氏族（二十四官职）。"[①]

历史时代的殷商族、周族，甚至秦人的起源都与东方鸟图腾部落有一定关联。殷商祖先吞玄鸟卵而生，这一说法在《诗经·商颂·玄鸟》《史记·殷本纪》有明确记载。周人祖先同样来自东方鸟图腾部落。《史记·秦本纪》记秦人祖先也是吞玄鸟卵而生的。商周古文字中从鸟/隹构意之字均应与中国东南部地区流行的玄鸟崇拜神话有一定关联，图2-25，1～9是甲骨文中出现的殷商高祖王亥的"亥"字，其上都有鸟图形，以示高祖王亥之图腾。[②]　图2-25，10是金文合文"玄鸟妇"，表现了作器之贵妇崇奉玄

_____

①　石兴邦：《我国东方沿海和东南地区古代文化中鸟类图像与鸟祖崇拜的有关问题》，载田昌五、石兴邦：《中国原始文化论集》，文物出版社，1989年，第244页。

②　胡厚宣：《甲骨文商族鸟图腾遗迹》，载《历史论丛》第一辑，中华书局，1964年；《甲骨文所见商族图腾的新证据》，《文物》，1972年第2期。

鸟图腾。①

图 2 - 25 商周古文字"亥"字及"玄鸟妇"合文(图片来源:石兴邦)

图 2 - 26 表现商周青铜器之上部分图形文字/族氏铭文与商周鸟图腾制度的密切关联。②

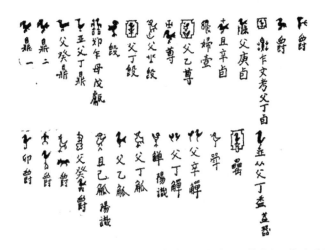

图 2 - 26 商周青铜器上带鸟形的铭文及器名(图片来源:葛治功)

河姆渡—崧泽—良渚文化是中国境内东南地区自成一系的地域性史前文化,在这一地域性史前文化中,同样有大量的太阳神和鸟神神话遗迹。

距今 7000 年左右,在河姆渡文化遗址一期中就发现了鸟崇拜的遗迹,遗留下众多的木、石、骨、象牙等质料的鸟形器,以及刻画其上的鸟纹饰,尤其是成双成对的鹰嘴大眼鸟纹饰与太阳纹的组合。图 2 - 27,1 是河姆渡文化一期第四层出土的有柄骨匕,器的正面并排刻画了两组双头凤鸟纹,鸟头相背,鹰嘴大眼。③ 该纹饰鸟身中间的圆窝当为太阳纹。图 2 - 27,2 是河姆渡文化二期出土象牙蝶(鸟)形器及其著名的"双凤朝阳纹",图案正中圆

---

① 于省吾:《略论图腾与宗教起源和夏商图腾》,《历史研究》,1959 年第 1 期,第 67 页。

② 葛治功:《试述我国古代图腾制度的遗痕在商周青铜器上的表现》,南京博物院建院 50 周年科学报告会论文(邮印本),1983 年 2 月,第 1~14 页,图三。

③ 浙江省文物管理委员会等:《河姆渡遗址第一期发掘报告》,《考古学报》,1978 年第 1 期,第 57~60 页。

心外刻五重同心圆,同心圆上半部刻火焰纹,象征烈日火焰。两侧各刻一鹰嘴圆眼回首相顾的鸟形纹,鸟身羽毛上各有一圆孔,以弦纹间以斜线纹组成的连弧纹图案组成。连体鸟纹为河姆渡文化常用表现手法,主要起到强调作用,具有神秘的含意。黄厚明认为:双鸟连体形象表现了生殖意象,河姆渡人的太阳神和鸟神的观念已经初步形成,太阳·鸟·生殖崇拜的图像赋予了生殖鸟神不死鸟的功能。①

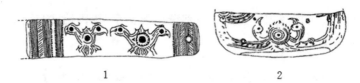

1.河姆渡遗址象牙有柄骨匕连体鸟纹(T21④:18):河姆渡文化一期第四层,公元前5000年左右;2.河姆渡文化象牙蝶(鸟)形器上的双凤朝阳纹:河姆渡文化二期,公元前4500年左右。

图 2-27　河姆渡文化太阳鸟崇拜图像

崧泽文化和良渚文化也保留了大量的太阳崇拜和鸟崇拜遗迹,鸟纹与太阳纹共生组合的传统在本地得以延续和传承。图 2-28,1～4 是良渚文化常见的飞鸟纹,这些飞鸟纹所在器物、所在位置和重复的数量都有不同,但其基本构图是相同的,而且纹饰图案已比较规范。图 2-28,5～6 是良渚文化中的飞鸟＋太阳复合图案,前者在飞鸟身上涂绘上红色的单圈太阳纹;后者是一件出土于反山大墓玉璜上的飞鸟＋单圈太阳纹,图形写实,鸟身内仅饰单圈太阳纹;图 2-28,7 是反山遗址大墓出土玉器上的飞鸟＋重圈太阳纹,图形雕琢细致华丽,鸟身内布满重圈纹、卷云纹、弧线纹、断直线纹等,这些纹饰图案与飞鸟构成一组符号组合关系,隐喻太阳鸟的神秘属性;图 2-28,8 是瑶山遗址大墓出土玉冠形器上的飞鸟＋重圈太阳纹,图形雕琢相对抽象,鸟身内饰重圈纹,外辅助小三角纹,鸟身后部饰半月纹,鸟爪连着旋纹,鸟双翼展开,内饰卷云纹。

　3.龙雕塑、龙图像与龙信仰神话

　　中国境内考古发现的史前龙雕塑和龙图像主要分布在北方和中原地区。王震中(2012:49～54)将中国龙的史前原型动物区分为两类:

　　一是有足爪之龙,其原型动物可能是鳄鱼。

---

　　①　黄厚明:《中国东南沿海地区史前文化中的鸟形象研究》,博士学位论文,南京艺术学院,2004年,第111～113页。

1.飞鸟纹:福泉山 M65:2;2.飞鸟纹:庄桥坟 M50:10;3.飞鸟纹:青西 J1:1;4.飞鸟纹,新地里 G1②:118;6.飞鸟＋单圈太阳纹:双桥 SO34 残陶片;7.飞鸟＋单圈太阳纹,反山 M27:6 玉璜;8.飞鸟＋重圈太阳纹:反山 M14:135;9.飞鸟＋重圈太阳纹:瑶山 M2:1 玉冠形器。

图 2－28　良渚文化太阳鸟崇拜图像

图 2－29 是中国境内考古发现中公认度较高的、最早的有足之龙,1988 年出土于河南濮阳西水坡遗址 M45 中,距今约 6400 年。其龙形图案被学术界公认为"中国第一龙"。"蚌壳龙图案摆于人骨架的右侧,头朝北,背朝西,身长 1.78、高 0.67 米。龙昂首,曲颈,弓身,长尾,前爪扒,后爪蹬,状似腾飞。"①尚民杰(1995)、王震中(2012)等人认为濮阳龙与商周时期铜器、玉器、骨器及后世乃至明清时代的龙形十分相像。其动物原型即鳄鼍,或者就是"蛟龙的真实写照"。"我们说中国古代的龙形与鳄有着十分密切的关系,

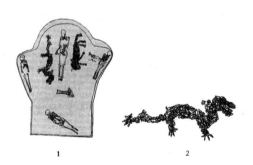

1.蚌塑龙虎图(平面):河南濮阳西水坡,仰韶文化;2.蚌塑龙(局部):河南濮阳西水坡,仰韶文化。

图 2－29　考古发现的"有爪之龙"

除上述的原因之外,尚有很重要的另一个原因,就是鳄的本身与古代人们的

---

①　濮阳市文物管理委员会等:《河南濮阳西水坡遗址发掘简报》,《文物》,1988 年第 3 期,第 3 页。

生活、特别是与国家和部落集团的祭典活动有着密切的关系。以鳄皮制成的鼍鼓无论是在史前时期还是在进入阶级社会之后都是重要的礼器之一，它自身就有着十分浓厚的神秘色彩。"①"鳄鱼所具有的血盆大口，巨齿成排，鳞甲坚硬，四足修尾，卵生冬蛰，水陆两栖，雨前吼叫，其声隆隆，与龙同音等特征，都与龙的特征相吻合。"②《礼记·月令》："季夏之月，命鱼师伐蛟，取鼍。"郑注云："鼍皮可以冒鼓"。《山海经海·内东经》："雷泽中有雷神，龙身人头，鼓其腹。"《楚辞离·骚》："吾令丰隆乘云兮。"王逸注："丰隆，云师。"北魏郦道元《水经注·河水》："《穆天子传》曰：'天子升于昆仑，观黄帝之宫，而封丰隆之藏。'丰隆，雷公也。"丰隆，即后世神话中专司兴云布雨和电闪雷鸣之水神。

　　二是无爪之龙，其原型动物可能是蛇。图2-30,1是安徽含山凌家滩遗址大墓出土的一件玉龙，考古报告认为："凌家滩出土的5300年前的玉龙，已经很强烈地表现出中国龙的鲜明特征，与我们现在心目中龙的形象几乎相似。这一现象表明，从远古时期龙就是人们崇拜的神灵，体现出人们对龙的崇拜，表现出中国龙的思想观念源远流长。"③图2-30,2是发现于内蒙古翁牛特旗三星他拉的一件红山文化玉龙。"这件玉龙墨绿色，高26厘米，完整无缺。……细部运用浮雕、浅雕手法表现，通体琢磨，光洁圆润。龙体伸曲刚劲有力，长鬃飘扬，显得极有生气。""这件玉龙与一般所见商周玉龙有明显区别，其造型比商周玉龙写实，雕琢技法比商周玉龙简略，表现出较多的原始性。"④中国上古神话典籍《山海经》记黄帝之子韩流"人面、豕喙、麟身、渠（曲）股，豚趾"，其形象近似红山文化玉雕龙。历史上通常把这一类弯勾形龙图形称之为"句龙"，而句龙则与后土神话存在一定的关联。《左传·昭公二十九年》："共工氏有子曰勾龙，为后土；……后土为社。"《说文》："社，地主也，从示土。《春秋传》曰：'共工之子句龙为社神。'《周礼》：'二十五家为社，各树其土之所宜木。'"图2-30,3是出土于龙山文化陶寺遗址彩陶盘上的一件彩绘龙图案。该陶盘为泥质褐陶，盘壁斜收，平底、外壁饰浅绳纹，内壁磨光，以红彩或红、白彩绘出蟠龙图案。陶寺遗址出土的"大型墓彩绘蟠龙的陶盘，是迄今中原地区有关龙的图像的最早标本，对于研究龙

---

　　①　尚民杰：《中国古代龙形探源》，《文博》，1995年第8期，第51～52页。

　　②　王震中：《濮阳龙之原型》，《濮阳职业技术学院学报》，2012年第4期，第2页。

　　③　安徽省文物考古研究所等：《安徽含山县凌家滩遗址第三次发掘简报》，《考古》，1999年第11期，第10页。

　　④　翁牛特旗文化馆：《内蒙古翁牛特旗三星他拉村发现玉龙》，《文物》，1984年第6期，第6～10页。

崇拜的起源,探讨陶寺遗址和墓地的文化属性,都很有价值。"①图2-30,4
是河南偃师二里头遗址考古中发现的一件绿松石龙形器,被考古学家命名
为"中国龙"。"绿松石龙形器放置于墓主人骨架之上,由肩部至髋骨处。龙
头朝西北,尾向东南,很可能是被斜放于墓主右臂之上而呈拥揽状,……绿
松石龙为巨头,蜷尾,龙身起伏有致,色彩绚丽。龙身长64.5厘米,中部最
宽处4厘米。……龙头较托座微隆起,略呈浅浮雕状,为扁圆形巨首,吻部
略突出。以三节实心半圆形的青、白玉柱组成额面中脊和鼻梁,绿松石质蒜
头状鼻端硕大醒目。梭形眼,以顶面弧凸的圆饼形白玉为睛。……龙身略
呈波状起伏,中部出脊线,外缘立面粘嵌一排绿松石片。象征鳞纹的菱形主
纹连续分布于全身,由颈至尾至少十二个单元。龙身近尾部渐变为圆弧隆
起,尾尖内蜷,跃然欲生。"②李志鹏认为:"该器与铜铃共出,可能也作为一
种具有宗教色彩的法器,兼有身份象征物的含义。"③何驽认为:"宗庙祭祀
中用绿松石龙牌或铜牌配伍铜铃和翟羽冠所跳的祭祀大禹的舞蹈是萬舞;
使用绿松石龙牌或铜牌祭祀先王大禹,跳萬舞祭祀大禹的'中国之人'为
'夏'人。"④

1.安徽凌家滩玉龙(M16:2):距今5300年左右,仰韶文化;2.玉龙:内蒙古翁牛特旗三
星他拉,红山文化,距今约5000年;3.彩绘龙(M3072:6):山西省襄汾县陶寺,中原龙山
文化陶寺类型,距今3910～3780年;4.绿松石龙形器(2002VM3),河南偃师二里头文化
二期,夏文化,距今3700～3600年。

图2-30　考古发现的"无爪之龙"

"龙"的史前动物原型虽然可归结为以上两大类,但两大类各自都有许
多变体,鳄鱼类的有爪之龙有夔龙、蛟龙之分;蛇类的无爪之龙又分无角螭
龙与有角虬龙。此外,又有无鳞有鳞、无翼有翼、巨首小首之别。另,除了鳄

①　中国社会科学院考古研究所山西工作队:《1978～1980年山西襄汾陶寺墓地发掘简报》,
《考古》,1983年第1期,第42页。
②　中国社会科学院考古研究所二里头工作队:《河南偃师二里头遗址中心区的考古新发现》,
《考古》,2005年第7期,第18页。
③　李志鹏:《二里头文化墓葬研究》,载《中国早期青铜文化——二里头文化专题研究》,科学
出版社,2008年,第61页。
④　何驽:《二里头绿松石龙牌、铜牌与夏禹、萬舞的关系》,《中原文化研究》,2018年第4期,
第38页。

鱼、蛇类的史前龙动物原型,还有与上述两大类皆有不同程度关联的鱼龙、马龙、猪龙、熊龙、鹿龙、蚕龙、鸟龙等动物原型。这些龙图形同样都伴随着丰富的神话故事,比如中国上古时期的鲧禹治水神话、祝融神话,乃至南北朝时期记载的"鲤鱼跳龙门"神话,就有可能与史前鱼龙图形一脉相承。《山海经·海内经》:"黄帝生骆明,骆明生白马,白马是为鲧。""洪水滔天。鲧窃帝之息壤以湮洪水,不待帝命,帝令祝融杀鲧于羽郊。鲧腹生禹。帝乃命禹卒布土以定九州。"陆思贤(1995:323)认为:陶寺龙为"鱼龙",若果真如此,则陶寺龙亦与鲧、禹神话相互吻合。另,中国上古流传的"龙马神话",亦当有史前龙图形的依据。《山海经》:"马实龙精"。《周礼·夏官·庾人》:"马八尺曰龙"。《尚书》:"伏羲王天下,龙马出河,遂则其文以画八卦,谓之河图。"后世传说中的"龙马精神""白龙马神话"等都充分说明,中国古代龙和马的关系非常密切。而且,在神话中,龙和马的部分功能是可以相互转换的,龙首像马,龙身的一部分也取自马体。不但马能化龙,黄熊和鱼也都能化成龙。《左传·昭公十七年》:"化为黄熊。"《国语·晋语八》:"化为玄鱼。"

动物神原型说之外,学术界对史前龙原型的认识,还有"图腾神""自然神"的说法。闻一多先生指出:"(龙)是一种图腾,并且是只存在于图腾中而不存在于生物界中的一种虚拟的生物,因为它是由许多不同的图腾糅合而成的一种综合体。"[1]朱天顺认为:"幻想龙这一动物神的契机和起点,可能不是古人看到了与龙相类似的动物,而是看到天空中闪电的现象引起的。"[2]何新认为:"龙就是云神的生命格,而这也正是中国神话中,云、雨、雷神名叫'丰隆'(隆、龙古字相通)的原因。""最初的龙形不过是抽象的旋转状的云纹。而后来逐渐趋于具体化、生物化,并且展开而接近于现实生物界中两栖和爬行类动物的形象。"[3]

有关史前龙图形意义解释中遇到的以上种种复杂情况恰好说明,中国境内的史前龙原型起初或许可以区分为不同类型的龙。龙山时代之前各地域文化中的史前龙形象和龙崇拜现象尚处在独立发展的状态下。随着华夏文明的融合进程,到了龙山时代,在中原系"濮阳龙"的基础之上,不断吸收融合了一些来自北方和南方地区龙图像的构图要素,中国龙形象建构才得以真正完成,其中混合了有足之龙的鳄鼍和无足之龙的蟒蛇习性,并将其与自然界的雷电相联系,赋予其丰富的神性功能,蕴含了来自各不相同的史前文化的多种原始意象,成为能幽能明,能细能巨,能短能长,上可升天、

---

① 闻一多:《伏羲考》,上海古籍出版社,2006年,第79页。

② 朱天顺:《中国古代宗教初探》,上海人民出版社,1982年,第102页。

③ 何新:《诸神的起源》,生活·读书·新知三联书店,1986年,第65～67页。

下能入渊,既可畜于沼,也可战于野的神灵,成为华夏全族的膜拜对象和供奉之神。

(五) 东北亚神话与始祖信仰图像

东北亚地区的蒙古国、朝鲜、韩国和日本都有丰富的神话传说故事。但这几个国家的神话传说故事因为深受中国内陆文化和佛教文化影响,因而出现时间相对较晚。其神话传说与本地岩画的互文关系尚不够十分明晰。

相对而言,由于存在狼、鹿传人的神话观念,蒙古高原的狼图腾、鹿图腾,甚至熊、鹰、天鹅、树木等图腾神话都有相应的刻石、岩画和墓碑。图 2-31,是蒙古国乌兰巴托附近博格多乌拉山的一幅梅花扁角鹿岩画。这幅岩画用墨画成,画面右上方的图形表示扁角梅花鹿,右下角的两个图形表现类人形神灵,整个画面左部用墨图绘了一位头戴"鲍卡(俗称'姑姑'冠)"的蒙古贵妇,这位贵妇表现了蒙古人的女始祖——"梅花母鹿奥云高娃"的神话形象,"'美丽的母鹿'不仅开创了成吉思汗祖先居统治地位的'黄金家族'孛儿只斤族,而且开创了整个蒙古族。"[①]此外,蒙古高原的祖先创世神话以及英雄史诗叙事作品,如《苍狼和白鹿的传人》《化铁成山》《格斯尔传》《江格尔传》等千百年来在蒙古草原上代代相传,近年来才被学者用文字记录下来,它们都有可能与当地部分岩画存在一定的互文性关联。

图 2-31 蒙古梅花母鹿奥云高娃神话岩画(图片来源:陈弘法)

蒙古神话中有一些牲畜保护神神话,在不同地区还有不同的版本流传。比如在蒙古国流传并记载的《倔老头博洛尔卓》(1982),就与中国内蒙古地区记载的《保牧乐》(1981,汉文版)同属于一个神话故事在不同地区的流传与变异。

朝鲜半岛神话同样崇奉万物有灵观念,先民们信奉日神、月神、星神、山

① 盖山林:《世界岩画的文化阐释》,北京图书馆出版社,2001 年,第 312 页。

神、树神等神灵,并将其奉为图腾。朝鲜半岛的鱼始祖氏族神话、熊始祖神话,以及著名的天神桓雄和"熊女"结合生下檀君,檀君创立古"朝鲜国"的神话,都是东北亚图腾神话的重要组成部分。在《鱼氏的始祖》神话里,"鱼姓子孙以为自己与鱼有关,相传他们的女始祖在水边被鲤鱼击腰,因而怀孕,于是有了他们鱼姓一族,也就是以捕鱼为生的一群百姓。""在《古朝鲜建国神话》中有熊女祖先之说。因而朝鲜人崇拜熊。对熊的崇拜具有一定的普遍性,与朝鲜人毗邻的许多民族都有这种崇拜,有对熊神的祭祀仪式,有的还过熊节。"①在济州岛,当地人至今仍信奉各种各样的神祇,如天神、地神、风神、海神、创世神、天地神、建岛女神、农神、司生死之神、幸运女神、爱神、村寨守护神、海女守护神、门神、灶神、祖先神,等等。"古老的神堂(祭场)、神房(巫或祭司)、巫歌(祭辞)以及相关的祭仪至今仍在存续"。②

日本神话主要记载在《古事记》《日本书记》等古书中,其中记录的神话故事主要叙述高天原诸神的出现、国土的形成、日神姐弟和日神后代的活动,等等。但无论高天原神系,还是此后受到中国宗教文化影响形成的道教、佛教信仰,似乎都与日本北海道境内发现的富戈贝岩刻表现的内容没有什么关联。

(六)东南亚创世神话与偶像

东南亚神话自古以来就与东亚大陆中国南部沿海地区以及南亚次大陆印度神话存在千丝万缕的联系。东南亚神话中的创世神话、人类起源神话和自然神话,如通常为人们熟悉的浑沌神话、葫芦神话、大洪水神话、兄妹感生神话等,都与中国南方地区的苗蛮神话有一定的关联。③

中国古代文献《淮南子》《庄子》《山海经》等书中都有浑沌、浑沌神、凿破浑沌(又作"混沌")的记录。瑶族和纳西族民间也流传混沌神话故事。混沌神话虽然讲的是天地开辟,宇宙诞生,但本质是要强调生命,尤其是人的诞生。苗蛮神话系统中的盘瓠开天地神话与东南亚地区的诸多次生神话和民间传说,如越南京族人的天柱神撑开天地,越南黑泰人的孀妇用刀子分割天地,老挝人的天神用呼吸分开天地,菲律宾人的老妪以杵开天等神话和民间传说一脉相承。

葫芦神话不但在中国南方地区的少数民族神话和民间传说中非常流行,而且在东南亚地区的越南、老挝、缅甸、泰国等不少国家中都很有市场。

---

① 史习成:《东方神话传说第八卷:东北亚神话传说》,北京大学出版社,1999年,第9页。
② 李子贤:《韩国济州岛传承的活形态神话》,《民间文化论坛》,2017年第5期,第55页。
③ 张玉安:《东南亚神话分类及其特点》,《东南亚纵横》,1994年第2期,第12~16页。

云南的傣族、佤族、彝族、基诺族和阿昌族民间也都有关于葫芦生人的神话传说。东南亚地区越南、老挝、缅甸、泰国都有大洪水之后葫芦生人的神话传说。葫芦生人神话常常与大洪水神话相互补足。

　　洪水神话是中国上古神话的重要组成部分,中国古代文献中就有"洪水神话"的记录。中国南方少数民族地区的洪水神话尤其具有代表性。其中云南傣族、布朗族、阿昌族、基诺族的洪水神话涉及大洪水与人类起源的问题。而苗族、彝族、壮族、瑶族、白族、哈尼族、傈僳族、景颇族、怒族、独龙族及苦聪人的洪水神话则不仅涉及大洪水与人类起源,而且还涉及人类再造的问题:通常是由两兄妹结为夫妻,在大洪水之后重新繁衍人类,成为各民族的始祖。[①] 东南亚各地的洪水神话,如菲律宾伊富高人(Ifugaos)的洪水神话,马来西亚柔佛州(Johor)原住民部落伯努瓦人(Benua-Jakun)的洪水神话,缅甸钦邦人(Chingpaws)的洪水神话,越南的巴纳族(Bahnars)的洪水神话,泰国西北部的拉瓦人(Jarawa)的洪水神话,泰国北部科穆人(Co-mu)的洪水神话,都与上述中国境内南方少数民族大洪水之后人类再生神话存在密切的联系。

　　东南亚神话中的部分神话与印度神话也有不同程度的关联,尤其是佛教神话。印度神话传入东南亚的时间相对中国而言传入要晚一些,大概在公元前后的几个世纪。成书于公元前1300～公元前1000年左右的《梨俱吠陀》就提到中印半岛和缅甸,成书于公元前400～公元400年的《罗摩衍那》提到爪哇、苏门答腊和马来半岛,这说明公元前印度次大陆和东南亚地区就有过一些接触。而在东南亚地区泰国、缅甸、马来西亚、印度尼西亚和菲律宾各地考古发现的具有"笈多风格"的佛像,毗湿奴神像,林柳神像等文化遗存,显然都是由印度传入,具有鲜明的印度本土风格的神话遗产。这些印度风格的神话遗产在这一地区的出现,充分说明了佛教文化在公元初对东南亚的巨大影响。张玉安指出:"印度神话传说对东南亚的影响方式显然与中国对这一地区的影响方式不同。中国的神话传说影响东南亚主要由于古代先民的迁徙和族源、地理相近,而印度除了地缘条件,主要通过传播自己的宗教。"[②]东南亚地区流行的印度系统神话主要来源于印度的神话典籍《罗摩衍那》《摩诃婆罗多》《佛本生故事》等。印度神话跟着宗教传播、经济贸易活动的步伐进入东南亚地区,宗教塑像、宗教表演、说唱等艺术形式在印度神话向东南亚的传播过程中起到了推波助澜的作用。

---

① 李子贤:《试论云南少数民族的洪水神话》,《思想战线》,1980年第1期,第40～45页。
② 张玉安:《印度神话传说在东南亚的传播》,《北京大学学报》,1999年第5期,第110页。

公元 300 年,历史上有记载的复杂城邦国家出现在湄公河流域和柬埔寨盆地。公元 802 年,柬埔寨高棉王国的吴哥王朝形成了一个神圣君权的社会,这个社会将祖先崇拜与湿婆神崇拜融合起来,国王成为湿婆神的化身,君权与神权紧密结合在一起。

三、大洋洲原住民部落艺术与神话

大洋洲包括太平洋东部波利尼西亚、中部密克罗尼西亚和东部美拉尼西亚三大岛群,以及澳大利亚大陆、新西兰岛等地。

波利尼西亚群岛原住民文化来自东南亚地区。该地原住民文化约在公元前 4000～公元前 3000 年之间首先定居在波利尼西亚中部,此后逐渐向周边迁徙。

夏威夷群岛各处遍布原住民岩画,画面上的萨满巫师和舞蹈人物形象具有娱神、祈求神灵护佑的作用。

从公元 400～公元 1800 年,复活节岛的居民创造了灿烂辉煌的巨石艺术,其中有数量众多、体积高大的石雕部落首领像,巨石建筑群,等等。更早的时期,复活节岛原住民还创作出大量的有自己独特风格的主题岩画。图 2－32 是该岛欧洛哥(Orongo)一带的"鸟人崇拜"题材岩画,这幅岩画刻在祭祀场地的一块巨石之上,鸟人身上覆盖着女阴图形,可能具有生殖巫术的含意,这种岩画用在特定的祭祀"马克马克神"的仪式中,"为了祭祀马克马克神,(岛上)每年都有举行重大而神圣的仪式来推举'鸟人',所以复活节岛上发现许多鸟人的岩画,有刻的,也有画的。'鸟人'浮雕是复活节岛上'鸟人'崇拜的偶像,与岛上的许多巫术活动紧密相关。""这种崇拜一直持续到 19 世纪 60 年代,此后才逐渐衰减了。"[①]

图 2－32　复活节岛"鸟人"崇拜岩画(图片来源:陈兆复等)

[①]　陈兆复、邢琏:《世界岩画Ⅱ》(欧美大洋洲卷),文物出版社,2011 年,第 346 页。

澳大利亚大陆是世界范围内岩画分布极为丰富的地区,同时也是世界上为数不多的至今仍保留着岩画制作传统的地方。澳大利亚的岩画是在漫长的历史中,由世代生活于此的原住民创制完成的。在澳大利亚的原住民社会中,无所不在的神话叙事是原住民文化中最为重要的部分。以岩画为代表的种种视觉表达形式大都自觉充当神话载体,充分表现原住民的宗教信仰、生死观念和精神世界。原住民坚定地认为:神话是对实际发生过的事实的叙述,神话总是与一定的仪式、象征物和固定的圣地联系在一起的。原住民习惯于在他们的部落艺术中展示和再现神话内容。他们认为,在白种人到来之前的"梦幻时代",祖先的神灵曾经借助神秘蟒蛇的躯体在澳洲大地蜿蜒而行,留下无数的足迹,不但制作了岩画,而且创造了山川河流与世间万物。

澳洲原住民所谓的"梦幻时代",又分为梦时、梦境、永恒的梦等不同阶段。他们认为:最初,创造始祖们生活在地球上的时候,曾发生过许多冒险活动。比如,雄鸡如何通过一系列的活动最终得到它五彩斑斓的羽毛,负鼠如何丢掉了它们的尾巴,男人、女人与袋鼠的故事。创世主们如何为人类建立内部的婚配制度和复杂的婚姻法律,等等。梦幻时代的神话,如创世神话,起源神话和洪水神话等都是原住民神话中最精彩的部分,这些重要的神话不仅通过口头故事的形式流传下来,还被编成歌曲和舞蹈,在原住民社会中不断地上演。比如,澳大利亚沙漠中部的乌鲁鲁山(英文又叫"Ayers Rock")是由一整块岩石构成的一座山峰,原住民认为这座山峰是他们的祖先从神灵那里得到的赏赐,是他们的祖先在"梦幻时代"开辟路径时所留下的路标。据说山峰岩石上的每一道裂痕和纹路都有特殊的含义,可以为原住民的狩猎生活提供路径和位置信息。因此,整座乌鲁鲁巨岩不但被澳洲数百个原住民部族看成是他们共同的守护神和图腾,受到顶礼膜拜,而且被看成是他们的彩虹蛇(Wanambi)。图2-33,1是今澳大利亚卡卡杜国家公园尤比尔岩彩虹蛇画廊中描绘的彩虹蛇图像,据说,彩虹蛇象征力量,他是掌握四季循环的水神,尤其威猛,一旦发起怒来就会刮起旋风,将大树连根拔起。在诸多的彩虹蛇神话中,澳洲北部沿海地区的彩虹蛇神话在原住民部落中地位最高。比如北领地戴利河(Daly river)地区玛瑞恩巴巴(Murin-baba)部落的虹蛇"昆康(kunmanggur)"被当地原住民视为男性守护神。西阿纳姆地的原住民则将他们的虹蛇那噶尔加德(ngaljod)当成女性造物主来崇拜。澳大利亚东北地区阿纳姆地的莫瑞根(Mourngin)部落的彩虹蛇尤拉戈(yurlunggur)神话还包含了原住民部落的起源神话,他是原住民心目中至高无上的神,当地原住民甚至自认为是虹蛇的传人。图2-33,2被称为"汪吉纳"的岩画是澳大利亚西北部地区原住民信奉的祖先神,他也是一种彩虹蛇。汪吉纳既是部族人群的生命之源,又是死后灵魂的归宿。汪吉纳岩画的轮廓用红色或黄色赭石勾画出来,脸孔和身体是白色的,眼睛是黑色的,没有嘴巴,手和脚通常是示意性的,脚掌外翻。汪吉纳岩画的图形基本是固定的,据说此种岩画每年都要由部落首领重新画过,这是部落首领才有的特权;图2-33,3是阿拉姆地原住民信奉的雷电之神,该岩画高达3米,画中共有两位神祇,被称为"雷电兄弟",特别突出的巨大的男性生殖器,表现了雷电之神的阳刚威猛。图2-33,4是一幅出自澳大利亚北部阿拉姆地的树皮画,该画表现了当地流传的"达因干干(Dainganngan)"神话,画面上的图形是人和乌鸦合体的半人半神形象,他们的脸部轮廓粗犷,脚掌外翻,身体上有白点组成的几何纹饰和图案。左侧图画中被画成乌鸦状的达因干干的嘴里正吐出彩虹蛇,彩虹蛇蜿蜒上行。整幅图中还画满了精灵崇拜仪式所需的几种道具。

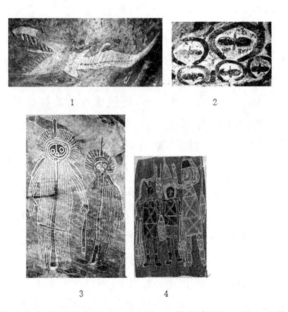

1.彩虹蛇:澳大利亚卡卡杜国家公园;2.汪吉纳:金伯利高原;3.雷电兄弟:阿纳姆地;4."达因干干"神话树皮画,阿拉姆地。

图2-33　澳大利亚创世神话岩画(图片来源:1~3 陈兆复等;4.牛克诚。)

澳大利亚西部西澳大利亚州中段沿海一带是岩刻比较集中的地区。这里的岩画与原住民创世神话存在密切的关联,岩画只是创世神话的载体,具有明显的象征意味。此类表现神话内容和图腾崇拜仪式的岩画一向被原住民所看重,被他们认为是最重要的东西,只允许少数人观看。这一类岩画和岩雕在原住民社会的成人礼中扮演着重要角色。而在成人礼的施行过程中,部落长老还要给受礼者讲述祖先神的秘密和部落的神话传说,这是部落社会惯常使用的极为重要的文化传承方式。部落神话传承是部落成员最重要的使命担当,"这些神话故事的作用不仅仅是伴随人们度过一个个漫长的夜晚,更重要的是制约着原住民的行为,支配着他们的宗教及其活动。"①

四、非洲原住民史前艺术与神话

(一)北非阿尔及利亚塔西里·阿杰尔岩画与神话信仰

北非岩画以阿尔及利亚塔西里·阿杰尔岩画最具代表性,岩画中出现的圆头人、长头人、尖头人以及戴面具的兽首人身形象著称于世。图2-34,1圆头人的身上有规则分布的白色斑点,很可能是当地文身习俗的艺术再现;图2-34,2描绘的是名叫"双角女神"的五谷女神,女神头戴羽毛饰带,头上伸出的长角与埃及神话中的繁殖女神的双角类似,隐喻增殖,脸部周围用斑点状的帷幕代替面纱。画面的其余部分则描绘了人们在庄稼地里的劳作。

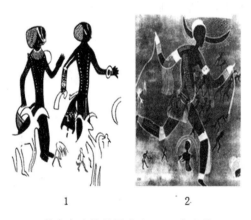

1.戴白色头饰的圆头人;2.双角女神。

图2-34　阿尔及利亚塔西里-阿杰尔神话岩画(图片来源:李淼等)

北非地区尼罗河流域的古埃及神话具有原始古朴的特点和明显的早期城邦国家的烙印。埃及神话中已经出现了"太阳城九柱神"等重要神祇及其神系,除了主神拉-哈拉克特(La Halakhte)之外,还有多达740位的各类守

---

① 〔澳〕A.W里德等:《澳洲土著神话传说》,史昆选译,中国民间文艺出版社,1988年,第10页。

护神。多神崇拜观念依然盛行，并没有完全建立起来一神教信仰的宗教。在埃及神话中。神祇很多都有化身和神圣动物，而且化身不同，神圣动物也不一样。比如天神拉（La）就有阿图姆（Atum）、阿顿（Aton，眼镜蛇）、克卜利（Scarab，圣甲虫）等化身，地神盖布（Geb）的神圣动物是鹅，他的妻子苍天之神的神圣动物是母牛，等等。古埃及神话中神祇有许多化身和神圣动物的观念，显然是史前时代万物有灵和灵魂转换迁移观念的变种。因此，从总体上看，古埃及神话依然是多神信仰的产物，它源于更早时期的部落图腾神和原始的万物有灵，灵魂不灭信仰，并在此基础之上加以拟人化。比如著名的奥西里斯神（Osiris）复活仪式。"在埃及神话中，奥西里斯本是埃及历史开端的一位国王。但是，他被野心勃勃的兄弟塞特谋杀并肢解了。神奇的是，他的姐妹伊西斯复原了奥西里斯的遗体，并怀上了他的儿子荷鲁斯。荷鲁斯长大之后打败了他的叔叔塞特并合法继承了他爸爸的王位。于是，在埃及艺术中，奥西里斯以一个死去的国王的面貌出现。他是一个身着王袍的木乃伊形象，面色或绿或黑，暗指肥沃的尼罗河冲积平原。"①

（二）南部非洲布须曼人岩画与神话信仰

撒哈拉沙漠以南地区岩画制作者主要是布须曼人。布须曼人信奉万物有灵观，布须曼人有一种卡根（Kaggen）信仰，卡根蕴藏在一切物体之中，他们绘/刻岩画的目的就是通过巫术手段，实现控制卡根的愿望。在布须曼人的神话中，正是卡根用棍子敲击了蛇头，蛇因此变为人。其后，卡根又把他厌恶的人变成了狒狒。所以蛇与狒狒岩画在布须曼人那里就等同于人类起源和人类始祖了。在布须曼人的神话叙事中，卡根还是螳螂神，是神圣的造物主，因此，布须曼人有关螳螂的岩画也与卡根崇拜有密切关系。布须曼岩画中许多动物和狩猎场景的描述在于通过施行交感巫术给狩猎活动带来收获。

五、美洲原住民部落艺术与神话

美洲原住民社会盛行万物有灵观念，灵魂崇拜和图腾禁忌现象非常突出，因而保留了非常丰富的部落艺术材料与丰富的神话叙事，两者相得益彰相互成就。

北美太平洋西北沿岸许多印第安原住民族群盛行象征含意浓厚的图腾柱艺术。这些族群有特林吉特人、海达人、钦西安人（Tsimshian）、夸扣特尔

---

① 〔英〕马克·科利尔、比尔·曼利：《古埃及圣书字导读》，陈永生译，商务印书馆，2015年，第65页。

人(Kwakint)、贝拉库拉人(Bella Colla)、努特加人(Nootka)和沿岸萨利希人(Coast Salish)等。由于这些原住民族群非常看重自己的家世和社会地位,图腾柱艺术在一定程度上是对家族世系的图像化展示,既能充分彰显自己的家世荣耀,又能显示自己的财富与社会地位,所以原住民社会的上层人士对此类艺术无不趋之若鹜。图腾柱艺术通常在原住民社会"波多拉支(夸富宴)"仪式和庆典场景中,与神话讲述、歌曲吟唱、舞蹈表演等艺术形式一起展演出来,原住民以此种方式讲述其祖先传说、家族和部落起源故事。

北美西北海岸原住民图腾柱象征艺术通常由自然动物、神话动物、神灵、祖先和人物图像等构成:自然动物有海中的海狸、鲑鱼、食人鲸、鲨鱼,陆地的乌鸦、鹰、狼、熊、青蛙,等等。对于西北海岸的海达人、特林吉特人、钦西安人来说,乌鸦既是世界秩序的创造者、魔术师、变形者、老师以及他们的主要神灵,又是阴谋家、纵情声色者,它甚至可令女人怀孕。乌鸦主题神话故事数不胜数,海达人可讲出几百个乌鸦神话故事,钦西安人也有200多个乌鸦神话故事。这几个部落都普遍存在着"鸦神信仰"。① 海狸是另一个原住民神话母题。据说,海狸是由一个孤独的女人变化而来,她非常忙碌,平时不太关注人类活动,但却有能力给人带来灾难,当她开口说话时,人必须仔细倾听。在西北沿岸原住民神话中,海狸据说是乌鸦的舅舅,为乌鸦提供诸如房屋、湿地、浆果、工具和鲑鱼等物品,是杰出的提供者。夸扣特尔人最著名的神异动物是雷鸟(thunder-bird),他以食人鲸为食,总是出现在图腾柱的最顶端,张开巨翅,瞪大双眼,鸟喙尖锐弯曲,形象神圣威严。在当地原住民的神话中,雷鸟住在人迹罕至的高山之上,体型巨大无比,威力无穷,当他扇动翅膀时,空中就会响起惊雷。雷鸟既是声名显赫的神灵,也是家族的祖先。夸克扣尔人信奉的神灵有"希斯尤""林中疯女人祖努夸"等。希斯尤在图腾柱艺术中是一个全身披满鳞甲,水平状左右展开的双头蛇形象,舌头侧面像狼、口中满布利齿,外伸的舌头向外喷出火焰;身体中间则有一张人脸,头上长有两角。希斯尤是一个威力巨大的神灵,可以随时变化,她既是房屋的保护神,又是杀人的凶神。林中疯女人祖努夸是一位又凶又傻的女性神灵,她在图腾柱艺术中表现为一个全身站立,腿略为弯曲,向前张开双臂和嘴巴的形象,原住民相信"祖努夸"会保佑村子的平安并且带来好运。人物大多是家长、氏族首领等,他们或跪或蹲,手里还拿着

---

① George F. MacDonald. *Haida Monumental Art*: *Villages of the Queen Charlotte Islands*, Vancouver: UBC, Seattle: University of Washington Press, 1994, p. 8.

各样的工具。

印第安原住民的图腾柱(Totem Pole)都是由多种图案组合而成的,观看时要从上往下看:刻在最顶端的神话动物通常是部落的图腾动物,最先出现的那个人物形象通常是部落的祖先或首领,他会戴高低不等的帽子,帽子越高,地位越尊贵。图腾柱象征艺术普遍采用重叠与交叉形式,如在一只熊的腹部出现人或狼的面孔,熊的头顶会钻出青蛙,等等。戴维·麦克唐纳(David McDonald)指出:"一个印第安人从通常用渡鸦或鹰作顶饰的图腾柱开始,能追溯出图腾主人的家世和显赫功绩,能指着一个个木雕神像,讲出林中野女人错诺卡的令人害怕的故事;讲出已成精怪的大雪松策加密的故事;讲出渡鸦叶赫尔在蚌壳中找到了男人的故事。"[①]

图2-35,1是北美西北海岸印第安部落狼胞族的两根图腾柱,图腾柱讲述了一则神话故事:起初,狼胞族生活在靠海的鲁伯特王子城(Prince Rupert City),后来他们沿着斯基那河(The Skina River)来到现在的居住地,建造了这间房屋,这间房屋与其他房屋不同,有两个酋长的座位,因此,有两根图腾柱。其中有一根图腾柱是狼胞族竖立在克特汪库村(Kitwangku Village)的第一根图腾柱。这两根图腾柱既是房屋历史的见证,也是该房屋所有权及其附近自然资源所有权的见证。[②] 图2-35,2是著名的"雷鸟王朝图腾柱",由斯科姆部落(The Secombe Tribe)赠送给加拿大史坦利国家公园,用意是向全世界宣告史坦利公园/雷鸟王朝展望端(Prospe't Point)附近地区是斯科姆部落祖居地,他们对这块土地享有权利。据雕刻这根图腾柱的玛塞斯·乔(Marces Joe)酋长说:该图腾柱讲述的是雷鸟创世纪的故事。最顶部斯韦弗鲁斯(Swivelus)是雷鸟的儿子,中间的卡哈米(Kahmi)是雷鸟的女儿,第三个形象查莱斯(TSaltch)是雷鸟的母亲,第四个形象是雷鸟的父亲,第五个是大龙、海怪和巨蜘蝎集于一身的形象。他们是雷鸟的主食。将众多雷鸟形象拼合在一起表示统治世界和宇宙,创造生命的象征,他们都是超自然的神灵,但像凡人一样生活起居。[③] 图2-35,3房内柱上部是乌鸦,它的嘴里叼着两只青蛙;下部是雷鸟,鸟爪里是其食物鲸鱼;在上下部的乌鸦与雷鸟之间有一小孩,起填补空白作用。据说乌鸦是房屋主人的徽标,雷鸟是其妻子的徽标。这根房柱是一则海达族的神话起

---

① 〔加拿大〕戴维·麦克唐纳著:《印第安人的图腾柱》,张振鑫译,《民族译丛》,1984年第3期,第70～71页。

② Ronald William Hawker. *Tales of Ghosts: First Nations Art in British Columbia*, 1922 - 61. Vancouver: UBCPress. 2003, p. 165.

③ Ibid. , p. 106.

源故事。据说很久以前,在遥远的一个地方,所有男人都死光了,只剩下女人。为了繁衍人口,乌鸦就用尖嘴巴给他们找来一个男人。图2-35,4是一根名叫"独腿渔夫(One-legged fisherman)"的特林吉特人纪念柱,它是谢克斯(Holger Sierks)酋长为纪念其侄子而立,讲述了他侄子的故事。这个故事中有两个渔夫:一个是长得像鹰的独腿渔夫,另一个是喜欢穿装饰灰熊头外衣的渔夫。后者有一个神奇的矛,可以轻易捕到很多蛙鱼。一次,渔夫为了拉网,被渔线拉着来到小溪边,不巧进入了灰熊的洞口。在这时,神奇的事情出现了,渔夫身上的两个灰熊头图案复活了,一个咬着一条蛙鱼扔给了一头母熊,另一个咬着一条蛙鱼扔给了一头公熊。独腿渔夫于是很想得到那只神奇的矛,他穿上海怪的衣服潜入水中。当身穿灰熊装饰的渔夫掷出他的矛时,被独腿渔夫一把抢走。第二天,身穿灰熊装饰的渔夫来找他要他归还其矛,独腿渔夫不但不归还他的矛,反而将身穿灰熊装饰的渔夫杀死。后来有一次,当独腿渔夫穿上海怪的衣服和装饰着熊的外衣,找到鲑鱼并来到溪边喂熊时,被熊识破,在与熊的交战中,独腿渔夫将熊家族全部杀死。[①]

1.狼胞族的图腾柱:记述了房屋建筑的缘起;2.雷鸟王朝图腾柱,宣告所在地主权;3.海达族的起源图腾柱;4."独腿渔夫"纪念柱。

图2-35　北美西北海岸印第安人的图腾柱神话(图片来源:马晓京)

北美洲中部大平原地区印第安原住民创制的许多图画文字(又称象形文字)艺术都与神话叙事密切关联,对此类象形文字意义的解读同样离不开神话叙事。比如著名的"格鲁斯卡普(Glooscap)"英雄故事中有一个片段被原住民用象形文字的方式记录了下来,而对这幅象形文字的解读,仅从图形本身入手则不得要领,或者根本无从得知,只有找到相应的口述神话叙事,才能够正确理解其含义。此种情况下,口述形式的神话叙事就成了解读象形文字含义的一把钥匙。图2-36讲述了这样一个神话故事:格鲁斯卡普是一位印第安酋长的儿子,他的母亲的图腾是熊,整个村落里的其他人的图腾都是黑猫。该图上方的地狱巫女普金丝库丝(Pokinsquss)也是黑猫村的一员,她憎恨酋长,一直谋划杀害他并取而代之。一天,女巫要求黑猫酋长和她一起去搜集海鸥蛋,他们划着独木舟来到一个遥远的小岛上,这个地方是海鸥蛋孵化和繁殖的地方,女巫将自己藏匿起来。她发现这位酋长竟然就是格鲁斯卡普。于是她逃回独木舟上,一边划着桨一边唱着歌,非常得意。接下来,格鲁斯卡普凭借自己的魔力,让他的朋友——福克斯(Fox)族人在千山万水之外听到了他的呼救的歌声,并赶来救了他。图中小岛用右下角的圆圈形表示,格鲁斯卡普被困在里面。圆圈形左边的小圆东西大概是海鸥蛋,地狱女巫普金丝库丝幸灾乐祸地站在一片远离小岛的独木舟的尾部,而独木舟在泛着涟漪的水面上摇曳着。女巫左边的图案是黑猫村族人拆除的营地,而她右边的图形则表示福克斯族人在千山万水之外听到的格鲁斯卡普悲痛的歌声。①

图2-36　地狱巫女(Pokinsquss,"格鲁斯卡普"历险记中的一个片段
(图片来源:加里克·马勒里)

北美印第安人的神话传说不但有数不清的神话人物和故事,而且有同样众多的神话动物。图2-37,1讲述的是名叫斯库亚(Skaua)的海达人的妖怪(虎鲸或杀人鲸),他是海达人的神话动物,会瞬间变形,有许多关于他

---

①　此处有关北美印第安人的神话传说材料和图片皆来源于〔美〕加里克·马勒里:《美洲印第安人的图画文字》(第二卷)闵锐武、孙亚楠译,商务印书馆,2023年,第687~712,第358页,特致衷心谢忱!

的神话传说。图 2-37,2 是达科他人的雷鸟,嘴中向下延伸的波浪线表示闪电。雷鸟是达科他人、海达人、夸扣特尔人、奥吉布瓦人等众多印第安原住民部族最重要的神话动物。

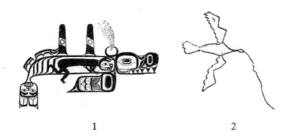

1.虎鲸或杀人鲸:北美西北海岸的海达人认为它是妖怪,它的专有名字是 Skaua;2.达科他人的雷鸟。

图 2-37 北美印第安人的神话动物(图片来源:加里克·马勒里)

美洲印第安奥色治人(Osage)的部落起源神话,既有丰富的神话叙事,又有象形文字的记载,其中渗透了奥色治人的宇宙观念。图 2-38 是由一位名叫"红玉米(Red Corn)"的巫师绘制的,这幅图与某个秘密社团成员所吟唱的某个神话传说有关。整幅绘图仅起帮助记忆的作用。其中的某些部分,如四重天和梯子,还被分别纹在有身份的老人的喉咙和胸部,并分开珍藏。只有在特定的仪式中,在图画载体所有者和神话叙述者共同在场的语境中,图画和神话叙事的内容才可以完满合璧,图画象征含义和神话叙事讲述两者才能相得益彰。

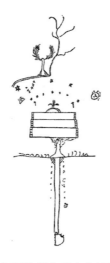

图 2-38 奥色治人部落起源神话象形文字(图片来源:加里克·马勒里)

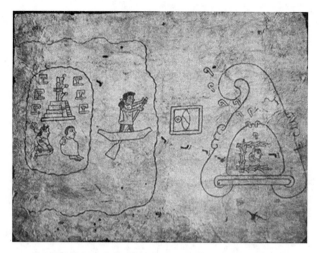

图 2-39 阿兹特克民族起源神话象形文字片段（图片来源：戴尔·布朗）

中美洲地区的阿兹特克帝国（公元 1325～1521 年）创造了灿烂而血腥的阿兹特克文明，阿兹特克人是美洲地区少数几个创制了文字的民族。下面一幅"连环画"似的象形文字手稿记录了阿兹特克的民族起源及其迁徙的历史。对这一类的象形文字记录的民族起源图画含义的正确理解同样离不开口头讲述的神话传说故事。① 图 2-39 只是阿兹特克民族起源神话故事的一幅截图，这幅图描绘的内容是：最初，阿兹特克人生活在阿兹特兰岛（Aztlan Island，由线条环绕起来表示），他们住在由六座民居围绕的一座金字塔的地方，金字塔左面的女人名为"长眠之盾"，右面的人表示阿兹特克人的祖先。整幅图中部靠右的男人身披斗篷，他划着船离开原驻地，接下来的一串脚印表明他从水里下到了岸上。图正中的方框形代表"一把石刀之年（公元 1116 年）"。在民族大迁徙途中，他们第一次停下脚步祭拜保护神惠茨罗伯底里（Huitzilopochtli，意思是"留下的蜂鸟"），惠茨罗伯底里指示他们继续前行。有关阿兹特克民族起源神话故事被象形文字记录下来，整个象形文字还有若干片段的图画，若干片段的图画连接起来，就像一幅连环画，比较完整地叙述了阿兹特克民族起源神话。

---

① 〔美〕戴尔·布朗：《灿烂而血腥的阿兹特克文明》，万锋译，华夏出版社，2002 年，第 36～39 页。

第三章　前文字的研究方法

与文字社会里文字记录语言且依附于语言的情况不同,在史前社会和部落社会里,前文字并不从属于语言,而是与口说的言语、吟唱,视觉表现的图画与符号,肢体表现的舞蹈、动作等诸多原始表达形式相互伴生,相互补足。因此,在历史时期的古文字研究中经常使用的"字形考释"方法在前文字研究中虽然有效,但有许多局限。我们还需要在此基础之上,总结出具有明确针对性的前文字研究方法,才能更好地揭示前文字与文字字符来源以及文字体系形成的关系。

本书把前文字的研究方法归纳为四种:语境还原法、神话叙事与前文字互证法、标准图案与标准器确立法、符号考古法。第二种研究方法已见第二章第二节讨论,此不赘述。

第一节　语境还原

这里所说的"语境还原"①是指由考古学文化类型学呈现给我们的、经过考古工作者研究并还原出来的时空框架和事件发生场景。坚持语境还原,可以让前文字研究更加自觉地与考古学文化类型学紧密结合起来,确保前文字研究的科学性与系统性,杜绝"看图识字"似的主观臆测。

"语境还原"除了常说的时空概念,还包含事件发生的场景,如器物发现的地层、墓葬和房屋遗址中器物摆放的位置及其关系、遗物的分类及其性质的确定,以及人类学田野调查中对法事仪式活动和巫术禁忌行为的记录与再现等,以上这些内容都属于狭义的语境还原。更高层面的语境还原还包括前文字材料发现时的社会制度、技术进步程度以及宗教信仰与思想文化等方面。

---

① 笔者注:在我们以往的研究中,曾经使用过"时空架构还原"的说法。在本书中,我们用"语境还原"替代先前所说的"时空架构还原"。

一、狭义的语境还原

对史前艺术和部落艺术材料而言,狭义的语境还原具体是指在考古学文化类型学范畴中对考古发掘的原始艺术材料的再考察,以及对各类考古报告的正确利用,对出土艺术材料考古发掘地层、典型器物和纹饰图案的选择、排序和分类统计、器物位置及其关系的揭示、遗迹性质的判定、考古发掘现场的还原与再现,等等。①

由于史前艺术材料的出土地有可能在墓葬、宗庙建筑、城址等不同类型的考古遗迹中,所使用的考古方法和判定尺度并不完全相同。因此,要想恰当还原史前艺术材料的出土语境,最好的办法当然是直接参与考古发掘,应用各种科技手段,详细记录发掘过程。如果没有条件亲自参与田野考古,那么,至少要仔细阅读考古发掘报告,充分了解考古发掘报告对考古场景的还原,尽可能让自己的研究有坚实的科学基础。对于那些没有经过考古发掘过程的民间收藏的艺术品,则需要慎重选择,仔细考察,以确保前文字研究的科学性与系统性。

下面我们分别举史前彩陶、史前岩画和史前动物小雕像的例子来说明狭义的语境还原法在前文字研究中的应用。

先看史前彩陶的例子。众所周知,青海柳湾遗址是黄河上游地区一处距今 4500～4100 年原始社会晚期的氏族公共墓地遗址。这些墓葬分别属于马家窑文化半山类型、马厂类型,齐家文化和辛店文化。柳湾考古报告给出的这一基本结论就是经过大量的实地考古挖掘与材料比对,充分运用各种科技手段得以确立的该遗址考古学时空框架。

据《青海柳湾—乐都柳湾原始社会墓地》(1984)考古发掘报告,该遗址共发掘了 872 座马厂类型氏族墓葬,其中 850 座墓葬都有陪葬品,陪葬品主要由生产工具和代表财富的彩陶器组成。陪葬品的数量不等,最少的 M8、M938 仅有 1 件陪葬品,一般的墓葬陪葬品在 10～20 件之间,较多的达到 40～60 件。其中多座马厂时期墓葬有非常丰富的陪葬品,M197 和 M211 的陪葬器物都是 66 件,M564 则多达 95 件。柳湾墓葬中陪葬品的数量在一定程度上反映出其所在的原始社会已经有了初步的社会分工和贫富差距的现象。

---

① 笔者注:有关狭义的"时空架构还原",见笔者"广义文字学研究课程讲义"相关内容。并参见石从斌:《试论确立前文字研究时空架构的重要意义》,载黄亚平:《文字与文明研究》附录二,中国社会科学出版社,2022 年,第 295～307 页。

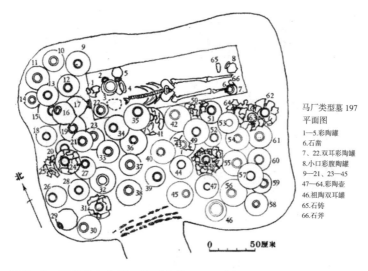

马厂类型墓197
平面图
1—5.彩陶罐
6.石凿
7、22.双耳彩陶罐
8.小口彩腹陶罐
9～21、23—45
47—64.彩陶壶
46.祖陶双耳罐
65.石铸
66.石斧

图 3 - 1　马家窑文化马厂类型文化 M197 发掘平面图:青海乐都柳湾

从 M197 平面图,如图 3 - 1 所示。我们不但了解了墓室形状和墓道结构、葬具、葬式,而且也知道了随葬器物的数量和放置情况。这些情况对我们判断墓主人身份有很大的帮助,相对其他同期墓葬中仅有几件陪葬品的情况,M197 主人应是生前就拥有很多财富的柳湾社会的富人或者氏族首领。M197 陪葬品中的石斧、石锛、石凿等生产工具和部分形制较小的双耳彩陶罐等陶器被放置在人骨的头部附近和脚下,说明这些陪葬器物虽然形制较小,纹饰比较简单,但却是墓主人生前使用最多的生活用具,对墓主人来说比较重要,所以置于头前和脚下。其余置于棺外墓室南侧的、数量众多的彩陶器不但数量众多,而且形体较大、纹饰繁盛,它们围绕墓主人的棺材摆放在一侧,象征着墓主人生前拥有的财富,还可能兼具原始礼器的功能。

从《青海乐都柳湾原始社会墓地反映出的主要问题》(1976,图四),如图3 - 2 所示。我们初步了解 M197 出土彩陶器及器表的纹饰图案的类型和样式,图 3 - 2,1～9,11～13 彩陶壶器腹部纹饰主要有四大圈纹、波折纹和蛙纹等,这些纹饰都是马家窑文化马厂类型彩陶纹饰的代表。四大圈纹的圆圈内部填充了网格纹、十字纹、卐字纹等多种几何形纹饰,部分波折纹曲线内也涂绘有其他装饰性纹饰或图案,图 3 - 2,5、9 等 13 件彩陶壶下腹部还发现几种单个的彩绘记号。

从这个例子可以看出,详细记录考古发掘过程和考察结论的考古报告为该地出土的马家窑文化彩陶艺术的狭义语境还原提供了适切的帮助。据此我们就能了解器物群出土的地层、摆放位置、器物和器物纹饰的准确信息,

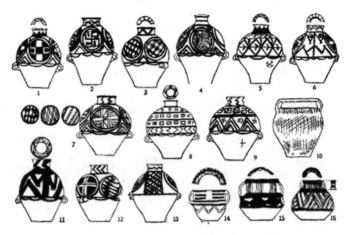

1—9、11—13.彩陶壶　10.粗双罐　14、15.佽彩罐　16.小垂罐

图3－2　M197出土彩陶器及纹饰图案：马家窑文化马厂类型文化，青海乐都柳湾

对彩陶艺术品的出土语境就有了基本的把握，在此基础上对该彩陶艺术的研究也就有了一定的科学依据。

　　再看岩画的例子。据《阴山岩画》(1986)考古报告，在阴山岩画狼山地区各岩画地点深邃的山谷断崖上均有大量形态诡异、风格多变的人面像，其中尤以磴口县西北阿贵庙附近的墨勒赫图沟岩画地点和托林沟岩画地点为代表。对此地人面像岩画的意义解读，显然需要紧密结合岩画点周围的自然地理环境、共现物特征等多种因素综合考量。据考古报告，墨勒赫图沟岩画分布在墨勒赫图沟、榆树沟、浑迪沟、郭罗本木胡儿沟、白林希勒等处，包括十个岩画地点。第1～5个岩画地点都在墨勒赫图沟内的崖壁之上。其中，第三岩画地点所在的崖壁位于沟畔，崖壁上的人面群像画面规模较大，画面形象庞杂多样，构图极为自由。较大的人面群像中，还汇聚了人面像、兽面像以及太阳、月亮、星辰等天体。图3－3,1画面高0.88米，宽0.97米，刻制了不同类型的人面像，有的人面像只有眼睛，有的只有眉毛、有的只有牙齿，有的只有嘴，有的只有无头的轮廓，画面下还有一只头部异常的骆驼；图3－3,2岩画高1.52米，宽3.15米。整幅画面上刻制了各种各样的神灵，有的神灵头部上小下大，有的头顶有五支羽毛装饰，有的面部长有胡须，有的头侧有光冠，有的头部呈方形。画面右半部的图像更加抽象简略，其间不但夹杂星辰，还有蛇的图形出现。

　　阴山岩画构图夸张的人面像充分表现了先民们心目中的神灵精怪形象，因此往往被刻制在深山峡谷中远离人群之地，盖山林先生指出："不同的岩画题材，其分布地点往往不同，如似人面形的天神像几乎都分布在深邃的

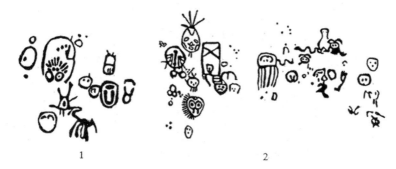

1　　　　　　　　　　　2

图 3 – 3　阴山岩画人面群像：墨勒赫图沟中段第三岩画地点

山谷崖畔上,因为那里山高谷深,每当夏季山洪暴发,洪水浩瀚,水声震天,古人可能认为该处即是神仙居住之地。"①

　　再举一个考古发掘出土的史前"玉神器"的例子。据《辽宁牛河梁红山文化女神庙与积石冢群发掘简报》(1986),在距今 5000 年左右红山文化牛河梁遗址 16 个发掘地点上,有 13 个地点发现了积石冢和中心大墓,多数中心大墓都有丰富的陪葬玉器。其中 N2Z1M21、N5Z1M1、N16Z3M14 等大墓有玉佩、玉璧、玉镯、玉箍、筒形器及玉人、玉鸮、玉龟、玉龙、玉蚕等玉神器。图 3 – 4 所示玉神器皆出自牛河梁第五地点一号冢中心大墓。

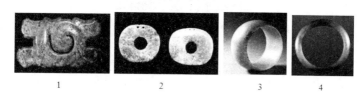

1　　　　　2　　　　　3　　　　　4

1.勾云形玉佩:长 20.9 厘米,宽 12.9 厘米,厚 0.9 厘米;2.玉璧:左:直径 12 厘米,孔径 3.9 厘米,厚 0.6 厘米。右:直径 12.9 厘米,孔径 3.3 厘米,厚 0.7 厘米;3.鼓形玉箍:直径 7.5 厘米,高 4.2 厘米,厚 1.1 厘米;4.玉镯:直径 8.5 厘米,孔径 6.5 厘米,厚 1.1 厘米。

图 3 – 4　红山文化牛河梁遗址出土玉神器:牛河梁第五地点一号冢中心大墓出土②

　　通过考古发掘报告提供的墓葬平面图,我们了解了这些玉器出土时大都被放置在墓主人的尸骨周围,或直接放在身体上。以牛河梁第五地点一号冢中心大墓为例,该墓位于积石冢中心,属于独立大墓。墓主人头骨两侧各有 1 件玉璧,胸部放置勾云形玉佩和鼓形玉箍各 1 件,右手腕戴玉镯 1 件,双手各握玉龟 1 件,随葬玉器共 7 件。从丰富的随葬玉器可知,墓主人

---

① 盖山林:《阴山岩画》,文物出版社,1986 年,第 5 页。
② 辽宁省文物考古研究所编:《牛河梁红山文化遗址与玉器精粹》,文物出版社,1997 年。

生前具有相当高的地位,如图3-5所示。从一号冢中心大墓的独特位置以及平面图中玉器的摆放位置等因素可以推测:在红山文化玉葬礼仪中出现的玉龟、玉雕龙、玉鸟、玉鹗等玉器显然不是普通的玉装饰品,而是墓主人所拥有的"玉神器"。这些中心大墓的陪葬玉器都是神权的象征而非普通的生活用具,具有明显的象征功能。这个例子同样说明,若失去了经考古发掘还原的出土语境,单独一件玉质小动物像或人像的含义是不好解释的,但有了考古发掘对墓葬实际场景的还原,与该墓葬相关的部分史前艺术品的意义解读就容易实现了。

图3-5　一号积石冢中心大墓(N5Z1M1)平面图:红山文化牛河梁遗址第五地点

　　狭义的语境还原并不局限于史前考古领域,还应包括人类学和民族学田野调查的基础上对原住民部落艺术材料的综合考察,以及对宗教信仰、巫术禁忌、法事仪式与活动场景的真实再现。

　　相对史前艺术材料而言,针对部落艺术的狭义语境还原更具有现实操作性。如果恰好某个具有前瞻性眼光的调查者使用了录音、摄像、多媒体技术手段进行田野调查,那就有可能记录下来仪式活动的声像资料,真实再现这一仪式场景。比如中国境内云南丽江地区的纳西族"祭风仪式",这是至今仍在举行的一种宗教仪式活动,举行这一仪式活动的目的是为了超度因殉情而死的亡灵,具有灵魂崇拜的性质。在东巴教的"祭风仪式"中,东巴巫师们会现场绘制木牌画,木牌画会彩绘东巴教信奉的护法神、山神龙王以及鬼魂和牺牲的图像,还有部分的说明性文字。按照东巴教祭祀规程的要求,实际举行"祭风仪式"时还应在举行祭祀的院落堂屋和院落空阔之地分别设立神堂与鬼寨,陈列并诵读用象形文字书写的经书。祭风仪式一般进行三天。有一系列的规程,比如准备祭祀物品、迎神点鬼、招魂、跳迎神舞、烧香、献祭、集体诵经以及送鬼,等等。在每一个规程中都会念诵不同用途的经书,这些都是规定动作。

东巴教的"祭风仪式"充满了神秘的、现场参与的特色,具有综合表达的性质。在祭祀活动的现场,视觉表达方式的神像、木牌画、象形文字,听觉表达方式的音乐、经文诵读、故事讲述,身体表达方式的舞蹈、巫术表演,还包括请来的神灵、巫师以及观众都共同参与其中,被情境化的固化在特定的仪式场之中,共同组成一种特别的祭祀场,如图3-6所示。在这一祭祀场景中,木牌画和象形文字经书的双重功能得以充分呈现,两者不但作为祭祀仪式必需的道具和祭祀对象被陈列和展示,与其他的陈列品,如神像、神鬼雕塑一样接受膜拜,具有神圣功能;同时还是口头诵读的主要内容,记载了祭祀仪式中需要的各种规程,包括对参加祭祀的各种人物、用品的规定。东巴教祭祀活动中对木牌画的使用和象形文字经书的诵读,都与仪式活动举行的场景密切关联,对木牌画、象形文字经书内容的了解和含义的解读,离不开对仪式活动场景的理解和还原。①

图3-6　祭风仪式场景之一(图片来源:郭大列等)

二、广义的语境还原

除了狭义的语境还原之外,广义的语境还原还包括前文字材料产生的社会背景、技术条件、观念形态和精神信仰等方面的内容。

仍以上举马家窑文化马厂类型柳湾墓地出土彩陶壶及其上的纹饰或图案的研究为例。通过狭义语境还原方法的应用,我们已经知晓了彩陶壶在墓葬中的摆放位置及与其他陪葬品的关系,认识到彩陶壶已经在一定程度

---

①　黄亚平:《东巴教祭风仪式中的木牌画、象形文字和经文诵读》,载黄亚平:《广义文字学研究自选集》,中国社会科学出版社,2016年,第221~235页。

上脱离了生活用具的范畴,初步具有原始礼器的功能,是墓主人拥有财富和社会地位的象征。在此基础之上,我们还可以进一步追寻陪葬品制作的工艺水平、生产力发展水平和社会观念形态等因素,对其进行广义语境还原。在这个案例中,广义的语境还原要素应包括柳湾社会农业生产发达程度、制陶业发达程度和工艺水平、随葬习俗与符号标记使用等方面的内容。

根据《青海乐都柳湾原始社会墓地反映出的主要问题》,在柳湾遗址马厂类型的 318 座墓葬中,出土石质、陶质和骨质生产工具共 343 件,石质工具有斧、锛、凿、刀、簇等,陶质工具有纺轮,骨质工具有针、锥、凿等。出土生活用具的数量众多和品类齐备,说明柳湾墓地马厂时期氏族社会的农业生产比较发达。其次,在柳湾墓地出土的马厂类型的陶器有 4705 件,其中彩陶占比 64%,彩陶纹饰丰富多变,反映了柳湾墓地马厂时期制陶业的发达和陶工们的高超工艺水平。第三,马厂类型彩陶壶上出现了 50 余种形态各异的符号,这些记号多数是"十""一""ㄐ"一类的几何形符号,而且同一个记号在同一座墓中重复出现,如在 M211 中,"十"字符就出现了 5 次。"据以上情况分析,这些符号的出现是和彩陶壶大量随葬有关,很可能就是制陶专门化以后氏族制陶作坊或家庭制陶的一种特殊标记,很可能起了原始的图像文字的作用。"[1]考古报告做出的这一判断显然是以考古发掘事实为基础的,虽然结论尚有待进一步完善,但认为柳湾陶符是"制陶专门化以后氏族制陶作坊或家庭制陶的一种特殊标记"的观点显然是正确无误的。

同理,如果我们想要进一步了解红山文化中玉质小动物雕像在该文化中的功能和作用,除了狭义的语境还原之外,广义语境还原还应包括对红山文化"玉神器"出现的社会背景的揭示。在考古发掘的红山文化牛河梁遗址中,祭坛、女神庙和积石冢是共存的,这说明牛河梁遗址已经跨越了家庭祭祀和氏族祭祀的阶段,具备最高层次中心遗址的规格。牛河梁中心遗址周围上百平方公里之内都没有居住遗址,但却有附属祭祀遗址,说明这里是规模宏大的红山文化祭祀中心。牛河梁遗址中密集分布的巨大的积石冢群和大墓群建筑,已经接近历史时代的王陵的规模。牛河梁女神庙的出现,庙中出土的与真人大小相近的女神头像,周边地带伴随出土的女性人物小雕像及人像残块,说明红山文化女神庙的主神是一位女性,这与史前时代盛行于欧亚各地的女神崇拜现象如出一辙。而且更有甚者,或许已经脱离了对自

---

① 青海省文物管理处考古队、中国社会科学院考古研究所青海队:《青海乐都柳湾原始社会墓地反映出的主要问题》,《考古》,1976 年第 6 期,第 376 页。

然力的崇拜而进入祖先崇拜的阶段。红山文化从整体上很可能已经脱离了古文化、古城而进入古国阶段。[①] 在古国阶段的遗址中，才会出现专门的玉器，山陵式的大墓与玉葬之礼的结合，并成为王权的象征。这也可解释在红山文化的大墓中，一般只有玉器随葬，而没有随葬陶器，仅有专门的筒形彩陶器偶尔被成排放置在墓外石冢之上，但绝无置入中心大墓者。可见红山人对玉器的重视程度显然高于陶器。充分说明红山文化已从整体上已经脱离了随葬生活用具的阶段，而进入礼玉为葬，社会等级形成的文明古国。显然，经过对红山文化牛河梁遗址出土玉神器和小动物造像的狭义语境还原和广义语境还原，对我们进一步考察红山文化玉器形制、纹饰功能、性质和意义产生积极的作用。

只有首先经过语境还原的步骤，我们所使用的前文字研究的材料才具有科学与系统的价值，其变化才有科学规律可循。而所谓的语境还原，并非自己心血来潮的臆测，而是老老实实回到通过田野调查发布的考古报告中去，首先熟悉经过科学发掘的出土材料的实际情况，吃透我们所研究对象的出土时的社会语境，然后结合其他研究方法，一点一点接近事实。如果你遇到的某个原始艺术材料只是孤零零的一件，暂时没法进行考古学类型学的归类对应，那我们建议暂时先搁置起来，等待条件成熟了再做研究。在科学研究中有一条不成文的规定——"孤证不立"，因为孤证带有极大的偶然性，很难排除巧合的因素，因而不具有系统性和客观性，缺乏真正的研究价值。

对前文字材料的语境还原是我们系统展开前文字科学研究的必要条件。只有将前文字材料逐一置于一定的考古学文化类型学范畴中，明确其时空框架，还原其发生场景，才能真正满足前文字其他方面的研究，并从根本上保证前文字研究的客观性，避免猜谜式的过度阐释。可以预见，正确使用语境还原方法，将会有助于我们客观描述前文字的基本情况，并为史前符号的意义解读奠定科学的基础。

第二节　标准图案和标准器

商周青铜器研究中早就提出"标准器"，并将其作为铜器断代的标尺，成功解决了一大批商周青铜器年代的世次问题，为铜器断代和分期做出了杰

[①]　苏秉琦：《中国文明起源新探》，辽宁人民出版社，2009年，第110～143页。

出的贡献。① 我们尝试将商周青铜器研究中使用的"标准器断代法"引入前文字研究并作为前文字研究基本方法之一。

怎样判定某个史前图像或器物具有标准图案或标准器的性质呢？我们提出两条原则：

其一，此一史前图案或器物必须是学术界公认的具有一定代表性的图案或器物，并可纳入确定的考古学文化类型学的范畴之内。

其二，此一图案或器物的来龙去脉是清晰可辨的，其流传过程及其在相邻文化类型中发展演变的轨迹基本清楚。

只有同时符合以上两条原则的史前图像或器物，方才具备标准图案和标准器的资质。

既然标准器和标准图案是史前时期某一考古学文化地域范围内流行的、又有相对固定的器型和构图样式的代表性器物和图案。那么，标准器或标准图案对于某一特定物件和图像的性质判定来说就是一个可供参考的标尺，它可以在判定纹饰图案和器物的大致年代、流布范围、追踪器物或纹饰的演变痕迹方面发挥比对基准的作用。

标准图案和标准器的确立，对前文字与文字字符来源关系研究将起到积极的推动作用。早期文字中的一部分字符源于史前陶器和青铜时代的铜器，比如甲骨文中的豆、鼎、鬲、甗、爵、斝、酉、壶等字。假如我们能够梳理清楚某个标准图案和标准器的演变轨迹，确立其考古类型学文化类型属性，那就不但能帮助文字学家弄清楚该字符的来龙去脉，或许还能破解早期文字中的异写现象。苏秉琦先生指出："甲骨文中有两个容器形象，一是'酉'，一是'丙'，酉字如前所说，就是尖底瓶演变到最后形成的象形字（丼），单唇、宽肩、亚腰。'丙'字是三个瓶结合在一起，形象正是袋足器刚刚出现的形象（舟）。'酉'和'丙'都不是一般的用字，而是'干支'的组成部分，'干支'是除了生产劳动的社会分化以外更高一级的专业化的产物，所以，这不仅说明，甲骨文这两个字的起源可以追溯到 5000 年前，而且尖底瓶（或称'酉瓶'）和鬲（斝）也都不只是生活用品，而可能同祭祀的神器有关。所以是文化融合产生的文明火花。"②

史前标准器和标准图案的流行范围有大小之别。有的标准图案和标准器的流通范围较大，比如仰韶文化庙底沟类型鸟纹与陶鬲等就在比较广大

---

① 郭沫若：《两周金文辞大系图编序说——彝器形象学试探》，科学出版社，1958 年，第 1～6 页。

② 苏秉琦：《中国文明起源新探》，辽宁人民出版社，2009 年，第 104 页。

的地域范围内普遍流行,且一直延续至商周秦汉时期。有的标准图案和标准器的流通范围相对较小,如仰韶文化半坡类型的人面鱼纹,马家窑文化的四大圈纹,辛店文化的双钩曲纹、屈家岭文化和石家河文化的红陶斜腹杯和太极纹图案,山东龙山文化的蛋壳黑陶高脚杯,良渚文化的神人纹等,则仅在一段时间内,在一定地域范围内流行。

标准图案和标准器的流通程度有一定的差别,流通范围比较大的标准图案和标准器相应具备较大的文化影响力,流通范围较小的标准图案和标准器虽然文化影响力相对较小,但却更适宜作为地域性考古学文化的标准图案和标准器来使用。所以说,在前文字研究中,标准图案和标准器的流行范围并不是越大越好,比如陶鼎的足迹几乎遍及欧亚大陆许多地方,其流行范围明显大于陶鬲,但这样一来,陶鼎在中国境内的前文字研究中,就只能作为一个参照物而使用,并不适宜作为史前时代中国境内某个考古学文化流行的标准器来使用。因为它不仅出现在史前时期的中国境内,同时还出现在中国境外的许多考古学文化中,由此可见流布范围太大了,反而不适合做标准图案和标准器。

标准图案和标准器的确立,将为前文字研究中器物与图案的比对确立有效的形式化标准,同时为前文字的分型、分类提供了一个切实可靠的标尺。在这里,我们将以仰韶文化半坡类型人面鱼纹、良渚文化神人纹、石家河文化太极纹图案、山东大汶口—龙山文化陶鬶、龙山时代中原腹地及周边陶鬲为例,举例说明中国境内前文字研究中标准图案和标准器的确立与使用。

一、仰韶文化半坡类型"人面鱼纹"

仰韶文化半坡类型"人面鱼纹"是最具代表性的半坡彩陶纹饰之一。《西安半坡:原始氏族公社聚落遗址》(1963:163～165)报告的全部人面鱼纹都是红底黑彩,彩绘图案见于彩陶盆内壁与腹部,纹样比较图案化,但保留人面形象。据考古报告,半坡遗址出土的 7 例"人面与鱼组合的花纹"可归为 3 式。图 3-7,1～3 为 I 式,该式两耳部分向上弯曲,前额有露出底色的倒三角形;图 3-7,4～5 为 II 式,该式两耳部分有两条相对的小鱼,右额有露出底色的镰刀状纹饰;图 3-7,6～7 为 III 式,比较接近 I 式,但纹饰外围有一周圆点纹,头顶为半圆形束发并有横出的发簪。

半坡类型"人面鱼纹"的含义,自该遗址考古发掘之后就成为学术界讨论的热门话题,至今仍是仁者见仁,智者见智,而没有定论。其中代表性的说法有刘敦愿(1957)的黥面文身习俗说;石兴邦(1963/1979)的图腾崇拜说和氏族成员装饰图像说;孙作云(1980)的巫师作法说;朱狄(1982)、刘云辉(1990)的巫术活动面具说和巫师面具形象说,刘夫德(1986)和蒋书庆(1988)的月亮崇拜说与太阳崇拜说,袁广阔、崔宗亮(2018)的巫师形象说;等等。①

　　"人面鱼纹"主要流行在仰韶文化半坡类型分布区域,虽有不同的样式,但仅限于细部图样的改变,整体上都是人面与鱼的组合,因此,人面鱼纹作为仰韶文化半坡类型的标准图案是毫无问题的。半坡类型的人面鱼纹在前文字研究中,可以作为仰韶文化半坡类型彩陶纹饰的标准图案来使用,在对考古发掘出土的同类纹饰的分类、分型,性质确立、含义解读方面发挥重要的标本作用。

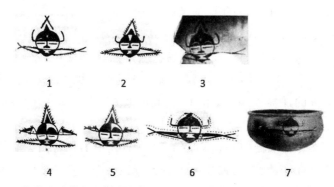

图3-7　半坡遗址出土彩陶人面鱼纹(1～3为Ⅰ式;4～5为Ⅱ式;6～7为Ⅲ式)

二、良渚文化的"神人纹"

　　良渚文化"神人纹"也是中国史前考古学文化中最具代表性的标准图案之一。良渚文化神人纹曾被长期冠以"兽面纹"或"饕餮纹"名称,被当作一种与殷周青铜器上的饕餮纹近似的神兽图案来加以研究。② 20世纪80年代以来,良渚文化遗址群考古发现层出不穷。在良渚文化反山、瑶山等遗址大墓中出土的玉琮、玉钺、玉叉形器等玉礼器上,又发现了一批图样清晰的神人纹饰,为进一步认清此类纹饰的性质奠定了坚实基础。自此之后,人们不再把这一纹饰看成是动物类的神兽,也不再把它与殷周青铜器上的"饕餮纹"直接挂钩,而是把它重新定义为"神人纹",认定为良渚文化时代人们普遍信奉的神灵。③

---

　　① 刘云辉:《仰韶文化"鱼纹""人面鱼纹"内含二十说述评——兼论"人面鱼纹"为巫师面具形象说》,《文博》,1990年第4期。

　　② 李学勤:《良渚文化玉器与饕餮纹的演变》,《东南文化》,1991年第5期,第42～48页。

　　③ 牟永抗:《良渚玉器上神崇拜的探索》,载《庆祝苏秉琦考古五十五年论文集》,文物出版社,1989年,第191～192页。

　　经科学考古发掘的"神人纹"集中出土于良渚文化遗址群反山和瑶山大墓之中。在反山大墓出土的9件玉器上有23幅神人纹,瑶山大墓出土的3件玉器上有3幅神人纹。刘斌(2013:89～92)将良渚遗址群出土的神人纹区分为四个类型:第一类,完整的神人纹,此类图形比较完整和形象,保留了上部的人面和下部的兽面。上部人面之上有浮雕式介字形羽冠、神像面部眼、鼻、口俱全,下部有兽面和四肢鸟爪。第二类,透雕面部神人纹,此类神人纹有透雕式面部和器物式羽冠,面部与隐现的下肢混在一起,图形比较抽象,给人一种忽隐忽现的神秘感觉;第三类,隐去神人面部、保留兽面的鼻梁形,此类神人纹的神人羽冠与面部完全融合在一起,兽面的鼻梁、大眼保留较多,整体图形更加抽象,含意更加隐秘;第四类,完全省略神人面部,整个神人纹的构图以下部兽面的鼻线为中轴展开,构图更加简练抽象,颇具装饰意味,如图3-8所示。实际上,良渚文化神人纹图案既有繁复的,又有简化的,而且随着器表的不同而改变图案形状,但无论怎么改变,在总体构图上还是呈现出由繁复具体向简略抽象过渡的演变痕迹,表现出从象征功能向装饰功能的过渡。

1.反山 M12:98;2.反山 M16:4;3.瑶山 M3:3;4.反山 M12:97

图3-8　良渚文化神人纹图案

　　良渚文化神人纹主要流行于太湖流域地区,神人纹图案虽有繁简之别和工艺制作方式的差别,但组成图案的主体符号,如介字形羽冠、眼睛、鼻梁以及附着器物等符号要素却始终保持一致,延续千余年而没有出现根本的改变,充分表现了良渚文化所在地居民的神灵崇拜念和宗教信仰。因此,这一神人纹图案,完全具备良渚文化标准图案的资质。以神人纹图案为基准,既可以追溯良渚文化与本地区河姆渡—崧泽文化之间的符号承接关系,又可以探寻良渚文化与凌家滩文化、石家河文化、山东龙山文化,甚至远在东北地区的红山文化等史前文化之间的交流与融合。

　　除上面介绍的仰韶文化半坡类型人面鱼纹和良渚文化神人纹之外,仰韶文化庙底沟类型的变体鸟纹、马家窑文化的人蛙纹、辛店文化的双勾曲纹等,都可能具有史前地域性考古学文化标准图案的资质。尤其是变体鸟纹,其流行范围甚至分布在几个考古学文化中(详见第二章第二节相关内容讨论)。有些标准图案还与早期口述文学——神话叙事存在一定程度的互文关系,对这些标准图案与神话叙事关系的揭示,显然有助于纹饰与图案原初含义的解读。

三、石家河文化"红陶斜腹杯"和"太极纹"图案

　　石家河遗址群考古出土了数量极大的斜腹红陶杯,被学者认为是贯穿屈家岭文化和石家河文化的最典型的陶器之一。石家河文化红陶斜腹杯的样貌和尺寸与今天常见的玻璃杯差不多,口大底小,外表或素面,或彩绘条带纹、圆点纹、弧线纹、心形纹饰等。红陶斜腹杯最初的功用可能是酒器,逐渐变成巫术活动的法器和随葬礼器,成群出现在墓葬中。据《石家河遗址群考古报告》(1992:227),仅在石家河城内的三房湾东台顶部就堆积了数以万计乃至数十万计的石家河文化红陶斜腹杯残件。严文明(2000:99～106)指出:石家河遗址出土的红陶斜腹杯容量小、质量低劣,似乎不是真正的饮器,又无须专业化生产,故在此处的大规模堆积可能与举行某些祀典有关。宋豫秦指出:"石家河文化流行灰陶,唯独这些小杯和陶塑品悉属红陶,当非偶然。由于古人常以红喻血,红色往往具有宗教含义,因而自可以此作为推测这些红色陶杯和陶塑乃宗教用器之依据。"①总之,红陶斜腹杯作为屈家岭文化晚期、石家河文化早期地域性考古文化最有代表性的标准器是可以肯定的。通过对红陶斜腹杯的追踪,可以从一个侧面找到石家河文化与其他相邻考古学文化互动与融合的蛛丝马迹,韩建业(2002:67)指出:石家河文化的红陶斜腹杯先后流传至豫西、晋南、陕北和皖北等地,而在距今4200年左右的龙山文化前后期之交阶段完全消失,前后共流传800年之久。

　　除红陶斜腹杯之外,屈家岭文化晚期和石家河文化早期还出土了一定数量的彩绘陶纺轮,陶纺轮上彩绘了各种样式的"太极图案",它们同样具备石家河文化标准图案的性质。依据屈家岭和石家河遗址群各考古报告提供的材料,黄亚平(2020:26～33)对其中的"太极图案"做了初步的整理,并尝试将其区分为Ⅰ、Ⅱ、Ⅲ、Ⅳ四式及A、B、C、D、E五型,如图3-9所示。

　　我们认为,考古发现的"太极纹"出现在屈家岭文化晚期,盛行于石家河

---

　　①　宋豫秦:《石家河文化红陶杯与陶塑品之功用》,《江汉考古》,1995年第2期,第48页。

文化早期阶段,仅出现在彩绘陶纺轮之上。其构图要素如下:其一,利用陶纺轮之上的中心圆孔构图,中心圆孔可能被赋予象征意义;其二,具备太极图构成之双条带纹或"阴阳鱼"纹;其三,双条带纹均围绕中心圆孔顺时针方向或逆时针方向旋转。以上三方面的构图要素基本上都被历史时代流行的"太极图"所遵从和沿用。

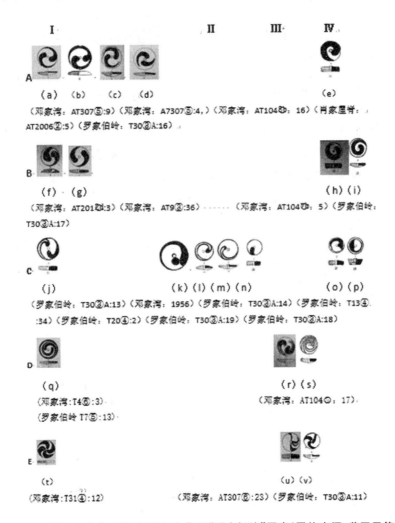

图 3-9　屈家岭文化晚期、石家河文化早期"太极纹"图案(图片来源:黄亚平等)

石家河文化太极图案是对屈家岭文化旋纹图案的进一步发展,它表现了飞腾旋转的概念,其祖型应来自于时代更早的鸟纹,或许与江南崧泽—良渚文化盛行的太阳崇拜和鸟神崇拜观念有一定的联系。屈家岭和石家河先民选择在陶纺轮而不是其他器物表面彩绘太极纹,很可能是把日常生活中陶纺轮的旋转纺织活动与太阳鸟飞翔运动顺势黏结在一起,以此来表现盛行其地的太阳鸟神话观念。据考古发掘报告,石家河文化原始宗教氛围非常浓厚,原始巫术—宗教祭拜仪式盛行,在此大背景之下,彩绘陶纺轮中心的小圆孔有可能隐喻太阳,太极纹则很有可能象征太阳神鸟的翻转飞翔,两者结合起来,则非常形象直观地展现出石家河先民对太阳运行和神鸟飞翔关系的情感体认和心理体验。

石家河文化早期集中出现的"太极纹"图案既有本土文化的历史传承性,又可作为追踪中国原始"阴阳"观念形象化表现的标准图案来使用。通过对这一标准图案的追踪,同样可以取得与红陶斜腹杯一样的效果。

四、山东大汶口—龙山文化的"陶鬶"

"陶鬶"起源于山东大汶口文化,陶鬶是具有海岱特色的史前地域性标准器之一。龙山时代,随着山东龙山文化与周边相邻考古学文化之间的交流互动和传播融合的进程而被引入各相邻文化中,并与各地相似陶器融合,最终成为龙山时代黄河中下游地区史前文化的标准器之一。高广仁、邵望平(1981:429～449)将大汶口—龙山文化陶鬶区分为五式:Ⅰ式实足鬶、Ⅱ式无腹大袋足鬶、Ⅲ式有腹小袋足鬶、Ⅳ式筒腹大袋足鬶,Ⅴ式束腰细袋足鬶,各式又有若干分型,我们从中截取了其中部分代表性图式,如图3-10所示。陶鬶在大汶口—龙山文化不同发展阶段向四面八方传播。在距今5500～4800年之间的大汶口文化中期阶段,Ⅰ式实足鬶的影响仅及苏南一隅。在距今4800～4300年之间的大汶口文化晚期到龙山文化早期阶段,Ⅱ式无腹袋足鬶则向更远的南方传播,杭嘉湖地区的良渚文化,长江中游的屈家岭文化、甚至江西、广东的部分地区都能看到陶鬶的痕迹。

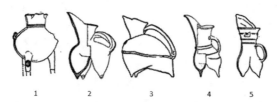

1.Ⅰ式实足鬶:王因M2627,1,大汶口早期;2.Ⅱ式无腹大袋足鬶:西夏侯M8:18,大汶口文化晚期;3.Ⅲ式有腹小袋足鬶:三里河M2112:19,大汶口文化晚期;4.Ⅳ式筒腹大袋足鬶:呈子M32:3,龙山文化中晚期;5.Ⅴ式束腰细袋足鬶:栖霞杨家圈(采集品),龙山文化晚期。

图3-10　山东大汶口—龙山文化"陶鬶"(图片来源:高广仁、邵望平)

在距今4300～4000年龙山文化中晚期阶段,Ⅳ式筒腹大袋鬶向西传播到黄河中游和江汉平原地区的河南、湖北诸多龙山文化遗存中,并被当地文化改造和吸收，不但出现了新的型式，而且派生出盉一类的新器型，其影响直至商周时代的铜器。由此可见，龙山时代的陶鬶已经成为黄河中下游地区具有广泛影响力的史前文化标准器之一。当然，相对于龙山时代流行于中原腹地及其周边地区的陶鬲而言，陶鬶仍然具有一定地域特色。而对陶鬶演变轨迹的追踪，显然有助于各相邻史前文化之间的文化交流和融合过程的还原。

除了陶鬶之外，山东龙山文化遗址早中期大中型墓葬出土的蛋壳黑陶高柄杯也是山东龙山文化的标准器之一。蛋壳黑陶杯具有黑、薄、光、亮、轻的特点，其工艺制作水平达到中国制陶业的顶峰，此类黑陶精品在当时就已经用为礼器，用来表现使用者的尊贵身份和社会地位。贵族用它来作高级馈赠品，同时也是贵族墓葬中的高级随葬品之一。

五、龙山时代黄河流域地区和周边的"陶鬲"

龙山时代的陶鬲是初民们普遍使用的饮食器，因其三足而空腹，受热均匀，便于炊煮，因此被广泛应用于日常生活。陶鬲主要分布于以黄河中下游地区，往西传入甘肃青海，往东传入辽宁、河北、内蒙古等地。从龙山时代开始，最晚一直到历史时代的周末，几乎贯穿整个青铜时代，陶鬲都是与青铜器共存的日常生活用器，其功能和作用颇类似我们今天普遍使用的各式锅。作为华夏文明形成期的代表性器物，苏秉琦先生指出：陶鬲的研究"对于追溯中华古文化的始源与流变问题更具有特别的意义。"[1]

苏秉琦（1941）首先展开了对瓦（陶）鬲的研究。他把斗鸡台出土的 59 件瓦鬲分为 AXCD 四型，A 型为袋足型，由三个独立制作的腹足结合而成，三足之间粘结痕迹明显；X 型为联裆型，腹足部分一次制作完成，三足之间没有粘结痕迹；C 型为折足类，先制成直圆筒形，然后上下捏制、粘合、补缀而成三足及领口；D 型为矮足类，一次模制完成。如图 3-11 所示。并分别讨论了各型的发生、来源与谱系。苏先生指出："鬲的形制尤其特异，在西方似乎从来没有发现过与它类似的器物。所以它似乎确是中国文化的一种特别产物。同时，在中国的古文化中，它的存在又特别普遍而长久，所以竟可目为中华古文化的一种代表化石。"[2]裴文中（1947）明确区分了陶鬲和陶鼎，裴先生指出："鼎为容器下加三足而成，鬲似为三尖底器联合而成。因是之故，鼎有腹有足，足与腹分化甚清，无论从任何方面观之，二部不能相混。

---

[1]　苏秉琦：《陕西省宝鸡县斗鸡台发掘所见瓦鬲的研究》，载《苏秉琦考古学论述选集》，文物出版社，1984 年，第 105 页。

[2]　同上书，第 104～105 页。

反之,鬲为三尖底器合成,实无足,只以器底(即腹之下端)着地,内中容物,故鬲之腹足不分。"①

1.A型;2.X形;3.B型;4.C型。

图3-11　瓦(陶)鬲的四种类型(图片来源:苏秉琦)

苏、裴二位先生之后,何介均(1992:261~279)补充了中国境内南方地区考古发掘的陶鬲材料,明确指出陶鬲发生在中原庙底沟二期文化之后,可区分为五个系统:即中原系统Ⅰ(龙山中晚期—二里头—先商—二里岗—殷墟期)、中原系统Ⅱ(西周—春秋战国)、西北系统(夏—商—西周—东周)、东北和北方系统(龙山—夏—商—西周—东周),以及南方系统(商—西周—春秋—战国)。高天麟(1996)又补充了何文之后至1993年之间,黄河流域中游龙山文化遗址的陶鬲材料,明确指出陶鬲的主要发轫地区和分布地域在黄土高原的东部,即前套龙山文化、陶寺类型龙山文化、客省庄第二期文化、三里桥类型等四个龙山文化类型之中。他强调"陶寺类型的陶鬲不管种类、形式和数量,均显示出已形成群体,植根很深。因此,如果不能正确估价陶寺类型陶鬲在黄河流域龙山文化陶鬲中的地位,就不可能把黄河流域陶鬲发展的历史搞清。"②图3-12即是高天麟先生归纳补充的黄河流域中游地区

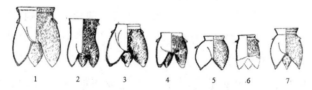

1.Aa型:高52.5厘米、口径35.7厘米、釜深31.2厘米、裆高21.6厘米,陶寺8011102;2.B型:高41.9厘米、口径26.9厘米,陶寺H3421:6;3.Ca型:通高40.4厘米、口径23.6厘米、裆高13.2厘米,游邀H348:1;4.Db型:高21.6厘米、口径14.5厘米,岔沟F9;5.Ea型:通高22.2厘米、口径14厘米,襄汾上鲁村Jss:1;6.Fa型:复原高度23厘米、口径12.2厘米,陶寺T355:31A:32;7.GⅠ式:通高26.8厘米,口径16厘米,陶寺H3OZ:26。

图3-12　龙山时代黄河流域中游地区的陶鬲(图片来源:高天麟)

---

① 裴文中:《中国古代陶鬲及陶鼎之研究》,载《裴文中史前考古学论文集》,文物出版社,1987年,第146页。

② 高天麟:《黄河流域龙山时代陶鬲研究》,《考古学报》,1996年第4期,第429页。

考古发现的除单把陶鬲之外的部分陶鬲，共七型若干式。随着陶鬲材料的不断出土和深入研究，陶鬲的型与式还会得到不断地补充。

第三节　符号考古

本节所说的"符号"，是对史前器物之上出现的各种记号、图画、图案和纹饰等原始视觉表达方式的笼统称名。至于"符号考古"，则是与学界已有的"美术考古""神话考古"相互补足的一种前文研究方法。

符号考古的对象必须自觉纳入考古学文化类型学的范畴，最好能限制在同一个考古学文化或考古学文化类型之中，最多能应用于地域相邻又存在文化交流的考古学文化之间，而不宜泛泛使用。我们明确反对时下流行的泛文化研究方法：这种研究方法几乎完全脱离具体的考古学文化类型学的时空框架，从满世界找材料并加以比附，而不管材料是否具有可比性。我们认为：仅仅从符号形似程度就拿来比对并证明此符号与彼符号相同相近的比附式研究缺乏科学性与系统性，应予以摒弃。近年来，黄厚明（2004：2：26～30）等人讨论了考古学领域跨文化研究中的两种倾向：即单一的考古学文化研究和不分区域、文化的跨文化研究，主张既要避免局限于单一的考古学文化，使跨文化研究落到实处；又要克服不分区域、文化而进行的跨文化研究。此说可谓中肯之论。

符号关系大致有三种情况：聚合关系符号、组合关系符号、变异关系符号，自然引出三种符号考古方法。① 聚合关系符号和组合符号关系同属于共时层面内的符号关系，往往出现在同一考古学文化类型中；变异符号则既属于历时层面的符号演变，又有共时层面的符号借鉴。由于共时和历时的区分并不是绝对的，相互纠葛的情况并不少见。

无论聚合关系符号考古、组合关系符号考古，还是变异关系符号考古，都与考古学类型学的器物考古和时下流行的美术考古具有同等的方法论价值。

一、聚合关系符号考古

"聚合关系符号"是指发现在同一考古学文化类型中不同考古地点、形体相同相近、艺术风格和使用功能相同的"符号"。凡"聚合关系符号"，均严

---

① 黄亚平、伍淳、宁如雪、石从斌：《大地湾陶符的性质及史前陶符研究方法》，西北民族学院学报，2020年第2期，第158～165页。

格对应于确定的考古学文化类型,具备明显的考古学文化类型学属性。由于符号自身存在内在的系统性关联,因而天然具备符号统计、归类归型的资质与符号比对的价值,可以拿来作为符号考古的典型案例来实际应用。

事实上,考古工作者经常采用这种方法来归纳统计聚合符号关系的符号数量和出现频率,只是并未明确提出这是一种"符号考古"的方法而已。通过对聚合关系符号的量化统计和频率分析,不但可以追踪同一考古学文化类型的分布范围和文化影响力,而且可以摸清既定的考古学文化中符号的流布和扩散情况,从而为考古学文化系属的确立提供除器物之外的另一种可靠依据。比如,在仰韶文化半坡类型遗址彩陶盆上发现了一定数量的记号,这些几何形记号在该文化类型中存在聚合关系,显然我们可对其中的每一种记号进行数量及使用频率的统计,并在此基础之上加以归类。再如,在仰韶文化半坡类型彩陶器上出现的正倒相间三角纹、纽索纹、网状纹、复道三角折带纹,大河村类型的连贝纹、连珠纹,后岗类型的竖线纹、斜线纹,大司空类型的勾曲纹、连弧纹等。这些彩陶纹饰和图案在不同遗址中都有一定的数量分布,每种图案都有一定的重现率,它们同样构成了同一考古学文化类型内部的聚合关系符号。我们可以使用聚合关系符号考古的方法,对其中的每一种纹饰或图案进行计量统计与分析。

二、组合关系符号考古

"组合关系符号"是指在同一个考古学文化类型中发现的同一件史前造像或图画之上,由两种或两种以上的符号构成了"组合关系"。当我们面对这类组合关系符号时,若想要讨论其中一种符号的性质和意义,必须同时考虑此一符号与另一符号的符号关系,即追寻符号构图的规则和内在表达逻辑,才能弄明白某个符号的含义。

比如在许多欧洲旧石器时代晚期的动物岩画身上有长矛、标枪、锯齿状、箭矢状记号甚至树枝等辅助符号。如果把此类岩画中的动物主体看成是主图形或者是一种符号,把动物身上的记号看成是辅助图形或者另一种符号,那么,在这一类的动物岩画中就存在明确的组合符号关系,而这一类的岩画正是我们进行组合关系符号考古的好材料。图3-13,1是旧石器时代法国康巴里勒斯洞穴中发现的一幅雌性驯鹿的图像,在雌鹿的身上附着了树枝纹,两者构成典型的符号组合关系,即驯鹿主体图形与树枝纹共同构成的组合符号关系指涉整个图形,隐喻了生育的含义。旧石器时代晚期雌性驯鹿象征生育,树枝纹代表发芽和生长,两者结合起来表达了原始的鹿崇拜观念和生育的能力。图3-13,2在雌性驯鹿身上刻有凹穴,动物图形与动物身上的凹穴同样构成一组符号组合关系,雌鹿隐喻生育,凹穴则象征生育之器官,共同隐喻雌鹿超强的生育能力。此类岩画在欧洲旧石器时代洞穴岩画中为数不少,岩画涉及的动物和动物身上的辅助符号也都是多种多样的,并不是偶然出现的孤例。此类岩画从总体上表现了先民使用交感巫术手段,企图控制动物繁殖、猎获或杀死动物、获取动物脂肪和皮毛以维持生计的美好愿望。

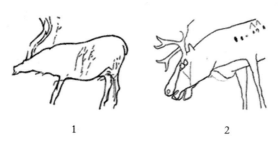

1.身上刻有树枝纹的雌性驯鹿:法国康巴里勒斯洞,距今1.5万～1.3万年,马德格林文化期;2.身上有刻有凹穴的雌性驯鹿:法国。

图3-13　欧洲旧石器时代组合符号关系动物岩画(图片来源:1.陈兆复;2.盖山林)

在欧亚大陆部分地区考古发现的石器时代女神小雕像及其身体上布满的各种几何记号,它们同样构成组合符号关系。比如在欧洲境内呈怀孕姿势的生育女神身上刻画了山形纹、V形纹、M形纹、溪流纹等几何形纹饰,这些几何形纹饰往往与女神的乳房、眼睛、嘴巴和女阴联系起来,两者共同表现并强化了女神的生育属性,营造出更加神秘的意境,共同凸显了女神造像的象征功能。[①]　图3-14,1生育女神象牙小雕像的前胸直到乳房部位都有明显的V形纹,V形纹是古欧洲最常见的一种神圣符号,主要出现在乳房和阴部三角区,象征生命之源;图3-14,2女神小雕像身上有明显的从眼睛一直流到乳房的溪流纹,眼睛、嘴巴和乳房都是神圣之源,用溪流纹直接连接这些生命之源,构成一组组合符号关系,两者共同隐喻生育女神。具备再生神格的欧洲史前女神小雕像多呈鱼、蛙、刺猬、乌龟形状,与之相配的是卵形纹、生命柱纹、三角纹、沙漏纹等。女神小雕像与其身上的几何纹饰同样构成组合符号关系。图3-14,3蛙妇合体造像与造像胸部刻划有菱形图案的生命柱纹构成一组组合符号关系,隐喻多产与生命再生;图3-14,4鱼

<hr />

①　〔美〕马丽加·金芭塔丝:《女神的语言——西方文明早期象征符号解读》,苏永前、吴亚娟译,社会科学文献出版社,2016年,第8页。

妇造像与侧面涂成红色的迷宫图案构成一组组合符号关系,鱼是多产的象征,迷宫图案代表女神子宫,红色象征生命,造像与符号的结构性组合符号关系同样是对再生女神神格的隐喻。

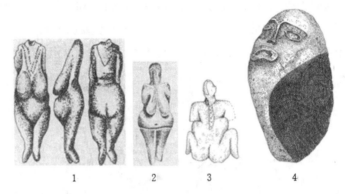

1.旧石器时代晚期象牙生育女神小雕像:高 15.5 厘米,格拉维特文化,距今 2.2 万年;2.旧石器时代晚期生育女神小雕像:高 11 厘米,格拉维特文化,距今 2.6 万年;3.蛙/妇合体再生女神像:高 7.5 厘米,安纳托利亚中部哈吉拉尔,距今 8000 年左右,新石器时代;4.鱼妇合体再生女神像:高 36.5 厘米,南斯拉夫北部铁门地区,雷贫斯基-维尔文化,距今 8000 年左右,新石器时代。

图 3-14　组合符号关系女神小雕像(图片来源:马丽加·金芭塔丝)

　　从这些例子可知,以上史前女神造像身体上刻画的几何纹饰并非只是我们通常理解的仅仅具有装饰功能的纹饰图案,而是具备表意功能的符号,造像与几何纹饰构成一组结构性的组合符号关系,在表意方面具有更为强大的功能,理应受到研究者的充分重视。通过以上诸例组合符号关系的揭示,我们就从结构性的符号关系内部找到了解读其中的某个符号含义的钥匙,这种解读方法也因此具备了一定的方法论价值,若能进一步与神话叙事结合起来研究,相信将对史前艺术图像意义的解读起到积极的推动作用。

　　下面我们再举一例运用符号考古的方法解读中国境内史前纹饰含义的例子。在距今 4300~4050 年的马家窑文化半山类型不同考古遗址中均发现了"人蛙纹"彩陶壶。据李水城(1998:57~59)研究,人蛙纹是半山时期出现的新纹样。此类人蛙纹常与葫芦纹、圆圈纹等纹饰组合出现,如图 3-15 所示。运用组合关系符号考古研究方法,你会发现:图 3-15,1 人蛙纹实际上是半山人信奉的蛙女神,蛙女神两侧巨大的葫芦纹隐喻蛙女神的子宫,蛙纹与葫芦纹构成一组组合符号关系,共同隐喻蛙女神强大的再生功能。图 3-15,2 圆首人蛙纹的四肢之间布满女阴纹,蛙女神首先与周围的女阴纹构成一组组合符号关系,象征生育;然后再与两侧隐喻子宫的葫芦纹构成另一组组合符号关系,再次强化了此一彩陶图案整体的生命隐喻意义。除了整体的蛙女神形象,也可以在简化和省略的蛙肢纹之间填充表示生殖的几何符号,共同表现生命隐喻的含意。图3-15,3人蛙纹以陶器顶部为头,四肢末端长出的指爪表现神秘,拉伸开来的蛙肢节内布满女阴或贝纹,象征生殖功能,一组组合符号关系隐喻蛙女神拥有的生命力;图3-15,4人蛙肢节纹更加抽象并特别予以突出与强调,隐喻女神的生育功能,树枝符号象征着成长,人蛙肢节纹与树枝符号构成一组符号组合关系,共同隐喻生命的成长。

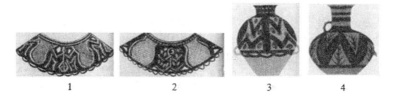

1.B形Ⅰ式人蛙纹:马家窑文化半山类型;2.B形Ⅱ式人蛙纹:马家窑文化半山类型;3.人蛙肢节纹+符号:兰州土谷台,马家窑文化半山类型;4.人蛙肢节纹+符号:青海民和,马家窑文化半山类型。

图3-15　组合关系符号半山类型人蛙纹十几何形图案
（图片来源:1～2李水城;3～4张朋川）

三、变异关系符号考古

在符号流布的过程中会因为多种原因而发生符号形体的改变。符号变异应有如下几种情况:一是在同一个考古学文化类型中,因为艺术创造追求多样化造成的符号改变,这是艺术创造求新求异的必然结果;二是发生在两个相邻的考古学文化类型之间的符号变异和意义转移,这是跨区域或跨文化交流和传播造成的符号变异;三是发生在不同的介质之上的符号借鉴与渗透,应属于共时平面的艺术应用的范畴。在这三种情况中,第一种和第三种属于艺术创新和艺术应运范围内的符号变异,只有第二种情况才是通常理解的发生在历时层面的符号演变现象。

（一）同一考古学文化类型中的符号演变

在同一个考古学文化类型中,由求新求异的艺术追求引起的符号变异现象始终伴随着符号创制与流布的全过程之中。据《西安半坡》考古报告,

图 3-16,1～4 就表现了仰韶文化半坡类型双鱼纹演变情况,从比较写实的图形 1 到比较抽象的图形 4,其间的图形变异痕迹明显。除了双鱼纹,半坡类型的单鱼纹、鱼头纹和鱼身纹也能发现明显的演变痕迹。

1.写实双鱼纹,半坡类型,西安;2-4.抽象双鱼纹:半坡类型,西安。

图 3-16　仰韶文化半坡类型双鱼纹的符号演变

再比如,在距今 4300～4050 年马家窑文化马厂类型中,我们同样可以发现内彩十字纹的变异踪迹。李水城(1998:167～168)将马厂类型内彩十字纹分为 A 型细线十字纹,B 型宽线十字纹,C 型复线十字纹等 4 型 14 式,在每一型内部,各式的十字纹符号也都有变异形式,今各撮举其 A 型和 C 型四式为例,编号仍按原书,以方便读者核实查验,如图 3-17 所示。

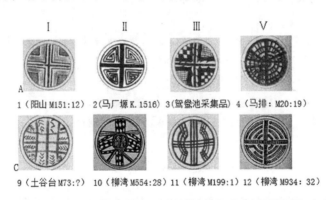

图 3-17　马家窑文化马厂类型"十字纹"的符号演变(图片来源:李水城)

这里列举的发生在同一考古学文化类型中的符号变异情况,充分说明了艺术创作的目的不是为了重复,只有创新才是艺术创作的真正生命。实际上,同一符号在重复使用的过程中总是保持原样而不发生变化的情况反而比较少见。

(二) 符号借鉴造成的符号变异

因符号的借鉴而造成的符号变异现象通常发生在跨文化的背景下,这种符号借鉴的实质是不同考古学文化或类型与其他文化或类型交流融合引起的符号改变。当然,跨文化背景下的符号变异只能引起不同程度的文化交流和符号借鉴现象,部分改变母体文化的文化因子,并不能轻易实现对母体文化的本质性突破。通过对符号变异现象的追踪,我们甚至可以发现文化交流及其相互影响的踪迹。

史前时代的跨文化交流通常发生在地理位置相毗邻的文化体之间,但也有可能通过中介地带或中介文化而出现在地理位置较远的文化体之间。因跨文化交流造成的符号借鉴和改变有直接和间接两种情况。但无论是直接的符号交流借鉴,还是间接的符号交流和借鉴,都要自觉对应到确定的考古学文化类型之中,而不能仅凭偶然的符号形体相似就做出文化相同或相近的主观臆断。比如庙底沟类型的变体鸟纹可以拿来跟马家窑文化马家窑类型的变体鸟纹做一比较,因为这两种史前考古学文化中的变体鸟纹既有一定的符号流布和传承的踪迹,又有各自的符号发展与演变的情况,它们是史前文化交流与融合的产物。众所周知,中原腹地仰韶文化庙底沟类型的变体鸟纹非常发达,其侧面鸟纹通常由表示鸟头的圆点和表示鸟身的双弧线组成,正面鸟纹则由鸟的正视投影图与代表太阳的圆点构成,另有表现旋转对飞的鸟图形。如图 3-18 所示。无论正面鸟纹、侧面鸟纹,还是飞翔旋转鸟纹,其符号构意均具有明显象征含意,这种情况与中原腹地和中国东南部地区自古以来流传的"太阳鸟"神话密切关联,参见第二章第二节讨论。

1.连续排列侧面鸟纹:陕县庙底沟;2.旋转鸟纹(左侧)＋正面飞翔鸟纹(右侧):山西洪洞县;3.左右排列抽象飞翔鸟纹:陕县庙底沟;4.上下排列抽象飞翔鸟纹:陕县庙底沟。

图 3-18　仰韶文化庙底沟类型变体鸟纹

庙底沟二期文化向西传播,经石岭下类型的中转,进入马家窑文化区域。在石岭下类型出土的彩陶鸟纹中,除未见正面鸟纹之外,庙底沟二期盛行的侧面鸟纹和旋转鸟纹都有出现,但构图已略有变化。侧面排列鸟纹的鸟身由二条弧线变为多条弧线;旋转鸟纹共用一只眼睛而不再围绕圆点太阳纹旋转,如图 3-19 所示。

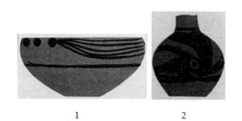

1.侧面鸟纹:永靖大地掌;2.旋转鸟纹:甘谷王家坪。

图 3-19　石岭下类型变体鸟纹

马家窑文化马家窑类型中的鸟纹仍保持着以圆点表现鸟头、弧线表现鸟身的构图要素,但连续排列的侧面鸟纹已经少见,抽象的旋转双鸟纹图形则成为更加流行的纹饰图案,如图 3-20 所示。

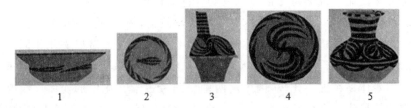

1.侧面鸟纹:甘肃广河县排子坪;2.侧面鸟纹:兰州市王保保城;3.旋转鸟纹:甘肃天水市;4.旋转鸟纹:兰州市红山大坪。

图 3-20 马家窑文化马家窑类型的变体鸟纹

不但仰韶文化庙底沟类型、马家窑文化马家窑类型中的鸟纹存在符号变异情况,山东大汶口文化—龙山文化与江南崧泽文化—良渚文化的鸟纹符号之间,也存在一定程度的符号变异与交流借鉴的情况,这种符号变异情况往往是在史前文化交流的大背景中产生的。可以说,在史前文化的交流与互动过程中出现符号变异是一种常见现象,除了上面提到的鸟纹之外,在东北地区的红山文化、中原腹地仰韶文化凌家滩遗址、龙山文化陶寺类型和中原地区二里头文化之间,先后出现的龙堆塑、图案和纹饰及其"中华龙"的符号形态,同样在史前时期跨文化交流与借鉴的过程中发生了符号变异与演变发展的现象(详见第二章第二节讨论)。

再如,青铜时代晚期南欧爱琴海地区的米洛斯文化和迈锡尼文化有过密切的跨文化交流,而这两种文化的交流与渗透,仅从两地考古遗址中发掘出来的章鱼或枪乌贼彩陶图案的变异仿制就可窥一斑。图 3-21,1 米洛斯文化彩绘章鱼图案的头部和身体都非常写实,章鱼的触角扭曲伸展,布满陶瓶腹部,图案中间似乎还穿插着海藻类图形或符号;图 3-21,2 迈锡尼文化彩陶瓶上的章鱼图案和图案中穿插的海藻类图形或符号仍继承了米洛斯文化,但对章鱼头部和触须的艺术表现则出现了整齐化的手法;图 3-21,3 塞浦路斯岛出土的迈锡尼文化敞口瓶腹部的彩绘章鱼图案虽然与米洛斯风格一脉相承,但明显做了简化处理,去掉了章鱼图案中穿插的海藻图形或符号,对章鱼触须的处理更加抽象和简省,已经初步具备了一定的艺术化规程。

(三)出现在不同介质之上的相同或相近符号

符号考古还应关注同一意象母题在不同介质上反复出现的文化现象。

1.写实的章鱼图案:米洛斯文化;2.章鱼,迈锡尼文化;3.变形的章鱼:塞浦路斯岛,迈锡尼文化。

图 3 - 21 章鱼图案的符号变异(图片来源:戴尔·布朗)

这类现象既是意象母题表达的内在需求,也是相邻近文化体之间因文化交流的需求而相互借鉴的结果。

盖山林(1995:225~227)指出:新石器晚期至青铜器时代,在中国北方地区的阴山岩画、乌兰察布岩画和同期同一地域范围的鄂尔多斯青铜器上,就出现了部分近似的动物、人面形象,它们在符号形式和构图风格上都有一定的联系,如图 3 - 22 所示。

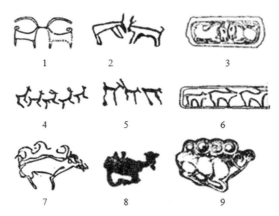

1.羊纹:阴山岩画;2.羊纹:乌兰察布岩画;3.羊纹:鄂尔多斯铜器;4.犬纹:阴山岩画;5.犬纹:乌兰察布岩画;6.犬纹:鄂尔多斯铜器;7.牛纹:阴山岩画;8.牛纹:乌兰察布岩画;9.牛纹:鄂尔多斯青铜器。

图 3 - 22 阴山等地岩画与鄂尔多斯青铜器动物纹(图片来源:盖山林)

福建沿海昙石山文化上层遗址(约商代晚期)出土彩陶上发现的回形纹和雷纹,就很有可能与同期商文化青铜器纹饰有一定的关联,如图 3 - 23 所示。[1]

---

[1] 张朋川:《中国彩陶图谱》,文物出版社,2005 年,第 122 页。

　　本节所说的聚合关系符号考古、组合关系符号考古、变异关系符号考古等,仅是笔者提出的带有探索性的前文字研究方法,在具体的前文字材料的考察和释读中,不应局限于仅使用一种研究方法,当然更不应局限于"符号考古"而不及其余。

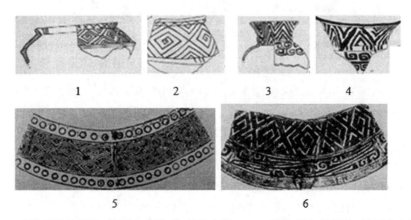

1～2.彩陶器上的回纹:昙石山上层,约商代晚期;3～4.彩陶器上的雷纹:昙石山上层,约商代晚期;5.青铜卣上的雷纹:商代晚期;6.青铜瓿圈足上的镂孔雷纹:商代晚期,湖北黄陂盘龙城出土。

图 3－23　商代晚期彩陶器、青铜器上的回纹和雷纹

第四章　前文字的分类研究

前面我们明确了前文字的概念，梳理了世界范围内的前文字材料，讨论了前文字材料发生时的社会语境和前文字与早期口述文学——神话叙事的关联，并提出了前文字的研究方法。本章将对前文字材料做出尽可能科学的分类研究。正确的分类是科学研究的前提，没有正确的分类，前文字研究将失去科学的依据。

早在旧石器时代晚期，人类就已经学会使用物件、制作雕塑、绘制图画、刻画符号等视觉表达方式表达自己的心智、情感和简单记事。在这里，我们从形义关系、构图特征、符号功能三个角度尝试将前文字分为物件型前文字、图画型前文字、象征型前文字、图案型前文字、记号型前文字等五种类型，并分别考察各类前文字在文字起源的过程中所起的作用及其价值。[①]

物件型前文字常常出现在部落社会的原始民族之中，这些原始民族多采用编珠、编贝、结绳、八卦、陶筹等实物记事方式，有些部族还将部分实物记事的物件保管起来，帮助人们回忆曾经发生过的事情。部落社会里原住民的编珠、编贝和结绳等原始记事方式已经有初步的符号意识，但符号功能尚不够完善，还需要专门人员的解说。史前考古中发现了一些放置在瓦罐或置于乌龟壳等特殊容器中的各色小石子，或人工制作的小陶器，如陶、玉、石制的动物、人物、神像等。在史前社会发现的此类物件同样兼具实物与符号功能，对此类前文字含义的正确解读必须紧紧依赖社会语境才能实现。

图画型前文字是出现在史前社会和部落社会里、图形比较写实，可以看图知意的原始图画和雕像，此型前文字的功能主要是图画表意与记事。图画型前文字的构图手法灵活多样，复杂的图画型前文字被史前时代的人们用来呈现事实或场景，具有强大的记事和叙事功能，其功能类似于文字社会

---

① 笔者注：在以往的研究中，我们把前文字的类型区分为"四型六类"（参见黄亚平：《前文字、类文字、广义文字学——三议"广义文字学"研究》，中国海洋大学学报，2014 年第 6 期，等等）。在本书中，我们对前文字的类型做了调整，将其重新确定为五型：物件型、图画型、象征型、图案型、记号型，特予说明。

里的文献与图录。

　　象征型前文字是指原始艺术家通过神秘的心灵体验,在与神灵沟通的癫狂状态下创造出来的那部分史前图画或象征符号。象征型前文字表达人们幻想中的、难以区分真实还是虚假的情感体验与宗教观念。其符号表现经常采用变形、错位、扭曲、倒置等手法,具有浓烈的神秘意味。但凡天神、精灵、巫师、图腾等原始巫术—宗教崇拜现象的图形,大都属于象征形前文字。象征型前文字显然是人类社会早期使用隐喻方式对人类社会所做的意义建构,因此,对此型前文字意义的解读强烈依赖神话叙事。

　　图案型前文字是指从一开始就使用几何形状构成图案化的视觉表达效果,实现其装饰功能与审美趣味的史前表达方式,其图案具有高度程式化的特点,在史前社会和部落社会里已经初步具备一定的商品流通价值和较高的复现率,本书尝试列出一个图案型前文字的类型。

　　记号型前文字在符号形态上更加简省与抽象,符号的意义更多依赖史前社会和部落社会里的约定俗成习惯。因此,与前几种前文字比较,记号型前文字更具抽象性质,在史前社会和部落社会里承担着明显的标记和提示功能,并非我们通常理解的记事功能。

　　为了便于读者理解,我们把五种类型前文字的主要特征归纳到表 4 - 1之中。

表 4 - 1　前文字类型要素简表

特征 ＼ 名称	物件型前文字	图画型前文字	象征型前文字	图案型前文字	记号型前文字
形义关系	形义关系临时确立	形义一致	凸显心理感知和生命体验	形义关系高度程式化	形义关系须经约定俗成
构图、造型特征	兼具实物与符号形态	写实的图画或造像	写意的图画或造像	抽象图案	几何形记号
符号功能	记数、表意和简单记事	表意和记事	隐喻、象征、观念和意义建构	装饰性、流通价值与高复现率	标记、提示与部分记语

　　此外,还需要特别说明一点,在本书中,我们尝试把造型艺术和图画艺术合而为一,将两者均作为探索前文字与文字起源关系的材料来使用。我们这样做的理由是:史前时代的人物、动物雕塑在表意方面与绘画表达形式并无本质差别,而且雕塑和绘画作为原始视觉表达方式中最常见的方式,在许多情况下都被原始艺术家们很好地结合起来使用。如图 4 - 1,1 是发现于法国某洞穴中的野牛形象,原始艺术家充分利用自然条件,画面中的两头

野牛用浮雕手法制作而成;图4-1,2是西亚地区的萨马拉文化中结合彩绘与雕塑手法制造出的人首形陶器,人首的鼻子和眼睛采用浅浮雕方式,嘴巴、眉毛等则使用彩绘方式;图4-1,3是安纳托利亚史前艺术中将彩绘与雕塑手法结合起来制作的陶器,鼻子、耳朵采用浅浮雕方式,其余部分则使用彩绘画出;图4-1,4是南美洲秘鲁的瓦里文化将彩绘与雕塑手法结合起来制作的人像。人像的眼睛、鼻子、耳朵、嘴巴是雕刻出来的,眼泪则是白色颜料彩绘的;猫科动物头像的眼睛、鼻子、耳朵和牙齿也是浅浮雕,但胡须却用棕色彩绘。鉴于史前造型艺术中的表意方式与绘画并无二致的情况,在本书中,我们把艺术史家所谓的图画艺术和造型艺术整合在一起加以讨论,并从符号表意和功能角度考察图画和造型艺术与文字起源的关系。

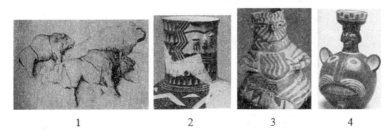

1.用粘土雕塑的野牛:法国杜克杜都拜(Tucd'Audoubert)洞穴,距今约1.4万年左右;2.人物雕塑与彩绘一体像:萨马拉文化(伊朗,距今7200年左右;3.人物雕塑与彩绘一体陶瓶:安拉托尼亚(今土耳其),距今7200年左右;4.雕塑与彩绘一体猫科动物像:南美秘鲁印加文化,距今600～500年。

图4-1　史前艺术人物、动物雕塑与绘画艺术的整合使用
(图片来源:1.卡罗尔·弗里兹;2～3.戴尔·布朗;4.中国国家博物馆等。)

第一节　物件型前文字

人们在生活中见到和使用的大部分物件并不具备符号功能,因此,通常认为物件并不适宜作为前文字和文字起源关系的研究对象。但是,如果某些物件被赋予了特定的符号表意与记事功能,又处在相应的社会语境中,能够表达确切的含义,这样的物件就应该被看成是物件记事方式而纳入前文字研究范畴之中了。

物件型前文字指的是某些原住民族群还没有创制出文字之前的物件记事和表意方式,包括虽有文字但不习惯使用,而在很多场合依然使用古老的物件记事和表意的情况。后一种情况主要出现在人类学调查中所发现的许多原生态族群当中。物件型前文字包含物件记事、结绳记事、契刻记事、陶筹记事、筹策（八卦）记事等。文字史家们在讨论文字起源问题的时候，通常把以上五种物件记事方式与文字起源问题联系起来，发现它们在不同程度上都与文字起源有关。

一、物件记事

物件记事前文字从功能上可区分为记数和简单记事，复杂记事两种情况。记数和简单记事在无文字社会里主要充当记数工具并简单表意。复杂记事不但能进行演算，表达较为复杂的意义，而且还有可能与口说的语言有一些联系。

物件型前文字使用的物件实际上是非常普通的，石子、土块、瓦块、骨头、陶筹码、玉米粒、贝壳、筹策、小木棍、稻草杆、树叶、绳索、玉佩、念珠等，以及身边随手可及的梳子、项链、心爱的饰件等生活日用品都可以普遍使用，这些随手可及的物件因为被使用者赋予了意义，作为特定表意符号在一定的语境中使用，因而临时具备符号表意功能。

物件型前文字虽然被人为赋予了符号表意功能，但物件本身并不是符号或者说还没有被固化成符号，这一点使物件型前文字与其他各类前文字严格区分了开来。此外，物件型前文字除了必须具备符号的表意功能之外，也有可能被保存起来，而不是随用随弃，这一点又使它区别于身边日常使用的零星物件。

（一）记数和简单记事

物件型前文字中的记数和简单记事通过使用物件来实现。根据汪宁生先生（1981：1：1～44）对中国境内西南地区许多少数民族记事方式的调查，云南景颇族使用玉米粒"讲事"，解决纠纷，每讲出一条得到双方认可的道理，就在盘子里放一粒玉米计数，最后以玉米粒的多少来判定胜负。云南哈尼族用十二种不同颜色的木片计算天数，每过一天就翻一木片计日；西双版纳基诺人使用保存的动物头骨来记录一生的狩猎成绩；澜沧江沿岸傣族使用保存的鱼头和孔雀毛来记录自己的狩猎成绩。在以上四个例子中，前两个例子的玉米粒、木片等物件具有简单记数功能，后两例的动物头骨、鱼头、孔雀毛等物件具有简单记事功能。

（二）复杂记事

物件型前文字的复杂记事经常使用多种实物物件、甚至动用多种表达手段，尤其是借用某种物件在当地语言中的读音、意义来记事，这是比简单记数和记事更为高级的物件记事方式。比如云南景颇族用小块木炭代表十位数，小石子代表个位数，演算加法、减法和简单乘法。这个例子说明，景颇族在这里使用的记数方法，已经比较复杂和高级了。再如云南盈江地区景颇族将三小片牛角，三枚铜钱，二根红绒条，三根花布条，一根枪形木片，用绳子串起来组成一张"欠条"，其中铜钱表示蟒锣的形状，枪形木片代表真枪。这个例子就是复杂记数和复杂记事混用的范例。

在复杂记事中，某些物件还被有意保存起来，由专门的人士负责解释，这样的物件也因此具备了符号性质，被赋予符号功能。比如云南红河哈尼族用火烧过的鹅卵石代表银子，用来典当土地，用过的鹅卵石还被妥善地保存起来，不再随用随弃。在这里，普通的鹅卵石就被赋予了符号的特性，在相应的社会语境中具有特定的价值。再如云南景颇族的"树叶信"，不但使用多种物件表意，如借用心形物件表示"爱"，用朱砂颜色象征"赤胆忠心"，甚至还借用当地语言中"德滥（一种树叶）"中"滥"字的读音表示"玩耍"之意，借用"豆门（一种树叶）"的音表示"打扮起来"的意思，借用"文哈（一种树叶）"的音表示"背负"的意思，借用"额芒（一种树叶）"的音，表示让我们"白头到老"的意思。这就属于是最高级形式的物件记事了。

复杂记事对多种表达方式，如形状、颜色、性状、含义等因素的综合利用，尤其是借用物件名的声音的方式，在无意间拉近了言文关系。虽然复杂物件记事本身还达不到记语文字的程度，但它已经在综合运用语言符号与视觉符号方面迈出了第一步，对记录语言的文字系统的出现具有积极的促进作用。

二、结绳记事

"结绳记事"实际上也是史前社会和部落社会常见的物件记事方式之一。早在先秦时期，中国古籍中就有结绳记事的记载。《易·系辞下》："古者庖牺氏之王天下也，……作结绳而为网罟，以佃以渔，盖取诸离。""上古结绳而治，后世圣人易之以书契。"《老子·八十章》："小国寡民，使有什伯之器而不用，使民重死而不远徙。虽有舟车，无所乘之；虽有甲兵，无所陈之；使民复结绳而用之。"《庄子·胠箧》："子独不知至德之世乎？昔者容成氏、大庭氏、伯皇氏、中央氏、栗陆氏、骊畜氏、轩辕氏、赫胥氏、尊卢氏、祝融氏、伏羲氏、神农氏，当是时也，民结绳而用之。甘其食，美其服，乐其俗，安其居，邻国相望，鸡狗之音相闻，民至老死不相往来。"汉代学者笃信结绳之说，许慎作《说文解字叙》即引用《系辞下》之说，郑玄注《系辞》结绳之说，则进一步阐发："事大，大结其绳；事小，小结其绳。"郑说为唐人李鼎祚《周易集解》沿用并补充："古者无文字，其有约誓之事，事大，大其绳，事小，小其绳。结之多少，随物众寡；各执以相考，亦足以相治也。"从以上中国古代文献记载我们大体可知，结绳是中国上古时期曾经使用过的一种记事方式，主要用于誓约和盟誓，作为查考的凭据。

据说宋朝以后中国境内南方地区部分少数民族还一直在使用结绳，但可惜我们没有看到这方面的详细材料。根据民族志调查得来的部分材料得知，在1949年中华人民共和国成立之前，云南的独龙族、傈僳族、佤族、瑶族、哈尼族、独龙族、怒族、纳西族、普米族、哈尼族和西藏的珞巴族等少数民族仍用结绳记日子。傈僳族用结绳记账；哈尼族用结绳借债，用同样长的两根绳子打同样的结，各执其一作为凭证；宁蒗的纳西族、普米族用打结羊毛绳传达消息，召集群众。结绳既然能用来记日子、记账、借债甚至传递信息，那它就具备了一定的符号记事功能，自然可归属于前文字研究的范畴。

古埃及、波斯、日本、大洋洲的波利尼亚人、南美洲的秘鲁人也跟古代中国一样结绳记事。其中尤以秘鲁境内古印加人的结绳最为发达。

秘鲁境内古印加帝国印第安人的绳结被汉译为"奎普（Khipu）""奇普（Qhipu）"或"葵布"。目前考古发现的印加奎普数量约700多个，它们大多数是公元前1400～公元1500年间的作品，其中一部分只有1000多年的历史。印加奎普通常用棉线、骆驼或羊驼毛线等材料制成。由于拉丁美洲出产米黄色、褐色、淡红色、橙色和紫红色的彩色棉花，而动物毛线本身也是有色的，所以用彩色棉花和彩色毛线纺织而成的印加奎普总是呈现出五彩斑斓的形态。据说奎普中的不同颜色有不同的含义。如红色代表士卒，黄色代表黄金，白色代表白银与和平，绿色代表玉米或其他谷物，黑色代表过去和死亡，等等。但是，无论绳结的颜色、绳结的方式还是绳结的位置，都不能单独表意，只有三者结合起来，才可能构成一定的语义关系场，每一种表意要素才被赋予确定的意义。比如一条黑色主绳表示记载的是过去的历史，其上的一个红绳大结表示记载的是国王的事情，其他的四个结则代表事件发生在该国王登基的第四年；一条棕色的副绳上打的十个结，可能指该国王征服过的10个省，至于其他各色彩绳上的绳结，则代表该国王征服过的种族和攻占过的城市，等等。[1]

印加奎普的结构形态相比世界其他地区的结绳都要复杂。一般有一根主绳，直径为5～7毫米，上面系着100～2000条数量不等的细一些的副绳，

① 常载：《发现之美》，中央民族大学出版社，2001年，第520页。

每根副绳上都有一串串的绳结;有的副绳上又挂有第二层或第三层或更多的绳索。

UR012　　　　　　　　UR035

图 4 - 2　形态各异的印加奎普(图片来源:加里·乌尔顿)

据美国学者加里·乌尔顿(Gary Urton:2020)的研究,印加奎普的制作过程如下:

首先将不同颜色的毛线织成副绳,将这些副绳系到一根较粗的主绳上,形成一套奎普的基本框架。然后在副绳上打结。图 4 - 3,1 表现了绳结的三个层级:单结、长结、8 字形结。单结代表数字 10,100,1000,10000 等整数,出现在绳结上半部分。至于究竟代表 10 呢,还是 100,1000 或者 10000,则要根据单结所处的位置而定。长结代表数字 2～9,位于副绳的下半部分。8 字形结代表数字 1。8 字形结和长结不会同时出现在一条副绳上。在图 4 - 3,2 中,A 副绳上只有一个 8 字形结,表示数字 1。B 副绳上有一个 2 个圈的长结,代表数字 2。C 副绳上有一个 3 个圈的长结,代表数字 3。整个绳结框架从下而上共有三层,下面一组位于十位数的位置,有 3 个单节,那么就是 30。中间一层位于百位数位置,有 4 个单节,所以是 400。最上一层位置代表千位,有 3 个结,所以代表 3000。整个绳结框架上的总的计数就是:3433。

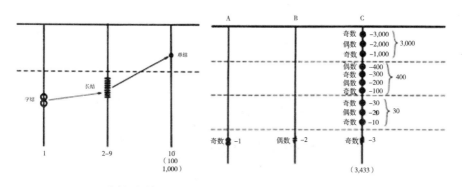

1.单结、长结和 8 字形结;2.结绳架构和奇/偶数值分布

图 4 - 3　印加奎普的记数框架(图片来源:加里·乌尔顿)

印加奎普最主要的功能是用来记录数字和简单记事,通常用于登录账目,计算人口数及税收数等,大多数印加奎普就是用这种方法来记数的。

在已经发现的印加奎普中还有约占总数 1/3 的不规则奎普,它们又是什么性质的符号呢? 17 世纪一位奎普研究学者加尔西拉索·德·拉·维加(Garcilaso de. La. Vega:1996)指出:印加人发明了两种类型的奎普:一种用来计数,另一种用来表示字母。后者是在前者的基础上发展出来的,当奎普用来记录言语时,便被赋予了字母含义。但加尔西拉索并没有说清楚第二种奎普是如何被赋予字母含义的,因此这一说法还缺少实际证据。

虽然"奎普"在印加社会里是极为有效、自成系统的记事方式,它通行印加人统治的全国各地,详尽记录了印加王国境内发生的大小事件。但有一点非常明确,即印加奎普本身尚不属于自足完备的符号系统,对奎普所记信息的理解和解读,必须有口头记忆专家参与其中。因此,印加奎普虽具备强大的符号记事功能,但因为它与口语叙述脱节,并不能很好地记录语言,因此还只能把它归入形义相联的前文字,而不是成熟的文字系统。

据说表意的古汉字系统中的一些字,如"十、廿、卅、卌、计、卖"等字字形结构与上古结绳记事的习俗有关。[①]　即便如此,也仅说明上古结绳跟古汉字在部分字符的形体上可能存在一点联系,但在记语方面,结绳跟成熟的汉字系统并没有直接的关联,这一点应该是肯定的。

三、契刻记事

在木条、竹条、骨头甚至金属器上契刻缺口,用来记事或作凭证,同样是世界各地原住民族群普遍使用的记事方式之一。汉代刘熙的《释名·释书契》正确地解释了"契"的含义,他说:"契,契刻也,刻识其数也。"

在考古发掘中,部分刻有切口的骨头被解释成计数器,每个切口代表一种所要记录的东西。美国学者亚历山大·马尔沙克(Alexander Marshack:1972)认为,图 4-4 表现了原始的计数器,这一器物代表阴历,每一个切口代表月亮出现了一次。

图 4-4　骨头上的契刻符号(图片来源:Alexander Marshack.)

---

①　徐中舒:《结绳遗俗考》,载《徐中舒历史论文选辑》,中华书局,1998 年,第 708 页。

图 4-5,1 是中国境内仰韶文化西宁朱家寨遗址发现的骨片契刻记事的遗物。据瑞典学者安特生(1925:10～13)推测:朱家寨遗址骨片上的契刻是一种原始文字,或具有抽象含意。图 4-5,2 是青海乐都柳湾遗址 M328 长颈彩陶壶中发现的骨片契刻,出土时骨片放置在彩陶壶内,其中有完整骨片 40 枚,残断 9 枚,骨片呈长方形,尺寸 1.8×0.3×0.1cm,骨片中部的一边或两边契刻了三角锯齿。40 枚骨片中 35 枚为单齿,三枚为 3 个齿,两枚为 5 个齿,锯齿形状即为刻契。考古报告认为:"这些骨片大约是用作记事、记数或通讯联络用的。这种情况和某些兄弟民族以前结绳记事、刻木为信的情况相类似。"①

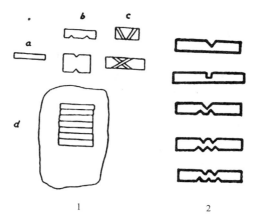

1.其中 a.平滑之骨板;b、c.刻镂之骨板;d.两边相依之成组骨板。西宁朱家寨遗址出土,仰韶文化;2.青海乐都柳湾遗址 M328 出土,马家窑文化。

图 4-5　骨片上的契刻

中国古代先秦两汉文献中有关"契刻"的记载很多。这些记载大致可以分成两类:一类是单说"契"的情况,如《列子·说符》:"宋人有游于道,得人遗契者,规而藏之,密数其齿,告邻人曰:'吾富可待矣。'"《墨子·备城门》:"守城之法:必数城中之木,十人之所举为十契,五人之所举为五契。凡轻重以契为人数。"孙诒让云:"十契、五契,谓该契之齿以记数也。"《墨子·公孟》:"是数人之齿,而以为富。"《老子》:"是以圣人执左契而不责于人。"《礼记·曲礼》:"献粟者执右契。"另一类是将"书"与"契"合在一起解释的情况,如《周易·系辞》"上古结绳而治,后世圣人易之于书契。"郑玄注:"书之于木,刻其侧为契,各持其一,后以相考合。"又,郑玄《周礼·质人》注:"书契取

————————
① 青海省文物管理处考古队等:《青海乐都柳湾原始社会墓地反映出的主要问题》,《考古》,1976 年第 6 期,第 376 页。

予市物之券也。其券之象，书两札，刻其侧。"唐兰指出："'书'和'契'，本来完全是两回事，原始人民，可以没有文字，但往往已经有了'契'。"[①]结合国内外考古发掘报告和人类学调查的一手资料来看，唐兰先生的说法无疑是正确的。

中国史书记载了一些少数民族的"刻契记事"。如《魏书·帝纪叙》："不为文字，刻木纪契而已。"《隋书·突厥传》："无文字，刻木为契。"《旧唐书·南蛮传》："（东谢蛮）俗无文字，刻木为契。"南宋周去非《岭外代答》还记述了一件内容为"诉讼文书"的刻契。该刻契大意是：他报告县官，有仇人某某用箭射我，仇人带数十人来袭击我，请求县官火速予以处理，并要求仇人赔偿我十余头牛，以补损失。[②]

契刻记事的遗物在考古发掘中虽有发现但数量很少。相对而言，在人类学、民族学社会调查中发现的契刻记事材料则相对较多。图4-6，1是澳洲原住民使用一种通信木棒，原住民以此为凭证并在部落间传递信息，通信木棒上的契刻缺口仅起帮助记忆的作用，要传达完整的信息，还必须辅以送信人的口头解释，否则难以让对方理解。图4-6，2是美洲境内部分印第安原住民使用过的有刻痕的木棒，该类型木棒宽度和厚度约为1英寸，长度20～24英寸，为当地印第安牧人头领所有，用于记数。图4-6，2上的刻痕木棒在把手部分每边的斜面上都刻有契刻记号，用来标明牛群的种类。左侧的交叉线表示小母牛，每个切口代表一头，长横切线表示十头，加上另外三个切口，表明这位牧人负责13头小母牛；在把手第二个斜边出现的箭头表示小牛；把手第三个斜面用一道横切线记录畜群中公牛的数量；把手的第4个斜面上有2个凹口，用来记录奶牛的数量。图4-6，2下是监工们使用的另一类木棒，用来记录雇工们干活的天数，并记录工人收到的报酬金额。下图在其把手处的斜边用一个交叉线表示工作。木棒边缘的短切口表示天数，

1. 澳洲人的通信木棒；2. 美洲印第安人的刻痕木棒

图4-6 刻痕木棒（图片来源：1. 林惠详；2. 加里克·马勒里）

---

① 唐兰：《中国文字学》，上海古籍出版社，2001年，第51页。
② 任式楠：《我国史前骨刻记事实物的发现》，《东南文化》，1991年第5期，第220页。

一道长横线表示一周。在把手相反的一边,内里有一条交叉线的圆圈,表示所支付的雷阿尔(早年西班牙货币名)数目,木棒边缘的一道切口表示 1 雷阿尔,每 10 个雷阿尔或比索用一道长横线表示。[1]

中国境内西南地区和东北地区的许多少数民族,如西南地区的景颇族、哈尼族、佤族、独龙族、怒族、拉祜族、基诺族、傈僳族、傣族、彝族、苗族、瑶族、西藏的僜人、珞巴族,以及东北地区的鄂温克族、鄂伦春族,都有刻木记数和记事的习俗。在这些少数民族中,刻木可以用来计算日期、借贷还贷、交租收税、典当土地、下聘礼、记工分,也可用于订立盟约、记录历史事件,作为保证书和备忘录使用。直至 20 世纪 60 年代,西盟佤族还用它来记工分。图 4-7,1 是佤族计算日子的木刻,日子过去一天削掉一个缺口;图 4-7,2 是佤族记录债务的木刻,木刻上部有 55 个小缺口,表示 55 元;下部有 3 个大缺口,分别代表债权人、中间人和债务人;图 4-7,3 是独龙族的传信木刻,根据传信人的解释,这些不同的契刻符号表示的汉语意思如木刻上的汉字所示。[2]

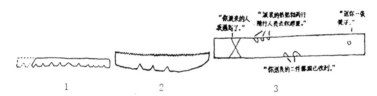

图 4-7　中国境内西南地区部分少数民族的契刻记事(图片来源:汪宁生)

通过以上例子可知,"契刻记事"虽然能传达信息、简单表意和记事,但严重依赖送信者或知情人的口头解说,其符号形态和符号功能都还没有固定,自身并不具备记语能力。因此,契刻显然只是一种文字之前的表达方式,应归入前文字研究的范畴。

四、筹策(八卦)记事

"筹策"是古人用来记数的工具,而数字往往是各大文字系统中起源较早的部分,因此,自古以来就有人倡导"文字起源于数字"的观点。

汉字系统中的基础数字(一至八)很可能是由筹策直接引导出来的。葛英会指出:"一至八这八个数字,由远古陶器到殷墟甲骨,一直延续着古老的形

---

① 〔美〕加里克·马勒里:《美洲印第安人的图画文字》(第一卷),闵锐武译,商务印书馆,2023年,第 376 页。

② 此处几条材料转引自汪宁生:《从原始记事到文字发明》,《考古学报》,1981 年第 1 期,第 1~6 页。

体,写作一、二、三、**三**、×、∧、＋、∖，都是由直线组成。一至四是一系,由累计笔画而成;五至八是一系,由笔画错落而成。这些直线字,不是古人凭空想象或随意刻画的记号,而是由长期记数推求奇偶筮数的筹策脱胎而来的"①

中原腹地考古发现的殷、周时期的奇偶数字(原始八卦)有一个共同点,即都用数字组成一个经卦(八卦之一)或重卦(六十四卦之一),用于卜筮,本质上属于"数占"的一种。图 4-8 是张政烺(1980)对此类材料的整理与解释,共 32 条。

张先生指出:"内中 17、21、22、23、24、31、32 都是三个数字,推测就是三爻,如果按《周易》讲,是坎、坤、巽、兑、艮、离、乾等七个卦。其余二十五条,除 12、16 残缺外,都是六个数字,推测就是六爻,依次可得《周易》的大壮、无妄、升、小畜、明夷、否、未济、既济、艮、蛊、恒、蒙、震、益、节、涣、未济、剥、比、丰、中孚、渐、夬等二十四卦,其中未济重复,而数字微有不同。"以上 32 条材料中共 168 个数字,1、5、6、7、8 等五个数字都有出现,但没有 2、3、4、5 等四个数字。张先生认为:"古汉字的数字,从一到四都是积横画为之,**一二三三**自上而下书写起来容易彼此掺和,极难区分,因此把二、三、四从字面上去掉,归并到相邻的偶数或奇数之中,所以我们看到六字和一字出现偏多,而六字尤占绝对多数的现象。占卦实际使用的是八个数字,而记录出来的只有五个数字,说明当时观象重视阴阳,那些具体数目并不重要。这是初步的简化,只取消二、三、四,把它分别向一和六集中,还没有阴爻(--)、阳爻(—)的符号。长沙马王堆帛书《周易》大约写于公元前 180~170 年左右,其中六十四卦所画的阴阳爻则与后世使用的--、—相同了。"②

五、陶筹记事

"陶筹记事"是 20 世纪 70 年代出现的文字起源研究的新观点,美国学者丹尼丝·施曼特-贝瑟拉(Denise Schmandt-Bessreat:2015)所倡,陶筹(tokens,calculi,counters)是指西亚各考古遗址中发现的各种几何形、动物形、器具形的小型陶制品。斯曼特-贝瑟拉认为陶筹是楔形文字的源头,并列举出数十个能与乌鲁克楔形文字相互对应的陶筹来证明她的理论。③ 拱玉书(1997.4:59~66)将贝瑟拉的理论形象地概括为"陶筹变文字"。

---

① 葛英会:《古汉字与华夏文明》,上海古籍出版社,2010 年,第 62~63 页。

② 张政烺:《试释周初青铜器铭文中的易卦》,《考古学报》,1980 年第 4 期,第 406 页。

③ 笔者注:此处有关陶筹的图片资料均引自〔美〕丹尼丝·施曼特-贝瑟拉:《文字起源》,王乐洋译,商务印书馆,2015 年,特致谢忱! 该书是笔者策划并主编的"文字与文明译丛"的第一本,已被纳入商务印书馆"汉译世界学术名著丛书"之中。

编号	原文	释文	经卦	别卦
1			震乾	大壮
2			乾震	无妄[1]
3			坤巽	升
4			坎震	屯[2]
5			巽乾	小畜[3]
6			坤离	明夷
7			乾坤	否
8			离坎	未济[4]
9			坎离	既济[5]
10			艮艮	艮
11			艮艮	益[6]
12				□[7]
13			震巽	恒[8]
14			艮坎	蒙[9]
15			震震	震[10]
16				坤 □[12]
17				坎 [13]
18			巽震	益[14]
19甲			坎兑	节
19乙			巽坎	涣[15]
20			离坎	未济[16]
21				坤 [17]
22				巽 [18]
23				兑 [19]
24				艮 [20]
25			艮坤	剥
26			坎坤	比[21]
27			震离	丰[22]
28			巽兑	中孚
29			巽艮	渐[23]
30			兑乾	夬[24]
31				蒙
32				乾 [?]

1～2.张家坡卜骨，原报告者认为："这块字骨用牛肩胛骨制成……在卜兆附近有刻画极细的文字两行。"①张按："可知1是正着刻的，2是横着刻的。"3～4.张家坡卜骨；5.张家坡卜骨，原报告认为："在骨面上，相当于钻孔的部位，刻有笔道很细的近似文字的记号。"②6～8.殷墟四盘磨卜骨；6.正刻，7～8.倒刻；9.周原卜甲第7号；10.周原卜甲第81号；周原卜甲第85号；周原卜甲第90号；周原卜甲第91号；张按："以上1～8是卜骨，9～14是卜甲。甲骨属于卜法，它的反映是兆，不是数字。这些数字属于筮法，是用蓍草算出来的。"15.瓢铭；16.鼎铭；17.盘铭；18.召仲卣；19.□召卣；张按："原铭召字正写，卦文倒写，倒写则不可读，故今分作两行(19甲、19乙)，先正后倒，以便参考。"20.父乙□盉盖铭；21.□□父戊卣；22.仲胯父鼎；23.董伯簋；24.效父簋；25～26.中鼎；27.盘铭；28～29；30.周琥；31～32.张家坡西周遗址骨角记号。③

图 4-8　殷、周奇、偶数字(图片来源：张政烺)

---

①　文物参考资料委员会：《文物参考资料》，1956年第3期，第40～58页。

②　中国科学院考古研究所编著：《沣西发掘报告：1955～1957年陕西长安县沣西乡考古发掘资料》，文物出版社，1963年，第111页。

③　张政烺：《试释周初青铜器铭文中的易卦》，《考古学报》，1980年第4期，第404页。

　　按照斯曼特-贝瑟拉的说法,最初的陶筹无孔无洞,也没有刻道,比较简单,故可称之为"朴素陶筹(Plain token)",如图4-9,1所示。朴素陶筹从距今1万年前就开始使用,连续使用了5000年左右,使用范围遍及西亚各地,其性质属于物件记事。

　　距今6000年左右,出现了或打洞、或刻道、或两者兼而有之的陶筹,可称之为"复杂陶筹(Complex token)",如图4-9,2所示。复杂陶筹上出现的洞、刻道等已经是符号的雏形,复杂陶筹处在从简单陶筹的物件记事向复杂陶筹的符号记事过渡的阶段。

图4-9　朴素陶筹和复杂陶筹(图片来源:丹尼丝·施曼特-贝瑟拉)

　　在此基础上,人们又进一步改进陶筹,把陶筹串联起来保存,或把陶筹装在空心的泥质封球(hollow clay envelopes,bullae)内保存,图4-10,1是专门盛装陶筹的泥质空心封球。但泥质空心封球有个缺点,要想知道封球肚子里装了多少个陶筹,必须打破封球不可。或许就是为了克服这个缺点,人们尝试把陶筹压在封球的表面来替代装进肚子里的陶筹,图4-10,2就是表面嵌有陶筹的泥质封球。此后,人们从封球表面的印痕就可以知道封球里所装陶筹的数量和形状,不用再去打破封球去检查。久而久之,封球表面的印痕就逐步取代了陶筹本身的作用,封球上面的印痕(符号)也就逐步取代封装在肚子里的陶筹(实物)的作用,这样一来,原先的使用实物表意的方式就变成了使用来符号来表意的方式,世界上最早的文字就这样应用而生了。

图4-10　空心封球和表面嵌有陶筹的封球(图片来源:丹尼丝·施曼特-贝瑟拉)

　　随着物件性的陶筹逐渐被符号性的印痕所取代,空心的泥封球也相应变成实心的泥板。实物性的三维陶筹最终蜕变为二维平面的符号或文字,苏美尔人在世界范围内率先迈开了从实物到符号的关键一步,创造出世界上最早的文字。图 4-11,1～2 即是带有压印符号的数字泥板,其上出现的数字符号在世界上最早的乌鲁克古朴文字中普遍应用。

1　　　　　　　　　　2

图 4-11　带有压印符号的泥板(图片来源:丹尼丝·施曼特-贝瑟拉)

　　目前已知乌鲁克古朴文字的数量在 1200 个左右,以上所介绍的陶筹中至少有 50～100 个陶筹印痕能与乌鲁克古朴文字的形状相互对应起来,如表 4-2:陶筹与乌鲁克古朴文字对应简表所示。① 就古文字的发生情况来说,这个数量已经不能算少数。施曼特-贝瑟拉"陶筹变文字"的观点虽然并非尽善尽美,但的确论证严密,很有说服力,因此得到许多文字学家的认可。

表 4-2　陶筹与乌鲁克古朴文字对应简表(图表来源:丹尼丝·施曼特-贝瑟拉)

	陶筹类型		象形文字	翻译
◎	3:14	◎	ATU 803 ZATU 482c	1. 动物 羊羔
⊕	3:51	⊕	ATU 761 ZATU 575	绵羊 (图25)
⊕	3:54	⊕	ATU 763 ZATU 571	母羊
	14:3		ATU 45a ZATU 12	母牛
	14:8		ATU 30 ZATU 145	狗
▽	1:29	▽	ATU 535 ZATU 196	2. 食物 面包

---

① 〔美〕丹尼丝·施曼特-贝瑟拉:《文字起源》,王乐洋译,商务印书馆,2015 年,第 109 页。

　　"陶筹变文字"的说法显然突破了文字仅仅起源于图画的单一文字起源观的局限,极大地拓展了我们对文字起源问题的认识。但白璧微瑕,这一观点仍有其不足之处:首先,它将文字符号个体的来源与文字体系形成的问题混淆起来。即便有 50～100 个陶筹印痕或符号与乌鲁克古朴文字形体相似,也只能说明史前陶筹与乌鲁克古朴文字的字符在形体上存在一定的关联,并没有真正解决乌鲁克古朴文字如何记语的问题。其次,这一新的文字起源观对文字体系形成的社会需求关注度不够,未能充分揭示出促使乌鲁克古朴文字形成的文字制度在该文字体系形成过程中所起的关键作用。

　　本节介绍的物件记事、结绳记事、契刻记事、筹策记事、陶筹记事等物件记事方式大都出现在史前社会和部落社会。这些记事方式所起的作用和功能虽与文字社会里的文字类似,但由于其符号与意义之间仅有形义的关联,而缺少语音的关联,尚不能完整地记录语言,还不能算记录语言的成熟文字,而只能算是前文字,应归入前文字研究的范畴之中。

第二节　图画型前文字

　　"图画型前文字"是指史前艺术家和原住民艺术家用画图画的方式描摹物体的轮廓制作而成的图画(含浅浮雕),它们主要出现在史前岩画、青铜时代早期的金属雕刻之上,以及无文字社会的部落艺术之中。

　　图画型前文字的图形是写实的,其形义关系是直接的,较少图形变异,看图即可知意,因此具有明显的图画表意与记事功能。在史前社会和部落社会,图画型前文字的记事功能比较突出。部分图画型前文字在表意和记事的同时,还兼具一定的象征功能。

　　无论史前岩画、彩陶纹饰等史前二维平面的图画,还是三维平面的史前造像,都可从画面是单一构图还是复杂构图区分为单个的表意图画与复杂的图画记事两种情况。

一、单个的表意图画

　　这里所说的单个的表意图画仅指单个出现在史前岩画中的原始图画,既不包括复杂的图画,也不包括图画＋符号混杂起来的情况。单个的表意图画大都表现史前时代的动植物,它们是初民对自己的现实生活的艺术表现。

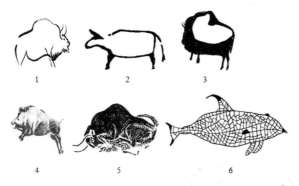

1.野牛:法国波尔太勒;2.野牛:西伯利亚希什金诺;3.野牛:法国波尔太勒;4.狂奔的野猪:西班牙阿尔塔米拉洞;5.受伤的野牛:西班牙阿尔塔米拉洞;6.鲸鱼:挪威诺尔兰。

图4-12　欧洲石器时代单个表意的动物岩画(图片来源:2.5.盖山林;其余李淼等)

　　动物是欧洲石器时代岩画艺术表现的主角,欧洲史前岩画中的动物形象往往呈现出自然分布的状态,既有成群出现的,又有单个表意的,而且数量巨大。这些岩画中的动物形象乃是史前时代的岩画创作者在他们的实际生活中看到的真实的动物,如猛犸象、麝牛、驼鹿、犀牛、羚羊、驯鹿、麋鹿、野牛、野马、熊、山羊、岩羊、野猪、双峰驼、狼、老虎、狮子、鸟、蛇、鹰、鱼等。图4-12就是我们选取的欧洲旧石器时代晚期和新石器时代动物岩画的例子。原始艺术家采用彩绘和线刻的艺术表现手法将这些动物的形象逐个精心描摹于岩石之上,生动地刻画出动物的神态与动作,展示出人类早期人与动物之间既有依赖又有对抗的特殊关系。其中,图4-12,1~3岩画艺术家用线刻技术描摹出动物的轮廓;图4-12,4~5先勾画出动物轮廓,然后将颜料喷涂到轮廓之中,并用虚线阴影式的表现手法处理动物的鬃毛和尾巴,造成整体上的艺术效果,动物的神态被史前艺术家描绘的惟妙惟肖,极为传神。图4-13,6史前艺术家甚至还能运用透视原理描绘出动物的骨骼。

　　北非阿尔及利亚塔西里·阿杰尔岩画是非洲早期岩画的杰出代表,塔西里岩画中出现了数量众多的单个表意动物岩画,如犀牛、斑马、大象、河马、野猪、狮子、长颈鹿、角马、羚羊、各种野牛、水牛等,动物的神态被史前艺术家生动地描绘出来,憨态可掬。如图4-13所示。

1.跑狮;2.卧狮;3.大象;4.河马。

图4-13　阿尔及利亚塔西里·阿杰尔单个表意的动物岩画(图片来源:李淼等)

　　中国北方地区的内蒙古阴山、乌兰察布、巴丹吉林、宁夏贺兰山、宁夏中卫大麦地等地岩画同样有许多单个表意的动物岩画,动物的数量和种类繁多,形态各异。如大角鹿、麋鹿、犀牛、野牛、野马、岩羊、盘羊、北山羊、梅花鹿、狐狸、狼、黑熊、老虎、双峰驼、鹰、蛇等。较多的动物岩画采用先凿刻出轮廓,然后填实的手法制作。部分岩画动物仅用线条勾勒出动物轮廓。个别动物还被特别描绘出动物的花纹,如图4-14所示。

1.驼鹿;2.梅花鹿;3.马;4.骆驼;5.北山羊;6.盘羊;7.狗;8.虎;9.牛;10.蛇。

图4-14　阴山岩画单个表意的动物岩画(图片来源:盖山林)

　　世界各地岩画中单个表意的写实性动物岩画数量巨大、岩画动物种类丰富、分布广泛,此处我们仅列举了其中的一小部分。对这些相对写实的单个表意动物岩画的性质,岩画学家实际上还存在着认识上的分歧:有人倾向于认为此类图像表现的是人类与生俱来的审美观念,反映出早期人类与生俱来的艺术表现力;但也有人认为所谓的写实动物岩画实际上表现了原始的巫术—宗教功能,等等。①

二、复杂的记事图画

　　复杂的记事图画包括复杂的记事岩画、复杂的陶器记事图画和复杂的原始艺术雕塑。它们都具有强大的图画记事功能,部分复杂图画甚至具备一定的叙事功能。

(一)复杂的记事岩画

　　史前岩画中的复杂图形大多与早期人类社会生活中的某个重要事件紧

---

　　①　〔法〕埃马努埃尔·阿纳蒂:《艺术的起源》,刘建译,国人民大学出版社,2007年,第44~48页。

密相关,所记内容涉及狩猎、放牧、战争、祭祀、舞蹈等,在构图方面以人物和动物为主,同时还夹杂少量的记号。复杂的记事岩画在史前社会和原住民社会中具有强大的图画记事甚至叙事功能,其作用类似于文字社会里的篇章文献。

史前岩画中的复杂图形表现的狩猎、放牧、迁徙场面都是先民生活的真实写照。狩猎是原始生活的必备技能,世界各地新石器时代的岩画中都有大量的狩猎岩画。虽然各民族生活地域有所差别,狩猎对象各不相同,狩猎方式、狩猎场景都有差异,但它们都不约而同地描述了曾经发生在部族中的某次重要的狩猎活动,具有明显的记事功能甚至叙事功能。图 4-15,1 是距今 8000 年左右的西班牙拉文特狩猎岩画,这幅岩画中的动物虽然是被狩猎的对象,但在气势上丝毫不输猎人,反而来势凶猛,主动反扑过来。画中的猎人也是张弓射箭,迎面赶来,毫不示弱。动物的强大和猎人针锋相对的斗争在画面在岩画中生动地展现出来。图 4-15,2 是一幅秘鲁围猎单峰驼记事岩画,在这幅岩画中,猎人们分工负责,各司其职,后面的人专门负责驱赶,前面的人手持武器等待猎取,动物群被猎人包围起来,众多单峰驼在猎人的驱赶下排成一字长队仓皇逃窜,有的动物背部已经中箭。[1]

1.四人猎鹿:西班牙拉文特,中石器时代;2.围猎单峰驼:秘鲁。

图 4-15　狩猎活动记事岩画(图片来源:盖山林)

部落战争是史前岩画表现的重要主题之一。为了争夺领地、牲畜的所有权,氏族部落间的战争非常频繁。部落战争岩画表现了残酷激烈的厮杀场面,非常令人震撼。图 4-16,1 是一幅南非布须曼人与班图人的战争岩画。岩画左侧牛群身后个子矮小的布须曼人为了保护自己的牛群而战。岩画右侧个头高大、手持盾牌和棍棒的班图人为抢劫牛群而来,两者之间为了

---

[1]　盖山林:《世界岩画的文化阐释》,北京图书馆出版社,2001 年,第 248~251 页。

争夺牛群发生了激烈的争战,场面十分火爆。图 4-16,2 是一幅印度战争记事岩画,特意表现了战争中被砍头的人或抬走阵亡者继续战斗的场面。

1. 战斗:南非开普敦生布须曼人岩壁画;2. 战争记事:印度卡沙夏。

图 4-16　部落交战记事岩画(图片来源:1. 陈兆复等;2. 盖山林)

　　中国广西左江流域宁民县花山崖壁画规模宏大,场面壮观,具有良好的记事甚至叙事功能,充分表现了先民的文化记忆。宁民花山崖壁画共 110 组,图 4-17 是其中的第 75 组。该幅岩画高约 5 米,宽约 10 米,具体展现了当地先民宗教祭祀活动的壮观场景,真实记录了曾经实际发生过的某个人类族群的重大历史事件。画面上共有 34 人。画面正中的主要巫师高约 1.7 米,他站在一头巨大的巫术动物的后背上,巫术动物的头部站立一神鸟,尾巴与一表示铜鼓的小圈圈相连,小圈圈的上方是一只小一点的巫术动物和画面中最大的铜鼓。主要巫师的左右两旁各有 3 个姿态跟他一样的人物,身高约 1.2 米。画面中共出现了四面铜鼓和两头巫术动物,最大铜鼓的上方被一条粗横线分开,线上方侧身站立着 25 位参与祭祀的人物,这些人物均屈膝,双手高举,面朝一个方向,做出舞蹈动作。①

图 4-17　祭祀场景岩画,广西左江流域宁民县花山(图片来源:王克荣等)

---

① 王克荣等:《广西左江岩画》,文物出版社,1988 年,第 76~78 页。

（二）复杂的陶器记事图画

由于受到陶器器表的限制，复杂的陶器记事图画较之复杂的记事岩画而言要少得多，尤其是以人物为核心的史前时期的复杂陶器记事图画更是凤毛麟角，但南美的莫切文化却是个非常独特的例外。

在南美的莫切文化、摩奇卡文化考古发现的陶瓶、陶罐和其他陶器的表面，陶工们用精致的线条描摹出献祭、织布、宗教仪式、狩猎、奔跑、战争等重要场面以及武士、祭司、神话人物等重要人物的活动，彩绘出许多生动的记事画面，生动呈现了当时的社会生活面貌，成为复杂的陶器记事图画的典型代表。图 4 - 18 是一幅距今 1900～1200 年，南美秘鲁莫切文化陶瓶上的战争记事图画，画面记录了身穿战袍的武士与赤裸的俘虏手持棍棒和盾牌交战的场景。画面被分割成上下两层，上层正中彩绘了一位身穿战袍获胜的武士正抓着一个俘虏的头发，赤裸的囚犯脖子上绑着绳子，等待厄运的到来。

图 4 - 18　莫切文化陶瓶上的战争场景记事图画（图片来源：戴尔·布朗）

图 4 - 19 是另一幅大致同期南美秘鲁北部海岸摩奇卡文化陶瓶上的狩猎记事图画，图画中一个手拿棍棒的猎人用棍棒敲击海狮，当海狮被杀时，口中就会吐出来帮助消化的鹅卵石。猎人身旁布满捕获的海狮和海狮吐出

图 4 - 19　摩奇卡文化陶瓶上的狩猎场景记事图画（图片来源：戴尔·布朗）

来的石子,表现了猎人战胜动物的勇敢精神。①

　　另外,人类学调查中发现的北美印第安人的记事图画与上述南美印第安莫切文化、摩奇卡文化中的复杂陶器图画记事有异曲同工之妙。由于印第安图画记事从整体上已经接近或已经进入文字社会的早期,其构图和图画的组织较之南美史前文化更加精细,而且还有知情人甚至作画者本人的讲述,所以印第安图画记事的内容更容易为我们所理解,在文字史研究中更有价值。图4-20是一幅印第安奥吉布瓦人亲自制作并讲述的桦树皮记事图画,这幅记事图画详尽记录了树皮画制作者的父亲和他父亲朋友的一次狩猎远征事件。由于这次狩猎很成功,所以他专门记载下来此事。在这幅图画中,上部左手边的三个人是他的父亲和他父亲的朋友们。左边葫芦形的圆圈是明尼苏达州的 Eed Cedar 湖,湖中向外流出的两条长虚线表示湖水向北流成一条河,向东流出一条河。湖中央有个岛,图左上方三人下的虚线表示他们正在靠近这个岛,并在岛上扎营。葫芦形圆圈四周的小短线表示湖边生长着众多的树木。图画右上部有三只动物,头一只动物是豪猪,接下来一只是麻鸦,后面一只动物不知名字。图画右上角画的两座房子是猎人们住的帐篷,其中拖着一只鹿的一个人走向了靠近左边的那顶帐篷。图画左下角也画着同一类型的帐篷,帐篷的旁边有三个人,三人的弓箭指向了右边,在那里他们猎到了一只浣熊,一只食鱼貂和一只鸭子(一个人躺在地上用叫声欺骗这只鸟),一只水貂和一只水獭。最前面画了弓箭,最后面一只水獭的背上又画了一支箭,表示这一排动物都是被射中的。图画的中间一排还有几种动物,自左向右是熊,猫头鹰,狼,麋鹿和鹿,这些动物在这次狩猎行动中并没有被猎获。②

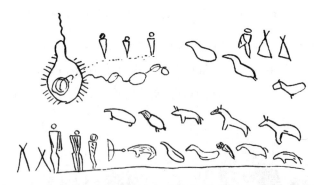

图4-20　奥吉布瓦人的复杂记事图画(图片来源:加里克·马勒里)

　　①　〔美〕布朗:《安第斯之谜:寻找黄金国》,陈雪松译,广西人民出版社,2002年,第143、135页。
　　②　以下有关印第安人图画记事的几幅图画材料均来自〔美〕加里克·马勒里:《美洲印第安人的图画文字》(全二卷)闵锐武、孙亚楠译,商务印书馆,2023年,第789页,第874页,第382页。特致衷心谢忱!

图 4-21 是一幅印第安肖肖尼人(Shoshone)夺回马匹的记事图画,其含意是由印第安肖肖尼人的首领皮特(Peter)在 1880 年访问华盛顿时向 W.J 霍夫曼博士亲自讲述的。这件事对肖肖尼人和他们的首领皮特而言,是一件发生在部落生活中的重大事件,所以被记录下来。画中的图形 a 代表肖肖尼族的首领皮特;b 代表一个内兹佩尔赛(Nez Perce)印第安人,来自那个抢占马群的团体,他用箭射伤了皮特;c 代表马蹄印,显示马群逃窜的路线;d 代表长矛,是从内兹佩尔赛人那里缴获的;e、e、e,代表缴获的马鞍;f 代表缴获的缰绳;g 代表缴获的套索;h 代表缴获的鞍褥;i 代表缴获的毛毯;j 代表缴获的裹腿;k 代表缴获的三个单独的裹腿。

图 4-21　肖肖尼人夺回马匹复杂记事图画(图片来源:加里克·马勒里)

印第安达科他人的复杂记事图画已经发展到了很高程度,能够记录多年来发生在部族中的大事,且具有一定的编年史的性质。图 4-22 是被称为"孤狗冬日记事(lone-dog's winter count)"的达科他人的图画记事。一位

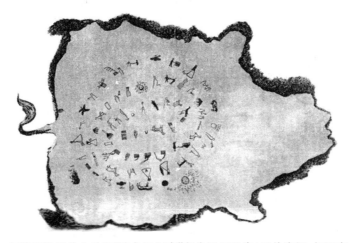

图 4-22　印第安达科他人的"孤狗冬日记事"复杂图画记事(图片来源:加里克·马勒里)

名叫"孤狗"的达科他人用复杂的图画记事记录了他所在部落 71 年间发生的大事。这幅图画用彩色颜料图绘在一整张牛皮上,共有 68 个小图形或符号,每个图形或符号都记录了发生在某年之内的本部落的大事。所有小图形符号皆呈螺旋形不规则排列,按逆时针方向从里向外阅读。孤狗冬日记事并不是对连续发生的历史事件的记录,也不一定记录了每一年当中最重要的事件,但是它展示了某件被记录者选择出来的独特的事情,这些事情或者是众所周知,或者对记录者来说具有特殊的意义。这正是印第安原住民的复杂图画记事与历史时代的文字文献的根本区别。

中国境内西南地区的纳西族有许多充分发育的记事图画。图 4-23,1是祭风主神达勒阿萨命画稿,整幅记事画从上到下依次为旋风、云朵、达勒阿萨命主神、青骡和山岩。该记事图画是对纳西祭风仪式主神达勒阿萨命神话故事的形象展示,故事在纳西族民间广泛流传,并且被东巴经书记载下来,东巴(巫师)每次举行以此为主题的祭祀仪式时都要专门讲述。[1] 图 4-23,2 是厌鬼木牌画稿,画稿从上到下依次为露水、海、天、日、月、星辰、白云、鹰、黑头喜鹊和厌鬼居住的村寨、扛着旗子的长着山羊头的厌鬼。记事图画只是图绘了故事的梗概,完整的故事还要依靠东巴的专门讲述。以上两例记事图画的画面已经基本固定,而且比较规范,巫师们在现场制作木牌画时甚至还有固定的可供参考的画稿。[2] 图 4-23,3 是还债用木牌画,画中有图有文,图文共用。图的上半部分画一个巫师,一手拿旗,一手执法鼓,

1.祭风主神达勒阿萨命画稿;2.厌鬼木牌画稿;3.厌鬼木牌画稿。

图 4-23　纳西族东巴记事图画(图片来源:东巴文化研究所)

① 东巴文化研究所:《纳西东巴古籍译注全集》(第二卷),云南人民出版社,2000 年。
② 和志武:《祭风仪式及木牌画谱》,云南人民出版社,1992 年,第 132~142 页。

旁边画一个小鬼,下面一只狗;下半部分是纳西东巴象形文字,意思是用木牌偿还鬼债。纳西木牌画的画面中既有图像,又有文字,两者互相补足,互相说明,画稿既可以看成是由文字符号堆砌而成的图画,也可以看成是图画性的文字。正因为如此,周有光认为:木牌画稿就是东巴象形文字的前身。①

(三) 复杂的艺术浮雕记事图画

在史前社会和部落社会,不但二维平面的岩画和陶器图画具备表意和记事功能,三维平面的、立体呈现的陶、骨、石、木雕塑艺术及其浮雕画面同样也可能具备表意和记事功能,它们都是历史早期的人们表达心智的有效媒介。

1.乌鲁克石雕花瓶,乌鲁克,距今 5000 年以上;2.国王猎杀狮子:乌鲁克,距今 5300 年左右;3.埃兰印章,苏萨出土,距今 6000 年左右;4.埃兰印章:苏萨出土,距今 6000 年左右。

图 4-24　西亚复杂陶器图画记事
(图片来源:1.戴尔·布朗;2.图片来源:高火;3～4:王兴运)

西亚地区史前时代的复杂的艺术雕塑图画比较丰富。图 4-24,1 是出土于乌鲁克城市中石雕花瓶,记述了一位长胡子的老人看护牛群的故事;图 4-24,2 是出土于乌鲁克的一幅石雕,记述了勇敢的国王猎杀狮子

---

① 兰伟:《东巴画与东巴文的关系》,载郭大烈、杨伟光:《东巴文化论集》,云南人民出版社,1985 年,第 424～433 页。

的故事;图4-24,3是一枚出土于苏萨遗址的埃兰印章的展开图,反映了埃兰的战争场面。图4-24,4是另一枚埃兰印章,内容记述了埃兰人的宗教仪式。一群手举旗帜和象征物的宗教游行队伍,用轿子抬着一尊神像游行。①

考古发现的古埃及前王朝时期的复杂艺术雕塑图画同样具有突出的记事甚至叙事功能。陈永生(2013:51~52)把零王朝时期的那尔迈调色板、零王朝时期的蝎子王权杖头、前王朝末期的利比亚调色板、第一王朝带有国王名字的木头标签、第二王朝国王的玺印等考古发掘材料列入圣书字早期文字。理由是在上述材料中已经出现了少量的词符,比如王名框里的两个音符鲇鱼(nr)和凿子(mr),国王阿哈(Aha)的名字,国王派瑞布森(Peribsen)的名字。图4-25是著名的"那尔迈调色板"。图4-25右是调色板反面,中间描绘的主要人物是头戴上埃及王冠的那尔迈国王,他左手擒敌,右手高举权棒挥击,国王身后跟着一位随从。下层描绘的是两个被征服的俘虏。图4-25左是调色板的正面,上方两个牛头人可能表现的是母牛女神哈托尔或象征国王,中间夹杂着那尔迈国王的名字。那尔迈调色板正反两面的复杂图画可能记录了上埃及那尔迈国王征服北方下埃及的事件。

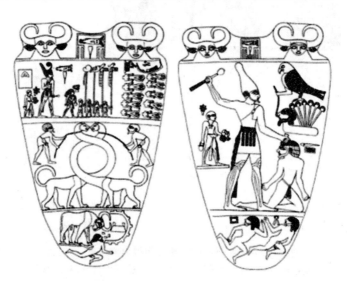

图4-25　那尔迈国王调色板:希拉康波利斯,零王朝时期,距今5000年左右
(图片来源:亨利·罗杰斯)

无论二维平面的岩画、陶器图画,还是三维平面的造型艺术,无论单个表意的图像,还是复杂的记事图画或叙事图画,都是史前社会和部落社会的

---

①　王兴运:《古代伊朗文明探索》,商务印书馆,2008年,第196页,第295~296页。

原始艺术家惯常使用的视觉表达方式之一，是对他们的生活状态的记录与呈现。原始艺术家在长期创作岩画、制作陶器、石器、骨器、木器等史前艺术品并绘制图案、纹饰的艺术实践中积累的经验，不但为历史时期的艺术家所继承，而且为后代的文字创制活动奠定了扎实的构图基础。而复杂记事图画与早期口述文学——神话叙事的有机结合，又极大地促成了原始的视觉表达方式与听觉表达方式的联姻，孕育并积极推动了成熟文字的诞生。

对具有明显图画表意和图画记事甚至叙事功能的图画型前文字的研究应紧紧围绕符号功能展开，而不应完全拘泥于图形与实物的像似程度。

第三节　象征型前文字

史前社会和部落社会里但凡与梦幻、异象、精灵、心灵体验等有关的人物、动物图画和造像均可以归入象征型前文字之中。但凡象征型前文字，其人物、动物图画和造像往往与神话传说密切相关，而对图画和造像含义的解释，也离不开早期口头文学—神话叙事的说明与帮助。因此，本节有关象征型前文字的讨论，可与第二章第二节有关神话叙事部分相互参照。

象征型前文字是"有意味的形式"。[①] 史前墓葬中出土的陶、骨、木、玉制动物小雕像和神人像，大都是原始巫术—宗教用器，具有明显的象征功能。

依据图画或造像媒介的不同，象征型前文字又可细分为象征的岩画，象征的陶器图画，象征的人物与动物小雕像（含动物堆塑），象征的玉神器和玉礼器等。

一、象征的岩画

无论单一的史前岩画，还是复杂的史前岩画，如人的手印、脚印、化妆狩猎巫术、人面神像、太阳神像、部分动物像、巫师像等岩画，都是"有意味的形式"。许多这类岩画都有象征功能，无法直接看图知意，必须探赜索隐，找到相应的神话叙事，方能弄明真相。

象征的岩画主要表现史前先民和原住民人群的心灵体验与情感体认，比如人在梦境、异象、幻觉等场景中"看到的"或想象的事物与对象。在构图

---

① 笔者注："有意味的形式"由美学家李泽厚先生首先提出，用来代指具有象征功能的艺术形式。参见李泽厚：《美的历程》，载《美学三书》，安徽文艺出版社，1999年，第22页。

方式上,象征的岩画更多使用置换、变形、错位、扭曲、倒置、夸张、拟人化等非常规的艺术表现手法,有时还伴随颜色、方位变化、符号标记等辅助表意手段。

在史前艺术中,手印和脚印岩画出现很早,而且通常具有象征意义。不但单一的手印、脚印和群集的手印、脚印具有象征功能,而且手印、脚印与某些常见的原始器物,如飞去来器、网、斧头等构成的复合图形也具有一定的象征意义,且与一定的巫术仪式相联系。如图 4-26,1 是著名的阿根廷巴塔格尼亚(Patagonia)手印岩画,这幅岩画经过多次重叠,岩画画面中首先出现的是最早期的手印和动物足迹,其次是上部的曲线,最后才是中间的动物。这些手印岩画可能与某种原始的祭祀典礼有关。图 4-26,2 是欧洲阿尔卑斯山地区人脚印与杯状穴标记岩画,岩石上有 82 个脚印,80 个杯状标记,被认为与青春期成人仪式或入会仪式有关。图 4-26,3 是一幅北非撒哈拉沙漠牛与人手印、脚印岩画,一头带缰绳的牛身上刻有人的手印与脚印,表示该牛为某人所有,手印和脚印象征着牛主人的所有权。

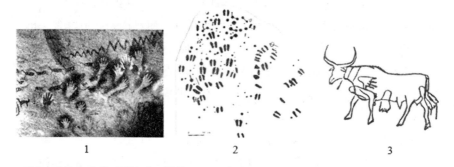

1.手印、动物与曲线:阿根廷巴塔格尼亚洞窟岩画,距今 9300 年左右;2.人脚印与杯状标记:阿尔卑斯山皮斯勒兰德;3.动物身上的手印:北非撒哈拉沙漠岩画。

图 4-26　手印和脚印岩画(图片来源:1、3.陈兆复等;2.保罗 G. 巴恩)

史前岩画中的部分狩猎和化妆狩猎岩画具有交感巫术的性质,象征意义非常明显。图 4-27,1 是发现于法国阿列日省三兄弟洞的著名的"鹿角巫师"岩画,为马格德林文化期的作品,据最新的研究,校准后的时间距今约 1.65 万年。[①] 该岩画通常被解读为一位身穿兽皮,头戴鹿角的巫师化妆成动物,企图接近并猎获动物。图 4-27,2 是著名的"鸟头呆子"岩画,发现于法国多尔多涅省拉斯科洞窟,属于梭鲁特文化晚期或马格德林文化期,据最新研究,校准后的时间距今 2.3 万～1.9 万年。这幅岩画的左边是一头野

---

① 〔法〕卡罗尔·弗里兹:《史前艺术》,颜宓译,华中科技大学出版社,2020 年,第 387 页。

牛,旁边的男子被野牛撞倒,但他的长矛穿透了野牛的身体,男子身体旁边是一只立于长杆之上的小鸟。结合倒地男子高挺的生殖器、穿透野牛身体的长矛、野牛肚腹部的螺旋纹等纹饰判断,这幅图画很可能表现了原始的狩猎巫术。图4-27,3表现了具有非凡法力的布须曼人的巫师,巫师手举弓箭,身背箭囊,身上满布白色的斑点,鼓腹岔腿,作妇女生孩子状,在她的神力之下,一只非洲大羚羊倒在身旁。这幅岩画同样表现了原始的狩猎巫术。

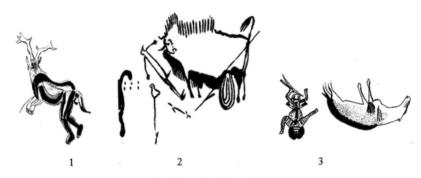

1.鹿头巫师:法国三兄弟洞,马德格林文化时期;2.鸟头呆子:法国拉斯科洞窟,梭鲁特文化晚期;3.威尔考克斯巫师和死去的大羚羊。

图4-27　狩猎巫术岩画Ⅰ(图片来源:李淼等)

在欧洲洞窟岩画中,还有另外一种形式的使用交感巫术,企图获取狩猎丰收的岩画,此类岩画在野牛等动物主图形的身上刻画了各种记号,如黑点、投掷器、树枝、曲线、直线等,它们表现了史前时期人们企图使用巫术手段征服动物或者按照自己的意愿猎获或杀死动物,甚至控制动物繁殖,获取动物脂肪和皮毛以维持生计的美好愿望(与第三章第三节相关内容互参)。图4-28,1是出现在法国尼沃洞著名的岩画大厅——黑厅崖壁之上的狩猎巫术岩画,此处共有7只名为“中矢的野牛”同类岩画,图1是其中最著名的一幅,创制于马格德林文化期,校准后距今1.7万~1.5万年。野牛主图形的身上布满箭矢状的记号,其中两只短箭头为红彩绘制,其余为黑色;图4-28,2是一幅对动物施展巫术的法国岩画,岩画动物身被各种武器的创伤,口喷鲜血,表示通过施行狩猎巫术,野生动物已经被杀死;图4-28,3是法国境内另一幅史前狩猎巫术岩画,该动物图形的身上有一排锯齿状的记号,一条蛇形记号,还有许多刺中身体的矛,表示动物已经被杀死。这幅旧石器时代晚期的岩画显然不只是简单表示刺杀野牛这样一件事,而是具有象征寓意。朱狄指出:“巫术论的最重要的证据是洞穴岩画中那些带箭受伤的动物形象,有些动物被表现为负着箭、矛枪或鱼叉,这些武器在动物的身上常常只露出末端,有些则明显表示出动物的伤口。"①图 4-28,4 是俄罗斯西伯利亚狩猎巫术岩画,在岩画中的一只无头雌鹿的身上刻了一列黑点,表示该动物是雌性的,并且具有超常的生育能力。动物没有头颅,可能表示动物已经被杀死。盖山林(2001:278)认为:动物身体上出现的凹坑、黑点或黑圈是表示动物雌雄的符号。这是另外一种形式的施与巫术,希望雌性动物超常生育,带给部族源源不断的食物来源。

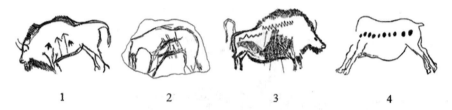

1.中矢的野牛:法国尼沃洞,马德格林文化期;2.被矛刺中的动物:法国;3.被矛刺中的野牛:法国;4.身上带黑点的雌鹿:俄国西伯利亚。

图 4-28　狩猎巫术岩画Ⅱ(图片来源:盖山林)

　　中国境内北方地区的岩画是亚欧大草原岩画的重要组成部分。在这片广袤的大地上,自古以来就普遍流行萨满教,崇奉万物有灵观念,认为世间万物皆由神灵掌管,神灵能自由转换并附体。人们普遍相信萨满巫师具有自由出入人神两界、沟通人神的功力,他或她能让神圣降临或神灵附体,能够预卜吉凶,避免灾祸。因此,萨满巫师在萨满教文化氛围中具有崇高的地位。图 4-29 是宁夏贺兰口人面像岩画,该地人面像岩画多达 712 幅,是世界范围内人面像岩画分布最为密集的一个岩画地点,在该地多处"圣像壁"之上,先民们制作了密密麻麻的人面群像,有些图像的叠压痕迹还十分明显,表明此处岩画保留着多次巫术祭祀活动的痕迹。贺兰口人面像构图形式多样,风格迥异,充分表现了神灵崇拜、图腾崇拜、祖先崇拜、生殖崇拜等极为丰富的内容。图 4-29,1~6 是单个表意的人面像,图 4-29,7~8 是复杂表意的人面群像。无论单个表意,还是复杂表意,它们都有象征功能。其中,图 4-29,6 是该地岩画中最为著名的"太阳神",被先民刻制在该岩画点的最高地点,"炯炯有神的重环双眼,短线刻画的睫毛,光芒四射的线条,半圆形的面部轮廓,鼻子及嘴部让人产生无限遐想的刻画,将太阳神表现的神采奕奕、庄严肃穆,其冷峻的神情中透露出的威严使人不由自主地心生敬畏之情,带给我们无穷的遐想。"②

---

① 朱狄:《雕刻出来的祈祷——原始艺术研究》,武汉大学出版社,2008 年,第 265 页。
② 贺兰山岩画管理处:《文明的印痕:贺兰口岩画》,上海古籍出版社,2011 年,第 15 页。

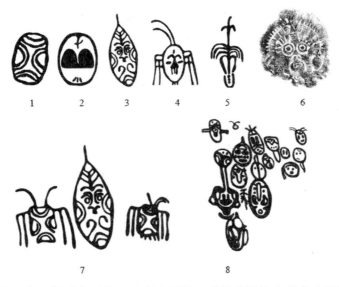

1.瓦片式人面像;2.山形人面像;3.鱼形人面像;4.羊形人面像;5.植物人面像;6.太阳
神像;7～8.人面群像。

图4－29　贺兰口岩画人面像(图片来源:张建国)

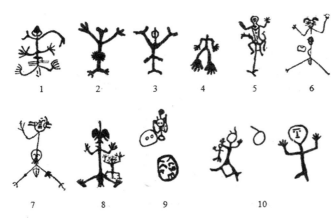

1～5巫师:内蒙古阴山;6～8.巫师:宁夏贺兰山;9.巫师与人面像:内蒙古阴山;10.娱神
舞蹈:内蒙古阴山。

图4－30　阴山、贺兰山巫师岩画(图片来源:盖山林)

图4－30,1～8是宁夏贺兰山、内蒙古阴山岩画中的具有单个表意功能
的巫师图像,图4－30,9～10是阴山岩画中复杂表意的巫师图像。为了凸
显萨满巫师的神异灵性,岩画中的巫师皆为正面裸体形象,脚掌外翻,躯干
中部还增加了充满神秘意味的四肢或人面,四肢与手臂都尽可能拉长,构图
极尽变异与夸张之能事。图4－30,1～4面部故意不表现出五官细部,甚至

209

没有真正出现面部，留下了先民社会巫术禁忌的痕迹；图4-30,5～7有意将巫师的头颅描绘成太阳神或人面神像的模样，表现了先民的神灵崇拜；图6和图7的巫师像还极力突出女性生殖器官，带有明显的生殖崇拜的意味。[①]　图4-30,8～10无论单个的巫师，还是巫师与其他记号的组合，都展示了不同的巫术活动的场景。

澳大利亚原住民相信万物有灵与灵魂不灭，自然神崇拜、祖先崇拜、图腾崇拜等原始巫术—宗教形式多样，各种精灵神怪层出不穷，巫术活动无所不在。他们把神祇和精灵区分为"好的"和"不好的"，既绘制了许多与部落传说、祖先、英雄、爱之魔法等与"好的"内容有关的象征岩画，也绘制了许多与幽灵、巫术、死亡有关的"不好的"象征岩画。其中许多岩画描述的就是原住民的神话故事，相应的岩画或树皮画则是对神话故事的形象化图解。图4-31,1是盛行于澳大利亚阿纳姆地和金伯利高原的"汪吉纳（wandjina）"岩画，该岩画描绘的汪吉纳，既是当地原住民信奉的创世祖先，也是人们死后灵魂的归宿。据说，汪吉纳"是精神实体的象征，是云和雨水的象征，并在梦幻时代，创造了风景和人类。当他们找到自己面对死亡的地方时，会将他们的形象描绘在岩体或洞穴的墙上，然后消失在一个水坑中。原住民会通过重绘这些画面使自己获得重新焕发活力的能量。"[②]汪吉纳的形象变幻多姿，通常成群出现在悬崖、巨石的岩阴处，多为卧躺的人形，也有单个出现的站立姿态和仅突出头部的形式。汪吉纳图像用白色和天然赭石色，岩画的脸孔是白色的，大而圆的黑色眼睛，没有嘴巴，头顶有短小而密集的放射线。如果有脚的话，脚掌总是外翻的，给人一种神秘感。原住民经常在绘有汪吉纳图像的地点进行祭祀仪式。部分汪吉纳祖先图像所在地，还被原住民当成举行生殖巫术仪式的地点，原住民甚至认为：如果岩石上的蜥蜴或鱼的图像能得到修饰，那么，汪吉纳祖先的神灵将增加遗址周围这些动物的数量。图4-31,2是西澳大利亚州曼丹卡里（Mandankari）的一幅精灵化身岩画，用一群头朝上的蛇来表现，令人望而生畏；图4-31,3是由一位颇具声望的原住民岩画艺术家纳摩波尔米（Najonbolmi）创作于1964年的X光式精灵岩画，名为"恶魔纳门瑞克与纳马干闪电人"。该幅岩画画面壮观，神话人物众多，表现了当地原住民的一个神话，此处我们仅截取了岩画的上部。

---

① 盖山林：《中国岩画学》，书目文献出版社，1995年，第164～165页。
② 〔法〕卡罗尔·弗里兹主编：《史前艺术》，颜宓译，华中科技大学出版社，2020年，第275页。

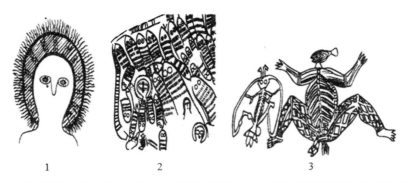

1.汪吉纳（局部）：哥里尼格谷洞穴；2.精灵：曼丹卡里；3."X 光"风格精灵（局部）：卡卡杜国家公园。

图 4 - 31　澳大利亚巫师精灵岩画（图片来源：李淼等）

　　美洲境内印第安原住民创作出许多类人像、精灵和巫师岩画，这类岩画具有明显的象征功能，同样伴随着丰富的神话传说。图 4 - 32，1 描绘了一组具有示意图式艺术风格、头戴太阳光冠的萨满巫师群像，巫师们屹立在悬崖之上，他们不仅是当地原住民部落的保护神，还是这个峡谷内数以千计的其他岩刻的保护神。图 4 - 32，2 描述了一个古老的神话故事，岩画上部描绘了岩画制作者的祖先，他手握牛角，腿旁还有自己的名符（Kukupeli）。岩画下部描绘了一位神灵，他正在送上部的祖先上路；图 4 - 32，3 是一幅巫师扮作精灵的岩画，画中巫师作正面直立状，头顶饰有两角，双臂上举，五指分开，两腿叉开，脚尖朝外。巫师身上穿的法衣正面被描画了形状奇特的神灵和各种神秘的记号，表现了巫师精灵具有强大法力。

1.山谷保护神：美国加利福尼亚州小岩刻峡；2.神话故事场景：美国新墨西哥州岩画；3.巫师扮作精灵：美国怀俄明州。

图 4 - 32　美洲印第安巫师神灵岩画（图片来源：1～2.陈兆复；3.盖山林）

二、象征的陶器图画

西亚彩陶艺术中很早就出现了由象形动物＋几何图案构成的象征图画。[①] 图 4-33,1 整幅画面分上中下三层：上层在口沿部位的宽带纹和下部的复道平行弦纹的框架内彩绘了一圈长颈水鸟；中层在上下宽带纹构成的单元框架内彩绘了一圈奔跑的犬纹；下层将宽带纹构成的腹部区分为从左向右的几个构图单元，在正面这个单元内绘制山羊纹＋几何形图案构成的主题图像。整幅画面层次分明，主旨突出，腹部山羊纹主题图案中的羊角被拉升为一个围绕的圆圈，内里还加上几何图案，具有明显的象征功能；图 4-33,2 白地黑彩陶碗表面被多道复线纹切分为上下两个构图单元，复线纹上部正中位置彩绘了一位鸟头精灵，精灵双手扶着长矛站立在高台之上，表达了明确的象征含意；图 4-33,3 彩陶罐肩部腹部密集分布复道平行弦纹，在弦纹组成的框架之内，安排了一圈山羊纹，山羊纹主图形可能是氏族的图腾和标志，表达了象征意义；图 4-33,4 在薄胎壁大酒杯外表面腹部用黑彩绘制了多位拟人化的上下双头状神人纹，神人纹头部没有描绘出五官，但有用斑点表示的瘢痕，下部似乎还有一个跟上部一样的倒置的头。腹部描绘了三道竖曲线，腰部向两侧伸出的几何图案与器表两侧的装饰图案相接，整体上表现了神秘的意象，同样具有明显的象征功能。

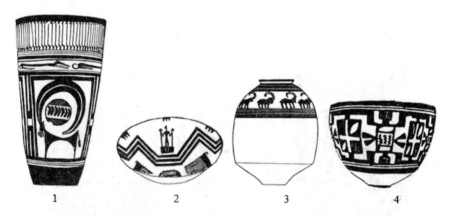

1.动物＋几何纹：苏萨 A 遗址，距今 6000～5500 年左右；2.立在台墓上的精灵：苏萨 A 遗址；3.山羊纹＋几何纹：西雅克遗址Ⅲ，距今 5500 年左右；4.拟人化神人纹：巴孔遗址 A，距今 5400 年左右。

图 4-33　西亚彩陶象征图画（图片来源：王兴运）

[①] 王兴运：《古代伊朗文明探源》，商务印书馆，2008 年，第 59～73 页。

苏萨 A 遗址之后的时期,原始埃兰文字已经出现。王兴运(2008:274)列举了 150 个左右的埃兰象形文字,这些字符目前尚未被释读出来,如图 4-34 所示。埃兰象形文字中的部分动物符号和几何形符号,在陶器图案和几何纹饰中也有发现,两者应有一定的关联。当然,这种符号的关联并不局限于陶器符号一个来源,埃兰印章符号,甚至苏美尔文字都有可能对埃兰文字有所贡献。

图 4-34 埃兰象形文字(图片来源:王兴运)

南美洲印加文明具有丰富多彩的彩陶图画艺术,象征艺术更是十分发达。在公元前 5~公元前 4 世纪的区域发展时期,秘鲁南部沿海的区域性文化制造出五彩缤纷的彩陶器和纺织品,其上布满了各种繁缛而丰富的彩陶纹饰,其动物纹饰多含象征意义。[①] 图 4-35,1 莫切文化彩陶象征图画,器表上部雕塑一位神人,器腹上部彩绘了两只内盛粮食的盘子,盘子旁彩绘了一只平底球形腹提梁瓶,整幅画面表现了祈求神灵保佑粮食丰产的愿望;图 4-35,2 是莫切文化神话人物彩陶象征图画,腹部外壁彩绘两个神话人物,正面神人头戴动物形冠,带羽毛半月形冠饰,腰部一大蛇作为腰带,侧面神人身穿兽皮衣服,两人似乎正在围绕一种动物争执,充满趣味;图 4-35,3 圆提梁彩陶瓶器表分层,颈部彩绘三角纹和圆点纹,颈肩部以双道平行弦纹为界内绘蛇纹,下部绘圆点纹,瓶底部彩绘宽带图案,整幅画面层级分明,对比明显,蛇纹具有象征含意;图 4-35,4 彩陶杯外壁满布象征图案,以粗竖线构成绘图框架将器表左右分开,腹部主画面彩绘一 X 状艺术化鸟头,具有明显的象征功能,侧面彩绘双色 S 形图案,则兼具装饰与象征功能。

---

① 中国国家博物馆等:《失落的经典:印加人及其祖先珍宝展》,中国社会科学出版社,2006 年。

1. 陶瓶神人雕塑与图形：高 24.5 厘米，腹径 17.3 厘米，口径 2.1 厘米，莫切文化，距今 1800～1300 年；2. 陶瓶神话人物：高 28.5 厘米，腹径 14.9 厘米，口径 2.6 厘米，莫切文化；3. 蛇纹＋几何形图案：莫切文化；4. 陶杯鸟头、几何纹：高 7.8 厘米，口径 13.8 厘米，瓦里文化，距今 1500～1400 年。

图 4－35　印加文明彩陶象征图画（图片来源：中国国家博物馆等）

　　中国境内史前时期考古发现的灰黑陶象征图画数量虽不算多，但也有若干具有象征意味的陶器人面纹与动物纹饰，同时伴随出土了一些人与动物的雕塑图，以及骨、石、木制品上的人物、动物图案和雕刻纹饰。图 4－36,1 是距今 7300 年左右的安徽蚌埠双墩文化中出土的人面像，刻画于灰黑陶罐外沿下，人面光头。粗眉大眼，枣核形嘴，细颈，额头上似有同心圆图案，具有明显的象征意味。图 4－36,2 是双墩浅圈足形底碗上刻画的重弧线鱼纹，从不同方向重叠刻画了三条鱼的形状。图 4－36,3 是碗底部刻画的怀孕的母猪图像，猪的腹部尤其肥大，背上还中了一支标枪。虽然图形比较写实，但考虑双墩遗址发现的为数极少的几例动物图形多具有象征性质，故此一猪图形仍具有象征功能。图 4－36,4 是河姆渡文化一期圆角长方钵上发现的猪图形，表现为长嘴、竖耳、短尾长腿，鬃毛竖起，猪腹部刻画了圆

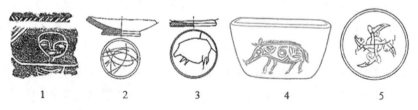

1. 人面纹：86T0720③:123,蚌埠双墩；2. 重线鱼纹：91T0719⑱:55,蚌埠双墩；3. 猪纹：91T0719⑮:34,蚌埠双墩；4. 猪纹：河姆渡一期，距今 7000～6500 年；5. 四鸟旋纹：河姆渡四期，距今 5600～5300 年。

图 4－36　中国境内灰黑陶上的象征人物、动物图画

圈纹和其他植物纹图案,具备明显的象征含意。图4-36,5是河姆渡四期文化中发现的泥质灰陶豆盘内壁刻划的对称性图案,中间有一个表示太阳的圆圈,两鸟连成一体,顶端是两两对称的鸟头,整幅图案呈顺时针方向围绕着中间的太阳纹旋转,表现了一种神秘的意象,同样具有明显的象征功能。

　　中国境内彩陶器上的象征图画要比灰黑陶器之上更加丰富。图4-37,1~2是著名的仰韶文化半坡类型的"人面鱼纹",该图有许多不同样式,似与母系氏族社会里盛行的大母神崇拜有关,鱼纹隐喻生殖与子嗣绵延。有关半坡鱼纹的详细讨论(详参第三章第二节讨论)。图4-37,3~4是仰韶文化庙底沟类型中常见的侧视与正视鸟纹,其中鸟纹隐喻太阳鸟,圆点纹隐喻太阳。图形3将表示太阳黑点纹与表示鸟的双弧线纹压缩在一起,描绘了一只在空中翱翔的太阳神鸟的形象;图形4描绘了正面飞翔的太阳鸟,鸟有三足,正面鸟纹两周弯弧线表示侧飞鸟纹的羽毛,下部的圆点代表太阳,两类图形都极具神秘色彩,富有象征功能。图4-37,5是比较直观的鸟衔太阳图形,此图形中的鸟图形与太阳图形都比较写实。但鸟代表太阳鸟,鸟嘴衔的黑点表示太阳,明显具有象征功能。此类图形表现的内容应与中国东南部地区流行的"日出入"神话有所关联(参见第二章第二节讨论)。马家窑文化半山类型和马厂类型中有着名的"人蛙纹",人蛙纹的样式与变体很多,但基本的图案是人形与蛙肢的组合,在人蛙纹的周围通常还有网纹、

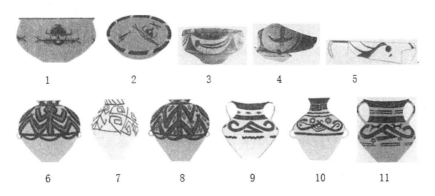

1.外彩人面鱼纹,西安半坡,仰韶文化半坡类型;2.内彩人面鱼纹,临潼姜寨,仰韶文化半坡类型;3.侧面太阳鸟:陕县庙底沟,仰韶文化庙底沟类型;4.正面太阳鸟:陕县庙底沟,仰韶文化庙底沟类型;5.鸟衔太阳图形:仰韶文化大司空类型;6.人蛙纹:甘肃临洮,马家窑文化半山类型;7.人蛙纹+符号:青海乐都柳湾,马家窑文化马厂类型;8.变体人蛙纹:青海民和,马家窑文化马厂类型;9.双勾曲纹:东乡祁扬盐场,辛店文化;10.双勾曲纹+日月纹,甘肃永靖,辛店文化;11.双勾曲纹+动物纹,甘肃永靖,辛店文化张家咀类型。

图4-37　中国境内彩陶器上的象征图画(图片来源:张朋川等)

葫芦纹等几何形纹饰作为辅助。图4-37,6人蛙纹的圆首内绘有棋盘格纹,肢节末端有象征指爪的分叉纹,人蛙形象神秘威严,与两侧象征生命之水的彩绘棋盘格纹相配,隐喻生命之源;图4-37,7在一件白底红陶罐上用红彩绘制了一位人形蛙肢神人纹,神人纹头部用重圈表示,旁绘变异口形纹,隐喻神人具有充沛的生命力。图4-37,8省略了人蛙纹的头部,并在蛙肢的空间填充了象征生长的种子纹,隐喻蛙神的生命力,其中的种子纹起辅助说明的作用。有关人蛙纹的讨论(详参第四章第三节)。辛店文化的双钩曲纹同样有丰富的样式与变体,经常与太阳、月亮、动物、人物组合起来,具有再明显不过的象征功能。图4-37,9是一件单独出现的双钩曲纹,该纹饰很可能是由面对面的双犬纹演变而来。图4-37,10在双钩曲纹的肩上绘有日、月图像,图4-37,11则绘有双犬的图像。

三、象征的人物、动物小雕像及巨型堆塑

在文字出现之前,除了史前岩画和史前陶器上二维平面的象征图画之外,在考古发掘的中外陶器、石器、玉器、骨器及早期金属制品中都发现了一定数量的象征人物与动物小造像,以及巨大的神话动物堆塑。许多史前造像都使用于原始的宗教祭仪或场景中,具有明显的隐喻功能。

在第二章第二节里,我们已经简要介绍过欧亚大陆发现的许多旧石器时代晚期至青铜时代早期维纳斯女神小雕像,指出她们是欧亚大陆史前大母神崇拜的产物,与这个地区广泛流行的女神崇拜神话密切关联。我们同时还简略介绍了西亚两河流域和美索布达米亚平原地区出土的部分史前神话人物、动物造像及其神话含意。此处我们再补充一些西亚史前考古中发现的、明显具有象征功能的神话人物与神话动物小雕塑。

在安纳托利亚考古中,发现了距今9000年左右,世界上最早的两座古城——约旦的杰里科和卡塔尔-胡尤克,在这两个遗址及周边遗址中,出土了一批史前时期的人物、动物雕像。图4-38,1是该地神庙中出土的1件面部已毁,后脑勺爬着一条蛇的雕像。图4-38,2是另一件在石碗残片上浅浮雕的宗教仪式图像,该浮雕的中间有一只甲鱼或蟾蜍状的动物,两边是伸展胳膊跳舞的一男一女,靠右边的男子旁边还有一条头朝下的鱼,应该是在举行某种祭祀仪式,中间的动物可能象征丰产。距今5500年左右,叙利亚北部的布拉克丘遗址出土了成千上万的名为"眼睛偶像"的小雕塑,人物的头部仅突出大大的眼睛,缺少其他五官。图4-38,3左图描绘的是并排站立的一对夫妇,中图是一位带着高高头饰的官员或祭司,右图是一对母子,子前母后。图4-38,4是在乌鲁克伊南娜女神庙遗址中出土的用于祭

祀的陶塑奶牛小雕像,这些奶牛小雕像出土于神庙遗址,作为女神的祭祀用品,显然具有明显的象征功能。图4-38,5是出土于埃兰遗址的长着狮头的石灰石女神像,应是女神崇拜的产物。图4-38,6是出土于苏萨遗址的抱着陶瓶的公牛像,或许表现了一种图腾动物。图4-38,7是一枚古代印章,上面刻着一位长着山羊头的动物之王,它是印章拥有者的家族图腾。以上艺术品出现的年代与乌鲁克古朴文字、原始埃兰文字出现的时间大致同时或略早,这些艺术造像主要使用在宗教祭祀的场景之中,其中一些表现神话的内容,都有明显的象征意义。

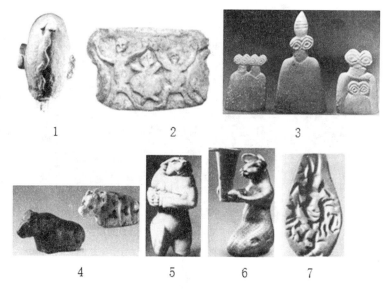

1.神像:尼瓦里·科利遗址,距今9000年左右;2.丰产仪式:尼瓦里·科利遗址,距今9000年左右;3.眼睛偶像:叙利亚布拉克丘遗址,距今5000年以上;4.陶塑小动物:乌鲁克,距今5000年以上;5.石灰石狮头女神像:高9厘米,埃兰,距今5000年;6.抱陶瓶的公牛:高16.3厘米,苏萨,距今5000年;7.长着山羊头的动物之王:卢里斯坦:距今5300年。

图4-38 西亚象征人物、动物小雕塑(图片来源:1~4.戴尔·布朗;5~7.高火)

距今3000年左右,在今美国境内的中、东部地区,"伍德兰得传统"的雏形开始出现。该传统以种植庄稼、制作陶器和因重视葬礼而筑丘闻名于世。由于他们擅长依照山丘建筑坟墓,因而被称为"筑丘人"。距今2500~2000年,美国东北部临近大湖区的阿德纳人特别重视葬礼,他们为此建筑了巨大的土丘和堆塑,此类巨大堆塑遍布爱荷华、威斯康星和明尼苏达各州,数量多达300~500座。图4-39,1是阿德纳人所建的一座巨大的象形土丘,该蛇型土丘沿着一座山岭的高低起伏而建,嘴巴张开,似乎正在吞咽猎物。距今2100~1600年,霍普韦尔文化在该地继之而起,该文化有发达的贸易,他们更加注重豪华的葬礼,在墓冢周围筑起巨大的围场,作为附近村落举行祭祀典礼的聚集之地,墓葬中的随葬品类繁富,数量更多。图4-39,2是一件霍普韦尔人制作的云母鸟爪,用来陪葬。距今1200年左右,密西西比人创作出许多具有丰富象征含意的史前艺术品。图4-49,3是一件雪松制人头形鹿角面具,该面具将人头与鹿角整合在一起,用于祭祀仪式中,具有明显的巫术功能;图4-39,4表现了密西西比人的神话故事,故事讲述的是一个逝去的女人正在耕种从蛇身里发芽的藤蔓,这在密西西比神话里是肥沃多产的象征。

1

2　　　3　　　4

1.巨大的蛇型土丘堆塑(鸟瞰图):长度1英里,俄亥俄州亚当斯县,距今2100～公元1500年;2.云母鸟爪:霍普韦尔文化,距今1800年左右;3.雪松人头鹿角面具:俄克拉荷马的斯比罗,密西西比文化,距今1200～500年;4.下界耕种的妇女:密西西比文化,距今1200年～500年。

图4-39　伍德兰得传统象征人物、动物(图片来源:戴尔·布朗)

与美国东部霍普韦尔文化和密西西比文化大致同期,美国西南三种主要的印第安原住民文化由于擅长在干旱地区的悬崖之上建筑房舍,因此被称为"崖居者"。据说这些古代人群跟现代印第安部落祖尼人、霍皮人(Hopi)、帕帕格人(Papag)存在某种联系。

距今1800～1450年,霍霍卡姆文化发展起来。霍霍卡姆人建造了技术复杂的水利灌溉工程,种植粮食,制作黄底红色的陶器,并用石片制作蛇、蟾蜍、鸟等各种动物小雕塑,还使用酸蚀技术在贝壳上蚀刻出精美的图案。图4-40,1是霍霍卡姆文化黄底红色人像陶瓶,陶瓶脸部和身体上布满各种纹饰;图4-40,2是一对石制调色板中的一件,该调色板被制成蟾蜍形状,是一种丧葬礼仪用器,具体的用途是在火葬仪式中压磨混合面部和身体的颜色。与霍霍卡姆文化同期的莫戈隆文化地处亚利桑那与新墨西哥交界处的莫戈隆山脉边界,他们建造了独具特色的复合式房屋单元,被称为"普韦布洛",他们是现代美国西部印第安普韦布洛人群的祖先。其中的一支明布雷斯人特别擅长制造陶器,他们制造的黑白花纹陶器远近闻名。图4-40,3是明布雷斯人制作的一只陶碗上的蜥蜴,中间的破洞依然是祭祀时有意打破留下的痕迹。同一时期的阿那萨齐人居住在美国西南部崎岖的高原台地上,虽然占地面积很大,但气候极端恶劣。由于他们擅长编筐,所以被称为"编筐人"。起初,他们居住在悬崖边上坑道式的房屋中,后来他们学会了陶器制作技术。图4-40,4是阿那萨齐人制作的人像陶瓶,人像面部有明显的文身图案。

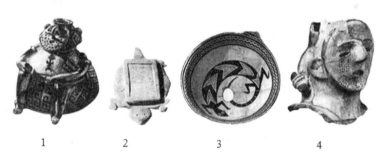

1.陶瓶人像:霍霍卡姆文化;2.礼仪用调色板:霍霍卡姆文化;3.陶碗上被故意打破的蜥蜴纹,莫戈隆文化;4.陶瓶人像:高6英寸,阿那萨齐文化,距今1100年左右。

图4-40 美国西南部印第安人的象征雕像(图片来源:戴尔·布朗)

北美西北海岸印第安海达人、特林吉特人、钦西安人等原住民部族都有在驻地竖立图腾柱的习俗。高大的图腾柱上从头到脚雕刻了许多的图腾动物,每一根图腾柱都有与之相对应的神话故事,有的图腾柱讲述部族的历史,有的讲述房屋的起源,有的讲述神话动物创世的故事,有的是对所树立之地主权的宣示,等等,虽然功用各异,但图腾柱艺术都是典型的象征艺术,可归属于象征型前文字之中,这是毫无疑问的。详见第二章第二节讨论,此不赘述。

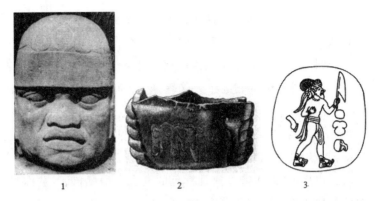

1.奥尔梅克巨人头像:距 2900 年左右;2.奥尔梅克石碑文字,距今 2900 年左右;3.拉文塔 13 号纪念碑文字,距今 2500～2400 年。

图 4-41　奥尔梅克象征雕塑与图符(图片来源:王霄冰)

距今 3500～2500 年的奥尔梅克文明通常被认为是中美洲文明的共同母体,奥尔梅克人制作了大量精美的石雕作品,上面布满了跟文字近似的图形符号。图 4-41,1 是建造于圣洛伦索纪念碑式巨人像,此类头像高 1～3 米之间,共有 5 件。在这件头像帽盔上还刻有表示身份的图符。图 4-41,2 是同一地点发现的石质蓄水池,外表上所刻的雨点似的图符号应表示"雨水"。图 4-41,3 是出现在拉文塔第 13 号纪念碑之上的,这是目前能够确认的最早的奥尔梅克文字。这块石碑上右边的两个符号可能是表示碑刻人物身份的人名符,人物身后的脚印可能是一个表示某种动作的动词。

距今 2600 年～2400 年,在中美洲前古典时代中晚期,纳克贝、瓦哈克等玛雅遗址就已经能制造大量精美的石质祖先雕像、神灵与祖先面具以及神圣动物雕像,这些玛雅艺术品既是君权与神权结合的显证,证明统治者通过对艺术品的占有施行至高无上的权力,又是其后成熟的玛雅文字重要的取形对象与字符来源。在玛雅文字创制的过程中,这些艺术品所蕴含的种种史前意象与神话叙事同时被吸纳到文字之中,共同成就了玛雅社会最完善的玛雅表意文字。跟世界范围内其他早期文字的情况一致,玛雅文字中的人名符、地名符、徽标一类的专有名词在玛雅文字中多为表意符,它们大多来自于图画、雕塑等象征艺术,或被文字整体借用,或被截取部分作为构形部件。图 4-42,1～4 是玛雅文字中的表意字符,有固定的读音,能够记录语言,成为表示雨神、玉米神、神圣动物大咬鹃鸟神、鹦鹉神的专有名词。它们都来自于玛雅图画、雕塑等多种形态的象征艺术图形。图 4-42,5～8 是帕伦克国王"盾牌"石棺棺盖四周边框上刻制的天空、太阳、月亮、金星等浅浮雕式的象征图画,也被成熟的玛雅文字系统自觉吸收并加以改造,成为其表意字符。王霄冰指出"中美洲文字的使用与当地盛行的艺术传统密不可分,而且文字本身也带有强烈的雕塑与绘画效果。反过来,一些玛雅的艺术作品中的图形,在结构上非常接近于文字。"①

1.表意字符:雨神;2.表意字符:玉米神;3.表意字符:大咬鹃鸟神灵;4.表意字符:鹦鹉神灵;5.浅浮雕式象征图画:表示"天空";6.浅浮雕式象征图画:表示"太阳";7.浅浮雕式象征图画:表示"月亮";8.浅浮雕式象征图画:表示"金星"。

图 4－42　玛雅浅浮雕式象征图画与玛雅象形文字（图片来源:王霄冰）

公元 1519～1150 年,来自墨西哥谷地的阿兹特克人在中美洲地区建立了一系列由大小不等的城邦国家和城市组成的松散联合体。阿兹特克社会奉行宗教祭祀,雨神和战神是最重要的神灵,他们认为只有不断地举行人祭和嗜血仪式,才能让神灵不至发怒,降罪于人。阿兹特克人不但延续了上述中美洲文明的传统,制作出许多石雕神像、武士像及神话故事绘画,还创造了自己的象形文字,现存有《门多萨抄本》。与玛雅文明的情况类似,阿兹特克石雕、绘画和手抄本文字使用的图符,尤其是神名符、地名符、徽标等与其雕塑、图画等象征艺术中的图符比较近似。如在著名的阿兹特克"世界末日石盘"上表示世界末日、美洲虎、太阳神、大火、暴雨、飓风的图符也会出现在阿兹特克雕塑与绘画之中。② 图 4－43,1～3 分别是猛虎骑士、羽蛇神和首都泰诺克蒂兰的城市徽标雕像和图画,它们同样作为字符被吸收到阿兹特克象形文字之中。

①　王霄冰:《玛雅文字之谜》,上海古籍出版社,2006 年,第 69 页。
②　〔美〕戴尔·布朗:《灿烂而血腥的阿兹特克文明》,万峰译,华夏出版社,第 2～3 页。

1.猛虎骑士;2.羽蛇神;3.阿兹特克雄鹰。

图4-43　阿兹特克象征雕塑与象形文字(图片来源:戴尔·布朗)

　　南美秘鲁太平洋南部沿海地区的纳斯卡谷地(Nazca Valley)和朱马纳大草原发现了著名的占地高达500平方千米的"纳斯卡线条(Nazca Lines)",即通常所说的"巨型地画"。地画只能在300米以上的高空观看,地面无法窥其全貌。地画图形有几何形、动物形、植物形和巨人形等,大多数直线地画的制作年代在距今4000～3500年。大多数动物形地画的线条宽度达十几厘米至几十厘米,地画长度数十米至数百米,甚至数十千米。动物地画的制作年代距今2000～1500年。这些地画被原住民用于观察天象或作为祭祀仪式的场所,具有一定的象征含义。图4-44,1是一幅巨大的蜂鸟,虽然图形相对写实,但已经有明显的程式化风格;图4-44,2是一幅

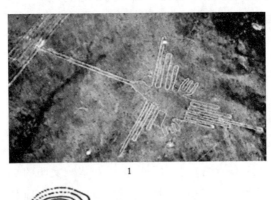

1

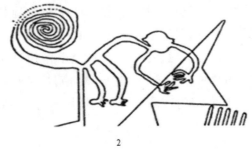

2

1.蜂鸟;2.猴子。

图4-44　纳斯卡巨型地画(图片来源:陈兆复等)

巨型的拟人化的猴子,它长着人手、人脚,身体弯曲,尾巴上翘,尾巴上部连缀着旋纹,下部两条平行线接地。

中国境内的许多史前遗址考古中不但出土了一部分人像和人像图画,而且还发现了一部分木、石、玉、陶、骨制的小动物象和动物图画,人像与小动物像伴随出土的情况也比较常见。有关人像的讨论已见第二章第二节,此处我们再补充一些小动像的材料。图4-45,1~5是距今7000年左右河姆渡文化一期出土的陶制小动物,这类陶制小动物都是手工捏制,尺寸比较小,其中还有双头连体的小猪,它们应是具有象征功能的神圣小动物雕像。图4-45,6~8是河姆渡遗址一期发现的木制神圣动物,木制神圣动物的尺寸相对较大,背面还有固定用的刻槽和钻孔,它们应是捆绑在一根木杆之上,插在原始居民驻地门前土中,用来表示氏族图腾的符号标识物,象征功能比较明显。①

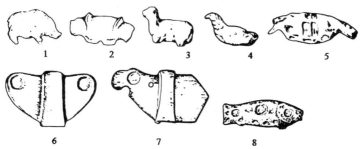

1.陶猪:T21④:2④,高4.5厘米,长6.3厘米,河姆渡一期;2.双头连体猪:T224(4A):6,高3.4厘米,长7.8厘米,河姆渡一期;3.陶羊:T16④:59,高4.5厘米,长6.3厘米,河姆渡一期;4.陶鸟:T214(4B):146,长7厘米,河姆渡一期;5.陶兽:T27(4):50,河姆渡一期;6.木蝶(鸟)形器:T17(4):37,长23厘米,宽13.5厘米,河姆渡文化一期;7.木蝶(鸟)形器:T17(4):91,长22厘米,宽12厘米,河姆渡文化一期;8.圆雕木鱼:T231(4B):309,长10.2厘米,河姆渡一期。

图4-45 河姆渡遗址象征小动物雕像

有时候,单个散见的小动物雕像的性质是不易确定的,尤其当我们遇到动物造型比较写实,又有一定的实用功能的动物小雕像时。但是,集中出土而又数量众多的陶质小动物,尤其是在大型墓葬和祭祀遗址出土的、充当人偶或陪葬品的陶制小动物,则具有明确的象征含意,这一点是毫不含糊的。如图4-46是湖北天门邓家湾遗址出土的各种石家河文化(距今4400~4000年)陶制小动物。该遗址是中国境内史前遗址中单一地点出土陶质小动物最多的地方,总数应在5000件以上。据动物学家的研究,小动物包括

① 浙江省文物考古研究所:《河姆渡:新石器时代考古遗址发掘报告》(上),文物出版社,2003年,第66~154页。

4 纲、13 目、17 科、23 种。① 这些陶制人偶与小动物都是用手捏塑的,出土时多数为残次品,尺寸大概在 5～10 厘米之间,它们大都发现于邓家湾两处大型祭祀遗址中。可以判断出这些陶制人偶和小动物与祭祀活动关系密切。张绪球认为:"石家河文化的陶塑动物是当时人们为祈求畜禽获得丰足的愿望而制作的。……至于人抱鱼的形象,似乎可以解释为巫师正在虔诚地进行祈祷,以求获得捕捞的成功和生活的丰足有余。"②任式楠认为:"石家河文化陶偶的功用,应属巫术活动中的施术用品,反映出石家河文化巫术的盛行和活跃,并可能已有较复杂的仪式。"③

　　邓家湾遗址出土的数量巨大,种类繁多的陶质小动物,并且把这些陶质小动物作为祭品使用的情况,在我们前面介绍过的苏美尔文明考古中同样发现过。比如在乌鲁克伊南娜神庙院落里出土的数量众多的奶牛、小牛犊雕塑。叙利亚北部布拉克遗址出土的成千上万的"眼睛偶像"雕塑等。这一现象提示我们:图形与造型是写实风格,抑或写意风格,并不完全决定该图形与造型的性质和功能,要准确判断一幅史前图画或一件史前雕塑的性质与功能,还必须牢牢把握住出土语境,这样才有可能最大限度的还原史前艺术品所要表达的真实含义。

1.陶人抱鱼偶;2.陶鸡;3.陶鸟;4.陶狗;5.陶狗;6.陶羊;7.陶羊;8.陶象;9.陶象;10.陶猴;11.陶袋鼠;12.陶鳖。

图 4－46　湖北天门邓家湾遗址陶塑小动物与人抱鱼偶(图片来源:张绪求)

---

① 武仙竹:《邓家湾遗址陶塑动物的动物考古学研究》,《江汉考古》,2010 年第 4 期,第 65 页。
② 张绪球:《石家河文化的陶塑品》,《江汉考古》,1991 年第 3 期,第 60 页。
③ 任式楠:《长江中游新石器时代的显著成就和特色文化现象》,《江汉考古》,2001 年第 1 期,第 48 页。

四、象征的"玉神器"与"玉礼器"

中国人自古就有爱玉、赏玉、崇玉的文化传统,玉在中国传统文化中具有十足的象征意义。中国的玉文化源远流长,在历史上占有极为重要的地位,而且至今绵延兴旺。至少从距今 8000 年左右兴隆洼文化开始,先民们就开始了玉器的制作和使用。

中国境内的史前玉器从功用上可以区分为玉装饰品、玉神器和玉礼器。这三类玉器在某个具体的遗址中经常出现共存的情况。玉装饰品有玉珠、玉串、玉球、玉管、玉镯、玉坠饰等,主要体现装饰与审美功能,至今仍在社会上普遍通行。至于玉神器和玉礼器这两类玉器,除了审美之外,还具有明显的"夸富"与"显贵"功能,具有重要的礼乐文化价值。在史前时期,权贵们对玉器资源的垄断等同于拥有财富和权力,对玉制品的占有等于拥有了通神的工具,有了这个工具就能在社会上占有政治权力,玉神器和玉礼器往往象征着神权与王权,绝非仅具审美和财富的价值。从符号功能的角度考察,玉神器和玉礼器即是史前时期象征形式的符号系统,它们在文字字符的符号构意方面发挥了独特的作用。

(一) 玉神器

"玉神器"又称"巫玉",主要是指在原始巫术—宗教语境中,起到一定通神作用的玉人、玉龙、玉凤、玉蝉、玉鱼、玉龟、玉鹰、玉鸟等。在史前社会里,玉神器是萨满降神的神器或法器,而镌刻在玉器表面的神圣图案,如龙、凤、兽面、獠牙,以及变化多端的卷云纹、羽状纹、菱线纹等纹饰也具有明确的神性功能。杨伯达指出:史前时代的玉质神圣小动物,"并非先民由于对现实鸟兽生态及其习性的喜爱并加以艺术的再现,而是出自原始宗教的虔诚信奉、崇敬神灵的主观信仰,遂以示意性、象征性的手法创造了动态单调、磨制简括、公式化、类型化的形象。"[①]

在距今 6000～5000 年的红山文化中,玉质神圣小动物雕像多发现在高等级贵族大墓中,出土时被发现或握在死者手中,或放置在胸前,或枕在头下,因此被认为是史前"玉殓葬"的可靠证据。图 4 - 47,1～7 是红山文化积石冢大墓中出土的玉质神圣小动物,这些神圣小动物显然已经是具有丰富意味的玉神器,并非仅仅是写实的动物雕塑。"尤其是置于胸前的玉雕龙和握于双手的玉龟,均较大而厚重,形象神化,且成对出现,显然已具

---

① 杨伯达:《"巫·玉·神"泛论》,载《中国玉文化玉学论丛》(三编下),紫禁城出版社,2005年,第 245 页。

神器性质。"①图4－47,8是红山文化牛河梁第十六地点(距今5600年左右)发现的红山文化积石冢中心大墓出土的成组玉神器,包括玉人/神、玉斜口筒形器、玉鸮及玉镯、玉环等。考古报告认为:"M4出土的玉器,既有表明一般巫者身份的玉斜口筒形器,又有表明死者世俗权力的玉镯和玉环,既有表明特定通神姿势的玉人,又有引领死者灵魂升天的玉鸮。结合玉器的出土位置,可以说墓主人既是通神的大巫,又是世俗社会的管理者,是目前已知红山文化晚期级别最高的宗教领袖,可能具有王者或以团体为本位的复杂酋帮社会盟主的身份。"②周晓晶指出:"红山文化积石冢石棺墓是萨满的墓葬。其中随葬的玉器,绝大部分上面有一二个小孔或一至数对牛鼻穿孔,可以缝缀于织物上作为装饰物或直接穿绳佩挂,出土时置于身体的胸、腹、腕、头部或握于手中。因此,它们应该是萨满神服上的饰物或神器,是萨满生时行神事时的助神或工具,死后随之入藏,这是红山文化玉器的基本属性。"③

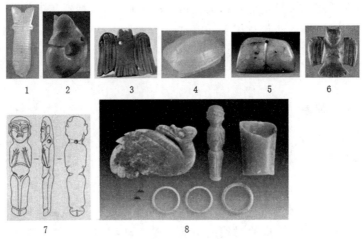

1.兽面纹玉牌:辽宁文物商店征集;2.兽面玦形饰④:牛河梁第二地点一号冢4号墓;3.绿松石鸮:东山嘴出土;4.玉龟:牛河梁第二地点一号冢21号墓出土;5.玉鸟形缀:N2Z4L:24,牛河梁;6.玉鸮:阜新胡头沟;7.玉立人/神全身像:N16M4:4,牛河梁第十六地点红山文化积石冢中心大墓;8.成组玉器:N16M4:4,牛河梁第十六地点红山文化积石冢中心大墓。

图4－47　红山文化"玉神器"(图片来源:辽宁省文物考古所)

①　辽宁省文物考古研究所:《牛河梁红山文化遗址与玉器精粹》,文物出版社,1997年,第26页。

②　辽宁省文物考古研究所:《牛河梁第十六地点红山文化积石冢中心大墓发掘简报》,《文物》,2008年第10期,第13页。

③　周晓晶:《红山文化动物形和人形玉器研究》,载《中国玉文化玉学论丛》(三编下),紫禁城出版社,2005年,第346~347页。

④　此类玉器先前被称为"兽形玉""玉龙""玉猪龙""玉雕龙"等,似不妥。杨晶改称"兽面玦形饰",当从(详参杨晶《中国史前玉器的考古学探索》,社会科学文献出版社,2011年,第42~43页)。

　　良渚文化是目前为止中国境内出土史前玉器最为丰富的史前文化,良渚文化中出土的玉器总数达上万件,仅在反山、瑶山两地的大墓中就出土了距今5000~4800年的2000余件随葬玉器。图4-48是良渚文化反山大墓中出土的部分玉鸟、玉鱼、玉龟、玉蝉等玉神器,这些玉神器不但制作十分精巧,具有装饰功能,而且"蕴涵了墓主人特有的'神''巫'功能和职权。"[①]穿缀这些神圣的玉制小动物的墓主人,"已经成为凌驾于部族一般成员之上的特殊阶层,或为巫觋,或为军事酋长。其中M12、14、16、17、20的墓主人更可能是身兼酋长、巫师的人物。"[②]刘斌指出:"飞翔状的圆雕玉鸟,目前主要见于反山、瑶山两遗址,共出土有五件。其形态颇似展翅飞翔的燕子,在鸟的腹部均钻有牛鼻状隧孔。出土时一般位于墓主人下肢部位,推测应是缝缀于巫师衣袍下部的一种功能性装饰。……巫师作为神的扮演者,将鸟缝缀于衣袍的下部,在跳神中充当驾鸟飞降的神灵,其寓意是十分明显的。"[③]

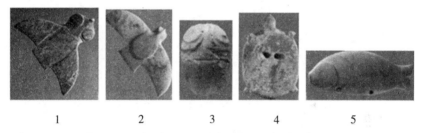

　　　　　　　1　　　　　　2　　　　　　3　　　　　　4　　　　　　5

1.玉鸟:M14:259,长4.36厘米,宽5.33厘米,厚0.93厘米,余杭反山;2.玉鸟:M17:60,长2.54厘米,宽4.73厘米,厚0.63厘米,余杭反山;3.玉蝉:M14:187,长2.35厘米,宽1.6厘米,厚0.95厘米,余杭反山;4.玉龟:M17:39,长3.2厘米,宽2.2厘米,厚0.55厘米,余杭反山;5.玉鱼:M22:23,长4.83厘米,厚0.7厘米,余杭反山。

图4-48　良渚文化"玉神器"

　　距今5300~4600年的安徽含山凌家滩遗址大墓出土了约600余件精美的玉器,它们"不但是财富、权力的标志,又是统治者祭天祀地、沟通神灵的法物。出土的玉龙、玉鹰、长方形玉版、玉龟、玉人和刻画的神秘纹饰等,表现出宗教信仰在凌家滩社会中煊赫的地位和作用。"图4-49,1的玉鹰被认为是凌家滩氏族的徽帜,"表现了鹰、猪、太阳、宇宙之神,……或许表明持有这件器物的主人可能具有至高无上的地位,可能是占卜求神的巫人或是

————————

　　①　浙江省文物考古所:《反山》(上),文物出版社,2005年,第368页。
　　②　浙江省文物考古所反山考古队:《浙江余杭反山良渚墓地发掘简报》,《文物》,1988年第1期,第30页。
　　③　刘斌:《神巫的世界》,杭州出版社,2013年,第105页。

首领,用鹰表示上空,送上猪,求主神灵保佑。"①图4-49,2~3大墓出土的"玉人",可能是"东夷的一支——淮夷的巫觋事神时祈祷的形象"。② 图4-49,4是凌家滩遗址出土的玉猪,利用玉料的自然形态雕刻而成,体形较大,长72厘米,宽32厘米,重88千克,被放置在凌家滩遗址07M23墓口之上,"显然是用来表明墓主人的地位,是财富和权力的象征,突出表明了墓主人的权力、地位及其信仰。"③图4-49,5~7是成套出土的玉器,图7的玉版出土时夹在图4-49,5~6的玉龟背甲和腹甲之间,它们一起放置在墓主人的腹部位置,"玉龟为巫卜器具,玉版上的图案纹饰等与原始占位、八卦有关,或推测为'巫'字。"④图4-49,8是凌家滩遗址发现的成组玉龟和玉签的组合,"初步推测这是一组占卜工具,它们的发现表明凌家滩遗址所处的远古时期,占卜和原始八卦在上层社会已经普遍运用,反映出当时人们对于天体、宇宙等的认识。人们崇拜神灵,利用长寿的龟作为人与天沟通、交流的载体,而拥有占卜工具和手段的人(巫)代表了神的意志,也就能够维持其统治权力。"⑤据2022年12月7日《光明日报》报道,近年来"凌家滩遗址考古发掘工作取得重大阶段性收获,发现了超大型高等级公共礼仪性建筑,同时出土了一批造型独特,工艺精湛的玉石器",如图4-49,9~11所示,它们是迄今为止该遗址考古发掘出土的体量最大的玉钺、玉璜,以及造型奇特,工艺精湛,为当前中国史前考古发现中仅见的玉龙首形器。

距今4200~4000年的江汉平原石家河文化发现了许多史前时代的玉神器。如玉神人像、虎头像、玉蝉、玉龙、玉凤、玉鹰、玉羊、玉鹿等,其中又以玉神人像、玉蝉小雕像、和玉虎头像最具代表性。这些玉神器大多发现在瓮棺之内,主要作为瓮棺葬的随葬品来使用。"瓮棺的形制有大小之别,随葬玉器的多寡和质量亦悬殊。小型瓮棺一般不出玉器,而大型瓮棺却随葬十余件甚至几十件玉器。如肖家屋脊W6,属大型瓮棺葬,共随葬玉器56件,

---

① 安徽省文物考古研究所:《安徽含山县凌家滩遗址第三次发掘简报》,《考古》,1999年第11期,第10页。

② 杨伯达:《"巫·玉·神"泛论》,载《中国玉文化玉学论丛》(三编),紫禁城出版社,2005年,第234~235页。

③ 安徽省文物考古研究所:《安徽含山县凌家滩遗址第五次发掘的新发现》,《考古》,2008年第3期,第16页。

④ 杨竹英、张敬国:《论凌家滩玉器与中国史前玉器》,载《中国玉文化玉学论丛》(三编),紫禁城出版社,2005年,第396页。

⑤ 安徽省文物考古研究所:《安徽含山县凌家滩遗址第五次发掘的新发现》,《考古》,1999年第11期,第10页。

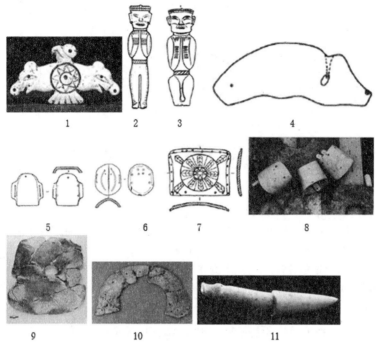

1.玉鹰:M29:6,安徽含山凌家滩;2.玉立人像线图:87M1:1,安徽含山凌家滩;3.玉坐人像线图:98M29:14,安徽含山凌家滩;4.玉猪线图:07M23,长 72 厘米,宽 32 厘米,重88kg,安徽含山凌家滩;5.玉龟背甲线图:M4:35,安徽含山凌家滩;6.玉龟腹甲线图:M4:29,安徽含山凌家滩;7.玉版线图:M4:30,安徽含山凌家滩;8.成组玉龟组合器放置图:07M23,安徽含山凌家滩;9.玉钺:长 38.3 厘米,上宽 24.3、下宽 28.5 厘米,为凌家滩遗址目前发现体量最大石钺,也是目前发现的中国新石器时代最大的石钺;10.宽体玉璜:外径 23.6 厘米,为凌家滩目前发现的最大的玉璜,也是目前发现中国新石器时代最大的玉璜;11.玉龙首形器。

图 4 - 49　安徽凌家滩遗址出土"玉神器"

其数量之多,质量之精,当属少见。"①图 4 - 50,1~8 是石家河文化晚期的部分玉神人像,张绪求指出:"石家河文化中出土的人面雕像,个个穿戴整肃,仪态不凡,有的还戴着兽角形的头饰,这些人看来并不像是普通的部落成员,倒有可能是巫觋一类的宗教人物。古人大概认为,挂戴这些人像,便可以依靠他们,沟通人和神的关系,从而得到神灵的庇护。"②图 4 - 50,9~16 是石家河文化瓮棺中发现的玉龙、玉凤、玉鹰、玉蝉、玉虎等神圣小动物像,它们是巫师通神的工具,其中以玉蝉和玉虎的数量最多,目前发现的玉蝉数约 50 余件,仅在肖家屋脊一地就多达 33 件。此外,玉虎也有 9 件之

①　刘德银:《石家河文化的玉器》,《收藏家》,2000 年第 5 期,第 2 页。
②　张绪求:《石家河文化的玉器》,《江汉考古》,1992 年第 1 期,第 60 页。

多,仅在肖家屋脊 W6 中就发现了 3 件,而且制作精良,个体也较大。①

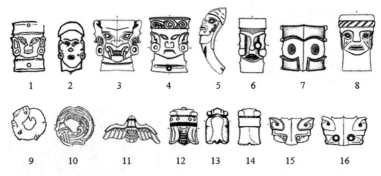

1.玉神人像:T20③:B:3,罗家伯岭;2.玉神人像:W18:1,钟祥六合; 3.玉神人像:W6:32,肖家屋脊;4.玉神人像,W6:14,肖家屋脊;5.玉神人像,W6:17,肖家屋脊;6.玉神人像,W6:41,肖家屋脊;7.玉神人像,W6:38,肖家屋脊;8.玉神人像,W7:4,肖家屋脊;9.玉龙:T7①:6,罗家伯岭;10.玉凤:T32③A:99,罗家伯岭;11.玉鹰:W6:7,肖家屋脊;12.玉蝉(W71:2);13.玉蝉(W6:61)14.玉蝉(W6:40);15.玉虎头像(W6:19);16.玉虎头像(AT13①:1)。

图 4-50　石家河文化晚期玉神人像、玉神圣小动物像

(二) 玉礼器

"玉礼器",又称"礼玉",是指玉璧、玉琮、玉斧、玉钺、玉璋、玉圭、玉勾云形佩、玉三叉形器、玉璇玑等用来礼敬神祇的玉器,尤其是成组出现的礼玉,它们出现在史前社会公共祭祀礼仪中,象征着权贵们对财富、神权和世俗管理权的占有,具有重要的象征功能。

除了上面介绍过的玉鸟、玉龟、玉鱼等玉神器,在良渚文化反山遗址高等级大墓 M12、M14、M16、M17、M20 中,还出土了大量的玉璧、玉琮、玉钺、玉三叉形器等玉礼器,其中的 M23 随葬 54 件玉璧,M14、M20 也一次性出土随葬玉璧数十件。在瑶山遗址高等级大墓 M7、M11、M12 出土也有大量的玉琮、玉钺、三叉形器、锥形器等,但却未见玉璧。如图 4-51,1 所示的玉璧在良渚文化中是较为常见的玉礼器,考古发现的玉璧少见纹饰和图案,但传世玉璧上常常发现"三层台"式的祭坛图案。玉璧首先是一种"以玉事神"的祭品和财富的象征,至后世才作为祭天的礼器。② 如图 4-51,2 所示的玉琮是良渚文化原创的器型,而且在所有玉琮之上都刻有神徽图案,没有例外。张光直认为:"琮是天地贯通的象征,也便是贯通天地的一项手段或

---

① 石家河考古队:《肖家屋脊》,文物出版社,1999 年,第 319～326 页。

② 刘斌:《神巫的世界》,杭州出版社,2013 年,第 73 页。

法器。"①邓淑苹(1988:25)认为:玉琮在原始的典礼活动中时被套在原柱的上端,用来象征神祇祖先。杨建芳(1990:63)认为:玉琮只是神人或神兽,或二者结合的具体化和立体化,类似今日圆雕或浮雕的神人像。图4-51,3只是反山大墓成套玉钺仪仗中的钺,此外还有配套的玉龠、玉镦同时出土,当为成套玉钺依仗。此件玉钺带有神徽图案,它是良渚权贵威权的象征,具体表现了神权与军权的融合。图4-51,4是瑶山大墓出土的玉三叉形器,考古报告认为可能是巫师头冠上的装饰。

1.玉璧:直径20.1厘米,孔径4.85厘米,厚1.63厘米,反山M23:192;2.玉琮王:通高8.6厘米,射高17.6厘米,孔径4.9厘米,重6500克。反山M12:98;3.玉钺王:长17.9厘米,刃宽16.8厘米,重6500克,反山M12:100;4.三叉形器:高4.8厘米,宽8.5厘米,厚0.8厘米,瑶山M7:26。

图4-51　良渚文化玉礼器

相对前面介绍过的以神圣动物小雕像为代表的红山文化、良渚文化和石家河文化的玉神器而言,此处所说的良渚文化的玉璧、玉琮、玉钺、玉三叉形器等玉礼器,尤其是成套玉礼器及其上的神徽图案则是一种代表社会公共权力的"礼器",并不限于巫师个人所有。

如果说将玉加工成玉神器和玉礼器的做法主要出现在仰韶文化时期,那么,到了龙山时代,由于史前中国南北各地域性玉文化出现向中原腹地迅速聚拢的态势,山东龙山玉文化、石家河玉文化、华西系的石峁遗址、陶寺遗址及甘青地区齐家玉文化等地域性玉文化最终汇聚成高度交融共生的华夏玉文化体,玉礼器在各大史前文化中则更多被用为"礼兵""礼币"和"瑞玉",因而具有较高的社会流通价值和象征功能。玉兵类礼器风格质朴,尺寸较大,较少装饰,也没有图案。这是因为:制度化的"玉兵"礼器不再需要过度依赖图像化的表现形式,其自身就具有神圣祭祀与军事威权的双重性质,而更倾向于军事权力。龙山时代玉兵类礼器的出现和制度化,充分反映了这一时期战争频繁,各地域文化交融速度加快的史前文化发展大趋势。此外,

①　张光直:《谈"琮"及其在中国古史上的意义》,载《中国青铜时代》,生活·读书·新知三联书店,1999年,第293页。

龙山时代的华西玉器还在几个相邻的地域文化,如齐家文化、龙山文化陶寺类型和石峁遗址之间用作商品交换和经济活动中的货币,并且出现了不同价值的玉币等级。①

山东龙山玉文化中用于礼敬神祇的玉璧和玉琮相对较少,但"玉兵类"礼器,如玉斧、玉钺、玉戚、牙璋、玉锛和玉簇等却数量较多,而且多发现于龙山文化大墓或聚落中心,其功用已经脱离实用,成为一种代表军事威权的象征物。如图4-52,1～4所示玉璇玑、牙璋、玉钺、玉锛等,都是史前时代象征军事威权的礼兵器。"从大多数没有使用痕迹和在墓葬中所处的显要位置看,这些玉制品不仅完全脱离劳动工具范畴,而且在当时已具有相当高的象征地位。具体地说,生产工具玉制化,标志着当时社会生产领域已出现享有特殊权力的阶层。而兵器的玉制化,则标志着世俗权力的极度膨胀。"②

1.玉璇玑:五莲丹土;2.牙璋:临沂大范庄;4.玉钺:临朐西朱封;5.玉锛:日照两城镇。

图4-52　山东龙山文化"玉兵器"(图片来源:何德亮)

距今4400～4000年中原龙山文化陶寺类型已经出现明显的社会等级分层。陶寺遗址大墓的总数仅占1%左右,小型墓则占80%以上,形成一种金字塔式的比例关系。个别大墓的陪葬品异常丰富,如M301出土各类随葬器物约在200件以上,许多小型墓则仅有少量的陪葬品,甚至连一件都没有。作为社会身份、财富和权力象征的玉器,更是集中出土在少数大中型墓葬中。如陶寺遗址共出土玉石钺99件,大多数情况为1墓1钺,仅有11座墓出土2件以上。出土玉璧84件,大多数情况亦是1墓1璧,出土2件以上玉璧的墓葬有11座,但在M3015一座大墓中就出土了5件。陶寺遗址

---

① 何驽:《玉器能充当货币吗——齐家文化玉器功能解读新思路》,《中国社会科学报》,2017年4月27日,第7版。

② 何德亮:《山东史前玉器及相关问题探讨》,载《东方博物》(二十二辑),2007年第1期,第22页。

发现的玉礼器主要有璧、琮、圭等,玉兵器主要有双孔刀、玉钺、石镞、石锛等,在 5 座大墓中还出土了鼍鼓、特磬等礼乐重器,而且成套出现,似已形成一种制度,充分体现出大墓权贵的社会身份、权力与财富。图 4 - 53,5～6 的石磬与鼍鼓同出,且放置位置固定。该鼍鼓呈桶形,外壁有彩绘,鼓腔内有散落的鳄鱼骨板,应是以鳄鱼皮蒙鼓,即古文献中记载的"鼍鼓"。图 4 - 53,7 出土的"这种器物上、下口连通,不可能是容器。在大型墓中每与鼍鼓、石磬同出,故而推测或许是古文献中"以瓦为匡"的"土鼓"。① 高炜指出:"甲种大型墓的主人是陶寺部落中高踞于其他一切人之上的显贵。龙盘、鼍鼓、磬、土鼓、钺与多孔石刀证明,他们执掌着当时最重要的社会职能——祭祀和征伐。大量精美而饶有特点的彩绘木器、彩绘陶器、玉器、石器与装饰品,则是他们依仗权势攫取的社会财富,饱肥私囊的结果。"②

1. 玉璧:M1361:8,外径 12.8～13 厘米,孔径 6.5～6.6 厘米,厚 0.2～0.3 厘米;2. 玉琮:M1267:2,通高 2.5 厘米,中孔直径 5.8～6.2 厘米;3. 玉圭:M1700:3,长 17 厘米,宽 3.7～4.9 厘米,厚 1 厘米;4. 玉钺:M3168:10,长 17.4 厘米,宽 7.8～9 厘米,厚 0.34 厘米;5. 石磬:M3015:17,通长 79 厘米,高 32 厘米;6. 木鼍鼓(残):M3015:16,存高 93 厘米,上口直径 43～49 厘米,底部直径 46～50 厘米;7. 土鼓:M3002:53,通高 83.6 厘米,筒口直径 11.6 厘米。

图 4 - 53　陶寺遗址出土的"玉礼器"和"玉兵器"

距今 4300～3900 年陕西神木石峁遗址是龙山时代晚期至夏代早期的

① 中国社会科学院考古研究所山西工作队等:《1978～1980 年山西襄汾陶寺墓地发掘简报》,《考古》,1978 年第 1 期,第 37～38 页。

② 高炜:《陶寺考古发现对探讨中国古代文明起源的意义》,载《襄汾陶寺遗址研究》,科学出版社,2007 年,第 642～643 页。

超大型中心聚落和史前时代北方地区的商品流散之地。石峁遗址不但有牙璋、玉璧、玉璜、玉琮、玉铲、玉斧等玉礼器，玉刀、玉钺、玉戈、圭等玉兵器，也有玉人头像、玉鹰、玉鸟等玉神器。石峁玉器有种类丰富、数量多、尺寸大、用料杂等特点。石峁玉器虽然发现很早，但科学发掘尚不够充分，目前所知经科学发掘的石峁玉器主要见于城墙缝隙、基址和部分石棺之中，这些玉器的最大可能是祭祀用的礼器。图4-54,1所示牙璋是石峁遗址的代表性玉器，数量多，年代古，尺寸大而薄，缺少实用价值，应属于祭祀专用的礼器。戴应新认为："牙璋是黄河流域龙山文化新创的新器种，它是仿自农耕起土工具骨耜和木耜的基本器形制作的礼玉。"[1]杨伯达认为："目前出土玉璋最为集中的处所为石峁一地，共出土28件玉璋。据云，这些玉璋大多出自石棺葬，可知其为殓葬用玉，即"以敛尸"之璋……从石峁到二里头的早商墓葬出土的玉璋大多是用以'敛尸'的葬玉，……故其牙璋多为做工粗犷者。"[2]图4-54,2所示多孔玉刀"制作精美，极薄，不属实用器，应属玉礼器，或是仪仗用器。"[3]张长寿认为：神木石峁遗址出土的刀形端刃玉器乃是中国境内同类器的鼻祖，刀形端刃玉器与多孔刀是石峁文化的典型器物。这两种器物在二里头文化中都有发现，推测二里头文化中的此类玉器当直接来自石峁玉器的传统。[4]图4-54,3是石峁遗址发现的玉圭应是史前时代的"医疗器具，功能按压、刮磨、熨敷、凉沁、挤刺以收止痛疗病之效，可依需要制成不同形状。"图4-54,4是石峁遗址发现的玉璧，玉璧是典型的礼器，常与玉琮配合使用。《周礼·春官》："以苍璧礼天。"图4-54,5石峁遗址发现的牙璧（玉璇玑），其"可供佩戴，薄锐的外缘有切割功能，突出的牙和缺刻有锯齿的功效。"图4-54,7~9玉戈、玉斧、玉钺一类的器物是祭祀用的玉兵器，部分兼有实用工具的功能。戴应新认为："（石峁）戈为刺勾两用之兵器，……可用于实战或作礼玉。斧和钺乃劈杀和砍砸用武器或工具，是实用与祀礼兼用器。钺斧主征伐，是部落酋长身份与权力的标志。"[5]图4-54,6、10、11、12、13是石峁遗址中发现的玉雕人、玉质小动物等玉神器，它们都有通神功能，平时是巫师作法时使用的法器之一，被缝缀在衣服或悬挂在巫师身上，身后则会随其陪葬于石棺墓之中。杨伯达认为："石峁玉人头

①　戴应新：《回忆石峁遗址的发现与石峁玉器》（上），《收藏界》，2014年第5期，第46~47页。
②　杨伯达：《牙璋述要》，《故宫博物院院刊》，1994年第3期，第46页。
③　王长启：《石峁文化玉刀》，《收藏界》，2012年第6期，第109页。
④　张长寿：《论神木出土的刀形端刃玉器》，载香港中文大学考古艺术研究中心：《南中国及古邻近地区古文化研究》，香港中文大学出版社，1994年，第61页。
⑤　戴应新：《我与石峁龙山文化玉器》，载《中国玉学玉文化论考》续编，紫禁城出版社，2004年，第235页，第236~237页，第234~235页。

像是《山海经》里的'一目国''一目人'的物征,也是'鬼'部的图腾"。"石峁文化的创造者当为史前时期之'鬼'部的酋邦之一,石峁是殷代鬼方的驻地之一,其出土的 126 件玉器确是至关重要的物证"。[①] 从石峁玉雕人首像和玉蚕、玉璜、玉鹰、玉鸟的形态观察,它们或许来自江汉平原的石家河文化。

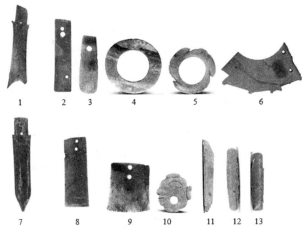

1.牙璋:长 32.9 厘米,宽 7.8 厘米,厚 0.15 厘米;2.多孔刀:长 24.5 厘米,宽 5.6 厘米,厚 0.4 厘米;3.玉圭:长 10.3 厘米,宽 3.2 厘米,厚 0.5 厘米;4.玉璧:外径 10.1～10.75厘米,内径 5.7～6.5 厘米;5.牙璧(玉璇玑):外径 6.1 厘米,内径 3.45 厘米,内缘厚 0.4厘米;6.玉璜:长 10.5 厘米,宽 4.5 厘米,厚 0.4 厘米;7.玉戈:长 24.9 厘米,宽 6 厘米,厚 0.6 厘米;8.玉斧:长 20.4 厘米,刃宽 7.3 厘米,厚 0.7 厘米;9.玉钺:长 10.7 厘米,宽9.7 厘米,厚 0.5 厘米;10.玉雕人首像:高 4.5 厘米,宽 4.1 厘米,厚 0.4 厘米;11.玉蚕:长 9.2 厘米,宽 1.4 厘米,厚 0.5 厘米;12.玉蝗:长 7 厘米,高 1.5 厘米;13 玉鹰:长 6.5厘米,高 1.6 厘米。

图 4-54　石峁遗址发现的"玉礼器"和"玉兵器"与部分"玉神器"(图片来源:戴应新)

距今 4100～3600 年,中国西北甘、青地区的齐家文化发现了大量玉器。考古发现的齐家文化玉器主要见于史前墓葬、房址和地层之中,器型厚重,制作简朴,不讲究抛光,基本上没有纹饰与图案,能熟练使用片切割、椭圆形管钻技术,但痕迹明显,伴随出土了成堆的玉料、玉芯、玉下脚料和玉器半成品,以及部分新器式。图 4-55,1～4 是青海民和喇家遗址出土的无孔玉璧芯、有孔玉纺轮(小璧)、玉料以及未完成的玉三角形器。叶茂林指出:"齐家文化玉器现象和它所处的时空位置,一定程度上表现出了具有沟通西部玉石产地与东部地区玉器文化的特殊地位和联结纽带作用。这既反映出在文化上的重要意义,可能也同时还有着某种经济方

---

① 杨伯达:《"一目国"玉人面考》,《考古与文物》,2004 年第 2 期,第 30 页。

面的意义。"①图 4 - 55,5～9 是齐家文化出土的玉璧、多联璜璧、玉琮、玉斧、多孔玉刀。在齐家文化部分墓葬中还发现了璧与琮、璧与刀、璧与钺的组合。如天水师赵村遗址 M8 发现的璧与琮组合,出土时玉璧与玉琮均位于墓主人下颌骨下边位置,东西并列,很可能是原始祭祀的用具。青海同德宗日遗址 M200 发现璧与刀的组合,可能是墓祭的遗迹。齐家文化玉器在总体上呈现出多璧而少琮的现象,但个别墓葬中陪葬品数量比较集中,如武威皇娘娘台遗址 M48 随葬玉石璧 83 件,M52 随葬玉石璧 20 件,其余只有数件至十余件。考古报告指出:"这次发掘的墓葬,有二十四座随葬玉璧和石璧,共二百六十余件。璧大小不等,有的很厚重,这种璧似不能作为装饰品。石璧在永靖秦魏家等齐家文化遗址和墓葬中都有发现,而以皇娘娘台遗址最多。我们认为,它不仅仅是一种装饰品,很可能是作为一种交换手段的货币用来随葬的。商品、货币的产生和发展过程,也是私有制和阶级起源的过程,它的出现,大大加速了私有制的形成和氏族公社的瓦解。"②

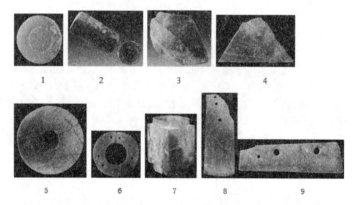

1.玉璧芯:直径 4.16 厘米,厚 0.58 厘米,青海民和喇家;2.玉琮芯:上端直径 3.8 厘米,下端直径 4.1 厘米,厚 7.9 厘米,青海民和喇家;3.玉料,长 10.6 厘米,宽 7.7 厘米,厚 4.4 厘米,青海民和喇家;4.三角形玉片:长 4.5 厘米,高 2.63 厘米,厚 0.14～0.36 厘米,青海民和喇家;5.玉璧:直径 18.4～18.6 厘米,孔径 4.8～5.1 厘米,厚 0.4～0.5 厘米,天水师赵村;6.三璜联璧:直径 7.3 厘米,孔径 3.4 厘米,厚 0.36 厘米,青海民和喇家;7.素面玉琮:高 12.8 厘米,宽 8.3 厘米,射径 8.3 厘米,静宁后柳沟;8.玉斧:长 15.2 厘米,宽 5 厘米,厚 1.2 厘米,甘肃静宁李店村;9.多孔玉刀:长 18.7 厘米,宽 3.7～5.6 厘米,厚 0.5 厘米,青海同德宗日。

图 4 - 55　齐家文化"玉礼器"(图片来源:叶茂林等)

---

① 叶茂林:《齐家文化玉器研究——以喇家遗址为例》,载张忠培、徐光冀:《玉魄国魂》,北京燕山出版社,2008 年,第 142 页。

② 甘肃省博物馆:《武威皇娘娘台遗址第四次发掘》,《考古学报》,1978 年第 4 期,第 443 页。

距今 3900～3600 年的河南偃师二里头文化,通常被认为是夏代或者早商时期的考古学文化。二里头遗址考古发现了明显的等级分化的痕迹,其中玉器的有无和多少即是其中的一个证据。在 400 多座二里头遗址墓葬中,仅有 23 座墓出土玉器。图 4－56,1～6 是出土的玉柄形器、玉斧、牙璋、多孔玉刀、玉璧戚、玉钺等玉礼器,而以柄形器最多。这些玉礼器尺寸较大较薄,未见使用痕迹,出土时多发现在墓主人的头部位置,估计是墓主人生前的祭祀用品,具有明显的象征功能。相对而言,二里头文化时期,当铜器出现并在社会生活中的日渐使用,社会形态从新石器时代晚期向青铜时代转型的过程中,玉器体现的巫风逐渐退却,玉礼器使用在庄严的场合,原始的具有较多政治威权功能的"礼玉"逐渐蜕变为具有伦理功能的"瑞玉",神性与威权性蜕变,道德与审美需求抬头,并孕育出此后中国社会二千年以来的玉文化流行趋势。

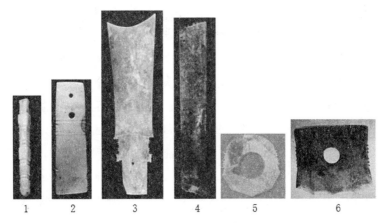

1.玉柄形器:长 17.1 厘米,柄部宽 1.8 厘米,厚 1.5～1.8 厘米;2.玉斧:长 21.1 厘米,宽 6.4 厘米;3.牙璋:长 54 厘米,宽 14.4 厘米,厚 0.8 厘米;4.三孔刀:长 53.5 厘米,宽 8.8 厘米,厚 0.7 厘米;5.玉璧戚:M11:5,直径 8～9 厘米,孔径 3.6 厘米～3.9 厘米;6.玉钺:长 11.2,上宽 5.8,下宽 6.8 厘米。

图 4－56　二里头文化"玉礼器"(图片来源:田凯)

总之,本节所说的象征型前文字都是"有意味的形式",无论是表现原始人梦幻、异象、精灵、心灵体验的图像或造像,还是主图形＋辅助记号的组合关系图形;无论是巫师像、人面神像、太阳神像、人的手印、脚印、化妆狩猎等象征图画,还是玉神器和玉礼器这样的物化形式,显然都是具有丰富象征含意的史前表意图式,这是象征型前文字的根本特征所在。

与图画型前文字相比,象征型前文字在人类群体的意义建构和表达方式的丰富方面发挥了巨大的作用,人类认知的心理价值与生活意义,在一定程度上就体现在先民们日积月累自我建构起来的丰富的精神世界之中。象征型前文字对有意味形式的追求及其与早期口述文学——神话叙事的有机结合,更是对早期文字的构意方式产生了深刻的影响。早期文字中比较常见的图形符号、族氏铭文、包括符号载体乃至于富有内涵的专有名词,都离不开象征型前文字的哺育与滋养。

第四节　图案型前文字

我们把史前社会和部落社会里出现的构图复杂的几何图案统称为图案型前文字,我们所说的几何图案并不包括几何记号+写实人物、动物图画的混合形式。"图案型前文字"通常具有明显的装饰功能,部分图案兼具象征功能。出现在石、骨、陶、木、金属器等可移动媒介表面的多数装饰图案还有一定的社会流通价值,一部分装饰图案多次重复出现,有较高的重现率。

图案型前文字与图画型前文字在图形上有一些相似之处,但两者在功能方面却有明显的区别。其一,史前图画大都表现单个动物,但动物是一个个活生生的个体,各不相同,图画也不完全相同。即便是复杂的记事图画,因其记录的故事本身也是一个个的具体事件,同样不可能重复。因此,史前图画是追求差异性的原始具象艺术。史前图案则是程式化的原始抽象艺术。其二,史前图案具有明显装饰功能与一定的社会流通价值,史前图画没有此种属性。史前图画的构图自然率真,史前图案则从一开始就表现出程式化的倾向。史前图画是具象的,史前图案是抽象的,这两条路径在原始艺术中就已经初露端倪。岩画学家盖山林明确指出:"写实主义和抽象主义的图像,似乎从岩画艺术诞生之日起就以孪生的形式一起出现了,这里似乎不存在所有抽象的图案都是从写实逐渐发展为抽象的,也不存在相反的过程,即一开始是抽象的图案,以后逐步向着写实发展。我们可以举出许多由写实发展为抽象的实例,然而没有根据得出抽象岩画是由写实岩画发展而来的结论。"①

图案型前文字可再细分为几何形岩画图案、几何形陶器图案、几何形文身图案等。

---

① 盖山林:《世界岩画的文化阐释》,北京图书馆出版社,2001年,第 429 页。

一、几何形岩画图案

早在欧洲旧石器时代晚期，在法国、西班牙等地的许多洞窟岩画中就有一部分抽象的几何形图案。如西班牙阿尔塔米拉洞、法国拉斯科洞发现的几何形线刻图案，法国方哥摩洞发现的房屋形几何图案，康巴里勒斯洞远离洞口的地方发现的直线、交叉线几何图案，等等。即便在新发现的、深藏水下数十米的法国科斯凯尔洞，也有许多波浪形、点状、棒状、四方形几何图案出现。尽管与大量的动物图形岩画相比，几何形图案岩画的数量并不多，比例也不算高，但它们毕竟与动物写实图像同时出现在史前时代，同样表现意义。或许正是这个原因，岩画学家们才做出了具象的图形与抽象的符号同时出现的基本判断。图4-57,1是法国乌非那克洞窟中发现的通心粉状指槽岩刻，此类岩刻据说是原始儿童用手指在湿漉漉的洞窟顶部涂抹的；图4-57,2是西班牙阿尔塔米拉洞窟发现的交叉线条几何图案；图4-57,3是法国多尔多涅地区加比尤洞窟岩画中发现的线条排列的几何图案；两者的意义不明。人们对欧洲洞窟岩刻中发现的几何形图案的解读是各种各样的：有人认为仅是一种装饰图案，有人认为兼具装饰与象征功能，有人认为是某种情绪和细微感觉的表现，有人认为是巫术活动的产物，还有人认为是原始人处在迷幻状态下的无意识创作，不一而足，至今还没有定论。

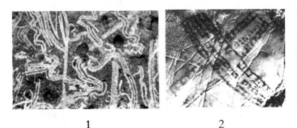

1 　　　　　　　　　2 　　　　　　　　　3

1.通心粉状指槽岩画：法国乌非那可洞；2.交叉线条图案：西班牙阿尔塔米拉洞；3.线条排列的几何图案，法国多尔多涅地区加比尤洞。

图4-57　欧洲旧石器时代岩刻图案（图片来源：1.陈兆复；2～3.高火）

新石器时代，在欧洲地区爱尔兰东部石冢上发现了许多具有程式化风格的几何形图案，在西欧发现200多处巨石墓碑上，都有此类几何形图案，如图4-58,1～2所示。在苏格兰，也发现了400多个便携式的、程式化风格的装饰性石球图案，图案可能代表着拥有者的权力或地位。如图4-58,3所示。

在澳大利亚南部、中南部新南威尔士、西澳大利亚一带的原住民岩画中发现了许多几何形岩刻图案，如圆圈、同心圆、椭圆形、放射线形、菱形、螺旋

1.爱尔兰东部石冢中出土的几何图案;2.爱尔兰纽格兰奇门前巨石上的几何图案:长11.5英尺;3.苏格兰石球上的几何图案。

图4-58　欧洲新石器时代岩刻图案(图片来源:戴尔·布朗)

形、篦梳形、锯齿形、曲线、交叉十字线等。图4-59,1是南澳大利亚州柯纳尔达洞洞窟岩刻中的指槽图案,岩刻在洞窟深处数百米的地方,完全处在黑暗中,图案是用手指在松软的崖壁上制作的,含意未知;图4-59,2是澳大利亚阿纳姆地岩刻几何图案,属于最早期的澳大利亚岩画;图4-59,3是澳大利亚维多利亚河地区岩刻几何图案,可能是天体崇拜的产物;图4-59,4是澳大利亚塔斯马亚岛发现的距今约3350年的几何形图案岩画,这些图形与澳大利亚南部和中部的岩刻相似,据说这些几何形图案具有象征含意,原住民甚至认为是他们的祖先灵魂游荡时留下的痕迹。[①]

1.指槽几何图案(局部):南澳大利亚州柯纳尔达洞(局部);2.线条图案(局部),阿纳姆地;3.几何图案:维多利亚河地区;4.几何图案:塔斯马亚岛。

图4-59　澳大利亚几何形岩刻图案(图片来源:陈兆复等)

　　北美地区的印第安原住民同样盛产几何形岩画图案,不但数量较多,而

---

① 〔苏〕д.E.海通著,何星亮译:《图腾崇拜》,广西师范大学出版社,2004年,第57页。

且极富表现力,各种圆形、螺旋形、弧形、点形排列、交叉形、三角形、菱形、十字形、矩形、平行线、悬线、曲线、折线、波浪线、锯齿线等,应有尽有。图4-60,1是美国南部加利福尼亚印第安人的柯玛斯(Chumazh)抽象风格岩画,同心圆的主题,锯齿形的构成,强烈的黑、红色彩对比,复杂的几何轮廓,混杂着诡异、神秘的动物、类人形象,充分表达了印第安原住民在某种宗教祭祀仪式中服用麻醉剂后产生的梦幻感觉,应具有充分的象征功能;图4-60,2是美国亚利桑那州同心圆图案,整幅岩画上只有大小不等的同心圆和其他符号;图4-60,3是墨西哥卡沃尔卡(Caborca)装饰风格岩刻,整齐排列的线条,迷宫般的图案,表达了不为人知的含意,具有明显的装饰风格。

1.柯玛斯风格岩画图案:美国加利福尼亚州;2.同心圆图案:美国亚利桑那州;3.几何形岩画装饰图案:墨西哥卡沃尔卡。

图4-60　北美印第安原住民几何形岩画图案(图片来源:陈兆复等)

2002年,在中国境内中原地区的河南新郑县具茨山,新发现了一批杯状圆穴、方穴、米字格、棋盘格、平行线、不规则曲线形的几何形图案岩画。这些几何图案大都被凿刻在露天的岩石之上,凿刻较深,有些圆穴之间还有连接的沟槽,很可能与原始的天象崇拜和原始祭仪有关。如图4-61,1~6所示。

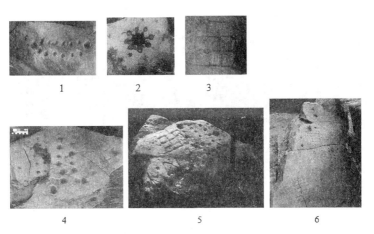

1.双圆穴图案;2.放射状杯状穴图案;3.方格、双圆穴组合图案;4.圆穴、沟槽复杂组合图案;5.方格、网格、圆穴组合图案;6.方格、网格、圆穴、梯形、三角形记号组合图案。

图4-61　中国河南省新郑具茨山图案岩画(图片来源:刘五一)

　　河南新郑具茨山发现的圆穴、方穴形记号岩刻通常被称之为"杯状穴"，这类作品是环太平洋沿岸各国普遍分布的天体崇拜岩刻的重要组成部分，具有明显的海洋元素和大致相同的程式化结构。图4-62,1是江苏连云港市将军崖B组岩刻星象图，该星象图从上到下，长度达到6米以上。据研究，图中描摹的是距今约5000年前的星像，重点呈现了北斗七星。其中有许多表示星辰的圆点，圆点间以直线相连。北斗星座左上方的兽面，以及散布在星带之间的众多杯状圆穴，应是古人祭祀天象的遗迹；[①]图4-62,2是连云港云台山太阳石岩画，该画面的下部有7个圆形杯状穴，圆穴的雕凿手法与将军崖岩画遗迹社神足上的圆窝基本相同。李洪甫认为，圆坑穴是5000年前少昊族拜天的实证，"这种在太阳图形下直接凿刻的直径超过3厘米、大到7厘米的圆坑穴，是在礼仪中实用的祭祀坑穴。那深穴中曾经储存过动物乃至俘虏的鲜血。"[②]福建华安城西南50公里处的一处山石上发现一幅杯状穴岩画，11个圆穴之间有短线相连，与将军崖岩画中星象图形似，是对先民观察星象的描摹。中国台湾万山岩画祖布里里岩画点发现的30几个脚印岩画遗迹中夹杂了20多个杯状穴，这些坑穴"与太平洋岩画中的祭祀坑穴形制完全相同而尺寸略大、略深。……其祭祀意义十分明显。"[③]图4-62,3是日本山口市神田山津町石棺墓盖板上的杯状穴岩刻，盖板石一般长70厘米，宽30厘米，厚7厘米，其上分布的杯状穴多达20多个，

1.江苏连云港市将军崖B组星象图；2.江苏连云港云台山太阳石岩刻；3.日本津町杯状穴岩刻；4.夏威夷岛圆圈、杯状穴岩刻。

图4-62　环太平洋沿岸的杯状穴岩刻图案（图片来源：李洪甫）

　　① 李洪甫、武可荣：《海州石刻——将军崖岩画与孔望山摩崖造像》，文物出版社，1990年，第18页。

　　② 李洪甫：《太平洋岩画：人类最古老的民俗文化遗迹》，上海文化出版社，1997年，第155页。

　　③ 同上书，第215页。

直径 2～3 厘米,深度 1 厘米,其意义不明。图 4-62,4 是夏威夷岛发现的成群的圆圈、圆点、杯状穴、线条混合在一起的岩刻图案,反映了原始的天象崇拜观念,再现了原住民虔诚的祭祀活动,此类岩刻与中国大陆连云港将军崖 B 组星云图、福建漳州岩画中反映日月星云的画面,以及新近发现河南新郑具茨山岩刻中同类图像异曲同工,可能具有一定的关联性。

二、几何形陶器图案

世界各地的陶器图案大都是几何形的,尤其在彩陶艺术中。几何形的抽象图案是史前艺术中一道靓丽的风景,不但出现时代早,数量众多,而且艺术表现形态丰富多彩,装饰功能明显。

彩陶器多为日常生活用器与丧葬用的"明器",需要重复制造多件才能满足社会需求,因此,彩陶器及其上的装饰图案多具有程式化的风格,除了装饰,还有一定的社会流通价值。

图 4-63,1～3 是西亚地区出土的彩陶器和陶印章上的几何形图案,有平行线纹、重圈纹、十字纹、网格纹等多种表现形式。图 4-63,4 是北美印第安人明布雷斯族出产的陶碗之上的精美装饰图案。几何图案规整固定,样式丰富,具有明显的程式化风格,复现率和社会流通价值都很高。

1.几何形图案:西雅克Ⅰ遗址,距今 7000 年左右;2.彩陶几何形图案:苏萨古代墓地出土,距今 6000～5500 年;3.西亚印章上的几何形图案:西雅克Ⅲ,距今 5000 年左右。① 4.彩陶碗上的几何形图案:北美莫戈隆文化,新墨西哥州明布雷斯出土,距今 1800～550 年。

图 4-63　西亚陶器上的几何形图案(图片来源:1～3.王兴运;4.戴尔·布朗。)

中国境内出土的陶器上有非常丰富的几何形抽象图案,这类图案出现很早,在距今 7800 年左右的高庙文化史前白陶器之上就有丰富的抽象图案。图 4-64,1 是 2020 年在湖南洪江高庙遗址考古中发现的白陶器上的八角星纹图案。② 而在不远处的湖南桂阳千家坪遗址也可以见到构图相似

---

① 王兴运:《古代伊朗文明探源》,商务印书馆,2008 年,第 75 页。
② 湖南省文物考古研究所:《洪江高庙》,科学出版社,2022 年。

的图案,如图4-64,2所示。① 高庙遗址发现的代表性白陶图案还有獠牙兽面纹图案,戳印凤鸟纹等,每一种图案都有变化多样的形式,同时具有比较规范的模式。这些图案的发现,表明江汉平原一带很可能是中国境内史前太阳崇拜的原始发源地。我们推测,高庙文化的太阳鸟崇拜很可能引发了中国境内长江中上游地区大溪文化、屈家岭文化、石家河文化等诸多史前文化族群的太阳崇拜观念,甚至是阴阳观念的远源。②

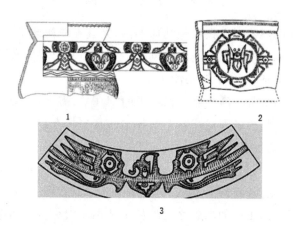

1.八角星纹:05T11-02-24:13,洪江高庙;2.獠牙兽面纹纹:05T15-0221:2洪江高庙;
3.戳印凤鸟纹图案:洪江高庙。

图4-64 高庙文化白陶图案

彩陶器上的宽带纹图案是中国境内最常见的史前图案之一,初见于黄土高原地区的彩陶盆口沿位置,多用赭色颜料涂绘,复现率很高。其后,在仰韶文化、马家窑文化、齐家文化乃至东部的大汶口文化、东北的红山文化,以及三峡地区的大溪文化考古发现的彩陶器表面都有异常丰富繁缛的彩陶图案,其中尤以黄河流域中上游地区的仰韶文化和马家窑文化为主要代表。图4-65,1～8是仰韶文化彩陶器上的宽带纹、三角斜线纹、折线纹、网纹、斜线交叉纹、三角斜线交叉纹、复线竖道纹、对齿纹等几何形抽象图案,这些图案都有明显的装饰功能并且高度程式化,契合史前社会的审美需求,有很高的复现率,它们在同一文化类型中,在同一文化的各类型之间,甚至在不同的考古学文化之间被不断复制,反复出现,作为史前时代常见的生活日用品,在一定的区域内广泛流通。

---

① 湖南省文物考古研究所:《凤舞潇湘:桂阳千家坪出土陶器》,故宫出版社,2020年。
② 黄亚平:《考古发现最早的"太极纹":原始"阴阳"观念的形象表达》,鲁东大学学报,2020年第4期,第26～33页。

1.宽带纹:秦安大地湾;2.三角斜线纹:西安半坡;3.折线纹:西安半坡;4.网纹:宝鸡北首岭;5.斜线交叉纹:陕县庙底沟;6.三角斜线交叉纹:河北正定;7.复线竖道纹:河北武安;8.对齿纹:邢台柴庄。

图 4-65　仰韶文化彩陶器腹部几何形图案(图片来源:张朋川)

　　中国境内史前彩陶器上的几何形抽象图案以马家窑文化最为丰富。马家窑文化的三种类型都有发达的几何图案,其中既有各类型代表性的彩陶图案,又有类型间的图案传承。图 4-66,1~2 是马家窑类型常见的腹部漩涡纹、圆圈纹。腹部漩涡纹由数组圆弧线连接而成漩涡状图案,圆圈纹则通常由 4 个圆圈组成,圆圈内往往填充网格纹、棋盘格纹等花纹;图 4-66,3~5是半山类型彩陶器腹部新出现的垂弧纹、葫芦纹、菱格纹等,它们同样有较高的复现率;图 4-66,6~8 是马厂类型彩陶器腹部多见的齿带纹、菱格纹、折线纹等,这几种纹饰图案都是对半山类型的传承;图 4-66,9~10 是马厂时期新出现的腹部弧线八卦纹和回纹。到了马厂晚期,彩陶制作已经趋于衰退,做工粗糙,纹饰也比较简化。

1.腹部漩涡纹:青海乐都柳湾;2.腹部圆圈纹:青海乐都;3.腹部垂弧纹:广河地巴坪;4.腹部葫芦纹:甘肃省;5.腹部菱格纹:甘肃广河;6.腹部齿带纹:会宁牛门洞;7.腹部棋盘格纹:青海柳湾;8.腹部折线纹:东乡盐场;9.腹部弧折线八卦纹:鸳鸯池;10.腹部回纹:青海柳湾。

图 4-66　马家窑文化彩陶几何形图案(图片来源:1~5.张朋川;6~10.李水城)

图4-67是齐家文化陶器表面的大三角网线纹、折线纹、复道交叉纹等。其中,东部渭河、泾河流域的齐家文化彩陶图案风格疏朗简化,如图4-67,1～4所示。但西部洮河、大夏河、湟水流域的齐家文化彩陶图案则比较接近马家窑文化的繁缛风格,其中还发现与商周青铜器纹样类似的陶器图案,如图4-67,5～6所示。

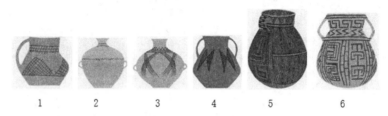

1.大三角纹:天水;2.折线纹:天水;3.复道交叉纹:渭源;4.菱块纹:青海乐都柳湾;5.回纹、复道三角纹:齐家坪;6.折带网格纹:齐家坪。

图4-67　齐家文化彩陶几何形图案(图片来源:张朋川)

图4-68是红山文化彩陶图案,主要有正倒相间三角纹或弧线纹、三角折线纹、回纹、绳形编织纹,等等。其构图与仰韶文化后岗类型彩陶图案风格比较接近。

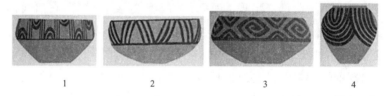

1.正倒相间弧线纹:内蒙古翁牛特旗石棚山;2.三角折线纹:内蒙古翁牛特旗石棚山;3.回纹:内蒙古翁牛特旗石棚山;4.垂弧线纹:内蒙古赤峰水泉村。

图4-68　红山文化彩陶几何形图案(图片来源:张朋川)

图4-69是山东大汶口文化发现的部分彩陶几何形图案,主要有编织纹、回形纹、弧形三角圆点纹、网纹、折线纹等。

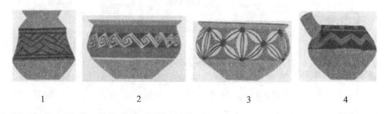

1.编织纹:邳县大墩子;2.回形纹:邳县大墩子;3.弧形三角圆点纹:大墩子;4.折线纹:泰安大汶口。

图4-69　大汶口文化彩陶几何形图案(图片来源:张朋川)

龙山时代的黑陶器表面质朴自然,不以纹饰和图案取胜。多数黑陶是素面的,仅部分黑陶器上有几何形装饰图案。但是,在这一时期的部分黑陶器上却出现了较多成串的符号和图画记事的痕迹,这一点是仰韶时期的彩陶文化所不具备的。

距今5300～4300年的良渚文化出土了数量众多的夹砂红陶、泥质红陶和泥质黑皮陶陶器。图4－70是在这些陶器器表出现的几何形图案,如直条纹、凸弦纹与圆形镂孔纹组合、菱形纹、斜线交错纹、蓝纹等,[①]这一类的几何形图案仅有装饰功能,没有象征功能。

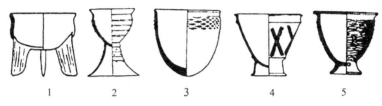

1.夹砂杠褐鼎足直条纹:草鞋山 M4:26;2.泥质黑衣陶豆凸弦纹与圆形镂孔纹:《良渚》插图十二,7E;3.夹砂红陶缸菱形纹:马桥 D7:1;4.夹砂陶簋斜线交错纹:草鞋山 M198 Ⅱ:9;5.夹砂红陶簋蓝纹:寺墩 M3:8。

图 4-70　良渚文化黑陶器上的几何形图案

距今4600～4000年的山东龙山文化更加崇尚简约规整的陶器装饰风格。图4－71,1～5是龙山文化陶器纹饰中最有代表性的平行弦纹内部填充的各种线条组成的纹饰图案。平行弦纹一般是用尖状物划出来或按压出来的,比较规则地分布在陶器的肩部和腹部等部位,通常用两条平行弦纹构成黑陶器表面几何图案的框架,内部以短直线或短平行线填充,或用短直线构成交叉纹、复道三角纹。这些纹饰整齐有序,"长短不齐,数目不一,距离不等,不但不因此破坏美观,反而饶有风趣。"[②]在龙山文化陶器的几何形纹饰中几乎见不到曲线纹,我们推测这种情况或许跟轮制陶器技术的普遍应用之后,原始制陶业对陶器制品产量的追求及其要求产品制作规范有关,毕竟曲线图案的绘制需要花费更多的精力和时间,会拖慢专业生产的进度。

---

① 孙瀚昌:《良渚文化陶器纹饰研究》,《上海博物馆集刊》,1992 年,第 389～411 页。
② 刘敦愿:《论(山东)龙山文化陶的技术与艺术》,载《美术考古与古代文明》,人民美术出版社,2007 年,第 79 页。

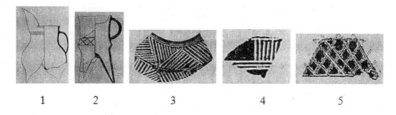

1.复道平行弦纹:城子崖;2.平行弦纹内填充交叉线纹:城子崖;3.平行弦纹内填充复道三角纹:城子崖;4.平行弦纹内填充复道竖直线纹:日照两城镇;5.平行弦纹内填充菱形纹:藤县后孤堆。

图4-71　山东龙山文化黑陶器几何形图案

"云雷纹"是史前几何形抽象图案的代表之一。在史前时代的红山文化、马家窑文化、良渚文化乃至龙山文化、二里头文化中都有云雷纹的踪迹,但其真正的源头却在江南良渚文化及其更早的当地文化中,如图4-72所示。杨建芳指出:"龙山文化陶器和玉器上的云雷纹应来自一江之隔的苏南一带的良渚文化。""二里头文化陶器和玉器上的云雷纹应源于南方年代较早的同类纹样。"①

1.新石器时代陶豆上的云雷纹:江苏金坛,距今6500～5500年,约相当于崧泽文化时期;2.良渚文化玉器上的云雷纹:1～3圆角云雷纹,4～5圆转云雷纹,6～7方折云雷纹,距今5300～4200年。

图4-72　崧泽文化、良渚文化的云雷纹图案

图4-73是龙山文化蛋壳黑陶器和玉器之上的云雷纹。但出现在山东龙山文化蛋壳黑陶上的云雷纹似乎"单纯是些曲线和直线的组合,不见饕餮、夔凤之类的形象。"②

---

① 杨建芳:《云雷纹的起源演变与传播——兼论中国古代南方的蛇崇拜》,《文物》,2012年第3期,第31～37页。

② 刘敦愿:《论(山东)龙山文化陶器的技术与艺术》,载《美术考古与古代文明》,人民美术出版社,2007年,第80页。

1.0139；2.0139；3.T1②，日照两城镇。

图 4 - 73　龙山文化残陶片上的云雷纹

二里头遗址(距今 3900～3500 年)出土的夏代陶器上的几何形纹饰主要有篮纹、绳纹、方格纹、附加堆纹、凹凸弦纹、刻画纹、压印纹，等等，这些纹饰大体上与龙山时代各地发现的黑灰陶器的常见纹饰相同。图 4 - 74 是二里头遗址发现的印纹陶上的几何图案，由单个印模印制，或用管状片状的工具压印而成的，"印纹是一期文化新出现的、具有独特风格的纹样。它多由一种花纹为母题，组成连续图案，并多与弦纹配合构成带状饰，也有单独使用的。印纹的种类有云雷纹、回纹、斜线云纹、螺旋纹、圆点纹、S 形纹、卷云纹，等等。其中云雷纹、回纹、圆圈纹等，开二里头文化陶器及商代中、晚期铜器纹饰的先河。"①二里头文化印文陶对平行弦纹的应用显然来自山东龙山文化，至于平行弦纹内部填充的几何图案，则不限于龙山文化，而有多种文化渊源。

1.云雷纹：二里头文化 1 期，T114⑤：18；2.斜线云纹：二里头文化 1 期，T102⑤：11；3.螺旋纹：二里头文化 1 期，Ⅱ·Ⅴ T115⑥：11；4.回纹：二里头文化 2 期，Ⅳ H46：2；5.卷云纹：二里头文化 2 期，Ⅳ H63：150；6.S 形纹：二里头文化 2 期，Ⅷ H57：13；7.圆圈纹：二里头文化 2 期，T8④：7。

图 4 - 74　二里头文化印纹陶几何图案

---

①　中国社会科学院考古研究所：《偃师二里头：1959～1978 年考古发掘报告》，中国大百科全书出版社，1999 年，第 47～49 页。

在以上所列举的诸多二里头文化印文陶纹饰中,"云雷纹"对后代的影响最大。在商周铜器上,云雷纹是最常见的装饰纹样之一。此类装饰纹样由连续回旋形的线条构成,其图案样式有圆形、方形两大类。在商早期,云雷纹还仅仅是一种辅助纹饰,大多出现在铜器的肩、颈、腰部;到了商代中期,云雷纹频繁出现在殷商青铜器的腹部和圈足之上,并作为铜器纹饰的底纹来使用。商周铜器上的云雷纹源于二里头文化的印纹陶,与之存在明显的传承关系。西周以后至春秋战国时期之后,青铜器上的云雷纹才逐渐淡出视野,乃至消失。

"兽面纹"或"饕餮纹"更是史前时期的最著名的图案之一。"兽面纹"源于二里头文化的神话动物"龙纹",又吸收了东夷文化头戴介字形冠头饰的兽面纹与良渚文化的神人纹元素,其构图虽以龙形为主,但又有高度的抽象,已经构成了一种不同于以往的全新的抽象图案。青铜时代的兽面纹不但兼具装饰功能和抽象功能,而且还有较高的重现率和一定的社会流通价值,所以我们将其纳入本节有关图案型前文字类型之中加以讨论。

山东龙山文化发现的兽面纹图案多见于玉器。1963年,在山东日照两城镇发现两件带有兽面纹的玉器,一件是玉锛,一件是玉铲,这两件玉器又薄又长,不是实用的工具。玉锛双面都刻画了细而浅的纹饰,纹饰与商周铜器上常见的兽面纹类似,如图4-75,1所示。其后,山东临朐西朱封遗址M202出土了一件玉冠饰,由首、柄两部分组成,采用镂孔透雕技法镂雕和刻画出兽面纹图案,两面均镶嵌绿松石,如图4-75,2所示。另外,在龙山文化黑陶残片上也发现过少量的兽面纹饰,如图4-75,3~4所示。刘敦愿先生指出:"石锛的刻纹与两城遗址发现的黑陶片上所见到的虽稍有不同,但风格基本相似。"[①]杜金鹏从纹饰的含义、性质、历史渊源、发现的意义等方面对兽面纹展开讨论。他认为西朱封玉冠饰首部表现的是头戴"皇冠"的"神",其与日照两城镇出土的玉圭上刻的兽面纹饰近似。此类纹饰的性质属于"神灵"崇拜,它是一种地位和权力的标志物,可称之为"神徽"或"神像"。[②] 王青同样推测兽面纹饰是对当时神徽的摹画。[③]

山东龙山文化兽面纹有两个特征:其一,有介字形冠,这一点使其与中原二里头殷商兽面纹有所区别;其二,保持兽面特征,这一点又与良渚人面神像纹区别。但是,龙山文化兽面纹与中原二里头文化兽面纹,良渚文化人

---

① 刘敦愿:《记两城镇遗址发现的两件石器》,《考古》,1972年第4期,第57页。
② 杜金鹏:《论临朐朱封龙山文化玉冠饰及相关问题》,《考古》,1994年第1期,第55~65页。
③ 王青:《远方图物》,上海古籍出版社,2019年,第18~19页。

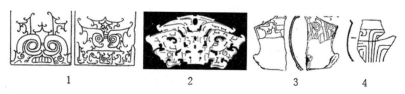

1.玉锛兽面纹(局部放大):日照两城镇;2.玉冠饰镂雕和刻画兽面纹:临朐西朱封M202;3.黑陶器残片上的兽面纹(正面),日照两城镇;4.蛋壳黑陶杯残片上的兽面纹(采集品):茌平尚庄。

图4-75　山东龙山文化部分玉器和陶器上的兽面纹

面神纹又有许多共同之处。李学勤先生指出:"山东龙山文化和二里头文化的饕餮纹确实可以看成良渚文化与商代这种花纹的中介""良渚玉器和商代青铜器的饕餮纹,固然不是直接承袭的,但有很多共同的特点,不能用偶合来解释。它们之间,显然有着较密切的联系。"①

在河南偃师二里头遗址考古发现的4件夏代或早商玉器上发现了抽象动物形兽面纹。图4-76,1是二里头文化3期玉器上的兽面纹,其"外形似鞭,共分六节。节分粗中细,三者相互交错,粗节有单线或双线的兽面纹;中节(包括柄部)琢成花瓣纹;细节有二到三周凸弦纹,末端用线刻和浮雕法琢成兽头形",双目呈梭形。② 图4-76,2~4均是用绿松石镶嵌铜牌饰,图2"凸面绿松石片图案组合异常精巧,保存极好。这件器物放置在墓主人的胸部略偏左。"③图3"铜牌饰的正面用许多碎小的长方形绿松石片很整齐地镶嵌成兽面纹,背面四个穿孔钮上下两两对称,可系绳。形象生动,制作精巧。"④图4铜牌饰头窄身宽,圆眼弯眉,直鼻,下颌有数枚利齿,身有鳞状斑纹。以上3件绿松石铜牌饰都有系绳用的四钮,出土时发现大致位于人骨架的腰部,推测应是墓主人生前佩带的饰品。李学勤指出:"二里头文化铜饰的花纹是龙山和商代饕餮纹的中间链环。"84M11:7出土1件铜牌饰及其同期形状接近的几件皆为"臣"字目,"这些铜饰上的饕餮纹的面部,很像二里头出土的一件陶片上刻成的双身龙纹的头部。……由此可见,铜饰上

---

①　李学勤:《良渚文化玉器与饕餮纹的演变》,载《走出疑古时代》,长春出版社,2007年,第58~60页。

②　中国科学院考古研究所二里头工作队:《偃师二里头遗址新发现的铜器和玉器》,《考古》,1976年第4期,第262页。

③　中国社会科学院考古研究所二里头工作队:《1981年河南偃师二里头墓葬发掘简报》,《考古》,1984年第1期,第37~38页。

④　中国社会科学院考古研究所二里头工作队:《1984年秋河南偃师二里头遗址发现的几座墓葬》,《考古》,1986年第4期,第320~321页。

面的饕餮实质也是龙。"①

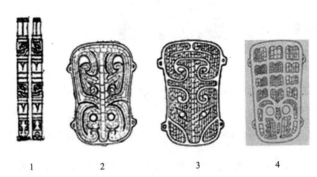

1.夏代玉柄形器上的兽面纹:75K4,二里头遗址 3 期;2.夏代绿松石镶嵌铜牌饰兽面纹:81M4:5,二里头遗址 2 期;3.早商绿松石镶嵌铜牌饰兽面纹:84M11:7,二里头遗址 4 期;4.早商绿松石镶嵌铜牌饰兽面纹:87M57:4,二里头遗址 4 期。

图 4 - 76　二里头遗址兽面纹

据王青研究,截至 2002 年,考古发现和国内外博物馆收藏二里头文化夏代和商早期镶嵌绿松石铜牌饰共 16 件,其中 1 件因未见确实资料而未被收录,实收 15 件,如 4 - 77 所示。王青将其中的 10 件区分为 A\B\C\三型若干式。其中,A 型 5 件,A 型铜牌饰"眼上为弯月眉及 T 形冠,眼下有表现口部的弯弧线",依眼睛不同又可分为两种亚型:Aa 型 1 件(图 4 - 77,1)和 Ab 型 4 件(图 4 - 77,2～5);B 型 2 件,B 形铜牌饰"弯月眉较宽,眼以下有明显表现鼻和须的纹饰,眉以上为鳞甲纹",依据眼睛不同又可分为两种亚型:Ba 型 1 件(图 4 - 77,6)和 Bb 型 1 件(图 4 - 77,7);C 型 3 件,C 型铜牌纹饰"眼为多层,眼以上也为多层的几何形纹饰",依据眼睛不同又可分为两种亚型:Ca 型 1 件(图 4 - 77,8)和 Cb 型 2 件(图 4 - 77,9～10)。另外 5 件暂不分型(图 4 - 77,11～15)。他指出:A 型纹饰无论戴高羽冠的圆形眼,还是梭形眼,皆来源于海岱地区史前玉神器上的高羽冠神像。而"B 型牌饰的鳞甲纹应来源于陶寺陶盘和二里头陶片上的龙鳞纹。""同时吸收了 Aa 型面部的构图方式发展出来的,是对 Aa 型的改造。""AB 两型牌饰分别是东夷人和夏人表现各自神祖的神徽,而夏人对东夷的神徽明显有所吸收和改造,这实际上就是夏人对夷人文化传统的某种继承和发展。这和商周文化对其前文化传统的继承发展并向更广阔空间扩散,由此形成华夏族的历程是有机联系在一起的。这种传承还可追溯到良渚、龙山文化的玉神器。这样一条从良渚到龙山再到夏商周的移植道路在很大程度上反映出中国古

———————

① 李学勤:《论二里头文化的饕餮纹铜饰》,载《走出疑古时代》,长春出版社,2007 年,第 90～92 页。

代文明的早期发展模式。"①

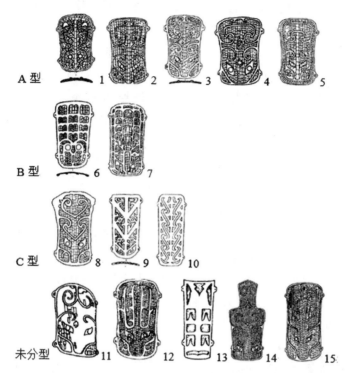

1. Aa 型:二里头 M4:5;2. Ab 型Ⅰ式:美国沙可乐博物馆第 1 件藏品;3. Ab 型Ⅱ式:二里头 M11:7;4. Ab 型Ⅱ式:保罗·辛格藏品;5. Ab 型Ⅲ式:《欧洲所藏中国青铜器遗珠》;6. Ba 型:二里头 M57:4;7. Bb 型:日本 MIHO 博物馆藏;8. Ca 型:美国沙可乐博物馆第 2 件藏品;9. Cb 型Ⅰ式:四川广汉三星堆真武 87GSZJ:36;10. Cb 型Ⅱ式:四川广汉三星堆真武 87GSZJ:16;11. 二里头文化铜牌饰:天水博物馆藏品;12. 二里头文化铜牌饰:檀香山艺术学院藏品;13. 二里头文化铜牌饰:四川三星堆高骈出土;14. 二里头文化铜牌饰:美国沙可乐博物馆第 3 件藏品;15. 二里头文化铜牌饰:1999 年纽约新展品。

图 4-77 二里头文化镶嵌绿松石铜牌饰(图片来源:王青)

朱乃诚将二里头文化考古发现的大型绿松石龙形器与二里头遗址考古发现的上述 3 件绿松石铜牌饰都看成是二里头文化的"龙"遗存,认为其源于中原龙山文化陶寺类型彩绘"龙"。并指出:"二里头文化的'龙'遗存,尤其是大型绿松石龙形器和绿松石铜牌饰,是当时社会贵族中个别人使用的一种表明其有专门技能、特殊身份的特殊物品,可能与驯养过'龙'有关,其拥有者与当时的王室或'王'有一定的关系。"②

① 王青:《镶嵌铜牌饰的初步研究》,《文物》,2004 年第 5 期,第 69~70 页。
② 朱乃诚:《二里头文化"龙"遗存研究》,《中原文物》,2006 年第 4 期,第 15 页。

在商周铜器上，"兽面纹"或"饕餮纹"是最为常见图案，其寓意丰富，形式变化多样，具有十分明显的象征意义。兽面纹或饕餮纹的主要特征是一个正面的兽头，有笔直的鼻梁、对称的双眼和双角、双耳及口、领等构图要素。张光直将兽面纹分为"独立的兽头"与"兽头连身"两大类。前者又包括有面廓的独立兽头、无面廓的独立兽头、由线条组成的独立兽头等三小类；后者又包括兽头连身、身躯作二细条的兽头连身、由线条组成的兽头连身等三小类。每一小类又分若干式，凡二大类 6 小类 119 式。① 陈公柔、张长寿将商周青铜容器上的兽面纹分为三型 40 式，即独立兽面纹、歧尾兽面纹和连体兽面纹类型，如图 4 - 78 所示。各型又分若干式；其中以歧尾兽面纹最为普遍，特征也最明显。青铜容器上的兽面纹最早发现于二里冈文化上层，而"商周青铜容器上的兽面纹很可能出自二里头文化。"②独立兽面型的兽面图形有首无身，其最初形式仅只是动物状的兽面，可追溯到二里头文化，其后眼、鼻、口、角等面部器官逐渐增齐备；歧尾兽面型的兽面有鼻、双眼、双角和嘴，兽面两侧连接的躯干尾端分叉作鱼尾状，主要流行于二里冈时期和殷墟一期；连体兽面形又被称为"肥遗型动物纹"，兽面两侧各连接一条躯干，尾部卷扬而不分歧，其祖型可追踪至二里头文化双龙纹。③

1.独立兽面纹：小屯 M333 尊 R2060；2.歧尾兽面纹：李家嘴 M2；55 鼎；3.连体兽面纹：小屯 M331 尊 2070。

图 4 - 78 商周铜器上的兽面纹图案

三、几何形文身图案

在史前社会和部落社会里流行的文身图案大多是几何形的抽象图案。如在奥地利和意大利边境高山上发现了一具青铜时代的"冰人"，其身上后腰、小腿和脚踝处都有几何形的文身图案。古埃及女木乃伊阿木纳特的前胸后背、大腿两侧和阴部位置也发现了几何形文身图案。北非阿尔及利亚塔西里·阿杰尔岩画中发现的文身瘢痕同样以几何图案为主。

---

① 张光直：《商周青铜器与铭文的综合研究》，中国台湾中央研究院历史语言研究所，1973 年。
② 陈公柔、张长寿：《殷周青铜容器上兽面纹的断代研究》，《考古学报》，1990 年第 2 期，第159 页。
③ 同上书，第 141～158 页。

　　大洋洲、拉丁美洲、亚洲南部和非洲许多原住民社会都盛行文身习俗。在南太平洋地区婆罗洲（加里曼丹岛）、马绍尔群岛、萨摩亚岛、波利尼西亚群岛、新西兰岛等地的原住民社会里，文身作为一种最受欢迎的装饰艺术和身份象征普遍流行，文身图案同时兼具装饰功能与象征功能，具备一定的社会流通价值。

　　据史蒂夫·吉尔伯特（2006）的研究：婆罗洲卡延人男子身上大部分文身图案仅用于装饰，没有特殊的意义。但另有一部分文身图案则充满魔力，不但是活人地位的象征，还是死后灵魂的通行证。图4-79是卡延人腕部所文的名叫"卢库特"的几何图案，据说是一种防止灵魂逃逸的符咒。

图4-79　卡延人腕部的"卢库特"文身图案（图片来源：史蒂夫·吉尔伯特）

　　马绍尔群岛的文身有许多来自海洋文化的传统母题，并且已经高度程式化，形成了若干固定图案，这些固定的图案都有相应的名称。图4～80是女性肩部专用的名叫"布韦拉克"图案，该图案在实际的文身中是以女性肩部中间线条为轴线，向胸背两侧展开的。

　　波利尼西亚群岛各地居民具有共同的祖先和相近的文化，他们大约在50000年前起就开始从中国大陆的南部和东南亚大陆不断南迁。其后代在约距今数千年左右发展出农业、渔业和高超的航海技术，制造了精美陶器和手工艺品，并不断向太平洋深处迁徙。距今3500～2000年，其后裔制造出精美的"拉皮塔"陶器，拉皮塔陶器上的许多图案与这个地区常见的文身图案类似，两者具有共同的文化渊源。

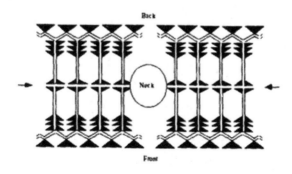

图4-80　马绍尔群岛女性肩部专用的"布韦拉克"文身图案

（图片来源：史蒂夫·吉尔伯特）

　　萨摩亚岛的男性文身是原住民男子吸引女性,表现勇敢、忍耐和男子气概的装饰艺术。据说一位萨摩亚男孩如果不接受文身,会受到部落的鄙视,没有哪位父亲愿意把自己的女儿嫁给他做妻子,酋长甚至都不愿意接受他送的食物。萨摩亚人的文身在严格的仪式场景中进行,一次文身需要数月才能最终完成,每个部位的文身都按照事先规定的顺序进行,每一个文身图案都有名称。尤其是酋长的文身,经常是在庄重的仪式表演和节庆活动中进行的,文身时还要吟唱专门的古歌。

　　马克萨斯群岛原住民的文身习俗为原住民所看重,其表现形式极为复杂。许多人通过自己身上的文身图案的对称与规则出人头地。因为当地天气炎热,不用穿衣服,所以只有有钱和有闲的人才有能力对自己的皮肤加以精心装饰。马克萨斯群岛的文身图案是从旧有的传统中精心挑选出来的,不同身体部位都有与之对应的文身图案,每一个图案都有一个特殊的名称,文身过程中同样会吟唱歌颂文身图案之美的歌曲。

　　新西兰岛毛利人的文面是男人的骄傲,能够很好地表现出男人的勇敢和迷人风度。据说,"毛利酋长能凭记忆准确地描画自己的文面并将其作为签名。许多墨刻签名都在土地转让书和地契上保存下来,在其上签名的毛利酋长的部落领地曾一度被英国人占用。"[1]图4-81是一封土地转让书的局部,签署于1840年,该转让书的上部用一段花体英文书写(今略),中部是阿瓦伊基酋长的文面签名图案,其作用类似于中国人的图章,文面签名图案下部用花体英文书写着阿瓦伊基酋长的名字。

图4-81　新西兰毛利酋长阿瓦伊基在土地转让书上的文面
(图片来源:史蒂夫·吉尔伯特)

---

① 〔美〕史蒂夫·吉尔伯特:《文身的历史》,欧阳昱译,百花文艺出版社,2006年,第92页。

总之,图案型前文字从一开始就是几何形的抽象图案,它们并非像我们通常理解的那样是由象形的图画逐渐抽象、简化而来,而是早期人类与生俱来的抽象思维能力的视觉表现形式之一。但凡图案型前文字,大都具有明显的装饰功能,有些还兼具象征功能,图案型前文字在构图方面往往具有高度程式化的特点和较高的复现率,部分方便携带和流通的图案型前文字在史前社会和部落社会里还具备一定的"商品流通价值",这一点则是其他类型的前文字所不具备的。此类前文字应是早期徽标文字的符号来源之一。

第五节　记号型前文字

史前社会和部落社会里出现在骨、木、竹、陶、金属器表面的、比较简单的几何形抽象记号可归入"记号型前文字"。凡记号型前文字,其符号与意义之间必然存在着约定关系。但由于时代久远、制作背景不明等缘故,记号型前文字的情况相对比较复杂,其形体与意义之间的关系有时候并不十分清晰,记号的功能与性质不易确定,记号与图画之间的区别也不够清楚,这种情况显然在一定程度上增加了正确解读记号型前文字的难度。

通常被指认为"记号"的前文字其内部构成往往比较复杂。其中,有一部分记号从一开始出现就是几何形的符号,有一部分记号是从图形简化抽象而来的符号,还有一部分是原始的记数符号。

一开始出现就是记号的情形压根就没有经历过图形简化的过程,它们一出现就是记号,仅有标记作用,并未曾与语言发生过任何联系。世界各地的史前岩画和彩陶纹饰中都有相当多数量的此类记号,如圆点、线形、杯状、圆环状、螺旋形、格子形、矩形、不规则几何形,等等。这些记号或图案并不是从图画演变而来的,它们有自己的源头和独立发展道路。

从图形简化抽象而来的记号从根源上来讲也是图画,它们在形体上与成熟文字比较接近。或许正是因为这个原因,文字史家在讨论文字起源的时候,就特别对这一类前文字及其形义联系情有独钟,经常拿此类记号作为探寻文字起源的直接材料来使用。

原始的记数符号是最先出现的文字之一,它们是文字系统中数字符号的字符来源。

记号型前文字可以从符号形态和符号功能的双重角度区分为"单个记号"与"记号组合"两类。

一、单个记号

单个记号出现在史前媒介的某个平面或某个固定位置,它们独立表意,不与其他符号混合。单个记号在符号功能方面首先是表意的,有一定的标记与助记作用,仅有少量的单个记号具有初步的记语能力。

(一)岩画中的单个记号

中国境内北方地区的内蒙古阴山、乌兰察布、巴丹吉林,宁夏贺兰山、中卫大麦地等地岩画中都发现了部分单个表意的记号。这些单个表意的记号大体分三类:一是太阳、月亮、星星、天空、穹庐、车轮等事物图像的简化或草化;二是部分原始记数符号,如一、二、三、四、五等;三是点、圆、曲线、弧线、曲线、直线、交叉线、不规则几何形抽象符号。从理论上讲,以上三类记号中的第一种情况实际上是对写实图形的抽象与简化,其本质上仍然是图画,并不是真正的记号。但后两种情况从一开始出现就是单个表意的几何图形,它们才是真正的记号。只是理论的区分比较容易做出,实际操作起来却有一定的困难,同一个岩画或陶器上的图形或符号,由于调查者的认识不同,往往被归入不同的类型之中。因此,岩画学家所谓的记号岩画,往往笼统包含以上三种情况。正因为如此,对单个表意记号材料的使用要格外小心,谨慎从事,最好能事先确定统一的标准,并尽可能去实地考察,明确使用语境,不宜泛泛而论。

内蒙古阴山岩画是中国境内较早发现的北方地区代表性岩画之一。阴山岩画的记号往往与其他图形混合在一起,单个表意的记号岩画数量并不多。[1] 其中有一些被岩画学家指认为单个记号的岩画实际上就是上面所说的太阳、星星、天空、穹庐、人形等物象图形的简化或草化,如图 4-82 中的原书图 695、696 即是表示太阳的抽象图形,原书图 677、827 是表示穹庐的抽象图形,原书图 912、331 是表示云朵的抽象图形,原书图 1154、78、975 是表示动物蹄印的抽象图形,原书图 1112 是表示车轮的抽象图形,原书图 316、917 是表示畜圈的抽象图形,等等。这些抽象的图形常常被岩画学家称之为记号,其实它们都是从写实的图形演变而来的,经过抽象简化而构成的简化草图,并非原生态的、真正的几何形抽象记号。

乌兰察布草原岩画同样有一部分太阳、星星等事物的简化图形,但真正的记号岩画要比阴山岩画多一些,[2]巴丹吉林记号岩画则又比乌兰察布草

---

[1] 盖山林:《阴山岩画》,文物出版社,1980年,第374～381页。
[2] 盖山林:《乌兰察布岩画》,文物出版社,1989年,第26～238页。

原岩画更多。① 在图 4 - 82 中，除上面列举的几例由写实图形演变的记号之外，其余部分都是几何形记号与原始数字，它们从一开始出现就是几何形的符号，而不是图形演变的结果。

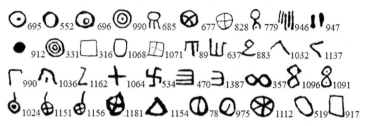

图 4 - 82　内蒙古岩画单个表意的记号（图片来源：盖山林，图片右下角为原书编号）

在乌兰察布岩画中，突厥时期岩画与古突厥字母的关系比较密切。盖山林认为："在内蒙古草原，由于岩画画面形象有的向抽象化、符号化发展，而导致了蒙古草原第一种民族文字的诞生。古突厥文字母主要来源于符号化的岩画，最能说明这一历史事实的，是乌兰察布草原岩画。……在突厥岩画中，常发现有类似古突厥文字母的符号等 30 余种，这些符号经常在画面上见到，与其他图形混刻在一起，其形象十分程式化、规范化。倘若将这些符号与古突厥文相比，便可以发现其间存在着许多相似点。"从表 4 - 3"可以清楚地看到突厥岩画与古突厥字母间存在着极大的一致性，这不仅证实了具有此类符号的岩画应该是突厥人的作品，而且从中可推知大多数古突厥文字母起源于图画文字。"②

表 4 - 3　乌兰察布岩画单个表意记号与古突厥字母的比较（图表来源：盖山林）

岩画符号	ꝫ	꓇	ꓤ	Y	V	ꓜ	ꓫ	ꝍ	ꜩ	C	⊙	>	ꓵ	回	
突厥字母	ꝍ	꓇	ꓤ	Y	V	ꓜ	ꜩ	ꝍ	«	C	⊙	>	ꓵ	回	
岩画符号	V	＋	○	∞	ꝑ	ꟽ	ꝍ	ꓜ	B	ꓬ	ꝭ	C	ꓘ	ꝑ	ꝑ
突厥字母	V	＋	○	ꝋ	ꓜ	ꟽ	ꝍ	ꝓ	B	ꓬ	ꓨ	C	ꓩ	ꝑ	ꓤ

宁夏贺兰山岩画中单个记号的数量多达 40 余个，从其构图和表现风格观察，其中一部分记号是从事物图形简化而来的，而且还有不同程度的"异体"现象，如图 4 - 83 中的原书图 0049、0439、0981、0975、1012、1142 等记号就都是太阳图形的"异写"形式。③

① 盖山林：《巴丹吉林沙漠岩画》，北京图书馆出版社，1998 年，第 190～205 页岩画图录。
② 盖山林：《中国岩画学》，书目文献出版社，1995 年，第 171～173 页。
③ 西北第二民族学院：《贺兰山岩画》（全三册），上海古籍出版社，2007 年。

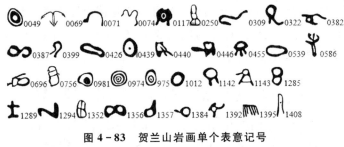

图4-83　贺兰山岩画单个表意记号

（图片来源：西北第二民族学院,图片右下角为原书编号）

从《大麦地岩画》一书所列线图材料来看,仅单个出现的记号就多达
180余种。其数量比阴山、乌兰察布、巴丹吉林、贺兰山记号岩画的总和还
要高出一倍多。[①] 图4-84是我们从该书线图中选取的部分单个表意记
号,这些单个表意岩画中有一部分在外形上跟汉字横、挑、捺、折、提等笔画
较接近。如《大麦地岩画》原书中编号为 D.0224,D.0718,D.0889,D.1446,
D.1670 的几例记号甚至跟汉字隶、楷整字基本保持一致。这几例"汉字"记
号岩画恐怕是后来的人掺入进去的,出现的时间应该较晚,并不适宜作为汉
字字符的源头来对待。这其中的道理跟内蒙古阴山的西夏文岩画类似。因

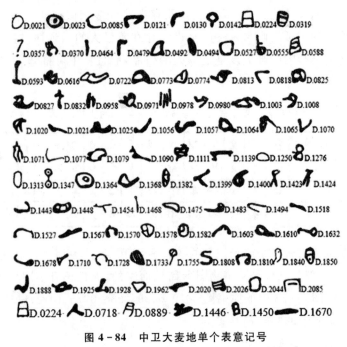

图4-84　中卫大麦地单个表意记号

（图片来源：西北第二学院,图片右下角为原书编号）

---

① 西北第二民族学院:《大麦地岩画》(全四册),上海古籍出版社,2007年。

为岩画是一个活态的、开放的系统，在历史的长河中不可能做到全程严格管控，他人完全可以进入其领地，并将自己的作品加入其中，在世界各地的岩画都有这样的例子。

(二) 陶器上的单个记号

陶器的分布地域往往与世界古文明的所在地重合，西亚两河流域古文明、古埃及文明、安拉托利亚古文明、古印度文明、古美洲文明、中国古文明区域都出土了数量众多的史前陶器，在以上这些地区的陶器表面都有记号出现。从形态上看，陶器记号似可分为两类：一类是几何形记号，它们始终是陶器记号的大宗；另一类是象形的图画和符号，数量相对较少。此处我们重点关注中外陶器符号中数量较多、占比较高的几何形陶器记号。

世界各地的史前陶器上数量众多、形态各异的陶器记号常常被刻画或图绘在陶器表面的显要位置或隐蔽部位上，如口沿、腹部、内壁和器底。对这些陶器记号的性质，学术界有许多不同的看法：部分学者倾向于把它们看成是某种标记(Mark)，如陶工标记、工场标记、制陶家庭的标记、为顾客做的标记、容量标记，等等。持这种观点者如萨马拉遗址发掘者海尔茨菲尔德(Herzfeld)，摩亨佐达罗遗址发掘者马歇尔(Marshall)等人。另一部分学者还对部分陶器记号进行了解读：有人认为是数字，如亚赫亚遗址的发掘者波茨(Potts)。有人认为部分陶器记号是魔力符号，如萨马拉遗址的发掘者海尔茨菲尔德。或者是墓主的名字，如沙赫达德遗址的发掘者哈卡米(Hakemi)。从以上多位学者有关陶器记号性质的不同观点就可以知道，判定陶器记号的性质并不是一件容易的事情。

1. 西亚的陶器记号[①]

西亚地区是世界古文明发祥地之一，考古发现了非常丰富的古文明遗迹，还在众多出土陶器上发现了形式多样、数量巨大的刻画和彩绘陶器记号。拱玉书(2009)总结了国外学者西亚陶器记号研究：除了出土陶器记号最早的伊朗境内的贾法拉巴德(Djaffarabad)和出土陶器记号数量最多的沙赫达德(Shahdad)外，距今5200年以前的西亚史前遗址还有伊朗的乔威(Djowi)，亚赫亚(Tepe Yahya)，本德巴尔(Bendebal)，伊斯迈拉巴德(Is-mailabad)，亚尼克(Yanik Tepe)，乔加米什(Choga Mish)等地；伊拉克的萨马拉(Samarra)；叙利亚的埃布拉(Ebla)，布拉克(Tell Brāk)，图图尔(Tut-tul)，斯威哈特(Tell es-Sweyhat)；巴基斯坦梅加赫(Mehrgarh)等。此外，

———————————

①　此处材料和部分观点转引自拱玉书、颜海英、葛英会：《苏美尔、埃及及中国古文字比较研究》，科学出版社，2009年，第45～56页，特致衷心谢忱！

巴基斯坦境内莫亨佐达罗(Mohendjo Daro)、哈拉帕(Harappa)、巴拉科特(Balakot)、科特迪基(Kot Diji)、萨拉伊霍拉(Sarai Khola)、奎达(Qetta)等地;阿富汗境内蒙第加克(Mundigak)、印度境内的兰布尔(Rangpur)、洛塔尔(Lothal)、纳瓦达托里(Navdatoli)、内瓦萨(Nevasa)、奎达山谷的丹布萨达特(Damb Sadaat)等地;巴基斯坦俾路支省班布尔(Bampur);伊朗锡斯坦沙赫尔索霍塔(Shahr-i Sokhta);伊拉克境内的捷姆迭特纳色(Jemdet Nasr)、亚里姆(Yarim Tepe)、乌姆达巴基亚赫(Umm Dabaghiyah)、格拉伊雷什(Grai Resh)、沙尼达洞穴(Shinidar Cave)等地都出土了数量众多的距今4000年前的陶器记号。

以上数量众多的西亚陶器记号,从制作方法上可区分为彩绘符号与刻画记号两类,彩绘符号多数与纹饰图案共生,但符号形体与纹饰图案有明显区别;记号通常出现在陶器底部、内壁、外壁和底座上,单个出现的情况比较常见。由于彩绘符号往往与纹饰图案共生,符号与纹饰之间的纠葛较多,有时难以切割明白。所以我们此处仅讨论单个出现的陶器记号。

西亚出土的单个陶器记号(即通常所说的"陶符")与文字起源的关系,大致可以区分为三种情况。

(1)只有陶器记号,没有文字的情况

此种情况如伊朗境内的乔威(Djowi)史前遗址,巴基斯坦境内梅加赫(Mehrgarh)史前遗址等。图4-85,1～12是距今约6700～6200年伊朗境内乔威史前遗址出土的陶器记号,共26种,大部分记号出现过3～4次,有的记号仅出现过1次,图6则出现过7次;图4-85,13～34是距今5500年～4500年巴基斯坦境内梅加赫遗址出土的陶器记号,约50种。从形态上观察,以上两地出土的陶器记号可能有一部分是原始的数字,如图4-85,1～3、13～16等,或许有少量的事物简化图形,如图4-85,10～12、31～32等,其余大部分应该仅是几何形抽象记号。

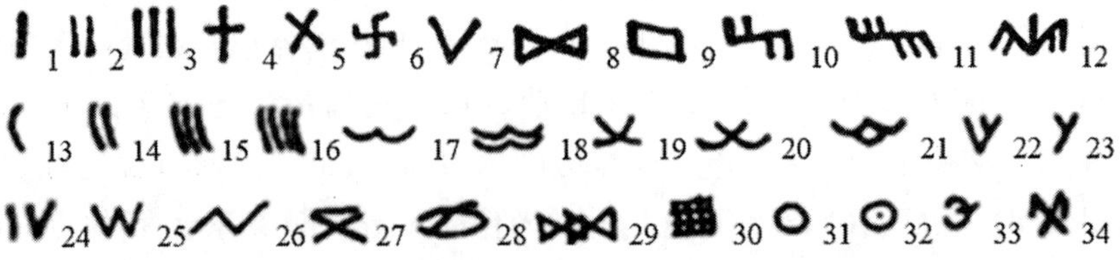

图4-85　西亚陶器记号Ⅰ(图片来源:拱玉书等)

(2)虽有早于文字的陶器记号,但后起的文字却来自于对外部文字的借用

这种情况如叙利亚境内的布拉克(Tell Brāk)遗址、图图尔(Tuttul)遗址。图4-86,1～8是距今7000～4000年叙利亚境内布拉克遗址出土的陶

器记号,在这里,陶器记号使用出现在乌鲁克文字之前。但乌鲁克文字的创制并没有吸收当地已经出现并使用的陶器记号,而是全盘接收了外来的乌鲁克文化和原始楔文。图4-86,9～30是青铜时代早期叙利亚境内图图尔出土的陶器记号,该地同样先出现了陶器记号,但数百年至千年之后却依然全盘照搬了外来的文字,而没有采用本地的陶器记号。

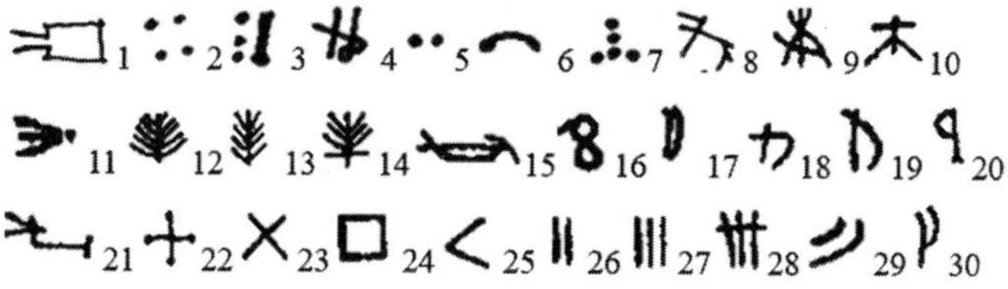

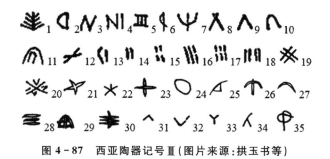

图4-86 西亚陶器记号Ⅱ(图片来源:拱玉书等)

(3)文字与陶器记号虽然同时都有,但两者各自独立发展,并没有相互借鉴

这种情况如叙利亚境内的斯威哈特(Tell es-Sweyhat)遗址和埃布拉(Ebla)遗址。这两个遗址在距今5000～4000年就同时使用陶器记号和楔形文字。图4-87,1～20是距今5000～4000年叙利亚境内斯威哈特出土的许多陶器记号的一部分,与陶符同时还出土了一部分楔形文字泥板;距今4600～4400年叙利亚境内的埃布拉遗址同时出土了许多陶器记号以及多达1.3万块的楔形文字泥板文书。如图4-87,21～35是埃布拉出土的当地先民自创的陶器记号,它与外来的楔形文字泥板文书完全不同。这一例子说明,早在距今4600年左右,埃布拉人就借用了苏美尔楔形文字记录埃布拉语(西塞姆语),而不是直接采用本民族的陶器记号来记录其语言。其后,阿卡德人也在距今4400年左右借用了苏美尔楔形文字书写阿卡德语(东塞姆语),也没有使用本地的陶器记号。

图4-87 西亚陶器记号Ⅲ(图片来源:拱玉书等)

从上述情况可知,西亚地区的陶器记号与本土出现的文字之间的关系错综复杂,其性质应具体而论。从目前我们了解到的材料来看,西亚的陶符和楔形文字大体上是用途各异、各有源头、相互独立的符号系统。因此,如果要把以上提到的陶器记号作为西亚成熟文字,如乌鲁克文字、阿卡德文字、原始埃兰文字起源的直接材料来使用是不妥当的。

在距今约 5100 年的古埃及早王朝时期,古埃及文字突然出现。古埃及文字中的部分字符与古埃及成熟文字之前出现在陶罐、武器、护身符、标签、调色板、权杖头之上的艺术图形非常接近,如土地、村庄、星星、月亮、地球,等等。① 颜海英(2006:103~115)认为陶器记号至少是埃及象形文字的来源之一,前王朝时期涅伽达、格尔塞、塔尔罕等遗址出土的陶器记号都是早期埃及文字的例证。古埃及陶符与上面介绍过的西亚陶符的情况可能有所不同,古埃及文字与先前的古埃及史前符号之间有可能存在一定的符号形体上的联系。但即便部分古埃及文字字符与成熟文字之前的史前符号接近,也不能贸然得出古埃及文字一定起源于本地史前符号的结论。这是因为古埃及成熟文字的出现,并没有完全取代本地的陶器记号,两者仍各自行用。至于古埃及成熟文字之前的调色板和标签上出现的词符,应看作史前视觉表达方式与听觉表达方式相互靠近的证据之一,这一现象投射出从史前时期最初的言文分离,逐渐走向言文靠近的发展轨迹。这种现象表现了古埃及成熟文字对部分史前符号的借鉴与吸收,反映出文字系统中一部分符号个体及其符号构意方式的源头,并非文字系统形成的真正原因所在。

距今 4400~3700 年,在印度河流域,从阿拉伯海沿岸直到伊朗边境,乃至中亚腹地的广大地域内出现了兴盛一时的“哈拉帕文明”。经考古发掘的哈拉帕文明遗址有 1000 多处,其中莫亨佐达罗和哈拉帕是该文明区域的两座中心城市。哈拉帕文明遗址出土了约 4000 个陶制印章以及零星破碎的刻有陶器记号的碎片。由于该文明的陶制印章图案一般由图像和记号两部分组成,属于比较复杂的符号组合,我们在这里不予讨论。哈拉帕文明陶器上发现的单个记号的数量较少且比较破碎,难以辨认,其形状跟陶印章图案有较大差异,如图 4-88 所示。很显然,在哈拉帕文明中,陶器记号和陶印章图案属于不同的符号系统,它们各自独立使用,承担不同符号功能,但两种符号系统相辅相成,共同服务于哈拉帕社会的需求,这一点则是可以肯定的。

---

① 〔英〕安德鲁·罗宾逊:《唤醒沉睡的文字》,杨小麟、张志清译,北京大学出版社,2014 年,第 87 页。

图4-88 哈拉帕文明陶器上出现的单个记号(图片来源:沃尔特·费尔斯沃斯)

2.中国境内的陶器记号

中国境内以仰韶文化为代表的各大史前考古学文化出土了大量的陶器记号。许多学者倾向于把这些史前陶器记号看成是文字,当然也有一些学者并不同意史前陶器记号就是文字的看法。笔者以为:对中国境内史前陶器记号性质的界定和记号功能的研究,应该将其纳入一定的社会发展阶段,而不是仅仅抓住符号形态。社会发展阶段不同,符号的性质与功能也不完全相同。有关中国境内陶器记号性质的详细讨论,请参见第五章第二节。

跟西亚的情况大体一致,中国境内的陶器记号亦可根据其与本地文字出现的时间来加以基本定性,并区分为三种情况。

第一种情况是指陶器记号早于汉字,但与汉字起源并没有直接关系。这种情况大体上对应于前仰韶文化时期和仰韶文化早期。这个时期的陶器记号明显缺乏记语性。第二种情况是指陶器记号与汉字萌芽阶段大致同期,可能与甲骨文、金文起源有部分关系的情况,大体上对应于仰韶文化晚期-龙山时代,这个时期记号组合数量、图画表意现象较之此前的仰韶文化早期之前都有所增加,其中的部分符号,尤其是记号组合,已经具有文字萌芽或汉字萌芽的性质。第三种情况是指商代陶文与甲骨文、金文并列,两者并行不悖又相互渗透的情况,大体对应于青铜时代或历史时期的商、周时期。这个时期由于青铜器和成熟文字出现,陶器记号的使用逐渐减少,出现陶器记号与陶器文字先混同后逐渐分开,最终趋于消失的现象。

总体上看,上述第一、三种情况当与汉字起源没有直接关联,第二种情况则有可能与汉字字符的来源和汉字体系的形成有一定的联系。

第一种情况出现在前仰韶时期和仰韶文化早期,这一时期的代表性遗址有河南舞阳贾湖、秦安大地湾、安徽蚌埠双墩、陕西西安半坡、临潼姜寨、湖北宜昌杨家湾等地。这一时期考古发现的陶器符号均以单个记号为主,这些记号仅有表意或标记功能而缺乏记语能力,它们与后世以甲骨文、金文为代表的成熟文字之间并不存在必然的联系,其最大的可能也就是汉字字符的远源,并非汉字成熟文字的直接源头。下面我们举例说明:

在中原腹地河南舞阳贾湖文化考古发掘中出土的龟甲、骨器、石器和陶器上共发现了距今 9000～8000 年的 16 例史前符号,其中有 15 例单个记号,1 个记号组合,如图 4-89 所示。考古报告指出:其中的第 13 例是由多笔组成的组合结构,应具有原始文字的性质;第 14 和 16 例为戳记,表示所有权或标记;第 2、3、4、5、6、8 例为几何形刻画,可能具有记数的性质。① 蔡运章、张居中(2003:17～22)认为:贾湖符号已经是一种特殊的记事文字,并将其分别释为:1.“目”字;2、6.“二”字;3、15.“日”字;4、5、8.“一”字;9. 不识;10.“齿”字;11. 不识;12.“乙”字;14.“勹”字;16.“甲”字。基于上面所述的立场,我们并不认同《舞阳贾湖》考古报告的判断,自然也就不认同蔡、张两位先生的释读。

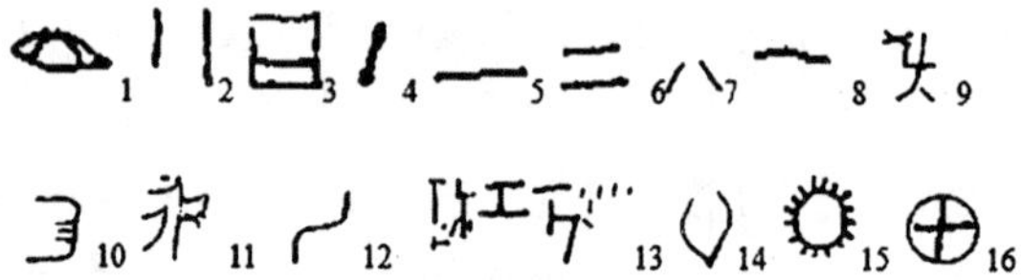

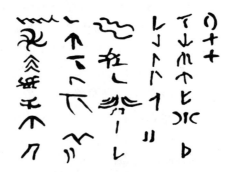

图 4-89　河南舞阳贾湖遗址史前符号

甘肃秦安大地湾遗址一期考古发掘中发现了距今 7800～7330 年的 13 种史前彩绘符号,符号出现在红陶钵型器内壁。大地湾一期发现的这些彩绘符号比仰韶文化半坡陶器记号早 1000 多年,这些史前符号中的一部分具有原始的装饰功能,另一部分具有标记功能,但都还不是记语的文字。在大地湾遗址二期考古中发现了距今 6500～5900 年的仰韶时期早期陶器记号,约 16 种。大地湾一期、二期陶器记号同样是陶器上的标记或者具有表意功能的史前符号,并不具备记语的能力。② 如图 4-90 所示。

图 4-90　甘肃秦安大地湾一期彩绘符号、二期陶器记号③

---

① 河南省文物考古所:《舞阳贾湖》(下),科学出版社,1999 年,第 985～986 页。

② 黄亚平、伍淳、宁如雪、石从斌:《大地湾陶符的性质及史前陶符研究方法》,《西北民族大学学报》,2020 年第 3 期。

③ 甘肃省大地湾文物保护研究所:《大地湾遗址出土文物精粹》,商务印书馆,2016 年,第 42 页。

　　在淮河流域的安徽蚌埠双墩遗址出土了距今 7300～6000 年,迄今为止中国境内数量最多的前仰韶时期的史前符号,如图 4-91 所示。据考古报告:双墩符号共 633 个,其中大多数为几何形符号,象形符号只有 4～5 种,但复现率很高。① 其后,在安徽定远侯家寨、南京丁沙地等地也发现了一些与双墩符号类似的史前符号。双墩符号均出现在陶碗底部圈足内,符号既有单体又有重体,数量众多,符号形体也比较整齐,还有少量的记号组合现象。按照我们的看法,双墩符号的性质基本可判定为一种地域性的史前符号,在形态上与商、周古文字相去甚远,它们与成熟的汉字——殷商甲骨文、金文应该没有直接的联系。②

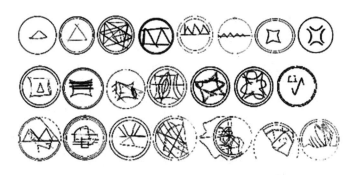

图 4-91　安徽蚌埠双墩史前符号举例③

　　在陕西关中地区考古发现的距今 6700～6400 年的仰韶文化陶器记号约有近百种,它们集中分布在西安半坡和临潼姜寨遗址,如图 4-92 所示。这一时期的陶器记号在关中地区及其周边的零口、垣头、五楼、莘野、李家沟、宝鸡北首岭、临潼原头、蓝田泄湖、山西垣曲小赵、河南信阳南山咀、河南汝州洪山庙等地都有零星分布。有关仰韶文化陶器记号的性质,学术界曾有过热烈地讨论,并引起学者们对中国境内的陶器记号与汉字起源问题的普遍关注(参见第五章第二节讨论)。

　　距今 6400～5300 年的大溪文化是主要集中于长江中游西段两岸地区的地域性文化,年代相当于中原仰韶文化时期。20 世纪 80 年代前后,在湖北宜昌清水滩、中堡岛、杨家湾、秭归柳林溪④等地都发现了一批大溪文化

---

①　安徽省考古所:《蚌埠双墩——新石器时代遗址发掘报告》(上、下),科学出版社,2008 年。

②　黄亚平、孙莹莹:《双墩符号的构成方式以及对文字形成的影响》,《中国海洋大学学报》,2011 年第 1 期,第 56～61 页。

③　安徽省考古所:《蚌埠双墩——新石器时代遗址发掘报告》(上),科学出版社,2008 年,第 420～468 页。

④　国务院三峡工程建设委员会办公室、国家文物局:《秭归柳林溪》,科学出版社,2003 年。

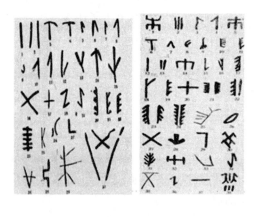

图 4 - 92 仰韶文化早期的陶器记号(1.西安半坡;2.临潼姜寨)

陶器记号,其中尤以杨家湾为代表。① 图 4 - 93,1～3 为杨家湾遗址考古发掘的 74 件有陶器记号的陶片,数量达 50 余种。图 4 - 93,4～5 为杨家湾遗址 164 块陶片上发现的 8 类 70 种陶器记号。② 大溪文化与中原仰韶文化已有所接触,单从形态上看,其彩陶记号似乎更加简练抽象,在形态上更加接近后世的文字,但我们知道,仅凭这一点尚不足以合理解释前文字的含义,大溪文化的社会发展程度还不能满足产生成熟文字产生的社会条件,其陶器记号性质仍应判定为地域性史前符号。

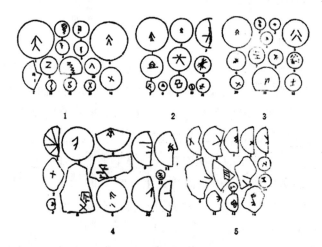

图 4 - 93 大溪文化陶符:湖北宜昌杨家湾陶符(图片来源:余秀翠)

---

① 湖北省文物考古研究所:《宜昌杨家湾》,科学出版社,2013 年。
② 余秀翠:《宜昌杨家湾在新石器时代陶器上发现的刻划符号》,《考古》,1987 年第 8 期,第 105～108 页。

前仰韶时期和仰韶文化早期出现在中国境内南北各地的史前陶符,虽然已经具备了表意与标记功能,但它们都有各自的独立发展的路径,还找不到明显的记语痕迹。因此,其符号性质在总体上属于地域性史前符号。即便是出现在中原地区的仰韶文早期的陶器记号,由于缺乏充分的社会发展条件,其与同一地域后世出现的甲骨文、金文之间未必存在直接的联系,至少目前尚无法证明它们就是汉字甲骨文、金文的直根系。

第二种情况出现在仰韶文化晚期—龙山时代,这个时期的图画表意和图像叙事现象,以及记号组合数量较之仰韶文化早期都有明显增加,仰韶文化晚期的部分图像叙事和记号组合,很可能已经具有汉字萌芽或原始汉字的性质(参见第五章第二节讨论)。

第三种情况大体出现在青铜时代和历史时期的商、周时期。在这一时期,由于青铜器和成熟文字出现,商代陶文与甲骨文、金文并列,两者并行不悖又相互渗透。此后,出现了陶器记号与陶文混同使用到逐渐分开并趋于消失的现象(参见第五章第三节讨论)。

二、记号组合

记号组合通常由两个以上的记号按照一定的次序排列组合而成,记号组合通常被认为有可能记录语言,因此受到文字史家们的格外青睐。

(一) 岩画中的记号组合

岩画学家所说的记号组合岩画的概念比较宽泛,实际包含了简化的图形＋记号,记号＋记号,简化图＋简化图等不同情况。

中国北方地区记号岩画不但有较多单个表意的记号,而且经常出现几个记号组合在一起的情况。图 4-94,1～5 是内蒙古阴山的记号组合岩画,其构图属于简化的图形＋记号,包括猎人、羊、人面像、太阳、月亮、星星、穹庐等事物的简化图形与记号之间的组合。图 4-94,6 有可能是两个记号的组合,也有可能是两个动物蹄印的简化图形的组合。阴山岩画中记号＋记号的形式非常罕见。跟阴山岩画相比,乌兰察布草原岩画记号组合中虽然仍保留着众多的事物简化图与记号的组合,如 4-94,7～9,但纯粹的记号与记号组合已经出现了多例,如图 4-94,10～14。巴丹吉林沙漠记号岩画与阴山、乌兰察布岩画一脉相承,其中记号与图像混杂在一起的情况仍然保留着,而且在数量上仍然占优势,如图 4-94,15～17 所示。但记号组合岩画的数量也在不断增多,如图 4-94,18～26,而且相比阴山和乌兰察布都要更加丰富一些,这种情况在宁夏贺兰山、中卫大麦地岩画中大量涌现出来。

1～6 阴山：其中 1. 猎人＋太阳；2. 羊＋羊圈；3. 人面像＋符号；4. 月亮＋星星；5. 穹庐＋
卐字符；6. 记号组合？7～14 乌兰察布：其中，7. 北山羊＋三角符号；8. 星星＋禽；9. 猎人
＋月亮＋符号；10. 记号组合；11. 记号组合；12. 记号组合；13. 记号组合；14. 记号组合；
15～26. 巴丹吉林：其中 15. . 骆驼＋符号；16. 羊圈＋田形＋符号；17. 乌龟＋圆圈符号；
18. 记号组合；19. 记号组合；20. 记号组合；21. 记号组合；22. 记号组合；22. 记号组合；
23. 记号组合；24. 记号组合；25. 记号组合；26. 记号组合。

图 4-94　内蒙古记号组合岩画（图片来源：盖山林）

　　宁夏贺兰山记号组合岩画比上述内蒙古三地的记号组合岩画数量都多，
而且记号的抽象程度更高，对线条的运用似乎更加纯熟、流畅。图 4-95，1～
24 都是宁夏贺兰山记号组合岩画，有两个记号组合者，有多个记号组合者，
组合形式既有左右结构，又有上下结构。多数记号组合岩画是表意的，但表
达什么意思尚不得而知。其中，可能还有数字记号的组合，如图 4-95，5。
此外，在贺兰山记号岩画中，记号与羊组合起来的岩画比较多见，羊图形符

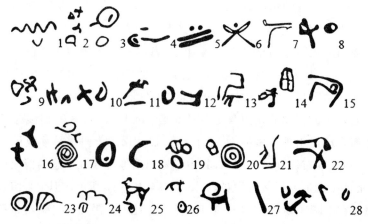

图 4-95　宁夏贺兰山记号组合岩画（图片来源：西北第二民族学院）

号在记号岩画构图方面的功能甚至与后世文字系统中部首的作用有点类似,说明羊在狩猎和游牧生活中的重要性,那些神秘记号一定是与羊的狩猎、繁殖、圈养甚至放牧等活动有关的符号表征,它们共同呈现狩猎和游牧生活各个方面,如图4-95,25~28所示。

据《大麦地岩画》一书提供的材料,宁夏大麦地记号组合岩画约略有100余例,另与其他图像混杂在一起的组合岩画也多达100例以上,两者的数量都达到了前所未有的程度。如图4-96所示。跟上述几处岩画相比,大麦地记号组合岩画既有所谓"汉字笔画形"的风格,又有错综复杂的记号组合,构成了丰富多样的记号组合样本,表达了至今不为我们所知的意义。[1]

图4-96　中卫大麦地记号组合岩画(图片来源:西北第二民族学院)

大麦地岩画记号组合岩画中最常见的是羊、马、人物与记号的组合,其中占绝大多数比例的依然是羊与记号的组合,这一点与贺兰山岩画一脉相承,如图4-96,39~50所示。但大麦地岩画中还有以马、蛇等其他动物的记号组合,其中马与记号的组合也出现了多次,如图4-96,51~59所示,这

①　西北第二民族学院:《大麦地岩画》(全四册),上海古籍出版社,2007年。

一点似乎为贺兰山岩画所未见。

（二）陶器及其他媒介上的记号组合

与仅仅作为标记或单纯表意的单个记号不同,陶器上的记号组合由于已经具有明确的符号组合关系并且按照一定次序排列,有可能表现语音,因此与记录语言的文字系统存在着一定的关联。

古埃及阿拜多斯 U-j 号墓出土了距今约 5150 年的 186 件骨质或象牙标签,这些象牙标签早于古埃及成熟文字,其中有一部分记号组合的例子。在记号组合中有的符号充当音符,有的充当意符,还有限定符出现,与稍晚一些时候出现的古埃及成熟文字几乎如出一辙。因此,"U-j 号墓标签上的符号具备早期文字的特点,已经出现了表意符号、表音符号和限定符号。"①如图 4-97,原书 53～55 号标签是由鸟＋大象的符号组成,其中鸟表示家禽,大象是国王的名字,原书 75～77 号标签是由豺狼＋树的符号组合而成,其中豺狼是表音符号,读作 sth nhb,树是国王的名字;原书 108～109 号标签是由鹰＋长方形符号组成,其中的鹰表示王名,带方格的长方形读作 S,后来成为表示王室所在地的专用符号。

图 4-97　阿拜多斯 U-j 号墓发现的记号组合

（图片来源:颜海英,右下角编号为发掘者所编）

古埃及涅迦达遗址是埃及境内著名的史前遗址,这里出土了几百种陶器刻划符号,是埃及境内发现史前刻符最多的地方。涅迦达遗址可区分为涅迦达Ⅰ期(公元前 4000～公元前 3500 年),涅迦达Ⅱ期(公元前 3500 年～公元前 3200 年),涅迦达Ⅲ期(公元前 3200～公元前 3000)。涅迦达遗址出土的陶器记号中同样有一部分由记号＋图形组合而成,如图 4-98 所示。其中,第 74 和第 75 例"与后来象形文字中的两个符号完全同形,后者很可能就是从这两个陶器刻画符号演变而来的"。②

---

① 颜海英:《阿拜多斯 U-j 号墓发现的埃及早期文字》,载《古代文明》第 2 卷,第 2002 年,第 394 页。

② 拱玉书、颜海英、葛英会:《苏美尔、埃及及中国古文字比较研究》,科学出版社,2009 年,第 78 页。

图 4 - 98　涅迦达出土的陶器记号组合

（图片来源：颜海英，右下角编号为涅迦达遗址发掘者皮特里编制）

在下埃及的塔尔罕(Tarkhan)500 多座坟墓中发现了距今 5100～5000 年的陶器记号，其中有一部分记号组合。如图 99 第 66～67 表示国王卡，第 68～69 表示国王那尔迈，第 70 号难以辨识，第 71 号是一人名，读 Tahutimer，这些记号组合中的王名符已经是规则的文字。颜海英在考察了古埃及文字之前的陶器刻画符号后得出一个初步的结论，她认为：“埃及历史上最早的王名与陶器刻画符号有着密切的关系，可以说是从陶器刻画符号发展演变而来的。”[①]我们认为，即便古埃及成熟文字中的王名符以及另外一些符号来源于更早的史前陶符，也不等同于说古埃及文字系统来源于史前陶符，这是两个不同的概念，不宜混淆起来（详参第五章讨论）。

图 4 - 99　塔尔罕出土的陶器记号组合（图片来源：颜海英）

中国境内前仰韶时期和仰韶文化早期的各史前考古遗址虽然在陶器、石器、骨器上就发现了一定数量的几何形记号，但通常都是单个的，记号组合的情况基本未见。

河南舞阳贾湖遗址发现了距今 9000～8000 年，刻在柄形石器上的 1 例“记号组合”，如图 4 - 100，1 所示。考古报告认为：“此类符号从其形状看都具有多笔组成的组合结构，应承载着契刻者一定的意图，因之具有原始文字的性质。”[②]但我们认为：考古报告中提供的记号组合仅此一例，其性质尚难遽定。

在距今约 7300 年的安徽蚌埠双墩符号中，据考古报告说有 3 例出现在

---

① 颜海英：《前王朝时期埃及的陶器刻画符号》，《世界历史》，2006 年第 2 期，第 106～115 页。
② 河南省文物考古所：《舞阳贾湖》(下卷)，科学出版社，1999 年，第 984～985 页。

陶碗圈足内的"记号组合",如图4-100,2～4所示。[①] 考古报告认为:其中的图2是碗底部刻画的两个重三角形与十字形加直线构成的组合;图3是碗底部刻画的双竖直线与其左右各两道斜线构成的组合;图4是碗底部刻画的田字形方框与一直线和多道折线、斜线等构成组合。实际上,在这里的3例"记号组合"中,记号与记号之间尚未见排列有序的逻辑次序,甚至都说不上有几个记号,这样的记号组合充其量只是符号成分比较复杂而已,还算不上真正的记号组合。

1.记号组合:贾湖遗址;2～4.记号组合:蚌埠双墩。

图4-100　中国境内前仰韶时期的所谓"记号组合"

可以说,到目前为止,在前仰韶时期和仰韶文化早期中国境内各史前考古遗址迄今为止还没有发现真正的记号组合的原因,恐怕是因为当时的氏族社会还没有产生记录语言的需求。

总之,在记号型前文字中,单个的记号由于不能明确表音或记语,它们在总体上应看成是史前时代各地域性文化中的标记与标识符号,用来标记器物所有者、器物制作者、烧制工场等,可归属于前文字研究范畴。至于部分有明确表音和记语能力的抽象记号,尤其是其中的记号组合,则应看成是具有部分记语功能的文字萌芽。

若就汉字成熟文字出现的情形而言,我们大致可以明确这样一条线索,若以成熟汉字——殷商甲骨文、金文为起点往上追溯,中国境内可能与之发生关联的符号和几何形记号,最有可能出现在仰韶文化晚期—龙山时代,而不会发生在更早的时期。换句话说,我们认为,在仰韶晚期—龙山时代之前,还不大可能出现与甲骨文、金文有直接关联的汉字萌芽。通常所说的"文字萌芽""汉字先驱""原始汉字"等,极有可能出现在中原腹地和中国的东南部地区,这个广大的区域从整体上最有可能成为原始汉字的创制地域,当然也是诞生史前中国的福地。至于殷商时期在江西清江吴城,郑州二里岗、河南安阳殷墟等遗址中出土的成批成组的陶文,理应是与殷墟甲骨文、金文并无二致的成熟文字,可统称为"商代陶文"(详见第五章第四节讨论)。

---

① 安徽省文物考古研究所等:《安徽蚌埠双墩新石器时代遗址发掘》,《考古学报》,2007年第1期,第113页。

下　编
汉字起源专题研究

第五章　前文字与汉字起源关系研究

本书下编是前文字与汉字起源关系的专题研究,内容包括文字起源研究的必要条件、汉字字符的来源、汉字最可能的直根系、商代陶文的性质、文字制度的建立与汉字的激发扩散研究等。

文明的连续性和文字的传承性是所有原生态文明和自源创制型文字与生俱来的根本特性,世界各地的原生态文明和自源文字都有这样的特点,中国文明和表意汉字只是其中的杰出代表,并非唯一的存在。

汉字与中国文明具有同样悠久的历史和共同的发展经历,汉字传承与中国文明延续之间始终存在着相互渗透、相互促进的辩证发展关系。无论是汉字与中国文明,还是汉字与汉语,两者之间从来都不是上下层级的隶属关系,汉字既不单是中国文明的工具,也不单是记录汉语的工具,汉字是中国文明的符号表现形式,汉字是导致汉语形成的关键因素。普通语言学理论对文字"工具属性"的论定,或许适合字母文字,但显然并不适合以汉字为代表的表意文字的情况。正因为如此,汉字起源研究应从仅仅关注汉字从什么时候起记录汉语,如何记录汉语一类的问题,转变为关注汉字如何呈现中国 5000 年文明史,如何充分体现中国文明特有的延续性特征。

自古以来,汉字的起源、演变、传承与中国文明的形成、发展、延续始终保持着高度的一致性。汉字作为中国文明的符号表征,它是超语言的符号系统,绝不仅仅是记录汉语的辅助工具。汉字字符的符号来源和符号构意源于史前中国境内多种文化的相互作用,与早期中国文明的"多元"性质保持一致;汉字体系最终在夏、商完成,又与中国文明的"一体"状态保持一致。[①]

在汉字起源研究中,在明确了汉字传承与中国文明延续的辩证发展关系之后,接下来要做的事情就是进一步弄明白汉字字符的来源,这才是汉字

---

① 黄亚平:《论汉字传承与中国文明延续的辩证发展关系》,《深圳社会科学》,2022 年第 1 期。

起源研究的中心任务。当然,对汉字功能的深入挖掘也应是汉字史研究的重点所在。

第一节　文字起源研究的必要条件

本节重点梳理东西方语言学史、文字学史上的言文观,以此作为汉字起源研究的出发点。

正确的言文关系既是文字学的首要问题,也是汉字起源研究的必要条件。若要研究文字起源,必先明确文字定义,判定文字性质。而要实现这一目标,则首先需要摆正言文关系。

一、东西方古典语言研究中的不同范式与研究倾向

早在古希腊时期和中国先秦时期,东西方哲人在讨论名物关系时就不约而同地提出了"本质论"与"约定论"两种相反而又相承观点。[①] 一般来说,"约定论"以及对语法范式与音义联系的追寻在西方古典语言研究中始终占有主导地位。"本质论"以及对文字范式和形音义联系的追寻在东方古典语言研究中则始终占有主导地位。可以说,人类文化早期阶段由于不同的文化选择而造成的文化传统与思维方式的差异,给现代语言学、现代文字学的言文关系研究烙下了深深的历史印记,成为我们今天研究言文关系、确定文字定义和性质,研究文字起源问题时无法回避的问题。

(一)古典印欧语研究的语法分析范式与强调音义联系的研究取向

古希腊的语言研究肇始于希腊哲学家对"词与物"关系的讨论,正是此一讨论,将古希腊的语言研究引入语言分析之路,体现为精细的语法分析。

古希腊罗马至中世纪　公元前 5 世纪,古希腊哲学家柏拉图(Plato,公元前 427～公元前 347 年)在两篇著名的对话《克拉底鲁篇》《泰阿泰德篇》中,从认识论角度详细回顾并讨论了语言起源、语言演变和构造及词源学问题,提出"语言本质论",[②]认为人们对事物的认识是从命名开始的,名称即

---

① 笔者注:"本质论"认为名字即是语言的本质,人们对事物的认识是从命名开始的,词语(名字)和意义之间存在本质的联系;"约定论"认为语言只是以词语表达意义,而意义来自于约定,词语(名字)和意义之间只存在约定关系。

② 〔古希腊〕柏拉图:《柏拉图全集·克拉底鲁篇》(第 2 卷),王晓朝译,人民出版社,2018 年,396a4～5,393d4～5,439a～b,422c7～8,388c;201e～202。

是语言的本质。语言同时也是认识的载体和工具，①以及传达和交流的工具。在论及言文关系问题时，柏拉图谈到了"书面文字"的概念，认为"书面文字"只是作为话语影子的东西，只有话语才是本原的。

与他的老师柏拉图不同，亚里士多德（Aristotle，公元前384～公元前322年）主张"规定论"。他认为人只有认识客观事物，才能认识事物的本质。语言只是以词语表达意义，而意义来自于规定，词语和意义之间只存在约定关系。为了弥合柏拉图所说的话语和书面文字之间可能出现的缝隙，亚里士多德在两者之间插入了心灵经验（思维）这样一个层次，他将口语、思维、书面语言的关系明确表述为："口语是灵魂内在感受的符号，文字是口语的符号。"②亚里士多德将柏拉图所说的名与物的本质联系成功转换为事物—思维—语言三者的关系，将柏拉图语言哲学的"本质论"置换为"约定论"。

亚里士多德之后，语言"本质论"和"规定论"成为西方语言哲学中反复出现的基本命题，其争论的目的是为了讨论词源问题，但由于其出发点来自于先验的想象，缺乏事实上的依据，所以得出的结论大多并不准确。

公元前4世纪，今埃及境内亚历山大里亚城的古希腊语文学派转而研究《荷马史诗》的阅读、理解、注释，并从中归纳出许多语言范畴，如类比规则、人称、句子、词、词类（名词、动词、分词、冠词、代词、前置词、副词、连词）、性（阴性、阳性、中性）、数（单数和复数）、格（主格、宾格、与格、属格、呼格）、态（主动态、被动态）、时（现在时、过去时、将来时）等，将此前关于"词与物"关系的哲学论辩引入语言研究领域。古希腊的语法研究得到空前的发展，出现了狄奥尼修斯·特拉克斯（Dionysius Thrax）《希腊语语法》这样的精细分析语法的研究专著。公元前147年罗马帝国建立之后，罗马人又全面继承了古希腊文化传统，步希腊语法研究传统之后尘继续研究拉丁语法，出现了瓦罗（Varro）《拉丁语研究》等语法专著。由此可知，如果说柏拉图、亚里士多德初步奠定了西方语言学研究的基调，那么，西方语言研究的"语法范式"则是由汇聚于亚历山大里亚城的古希腊语文学派真正奠定的。

在欧洲漫长的中世纪时期（公元4～14世纪），由于神学具有统治地位，传教士因此成为罗马帝国的文化代言人。在此背景之下，拉丁语成为宗教语言，也是教会学校里的教学用语。对欧洲语言研究学者而言，除了拉丁语，其他欧洲语言都是粗鄙的语言，更不要说欧洲以外的其他语言了。因

---

① 〔古希腊〕柏拉图：《柏拉图全集·泰阿泰德篇》（第2卷），王晓朝译，人民出版社，2018年，201e～202。

② 〔古希腊〕亚里士多德：《工具论·解释篇》（修订译本），刘叶涛等译，上海人民出版社，2018年，第34～35页，16a4～16a9，16a3～4.16a19～20。

此,中世纪的语言研究对象只有拉丁语及其语法。中世纪前期,罗马人对拉丁语语法的研究基本是对以狄奥尼修斯·特拉克斯为代表的希腊语语法的重新编纂,并没有多少创新之处。中世纪后期,经院哲学催生了"思辨语法学派",该学派继承古希腊"词与物"论辩和古希腊语文学派研究希腊语法之余绪,讨论拉丁语语法体系中的语言哲学问题,出现了"唯实论"与"唯名论"大讨论。不但直接开启了 14 世纪以后欧洲文艺复兴时期"唯理语法"与"经验语法"论争,而且通过后者的中继,又间接成为 17～18 世纪启蒙思想家讨论语言起源问题以及历史比较语言学的思想源泉。

从亚里士多德开始的古希腊哲学家围绕着事物、思维与语言(物/思维/词)的关系,以及语言起源,语言结构等问题的大讨论,以及亚历山大里亚城古希腊语文学派对《荷马史诗》语法分析,早在公元前 5～4 世纪前后,就为西方语言研究中的言文观定下了基调,并由此形成了西方语法分析理论的基础。尽管在这一发展过程中有几位古希腊先哲曾经提到"书面文字"或"书面语言",但这些概念都是指话语统辖之下的书面形式,并非指独立于语言之外的文字符号或符号系统。

18 世纪欧洲启蒙思想家对语言起源问题的探索 18 世纪欧洲启蒙思想家上承古希腊语言研究传统,将语言起源问题看成是开启人类心智活动的钥匙,并试图通过语词探索人类的思维与理解能力,因而掀起了语言起源研究的文化思潮。洛克、亚当·史密斯、斯图瓦尔特、莱布尼茨、卢梭、孔狄亚克、赫尔德等人都先后参与了语言起源问题的大讨论,他们尤其关注思维与语言的关系问题,一致认同古希腊哲学开启的通过词语理解人类思维的研究路径。

洛克(J. Locke,公元 1632～1704 年)最先发现了人类的抽象能力,即悟性或理性在语言起源中的重要作用,并对思维、语言与文字的关系做出了自己的判断。他说:"我自然承认,在语言初创时,原是先有了观念,然后才有名称;我自然承认,就是现在,也是先形成了新的复杂观念,然后才有新的名称,然后才有新的文字。"①

亚当·史密斯(Adam Smith)和杜尔加德·斯图瓦尔特(Dugald Stewert)认为语言是人为的符号,语言起源于社会约定。但在人造的语言中,先造出来的词是什么呢?亚当·史密斯认为,人们最先造出的是动词。杜尔加德·斯图瓦尔特认为人们最先造出的是名词。②

---

① 〔英〕洛克著:《人类理解论》,洪洁求译,商务印书馆,1989 年,第 8～9 页。
② 参岑祺祥:《语言学史概要》,世界图书出版公司北京公司,2008 年,第 89～90 页。

卢梭和孔狄亚克非常关注语言和思维的关系。卢梭(J. J. Rousseau,公元 1712~1778 年)赞同人类最初的语言来自于自然的呼声,并发展成"社会契约"的观点。他从拼音文字的立场出发,将文字区分为三种形式:象形文字(如墨西哥人的象形文字、古埃及文字)、表意文字(如汉字)、拼音文字(如字母文字系统),他甚至将这三种文字形式与三种社会状态、(原始民族、野蛮民族、文明民族)相互对应起来。① 卢梭对文字的认识继承了古希腊前辈,他说:"创造语言是为了言说,文字不过是言语的替补。……要通过言语来分析思想,通过文字来分析言语;语言通过约定俗成的符号来再现思想,文字以同样的方式再现言语。因此,文字技巧不过是思想的间接再现,至少在元音构成的语言中,即在我们使用的独一无二的语言中就是如此。"②孔狄亚克(E. B. de Condillac,公元 1714~1780 年)指出:"自然信号,或者说,某几种呼喊声,这些呼喊声是大自然为了表达欢乐、恐惧、痛苦等感情而给予我们的。"③因此,人们最先造出来的词是感叹词。在这一点上,孔狄亚克和卢梭没有两样。但在"自然的呼声"如何转变为"社会契约",即最初的原始语言如何变成完善语言方面,卢梭走向不可知论,孔狄亚克则明确强调符号的任意性。他指出:人类天赋的反省能力正是从这种"自然的呼声"得到启发,从而创造出"制定信号",或者说,是由我们自己选定的一些信号,这些信号和我们的观念之间只有一种人为的联系。④

赫尔德(J. G. Herder,公元 1744~1803 年)是 18 世纪启蒙思想家中有关语言起源研究方面最有成就的学者。其大作《论语言起源》得到柏林皇家普鲁士科学学院奖,并被该科学院指定为唯一受资助出版的著作。赫尔德反对语言神造说,赞同语言人造说。他指出:"语言是人的本质所在,人之成为其人,就是因为他有语言。"⑤世界上最初的语言是对声音的模仿,语言中最先造出的是发声的感叹词,然后是动词,名词都是由动词变来的。赫尔德反对语言起源的社会属性,强调语言的心理属性。"一种完全任意性创造出来的语言,事实上也同一切人类心灵力量的类推原则格格不入。""事实上,我们人类的语言是在一个基础上发展起来的。而且,不仅是语言的形式,就连跟人精神进程有关的一切也都出自同一个基础;因为世界各民族

---

① 〔法〕让-雅克-卢梭:《论语言的起源——兼论旋律与音乐的模仿》第五章论文字,洪涛译,上海人民出版社,2003 年,第 25~32 页。

② 〔法〕卢梭《论发音》(转引自德里达:《论文字学》,汪堂家译,上海译文出版社,1999 年,第 428 页)。

③ 〔法〕孔狄亚克:《人类认识起源论》第二编,洪洁求、洪丕注译,商务印书馆,1989 年,第 46 页。

④ 转引自徐志民:《欧美语言学简史》(修订本),学林出版社,2005 年,第 45 页。

⑤ 〔德〕J. L 赫尔德:《论语言的起源》,姚小平译,商务印书馆,1998 年,第 21 页。

的语言的语法几乎都是以同样的方式构成的,据我所知,唯一重要的例外是汉语的语法。"①

由于 18 世纪的启蒙思想家大都不是语言研究专家,他们对世界范围内语言材料的掌握不够,其语言起源研究在整体上尚处在理论探索阶段,因此,他们还不能提出比较圆满的解决语言和思维关系的具体研究方法,建立起现代意义上的语言科学。虽如此,在他们之间进行的、有关语言起源问题的大讨论,以及他们提出的一系列语言研究的基本概念,如语言神造还是人造,语言是个人的内在自为还是社会的约定,语言源起于感叹说还是摹声说,先有名词还是先有动词,以及什么才是完善的语言等问题,都为 19 世纪语言科学的建立做了前期的理论铺垫。同时也为 19 世纪历史比较语言学和普通语言学建立之后,对言文关系的深入讨论奠定了坚实的基础。

由此可知,在西方本土的古典语言研究传统中,从古希腊、古罗马、欧洲中世纪直至 18 世纪,尚未真正出现过对文字及文字起源的研究。西方古典语言研究中提到的"文字"概念,毫无例外都是指记录语言的"书面语言"。换句话说,在 18 世纪以前的西方学者的心目中,书面语言充其量只是口头语言的影子,显然不可能与口头语言平起平坐。因此,为汉人所理解的文字概念及其研究,在 19 世纪之前的西方古典语言研究中是不可能出现且被其理解的。

促成古希腊以来西方语言研究语法分析范式与强调音义约定研究倾向的主要原因是:

其一,古希腊人对自己的文明发达程度非常自豪,自认为希腊语是最高贵的语言,其他一切语言都是"野蛮人"的语言。这一认识局限促使古希腊人除了对自己的语言进行研究之外,对其他语言的研究根本不屑一顾。古罗马人全盘继承了古希腊语言研究的传统,虽然其研究对象变为拉丁文,但其研究旨趣依然以语法分析与音义约定为主。

其二,印欧语自身的语言特点与其语言研究的语法分析范式高度吻合。印欧语的语言结构自身富有形式变化,语音分节,音变很有规律,这些特点决定了其语言研究重视形式分析的方法。对印欧语研究而言,字母只是语言的隐性成分,字母的形状没有意义,不会对音义约定产生任何实质性的影响,因此,印欧语是典型的音义统一体。印欧语的言文关系可以合二为一,顺利实现无缝对接。字母只是语言的书面部分,并不是相对于语言的独立或对立成分。印欧语的语言特点与该语言研究语法分析范式的适配度,决

---

① 〔德〕J. L. 赫尔德:《论语言的起源》,姚小平译,商务印书馆,1998 年版,第 37 页,第 105 页。

定了针对该语言的研究必然是以形式分析和揭示音变规律为基本特征，这与语言的完善程度并无实质上的关联。

对于古希腊以来的西方古典语言学研究倾向给西方乃至整个世界语言研究路径的导向性影响的不足之处，部分西方语言学家也做了深刻地反省，如丹麦语言学家郝尔格·裴特森（Holger Pedersen）就尖锐地指出："古代世界给欧洲留下了一笔遗产，里面装满了对语言史的误解；欧洲的语言科学就背着这样一个沉重的包袱，继续了许久，直到语言知识的范围逐渐扩展，远超过了古人的梦想。"①英国学者 J. 莱昂斯（J. Lyons）更是明确谈到古希腊罗马语文学家造成的影响和双重错误：即对口语和书面语关系的错误认识，对语言演变问题的错误认识。②

（二）古汉语研究的文字范式及强调形音义联系的研究取向

古汉语研究肇始于先秦时期的名实关系大讨论，经过先秦时期儒、墨、名、法诸家的激烈论辩，"明贵贱"与"别同异"两种观念成为先秦名实关系大讨论的基本倾向。

春秋时期，礼崩乐坏，名实背离，为了解决这一尖锐的社会矛盾，孔子首先提出"正名说"，特别强调确定名分的重要性，"子曰：必也，正名乎。……名不正则言不顺，言不顺则事不成，事不成则礼乐不兴，礼乐不兴则刑罚不中，刑罚不中则民无所措手足。故君子名之必可言也，言之必可行也。君子于其言，无所苟而已矣！"强调社会各阶层须严格遵照既定名分行事，不得逾越。"君君，臣臣，父父，子子。"孔子对逾越名分，犯上作乱的行为非常愤慨，极力挞伐，"觚不觚，觚哉！觚哉！""孔子谓季氏，八佾舞于庭，是可忍也，孰不可忍也。"并对从政者提出率先垂范的具体要求，"季康子问政于孔子，孔子对曰：政者，正也。子帅以正，孰敢不正？"③孔子的"正名说"与"定名分"思想属于政治伦理的范畴，其功用主要是"明贵贱"。

老子和墨子从认识论的角度看待名实关系。老子主张"无名"，从根本上否认名称概念能正确反映事物的实在，强调名称的或然性，但他并未因而否定名实关系。"道可道，非常道；名可名，非常名。无名天地之始，有名

---

① 〔丹麦〕郝尔格·裴特生：《十九世纪欧洲语言学史》（校订本），钱晋华译，世界图书出版公司北京公司，2010 年，第 4 页。

② 转引自徐志民：《欧美语言学简史》（修订本），学林出版社，2005 年，第 26 页。

③ 以上《论语·子路》《论语·颜渊》《论语·雍也》《论语·八佾》《论语·颜渊》，载[宋]朱熹注：《论语集注》，上海古籍出版社，1987 年，第 54 页，第 51 页，第 25 页，第 9 页，第 52 页。

万物之母。……此两者同出而异名。"①墨子提出"取实予名"的观点,认为只有根据事物的实际情况才能认识事物,而不是从名称开始认识事物,"瞽不知白黑者,非以其名也,以其取也。……天下之君子不知仁者,非以其名也,亦以其取也。"②明确指出名称概念只是对实在事物的模拟,但模拟的途径可以有多样。"彼,正名者彼此。彼此可。彼彼止于彼,此此止于此,彼此不可。彼且此也,彼此亦可。彼此止于彼此,若是而彼此也,则彼亦且此此也。"③相对孔子而言,老子和墨子对名实关系的认识从整体上趋向于语言和逻辑范畴,其主要功用在于"别同异"。

战国时期盛行的"名辩"思潮,将春秋时期的名实关系的论争引入更深层次的社会大辩论中,在这一时期的社会上出现了不同派别的专业辩者。其中,以惠施为代表的"合同异"派强调实(万物)的相对性与变化性,所谓"至大无外,谓之大一;至小无内,谓之小一。无厚不可积也,其大千里。天与地卑,山与泽平。日方中方睨,物方生方死。大同而与小同异,此之谓小同异。万物毕同毕异,此之谓大同异。"④以公孙龙为代表的"离坚白"派强调名的绝对性,其著名的命题有"白马非马""离坚白"等。⑤墨家后学则进一步区分了名的类别。"名,物,达也,有实必待文多也。命之马,类也,若实也者必以是名也。命之臧,私也,是名也止于是实也。"⑥并提出区分原则和名辩目的、功用。"夫辩者,将以明是非之分,审治乱之纪,明同异之处,察名实之理,处利害,决嫌疑。焉摹略万物之然,论求群言之比,以名举实,以辞抒意,以说出故,以类取,以类予。"⑦墨家后学所说的名实关系,则不仅指名称和事物,有时还包括了"音响形象"与"概念"。"'名'在《墨经》里的涵义是相对的,如是'名'与'实'对举,那涵义往往视上下文而定:若表示主体与客体的关系,是指名称与事物;若表示语言符号本身的表里关系,则指音响形象与概念。后一用法,与瑞士语言学家索绪尔说的'能指'(signifiant)与'所指'(signifié)相当。"⑧至于墨家后学提出的言、举、实三者的关系,则与亚里士多德提出的事物—思维—语言三角关系近似。"近世西人以表达意旨为三方联系,图解成三角形:'思想'或'提示'、'符号'、'所指示之事物'三事参

---

① ［晋］王弼注:《老子道德经上篇》,载上海书店影印《诸子集成》卷三,1986年,第1页。
② ［清］孙诒让:《墨子间诂·贵义》,中华书局,1986年,第406页。
③ ［清］孙诒让:《墨子间诂·经说下》,中华书局,1986年,第351~352页。
④ ［清］王先谦:《庄子集解·天下》,载上海书店影印《诸子集成》卷三,1986年,第476页。
⑤ 王琯撰:《公孙龙子悬解·白马论》《坚白论》,中华书局,1992年,第42~47页,第73~86页。
⑥ ［清］孙诒让:《墨子间诂·经说上》,中华书局,1986年,第316页。
⑦ ［清］孙诒让:《墨子间诂·小取》,中华书局,1986年,第378~379页。
⑧ 胡奇光:《中国小学史》,上海人民出版社,1987年,第26页。

互而成鼎足。'思想'或'提示'、'举'与'意'也，'符号'、'名'与'文'也，而'所指示之事物'，则'实'与'物'耳。"①

战国末年，荀子提出了集大成的"正名"理论，将儒家"明贵贱"的政治伦理观念与墨家、名家"别同异"的语言逻辑统统纳入其中，成为先秦名实关系大讨论与名辩思潮的集大成者。荀子谈到名的分类时提出了"大共名""大别名"，"故万物虽众，有时而欲遍举之，故谓之物。物也者，大共名也。推而共之，共则有共，至于无共然后止。有时而欲遍举之，故谓之鸟兽。鸟兽也者，大别名也。推而别之，别则有别，至于无别然后止。"②谈到名的社会功用时指出："制名以指实，上以明贵贱，下以辨同异。"③荀子的最大贡献还在于他提出的"约定俗成"理论，他说："名无固宜，约之以命，约定俗成谓之宜，异于约则谓之不宜。"④荀子承认"名"是社会的产物，否认名的神秘起源，认为名具有社会性。这一观点被胡奇光先生誉为"中国语言学第一块理论基石"。⑤ 实际上，荀子提出的约定俗成论同时还强调语言的继承性和稳固性，赋予王者以制名之权，指出"名"是由王者制定的，而王者制名的有效途径是"循旧作新"。"若有后王起，必将有循于旧名，有作于新名。""后王之成名：形名从商，爵名从周，文名从礼；散名之加于万物者，则从诸夏之成俗曲期，远方异俗之乡则因之而为通。"⑥相对"约定俗成"对语言社会性的强调，同为荀子提出的"王者制名"对语言继承性和稳固性的强调，则常常被现代语言学家所忽视，李葆嘉把荀子提出的约定俗成理论概括为"王者约定、民众俗成"或许更符合荀子的原意。⑦

春秋战国时代先秦诸子的"名实之争"与"名辩思潮"，本来是那时的思想家们对社会乱象的回应，目的是提供治世之良策。但在客观上却涉及了语言的社会功用（明贵贱，别同异），语词的分类（达/类/私；大共名/大别名），语言的社会性（约定俗成），语言的继承性和稳固性（后王之成名）等语言学理论问题，而且还提出了概念、判断、推理（概念的同一性和差异性，即"合同异"与"离坚白"）等形式逻辑范畴，客观上起到了引领中国古典语言研究理论研究和术语辨析的作用。

在古希腊语文学派全力开展《荷马史诗》语法研究的同期，中国秦汉时

---

① 钱锺书：《管锥编》（第三册），中华书局，1979年，第1177页。
② ［清］王先谦：《荀子集解·正名篇》，中华书局，1988年，第419页。
③ 同上书，第415页。
④ 同上书，第420页。
⑤ 胡奇光：《中国小学史》，上海人民出版社，1987年，第34页。
⑥ ［清］王先谦：《荀子集解·正名篇》，中华书局，1988年，第414页，第411～412页。
⑦ 李葆嘉：《荀子的王者制名论与约定俗成说》，《徐州师范学院学报》，1986年第4期。

期的语文学研究传统正在开展文字的搜集整理和字义的解释工作。

首先是"文字"名称的确立。《周礼·春官·外史》："掌达书名于四方。"汉郑玄注："或曰：古曰名，今曰字。使四方知书之文字，得能读之。"①清代孙诒让《周礼正义》加以进一步辨析，"审声正读则谓之名，察形究义则谓之文，形声孳乳则谓之字，通言之则三者一也。《中庸》云：'书同文'，《管子·君臣篇》云'书同名'，《史记·秦始皇本纪·琅琊台刻石》云'书同文字'，则'名'即文字，古今异称之证也。"②《隋书·经籍志》更是明确指出："孔子曰：'必也正名乎？'名谓书字。'名不正则言不顺，言不顺则事不成。'说者以为书之所起，起自黄帝仓颉。比类象形谓之文，形声相益谓之字，著于竹帛谓之书。故有象形、谐声、会意、转注、假借、处事六艺之别。"③正因为从秦汉时期开始，"名"与"字"合而为一，"文字"合称，针对文字的各种研究也就顺理成章地展开了。

其次要说到"正名字"的功用。董仲舒说："治天下之端，在审辨大。辨大之端，在深察名号。……是非之正，取之逆顺，逆顺之正，取之名号，名号之正，取之天地，天地为名号之大义也。"④那么，怎么样才能"深察名号"呢？董仲舒从字形入手解释造字之深意，"古之造文者，三画而连其中，谓之王。三画者，天地与人也，而连其中者，通其道也。取天地与人之中以为贯而参通之，非王者孰能当是？"⑤另从音义联系方面追寻意义构成之源，"深察王号之大意，其中有五科：皇科、方科、匡科、黄科、往科。合此五科，以一言谓之王。王者皇也，王者方也，王者匡也，王者黄也，王者往也。是故王意不普大而皇，则道不能正直而方；道不能正直而方，则德不能匡运周遍；德不能匡运周遍，则美不能黄；美不能黄，则四方不能往；四方不能往，则不合于王。"⑥可见董仲舒落实"深察名号"理论的重要方法之一是使用"形训""声训"深挖经典文献中文字的含义。董氏使用的这一方法不但开启了汉代今文经学通过说解字义阐发经典含义的风气，而且在一定程度上开创了儒家今文经学思想体系。汉代以来的《诗》《书》《易》《礼》《春秋》之章句训诂之作，《白虎通义》等汉代今文经学家的注释，都忠实体现了此类"说经体"训释说解字义的风气，企图从字里行间挟发"微言大义"，自觉服务于现实政治的

---

① ［汉］郑玄注、［唐］贾公彦疏：《周礼注疏》，载［清］阮元：《十三经注疏》（上），中华书局，1980年，第820页。

② ［清］孙诒让：《周礼正义》（七），中华书局，2015年，第2573页。

③ ［唐］魏征等：《隋书·经籍志》（四），中华书局修订本，2022年，第946页。

④ ［清］苏舆：《春秋繁露义证·深察名号》，中华书局，1992年，第284～285页。

⑤ ［清］苏舆：《春秋繁露义证·王道通三》，中华书局，1992年，第328页。

⑥ ［清］苏舆：《春秋繁露·义证·深察名号》，中华书局，1992年，第289页。

需要。

　　这一时期的"正名字"倾向,还与神话汉字的倾向遥相呼应。在汉代流行的谶纬书中,汉字起源神话盛行不衰,如"洛龟曜书丹青,垂萌画字。"宋均注曰:"奎星屈曲相勾,似文字之画。""仓颉视龟而作书,则河洛之应,与人义惟通矣。"①"仓颉为帝,南巡狩,登阳虚之山,临于玄扈洛汭之水,灵龟负书,丹甲青文,以授帝。"②"仓帝史皇氏,名颉姓侯冈。龙颜侈哆,四目灵光。实有睿德,生而能书。及受河图箓字,于是穷天地之变化。仰观奎星圆曲之势,俯察龟文鸟羽山川,指掌而创文字,天为雨粟,鬼为夜哭,龙乃潜藏。治百有一十载。都于阳武,终葬衙指利亭乡。""仓颉四目,是谓并明。"③尽管今文经学和古文经学分歧甚巨,但两者在对待汉字重要性的认识方面却出奇地一致。"古者伏羲氏之王天下也,始画八卦,造书契,以代结绳之政,由是文籍生焉。"④"《汉书·五行志》引刘歆云:'宓羲氏继天而王,受河图,则而画之,八卦是也;禹治洪水,赐洛书,法而陈之,洪范是也。'"⑤许慎《说文解字序》:"黄帝之史仓颉,见鸟兽蹄迒之迹,知分理之可相别异也,初造书契。"⑥

　　第三,汉代官方非常重视识字教育和文字规范。西汉时期,贵族儿童入小学先以识字为主,然后学习法律,以备将来充当官吏之需。"古者八岁入小学,故《周官》保氏掌养国子,教之六书,谓象形、象事、象意、象声、转注、假借,造字之本也。汉兴,萧何草律,亦著其法,曰:'太使试学童,能讽书九千字以上,乃得为史。'"⑦两汉时期朝廷颁布的法律对文字书写规范有严格的要求。《尉律》:"学僮十七以上始试,讽籀书九千,乃得为吏。又以八体试之,郡移大史,并课最者以为尚书史。书或不正,辄举劾之。"《汉官仪》:"丞相辟召,刺史,两千石察举,有非其人,书疏不端正,有司奏罪名,并正举者。"汉朝还先后举行了多次由皇帝亲自主持的高规格的文字会议,征召各地著名文字学者,论定文字是非优劣,统一认识,强化文字规范。《汉书·艺文志》:"至元始中,征天下通小学者以百数,各令记字于庭中。……《仓颉》多

　　① 《孝经援神契》,载安居香山、中村璋八辑:《纬书集成》(全三册),河北人民出版社,1994年,第959页。

　　② 《河图玉版》,载安居香山、中村璋八辑:《纬书集成》(全三册),河北人民出版社,1994年,第1146页。

　　③ 《春秋元命苞》,载安居香山、中村璋八辑:《纬书集成》(全三册),河北人民出版社,1994年,第590页。

　　④ [汉]伪孔安国传:《尚书叙》,载[清]阮元:《十三经注疏》(上),中华书局,1980年,第1页。

　　⑤ [汉]班固:《汉书·五行志》引,中华书局,1962年,第1315页。

　　⑥ [汉]许慎:《说文解字》,上海古籍出版社,1981年,第753页。

　　⑦ [汉]班固:《汉书·艺文志》,中华书局,1962年,第1720～1721页。

古字,俗师失其读。宣帝时征齐人能正读者,张敞从受之。"①《汉书·平帝纪》:"征天下通知逸经、古记、天文、历算、钟律、小学、史篇、方术、本草及以五经、论语、孝经、尔雅教授者,在所为驾一封轺传,遣诣京师,至者数千人。"②正是由于这个原因,从汉代开始建立起来的中国古代语言学起初的名称就用"小学"而非"语言学",王力指出:"古人治'小学'不是以语言为对象,而是以文字为对象的。"③岑祺祥指出:"我国古代对于语文只知有字的概念,而不知有词的概念。"④中国最早的目录学著作《汉书·艺文志》"小学类"下仅收录蒙学教材,附录小学家杜林和杨雄对《仓颉》的训诂而不及其余,也正是同样的原因。东汉以后,虽然民间书馆的规模逐渐扩大,分布也比较普遍,汉字启蒙教育大多在民间书馆里进行,但识字课本仍然会选用官定的"三仓"(《仓颉篇》《爱历篇》《博学篇》)以及汉人模仿编写的《训纂篇》《滂喜篇》《急就篇》《元尚篇》等经典之作,而不敢有丝毫的马虎。

　　两汉时期,以《尔雅》《方言》《说文解字》《释名》等四大专书为代表的中国古代语文学研究专书的出现,既是中国古代语文学在汉代正式建立的标志,也是中国古代语文学传统文字范式形成乃至形音义研究倾向在汉代基本确立的重要标志。

　　其中,《尔雅》是先秦名物训诂的汇编,它与先秦的"名实之争"有着不解之缘。《尔雅》中出现的形训与声训方法早就零星散见于先秦名物训诂之中。《尔雅》按照意义类别对语词所做的分类,尤其是对名物词的详尽分类,对"以今释古""以雅言释方言"释义方式的坚持,以及对同义词的初步联系都做出了卓越的贡献。《方言》充分搜罗全国各地的方言词汇,探寻方言词汇的时空联系,以音别义,以字统义。不但强化了语言的社会属性,而且充分利用了汉字的超语言性统摄方言词汇的差异与分歧。在汉代四大语言学专书中,《释名》最具语言研究性质,它坚持语言研究理论的"本质论"特色,主张词与物之间必有内在联系,试图通过声训方法,探寻词所以命名的来源。与古希腊学者的词源学探索的研究背景大致相似,由于秦汉时期的词源研究尚不够充分,且有预先的设定,同样缺乏语言事实的支撑,所以《释名》"声训释义"方式暴露出较为明显的缺点。《说文解字》高举古文经学家的文字研究传统,以字统义,充分揭示字的形义关联,证以文献与通人之说。另外还积极吸收了今文经学家解经时普遍使用的"声训"方式,使形音义三

---

① [汉]班固:《汉书·艺文志》,中华书局,1962年,第1721页。
② [汉]班固:《汉书·平帝纪》,中华书局,1962年,第359页。
③ 王力:《中国古代语言学·前言》,山西人民出版社,1981年,第2页。
④ 岑麒祥:《语言学史概要》,世界图书出版公司,2008年,第11页。

要素在《说文解字》全篇的释义当中相得益彰，相互成就。与汉初童蒙识字课本的文字研究相比，《说文解字》已经从整体上有了质的飞跃。因此，东汉许慎《说文解字》，已经奠定了汉语研究的汉字研究范式与形音义结合的研究倾向，《说文》也因此成为汉字范式研究的代表之作。

当然，中国古代语文学传统文字范式与强调形音义联系的研究倾向的最终固化与完善，还有待于汉末以来音韵学的出现。

汉末以降，佛教东传，受其"声明学"启发，详尽分析汉语音节构成和声韵调配合规律，汉语音韵研究之风渐渐兴起。中国先前就有零星散见的音义训诂，逐步提升为自觉的语音分析和系联，至于隋、唐、宋而卓然自成一家，具有汉语特色的音韵学于是诞生，中国古代语文学研究的范围也随之扩大。《隋书·经籍志》"小学"部收书108部，除了收录《汉志》已有的蒙学教材外，又收纳了《说文》《字林》《玉篇》《千字文》等文字学著作，《韵集》《韵英》《四声韵略》等音韵学专书，实际上已经初步具备了文字、音韵、训诂三分的框架。至《旧唐书·经籍志》《新唐书·艺文志》继之而又略有增益。如《旧唐书》增加《尔雅》及雅学类著作，《新唐书》增加书法论著。至此，中国古代语文学研究的文字范式与强调形音义联系的研究倾向最终定型下来，并成为世界语言研究中具有鲜明特色的代表性范式之一。段玉裁《广雅疏证序》云："圣人之制字，有义而后有音，有音而后有形。学者之考字，因形以得其音，因音以得其义。"①

由此可知，中国古代语文学传统文字范式与强调形音义结合的研究倾向在总体上趋向于"以形统义"的同时强调形音义三者的良性互动，形音义的联系皆由汉字统摄。这一语文研究传统肇始于先秦，壮盛于先秦两汉，最终定型于隋唐宋时期。中国古代语文学研究的这一根本特征与古希腊罗马、古印度语言研究的语法范式与音义联系研究倾向形成鲜明对比。

造成中国古代语文学研究传统文字范式与强调形音义联系研究倾向的主要原因如下：

其一，汉语缺乏明显的形式标记，但却有很早出现的、作为"第二语言"的汉字。汉语有虚词和实词的分别且重视词序。虚词只能起到串联实词的作用，词序仅能帮助确定哪个词决定哪个词，词序和虚词都需要严重依赖词义和上下文语境，并不能完全决定词的性质。为了弥补这一缺陷，汉语使用发达的修辞手段和丰富的助记符号来帮助表意并划定意义界限。此外，汉

---

① ［清］段玉裁：《广雅疏证序》，载［清］王念孙著，钟宇讯点校：《广雅疏证》，中华书局，1983年，第1页。

语方言众多,汉语同义词现象十分突出,说话中区分同义词往往需要借助文字的帮助,不同方言的汉语使用者之间顺利沟通需借助汉字,如"立早章""弓长张"之类的用法就是借汉字构造来区别同音词;而"耳东陈"与"工程的程","水牛的牛"与"姓氏的刘"一类的例子则借汉字区别方言中前后鼻音与/n//l/的混淆。汉字不但有超方言性,甚至还有超语言性。在汉字文明圈内,说汉语的人和说日语、韩语的人在不会说对方语言的情况下,有时也能借助汉字来交流思想,因为在日语和韩语中有大量的汉语借词,虽然日语、韩语与汉语的语言发音不同,语言系属差别很大,但却可以借助汉字进行简单的交流,汉语的以上特点充分说明,虽然汉语的音义联系不如印欧语那样紧密,但却有汉字这个重要的补充。

其二,从汉至清,一直没有产生真正的汉语语法学,但汉语很早就有象形文字,以及对汉字结构以及汉字与汉语关系的研究,汉字的构造规则即等同于汉语的"语法"。《周礼》最先提到"六书",东汉许慎的《说文解字》首次给"六书"下了明确的定义。至清代,戴震又提出"四体二用",以象形、指事、会意、形声为造字法,转注、假借为用字法,用以调和"六书"内部文字构造和文字使用的矛盾。进入现代,又有以唐兰等人为代表的"三书说"(唐兰、陈梦家、刘又新、裘锡圭等),乃至于二书、四书、五书、新六书等,进一步讨论汉字的构造或类型问题。近年来,徐通锵先生重新定义了汉语的"语法",他指出:"(语法是)语言基本结构单位的构造规则。印欧语的基本结构单位是词和句,因而它们的构造规则,即一般所说的词法和句法自然就是语法的内涵。字是汉语的基本结构单位,根据同样的原理,它的构造规则自然也应该属于语法的范畴。""根据'语法是语言基本结构单位的构造规则'的定义,《说文》不仅是语汇学的著作,也与语法的结构有关。"[①]

其三,汉字结构规律与汉人的思维模式具有深刻的关联性。汉字构造的层级性、类推机制(连类而及)、互文性对汉人的思维模式与认知模式具有明显的影响。古汉字有明显的层级结构:象形和指事为"独体字",形声和会意为"合体字",合体字由两个或两个以上的独体字构成,独体字和合体字之间存在明显的层级结构。古汉字又有明显的类推机制,会意字是对不同意象独体字的重新组合与叠加,又分形符构成的会意字(如从、宿、即、取)和义符构成的会意字(如劣、尠、甦、昶),前者是通过形体重组构成的,比较具象,属于类推范畴的"明喻";后者是意象的叠加,相对抽象,属于典型的"隐喻"。古汉字形声字构成具有明显的互文性特点,形声字由形旁和声旁构成,声旁

---

① 徐通锵:《汉语结构的基本原理》,中国海洋大学出版社,2005年,第112~113页。

"示音"但并不能准确表音,①形旁"示义"却不能完全表义。形声字的"声旁"与"形旁"各自都不能充分表音与表意,其各自的功能并不完善,却又相互补足,而且有极高的能产性,这不能不说是一个极大的奇迹。这其中蕴含着汉人深刻的二元互补思维方式,是汉人崇尚互文性构造方式的典型例证,充分表现了汉民族"合而不同"的文化观念。

其四,汉语对纯思维的精神活动有强烈追求,洪堡特指出:在汉语中"思想和语言是相互交织,不可分割的。……汉语之不同于印度-日耳曼语系中最完善的语言,更深刻的原因就在于此。"汉语的组构"也几乎完全建立在观念序列和概念的相互限定关系的基础之上。就这样,汉语激发起并维持着针对纯思维的精神活动,避开一切仅仅属于表达和语言的东西。这是汉语的一个优点。"②实际上,洪堡特所说的汉语的优点主要体现在与汉字相联系的方面,具体表现为丰富的汉字哲学、汉字历史、汉字文学、汉字文化和汉人的审美观念。叶秀山说:"中国文化在其深层结构上是以字学(Science of word)为核心的。之所以说是'深层'的,是因为'字学'似乎是中国一切传统学问的基础,中国传统式的学者,无论治经、治史、治诗,总要在'字学'上下一番工夫,才能真正站得住脚"③画家石虎从汉字与绘画艺术关系的角度讨论汉字意象和意象母题,肯定汉字在激发人的精神活动方面的巨大作用,并将其提升到汉民族的思维方式的高度,称之为"字思维"。④

其五,汉字构形充满艺术张力,由此催生出源远流长的汉字书法艺术,形成浓厚的书法教育传统,至今长盛不衰。从东汉起,就有专门学习汉字书法的风气,如著名书法家蔡邕曾主持官方举办的"鸿都门科"书法考试。汉代章草大家崔瑗与其父崔寔,张芝与张昶兄弟,通过家学传授而成书学大家的。无论古文字阶段,还是隶楷阶段,都留给我们数量巨大的汉字"法帖",供后人临摹书写。无论时代怎么变迁,书法教育对前代法帖的尊崇仍然会延续下去,且有增无减。一代又一代的华夏子孙通过临摹前人的法帖,不但提高了自己的书法技艺,增强了文化认同感,而且从中发现了自我,体现出自己的生存价值。通过书写汉字,文人士大夫们也把自身镌刻到历史场合之中,使之成为民族文化记忆的一部分。而汉字书法艺术无疑是中国古典

---

① 王宁:《汉字构形学讲座》,上海教育出版社,2002年,第52～53页。

② 〔德〕洪堡特:《论汉语的语法结构》,载威廉·冯·洪堡特《洪堡特语言哲学文集》,姚小平译,湖南教育出版社,2001年,第120页。

③ 叶秀山:《美的哲学》,载《叶秀山文集·美学卷》,重庆出版社,2000年,第449页。

④ 石虎:《论字思维》,载解荭、吴思敬主编《字思维与中国现代诗学》,天津社会科学出版社,2002年,第1～4页。

艺术的源泉,但凡中国的文学、绘画、建筑、雕刻等中国古典艺术,均与中国书法存在千丝万缕的联系。书法塑造了中国人的审美观念,从审美形态角度强化了汉语研究的文字范式。林语堂说:"是以中国书法的地位,很占重要,它是训练抽象的气韵与轮廓的基本艺术。吾们还可以说它供给中国人民以基本的审美观念,而中国人的学得线条美与轮廓美的基本意识,也是从书法而来。故谈论中国艺术而不懂书法及其艺术的灵感是不可能的。"①

二、西方现代语言学的言文观

19 世纪以来建立起来的西方现代语言学,是以历史语言学的兴盛和梵语语法研究为其必要条件,以普通语言学的出现作为其重要标志的。

(一) 西方普通语言学的言文观

19 世纪末~20 世纪初,随着历史比较语言学对世界范围内的实际语言的普遍调查,语言学家不但厘清了语言研究的对象和要素,确立了语法、语音、词汇研究在语言研究中的重要地位,而且通过对世界各大语言要素的比较,还找到了一条探索世界语言演变发展规律的途径。"直到十九世纪初,大家懂得运用历史主义观点去研究语言的各种现象,注意到其中的演变规律,语言的研究才成了科学的研究。"而"历史比较语言学的建立在语言研究中是一件大事。从此以后,人们才懂得跨出本族语言的范围去寻找它的亲属语言,从其中引出它的演变规律,找到它的生命,使各种语言的研究向前大大跨进了一步。"②

历史比较语言学深受梵语研究的影响,通过对梵语及其亲属语言的比较,历史比较语言学首先构拟出印欧语语言谱系,逐步明确了印欧语系内各语言之间的亲属关系。在此基础之上,语言学家们广泛搜集汉语、美洲诸语言、南太平洋地区语言、非洲语言等各大语言标本,基本上弄清了世界范围内各大语言谱系的基本面貌。历史语言学建立之后,作为现代科学研究中最基础的学科之一的语言学真正具备了现代科学的属性。但历史比较语言学尚未正式提出言文关系,还没有把言文关系作为语言研究的前提和基础。这一历史任务,自然就落到了普通语言学的肩上。

众所公认的普通语言学的奠基人是德国人威廉·冯·洪堡特(Wilhelm von Humboldt),他所著《普通语言学论纲》是其研究"总体语言"的纲

---

① 林语堂:《吾国吾民》,江苏人民出版社,2014 年,第 257 页。
② 岑麒祥:《语言学史概要》,世界图书出版公司,2008 年,第 94 页,第 104 页。

领性文件。① 虽然该文只是提纲挈领式的有关总体语言研究的大纲,但这篇短文却首次明确了普通语言学的研究范畴和基本研究内容,其中包括一般研究,如语言的本质,具体语言的划分、语言与人物和世界的关系;特殊研究,即特殊的语言研究材料的搜集和整理;历史研究,一般研究和特殊研究的结合,等等。②

洪堡特在其"总体语言"的框架中首先讨论了思维和语言的关系、语言和文字的关系这两对普通语言学研究的重要命题。在《论思维和说话》(1795)中,洪堡特明确指出:"思维的本质在于反思,即区分思维者和思维内容。""语言与第一个反思行为直接相关,并与之一同发生。在含混无序的状态中,客体为主体所吞噬,而在人从这一状态中觉醒并获得自我意识之时,词也就出现了:词仿佛是人给予自身的第一个推动,使他突然静下心来,环顾四周,自我定向。"③洪堡特关于语言和思维关系的这些观点,与我们前面介绍过的18世纪欧洲启蒙思想家赫尔德对悟性和语言关系的论述一脉相承。

洪堡特在1823～1824年公开发表了论述言文关系的文章《论拼音文字及其与语言结构的关系》,在这篇文章中,他从"总体语言"(普通语言学)研究的立场来看待言文关系,不但认为拼音文字与语言的切合度高,拼音文字在表现和记录语言方面明显优于其他类型的文字,而且认为被拼音文字表现的语言也比其他类型的语言更加完善。"每当思及拼音文字与语言的关系,我总是觉得拼音文字似乎与语言的优点直接相关;字母的采用和加工,字母的种类乃至其发明,似乎都取决于语言完善的程度,而如果回到更早的时期,则似乎取决于每一民族的语言禀赋。"④在西方普通文字学理论体系的建构过程中,正是洪堡特最先把思维与语言的关系、语言与文字的关系这两对最重要的关系纳入普通语言学研究范畴,并将其作为现代语言学研究的基本命题加以认真讨论与分析,同时也明确表达了自己的拼音文字立场。洪堡特之后,言文关系真正成为现代语言学研究中无法回避的基本命题,不管你是否情愿,只要你研究语言,就绕不开言文关系。

与18世纪启蒙思想家不同,洪堡特是有远见卓识的普通语言学家,他本人花了很大精力认真梳理和比较了印欧语、汉语以及美洲诸语言的异同,

① 笔者注:洪堡特所谓的"总体语言"概念,即是"普通语言学"的最初含意。(参见威廉·冯·洪堡特著,姚小平译《洪堡特语言哲学文集》,湖南教育出版社,2001年,第4～10页)。

② 〔德〕威廉·冯·洪堡特:《洪堡特语言哲学文集》,姚小平译,湖南教育出版社,2001年,第4～10页。

③ 同上书,第1～2页。

④ 同上书,第79页。

并在此基础上提出"总体语言",即普通语言学的理论框架,成为普通语言学的卓越奠基人。但遗憾的是,洪堡特本人依然未能彻底跳出历史的局限,充分利用自己掌握的历史比较材料,突破古希腊语言研究和启蒙思想家语言哲学观在言文关系上的认识局限,仍然自觉继承了赫尔德对"原始语言"和"完善语言"的区分,得出拼音文字优于表意文字的结论,表现出自己对以梵语、希腊语,甚至德语为代表的所谓完善语言的向往,以及对汉语、印第安语等其他语言的偏见。姚小平指出:"洪堡特等人当年划分语言类型,往往带着一些感情色彩,他把曲折型语言(特别是梵语、希腊语这类典型的屈折语言)看作'完善的语言',而称孤立型、黏着型或印第安语一类复综型的语言为'不太完善的语言'。"①

由于洪堡特确立言文关系的全部出发点都是以找到与印欧语最适配的文字为终极目标,所以在他的心目中,理想的文字当然只能是记语程度最高的字母,尽管他事先已经尽可能详尽地研究了印欧语之外的其他语言标本,但他的全部目光却依然聚焦在印欧语和字母之上,始终以印欧语和字母为标尺来评判语言与文字的优劣,无法跳出其文化选择的局限。洪堡特的偏颇是那个时代的偏颇,也是他生活其中的印欧文化的局限,并非完全是他个人的失误。"那个时代的西方语言学者大都局限于印欧语言中心论,对汉语、汉字持有这样那样的偏见,洪堡特也未能幸免。"②洪堡特的偏颇,后来受到了部分西方语言学家的批评,如萨丕尔的《语言论》(1921)就不点名的批评说:"凡是符合梵语、希腊语、拉丁语和德语的格局的,就被当作最高的;凡是不符合的,就叫人蹙眉头,认为缺少了些什么,或者至多不过是一种畸形而已。实则任何分类只要是从固执的评价观点出发,或者只是为了满足情绪,就自己注定是不科学的。"③萨丕尔主张应以"同样冷静而又关切的超然态度"去对待不同类型的语言,可惜萨丕尔的观点在西方语言学界并没有引起足够的重视。

在西方现代语言学家之中,另一位众所公认的普通语言学的开创者和奠基人是瑞士语言学家费尔迪南·德·索绪尔(Ferdinand de Saussure)。他的授课讲义身后被学生整理成《普通语言学教程》(1916)公开出版,在学生界产生了巨大而深远的影响。索绪尔首先是一个符号学家,他认为"语言是一种表示观念的符号系统,因此可以比之于文字、聋哑人的字母、象征的

---

①　姚小平:《论人类语言结构的差异及其对人类精神发展的影响》中译本序,商务印书馆,1999年,第65页。

②　同上。

③　〔美〕爱德华·萨丕尔:《语言论》第六章,陆卓元译,商务印书馆,1985年重排本,第111页。

仪式、礼节形式、军用信号等等"①。索绪尔对文字作用的认识是明确的："我们一般只通过文字来认识语言。……因此,文字本身虽然与内部系统无关,我们也不能不重视这种经常用来表现语言的手段;我们必须认识它的效用、缺点和危险。"②但却依然站在印欧语立场之上研究言语和语言,仅使用表音文字体系的材料,他指出:"我们的研究将只限于表音体系,特别是只限于今天使用的以希腊字母为原始型的体系。""对汉人来说,表意字和口说的词都是观念的符号;在他们看来,文字就是第二语言。在谈话中,如果有两个口说的词发音相同,他们有时就求助于书写的词来说明他们的思想。""语言和文字是两种不同的符号系统,后者唯一的存在理由是在于表现前者。语言学的对象不是书写的词和口说的词的结合,而是由后者单独构成的。"③

洪堡特、索绪尔的崇高威望及其言文观,持续影响了西方普通语言学的言文关系研究。目前为止,西方普通语言学研究主流倾向仍从根本上接受洪堡特和索绪尔等人虽区分语言和文字,但语言学只研究语言,或者通过书面文字去研究语言,而不研究文字本身的学术路径。美国结构主义语言学派的代表人物伦纳德·布龙菲尔德(Leonard Bloomfield)和查尔斯 F. 霍凯特(Charles F. Hockett)等人就是其中的典型代表,布龙菲尔德说:"在语言学家看来,除去某些细微的枝节外,文字仅仅是一种外在的设计,就好像利用录音机一样,借以保存了过去言语的某些特点供给我们观察。"④霍凯特进一步强调说:"人类在几百万年以前就会说话了,与此相比,文字是晚期的发明。几个世纪以前,在文明的国家里,识字是特权阶级的权利,千百万人不会读,也不会写。甚至今天,世界上有些地方还有大量的文盲。然而世界上任何地方的人类社会都有充分发达的语言。说农民的词汇只有几百个词,或者说不开化的人说话只是哼哼,那纯粹是无稽之谈。"⑤

相对而言,西方现代心理语言学派则把文字看成是一种独立的符号系统,文字和语言之间存在平行关系,文字可以成为语言学的研究对象。约瑟夫·房德里耶斯(Joseph Vandeliers)认为:"手势是一种视觉语言,但文字

---

① 〔瑞士〕菲尔迪南·德·索绪尔:《普通语言学教程》,高名凯译,商务印书馆,1980年,第37页。
② 同上书,第47页。
③ 同上书,第37页,第47页,第48页,第51页。
④ 〔美〕伦纳德·布龙菲尔德:《语言论》,袁家骅等译,商务印书馆,1980年,第22页,第357页。
⑤ 〔美〕霍凯特:《现代语言学教程》(上),索振羽、叶蜚声译,北京大学出版社,1987年,第3～4页。

也是一种;而且一般来说任何信号(signal)系统都是这样。""视觉语言也许和听觉语言一样古老。我们没有任何理由相信,尤其是没有任何办法证明,其中的一种先于另一种。"①约瑟夫·维切尔(Joseph Witschel;1949)则认为文字形式和言语形式是对同一种语言在功能上的不同记录;不管文字是否附属于语言,都有语言学价值。约瑟 H.格林伯格(Joseph H. Greenberg,1968;7~17)主张言语和文字都具有语言的一些共同的确定性特征:形式多样,讲求语法,多产,语义上的普遍性,二重性(在具有意义和不具有意义两个层次上)。约翰 S.加斯滕森(John S. Justenson)指出:"现在普遍公认文字并不仅仅是言语的反映,文字和语言一样,也是语言学研究的对象。"②法国哲学家德里达(J. Derllda)则从哲学方法论视角对 20 世纪的"语言学转向"进行了深刻地反思,并且描绘了一幅 21 世纪文字学转向的蓝图:他说:"经过几乎难以察觉其必然性的缓慢运动,至少延续了大约二十世纪之久并且最终会聚到语言名义之下的一切,又开始转向文字的名下,或者至少统括在文字的名下。通过一种难以察觉的必然性,文字概念正在开始超越语言的范围,它不再表示一般语言的特殊形式、派生形式、附属形式(不管人们把它理解为交往、关系、表达、涵义、观念,还是理解为思维的构造等等),它不再表示表层,不再表示一种主要能指的不一致的复制品,不再表示能指的能指,文字概念开始超出语言的范围。从任何意义上说,'文字'一词都包含语言。这不是因为'文字'一词不再表示能指的能指,而是因为'能指的能指'似乎奇怪地不再表示偶然的重复和日渐衰微的派生性。"③

(二) 中国现代语言学的建立及其面临的问题

1. 中国现代语言学研究及其"新传统"的建立

如前所述,中国古代语文学研究传统自古以来就具有鲜明的文字研究范式以及强调形音义联系的研究倾向。但在 19 世纪末 20 世纪初西学东渐之后,在西方历史语言学、普通语言学的强力影响之下,中国语言学家开始了对自己的语文学研究传统的全面反思与自我批判,其结果是这一悠久的历史传统在现代中国出现了断崖式的崩裂,从总体上摒弃了文字研究范式及其形音义相联系的倾向,重新建构起具有鲜明西方印记的、绵延至今已逾百年之久的中国语言学研究"新传统"。

---

① 〔法〕约瑟夫·房德里耶斯:《语言》,岑麒祥、叶蜚声译,商务印书馆,1992 年,第 11 页。

② 〔美〕约翰 S.加斯滕森:《语言的普遍性和文字的普遍性》,刘志波译,载黄亚平、白瑞斯、王宵冰主编:《广义文字研究》,齐鲁书社,2009 年,第 294 页。

③ 〔法〕雅克·德里达:《论文字学》,汪堂家译,上海译文出版社,1999 年,第 8 页。

这一新传统的积极作用是将中国语言研究置于世界语言研究的大潮之中,使中国语言研究成为世界普通语言学的有机组成部分,建立起现代意义上的语言科学研究体系。张世禄说:"我们中国,科学向来不很发达,过去对于语言虽然有许多的著述,终究未曾组织成为一种科学,因此,我们要研究中国的国语和各种方言,自然必须有西洋语言学学理做个基础,我们要考明中国语的性质和历史,也必须先具有世界语言学的知识。"①何九盈指出:"现代语言学与古代语言学有一个明显不同的地方,就是现代语言学是在西方普通语言学的影响之下发展起来的。这种影响以积极作用为主,消极作用也是有的。中国现代语言学的成就、问题都跟西方语言理论有一定关系。"②其积极影响比如对语言起源的讨论,对名词与动词谁是第一性的争论,对语言分类的探讨,语言学各分支学科细分等,在这些方面都与世界普通语言学创立之初提出的一些基本命题保持一致。其消极影响则是在语言学分科研究的趋势不断得到强化的同时忽视了语言的综合研究,部分拒斥文言文,有意疏离汉字,未能摆正言文关系等。

为了讨论的方便,我们按照时间顺序,将中国语言学研究新传统划分为20世纪20～40年代,50～70年代,80年代至今三个时段加以简单叙述。

2.19世纪末～20世纪40年代

白话文运动　近现代以来的"西风东渐"给中国的文化精英们提供了一个良好的文化参照系,使他们骤然发现原来中国自古以来的言文脱节现象就十分严重。言文脱节现象不但造成了极大的人力物力资源浪费,而且是近代中国社会落后挨打的重要根源之一。

19世纪末,在中国国内出现了改革书面汉语、提倡白话文的思潮。黄遵宪首先指出语言文字(口语和书面语)不合之弊。裘廷梁、陈荣衮则直接斥责文言之害。王照更明确主张"言文合一"。③清末以来改革书面汉语,倡导白话文的文化思潮,在20世纪初的"五四运动"时期再次发扬光大,并且有了本质上的提升。"五四白话文运动"与"五四运动"提倡的科学、民主精神相表里,有明确的政治纲领,矛头直指封建主义。"五四运动"的旗手们,如陈独秀、胡适、鲁迅、钱玄同、刘半农等人都是"白话文运动"的倡导者和实践者,他们还亲自创作出许多著名的白话文经典。如胡适的《文学改良刍议》、陈独秀的《文学革命论》、鲁迅的《狂人日记》,等等。经过以"白话文运动"为主要代表的现代语文运动,不但基本上实现了"我手写我口"的语文

---

① 张世禄:《语言学概论自序》,中华书局,1934年,第1页。
② 何九盈:《中国现代语言学史》,商务印书馆,2008年,第71页。
③ 参见何九盈:《中国现代语言学史》,商务印书馆,2008年,第17～21页。

理想,而且缔造了现代书面汉语、现代标准汉语和汉语拼音的基本面貌,为现代汉语研究的新言文观做了基础铺垫。

学科正名　1906 年,章炳麟先生提出以"中国语言文字之学"取代传统"小学"之名,从学科名称概念内涵和沟通古今语言研究两方面廓清传统小学研究路径,改变了传统小学长期附庸于经学而不能独立的尴尬地位以及传统小学长期囿于文字形体的局限,将文字置于语言研究之中。章氏在《论语言文字之学》(1906)中提出:"今日诸君欲知国学,则不得不先知语言文字。此语言文字之学,古称小学。……其实,当名'语言文字之学',方为塙切。"①章氏虽然提出将传统"小学"改名为"中国语言文字之学",但他同时也特别嘉许乾嘉学派突破文字形体限制,"因声求义"的语言学研究方法,坚持中国传统小学形音义结合的研究,他说:"所谓小学,其义云何? 曰字之形体、音声、训诂而已。兼此三者,得其条贯,始于休宁戴东原氏。"②章氏对传统小学的改造,对部分西方语言学理论的吸收和借鉴,以及其在语源研究方面取得的实绩,"无异就成了我国传统语言学向着现代语言学发展的标识。"③

语法研究　1899 年,马建忠有感于传统语文教育的落后现状,写出了第一部系统的汉语语法专著《马氏文通》(1898~1899,上海商务印书馆初版)。全书由正名(对书中涉及的字、词、句、次等语法概念的界定)字类(词法)和句读(句法)三大部分组成。字分实字和虚字,实字又分名字、代字、动字、静字和状字五类,虚字又分介字、连字、助字和叹字四类。"句"指句子,"读"指主谓结构的词组和复句中的分句。"词"指句子成分。词有七种,起词(主语)、语词(谓语)、止词(宾语)、表词(形容词性和名词性谓语)、司词(介词宾语)、加词(充当状语或补语的介词结构和同位语)和转词(间接宾语和动词性状语、补语)。"顿"指停顿。"位"和"次"帮助确立词法和句法的关系。该书在理论上模仿拉丁语法体系,在研究材料上以古代汉语书面语为对象,奠定了明显区别于传统训诂的中国现代语法研究体系,标志着汉语语法研究从此进入新的历史阶段,成为现代意义上的中国语法学的开山之作。该书倡导的"词本位"研究路径,首次确立了汉语词类体系,明确了从意义角度划分词类的标准,初步实现了汉语词类的分立,基本上终结了古汉语研究中汉语无词类或词类过于笼统的混乱状态。其后继起而遵从《马氏文通》的语法著作,虽对《文通》建立的汉语语法体系多有改进与完善,但其基本的语法框架和词类划分则明显继承了《马氏文通》。如章士钊《中等国文典》

①　章念驰:《章太炎演讲集》,上海人民出版社,2011 年,第 9 页。

②　同上书,第 10~11 页。

③　濮之珍:《中国历代语言学家评传》,复旦大学出版社,1992 年,第 458 页。

(1907)明确区分字与词,将《文通》静字、状字改为形容词、副词,提出"短语"概念。陈承泽《国文法草创》(1922)讨论字类画界问题、本用活用问题等。杨树达《高等国文法》(1930)重视汉语缘起、发展,汉语词法,等等。

黎锦熙《新著国语文法》(1924)则与《马氏文通》不同,它不但撇开文言,以白话文为研究对象,总结和归纳白话文的语法规则,而且主张"句本位"的语法研究路径。黎氏的语法体系主要模仿 J. C. 纳斯菲尔德《纳氏英文文法》(J. C. Nesfield:1905),按照词的意义将汉语分为五类九种:实体词(名词、代名词),述说词(动),区别词(形容词、副词),关系词(介词、连词),情态词(助词、叹词)在词的分类方面,仅比纳氏分英语词为八种多出了助词一种。但黎氏并不满足于对词类的划分,而是充分认识到词类划分的不足,他把词置于句子之中,尝试以句法来控制词类,分析句子时则采取中心词分析法,同时把标点符号和修辞引入语法体系之中,这是他对汉语语法研究的最重要贡献,即所谓"句本位"理论。"《新著国语文法》所谓'句本位',实际上是一种'学科'体系上的教学法名称——就是说,讲词类要在句子中讲,这词类才获得生命,才不是'静止'的标本,才不是'解剖'下来的尸骨头。"[1]其后而继起的以白话文为研究对象,仿照黎锦熙《新著国语文法》的著作,如胡适《国语文法概论》、陈浚介《白话文法纲要》、邹炽昌《国语文法概要》、黄洁如《文法与作文》等,基本上都遵从句本位理论,将词法和句法结合起来讲解。

如果说 19 世纪 40 年代之前属于中国语法学的模仿创制阶段,语法研究和语法理论主要是向西方语言学理论学习。那么,在 1938~1943 年进行的"文法革新大讨论",则集中批判了模仿西洋文法的流弊,进一步解放了人们的思想,并且真正打通了古今汉语之间的隔膜。[2] 19 世纪 40 年代之后,"在文法界开始改变了采用西方语法学间架来建立汉语语法学的传统习惯,开始展现了运用西方语言学理论来独立地研究汉语语法的革新,为如何根据中国汉语的特点建立科学的汉语语法体系做了有益的探索。"[3]这一时期的代表作有:

吕叔湘《中国文法要略》(1942)运用奥托·叶斯帕森(Otto Jespersen:1924.)的"三品说"理论研究汉语的词及词与词的关系,将汉语的词分为甲(名词)、乙(形容词、动词和名词)、丙(副词)三级,指出,发生联合关系的必然是同

---

[1]　黎锦熙、刘世儒:《语法再讨论——词类区分和名词问题》注释①,载《中国语文》,1960 年 1 月号,第 5 页。

[2]　笔者注:20 世纪 40 年代有关"文法革新大讨论"的论文汇编,请参见汪馥泉:《中国文法革新讨论集》,上海学术社,1940 年;陈望道:《中国文法革新论丛》,中华书局,1958 年。

[3]　林玉山:《汉语语法学史》,湖南教育出版社,1983 年,第 95 页。

级词,发生组合关系的必然是异级词。该书从大量汉语语言材料出发,总结汉语语法规律,而不是一味恪守西洋语法的现成概念和定义。尤其注意寻找汉语的特点,以语义为纲描写汉语句法,提出许多富有创见的新见解。"在建立能够较好地体现汉语特点的语法体系方面做出了有益的尝试。"①

王力《中国语法纲要》(1946)以叶斯帕森的"词品说",布隆菲尔德的"向心结构"说解释汉语的词、词与词的关系以及句子的构造,同时对汉语特点的描述不遗余力,比如对实词和虚词的分类标准的讨论(实词以意义为标准分类,不论形式;虚词以其在句子中的功能为标准分类,不论意义),将数词单独列为一类,从声音和修辞角度研究词的结构,对汉语句型的分析,以及对口语语法和方言语法高度重视等。"王力的这些著作在揭示汉语的特点,描写汉语语言结构的规律并从理论上加以分析说明方面,取得了独特的成就,对推动语法研究的发展,起了重要的作用,对汉语语法学史研究做出了重大贡献。"②

高名凯《汉语语法论》(1947)借鉴法兰西学派的房德里耶斯等人的语法思想,认为汉语是单音节的孤立语,虚词和词序是汉语结构语法形式的主要方式。所有的汉语句子可分成名词句(含形容词)和动词句,句法是汉语语法的重点所在,因此,他特别强调对汉语句法的研究。此外,高氏还接受了瑞士语言学家索绪尔的影响,认为语法是共时语言学的研究对象,而不是历时语言学的研究对象。因此,研究汉语语法应当以口语为出发点,还应当注意与方言和同族语进行比较,从中发掘汉语语法形式的内在规律,关注汉语语法的系统性。

普通语言学研究　1923 年,胡以鲁在北京大学开设"国语学",其自编教材《国语学草创》在商务印书馆出版。该书"是中国现代语言学史上第一部汉语概论性质的著作,其中讲了不少理论语言学的知识"。③

1923 年,中国语言学家乐嗣炳出版了《语言学大意》,提纲挈领地讲述了语言学的定义和历史、语言的起源、语言的演变、语言的分类以及中国语言构造等内容。该书以现代语言学的立场衡量中国古代的语言研究,"从前小学家关于文字学底研究只在文字底形、音、义底一部分,把'词品和片段完整的语言'作系统的研究,要算 1907 年马建忠底《马氏文通》始。"该书不设文字专题,只是在具体行文中略微提到了言文关系。④

---

① 林玉山:《汉语语法学史》,湖南教育出版社,1983 年,第 105 页。
② 同上书,第 126 页。
③ 何九盈:《中国现代语言学史》,商务印书馆,2008 年,第 73 页。
④ 乐嗣炳:《语言学大意》(国语讲义第九种),中华书局,1923 年,第 3 页。

　　王古鲁《言语学通论》(1930)主要依据日本学者安藤正次的《言语学概论》增删而成。该书讨论了世界的语言、语言的声音、本质、发展演变等内容。第四章第三节专论"言语与文字"①认为："言语与文字都为了要达到同一的目的(即传达思想)而产生的,不过他们两者之间的区别,就是它们所用的手段相异。言语是用音声来诉之于听觉的,而文字则用符号诉之于视觉的。其手段方法不同,它们发达的径路自然异趋了。"②但该书同时承认"总之无论怎样的一种性质的文字,我们总可断言它们都是用来记录言语而发达起来的。"③该书还对图画、记号和文字的区分提出两条原则:其一,区分文字与非文字的主要标准是符号的"可诵读",能诵读出来的是文字,不能诵读出来的是非文字;其二,区分纯粹绘画与绘画文字的标准要看绘画符号的形式,只要是文字,就会失却绘画性而受形式的约定,而且要用线条来描摹轮廓,符号的形状大小趋于一致。

　　沈步洲《言语学概论》(1931)以丹麦语言学家奥拓·叶斯柏森语言理论为基础,全书分 16 章,分别介绍言语的定义、本质、作用、范围、历史、性质、发音、分类、语族、言语变迁、中国语变迁、方言和标准语,另外还介绍了印欧语及英语的语词构造、词品说等语言学基本理论,等等。全书不设"文字"章节,仅在第十二章"中国语言之发展"的开头,约略讨论了中国古代口语和书面语的关系。认为"吾国言、文合,简篇中多可考。……(汉代)文、语虽相离贰。然俗语之见于文者,犹班班可考。自唐人有俗语不得入文字之禁令,而后分界乃严。降及今日,昼然难合。"④

　　张世禄《语言学概论》(1934)主要依据美国语言学家布龙菲尔德《语言研究导论》(1914)编撰而成,该书采用西洋语言学原理说明中国语和各种外国语的现象,重点介绍了语言学概念、语言的本质和起源、语言的构成、语言的组织、语言的分类和系统、语言的演变等内容。该书不设文字专节,但在论述中提到了绘画和文字的关系:"人类的文字是由绘画演化而成的,世界上古代各国的文字,都是起源于图画的。"⑤同时还较为细致地讨论了言文关系:"文字的演进不能不脱离绘画的成分而和语言结合;正式文字的产生,

---

　　① 笔者注:普通语言学引入之初,"语言"和"言语"的概念尚未得到澄清,因此,这两个术语起初经常被混淆起来。1958～1964 年国内学术界有关"言语"和"语言"的大辩论之后,两个概念才得以明确区分开来,详参相关资料。

　　② 王古鲁:《言语学通论》,世界书局,1930 年,第 157 页。

　　③ 同上书,第 176 页。

　　④ 沈步洲:《言语学概论》,商务印书馆,1931 年,第 133～134 页。

　　⑤ 张世禄:《语言学概论》,中华书局,1934 年,第 24 页。

也必须等待语言发达之后。"①"语言和文字结合之后,在文字方面,因为脱离了绘画形象的拘束,变做记录语言的工具,可以随着语言的发展,而无限地扩大它表现的效用;在语言方面,因为有了书写的记录,可以永久地保存,而推广它传达的力量,同时使人类的文化愈加增它进步的速度。但是,语言和文字在本身性质上总有差别,两者毕竟不能绝对的相合。文字虽然依随语言而演变,终究因为文字的固定性较大,语言的流动性较强,两者在事实上不能一致的符合。……文字既然和语言不是绝对相合的,通常的拼音字母并非完美的记录语音的工具,所以在科学的研究上,不能不另外订定一种语音的符号,万国语音学会所规定的国际音标就是现今语言学上最通行的一种记录语音的工具。"②石安石将张氏的言文观总结为:"文字源于图画而成为'记录语言的工具',它与语言既相一致,又有矛盾,所以如要准确地记录语言,还得运用'国际音标'。"③

由此可知,在 20 世纪初中国普通语言学初创时期,中国语言学家在主动吸纳西方现代语言学理论营养,建构现代意义上的中国语言学学科体系方面做出了重要贡献,尤其是在汉语语法体系的建立和完善,普通语言学理论建设、现代汉语标准语建设等方面。而在言文关系的认识方面,20 世纪初中国语言学家们的看法既有一致之处,又有一些分歧。一致之处在于以上各家都基本认同西方普通语言学理论,承认文字与语言相互关联,坚持文字的记语性。其分歧体现在一些语言学家较多关注言文之间的统一性,自觉与西方现代语言学理论保持一致,把文字仅仅看成是书面语;另一些语言学家则认识到言文关系的复杂性,认为言文关系既相一致,又有矛盾,并不能完全统一于语言之下。

3. 20 世纪 50～70 年代

1949 年中华人民共和国成立之后,"普通语言学"研究受到高度重视,被列为高等学校中外语言文学系必修课程之一。20 世纪 50～70 年代对苏联语言学的大辩论,对斯大林《论马克思主义和语言问题》的深入学习,极大地提高了中国语言学家对语言科学重要地位,对马克思主义在语言学研究中指导作用的认识。这一时期的代表作有:

高名凯《普通语言学》(增订本,1957)以作者在北京大学讲授"语言学引论课"课程讲义的基础上改编而成的,内容丰富,论述详尽周密。该书全面

---

①　张世禄:《语言学概论》,中华书局,1934 年,第 26 页。

②　同上书,第 39～41 页。

③　石安石:《二十世纪的中国普通语言学》,载刘坚主编《二十世纪的中国语言学》,北京大学出版社,1998 年,第 686 页。

吸收了斯大林语言学理论,将"语言的社会本质"列为全书之首,特别强调语言的社会本质和工具属性。该书第一编第十章专门讨论"文字的起源及其发展",明确指出:"文字是代表语言的,它写的是语言,而语言本质上是社会性的,哪一种写法代表哪一种意义都是固定的,必得等到图画代表某种事情成为社会所公认的符号之后,这图画才带有象形文字的作用。""图画、结绳、结珠等都可以变成符号,但是文字不是起源于结绳和结珠,而是从图画发展出来的。我们可以把文字发展的历史分为三个时期来说明:(一)表形期;(二)表意期;(三)表音期。"①第一编第十一章"文字和书面语言"指出:"用文字写出来的语言叫书面语言,也叫写的语言。""书面语言绝不能够完全正确的代表说的语言。……说的语言总是跟写的语言有分别的。""说的语言不断地变化,而写的文字却本质上是保守的,不能够像说的语言那样快地变化。""文字写法对于语言的影响,和社会的环境有密切的关系。因为写的语言和说的语言不相一致,这种影响只有越加显著起来。"②解决这个问题的办法只有提倡正字法,进行文字改革。

50年代较流行的语言学理论著作还有朱星的《语言学概论》(1957),该书第二章下设语言和文字专节讨论言文关系。明确指出:"文字是语言的记录符号,为语言服务的,不能离开语言的,是间接的交际工具,是工具的工具。""文字虽是语言的记录符号,不能离开语言,但二者并不同源。文字起源于图画,而图画当初和语言并没有关系。"③

1963年,高名凯、石安石《语言学概论》出版,该书以北大中文系语言学教研室编写的《语言学基础》为蓝本,全书共分7章,内容包括语言的起源、语言的本质、语音、词汇、语法、文字和语言的发展等。在第六章"文字"部分明确指出:"文字是记录语言的书写符号的系统,是最重要的辅助与扩大语言的交际作用的工具。""文字是在语言的基础上产生的。语言是第一性的,文字是第二性的。任何一种文字,都必须适应自己所记录的语言的结构特点和语音特点。……但是,文字和语言毕竟不是一回事,语言的特点不能制约文字的一切。"④在讨论文字起源问题时,该书提出:"古代人(或是现代落后的民族)经过长期的摸索,终于找到了记事的方法。这种方法归纳起来不外两类:一类是用实物记事,一类是用图画记事。""记事的实物也好,图画也好,显然都还不是文字。它们虽然能够起一些辅助交际、帮助记忆的作

---

①　高名凯:《普通语言学》(增订本),新知识出版社,1957年,第116～117页,第119页。
②　同上书,第128页,第129页,第131页,第132页。
③　朱星:《语言学概论》,天津人民出版社,1957年,第28～29页。
④　高名凯、石安石:《语言学概论》,高等教育出版社,1959年,第186页,第187页。

用,但是不记录语言,不代表一定的词句。"①对于汉字的发展和演变,该书认为汉字至今还不是拼音文字,这是一个严重缺点,并且预言"汉字的非拼音状态终将结束,汉字必将改革成拼音文字。""文字由图画式的变为非图画式的,由不是拼音的变为拼音的等等,是文字发展的必然趋势。为了适应社会的需要,为了便于使用,人们可以根据文字发展的趋势,必要时有意识地进行文字改革。"②

20 世纪 50～70 年代的中国普通语言学理论研究具有鲜明的时代烙印。这首先反映在对中国特色的现代语言学理论体系的建构以及对苏联语言学理论的吸收,对马克思主义语言学的大力提倡以及对辩证唯物主义方法在语言研究中的运用等方面。反映在语言学研究中就是对语言的社会本质和工具属性的强调,对语言和思维关系的强调,等等。这个时期,对言文关系的认识主要表现在确立了"语言中心主义"的言文观,突出语言,把语言摆在中心位置,认为语言是第一性的,文字是第二性的;语言是主要的交际工具,文字是辅助的交际工具。对文字的概念和性质有比较一致的看法,即文字是记录语言的符号系统和辅助工具。对于文字起源和发展,主张只有记录语音的图画才有可能是文字;并且坚决表意文字必然发展为表音文字;汉字要改革成拼音文字,走全世界文字共同发展的道路。

4. 20 世纪 80 年代至今

1978 年改革开放以来,思想大解放带来的学术大繁荣在语言学研究领域充分彰显出来。在语言学理论研究方面,语言与思维关系大讨论反响热烈;在西方语言学理论和最新研究成果译介和评述方面,更是空前活跃,集中翻译出版了一大批西方普通语言学研究以及语言学各领域研究的代表作,同时发表了许多中国学者的评述、介绍性著作,包括中国学者的独创性研究成果;在普通语言学理论教材编写方面,这一时期同样出现了空前繁荣的局面,公开出版了数十种语言学理论教材,较之先前,这些理论教材也更加注重针对不同的教学对象而有所区别。

李兆同、徐思益《语言学导论》(1981)是这一时期最先出现的语言学教材,该书介绍了较新的西方语言学理论,如句子生成转换、应用语言学研究,等等。该书第七章专门讨论文字的性质和作用,文字的起源和发展、文字改革等问题。该书这样论述言文关系:"文字是记录语言的书写符号,是在语言基础上产生和发展的。文字同语言比,语言是根本的,是第一性的;文字

---

① 高名凯、石安石:《语言学概论》,高等教育出版社,1959 年,第 192～194 页。
② 同上书,第 200 页。

是语言派生的,是第二性的。没有语言,社会就不能存在,语言是社会存在的必要条件。如果没有文字,社会仍然继续存在,现今世界上仍有许多民族只有语言而没有文字。语言和文字的这种关系,好比人和他的相片一样,他的相片不过是他本人的摹写再现,如果根本没有这个人存在,也就无从把这个人的形象拍照下来。我们这么说,并非否定文字的重要性。文字是扩大语言交际功能的最重要的辅助工具,如果没有文字,就会极大地阻碍社会发展,阻碍人类进入文明时代。"①

叶蜚声、徐通锵《语言学纲要》(1981)是这一时期语言学理论教材中影响最大的一本。该书全面吸收了国内外最新语言学研究成果,如国内语言学家对语言与思维关系的讨论、音位的区别特征、语法组合的递归性、语法变换、语言的普遍特征,等等。该书第六章讨论了言文关系、文字起源、发展和改革、书面语等内容。关于言文关系,该书指出:"文字是为了记录语言而发明的一种书写符号系统,在语言的基础上产生,是'言之记'。……文字有字形、字音和字义三个方面。字音、字义和语素、词等单位的音义一致,而字形则是文字所特有的。文字是用'形'通过'音'来表达'义'的,不管采用什么样的'形',每一个字必须能读出音来,这是文字的本质,这样才能用文字的'形'来记录语言中的语素、词等单位。""文字是记录语言的,所以每一种文字都必须适应自己所记录的语言的结构特点和语音特点。汉字所以长期停留在方块字的阶段,这与汉语的特点有一定联系。"②该书自1981年第一版之后不断修订,1991年第二版,1997年第三版,前三版修订仅做了一些小的修改。2010年,由王洪君、李娟修订的第四版补充、增加和修正之处较多,字数由第三版的210千字增加到了270千字。该修订版主动吸纳了半个世纪以来认知语言学、语义学、语用学的最新成研究果,破除了结构主义语言研究只谈形式不谈意义的禁锢,引入句法语义范畴、语用范畴、语言联盟等研究范式,同时对言文关系做了最新的阐释。如在第六章中借用认知语言学理论重新修订了文字的定义,承认实物记事、图画记事和符号记事等多种原始记事手段的表意功能,但仍然强调只有原始的图画文字才是文字的真正源头;承认文字的重要作用,但强调言文(书面语)的统一性,强调文字层级单位和语言层级单位的对应关系,并强调应以此为基础讨论文字的共性和分类,注意处理好自源文字和他源文字的关系,汉字和汉语拼音的关系。

马学良主编的《语言学概论》(1981)是一部充分反映中国境内少数民族

---

① 李兆同、徐思益:《语言学导论》,新疆人民出版社,1981年,第191页。

② 叶蜚声、徐通锵:《语言学纲要》,北京大学出版社,1981年,第173页。

语言文字研究状况的语言学教材。该书专设"文字"章讨论文字的性质作用、起源发展、字母、汉字的起源发展及文字改革等问题,其中汉字的起源、发展和作用,文字改革等内容都围绕汉字与少数民族语言文字的关系以及汉字对少数民族语言文字的积极影响展开。

王振昆、谢文庆、刘振铎《语言学基础》(1983)作为中央广播电视大学的语言学教材,自觉运用辩证唯物主义和历史唯物主义,强调语言学的社会功用,系统介绍了语言学的本质、音位理论、词义构成、语法结构、文字演变、语言起源和发展、语言的研究方法等内容。

刘伶、黄智显、陈秀珠《语言学概要》(1987)作为师范院校的语言学教材,同样以马克思主义为理论指导,讨论了语言和语言学的一般原理、语言学基础知识、语言与社会、语言与思维的关系等。其中第六章"文字"专门讨论文字的性质与作用、文字的起源和发展、文字的借用与传播、文字的创制与改革等问题。

王德春《语言学教程》(1987)展望了近三十年以来的当代语言学理论研究的新成果,重点介绍了语言学各分支学科研究状况以及新出现的语言学研究理论,附带说明了其中蕴涵的语言学原理和研究方法。该书第八章"文字学"讨论文字的本质和特点、文字的类型、文字体系、汉字和汉字改革、世界文字的发展趋势等问题。该书将文字类型区分为语段文字、词符文字、词素文字、音节文字和音素文字五大类,将变音、标点符号和分词符归入辅助文字系统。该书依然特别强调世界文字发展的总趋势是走拼音化的道路,认为"汉字是从词符文字过渡到词素文字的典型。""采用拉丁化的音素文字是文字发展的趋势,汉字要走世界文字共同的拼音方向,这是汉字改革的根本任务。"[①]

石安石、詹人凤《语言学概论》(1988)是为高等教育自学考试编写的语言学教材。该书的编写严格依据自学考试大纲,从内容到编排体例均考虑了自学的方便,更加注重对语言学基本原理和语言学知识的介绍。其中第六章专讲"文字",内容涉及文字的性质和起源、文字的发展和文字改革等。[②]

伍铁平《普通语言学概要》(1993)全面吸收80年代以来国内外各种语言学教新观点,不但保持了语言的本质和功能、语音、语法、语义、文字等传统语言学教材的内容,同时增加了语言的机制、语言的变异、语言的使用等章节内容。该书的第九章专门讨论文字的性质作用、文字的起源发展、文字

---

① 王德春:《语言学教程》,山东教育出版社,1987年,第293～313页。
② 石安石、詹人凤:《语言学概论》,高等教育出版社,1988年,第132～144页。

改革等问题。其文字定义与言文观与主流观点基本保持一致,但该书对汉字改革问题持较审慎的观点,不再盲从汉字需要走世界文字共同的拼音化方向的观点,敏锐地指出:"汉字如何改革,是值得认真研究和慎重处理的事。"①

胡明扬《语言学概论》(2000)同样是全国高等教育自学考试指定教材,该书在内容安排、形式体例方面都有一定的改进,更加适合自学。该书既保留了 80 年代以来语言学教材的传统内容,又增加了语言和社会、语言和心理、语言的应用等内容。该书第六章"文字"专门讨论文字的性质、文字和语言的关系、文字的起源和演变、文字的创制和革新等问题。关于言文关系,该书认为:"文字是语言的书写符号系统,文字是在语言的基础上产生的,是记录语言的工具,而不是语言本身。文字和语言有密切的关系,但是文字不等于语言,在文字和语言之间不能画等号。"②

岑运强主编的《语言学基础理论》(2006)是北京师范大学文学院组编的"新世纪高等学校教材"之一,供中文专业使用。该书内容分绪论、总论、语音、语义、词汇、语法、文字和交叉语言学等内容。

从以上 10 种改革开放以后出版的理论语言学教材可知,这个时期的语言学理论研究更加注重广泛地吸收语言学各分支学科,如社会语言学、心理语言学、认知语言学、语用学,甚至计算语言学的最新研究成果,全面反映出国内外语言学理论研究的新面貌,并且部分克服了 20 世纪 50~70 年代的时代局限和偏颇,内容更加丰富和全面。以上 10 种教材中都设立了专门的文字章节,专门讨论文字的定义和言文关系,并且形成了基本的共识:即坚持文字是记录语言的符号系统,语言是第一性的,文字是第二性的,语言是主要的交际工具,文字是辅助的交际工具的看法。这些看法基本是对 20 世纪 50~60 年代语言学理论的继承和发扬,但在言文关系研究方面已经出现了新的研究动向,不再坚决主张语言对文字的单方面影响,同时承认文字对语言的影响和文字对语言的反向作用。伍铁平先生还首次对汉字走世界文字共同的拼音化方向提出明确的质疑。

除了上述 10 种教材,1978 年改革开放以后出版的理论语言学理论教材中也有几种认为文字不属于语言的要素,因此在书中不列文字章节,也没有对言文关系进行专门的讨论。如黄弗同《理论语言学基础》(1988),吴为

---

① 伍铁平:《普通语言学概要》,高等教育出版社,1993 年,第 281~282 页。
② 胡明扬:《语言学概论》,语文出版社,2000 年,第 240~251 页。

章《新编普通语言学教程》(1999)，王红旗《语言学概论》(2008)等。与以上三种教材相反，彭泽润、李葆嘉《语言文字原理》(1996)认为："语言文字学，简称语言学，是研究语言文字现象和规律的科学，是介于自然科学和社会科学之间，但主要从社会科学角度进行研究的科学。……在本书中，必须区分的时候，就把语言和文字区分开来，否则让语言包括文字。"①该书一方面主张区分文字和语言，区分口语和书面语，承认两者之间的相互影响；另一方面又第主张语言包含文字。如第六章"语言文字的发展"第一节先分开讨论语言的起源、文字的起源，第二节又合起来讨论语言文字发展的原因，第三节则又分开来讨论语言发展的规律、文字发展的规律。第七章"语言文字的学习和使用"亦然。在总体上表现出体系杂糅与内容丰富驳杂的特点。

申小龙《语言学纲要》(2003)是复旦大学文科基础课重点教材，该书对现行的语言学框架做出了较大的调整，增加了语言的人文属性、语言与认知、语言与文学等章节，详细地讨论了语言学各主要分支的内容。其中第八章"文字学"由孟华先生撰写，他首先批判了语言中心主义，强调文字与语言的区别，提出了语言与文字相互指涉的言文观，将其具体归结为语言投射原则和文字投射原则，特别指出："汉字投射原则是汉字、汉语的一个非常重要的特征，过去对这一民族性研究不够。传统的语言中心主义文字学过分强调文字对语言的依附性，过分强调'语言投射原则'，忽略了汉字这样的具有强烈自我指涉倾向的符号系统对汉语的干预功能。"②关于文字起源和发展问题，该书首先将文字起源的原因区分为外部和内部两种情况。在外部原因部分，该书把文字与文明联系起来，"在自源文明中的三个典型形式即中国、埃及和两河文明中，文字而且是象形文字的出现是其共同特征。""拼音文字是借源文明的标志。"③在内部原因部分，该书吸收了笔者先前提出的文字来源于更早的符号而不是对实物的现场描摹，汉字属于写意文字的观点，"文字不是凭空产生的，而是建立在它以前就存在的视觉符号系统的基础上的""(汉字)不主要来自于写实型的图画，而是来自于写意型的史前意象"。④

在20世纪80年代中国语言学理论研究中，徐通锵先生的系统研究无疑是其中最具代表性的研究成果之一。徐通锵《语言论》(1997)将自己的语

---

① 彭泽润、李葆嘉：《语言文字原理》，岳麓书社，1995年，第5页。
② 申小龙：《语言学纲要》，复旦大学出版社，2003年，第242～248页。
③ 同上书，第244页。
④ 黄亚平：《汉字符号学上编》，上海古籍出版社，2001年，第54～60页，第143页。

言研究之路总结为三个阶段：第一个阶段（1978～1981），吸收结构主义语言学理论，编写完成结构主义语言学概论教材《语言学纲要》（与叶蜚声合作编写）；第二个阶段（1982～1986），吸收历史语言学理论方法，联系汉语方言和音韵研究的实际，撰写完成《历史语言学》（1991）；第三个阶段（1987～1997），尝试从根本上转移中西结合的立足点，完成《语言论》（1997）。在《语言论》中，他明确了自己的主攻方向是"以汉语的研究为基础吸收西方语言学的立论精神，阐释汉语的结构规律和演变规律，为语言理论研究开拓一条新的路径。"明确了"汉语以字为基本结构单位，它的研究重点就不能是印欧语类型的那种语法，而是语义。……汉语研究传统虽然具体表现为文字、音韵和训诂，但其核心是语义。"①《语言论》立足于汉语研究的事实，把汉字作为汉语的基本结构单位，建构起汉语语义句法的研究框架，成为这个时期最具理论原创性和突破性的理论语言学代表作。作者倡导的字本位和语义句法理论，在他主编的北京大学中文系教材《基础语言学教程》（2001）中进一步得以贯彻，该教材"以字为汉语的基本结构单位讨论相关的语言学问题"，既保留了现代西方普通语言学理论对语言基本结构单位词和句研究传统，又补充了对汉语基本结构单位字以及汉语和语义句法的研究内容。但在言文关系问题上，徐先生仍然有所保留，认为："文字是记录语言的。语言是一种符号系统。文字也是一种符号系统，不过是一种书写符号的系统。它在语言的基础上产生"。关于文字起源，该书认为原始社会没有文字，但有实物记事和图画记事，"实物记事与文字的起源没有关系，而记事的图画却是文字的前身。……文字起源于图画，所以有人把记事的图画叫作'图画文字'。"②在其后出版的《汉语结构的基本原理——字本位语言研究》（2005）中，徐通锵进一步重申了自己倡导的"字本位"理论，"字是形、音、义三位一体的结构单位，其多义性就是从不同的角度去观察字的构造而形成的。汉语的研究有悠久的传统，三位一体的字就是它的研究对象：音韵研究字音，文字研究字形，训诂研究字的形、音、义之间的关系，其中的核心是'义'。""汉字是一种'据义构形造字'的文字体系，从文字的构造看语言的结构原理，这应该是语言研究需要遵循的重要途径，以便顺此探索汉语理据性的编码机制和语义语法的规则。""根据'语法是语言基本结构单位的构造规则'的定义，《说文》不仅是语汇学的著作，也与语法的结构有关。"在该书的《附

---

① 徐通锵：《语言论·自序》，东北师范大学出版社，1997年，第2页，第4页。
② 徐通锵：《基础语言学教程》，北京大学出版社，2001年，第3页，第371页，第377页。

录》部分,在接受笔者访谈时,他也谈到了自己的言文观:"语言与文字的关系是一个复杂的问题,语言先于文字,这一点恐怕不会有什么问题,因为现在没有文字的语言比有文字的语言多得多。"①但是,在其生前发表的最后一篇学术论文《语言与文字的关系新探》(2009)里,他的言文观已经发生了根本的转变:"语言与文字的关系,人们经常看到的定义是:'文字是记录语言的书写符号系统'。这个定义不能说'错',但应该说,不是很全面,而且把一个复杂的问题简单化了。"在该文中,徐先生从人类认知途径的角度突破了自己先前坚持的言文观的最后堡垒,承认文字和语言之间是平行的、各自独立发展出来的符号系统:"我们可以提出一个假设:文字和语言都是为认知现实而平行地,独立地发展起来的两种获取信息和传递信息的途径,相互虽有'先进'与'落后'的差异,但目的的同一性迫使'落后'赶'先进',相互谐合,逐步实现并轨,最终使文字成为记录语言的书写体系。"②充分彰显出一位学术大家务真求实、突破自我的学术勇气。

概言之,1978 年改革开放以来,中国普通语言学理论研究已经有了长足的发展,呈现出百花齐放的局面。语言与思维关系的大讨论,国外普通语言学名著和西方语言学理论著作的大量引入,极大开拓了中国语言学研究视野。各类高校的开办及其对语言学理论的学习需求,促使语言学理论教材编写进入快车道。虽然如此,这个时期出现的大部分语言学理论教材在文字的定义、性质和言文关系研究方面仍然保留 50~70 年代的基本观点,只有少数教材有较大突破。此外,改革开放以来语言学理论的大讨论和大发展,还从根本上动摇了汉字走拼音化道路的根基,并且促使汉字起源研究再度引起人们的普遍关注。

三、东西方普通文字学的言文观

(一) 西方普通文字学的建立及其言文观

现代科学意义上的普通文字学同样首先出现在西方。普通文字学的建立从一开始就受到历史比较语言学研究方法和普通语言学理论的双重影响,它是西方现代语言学理论的副产品。尽管中国古代语言研究中早就形成了文字研究范式和强调形音义联系的研究倾向,但由于中国近现代初期

---

① 徐通锵:《汉语结构的基本原理——字本位语言研究》,中国海洋大学出版社,2005 年,第 80 页,第 111 页,第 113 页,第 295 页。

② 徐通锵:《语言与文字的关系新探》,载黄亚平、白瑞斯、王霄冰:《广义文字研究》,齐鲁书社,2009 年,第 249 页,第 250 页。

的文化影响力比较弱,中国古代语言研究中的文字范式对世界普通文字学学科的建立影响微弱。在西方普通文字学内部,虽然文字史家们对文字事实都有较多、较深入的了解,但由于普通语言学理论的强力影响,文字史家们的言文观虽然倾向于言文分离,但这一立场并不坚定,且时不时表现出对普通语言学言文观的妥协。

19世纪末至20世纪初,受历史比较语言学研究倾向影响,部分西方人类学家开始关注世界范围内的文字问题,尝试使用描写—历史分析的方法比较各文字系统的异同,尤其着力于对字母文字系统及其类型的归纳和总结。代表作有卡尔·福尔曼《文字史》(Karl Faulmann:1880),乌利希·佛雷德里希·科普《古代的图画和文字》(Ulrich Friedrich Kopp:1821),艾萨克·泰勒(Isaac Taylor)《字母:字母的起源与演变述论》(1883),《字母的故事》(1899),等等。

泰勒的《字母:字母的起源与演变述论》被皮特·T.丹尼尔森(Peter T. Daniels,1996)指认为"第一本从科学意义上研究文字的专著"。"泰勒似乎是第一个将文字类型分为词符文字(Logographic)、音节文字(syllablic)和音素文字(alphabetic)三种类型的学者,这种分类法主导西方文字学研究达一个多世纪。"[①]周有光认为:"100年前,泰勒首先对人类文字作宏观的综合研究,提出五种文字类型和文字进化论的观点,他代表文字分类学的开创时期。"[②]丹尼尔森和周有光的说法其实并不矛盾。丹尼尔森的三种类型是排除了表意文字阶段的两种文字类型,周有光则没有排除。泰勒的五种类型及其发展演变途径是:文字经由表意文字(ideolograms)阶段进入表音文字(phonograms)阶段。在表意文字阶段,可区分为图画(pictures)和图形符号(pictorial symbols)两个类型;进入表音文字阶段,可区分为言语符(verbal signs)、音节符(syllabic sings)和字母符(alphabetic signs),两个阶段共有五种文字类型。

1900年,爱德华·克劳德出版了《字母的故事》(Edward Clodd,*The Story of Alphabet*),较为全面地介绍了世界范围内各种文字的基本情况。克劳德用进化论观点考察世界范围内的各类文字材料,将文字史从低往高依次区分为不同的发展阶段,从助记符号—图画文字—表意文字—表音文字(词符文字—音节文字—字母文字),勾勒出一幅世界文字共同演变发展的历史轨迹,已初步具备了"文字的科学研究"的雏形。

---

① 参见皮特.T.丹尼尔森:《文字系统的研究》,陈永生译,载西南大学汉语言文献研究所编《比较文字学研究》第一辑,人民出版社,2015年版,第59页。

② 周有光:《比较文字学初探》,语文出版社,1998年,第28页。

1948 年,英国文字学家大卫·迪龄格《字母:人类历史的钥匙》(David Diringer, *The Alphabet: A key to the History of Mankind*)出版,该书继承了克劳德进化论观点研究文字发展演变的基本思路,坚持将文字区分为不同的依次递进的发展阶段,首倡"文字的科学研究"和"文字的历史研究",对普通文字学学科的建立具有重要的理论价值。

1952 年,美国学者格尔伯出版了著名的《文字研究》(I. J. Gelb, *A Study of Writing*)一书,①该书的出版被公认为普通文字学建立的标志。格尔伯是一个自觉坚守现代语言学立场和系统论思想的学者,他所说的普通文字学(grammatology)从一开始就立足于语言学立场和系统论思想之上,自觉遵从语言学"结构—类型"法研究。格尔伯首先把文字看成是一种与语言不同的符号系统,并明确区分文字的早期阶段和后期阶段:早期阶段的文字与口语的联系比较松散,因此还不是真正的文字;后期阶段,当文字最终成为记录语言的"二级符号"时,文字才成为记录语言的工具。② 格尔伯延续了 20 世纪初文字学研究先驱们将自然科学领域内的"进化论"引入文字研究的传统,并在此基础上构拟出更加简明扼要的人类文字不同发展阶段及其世界文字共同的发展路径,他认为只有图画才是所有文字的基础,③从系统论的视角看问题,只有从图画—表意文字—表音文字的演变才是人类文字共同的发展规律。格尔伯虽然区分了文字发展的不同阶段,清楚地意识到早期阶段文字与口语之间的联系比较松散,但在言文关系的认识方面,他还是选择自觉遵守普通语言学"通过可视标记记录言语的装置"的文字定义,认定"文字就是书面语言",完全发展了的文字是表达语言要素

---

① 笔者注:该书至今未见中译本,此节我们使用的中文译文是笔者依据该书 1963 年修订版翻译,不当之处敬请读者指正!

② "在文字发展之初,文字和言语的关系非常松散,因为书面信息并不能与口语形式相互对应。一个特定的信息只有一个意思,读者只能用一种方式理解它,但它可以被读者用多种方式,甚至多种语言'阅读'.""在后期阶段,所谓'音位化'的应用,使人们可以用一种与精确的言语类别相对应的形式表达他的想法。从那之后,文字渐渐失去了作为一种表达思想的独立方式的地位,成为言语的工具,一种可以以永久的形式准确记录言语的工具。""因为通过可视的标记交流思想的最自然的方法即是通过图画。随着时间的推移,图画朝着两个方向发展:(1)绘画艺术,图片继续以一种独立于语言的形式忠实地表现着周围世界的物体和事件。(2)文字,文字中的符号,无论他们保留图像形式与否,最终成为语言价值概念的二级符号。"(I. J. Gelb, 1963:11,12,7)

③ "就像说话从声音的模仿发展出来,文字发展于对真实的事物和生物的形式的模仿。图画是所有文字的基础。这项论断十分明确,不仅是因为所有的现代原始文字带有图画性特点,而且所有伟大的东方系统,比如苏美尔文字,古埃及文字,赫梯文字,汉字等,都源于真正的图画文字。"(I. J. Gelb, 1963:27)

的一种装置，①口语和文字及其相互联系非常紧密，②等等，以格尔伯为代表的普通文字学言文观与普通语言学高度一致，体现出强烈的"20 世纪语言学转向"的时代烙印。然而，作为广泛接触过早期文字材料的文字学家，格尔伯同时也看到了文字对口语的反作用，③以及早期文字表达思想、记录事实的情况，④但由于普通文字学建立之初普通语言学的言文观影响力过于强大，普通文字学又是建立在普通语言学理论基础之上，因此，在格尔伯奠基的普通文字学理论框架中，言文关系的同一性得以强化，言文关系的区别性则受到很大程度的抑制，以致其言文分离的认识并不能贯彻到底，这不能不说是"20 世纪的语言学转向"留给西方普通文字学的一大遗憾。

1953 年，英国学者 A. C. 莫豪斯的《字母的胜利：文字的历史》(A. C. Moorhouse, *The Triumph of the Alphabet: the History of Writing*)，尝试从文字的科学研究方面入手讨论文字问题，但在言文关系方面，该书与前人的观点基本保持一致，并没有新的进展。

1960 年，苏联学者伊斯特林《文字的产生和发展》出版。该书 1987 年被译为中文在国内公开发行并产生了较大影响。伊斯特林的言文观对文字作用的限制较之西方学者更为严格。他认为，在人类历史早期，文字不可能直接与思维联系，并坚持文字的工具属性和社会属性。"当时，有声言语、单词是形成和固定概念的唯一手段，是概念的唯一的物质承担者。""由于文字具有补充言语的性质，所以它的出现不是在语言形成初期的某一时间，而是在语言发展的较晚期。文字与语言不同，不是社会存在的必要条件(过去没有文字，社会也存在)，但是在社会历史的一定阶段上文字成了社会进一步向前发展的最必要的条件。""它是有声言语的补充性交际手段，这种手段在语言的基础上产生，主要用来把言语传到远处，长久保持，并且借助图形符号或形象来表现；通常这些符号或形象表达某种言语要素——一个个最简

---

①　"我完全同意那些语言学家的观点，他们认为完全发展了的文字是通过可见的标记使其成为表达语言要素的一种装置。""对于我们来说，外行人和学者的观点相似，文字就是书面语言。"(I. J. Gelb：1963：13)

②　"口语和文字以及它们的相互关系之间的内在联系是非常紧密的。没有文字知识去学习口语通常很困难，没有文字所使用的口语知识去理解一篇文字也几乎是不可能的。"(I. J. Gelb，1963：223)

③　"比起口语，文字更保守，它对口语的自然发展有一种强大的抑制力量。""口语的有效性通常由文字符号来加强。因此，即使在课堂上我们也经常使用黑板来帮助视觉化一些耳朵无法接受的东西。""文字时常比口语更有表现力。这在形象化的文字中尤其明显，也即像埃及文字那样忠实地记录下图画的形式的文字。"(I. J. Gelb，1963：223，229，229)

④　"文字，很显然是人类通过惯用的可视标记进行相互交流的系统，但很明显，我们这里所说的最初理解的文字，并不是我们真正使用的'文字'。"(I. J. Gelb，1963：12)

单的信息、单词、词素、音节或音素。"①

　　20 世纪末,西方普通文字学在经过 20 余年的沉寂之后再次兴盛起来。这一时期的文字研究仍自觉继承普通语言学的结构—类型研究方法,但在文字与语言单位的结构对应关系、在文字的社会功能、在文字的外部因素与文字关系的研究,以及对文字系统的认知能力研究等方面都有了新的发展。

　　1985 年,美国文字学家杰弗里·桑普森出版了《文字体系:语言学视角简论》(Geoffrey Samposon, *Writing Systems: A Linguistic Introduction*)。桑普森完全遵循语言学理论研究文字历史、功能、结构,但他对音节文字代表的克里特岛线性文字 B 的研究,对词符—语素文字代表的汉字,以及对词符—语素与音节文字混合体的日文的研究,都很好地补充了先前西方普通文字学研究的不足。

　　1989 年,美国文字学家约翰·德范克出版了《视觉语言:文字体系的多样性》(John De Francis, *Visible Speech: The Diverse Oneness of Writing Systems*)。德范克是一个对汉语汉字有充分研究和认识的语言学家。但其文字研究基本坚守了结构—类型研究的语言学立场,重视对文字类型的分析和世界文字共同发展规律的探索,他有一个著名的主张是将汉字从整体上纳入表音系统。

　　1989 年,德国文字学家佛罗利安·库尔马斯《世界文字体系》(Florian Coulmas, *The Writing Systems of the World*)一书出版。库尔马斯长期在日本工作,他对东亚文化圈内的日语和汉语有比较深入的研究,并且更愿意给予汉字充分的重视。他的研究比较注重文字的社会功能,以及语言之外的历史、文化、政治、经济等导致文字产生的诸多外部因素对文字发生、发展、演变的影响,尤其强调东亚书面语的社会功能和支配地位。库尔马斯的研究在一定程度上突破了长期以来西方普通文字学重视结构—类型研究,忽视文字功能研究的倾向。在他的研究中,书面语对口语的影响被进一步凸显出来,文字的社会功能得以强调。这一研究路径,在他的另一部著作《文字系统:语言学分析导论》(Florian Coulmas, *Writing Systems: An Introduction to their Linguistic Analysis*, 2003)还得到了进一步的强化。

　　综上可知,现代科学意义上的西方普通文字学的建立一直深受普通语言学理论的影响。普通语言学在对普通文字学发挥积极影响的同时,其理论缺陷同样在普通文字学理论体系之中有所反映。在言文关系、文字起源、

---

① 〔俄〕B.A 伊斯特林:《文字的产生和发展》,左少兴译,北京大学出版社,1987 年,第 10 页,第 19 页,第 9 页。

文字定义、文字社会功能等方面,西方普通文字学理论体系在挣脱了西方古典语文学传统的同时,却落入了西方现代语言学的窠臼而不能自拔,并未真正独立。而在中国国内,由于种种原因,即便以上介绍的几种西方普通文字字理论成果,到目前为止,大部分都还没有被译介成中文,更遑论其他。这不能不说是目前中国文字学理论研究所面临的一个遗憾!

(二) 20 世纪中国普通文字学言文观述要

中国自古以来就有历史悠久的文字研究范式和重视形音义联系的研究倾向,并取得了丰硕的成果。进入现代以来,随着以甲骨文为代表的古文字材料的不断发现,古文字各分支研究取得了前所未有的成就,在现代中国人文科学研究中具有重要地位。

为了叙述方便,我们将 20 世纪中国普通文字学研究区分为 20 世纪 30～60 年代,20 世纪 70～80 年代,20 世纪 90 年代至今三个时段加以分析。

1. 20 世纪 30～60 年代

现代科学意义上的中国普通文字学(The Science of Chinese Characters)的奠基人当首推唐兰先生,其所著《古文字学导论》(1934)、《中国文字学》(1949)两书是真正具有现代科学意识的中国普通文字学代表作。两书确立了现代中国文字学的研究对象与范畴、研究方法和原则,讨论了中国文字的起源和演变、古文字的类型和系统、文字的发展演化等内容,具有明确的学科意识和系统观念。由此"奠定了现代意义的文字学基础,同时也使古文字的研究开始走上科学的道路"[①]。与唐兰先生同期,为中国文字学的独立与中国文字学理论体系建构做出重要贡献的另一位文字学家是陈梦家先生。他同样从字形入手尝试建构现代中国文字学研究体系,代表作有《文字学甲编》(1939)、《中国文字学》(1943)等。[②]

唐兰先生明确主张将专门研究文字形体的学问从中国古代语文学传统中剥离出来,成为专门的学问,为现代科学意义上的中国文字学的真正独立做出了重大贡献。从此之后,文字学和古文字学成为中国现代科学体系中的重要组成部分和分支学科之一。他说:"文字的形体的研究,是应该成为独立的科学的。语言的主体是声音,文字的主体是形体,我们可以把文字的

---

① 裘锡圭、沈培:《二十世纪的汉语文字学》,载刘坚:《二十世纪的中国语言学》,北京大学出版社,1998 年,第 94 页。

② 笔者注:2006 年,中华书局将陈梦家先生的《文字学甲编》(1939)、《中国文字学》(1943)、《中国古文献学概要》(*An Introduction to Chinese Palaeography*,1944)合为一书,重新命名为《中国文字学》公开发行。

声音归到语言学里去,但形体却是独立的,对于音符字我们可以认为是语言,但形符字、意符字,半音符字的非音部分,却不是语言所能解释的。文字固然是语言的符号,但语言只构成了文字的声音部分。我们要研究每一个符号的起源和演变,我们要研究出一种适当的符号,那都是文字学的范围。”“在我要创立的新文字学里所要研究的,是从文字起源,一直到现代楷书或俗字,简字的历史。这范围是极广泛的,但最重要的,却只是小篆以前的古文字。”①

唐兰先生建构的文字学理论体系一方面主动吸纳西方普通语言学和普通文字学理论的营养,将汉字研究自觉纳入世界普通文字学研究之中,他说:“中国文字学应该是整个文字学里的一部分,正如中国语言学是整个语言学的一部分是一样的。”②在“文字起源”研究方面,唐氏首先排除了传统小学中的诸多成说,如结绳记事说、八卦说和仓颉造字说,同时舍弃“指事文字”说,而把中国文字的唯一源头自觉归于图画,以便契合普通文字学“文字起源于图画”的观点。唐氏深刻认识到语言和文字的关系,并把文字演变的原因归结于语言的促进。“文字是代表语言的,所以语言文字的关系异常密切。”“文字的起源是图画,而它的演变,大都是语言所促成的。”③明确指出图形和图形代表的语言的结合在文字起源中发挥了关键作用,而在这一过程中,“名”(尤其是实名)是文字与语言初步结合的重要标志。“名”在文字里是最先出现,在“名”的基础之上,通过假借、分化、引申三大途径才最终达到了完备文字的程度。“最初的文字,是书契,书是由图画来的,契是由记号来的。可是,单有记号,单有图画,都还不是文字,文字的发生,要在有了统一的语言以后。”④另一方面,唐兰先生又深刻认识到西方语言学和中国文字学的根本区别。特别强调不能忘记中国文字的特殊情形,不能丢掉两千年来的中国文字研究传统。“文字学是研究文字的科学,在一个中国人看来,这个名词是很恰当的。但西方输入的科学名词,还没有一个可以配合的名称。普通所谓的 philology,本是研究希腊拉丁古语的学科,我们只能把它译作语言学,或者更确切一些,是古语言学。etymology 是语源学,palæography 是古文字学,hieroglyph 是象形文字学,没有一个字,能相当于中国的文字学。”“西方的语言学,中国的文字学,是两个不同的学科,充分表现出两种倾向不同的文字里所造成的极明显的差别。”“文字学固然不能

---

① 唐兰:《古文字学导论》,齐鲁书社,1981 年,第 135～136 页。

② 唐兰:《中国文字学》,上海古籍出版社,2001 年,第 10 页。

③ 唐兰:《古文字学导论》,齐鲁书社,1981 年,第 383 页,第 87 页。

④ 唐兰:《中国文字学》,上海古籍出版社,2001 年,第 55 页。

包括语言学,同样,语言学也不能包括文字学。……真正的语言学是在 19世纪建立的,中国的语言学刚在开始,我们相信它会有很大的发展,但千万不要以为这一套新兴的科学是万能的,忘记了中国文字的特殊情形,把语言和文字的界限混淆了,而抹杀中国两千年来固有的文字学。"①

为了弥合西方语言学与中国文字学之间的根本区别,唐氏在《中国文字学》(1949)中创造性的使用了字(character)、语(word)、词(composite word)三个术语概念。"字"是代表一个音节的书写单位,"语"是语言的最小单位,"词"是复合语,尝试建立起中国文字研究的基本结构单位。但遗憾的是,唐氏的这一尝试在自己的研究中并没有得到贯彻执行,因而也没有引起学界的足够重视。唐氏之后,虽然文字学研究蔚然成军,文字研究成果极为丰硕,但在文字学研究中如何看待字词关系的根本问题却至今没有得到彻底解决。

陈梦家《文字学甲编》共七章,内容包括古文字学的形成、文字的开始及其基本类型、汉字的结构、传统的六书说、字体变异的原因、历史上的字体、古文字材料等。关于言文关系,陈氏仅做了一个笼统地判断,"语言也许先文字而存在"。"文字必须与语言密切合作,文字的读音要与语言一致,文法要和语法并行。图画与语言无关。"②有关文字起源,陈氏同样否定八卦说、结绳说、书契说、仓颉造字说等传统说法,倾向于文字起源于图画。"如此说来八卦结绳书契和文字本都无关。文字在发展中并没有经过八卦结绳书契一类的历程。……则最初的文字是依类画成的图画。"③对于汉字起源于何时?陈氏则较之唐兰持有更加审慎的看法,"文字虽然出于图画,而文字不就是图画,所以我认为四千五百年以前还没有'有意的文字',至少我们还没有发现。""因此,我甚至于疑心文字是商民族特有的文化。……但是我们对于历史的事实只承认:最早的文字是商人契于龟甲的卜辞。"④陈氏认为文字的进化可以由'文''名''字'代表三个阶级,且与三个基本类型相应。"凡画物体的形象者曰文,凡称谓物体的名字者曰名,凡形声相益的文字曰字。""文、名、字不但代表文字进化的三个阶级,并且代表文字三个基本类型。第一类型'文',象形字属之;第二类型'名',声假字属之;第三类型'字',形声

---

① 唐兰:《中国文字学》,上海古籍出版社,2001 年,第 4～5 页。
② 陈梦家:《中国文字学》(1943),载"陈梦家著作集"之《中国文字学》,中华书局,2006 年,第 23 页,第 254～255 页。
③ 同上书,第 253 页。
④ 陈梦家:《文字学甲编》(1939),载"陈梦家著作集"之《中国文字学》,中华书局,2006 年,第 14～15 页。

字及其他形声相益的字属之。我们今以象形字、声假字、形声字做代表。"①
陈氏对中国文字学"三个类型"的区分较之唐兰的"三书说"更为合理,因此
被后人普遍接受。

　　20 世纪 30～40 年代,在现代科学意义上的"文字学"建立之初,以唐
兰、陈梦家为代表的中国文字学家都力主学科独立。在搭建现代中国文字
学理论框架的过程中,他们都主动吸收西方普通语言学和普通文字学理论
的营养,一方面强调中国文字的特殊性,另一方面也完全同意把文字的记语
性作为文字形成的标志。从此之后,现代中国文字学,尤其是古文字研究始
终坚持普通语言学的言文关系,而以字形研究为主。此种状况直至 20 世纪
80 年代才有所改变,能够重新综合考察文字的形音义联系。

　　梁东汉《汉字的结构及其流变》(1959)以马克思主义语言学理论和唯物
辩证法为理论指导,讨论汉字的结构、演变和发展规律,尝试建立新的文字
学理论体系,具有鲜明的时代特征。全书共分五章:文字和语言的关系、文
字的起源、汉字的发展、汉字的性质和结构、汉字的新陈代谢及其规律。该
书非常重视言文关系和文字起源问题,不但将其置于全书之首,而且设立专
节,从语言是基本的交流工具、文字是辅助的交际工具,语言是文字的基础,
语言的共性和文字的共性不同,语言是一种社会现象,文字则不然,文字的
应用范围比语言小得多,文字的发展落后于语言的发展,语言比文字更有稳
定性,语言的变化是改造旧有语言,语言和文字都没有阶级性等九个方面详
细讨论了言文关系。② 该书首章还另设"汉字和汉语的关系"一节讨论两者
之间的关系,从汉字对汉语的自觉适应方面回答汉字为什么没有走上拼音
化的道路的问题。③ 毋庸讳言,梁氏的言文观既有自己的学术个性,又不可
避免地带有那个时代的鲜明印记。至于梁氏的文字起源观,他不但否定结
绳说、仓颉造字说、起一成文说等传统说法,而且也否定手势语说、所有权记
号说等西方现代说法,并将两者统统归入唯心主义文字起源观之下,仅承认
图画是唯一的文字源头。

　　蒋善国《汉字形体学》(1959)自觉运用历史唯物主义观点研究汉语和汉
字的发展演变过程,他提出:"汉字的创造和发展,有两个主流:一个是音化,
一个是简化。音化是汉字本质的演变,在研究汉字组成的时候,要鲜明地指
出。简化是汉字形体演变的总趋势,也可以说是汉字形体发展的整个过

---

　　①　陈梦家:《文字学甲编》(1939),载"陈梦家著作集"之《中国文字学》,中华书局,2006 年,第
24～25 页。
　　②　梁东汉:《汉字的结构及其流变》,上海教育出版社,1959 年,第 3～18 页。
　　③　同上书,第 14～17 页。

程。""汉字必须改革,这是肯定的。而音化和简化正是改革汉字的两条道路,也是改革汉字问题的两个主要环节。"①该书对汉字形体和演变的研究着重于分析"隶变",并指出"(简体字)是方块汉字发展的最后形式和最终阶段"。另一部著作《汉字的组成和性质》(1960)则重点描述和分析了汉字从象形兼表意,走向表意兼标音,直至现阶段走向拼音文字的质变过程,即汉字音化过程。②

20 世纪 50～60 年代的文字学研究与同期的中国语言学研究一样具有鲜明的时代烙印。文字学家们自觉运用证唯物主义和历史唯物主义观点分析中国文字的材料,总结文字发展和演变的历史,同时密切配合国家的语文政策,较多着力于拼音化与汉字简化方面的研究。对汉字性质的基本认识是区分语言和文字,但都能自觉坚持普通语言学的言文观,强调文字的记语性。这个时期文字学理论的代表作家主要以梁东汉和蒋善国二位先生为代表。

2.20 世纪 70～80 年代

1978 年改革开放以来,中国文字学理论研究出现了比较繁荣的局面,并且普遍意识到综合考察形音义联系的重要性,文字学理论研究不再完全局限于形义之学,出现了许多的理论突破。而且无论数量还是质量都有很大的提升。

20 世纪 80 年代,许多文字学理论著作在延续 50～70 年代以来的学术研究惯性的同时不断往前推进,文字学研究不但围绕国家的语言文字政策展开,重视推广普通话、继续推行拼音方案,重视以研究和整理现行汉字为主的汉字改革,同时努力突破汉字信息化处理的瓶颈,并且以尽快实现语言文字的规范化、标准化为这一时期的语言学研究的新目标。

蒋善国《汉字学》(1987)是国内第一部以"汉字学"命名的文字学理论著作,该书延续了作者自 50～60 年代以来倡导的音化和简化理论,进一步应用辩证唯物主义的理论,探索汉字起源、汉字的本质和特点及其规律,建立起较完整的科学理论体系。关于文字起源,蒋氏认为实物、结绳、刻契等都只是人类早期帮助记忆的工具,只有"文字画是象形文字的唯一来源,是象形文字的前身。除了借外力和受外来影响创造的文字外,原始民族自发地创造文字,都要经过文字画和象形文字阶段的。象形文字的基本原则是直接地或曲折地描写出词所代表的事物的图形。只有象形文字,才能结合语

---

① 蒋善国:《汉字形体学・自序》,文字改革出版社,1959 年,第 1～2 页。
② 蒋善国:《汉字的组成和性质》,文字改革出版社,1960 年,第 3～4 页。

言,按语法书写,起实际代表语词的作用,作为人们表达思想和交际的工具。"①关于文字的创造者,他明确表达了这样的意见:"文字是劳动人民在不同地区和不同时代创造的。在人类自然的进化过程中,除了受文化较高的外来民族的影响外,文字都是千百万人在长期的社会实践中逐渐创造出来和逐渐完善起来的,不可能是一个人一时所造的。历史上所谓某人造字,实际是整理文字,某种字体可能由一两个人整理过。"②关于汉字、汉语的关系,他说:"汉字是表达语言的,特别是表达语音的。汉字与汉语,也不例外。"③

王凤阳(1989)《汉字学》是这一时期中国文字学理论著作中篇幅最为宏大、论述最为周详的一本文字学理论著作。该书包括绪论、字体论、体系论、改革论、字形论等六编二十六章。该书以马克思主义语言学理论和辩证唯物主义为理论指导,强调文字的社会属性和工具属性,重视言文关系。试图超脱传统小学的束缚,贯通汉字史研究,探讨汉字发展的内在规律,解决汉字改革实践中遇到的许多问题。该书的文字定义是:"文字是作为社会记录和交际工具用的和语言日益适应的书写的符号体系。"④关于文字的性质和职能,他说:"文字属于社会现象,它是应社会的需要而产生的,为社会的需要而发展的。文字的性质是工具,人们发明了它,也为着便于应用而不断改进它。文字的职能是记录和交际,它首先是记录工具,其次才是交际工具。"⑤该书明确指出:"文字和语言之间的关系是文字学中的首要问题,是区别许多学派的分水岭,也是不同学派争论的焦点之一。这一对关系的处理影响到对一系列的问题的观察与处理。"⑥批评了目前盛行的"文字附庸论""独立论"的错误,"我们认为这两种主张都走了极端。附庸论者是站在语言学和使用拼音文字的民族的立场上立论的,他们过分强调了文字对语言(尤其语音)的依附性一面,否定了文字脱离口语或语言的可能性,甚至否定了不同体系的文字与语言间的结合程度上的差别性。独立论者则立足于传统文字学,他们过分强调了文字的独立性,以至于否定了文字对语言的不断加深的依赖关系。"认为:"文字的发展是个过程,是个由低级到高级的过程,由提示事到记语、由表义到表音的过程,由浑沦到分析的过程。在这个过程中,文字和语言的结合程度是文字发达程度的标志。文字和语言结合

---

① 蒋善国:《汉字学》,上海教育出版社,1987年,第49页。
② 同上书,第59页。
③ 同上书,第60页。
④ 王凤阳:《汉字学》,吉林文史出版社,1989年,第29页。
⑤ 同上书,第39页。
⑥ 同上书,第26页。

得越松散,该文字就越原始,越含混;和语言结合得越紧密,该文字就越发达、越完善。文字的精确度同该文字和语言的结合度变成正比;其粗疏度则和该文字和语言游离度成正比。人们对文字的每一次改革,都是减少其和该文字所记录和语言之间的距离的过程,是加强表现该语言的能力和准确度的过程,文字发展史,就是和语言的结合史。"①关于汉字起源问题,王氏认同汉字起源于图画的一元说,他说:"世界上的各种自源文字虽然在产生上是不同源的,但是就起点来说是同源的,都是以图画文字为基点发展起来的。""我们是坚持汉字的起源的一元论的,即文字,也包括汉字,都导源于图画,刻画符号和后来的文字之间没有继承和发展的关系。"②此外,该书还将图画文字与史前时代联系起来,提出"史前文字"概念,同时强调史前文字的提事和提语功能,强调史前文字的过渡性质。③

　　裴锡圭《文字学概要》(1988)"是这一时期最有代表性的著作。裴书不仅对过去的研究有系统的总结,而且对汉字性质、起源、发展演变、结构类型等有独到的研究。"④"该书使用了较多新的出土文字资料,并且十分注意以语言学的观点来讨论文字问题。"⑤首先承认学术界在文字定义方面存在分歧,明确区分狭义文字和广义文字,"在文字定义问题上,语言文字学者分狭义和广义两派。狭义派认为文字是记录语言的符号。广义派大致认为,人们用来传递信息的、表示一定意义的图画和符号,都可以称为文字。我们觉得这种分歧只是使用术语的不同,很难说这里面有什么绝对的是非。我们是狭义派,因为在传统的汉语文献里,历来是用文字这个词称呼记录语言的符号的,采取狭义派的立场,讲起话来比较方便。"⑥其次,裴氏主张以"汉字体系形成"来取代"汉字起源"命题,"常常听到有人提出'汉字是什么时候产生的''汉字起源于何时'这一类的问题。严格说起来,这样提问题并不很恰当。……关于汉字的起源,应该这样提出问题:汉字这一文字体系的形成过程开始于何时。结束于何时? 汉字是怎样从最原始的文字逐步发展成为能够完整地记录语言的文字体系的?"⑦裴氏认为文字的发生发展过程是漫长

　　① 王凤阳:《汉字学》,吉林文史出版社,1989年,第27页,第33页。

　　② 同上书,第266页,297页。

　　③ 同上书,第269～272页。

　　④ 赵平安:《现代汉语文字学研究的回顾》,载北京市语言学会:《中国语言学百年论丛》,北京语言大学出版社,2004年,第10页。

　　⑤ 裴锡圭、沈培:《二十世纪的汉语言文字学》,载刘坚主编《二十世纪的中国语言学》,北京大学出版社,1998年,第96页。

　　⑥ 裴锡圭:《文字学概要》,商务印书馆,1988年,第1页。

　　⑦ 同上书,第22页。

的,文字体系的形成与一定的社会发展阶段相联系。"从第一批文字的出现到能够完整地记录语言的文字体系的最后形成,总是需要经历一段很长的时间的。""文字的产生是需要一定的社会条件的。在社会生产和社会关系还没有发展到使人们感到必须用记录语言的办法来记事或传递信息之前,他们只可能直接用图画来代表事物,而不会想到用它们来记录事物的名称——语言里的词。通常要到阶级社会形成前夕,文字才有可能出现。"①裴氏从狭义文字学的立场出发,明确否认"图画文字"的概念,认为应该用"文字画"来代替。"按照文字的狭义用法来看,图画文字这个名称是不恰当的,文字画这个名称则可以采用。文字画是作用近似文字的图画,而不是图画形式的文字。"②裴氏认为,既然文字是用来记录语言的,那么对文字性质的讨论就只能围绕着记语的词符的性质来确定,"一种文字的性质就是由这种文字所使用的符号的性质决定的","讨论汉字性质的时候,如果不把文字作为语言的符号的性质,跟文字本身所使用的字符的性质明确区分开来,就会引起逻辑上的混乱。"③因此,"汉字在象形程度较高的早期阶段(大体上可以说是西周以前),基本上是使用意符和音符(严格说应该称为借音符)的一种文字体系;后来随着字形和语音、字义等方面的变化,逐渐演变成为使用意符(主要是义符)、音符和记号的一种文字系统(隶书的形成可以看成这种演变完成的标志)。如果一定要为这两个阶段的汉字分别安上名称的话,前者似乎可以称为意符音符文字,或者像有些文字学者那样简称为意音文字;后者似乎可以称为意符音符记号文字。考虑到后一个阶段的汉字里的记号几乎都由意符和音符变来,以及大部分字仍然由意符、音符构成等情况,也可以称这个阶段的汉字为后期意符音符文字或后期意音文字。"④在文字字形研究方面,该书主张贯彻形音义相互联系的原则来探讨形体演变、字形变异、分化和合并,汉字整理和简化等问题。在汉字结构类型方面,裴氏在前人基础上新创自己的"三书说":表意字、形声字、假借字。其中的"假借",着重强调文字的使用,凸显文字系统形成过程中声音要素(语言)所起的关键作用,与狭义派立场的立场相互呼应。在言文关系的处理方面,裴氏的文字学理论体系更加自觉地接受普通语言学理论的言文观,在弥合中国文字学与西方语言学的理论缝隙方面前进了一大步。尤其是他明确提出用"文字体系形成"取代"文字起源"的观点,实际上起到了把"文字起源"研究

---

① 裴锡圭:《文字学概要》,商务印书馆,1988 年,第 1～2 页。

② 同上书,第 1 页。

③ 同上书,第 10～11 页。

④ 同上书,第 16 页。

纳入现代语言科学研究体系之中的作用。

3. 20世纪90年代至今

汉字文化学研究 20世纪80年代中后期兴起的"文化语言学"研究思潮引出了人们对"汉字文化"问题的关注热情,汉字文化学研究顺势兴起,"汉字与文化的关系越来越为人们所重视,有关研究也随之全面展开,呈现出一派前所未有的繁荣景象。"①汉字文化学的文化关照思想与文化语言学一脉相承,它在引导人们重新思考汉字与汉文化关系、充分揭示汉字的文化功能并重新定位言、文关系方面具有重要的开创性价值。

何九盈、胡双宝、张猛《简论汉字文化学》(1990)一文是为即将出版的《汉字文化大观》所写的绪论,该文重点讨论了汉字文化学作为一门新兴交叉学科的任务:"一是阐明汉字作为一个符号系统、信息系统,它自身所具有的文化意义;二是探讨汉字与中国文化的关系,也就是从汉字入手研究中国文化,从文化学的角度研究汉字。"②其后,何九盈在《汉字文化大观》的基础研究之上,撰写完成《汉字文化学》(2000)一书,对汉字文化学理论做了总结。该书提出要从世界的眼光看汉字,既与西方文明中心主义脱钩,又与东方文明中心主义划清界限,承认文明多元化的合理性,倡导各文明之间相互学习,共同发展的精神理念。从这一精神理念出发,该书深入挖掘汉字形体和汉字音读的文化功能,分别讨论汉字与精英文化、汉字与大众文化的关系、汉字文化传播等问题。该书还专节讨论了汉字与汉语的关系,指出:"在汉字所面对的一切文化关系中,关系最直接的最亲密的是汉语。虽然汉语是第一性的,汉字是第二性的,但几千年以来,二者已到了难舍难分的地步。互相结合又互相矛盾,互相统一又互相对立。结合与统一构成了汉字与汉语协调完美的同一性,矛盾与对立是汉字与汉语不断更新的原动力。"③

王宁《汉字与文化》(1993)一文从文字学视角考察汉字与文化的关系,认为"'汉字与文化'应专指汉字字形及其系统与文化的关系而言。……汉字与文化的关系问题应以汉字字形及其系统作为研究的中心。"④其后出版的《汉字构型学》(2002),则是王氏在详尽研究小篆构型,并指导多位博士生系统排查从甲骨文到唐宋碑刻手写文字等历史汉字的基础上,总结出来的一套汉字构型系统。历史汉字构型系统的完成,不但进一步深化了《汉字与文化》提出的基本观点,而且为历史汉字的构型模式及其规律做了总结。此

---

① 章琼:《二十世纪汉字文化研究述评》,《语言教学与研究》,2002年第2期,第73页。
② 何九盈、胡双宝、张猛:《简论汉字文化学》,《北京大学学报》,1990年第6期,第91～98页。
③ 何九盈:《汉字文化学》,辽宁人民出版社,2000年,第257页。
④ 王宁:《汉字与文化》,《北京师范大学学报》,1991年第6期,第78～79页。

外,王氏发表的另一篇文章《论汉字与汉语的关系》(2015)专门讨论了汉字与汉语的关系,明确指出:"汉字对汉语的发展不是消极的记录,而是有积极影响的","汉字与汉语关系十分密切,其中的诸多现象,是拼音文字与语言的关系中看不到的,固守西方理论无法正确解决汉字与汉语的关系问题。……但是,在强调汉字对汉语积极影响的同时,又有另一种说法,即不承认汉字是记录汉语的第二性符号系统,甚至认为'汉字先于汉语产生',把汉字夸大成有超汉语作用的符号。这两种认识都是片面的。对汉字和汉语的关系,需要从理论上和事实上做必要的阐释。"①

刘志基《汉字文化综论》(1996)②对何九盈、王宁先生的汉字文化观提出了批评。他认为何九盈先生"从汉字入手研究中国文化,从文化学的角度研究汉字"的说法不能概括汉字文化学的内容和实质,且容易导致片面认识。刘氏指出:"汉字文化研究这门学科,既非单纯地以历史文化现象来解释作为语言交际手段的汉字,又不是简单地以汉字为材料来探究文化史的问题",而是"以汉字的除语言交际职能以外的文化机制,也就是以汉字与语言交际以外的中国文化方方面面的联系作为研究对象的一门学科"。③ 他认为王宁先生关于汉字与文化"专指汉字字形及其系统与文化的关系"的观点不够合理,汉字文化的研究应包括字形、字义、字音三方面,并从"字形文化蕴涵论""字义文化蕴涵论""字音文化蕴涵论"三方面讨论了汉字的形音义与传统文化各文化项之间的联系。刘志基先生把汉字记录语言功能之外的其他功能总归于汉字文化功能,并将这些功能大致分为文化信息的蕴涵与传载与文化现象的影响与塑造的做法,看到了汉字记语性之外的东西,真正触及了汉字文化功能的实质。王元鹿指出:"《简论》对汉字文化学理论系统的首次构建,对于这门新兴边缘学科的发展,无疑地做出了重要贡献。"④

比较文字学研究　周有光《比较文字学初探》(1998)把历史比较看成是文字学研究的根本方法,同时把比较文字学作为普通文字学的一个重要组成部分。明确指出:语言学和文字学的建立都是从比较开始的,比较才能分类,分类才能开始系统研究,寻找普遍规律。并为新兴的比较文字学明确了研究内容和研究目的,"比较文字学主要比较各种文字的形体和结构,传播和发展,应用功能,历史背景,从而得到人类文字的发展规律。比较的目的

---

① 王宁:《试论汉字与汉语的关系》,《民俗典籍文字研究》,2015年第1期,第1页。
② 笔者注:刘志基《汉字文化综论》之前,先有《汉字文化简论》(贵州教育出版社,1994)。
③ 刘志基:《汉字文化综论》,广西教育出版社,1996年,第188页,第188~189页。
④ 王元鹿:《读〈汉字文化学简论〉》,《书城》,1995年第3期,第42页。

不仅是阐明相互之间的差异性,更重要的是阐明相互之间的共同性。"①关于形体和结构的比较,他一方面提出书体(图形体、笔画体、流线体)比较,另一方面明确了成熟文字是"能够无遗漏的按照语词次序书写语言"的符号系统,在此"分界线以下是原始文字,分界线以上是古典文字和字母文字。"因此将文字发展史区分为形意文字、意音文字和表音文字三个发展阶段。关于文字传播和发展的比较,他提出了"文字的体制不决定于语言的特点,而决定于文字的传播"的观点,突破了通常认为的"文字必须适应语言"的观点,并且进一步指出:"文字在传播中不断发生变化……古典文字的传播,一般都可以分为学习、借用、仿造和创造等四个阶段。"②在另一篇专文里,他赋予中国文字学传统中的"六书"以比较基准的地位,并运用"六书"原理比较钉头字、圣书字、马亚字、彝文和东巴文等古典文字与古汉字的结构异同,以此来探寻世界古典文字共同发展规律。③

饶宗颐《符号·初文与字母——汉字树》(2000)以世界眼光看汉字,用比较研究的方法探索原始时代汉字的结构和演变,进行文字探源。指出:汉字未形成的前期,在图形纹饰之外的陶符与腓尼基字母有许多相似,因此他创造性地提出"字母出自古陶文"的假说。认为"字母完全记音,汉字只是部分记音,文字不作言语化,反而结合书画艺术与文学上的形文、声文的高度美化,造成汉字这一大树,枝叶俊茂,风华独绝,文字、文学、艺术(书法)三者的连锁关系,构成汉文化最大特色引人入胜的魅力。"④他明确提出"史前文字学"的概念,并设想用不同于文字学的方法研究史前文字:"关于古陶器上的符号资料,应该仔细去加以分析,展开作为'史前文字学'看待;在古代文化研究的领域内,除了器物形态之外,还可增添入这一个崭新的项目。'史前文字学',在古文字学当中,应该算是一个独立的部门,其研究方法及着眼点,不尽与古文字学的一般研究方法相同。"⑤饶先生此说首倡史前文字研究的必要性,其大作《符号·初文与字母——汉字树》本身也是这方面研究的开山之作。

王元鹿先生是国内比较文字学研究领域的另一位创始人。其《比较文字学》(2001)强调"比较文字学"的命名就是从研究方法而来的。王氏特别强调比较文字学的研究主旨需同时兼顾文字的共性与个性,而不应把全部精力都放在寻找文字发展的共性方面,还应同时关照各文字系统的个性差

---

① 周有光:《比较文字学初探》,语文出版社,1998年,第5页。
② 同上书,第5~6页。
③ 周有光:《六书有普遍适用性》,《中国社会科学》,1996年第5期,第153~170页。
④ 饶宗颐:《符号·初文与字母——汉字树·引言》,上海书店出版社,2000年。
⑤ 饶宗颐:《符号·初文与字母——汉字树》,上海书店出版社,2000年,第6页。

异。"一部《比较文字学》的主旨,则在于既揭示世界文字的共性,又同时发现各个文字系统之间个性上的差异。"①正是这一研究主旨,把比较文字学与普通文字学从根本上区别开来。该书把文字史分为三个阶段:早期文字、表词-意音文字、表音文字。在早期文字的比较中,他提出了"文字渊源物"概念,并明确指出:"如果一种早期文字的文字符号性质主要是抽象符号,那么其文字符号的来源很可能即是一些前文字的抽象符号,而如果一种早期文字的文字符号性质主要是图画符号,则其文字符号的来源很可能即是这个民族的原始图画;而如果一种早期文字兼备抽象符号和图画符号,则其来源也很可能是混合型的。由此可知,一个民族的早期文字的内容,往往源自这个民族前文字阶段中的一些文物。"②这一表述,自然而然地将文字起源问题导向"多元说"而非一元说。显然,这一比较研究的路径将更有助于文字起源问题的深入探索与研究。

汉字符号学研究　汉字符号学研究的倡导者主要是孟华先生。他在20世纪90年代发表的一些文章和著作中,就已经用符号学观点重新看待汉字与汉语的关系。提出:"文字不是语言的工具而是与语言并行的符号系统,它不是对语言的忠实的记录而是对语言的一种表达方式"。③并且探讨了汉字意义系统对汉语的深刻影响,"汉字的表意性质使它能作为一套独立的意义符号系统而存在,它凌驾于各方言之上,成为至高无上的文化统一力量。文字作为记录语言的符号的属性,在汉字这里发生了颠覆:汉语的发展,首先要服从于汉字的需要,汉字成了目的,语言成了表意汉字的手段。最能说明这一点的是文言文。"④2001年,他与黄亚平合作撰写的《汉字符号学》出版,全书分历时研究和共时研究两部分,标志着汉字符号学理论框架的初步形成。在孟华撰写的《汉字符号的共时研究》(下编)中,他运用符号学原理对汉字的结构和功能进行了全新的阐释。⑤孟华的第二部汉字符号学著作《汉字:汉语和华夏文明的内在形式》(2004)"将文字定义为看待语言的方式即言文关系方式。强调言文关系是汉字和汉语研究的根本问题,指出要在汉字与汉语的关系中研究汉字或汉语。并将其言文关系的汉字符号学理论称之为'合治'观。"⑥在2005年发表的论文中,孟华正式提出了汉字

---

① 王元鹿:《比较文字学》,广西教育出版社,2001年,第2页。
② 同上书,第35页。
③ 孟华:《动机性文字与任意性文字——中西文字比较》,载刘重德:《中国英汉语比较研究会第二次全国学术研讨会论文集》,1996年,第92页。
④ 孟华:《符号表达原理》,青岛海洋大学出版社,1999年,第147页。
⑤ 黄亚平、孟华:《汉字符号学》,上海古籍出版社,2001年。
⑥ 孟华:《汉字符号学理论的形成及其基本观点》,载黄亚平、白瑞斯、王霄冰:《广义文字研究》,齐鲁书社,2009年,第65页。

符号学的言文观:"我们提出一种符号学的言文观,即将汉字和汉语看作是一种层累叠加的、互为能指和所指的符号关系,其基本的立场是'从汉字和汉语互动关系中研究汉字(或汉语)',这种互动关系我们简称为言文关系。'言'是汉语,'文'是汉字。"①孟华的第三部汉字符号学著作《文字论》(2008)将自己前期倡导的言文观推进到语言、文字、图像三者,提出"口说的语言、视觉的图像和介于二者之间的文字,它们是互为能指和所指的二级符号系统,另一方面又相互区别。因此,汉字符号学就有了两个重点研究领域:一是言文关系,二是言(文)象关系。这代表了汉字符号学研究的最新进展。"②

广义文字学研究 2004 年,黄亚平提出"广义文字学"概念,"广义文字学是与狭义的文字研究相对的文字学研究,也是发生学意义上的以文字为核心的综合性研究。广义文字学的研究从发生的角度讨论文字是如何被构成的,但他并不致力于找到文字符号的创造原点所在,它把注意力放在揭示文明形成时期的文字与文明互动关系以及文字构形方式与文明类型的对应关系上。"③2007 年,他提出"二次约定"汉字发生观,认为:"在记录语言的文字体系形成的过程中,起主要作用的不是约定俗成,而是符号与符号之间的'二次约定'"。④ 有学者指出:"黄亚平提出了'二次约定'的汉字发生观,在史前的图画与成熟的汉字系统之间建立了一个过渡性符号链条,把断裂的文字演化链条重新联结起来,对于认识文字的性质、史前文字的研究都有理论意义。"⑤2016 年,在《前文字、类文字、广义文字学——三议"广义文字学"研究》(2016)一文中,进一步明确了广义文字学的研究内容包括:"比较文字与文化学研究,即研究世界各大文字体系文字异同及其背后的文化差异;前文字研究,即研究史前符号的性质及其与成熟的文字体系形成的关系,包含通常所说的文字起源研究。类文字研究,即研究文字的结构功能及其在现代社会新媒体中的应用,即所谓的针对视觉创意活动的研究;文字传播研究,这又有两个方面,一是研究本族语境下文字的流通传播与文字与社会教育机制的关联问题;二是研究跨文化语境下文字的流通和传播问题。当前的对外汉字教学研究正是这样一个崭新的领域,它不同于国内汉字教学的

---

① 孟华:《在言文关系中研究汉语词汇》,戚晓杰、高明乐:《汉语教学与研究文集:纪念黄伯荣教授从教 50 周年》,高等教育出版社,2005 年,第 124 页。

② 孟华:《汉字符号学理论的形成及其基本观点》,载黄亚平、白瑞斯、王霄冰:《广义文字研究》,齐鲁书社,2009 年,第 66 页。

③ 黄亚平:《广义文字学刍议》,《青岛大学师范学院学报》,2004 年第 3 期,第 26 页。

④ 黄亚平:《论"二次约定"》,《语言研究》,2007 年第期,第 96 页。

⑤ 王志平:《文字学研究 70 年》,载刘丹青主编《新中国语言文字研究 70 年》,中国社会科学出版社,2019 年,第 298 页。

规律,又同时兼备文化传播的功能。"①2020 年,在新发表的《论汉字传承与中国文明延续的辩证发展关系》等系列论文中,进一步提出了自己的"汉字传承观",明确将汉字传承活动与中国文明延续发展联系起来,"在历史长河中,汉字传承与中国文明的延续始终保持着相互成就、共同成长,不断变化创新的辩证发展关系,这一辩证发展关系在历史的长河中始终保持着高度的一致性。它不但出现在中国文明内部,而且在东亚汉字文明圈内的许多国家都有所体现。提出'汉字传承与中国文明延续存在高度一致性',不但对中国文字史研究有重大价值,而且对中国文明史同样具有重大意义。"②在这一前提下,他认为"在'龙山时代'前后中国文明'多元一体'格局形成的同时,出现在中原和周边地区的'文字萌芽'应从整体上看作是汉字的原始文字。"③"'商代陶文'应是一种体系性的存在,它是商代通行汉字的重要组成部分,而且是较早出现的那一部分。……'商代陶文'主要包括'记数陶文'和'记名陶文'等内容,它们均与甲骨文、金文存在一脉相承的符号关联,其符号传承和相互渗透的痕迹比较明显。同属于商代通行文字系统,汉字发展史研究应给予其相应的位置。"④

汉字职用学研究 2005 年,李运富在《汉字语用学论纲》一文中正式提出"汉字三个平面理论"。他认为:"汉字的'字'具有三种涵义,因而汉字学应该区分三个平面,形成三个学术系统,建立三个分支学科,即汉字样态学、汉字构形学和汉字语用学。"⑤李氏汉字三个平面理论所说的形体、结构两个方面前人已多所论及,该理论的主要特色在于对汉字语用的强调,可直称"汉字语用学"或"汉字职用学"。"汉字语用学是研究汉字使用职能和使用现象的科学,也就是研究如何用汉字记录汉语或者实际上是怎样用汉字记录汉语的科学,主要内容包括汉字的记录单位、记录方式、使用属性、字词对应关系、同功能字际关系、用字现象的测查描写、用字规律的归纳总结、用字变化的原因分析等。"⑥在 2016 年发表的文章中,他强调说:"为了避免跟语

---

① 黄亚平:《前文字、类文字、广义文字学——三议"广义文字学"研究》,载黄亚平:《广义文字学研究自选集》,中国社会科学出版社,2016 年,第 33 页。

② 黄亚平:《论汉字传承与中国文明延续的辩证发展关系》,《深圳社会科学》,2022 年第 1 期,第 136～137 页。

③ 黄亚平:《从整体上看"龙山时代"前后中原和周边的"文字萌芽"》,《汉字汉语研究》,2022 年第 1 期,第 112 页;该文又见"人大报刊复印资料·语言文字学"全文转载,2022 年第 11 期。

④ 黄亚平:《论"商代陶文"应单独列为一系——兼谈"陶文"与"陶符"的区别原则》,《中国文字学报》第十二辑,商务印书馆,2022 年,第 21 页。

⑤ 李运富:《汉字语用学纲要》,载《励耘学刊》第一辑(语言卷),学苑出版社,2005 年,第 43 页。

⑥ 同上。

言学中的'语用学'混同,也为了兼顾字符的职能和语符的用字两个方面,我们把'汉字语用学'改称'汉字职用学',并且认为汉字职用学还应该包括汉字的超语符职能而不必限于'语用'。"但'汉字职用学'仍可简称'字用学'。"①何余华认为:"该文的价值②不仅在于论述了建立汉字职用学的理论依据、汉字职用学的学科定位、汉字职用学的主要内容等,更重要的是通过对汉字'不同内涵'的界定,揭示了汉字本体的三大要素应该是'形构用'而不是'形音义'。"③在《汉字学新论》(2012)的后记中,李氏再次强调:"本书之'新',主要在区分了汉字学的'三个平面',从汉字的'形体、结构、职能'三个维度建立汉字学系统,将汉字学的各种具体问题放到相应的系统中分别讨论,从而避免不同质问题的纠缠不清"。④

通过本节对东西方言文观的仔细追踪,我们得出这样的结论:虽然东西方早期古典语言研究都肇始于对"词与物""名与实"关系的大讨论,但两种古典文化旨趣和两种文化选择的巨大差异,却导致东西方贤哲们对各自的语言及语言与文字关系的认识根本不同。一般而言,"约定论"以及对语法范式和音义联系的追踪在西方古典语言研究中始终占有主导地位,"本质论"以及对文字范式和形音义联系的追寻在中国古典语言研究中始终占有主导地位。这一根本性的差异是人类文化早期阶段,由于不同的文化选择造成的文化传统与思维方式的差异,这一根本的差异给现代语言学、现代文字学的言文关系研究烙下了深深的历史印迹。

近现代以来,随着西方文化一路开疆拓土、字母文字一统天下的局面,语言研究内涵得以极大的扩充,语言研究成果渗透到各个学科领域,与古典语言研究相比,现代西方语言研究出现了质的飞跃,现代语言学成为基础学科。西方语言学家们以自己熟悉的字母文字为基点,开启了探寻人类语言普遍性,寻找世界文字共同发展规律之旅,在普通文字学领域中提出了走世界文字共同的拼音文字之路的终极理想。这一终极理想也得到中国学者在内的世界各地语言学家、文字学家们的积极响应。

四、广义文字学的言文观

时至今日,历史走到又一个十字路口,语言文字研究何去何从,是该有

---

① 李运富:《汉字学"三平面理论"申论》,《北京师范大学学报》,2016年第3期,第56页。

② 笔者注:何余华的评论本来是对2014年李运富在北师大传统语言文字学高级研讨班上所作的"汉字学研究的三个平面理论"学术报告,笔者认为这段评论适合作者其后发表的《汉字语用学纲要》,转引于此。

③ 何余华:《汉字"形构用"三平面研究的回顾与展望》,《语文研究》,2016年第2期,第25页。

④ 李运富:《汉字学新论》,北京师范大学出版社,2012年,第265页。

新的思考了。从广义文字研究的视角,我们认为:现代文字研究应赋予文字以新的时代特性,其言文观的重新确立应首先去除种种文化偏见,一切以事实为依据,尽可能杜绝概念推演式的研究方法。突破"语言中心主义"窠臼,将言文关系从普通语言学、普通文字学中释放出来,将文字重新置于文明史研究的核心位置,给予其真正独立的地位。大力增强对文字功能、文字应用、文字规范、文字传播、文字审美、文字创意等方面的研究,重构充分吸收了汉字学研究成果的普通文字学理论体系。

新的普通文字学理论体系仍应坚持文字的社会属性,将成熟文字的出现或文字体系的形成与一定的社会发展阶段结合起来,减少"猜谜式"的字符考释,加强文字起源研究的科学性与系统性。同时,高度重视文字心理、文字思维、文字文化、文字哲学等方面的深入研究,将文字研究提升到文明维度。

新的普通文字学理论研究应正确理解并区别对待"自源文字"和"借源文字"两大系统的不同情况:在"自源文字"中,字符的来源与前文字密切关联,字符传承脉络清晰可见,文字构型明显是有理据的,其言文关系并不是任意的,符号之间存在"二次约定";在"借源文字"中,字符来源、字符原本的形体与含意对借用者而言可以忽略不计,怎样便捷的记录其语言才是问题的关键所在,因此,其言文关系是任意的,经过社会的约定即可。

在这里,我们首先尝试下一个广义文字学的文字定义:**文字是人类族群用来表情达意、交流信息、记录语言、强化管理和保存其文化记忆的视觉符号系统。**

接着,我们尝试回答文字性质的问题。在我们看来,对文字性质的制定应该区分不同时期。在前文字时期,文字的性质是仅能起到表情达意、交流信息、标识和助记作用的原始视觉表达方式;在成熟文字时期,文字则主要是记录语言的符号系统,同时也是保存其文化记忆的符号系统。根据文字记录语言单位的不同,通常把文字区分为表意系统的词符文字、表音系统的辅音音素文字、全音素文字和元音附标文字等。在成熟文字时期,文字的性质主要取决于所记语言的单位。

关于文字的起源,若就汉字而言,应首先区分为汉字字符来源与汉字体系形成两个相互联系的方面,它们有各自的研究内容,应采取不同的研究方法。汉字字符研究应从中国文明史的高度综合考察史前字符的来源及符号构意方式,把字符来源研究作为一个窗口,通过符号关联的脉络与线索考察史前中国与历史中国的联系,从符号层面充分揭示中国文明发生发展的面貌。至于汉字体系形成研究,则应充分关注文字系统形成的社会发展条件,重点考察早期文字制度对文字激发扩散所起到的推动作用和发挥的影响。

考察汉字与汉语的结合方式,弄清楚汉字是怎样实现对汉语的记录的? 在汉字系统的形成过程中,假借到底发挥了什么样的作用? 汉字体系形成之后,为什么形声结构成为最重要、能产性最强的结构方式,并且从此停滞不前了? 汉语中错综复杂的字词关系是怎么表现的? 在汉字成为记录汉语的符号系统之后,词义引申发挥了什么样的作用? 汉字史如何处理好字形结构与文字功能、文字应用的关系等一系列问题。

关于文字史的分期和分类:就汉字史而言,我们主张将汉字史简要区分为"两期三段"或"两期三类"。"两期"是指汉字前文字时期和汉字成熟文字时期,"三段"是指原始文字阶段、古汉字阶段和隶楷阶段;如果要同时区分类型,则可以分成原始文字、意音文字、意符音符记号文字三种类型。

虽然汉字传承与中国文明延续之间存在高度一致性,汉字前文字与汉字成熟文字之间存在天然的符号联系,但这种联系却不总是显性的、一对一的直接传承,很多时候是间接地渗透与融合。汉字前文字的多种表达方式,即物件记事、图画记事、象征形式和约定形式都是汉字成熟文字字符的源头,这几种类型的汉字前文字都对成熟汉字的字符构成和符号构意做出了自己的贡献。从字符来源的角度考虑,很难择其一而不顾其余。

为了方便读者了解我们所说的汉字前文字与成熟汉字字符之间的传承关系,深刻理解汉字字符演变的理据性,我们列出一张"汉字前文字与汉字成熟文字字符关联简表",供读者参考。

表 5-1　汉字前文字与汉字成熟文字字符关联简表

汉字前文字时期 (仰韶文化晚期至龙山 时代)	原始汉字阶段 (距今约 5300 ~ 约 4100 年)	1. 物件记事 2. 图画记事 3. 约定形式 4. 象征形式
汉字成熟文字时期 (夏初、商早期至今)	古汉字阶段 (距今约 4000 ~ 约 2200 年)	1. 夏、商早期记数和记语文字 2. 商前、后期记数和记语陶文 3. 商、周甲骨文 4. 商、周金文 5. 战国文字
	隶楷阶段 (距今约 2200 年至今)	1. 秦隶、汉隶、八分书等 2. 草书、新隶书、早期行书、楷书等 3. 宋代印刷体楷书繁体字等 4. 现代标准印刷体简化汉字等 5. 注音字母、汉字拼音等

表 5-1 总体上与绪论部分表 0-1 一致,但也有一些小的区别。一致

之处在于两表都将文字史区分为前文字与成熟文字两期。不同之处在于表0-1将文字史细分为原始文字、表意文字、表音文字三种类型,表5-1则将汉字史细分为原始汉字阶段、古汉字阶段、隶楷阶段。如此区分的理由是:表意文字与表音文字作为差别巨大的文字系统,将其称之为不同类型比较妥当;一旦进入表意文字系统或表音文字系统类,其内部发展演变的线索则变得清晰可见,即表现为不同的发展阶段。如表意文字系统的苏美尔楔形文字、古埃及文字、汉字、玛雅文字内部都是如此,表音文字系统同样如此。考虑到这种情况,我们在表0-1中使用了文字类型的术语,而在表5-1中则使用文字发展阶段的术语。

第二节　汉字字符的来源[①]

汉字字符有悠久的历史渊源,汉字字符的演变具有深刻的理据性,这是以汉字为代表的所有表意文字区别于表音文字的根本特性。[②] 中国文明的连续性在很大程度上就表现在汉字字符的来源、发展与演变过程中。汉字字符的结构技巧和构意方式与中国境内的史前艺术密切关联,这是一个漫长的、与中国文明血肉相连的发展过程。关注汉字字符的来源,在一定程度上就是要处理好前文字与古汉字的关系,寻找两者之间的联系与区别。

一、前文字与汉字字符的来源异质而同构

跟世界范围内的其他自源文字的发展路径相似,汉字字符的来源与其前文字的构图与构意密切关联。史前艺术材料的构图和构意方式、篇章布局及艺术风格等符号构成要素,与汉字字符的来源和书写方式异质而同构,并为汉字的字符来源和书写方式提供了极大的便利,并为汉字字符的创制所吸收与借鉴。

前文字和汉字字符之间的联系,主要表现在以下方面。

(一) 前文字与古汉字写实性构图方式一致

1.正视和侧视及填实轮廓或用线条描摹轮廓的构图方式

史前艺术和古汉字都具有图画性,两者都离不开对构图视角的探索和

---

① 本节主要内容作为本课题阶段性研究成果之一,已经以《汉字起源与汉字体系形成问题的探索与思考——兼谈汉字起源"渐变说"与"突变说"的融通》(《出土文献与古文字研究》第九辑,2020 年)为题公开发表。在这里,我们做了进一步的补充与完善。

② 黄亚平:《论"二次约定"》,《语言研究》,2007 年第 1 期。

应用。无论史前艺术材料还是古汉字,都会从正视、侧视、俯视、仰视等视角来观察物体进行构图,或者综合使用两种以上的方法构图。其中,侧视和正视尤其普遍使用于史前图画和早期象形文字的构图之中。

在史前岩画中,动物常常是岩画表现的主角。侧视是主要的艺术观察角度,侧视常与填实轮廓、涂绘轮廓的绘图手法结合在一起表现动物形象,比如内蒙古阴山、乌兰察布、宁夏贺兰山等地岩画,如图 5-1 所示。这是由于侧面图形更能突出动物的区别性特征的原因。因此,动物岩画中侧面轮廓图形明显多于正面描摹的动物图形。除了极少数爬行动物,如蛇、乌龟、蜥蜴外,绝大部分的飞禽走兽,其侧视视角都比正视视角更加适合构图,更能表现动物间的差异。

不仅中国北方地区的动物岩画如此构图,世界上许多地区的动物岩同样采用此种构图方式,这可以说是史前动物岩画构图的一种共性。这种构图方法看似简单,实则经过漫长的艺术探索,绝非一蹴而就的事情。

1.梅花鹿:阴山;2.狼:阴山;3.北山羊:乌兰察布;4.岩羊:乌兰察布;5.虎:贺兰山;6.牛:贺兰山。

图 5-1　阴山等地岩画中的写实性动物

在史前时代的石、陶、骨、木等不同材质之上,史前艺术家使用泥土捏塑或矿物质颜料涂绘动物轮廓侧视图形,同样形象地创制出既传神、又生动有趣的雕塑小动物或动物侧视图形,如图 5-2 所示。

1.鱼纹:标本 91T061:⑱:83,碗底径 8.2 厘米,蚌埠双墩;2.猪纹:标本 91T0620:⑬:15,碗底径 6.8 厘米,蚌埠双墩;3.写实鱼纹(A2b 式),长约 18 厘米,西安半坡;4.陶塑猪:标本 T21④:24,长 8.5 厘米,河姆渡遗址第四层。

图 5-2　史前陶质写实动物图形与动物小雕塑

动物字是古汉字系统的重要组成部分。古汉字动物字的构图基本上采用了史前艺术侧视构图的传统而略有改革。这种变革主要体现在古汉字动物字较多使用先侧视构图然后再竖排的方式,如马、虎、豹、兕、象、豕、犬等字。当然,古汉字中也有少量侧视再横排的例子,如鹿、麋一类的字,但数量明显要比侧视竖排的情况少。古汉字的这一表现方式或许受史前艺术动物图形的侧视构图和文字书写行款的双重影响,如图5-3所示。此外,古汉字中也有少数动物字既能竖排,又能横排,如龟、鸟、兔等字。① 此种情况在史前艺术材料中同样存在。史前艺术和古汉字在动物形象的构图方面存在一致性。

马:（《合》11446）　　虎:（《合》10216）　　豹:（《合》3295）

兕:（《合》10421）　　象:（《合》8983）　　豕:（《合》10237）

犬:（《合》15092）　　鹿:（《合》10268）　　麋:（《合》10990）

图5-3　部分古汉字动物字构图方式

人是直立行走的高级动物,人的形象适宜从正面而不是侧面进行构图。原始艺术家早就发现了这一构图"诀窍",在我们看到的前文字材料中,但凡与人有关的形象大都是从正面观察并雕塑或画出人的轮廓形状加以表现的。神灵的图形虽然更为夸张,但毕竟是以人为原型,其构图也离不开人的形状。所以,在史前艺术中,无论人神,都普遍采用正视构图,如图5-4所示。史前艺术和古汉字在人的形象的构图方面同样存在一致性。

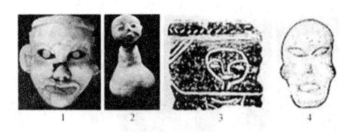

1.陶塑女神像:红山文化;2.人头壶:仰韶文化;3.人面纹:双墩文化。4.人头像:河姆渡文化二期。

图5-4　史前陶质人头像和人面像

岩画中的人物像大都采用正视构图,只有狩猎岩画,尤其是北方狩猎岩画中的人物图形,由于要表现出人物的力量感和动态构图的需要,则充分结

---

① 本节所用甲骨文字形均自刘钊主编:《新甲骨文编》(增订本),海峡出版发行集团、福建人民出版社,2014年;金文字形出自容庚著、张震林、马国权摹释:《金文编》,中华书局,1985年。

合了正视和侧视两种方法,如图5-5所示。

1.人物:阴山;2.人物:贺兰山;3.人物(局部):甘肃黑山;4.人物:云南沧源。

图5-5　史前岩画中的写实人物像

在古汉字中,跟人和物体相关的许多字同样都是从正视的角度观察并勾勒其轮廓,如大、夫、鼻、口、目、耳等与人体有关的字,箕、戈、矢等与器物有关的字。同时,在古汉字中还遗留有少数的轮廓填实的古文字,如丁、丙、才等字,这类字显然继承了史前艺术的正视与填实轮廓的构图方式,或许是文字结体比图画更要求简略,以及使用软笔书写起来更加方便的原因所致,如图5-6所示。

大:🔆(《合》11018)	夫:🔆(《合》19613)
自:🔆(《合》6664正)	口:🔆(《合》11460正甲)
目:🔆(《合》13625正)	耳:🔆(《合》14755正)
其:🔆(《合》17055反)	戈:🔆(《合》775正)
矢:🔆(《合》4787)	丁:🔆(我方鼎《集成2763》)
丙:🔆(大兄日乙戈《集成》11392)	才:🔆(大盂鼎《集成》2837)

图5-6　古汉字人物字构图方式

2.对对称分布原理的运用一致

史前艺术家比较重视构图的对称分布,通过对称分布构图实现符合人类审美观念的对称图式,营造出一种视觉平衡的效果,如图5-7所示。

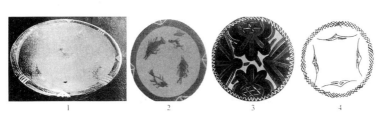

1.对称鹿纹:西安半坡;2.对称鱼纹:西安半坡;4.对称人蛙纹:兰州土谷台;5.对称抽象鸟纹:戴墓墩。

图5-7　史前艺术对称分布构图举例

对称分布构图方式同样适用于古汉字,如下所举的门、丘、北、朋、车等字,如图 5-8 所示。

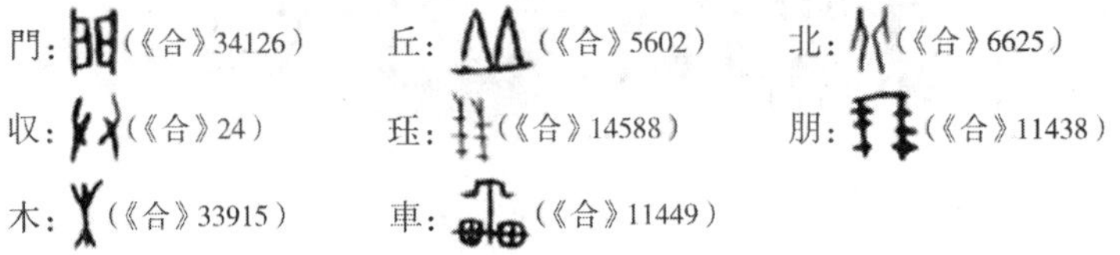

门: ▦ (《合》34126)　丘: ⋀⋀ (《合》5602)　北: ⫦ (《合》6625)

收: ⫶ (《合》24)　珏: ⫴ (《合》14588)　朋: ⫼ (《合》11438)

木: ⅄ (《合》33915)　車: ⊟ (《合》11449)

图 5-8　古汉字的对称分布构图

3.两者都有凸显主体形象的构图

史前艺术家能够熟练使用突出主体形象的艺术表现手法。他们把想要突出的动物图像置于画面的中心或焦点位置,如陶盆的内侧、腹部、口沿,岩画的显眼部位,并用浓墨重彩勾勒其艺术形象,以达到凸显主体形象的目的,如图 5-9 所示。

1.五鱼纹:临潼姜寨;2.鲵鱼纹:甘谷西坪;3.蛙纹:天水师赵村。

图 5-9　史前艺术凸显主体形象

古汉字同样采用凸显主体图像的方法造字,如图,5-10 所示。其中,"虹"字在上古指一种能从两头吸水的神话动物,故特意突出神话动物具有吸水功能的两头。"虫"字的构图特意突出虫的头部,"须"字的构图特别突出男子下巴上长的胡须,"文"字构图特别突出人胸部的纹饰。

虹: ⌒ (《合》10405反)　虫: ∫ (《合》3262)　须: ⫾ (《合》6167)

見: ⫯ (《合》1027正)　美: ⫯ (《合》22044)　文: ⫯ (《合》4889)

图 5-10　古汉字凸显主体图形

(二)前文字与古汉字都有从写实图形向抽象符号演变的情况

岩画学家盖山林根据自己长期研究内蒙古阴山、乌兰察布等地岩画的经历,推测该地岩画中应有部分人物、动物图形可能存在从写实向抽象演变的痕迹,其中如人形、蹄印形、鸟图形、山羊图形、马图形、牛图形、双峰驼图形、骑者图形、车辆图形以及部分动物图案等,并具体列举出部分写实人物、动物向抽象图形演变痕迹图,如图 5-11 所示。①

1.人图形的演变:内蒙古岩画;2.山羊图形的演变:内蒙古岩画;3.鸟图形的演变:内蒙古岩画;4.马图形的演变:内蒙古阴山;5.牛的图形的演变:内蒙古阴山。

图 5-11　岩画写实图形向抽象符号演变

史前彩陶纹饰中同样存在着从写实图形向抽象图形演变的痕迹。如《西安半坡》(1963)考古报告就不但梳理了半坡人面鱼纹、鱼身纹、鱼头纹和部分图案花纹的演变,而且明确勾勒出该遗址出土的鱼形纹样的演化图式,如图 5-12 所示。②

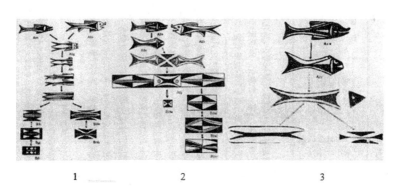

1.鱼纹复合演化推测图Ⅰ:西安半坡;2.鱼纹复合演化推测图Ⅱ:西安半坡;3.鱼纹演化图Ⅲ:西安半坡。

图 5-12　西安半坡鱼纹演变推测图

李水城(1998)对马家窑文化的器型和彩陶纹饰进行了详细的考古学类型分析,勾勒出马家窑文化中人蛙纹、四大圆圈纹、锯齿纹、十字纹等纹饰的型与式,并总结了该考古学文化不同类型中彩陶纹饰发展演变的规律。③

①　盖山林:《中国岩画学》,书目文献出版社,1995 年,第 203～206 页。

②　西安半坡博物馆:《西安半坡》,文物出版社,1982 年,第 183～184 页。

③　李水城:《半山与马厂彩陶研究》,北京大学出版社,1998 年,第 144 页。

张朋川（2005）为仰韶文化半坡类型鱼身纹、鱼头纹、双鱼纹，仰韶文化庙底沟类型正面鸟纹、侧面鸟纹，甘肃东部仰韶文化和马家窑文化的鲵鱼纹，马家窑文化的人蛙纹、辛店文化的蜥蜴纹等众多史前彩陶纹饰的演变做出了纹饰演化推测图。[①] 以上研究各有其依据，但也包含一定的主观推测成分。

相对前文字的构图而言，古汉字字形演变中由繁到简的演变痕迹则比较明显，规律性更强，如马字、鱼字的字形演变，如表5-2所示。此外，虽然字形的简化和记号化是汉字字形演变的主要趋势，但是，古汉字演变过程中也有一些由简到繁的情况，如上、下、玉、肉、角、侯、天、正等字，就都在历史上出现过繁化的情况。[②]

实际上，无论在前文字还是在古汉字的图形演变过程中，简化和繁化都是相互调适、相互促进的一对关系，并非一味简化，或者一味繁化。因此，即便我们在前文字中发现了部分图形或纹饰从写实到抽象的演变痕迹，甚至出现了比较成系列的图形或纹饰演变，也不能简单得出它们都是从写实的图形演化为抽象图形的结论，或认为这是一种一成不变的规律。岩画学家盖山林明确指出："写实主义和抽象主义的图像，似乎从岩画艺术诞生之日起就以孪生的形式一起出现了，这里似乎不存在所有抽象的图案都是从写实逐渐发展为抽象的，也不存在相反的过程，即一开始是抽象的图案，以后逐步向着写实发展。我们可以举出许多由写实发展为抽象的实例，然而没有根据得出抽象岩画是由写实岩画发展而来的结论。"[③]同理，古汉字的字形演变虽然以简化为主，简化和规范化的趋势更为明显，但也不能完全忽略汉字字形的繁化和美术化倾向，否认简化和繁化之间的相互促进和相互补足作用。

表5-2　古汉字"马""鱼"的字形演变（图表来源：裘锡圭）

古文字				隶书	楷书
记名金文	甲骨文	周代金文	小篆		
马	马	马	马	馬	馬
鱼	鱼	鱼	鱼	魚	鱼

（三）前文字与古汉字都遵循共同的图像叙事逻辑

仰韶文化晚期中原各地的考古遗址中发现了较多的图像叙事。图5-13,1是出土于甘肃秦安大地湾F411的一幅"地画"。"从这种地画发现不多、出现于较小型的房基遗址中、地画绘制在房屋的上层居住面上等方面

---

① 张朋川：《中国彩陶图谱·研究篇》，文物出版社，2005年，第182页。
② 裘锡圭：《文字学概要》（修订本），商务印书馆，2013年，第36页。
③ 盖山林：《世界岩画的文化阐释》，北京图书馆出版社，2001年，第429页。

看,此地画所画的并不是原始社会氏族、部落共同的祖神,可能是氏族小家庭的一种崇拜偶像。"[1]李仰松认为:大地湾地画"是当时人们施行巫术仪式的真实记录,而不是一个家庭'祖神崇拜'的偶像。"[2]图5-13,2是出土于河南临汝的"鹳鱼石斧图"。严文明指出:"这幅画最发人深思的地方,是把鹳衔鱼和石斧这两类似乎毫不相干的事象画在一起,并且画在专为装殓成人尸骨的陶缸棺上。显然这不能看作是一般的艺术作品。""这两种动物应该都是氏族的图腾,白鹳是死者本人所属氏族的图腾,也是所属部落联盟中许多有相同名号的兄弟氏族的图腾,鲢鱼则是敌对联盟中支配氏族的图腾。"[3]鹳鱼石斧图是最具有代表性仰韶文化晚期的图像叙事,它记录了鹳鱼氏族对鲢鱼氏族的征服事件。图5-13,3是出土于汝州洪山庙标本M1W84陶缸腹部的一幅"双鸟戏龟图",画面一龟居中,龟足伸展作奔跑状,两侧各有一只头朝向乌龟的鸟。双鸟戏龟图被认为是中国上古神话典籍《山海经·南山经》所载龟面鸟首虺尾状的"旋龟"。[4]　图5-13,4是出土于汝州洪山庙标本M1W42陶缸腹部的一幅"狩猎图",图上共出现了5个图案,图案从左向右依次是奔跑的鹿、同心圆、奔跑的人、同心圆、乌龟、同心

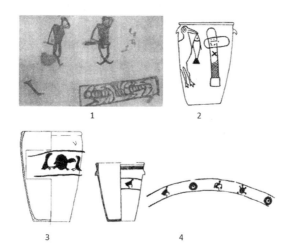

1.大地湾地画,仰韶文化晚期,距今5000年左右;2.鹳鱼石斧图,图高37厘米,宽44厘米,仰韶文化庙底沟期;3.双鸟戏龟图:汝州洪山庙M1W84:1,仰韶文化庙底沟;4.狩猎图:汝州洪山庙M1W42:1,仰韶文化庙底沟。

图5-13　仰韶文化晚期的图像叙事

①　甘肃省文物工作队:《大地湾遗址仰韶晚期地画的发现》,《文物》,1986年第2期,第15页。
②　李仰松:《秦安大地湾遗址仰韶晚期地画研究》,《考古》,1986年第11期,第1003页。
③　严文明:《〈鹳鱼石斧图〉跋》,《文物》,1981年第12期,第81页。
④　河南省文物考古研究所:《河南史前彩陶》,河南美术出版社,1996年,第34页。

圆。这幅狩猎图可能记载了氏族社会中的一位长者，"生前猎鹿、捕龟的真实情景，也可能是他生前狩猎成果最辉煌的一次。"[1]此类图像叙事同样见于美洲印第安原住民使用的图画文字中。

与中原地区仰韶文化晚期出现的图像叙事类似的例子更常见于良渚文化之中，有关内容参见本章第三节讨论，此不赘述。

图像叙事在史前社会和部落社会里具有强大的表意能力，它是前文字中比较常见的表意方式之一，常常与原住民的神话相互配合，图像叙事主要用来记录与提示曾经发过的重要事件，神话叙事则负责讲述和不断呈现重大事件的内容，图像叙事和神话叙事在原始的节庆和仪典中反复上演，极大地强化了群体的文化记忆。

进入文字社会以后，来自史前时代的图像叙事方式并未完全湮没，而是发生了适时的改进。文字社会早期，图像叙事方式尚保留了较多的史前痕迹，图像往往具有神性，对图像叙事内容的解读还较多依赖神话叙事。如中国古代传世文献《左传·宣公三年》《墨子·耕柱》《史记·夏本纪》《史记·封禅书》等记载的"大禹铸九鼎"的事迹。《左传·宣公三年》云："昔夏之方有德也，远方图物，贡金九牧，铸鼎象物，百物而为之备，使民知神奸。故民入川泽山林，不逢不若，魑魅魍魉，莫能逢之，用能协于上下，以承天休。"张光直认为："这几句话是直接讲青铜彝器上面的动物形的花纹的。各方的方国人民将各地特殊的'物'画成图像，然后铸在鼎上，正是说各地特殊的通天动物，都供王朝使用，以'协于上下，以承天休'。"[2]九鼎上的神圣动物纹是各原始部落的保护神，其去留事关九州各部落的生死存亡，如果不是因为战败或臣服于他人的原因，这些神圣动物纹饰和图像一定被深藏于各自的宗庙之中秘不示人，绝不会轻易交予他人；反之，若能将其神圣动物纹饰和图像主动上交，那就意味着对大禹代表的最高权力的臣服。文献记载，在夏商周三代政权更迭过程中，都包括了对上一个王朝遗留下来的图籍和巫史的交接，这一做法正是来自于遥远的史前时代形成的独占神圣图像的习俗，在这一习俗中，新统治者的权力和其所拥有的王权的合理合法性得到有效的保护和继承，即"王权的政治权力来自对九鼎的象征性的独占，也就是来自对中国古代艺术的独占。所以，改朝换代之际，不但有政治权力的转移，而且有中国古代艺术品精华的转移。"[3]图5-14，1是出土于湖南长沙陈家大山战国楚墓中的帛画"人物龙凤图"，图中右下角绘制了一位身着华丽服饰

---

① 河南省文物考古研究所：《河南史前彩陶》，河南美术出版社，1996年，第34页。

② 张光直：《从九鼎传说看上古艺术与政治之关系》，载张光直：《青铜挥尘》，上海文艺出版社，2000年，第262页。

③ 同上。

的楚国贵妇,她伸出的双手似乎在援引凤腿,"全图的意象似在表示画中人物正在龙凤的引导下向着天庭飞翔上升。"①这幅图充分反映了楚文化中仍保留的原始巫术-宗教观念,是对楚地盛行的灵魂飞升、精神自由观念的图像叙事。图5-14,2是山东嘉祥武梁祠发现的汉代石刻"斗为帝车"图,此图左下角的有一位头戴冠冕的天帝坐在由斗魁四星组成的车舆之中,车厢下面的云雷纹表示车子有腾云驾雾般运行的能力,天帝的上方由飞翔的龙凤相伴。另由斗柄3星组成车辕,右下角斗柄前端是一位骑马的御者,图下部天帝的前面有四位使者,他们两跪两站,可能是主管四方之官,正在接受天帝的命令。斗之上下还有四只翻飞的雌雄对立的飞鸟,它们可能是神话中的"四使鸟"。图右上方和车厢右下方分别绘制了三个雷纹;四使鸟和上下雷纹都分阴阳,四使鸟组合形成S形往来回旋运动形体,是寒热交替往复象征。②该图像叙述的内容在《史记·天官书》里已有明确的文字记载:"斗为帝车,运于中央,临制四向,分阴阳,建四时,均五行,移节度,定诸纪,皆系于斗。"但此图却仍然沿用史前图像叙事形式予以形象化的呈现。

1 2

1.人物龙凤图:帛画高31厘米,宽22.5厘米,战国楚国;2.斗为帝车图:汉代画像石(局部),山东嘉祥武梁祠。

图5-14　历史时代的图像叙事(图片来源:田自秉等③)

　　古汉字具有同样的图像叙事逻辑,这一来自自史前的叙事逻辑最直接的表现在古汉字的篇章结构之中,充分反映了图像与文字的结合过程。

　　商代前期,铜器上的铭文较为罕见。商后期,从盘庚至康丁之间,开始出现少量1～3个字的族氏铭文,内容包括族名,如鱼、牛、鹿、史、天黿;作器

---

① 皮道坚:《召唤神灵——战国楚的绘画与雕刻》,《文艺研究》,1994年第2期,第115页。

② 蒋书庆:《破译天书:远古彩陶花纹揭秘》,上海文化出版社,2001年,第345～346页。

③ 田自秉、吴淑生、田青:《中国纹样史》,高等教育出版社,2003年,第120页。

者名,如妇好、妇辛等;受祭者名,如父乙、后母戊、后母辛、祖丁,等等。至晚期阶段的帝乙、帝辛时期,才陆续出现少量篇幅较长的记事铭文,如四祀 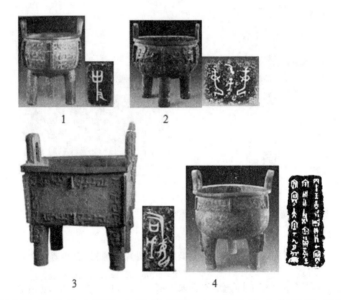其卣、戍嗣子鼎、子黄尊等,但最多也就 40 余字。"商代铭文占统治地位的是自名体,记事体则处于萌生阶段。"①族氏铭文主要用来表明器主人拥有的显赫家世,《礼记·祭统》:"夫鼎有铭,铭者,自铭也。自名以称扬其先祖之美而明著之后世者也。"如图 5-15,1 是上海博物馆藏 1 件商代晚期的青铜鼎,鼎的口沿部位装饰三组鸟纹,腹部装饰兽面纹,充分彰显了殷商大族的显赫家世,腹内刻一族氏铭文"史字",表明其为史氏家族所拥有。图 5-15,2 是安阳殷墟妇好墓出土的 1 件明确署名的商晚期青铜鼎。安阳殷墟妇好墓出土的刻铸有"妇好"名字的青铜器有好几件,此为其中 1 件。此鼎器身布满纹饰,鼎腹部以云雷纹为底,装饰兽面纹与夔龙纹,下部饰蝉纹,足饰云纹和三角纹;腹内壁刻有作器者"妇好"的名字,此器上的纹饰和铭文共同彰显妇好拥有的显赫地位。图 5-15,3 是著名的商代后期的"后母戊"大方鼎,据说是商王祖庚或祖甲为祭祀母亲,即商王武丁之妻母戊而铸造的。该鼎形制巨大,风格端严威武,工艺精巧,重达 875 千克,是目前发现的中国

1.史鼎:商晚期,器高 25.1 厘米,口径 18 厘米,上海博物馆;2.妇好鼎:商晚期,器高 29.5 厘米,口径 25 厘米,河南安阳小屯五号墓出土;3.后母戊大方鼎:器高 133 厘米,口长 116 厘米,宽 79 厘米,重 875 千克,是现存最重的青铜器;4.戍嗣子鼎:商晚期,器高 48 厘米,口径 39.5 厘米,重 21.5 千克。

图 5-15　商代图文并茂的新表意图式(图片来源:李建伟、牛瑞红)

---

① 陈炜湛、唐钰明:《古文字学纲要》(第二版),中山大学出版社,2009 年,第 69~70 页。

古代最重的青铜器。鼎身四周铸有精巧的饕餮纹,足上铸蝉纹,腹内壁铸有"后母戊"三字,明确标明了受祭者的名字。图5-15,4"戍嗣子"鼎是商后期晚期阶段少数几件刻有长篇铭文的青铜器,器口和足上饰兽面纹,器腹内壁铸有铭文29字,详细记载了商某王某年九月丙午日,商王在宗庙明堂大室赏赐给戍嗣子钱贝二十朋,戍嗣子因受荣宠而制作了这件祭祀亡父癸的宝鼎一事,末尾签署族氏铭文"犬鱼",表明该器为犬鱼家族所拥有。

商代甲骨文是商代后期出现的成熟文字,按照所记内容的不同,甲骨文大致区分为"卜辞"和"非卜辞"两大类,而以卜辞为主。"卜辞"是指契刻在龟甲、兽骨上的占卜文字,涉及内容包含农业、天象、吉凶、祭祀、征伐、田猎、疾梦、史令、往来、婚娶,等等。所谓"非卜辞"是指干支表、世系祀谱或记录龟甲入贡、收藏情况、重要活动和事件的记事文字。相对同时期铜器上的"族氏铭文"仅仅用来标识身份,彰显显赫家世的作用而言,卜辞和非卜辞都是新出现的一种记事文字。

无论"卜辞",还是"非卜辞",其语序排列逻辑结构、语法结构、篇章构成等方面皆与史前图像叙事逻辑一脉相承。甲骨文的文字排列次序和行款都不固定,竖写左行或右行比较常见,横写左行或右行比较少见;同一片卜辞内部,各个段落之间的次序排列也不够规范,要判定其先后往往还要依赖干支纪年的顺序。这种情况恰好说明,一种全新的记事文字的出现不可能不受此前已有的史前图像叙事形式的影响,而这种新的表意方式的完善,也不可避免地要经历一个漫长的发展过程。

西周时期,宗法制度空前繁荣,记事铭文得以长足发展,百字以上的铭文比比皆是,最长者甚至接近五百字左右,"记事铭文"成为铜器铭文的主流,它详细记载了西周以来的祭祀仪典、颂扬先祖、征伐记功、赏赐册命、训诰臣下、邢典契约等当时以祭祀和战争为主要内容的社会生活的各个方面,"族氏铭文"则逐渐退隐其后,作用微弱,绵延至春秋时期,族氏铭文则基本绝迹了。[①] 随着族氏铭文的隐退,铜器纹饰的象征功能逐渐减弱,其隐含的原初意象也越发难以理解,而与此同时,其装饰功能却不断得到加强,最终发展成具有"狞厉之美"的上古艺术,原始的表意功能也就散失殆尽了。

二、前文字与古汉字有共同的"表意图式"

古汉字是公认的表意文字,"图画表意性"是古汉字和史前艺术共有的特征,也是史前艺术与古汉字两者之间的最大公约数。在本书上编第三章的"图画型前文字"和"象征型前文字"两节,我们曾讨论过写实图画和象征

---

① 陈炜湛、唐钰明:《古文字学纲要》(第二版),中山大学出版社,2009年,第70~72页。

图画的区别：所谓写实图画是可以见图而知意的史前图画和造像，眼前看见的一幅牛的图形或牛的造像就表示实实在在的那头牛。而象征图形只能引发联想，眼前所见的一幅神人图像或造像，其意义指向图形或造像背后所蕴含的种种神秘意味；眼前看见的一些脚印、手印，也要将其与某特定人物的所有权联系起来。简言之，写实图画类的前文字仅是简单的图形表意，故能见图而知意；象征图形类的前文字则不限于简单的图形表意，而是复杂的"表意图式"，它总是指向某种神秘的意味和意象，需要用心感受和理解。在漫长的史前社会的发展过程中，众多的"表意图式"①逐渐积淀起来，赋予氏族群体以生命的意义，并因其"表意图式"的不同，逐渐雕琢和缔造出各具特色的史前文明的精神世界。

简言之，"表意图式"是指突破了图符形义关联表层以及图形表意局限，转而指向图符象征功能及其深层意义建构的符号表现形式。通过研究，我们发现史前艺术和古汉字中的"表意图式"可以再具体划分为表意图式Ⅰ、表意图式Ⅱ和表意图式Ⅲ三大类。表意图式Ⅰ与原始巫术—宗教观念密切关联，图形或造像自身表现原始构意；表意图式Ⅱ不但与原始巫术—宗教观念有关，其本身还具有符号组合关系，且在构图中明显表现了出来，为我们结合语境，揭示符号背后的神秘构意提供了便利条件。表意图式Ⅰ和表意图式Ⅱ都与早期口述文学形式—神话叙事处于共时互补状态，表意图式与神话叙事两种表达方式共同建构了史前社会符号形态的原始意象，成为后世文字创制过程中符号构意的源泉。表意图式Ⅲ则与原始记事有关，其实质是一种具有社会约定属性的象征，需要历史叙事的补充，方能具备完整的表意与记事功能。

（一）表意图式Ⅰ

表意图式Ⅰ的图形面貌介于具象与抽象之间，更多使用置换、变形、错位、扭曲、倒置、夸张、拟人化等非常手法来表现某种原始构意，且以原始巫术—宗教仪式场景和祭祀语境为背景。此类原始构意手法在中国境内南北各地的史前艺术材料中普遍出现，如太阳神、人面像、巫师像、鸟人像、羽人像等，如图5-16所示。这些史前图画和造像表现了先民们在原始巫术—

---

① 笔者注：王宁：《汉字构型学》讲座（2002：24）将原初造字时造字者的主观意图称之为汉字的构意或造意，并认为构意或造意是文字的造字理据。"造字理据因社会约定而与字形较稳定地结合在一起，它是汉字表意性质的体现。"王宁先生的"汉字构意"或"汉字造意"概念相对强调文字的约定俗成及其后的扩散过程，我们这里所说的古汉字的"表意图式"，则更加强调汉字形成过程中对来自史前的众多史前意象的吸收和借鉴，即史前艺术"表意图式"与古汉字之间的"二次约定"。而且，其约定并不限于符号能指，而是指上一级符号的能指与所指之和与下一级符号能指之间的约定，即史前时代的"表意图式"与古汉字"表意图式"之间的关联。有关"二次约定"，参见拙作《论"二次约定"》，《语言研究》，2007年第3期。

宗教观念的笼罩之下,或者在宗教仪式、梦幻场景中的心理体验和情感体认。其构图风格诡异,且表现原始构意的图形和造像总是与先民的神话叙事紧密结合,并以视觉图像与神话叙事的双重方式同时呈现出来。

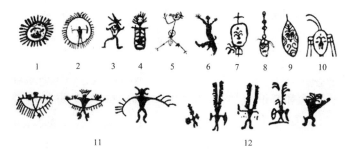

1.太阳神:阴山;2.太阳神:云南沧源;3.太阳神:阴山;4.太阳神:广西左江;5.巫师:贺兰山;6.巫师:阴山;7.人面像:阴山;8.人面像:贺兰山;9.人面像:贺兰山;10.人面像:贺兰山;11.鸟人:云南沧源;12.羽人:云南沧源。

图 5-16 岩画表意图式

中国境内史前彩陶器、石器、玉器(包括雕塑)上也不乏具有神秘意象的图形或神秘造像,如马家窑文化的阴阳人像,人蛙纹,安徽凌家滩文化的玉人,良渚文化的神人纹等,如图 5-17 所示。

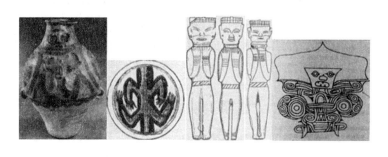

1.阴阳人像:青海乐都柳湾;2.人蛙纹:马厂;3.玉人:凌家滩;4 神人纹:瑶山。

图 5-17 陶器、石器表意图式

大汶口文化晚期(公元前 2800～公元前 2600 年)大型陶缸和陶瓮腹部刻划的比较形象的符号,同样是对史前意象的符号化表达,如图 5-18 所示。裘锡圭先生认为:"大汶口文化象形符号跟古汉字的相似程度是非常高的。它们之间似乎存在着一脉相承的关系。""大汶口文化象形符号应该已经不是非文字的图形,而是原始文字了。"[1]

---

① 裘锡圭:《汉字形成问题的初步探索》,《中国语文》,1978 年第 3 期,第 32 页。

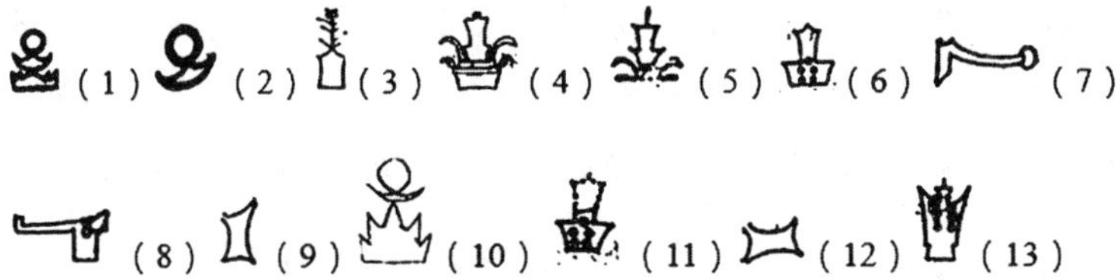

（1） （2） （3） （4） （5） （6） （7）

（8） （9） （10） （11） （12） （13）

图 5 - 18 山东大汶口文化晚期象形文字

史前表意图式 Ⅰ 的原始构意与古汉字构意方式一脉相承。古汉字中许多表现宗族观念和意识的"族氏铭文"，①其构图构意与史前艺术的表现手法基本一致，形体夸张变幻，充满魔幻色彩。此类的字如虎、犬、牛、止、戌，②以及戈、史、息、筝、▨、▽等字，如图 5 - 19 所示。③ 由于族氏铭文具有保守性，反而更好地保留了原初的图画样貌。

图 5 - 19 部分族名金文

甲骨文中的龙、马、鬼、周、兴、琼等方国字，一部分先公、先王的名称，如夒、亥、河、岳等字，帝、凤（风）及东、南、西、北方位神一类的神祇字，虽然在图形样貌上较之族氏铭文更加抽象化，但这些专名的图形及其构意仍然充满神秘的史前意象，而不仅仅是简单地以形表意。如图 5 - 20 所示。

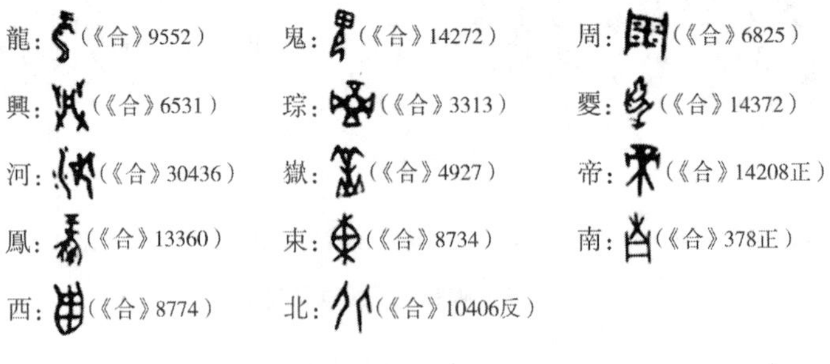

龍:（《合》9552） 鬼:（《合》14272） 周:（《合》6825）

興:（《合》6531） 琼:（《合》3313） 夒:（《合》14372）

河:（《合》30436） 嶽:（《合》4927） 帝:（《合》14208正）

鳳:（《合》13360） 東:（《合》8734） 南:（《合》378正）

西:（《合》8774） 北:（《合》10406反）

图 5 - 20 甲骨文中的部分名物字

---

① 笔者注:族氏铭文又分为"单一氏名"和"复合氏名"，此处仅涉单一氏名。有关族氏铭文的界定，参见苗利娟:《关于商代金文中族名的界定与思考》，《考古与文物》，2012年第6期，第58～66页。

② 此处所列举的"虎、犬、牛、止、戌"等例字转引自裘锡圭先生，裘先生称其为"族名金文"（参见裘锡圭:《文字学概要》，商务印书馆，1988年，第43页）。

③ 此处所选"戈、史、息、筝、冉、丙"等例字，以及"族氏铭文"的称名和分类，采自何景成:《商周青铜器族氏铭文研究》，齐鲁书社，2009年。

在史前艺术中,魔幻般的表意图式未必有确定的读音。但在进入古汉字系统之后,史前神秘意象发生了质的改变。经过汉字体系的系统化改造之后,史前表意图式的神秘意象逐渐弱化,图形表现形式更加简略和规范,神秘意象为古汉字系统中的专名所保有,同时又有了固定的读音,并以王名、神圣名、神异事物名的形式出现在改造之后的汉字系统之中,成为早期文字系统中最先出现的专有名词。

（二）表意图式Ⅱ

表意图式Ⅱ的画面除了主图形之外,往往还有一些附加或指示符号,主图形与附加图形构成一种组合关系,并以此种组合整体表意,依据是否具有组合关系,我们把表意图式Ⅱ与前面所说的表意图式Ⅰ区别开来。此处有关组合关系符号的讨论,还可与第四章第三节相互参照。

中国境内的部分史前雕塑以及史前陶器、玉器上的一部分纹饰,如双墩文化人面像、河姆渡一期猪纹、仰韶文化半坡类型人面鱼纹、仰韶文化庙底沟类型鸟衔太阳纹、安徽凌家滩发现的玉鹰之上的符号组合、辛店文化的双钩纹与日月纹的组合等,都具有明显的象征含意,且大都具有结构性组合关系,可作为表意图式Ⅱ的典型例证。如图5-21,1双墩文化神人纹主图形与头顶代表太阳的圆圈,鼻子两侧延伸出的黑点共同构成一对组合关系符号,表现了神秘的意象;图5-21,2河姆渡一期猪纹身上刻满纹饰,其主图形与纹饰同样构成一对组合关系符号;图5-21,3仰韶文化的人面鱼纹自身的图形构成就已经很奇特,其画面中间的主图形是一个人面,耳朵和嘴部的两侧各有两条鱼,整个画面的图形构成明显组合了多种构图元素,而且

1.神人纹:蚌埠双墩;2.猪纹:河姆渡遗址一期;3.人面鱼纹:西安半坡;4.玉鹰:安徽含山凌家滩;5.鸟衔太阳纹:华县泉护村;6.双钩曲纹＋日月图像:永靖三塬。

图5-21　史前表意图式Ⅱ

有多个层次,构成复杂的组合关系符号;图5-21,4安徽凌家滩的玉鹰及其上的多种符号更是非常典型的组合关系符号的例子,主图形雕塑由鹰＋双猪构成,本身就已经是一对组合关系符号了,再加上玉鹰中间部位的八角星纹,构成了更加复杂的多层级的组合关系符号,表现了更加神秘的史前意象。图5-21,5仰韶文化庙底沟类型中的鸟衔太阳图形中的鸟通常被解释为背负太阳运行的"金乌",鸟上下的曲线则代表太阳的运行轨迹,而黑色的圆圈代表太阳,这个图形的构意同样表现为至少一对组合关系符号;图5-21,6辛店文化双钩曲纹与日月符号以及壶颈部的回纹亦然,它们共同呈现某种史前意象或表意图式。此类的例子在中国史前出土的遗物之上比比皆是,显然应该将其作为一种结构性的符号关系和独立的史前表意图式加以研究,而不能简单化的仅仅抓取其中的某个符号而忽略该符号与其他符号的结构性关系。

古汉字中同样有一部分明显具有组合关系特征的图形文字,如以"亞"字框为图形文字主体框架而与其他字符或图形组成的"亞"字系图形文字,①以及以"册"字为图形主体符号而与其他字符或图形组成的"册"字系图形文字。姜亮夫先生将文字考释与古礼研究结合起来考释"亞"字系图形文字,认为:图5-22,1表现了"生子庙见之礼",图2表现了"冠于庙堂礼",图3表现了"狩猎有获祭于庙堂之礼",图4表现了"女子庙见礼",图5②表现了"庙堂大傩礼",图6表现了在宗庙献羊"以行养老之礼",图7表现了"献俘于庙堂礼"。姜说还概括了此类图形文字的构型特征,认为:"这里面有的'形'已经是文字体系,有的形则尚未凝定为文字,只是绘画与文字的过渡体。"③姜亮夫先生的考释方法为此类图形文字的释读开辟了一条新路,具有重要的方法论价值。

| 1 | 2 | 3 | 4 | 5 | 6 | 7 |

图5-22　组合关系的图形文字

古汉字中的标志指事字和会意字,其符号组合关系与符号构意手法与

---

① 笔者注:此处所举几例图形文字采自姜亮夫《古文字学》,云南人民出版社,1999年,第28~32页。姜书尚有若干此类例子并一一做了解释,请读者自行参看。

② 笔者注:姜氏原图恐倒,今正之。

③ 姜亮夫:《古文字学》,云南人民出版社,1999年,第29页。

史前艺术中表意图式Ⅱ的构意方式一脉相承。指事字如元、身、眉、须、枼、①亦、厷、叉等字。会意字如宿、即、只（获）、杲、莫（暮）、监等字，它们都使用了主图形＋符号，或者会合两个图形的构图手法构成新字，如图5-23所示。指事字和会意字是汉字造字法或汉字结构类型中的两种，它们均与史前时期的表意图式Ⅱ保持着内在的联系。

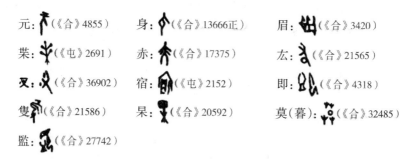

图5-23　组合关系的甲骨文

对表意图式Ⅰ和表意图式Ⅱ的深入挖掘和意义解读都离不开早期口述文学——神话叙事。只有充分发掘与史前图像相对应的原始神话，才能找到隐藏在神秘的史前图像背后的原始意象，真正解开汉字构意之谜。我们前面介绍过的中国境内部分前文字材料，如仰韶文化庙底沟类型、大汶口文化乃至河姆渡文化中广泛存在的鸟纹和变形鸟纹，就与中国上古神话传说中的"日入出""射日""三足乌""金乌"神话密切相关，两者存在明显的互文关系。同理，对中国境内北方地区和中原腹地的史前龙图像和蚌壳龙雕塑含意的解读，也同样离不开版本众多的中国上古龙神话。

（三）表意图式Ⅲ

表意图式Ⅲ是指在岩画、陶器、石器、骨器、木器上发现的几何形记号。如前所述，记号并不一定是从图画演变来的，它们一开始就是记号，有自己的源头和独立的发展道路。无法从时间早晚上判定史前"图画"与"记号"出现的先后次序，无法得出记号来源于图画的结论。

20世纪初，岭南大学教授黄仲琴先生（1915）首先对福建华安仙字潭岩画进行了考察，论定其为"汰溪古文"。② 20世纪80～90年代，围绕仙字谭岩画的性质，学术界展开了热烈的讨论，先后发表论文40余篇，这些论文集

---

① 笔者注："元、身、眉、须、枼"等字，裘锡圭先生将其归入表意字当中的"象物字"（裘锡圭：《文字学概要》，商务印书馆，1988年，第119页）。若从符号构意的角度看待，或许把它们看成是"指事字"更为合理。
② 黄仲琴：《汰溪古文》，《岭南大学学报》，第4卷第2期，1915年。

中探讨了岩画的性质及岩画与文字的关系。① 经过这场学术大讨论，多数岩画学家主张仅仅把符号（记号）岩画视为"原始记事符号"，认为符号岩画"大都是各地区没有发明文字之前的符号，有些符号成为后世文字的先声。"②很少有人把以甲骨文为代表的古汉字的字符来源与中国境内周边地区的岩画直接联系起来。但也有少数岩画学家对岩画与汉字的关系持比较乐观的态度，"我们有理由认为，中国最古老的文字与岩画同出一源。其创造的方法是相同的，有的字形与岩画相似，有的字形与岩画完全相同。中国的汉字起源于岩画，或基本起源于目前在中国广大地区发现的岩画。可以说，岩画就是中国象形文字之父母。"③上述观点并不妥当，因为迄今为止都看不到这些记号岩画与中原腹地的成熟文字，尤其是甲骨文、金文有直接联系的证据。

21 世纪初，中国境内新发现了两处记号岩画密集分布的岩画地点，即宁夏大麦地岩画和中原具茨山岩画。据《大麦地岩画》报告，此地单个记号岩画达 180 余种，其中有些记号岩画的外形类似汉字笔画或整字，如下面图形 0224、0464、0718、0889、1446、1670、1761，如图 5 - 24 所示。束锡红、李祥石（2007）认为："大麦地岩画中，有许多象形与抽象符号可能是古老文字产生前的图画形式"。④ 杨敏、刘景云、束锡红等人还撰文讨论大麦地岩画的图画文字性质及其与汉字的关系，并将大麦地岩画与汉字起源直接挂钩。⑤

图 5 - 24　大麦地岩画中类似汉字的单个记号

2004 年新发现的河南新郑具茨山岩画的主要是各种几何形记号，其中尤以圆形、方型凹穴为代表，如图 5 - 25 所示。⑥ 岩画学家陈兆复认为"在具茨山岩画中，符号和图形不仅数量特别巨大，而且有些排列和组合有着一定的规则，有其类型性和恒定性。这就为我们辨识它们提供了可能性，也为文字的诞生提供了可能性。"⑦

---

① 福建省文物管理委员会：《华安汰内仙字潭摩崖的调查》，《文物参考资料》，1958 年第 1 期；林蔚文《福建华安仙字潭摩崖石刻试考》，《福建文博》，1984 年第 1 期；朱维安：《福建古代闽族的摩崖文字》，《福建文博》，1984 年第 1 期；盖山林《福建华安仙字谭石刻性质考辨》，《美术史论》1988 年第 3 期等。

② 盖山林：《中国岩画学》书目文献出版社，1995 年，第 193 页。

③ 陈兆复：《古代岩画》，文物出版社，2002 年，第 239 页。

④ 束锡红、李祥石《岩画与游牧文化》，上海古籍出版社，2007 年，第 35 页。

⑤ 杨敏、刘景云、束锡红《大麦地岩画与汉字的关系》，《西北第二民族学院学报》，2007 年第 5 期，第 101 页。

⑥ 刘宏民著：《具茨山岩画探秘》，中州古籍出版社，2010 年，第 57～82 页。

⑦ 陈兆复：《具茨山岩画序》，载《具茨山岩画》，中州古籍出版社，2010 年，第 12 页。

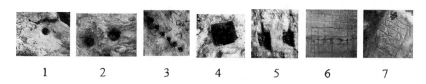

1.单圆穴;2.双圆穴;3.六圆穴;4.方单穴;5.双方穴;6.棋盘格;7.米字格。

图 5-25　具茨山记号岩画(图片来源:刘五一)

从笔者目前的认识来看,以上两处新发现岩画的性质尚待深入研究,大麦地岩画中出现的汉字笔画形岩画可能是某种巧合,或许是后人的作品掺入了史前岩画所致。至于具茨山岩画,虽然地处中原腹地,但岩画主体几乎都是几何形记号及记号组合,其图形构成及构图方式与以甲骨文、金文为代表的古汉字相去甚远,显然也不是古汉字的直接源头。

20 世纪以来,中国境内各考古学文化,如裴李岗文化贾湖遗址、大地湾文化、蚌埠双墩文化、仰韶文化、马家窑文化、屈家岭文化、良渚文化等均发现了一定数量的史前陶符。陶符与古汉字的关系因此备受学界重视,成为汉字起源研究重点关注的热门话题,但学者们对这些史前陶符或记号的认识至今仍然存在较大的分歧:李孝定(1969)[①]、郭沫若(1972)[②]、于省吾(1973)[③]、王志俊(1980)[④]等先生认为史前陶符就是中国文字的起源或者就是文字。李孝定、王志俊还进一步推定仰韶文化刻符与商周甲骨文、金文同属象形文字系统。巩启明(1981)[⑤]、严汝娴(1982)[⑥]、汪宁生(1981)[⑦]等先

[①]　"半坡陶文是已知的最早的中国文字,与甲骨文同一个系统。"(李孝定,1969:1～28)

[②]　"彩陶上的那些刻画符号,可以肯定地说就是中国文字的起源,或者说中国原始文字的孑遗。"(郭沫若,1972:1)

[③]　"西安半坡所发现的仰韶文化的陶器口缘外,往往刻画着简单的文字。……这种陶器上简单的文字,考古工作者以为是符号,我认为这是文字起源阶段所产生的一些简单文字。仰韶文化距今约有六千多年之久,那么,我国开始有文字的时期也就有了六千多年之久,这是可以推断的。"(于省吾,1973:32)

[④]　"通过对上述这些刻符的辨识,我们认为仰韶文化的这批刻符已属文字,它就是古汉字的起源,已有了基本固定的形、音、义,和商周甲骨文、金文属一个系统即象形文字系统。从仰韶文化到商周文化约四千年之久,中间虽有许多缺环,但是甲骨文和金文直接从刻符中吸收了大量精华,既有表示数字的符号,还有许多象形文字的符号。可以这样说:仰韶刻符和商周甲骨文、金文是一脉相承的,甲骨文、金文是仰韶刻符的发展,其中有仰韶文字深深的烙印。"(王志俊,1980:19～20)

[⑤]　"在姜寨发现的刻划在陶器上的记事符号,也是属于意识形态方面的重要内容。过去在西安半坡,宝鸡北首岭,长安五楼,合阳莘野,铜川李家沟,临潼零口,垣头等遗址都曾或多或少地发现过一些标本,但都没有姜寨遗址发现的数量和种类多。姜寨的标本大大的充实了这方面的研究资料,它对研究我国古文字的渊源和形成,对研究我国古代的精神文化都具有相当重要的意义。"(巩启明,1981:124)

[⑥]　"我们认为,半坡、姜寨的刻画符号,可能与普米族的刻画符号相似,基本都是一种特定的记事符号,尚不是文字。"(严汝娴,1982:315)

[⑦]　"半坡等地出土陶器上的符号,常被人们作为汉文字起源的证据,认为某一符号就是后来

生虽然也肯定各地出土的史前陶符对研究中国古文字有重要意义，但并不认为陶符已经是文字，只是记事符号或者制造者和用户所做的标记。裴锡圭先生(1978)主张从具体材料出发区别对待，认为仰韶、马家窑、龙山和良渚等文化发现的史前陶符还只是记号，而大汶口文化的象形符号则已经是原始文字了。[①] 姚孝遂先生(1983)主张应从符号的记语性和是否进入句子作为判断和区分史前符号和文字的标准。[②] 高明先生(1984)则主张应区分陶符和陶文概念，指出两者走的是不同道路，并不相干。[③] 陈昭容先生(1986)对 20 世纪 80 年代以来陶符与汉字起源关系研究做了系统的概述，认为仰韶文化陶符中的记数符号和氏族标志符号与商周文字中的数字和族名金文形体相近，两者之间应该存在一定的传承关系。他强调"将某一遗址出土的陶文全部视为文字，或全部视为偶然的刻画，都是片面的。"[④]

　　进入 21 世纪，学术界对史前陶符与汉字关系的研究，无论在方法论、研究视野，还是对考古发掘材料的实际应用方面，都有了长足的进展。饶宗颐先生(2000)首先使用对比研究的方法，通过对半坡系陶符和腓尼基字母的

(接上页)的某字。还有把半坡陶器符号与彝族文字比附起来的。我们认为，这些几何形符号像其他原始记事方法一样，对后世文字发明有一定的影响，但本身决不是文字。它不过是像西双版纳傣族制陶时那样，为标明个人所有权或制作时的某些需要而随意刻画的。当时人们并未赋于一定的含意，今天自无从解释。"(汪宁生,1981:23)

　　① "考古工作者发现的跟汉字形成有关的较古资料主要有两种：一种是原始社会晚期的仰韶、马家窑、龙山和良渚等文化的记号，一种是原始社会晚期的大汶口文化的象形符号。""从总体上看，上面所举的这类记号，跟以象形符号为主要基础的古汉字显然不是一个系统的东西。但是它们对于汉字的形成还是有影响的。""上一节讨论的那种记号，虽然对汉字的形成有影响，却显然不是汉字形成的主要基础，大汶口文化象形符号跟古汉字的关系就不一样了。""把大汶口文化象形符号跟古汉字比较一下，就可以看出两者的关系是很密切的。""由此看来，大汶口文化象形符号跟古汉字的相似程度是非常高的。它们之间似乎存在着一脉相承的关系。""大汶口文化象形符号应该已经不是非文字的图形，而是原始文字了。"(裴锡圭,1978:32)

　　② "图画只有当它发展到与语言密切地结合起来，有比较固定的形体，并且有比较固定的读音，能够具备记录语言的功能之后，才算是严格意义的文字。""二里岗、藁城、大汶口等地出土的陶器上的一些图像或刻划只能属于文字的早期阶段，不属于严格意义文字的范畴，其原因就在于：这些图像虽然已是利用来表达某些概念，或为了帮助记忆，但尚不完全具备记录语言的功能，我们尚未发现利用这些图像组成的哪怕是一个最简单的句子。""就目前所知，小屯文化的殷墟甲骨文字，开始具备这些条件，是最早的属于严格意义文字的范畴。"(姚孝遂,1983:77～115)

　　③ "陶符产生在公元前 4 千年的新石器时代仰韶文化期间，一直延续到春秋战国时期。从现有资料看，不同地区和不同时代的陶符，各有特点，彼此重复的数量很少，只限于笔划简单的几种，这种重复并非由于传承或传播所至，纯属偶然。陶器上刻写的文字，据现有数据看，初见于大汶口晚期，成熟于商代中晚期，经过两周和秦汉等各个时期的发展变化，一直使用到今天，仍然是广大群众用来表达语言的工具。陶符与陶文各自产生的时代不同，社会条件也不同，不是同范畴的事物，彼此走的也不是同一道路。"(高明,1984:53)

　　④ 陈昭容：《从陶文探索汉字起源问题的总检讨》，"史语所集刊"第 57 本,1986 年,第 696 页。

比较,得出腓尼基字母来源于半坡陶文的结论,并列出两者的对照表,如表5-3所示。他指出:"今观附录表2,陶符与腓尼基字母比较表,百分之七十以上实同于汉土仰韶期彩陶上的符号,这说明很可能远古时期,西北地区闪族人与羌人杂处,通过商品贸易,闪族人遂采取陶符作为字母依据的材料。"[①]

表5-3　腓尼基字母与半坡系陶文比较表(图表来源:饶宗颐)

音值	腓尼基字母	半坡系陶文(略举)
a	K ᚷ (Sinai)	K K马厂 ✔
b		
c g	ᚱ ᚤ	ᚱ
d	◁	◯姜寨 ◯乐都
E h	ƎƎ	⫲半坡 ⫲姜寨
w	Y	Y半坡 Y二里头 杨家湾Y
E	⊕	⊕乐都
y	Z	Z半坡 Z姜寨
K	↓	↓半坡 ↑秦安 ↑秦安 ↑半坡 庄浪·乐都·吴城
L	ʟʟᴌ	ʟ秦安ᴌ半坡 ʟ乐都
m	ꝳ	⩊秦安 ⋔乐都 ⩊宝鸡
n	ꞩ	ꞩ半坡 ꞩ辛店
s	ꟈ	ꟈ西宁卡寨ꟈ半坡 ꟈ长安五楼
c	O	O乐都 O辛店
p	)7	↑半坡
s	ꞃ	
q	℞	
r	ᖁᖀ	P秦安 ▱乐都
s	ꭑ	ꭑ辛店 ꟽ二里头
t	✛ x	✛秦安半坡 ✛半山辛店 吴城 ✕半坡·二里头

王蕴智(2004,2012)荟萃并摹释了各地出土的史前陶符,认为汉字的起源与演进过程并不是一条单纯的主线,汉字体系的早期形成应该是在黄河流域中原地区。[②]黄亚平(2004,2015)主张将汉字史研究分为史前文字和成熟文字两个时期,并采用不同的研究方法加以考察。史前文字时期的研究对象是"前文字",包括陶符在内,对前文字的研究可综合使用艺术学、考古学、人类学、符号学研究方法,考察史前图形与符号的构图、构意和神话叙事方式与汉字构图和构意的关系,即汉字字符的来源问题;成熟文字时期的文字研究则应充分关注汉字形体演变和发展的规律。[③]来国龙(2006)从方

---

① 饶宗颐:《符号·初文与字母——汉字树》,上海书店出版社,2000年,第132页。

② 王蕴智:《中原地区与汉字体系的早期形成》,载《黄河文明与可持续发展》第3辑,2012年,第1页。

③ 黄亚平:《广义文字研究刍议》载《青岛大学师范学院学报》,2004年第3期;黄亚平:《史前文字符号研究的基本观点》,《中国海洋大学学报》,2005年第1期。

法论的高度讨论了文字起源研究中的"语言学眼光"和汉字起源的考古学研究，明确区分了两种研究的性质。指出："文字和语言有密切的关系，但是，文字并不完全等同于语言。文字的起源和发展有它自身的规律和特点。……而要跳出"文字"来研究汉字起源，具体理解文字从无到有、从原始文字到成熟文字的整个发展序列，及其相关社会机制和政治环境。借鉴楔形文字起源理论的最新发展，本文建议在汉字起源的研究中更多运用考古学的方法，从考古发现的实物及其环境出发，重新审视旧材料，努力发掘新材料，开阔思路，多从具体的器物功能、社会机制等层面去讨论，以推进汉字起源的探索。"①何崝（2011）出版了汉字起源研究的专著，提出"文字生成机制"理论，他将文字生成分成三个阶段：图画和符号阶段，巫师文字阶段和文字系统（通行文字）阶段。特别强调通行文字的形成与社会经济文化的发展，尤其是与贸易的关系，认为："较大规模的贸易，是通行文字形成的原动力。"他赞同"文字起源，不仅仅是一个单纯的文字学问题，实际上还是历史学、考古学、人类学、文献学、传播学及其他相关学科的问题。"②王晖对中国境内史前地域性文字，如中原文字之间与南方文字可能存在的相互影响予以充分关注。③

近年来，汉字起源研究问题还引起了许多汉语言文字学、考古学专业博士和硕士的关注，并以此为题撰写了多篇学位论文。牛清波（2013）在其博士论文中整理了截至 2013 年中国境内考古发现的刻画符号，提出了区别刻画符号与纹饰的方法，具体分析了不同考古学文化中的刻画符号以及刻画符号的文化传播情况，重点研究了双墩刻画符号特点与性质及其对汉字形成的影响。牛清波将他的汉字起源观归纳为："汉字的起源是多元的，汉字的形成有着广阔的背景。中华民族的文字体系是在漫长的时间内'渐变'形成的。各区域的刻画符号，或独立发展，或通过交流，相互促进，相互影响，或多或少均对汉字的形成和发展做出了贡献。"④孙莹莹（2010）的硕士论文从整体上把史前刻画符号归入"前文字"范畴，强调史前刻画符号的前文字属性及其对汉字起源研究的价值和意义。⑤

另有一些学术论文还对某个考古学文化出土的史前刻画符号进行了专

---

① 来国龙：《文字起源研究中的"语言学眼光"和汉字起源的考古学研究》，北京大学考古文博学院：《考古学研究（六）——庆祝高明先生八十寿辰暨从事考古研究五十年论文集》，科学出版社，2006 年，第 53～54 页。

② 何崝：《中国文字起源研究》，巴蜀书社，2011 年，第 12～14 页。

③ 王晖：《形义之桥与原始思维——史前图画及"文字画"研究》，《学术研究》，2014 年第 10 期，第 138～147 页。

④ 牛清波：《中国早期刻画符号整理与研究》，博士学位论文，安徽大学，2013 年；又见《从刻画符号看汉字形成的相关问题》，《中州学刊》，2017 年第 3 期，第 141～143 页。

⑤ 孙莹莹：《试论新时期时代刻画符号的前文字属性》，硕士学位论文，中国海洋大学，2010 年。

题研究。陈玭(2008)的硕士学位论文运用考古类型学方法研究青海柳湾彩绘符号,分类并综合考察符号与相关器物、葬俗、墓葬分布位置等相关信息,尽可能还原彩绘符号的出土环境,解析彩绘符号所代表的意义,并初步确定这些符号的性质是"由陶工、画工和窑工绘制的用于标记绘制工序的记事符号"。① 黄亚平、孙莹莹(2011)将双墩符号定性为"前文字",提出"前文字对成熟文字的影响主要在构造原理上"的观点,②并具体讨论了双墩符号的构成方式对成熟文字构形的影响。王蕴智(2011)认为双墩符号"应该是一种地域性的具有表意功能的符号系统,我们可以把它看成是一种地域性的原始文字。"③张春凤(2015)从符号数量、符号重现率、功能、构形规则、记语性等五个方面为良渚符号定性,认为"良渚符号是一个庞杂的系统,有部分符号已经是文字。"并指出良渚符号的发生与发展并不是孤立的事件,而是与其他文化的符号,如大汶口文化符号、河姆渡文化符号、崧泽文化符号存在一定关联,或存在一定的传播和继承关系。④ 伍淳(2019)使用考古学文化类型学方法细致梳理良渚文化刻画符号,尝试还原良渚刻符的出土语境,并从广义文字观的视野探讨和分析良渚刻画符号的性质,指出"良渚刻符是装饰纹样、标记符号和记事符号等不同功能的符号相混杂的集合体",主张"突破记语性和符号形态两个尺度来探讨文字形成问题"。⑤ 宁如雪(2019)采用考古学文化类型学方法尝试还原陶符出土语境,讨论仰韶陶符的前文字性质及其对汉字体系形成的作用。认为"汉字的形成也必将是综合的是多源的,陶器上的符号也是不可否认的源头之一。"⑥王笑(2020)认为:龙山文化的"单个符号多载于生活器物的破碎陶片,且多位于器底较不显眼处,其功能主要用来标记;成组符号以符号组合的形式来记录或表达一定的含义,虽无法对其所记录的语言进行考释,但章句式的结构已经展示了成熟文字体系的前兆,根据符号出土语境的互文关系,丁公陶文应是龙山时代局部地区人们进行记事的符号。"⑦丁雯(2021)使用笔者提出的"符号考古"方法考察大溪文化陶符的性质,认为大溪陶符尚属于"形义结合的早期视觉符号",仅具标记功能,仍处在"汉字字符起源"阶段,应归于汉字的"前文字"

①　陈玭:《青海柳湾彩绘符号研究》,硕士学位论文,西北大学考古学及博物馆学,2008年。
②　黄亚平,孙莹莹:《双墩符号的构成方式以及对文字形成的影响》,《中国海洋大学学报》,2011年第1期,第56页。
③　王蕴智:《双墩符号的文化特征及其性质》,《中国海洋大学学报》,2011年第5期,第67页。
④　张春凤:《关于良渚符号的定性》,《中国文字研究》,2015年第2期,第139～144页;张春凤:《良渚符号关系论》,《西北民族大学学报》,2015年第2期,第136～142页。
⑤　伍淳:《良渚刻画符号研究》,硕士学位论文,中国海洋大学,2019年。
⑥　宁如雪:《仰韶文化陶器符号研究》,硕士学位论文,中国海洋大学,2019年。
⑦　王笑:《山东龙山文化器形、符号、纹饰的互文关系研究》,硕士学位论文,中国海洋大学,2020年。

研究范畴。① 以上讨论的思路和方法,都为今后进一步探索陶符与汉字体系形成的关系奠定了坚实的基础。

陶器上单个出现的记号,有可能与族氏铭文中的记号字之间存在一定的符号构意方式上的联系,如图 5-26 所示。裘锡圭指出:原始社会晚期出现在仰韶、马家窑、良渚等文化里用来记数、用作族名和个人标记的一些记号,很可能与商周金文中的数字、族名和"天干"字有一定的关系。如"一"到"八"几个数字,部分记号式族名金文和记号式族徽,部分天干用字,等等。②

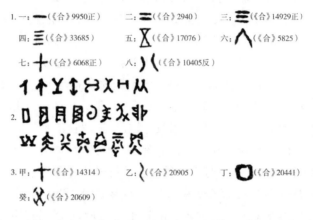

1.甲骨文中"一"到"八"数字;2.部分记号式族名金文;③3.甲骨文中部分天干字:甲、乙、丁、癸。

图 5-26 商周甲骨文、金文中的部分族氏铭文

史前岩画和史前陶器都有记号组合。

岩画学家们通常认为每一组岩画记号组合构成一个独立的表意单位,表达一定的意义。岩画中的记号组合分两种情况:一是记号+记号构成的记号组合,另一是图画+记号构成的组合。后一种情况为世界各地史前岩画所常见,此处我们单说前一类。

内蒙古阴山、乌兰察布、巴丹吉林等地记号组合岩画多为表示天体的记号组合形式,如日、月、星、云等符号通过叠加与组合方式构成新的含义。又包括同一种记号叠加或重复的情况,如图 5-27,1~2 就是按照不同的次序排列起来的星星的组合;图 5-27,3~6 则是不同记号的组合,图 3 为日+月的组合,图 6 为羊圈+黑点的组合等。前面我们说过,这一类的记号组合

① 丁雯:《大溪文化陶符研究》,硕士学位论文,中国海洋大学,2019 年。
② 裘锡圭:《汉字形成问题的初步探索》,《中国语文》,1978 年第 3 期,第 27 页。
③ 郭沫若:《古代文字之辩证的发展》,《考古学报》,1972 年第 1 期,第 13 页。

中出现的符号虽然图形比较抽象,但这些记号都表现具体的物象,还不是真正的记号＋记号的组合形式。

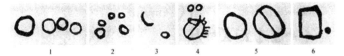

1~4.记号组合岩画:内蒙古阴山;5~6.记号组合岩画:内蒙古巴丹吉林。

图 5 - 27　内蒙古记号组合岩画(图片来源:盖山林)

宁夏贺兰山岩画中有较多的羊＋记号的组合形式,如图 5 - 28 所示。贺兰山岩画中的此类记号组合的性质与上述阴山岩画相似。

图 5 - 28　贺兰山记号组合岩画(图片来源:西北第二民院)

据李祥石、束锡红等人的研究,宁夏中卫大麦地岩画中不但有众多的记号岩画,而且有丰富的记号组合,构成了"汉字笔画形"风格的记号组合样本。杨敏、刘景云、束锡红(2007:101)等人还使用释读甲骨文的办法尝试解读 47 幅大麦地记号组合岩画的意义,如图 5 - 29 中的 0047 被释读为"暴雨成灾",1374 被释读为"臣服",2549 被释读为"警示",等等。这些具有"汉字笔画形"风格的记号组合岩画被他们认为是"我国最古老的图画文字"。汤惠生认为:"大麦地有些画面被加以明确解释,如'臣服'(图一),这只是一种望文生训式的猜测,即便是正确的,也不能因此而将大麦地岩画与汉字之源或文字相联系。即便是两者之间有关系,但这种建立在经验感觉之上的归纳法本身就不具备科学性。"[1]大麦地岩画的发现者周兴华先生(2008:327~329)指出:《大麦地岩画》一书中的岩画线图形态严重失真,李、束二人将大麦地岩画看成是"我国最古老图画文字"乃至"好多第一次"的观点都是值得商榷的。2021 年 5 月,笔者曾与几位朋友专程前往宁夏中卫大麦地考察,实地观看了其中一部分大麦地岩画,但此次实地考察并没有解决笔者心中的疑惑。虽经过一个下午的仔细观看,但我们并没有发现该岩画点有很多汉字笔画形风格的记号与记号组合岩画。如若仅从《大麦地岩画》一书提供的资料看,该地记号组合岩画兼具象形与抽象特征,似乎已经发展为一种表意的史前图画。但考虑大麦地岩画线图有失真的嫌疑,且缺乏确凿的读音证据,

---

① 汤惠生:《关于宁夏大麦地岩画新闻报道的几点看法》,《中国文物报》2005 年 11 月 25 日,第 3 版。

无法证明它已经就是记录语段的"图画文字"。因此,就目前的研究状况而言,大麦地岩画虽然具有很高的前文字研究价值,但从总体上还不适合作为古汉字的直接源头来对待,当然更不可能是甲骨文、金文的字符来源。

图 5 - 29　大麦地记号组合岩画(图片来源:西北第二民院)

不但岩画有记号组合,史前陶器上也有按次序排列的记号组合,这种情况较为集中地出现在仰韶文化晚期——龙山时代(参见本章第二节史前图像叙事部分),而以中原腹地仰韶文化晚期庙底沟类型二期、山东大汶口文化和江南良渚文化为主要代表,详见本章第三节讨论。

距今 5000 年左右,在内蒙古昭乌达盟牛特旗石棚山氏族墓地发现了小河沿文化陶器上的记号与纹饰,陶器记号不但有单个的,而且有记号的重复,如图 5 - 30 所示。"五十二号墓出土的一件斜腹罐上,一侧刻画有一座圆顶形尖顶状房子,房前画有方格园田,另一侧刻画有五个图像文字,构成了一幅真实的生活的图画。"[1]李恭笃认为:"小河沿文化与大汶口文化在文化面貌上,有着多方面的内在联系和一致性。这不仅表现在某些生产工具、生活用具及彩陶花纹的相同或相似上,而且两地的先民们有着某些共同的生活习俗和葬俗,以及象征文明和发展的原始图形文字符号。"[2]

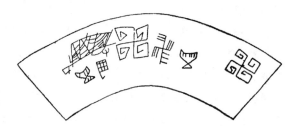

图 5 - 30　小河沿文化陶器上的记号组合(图片来源:李恭笃)

2021 年,在河南巩义双槐树遗址考古发现了距今 5300 年左右的"九星连珠图案",该图案中的九星用陶罐摆成,位于大型居住中心基址之内,如图5 - 31 所示。该图案的构图方式介于图像叙事与记号组合之间,它的出现

---

①　李恭笃、高美璇:《试论小河沿文化》,载《中国考古学学会第二次年会论文集》,文物出版社,1980 年,第 140 页。

②　李恭笃:《昭乌达盟石棚山考古新发现》,《文物》,1982 年第 3 期,第 35 页。

不应是一种偶然，而是对该地出现的中原河洛古国文明发展的忠实写照，它既有科学的天文遗迹，又有特殊的人文含义，充分表现了双槐树人高度重视承天之命的文化特征。

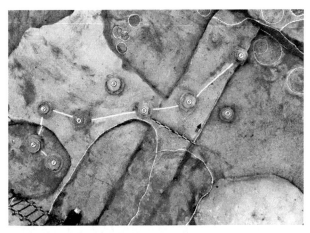

图 5 - 31　河南巩义市双槐树遗址九星连珠图：
仰韶文化晚期，距今 5300 年左右。（图片来源：百度百科）

总之，在记号型前文字中，由于单个的记号并不能明确表音，因此其性质主要是史前时代各地域性文化中使用的标记或标识符号，仅用来标记器物所有者、器物制作者、烧制工场，等等。至于复杂的记号组合，因符号排列组合已经具备了内在的逻辑次序，有可能用来记录成串的语音，甚至记录某个语段，所以有可能是成熟文字的萌芽或者原始文字。

通过本节的讨论，我们不但明确了汉字字符是从遥远的原始艺术创作过程中经过一点一滴的长期积累逐步发展而来的，而且明白了汉字字符创制过程中对原始艺术的借鉴和吸收具体体现在构图、图形简化与繁化、表意图式建立以及文字的篇章布局等方面。这些来自遥远的史前构图和构意方式不但为文字的构型和构意奠定了坚实的基础，而且被汉字创制者们自觉吸收和借鉴，成为他们重构象形文字和表意图式的内在动力。我们完全可以这样说，如果没有史前艺术在图画绘制、造型艺术方面对构图、结构、比例、风格、表意方式、篇章、布局等方面的摸索和经验积累，早期文字字符个体的创制便会成为无源之水、无本之木。而在史前艺术发生发展过程中。逐渐培养起来的原始艺术家队伍、艺术制作工艺、艺术品的传播途径等，更是为其后阶段围绕社会读写能力培养而建立的"文字制度"打下了坚实的基础。

当然，我们同时也应清醒地意识到，本节对汉字字符来源的讨论与探索，并不能代替汉字体系形成问题的深入探讨，这个问题必须要放置在一定的社会条件之下，与一定的考古学文化类型联系起来通盘考虑。

第三节　古汉字最可能的直根系①

从目前所见材料来判断,成熟汉字或者说汉字系统的形成应在仰韶晚期—龙山时代,大致以距今 5300 年左右的仰韶文化晚期为起点,以距今 4000 年左右的夏朝建立之前为终点。其地域范围应在中原地区、东部地区和南方地区的史前文化之中。仰韶晚期—龙山时代,中国境内的各地域性文化在保持各自独立发展道路的同时,加速向中原汇聚的步伐,成熟汉字的出现或者说汉字系统的形成正是这一时期各大史前文化迅速碰撞与融合的产物。

我们做出这一判断的依据是:

其一,仰韶晚期—龙山时代之前,由于缺乏充足的社会发展条件,在中国境内各考古学文化中发现史前图画和史前记号仅仅是各地域性考古学文化中的表意图形和标记符号,它们虽能表意并具有一定的标记功能,但明显缺乏记语能力,并非真正的汉字萌芽。

其二,记语的汉字系统必然是社会发展到一定阶段的产物,中国境内的史前文化只有生产力高度发达的"龙山时代",中原及其周边地区的各史前地域性文化出现了广泛地交流和进一步地融合,大规模的社会需求催生出古国性质的早期国家形态,成熟汉字或记语的汉字系统才有可能应运而生。在此之前,仅仅"前文字"就已经能满足氏族社会表情达意的需求,无须耗时耗力创制文字系统。

其三,通常认为成串的记号组合比单个字符的记语性更强,而中国境内史前时代的图像叙事与记号组合大都出现在仰韶晚期—龙山时代,尤其是在中原腹地的仰韶文化、东南部的良渚文化和山东龙山文化之中,同期出现的其他史前考古学文化相对较少出现图像组合与记号组合的情况。至于龙山时代之前,则更是缺乏图像叙事与记号组合形式的前文字。

鉴于以上三条理由,我们认为:仰韶晚期—龙山时代最有可能出现成熟汉字或汉字系统,而中原系仰韶晚期—龙山文化、南方系良渚文化、东方系山东龙山文化最有可能是古汉字的直根系。

虽然仰韶晚期—龙山时代有可能出现成熟汉字,但与后世的甲骨文和

---

① 本节主要内容已作为本课题阶段性研究成果之一,以《从整体上看龙山时代前后中原和周边的文字萌芽》(《汉字汉语研究》,2022 年第 1 期)为题公开发表,人大报刊复印资料《语言文字学》2022 年第 11 期全文转载。在此基础上,我们做了进一步地细化与完善。

金文相比,这一时期出现的原始汉字依然带有深深的史前印迹,其表现形态和表达媒介都表现出丰富多样的特点:具体表现为图画、纹饰、图案、记号、雕塑等诸多形态,陶质、玉质、石质、木质等诸多媒介。另外还有明显的史前时代的跨文化符号传播现象。如图 5 - 31 所示河南巩义双槐树遗址考古发现的"九星连珠图案",就是用雕塑的形态表现了原始的天文星象。图 5 - 32,1~3 列举的几个符号就分别出现在大汶口文化晚期、良渚文化晚期和石家河文化之中,其符号附着的媒介既有陶器,又有玉器。这些符号附着的媒介物几乎都有原始礼器的功能,它们不是陶缸陶瓮等葬具,就是用于陪葬的玉器。图 5 - 32,4~5 是石家河文化出土的红陶斜腹杯线描图,这种样式的红陶杯成千上万,出现在原始墓地之中,被作为祭祀用具使用;图 5 - 32,6 是石家河文化中出现的图像文字,这一图像文字同时也是图 4 - 5 所示红陶斜腹杯的图画形式。

由此可知,针对以上三系考古学文化中原始汉字的追踪,应采用综合考察的方法,不但要关注史前符号在各史前文化中的激发扩散状况,同时也要关注记号形态、史前图画形态和史前纹饰图案形态,甚至包括史前器物形态,以及这些不同形态之间的符号关联,而不应把汉字字符的来源和符号构意完全局限在仅仅考察抽象记号及记号组合方面。

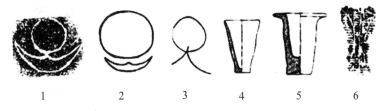

1.陶器图像文字:陵阳河(采集品)大汶口文化晚期;2.玉器图像文字:玉臂镯外壁,美国弗利尔美术馆藏 F1917.385,良渚文化;3.陶器图像文字:石家河文化,肖家屋脊 H327:3;4~5.红陶斜腹杯:肖家屋脊 H497:36,H42①:30,石家河文化;6.陶缸图像文字:邓家湾 H63:5,石家河文化。

图 5 - 32　不同形态和媒介的原始汉字

一、仰韶文化庙底沟二期及其后中原地区的图像叙事

仰韶文化庙底沟类型二期(距今 4900~4800 年)的彩陶"太阳鸟"图像应是原始汉字象形类的滥觞。其中不但有正面的太阳鸟纹、也有侧面的太阳鸟纹,如图 5 - 33 所示。而且,不论正面还是侧面纹饰,都有较为明显的演变痕迹,如图 5 - 34 所示。

1.华县柳子镇;2.泉护村:H165:402;3.庙底沟:H322;4.庙底沟:2002H9:47。

图5－33　庙底沟类型二期侧面、正面太阳鸟纹原始汉字

庙底沟类型太阳鸟图像不但出现在仰韶文化庙底沟二期范围之内,而且出现在相邻的山东大汶口—龙山系文化、江南系河姆—崧泽—良渚系文化、江汉平原石家河文化,甚至还出现在西北地区的马家窑文化马厂类型中。若从时间早晚来看,河姆渡文化中出现的太阳鸟纹饰应是中国东南地区该类纹饰的祖型,太阳鸟纹饰从河姆渡文化向北、向西传播进入山东、河南境内,逐渐汇聚中原,并传入西北地区,成为史前时期中国境内代表东南部庞大鸟崇拜集团的符号标识。

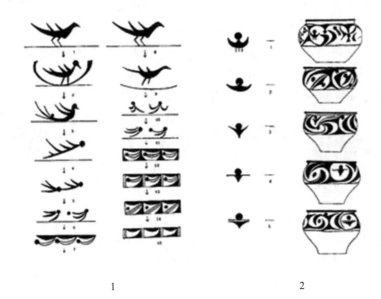

1.侧面太阳鸟纹的演变;2.正面太阳鸟纹的演变。

图5－34　庙底沟类型侧、正面鸟纹演变图(图片来源:张朋川)

仰韶文化庙底沟二期之后的太阳鸟图像,以及尺幅相对较大的仰韶文化晚期的史前图像叙事与大汶口图像文字的性质类似,它们都是古汉字象形文字的滥觞。它们或表现一个事件,或记录一个事件,均属于史前图像叙事的范畴,应作为古汉字象形文字的萌芽来看待。有关仰韶文化庙底沟二期之后的太阳鸟图像的详细讨论,参见第二章第二节相关部分;有关仰韶文化晚期图像叙事,参见第五章第二节。

二、中原系龙山文化原始汉字

中原龙山文化从地域上又可区分为河南龙山文化、陕西龙山文化、龙山文化陶寺类型等不同类型。无论从地望、时代,还是从社会发展程度考虑,中原系龙山文化较之山东系龙山文化、江南系龙山文化都更应贴近古汉字的成熟文字,它是理所当然的古汉字的直根系之一。中原系龙山文化发现的原始汉字与龙山时代文化交流频繁发生而多变的特色息息相关,并在符号层面呈现出来源多样化,符号借鉴现象频繁发生,符号记语性尚不充分,陶符与陶文不易区分的总体特点。

(一)河南龙山文化原始汉字

河南龙山文化(距今 4600～4000 年)的陶器以灰黑陶为主,器物纹饰简朴,陶器上发现的刻画符号仅限于单个记号,未见记号组合的情况。图 5－35,1～2 是出土于河南登封王城岗遗址龙山文化中、晚期的刻画符号。其中图 5－35,1 有四个王城岗二期的记号,这四个记号尚未识别,有可能属于陶符,还不一定是陶文。① 图 5－35,2 有三个王城岗三期符号,其中图 2～1(标本 WT195H473:3)是龙山文化晚期Ⅲ式杯底外部烧前刻划的"⚼(共)字;图 2～2(标本 WT152H406:1)是泥质灰陶Ⅱ式碗腹外壁烧前刻划的一个符号⊠,疑为原始数字"五";图 2～3(标本 WT95H206:16)是 1 件泥质灰陶Ⅰ式瓮,其肩部两侧各刻画的 1 个同样的符号,并有两道划纹,尚未释读;② 图 5－35,3 是河南淮滨新石器时代遗址考古发现的 5 个陶器符号。其中图 3 之 1、2、7 是在泥质灰陶圈足盘底部发现的刻画符号,图 3～3 是高柄镂孔杯上发现的符号,图 5－35,4～5 是在Ⅲ式小陶杯上发现的符号。几个符号目前未识。考古报告指出:淮滨遗址墓葬中出土的部分器物,如钵形鼎、高柄壶形罐、圈足壶形罐等与屈家岭文化晚期同类器物极其相似,钵形鼎、高柄镂孔杯、三角镂孔装饰等皆可从河南洛达庙二期文化、山东大汶口文化、江苏青莲岗文化中追根寻源。③ 考古报告并指认以上五个原始符号与青海乐都柳湾的原始彩绘陶文相似,我们认为此说恐不合情理,既然淮滨遗址墓葬中的遗物与东南部的屈家岭文化、洛达庙二期等考古学文化相似,那么陶器上的五个原始符号的来源也只能从这些陶器的舶来之地去寻找。图 5－35,4 是河南禹州瓦房店龙山文化遗址出土的 2 个陶器刻符,其中图 4～2(标本Ⅳ T6④:4)刻符出现在泥质灰黑皮陶圈足盘或豆残

---

① 河南省文物研究所等:《登封王城岗与阳城》,文物出版社,1992 年,第 56～59 页。

② 同上书,第 76～80 页。

③ 信阳地区文管会等:《河南淮滨发现新石器时代墓葬》,《考古》,1981 年第 1 期,第 1～4 页。

片之上,图4～3(标本Ⅳ T4H24:23)刻符出现在泥质灰皮陶小口高领瓮残口片之上。① 这两个符号的形态与中原地区考古发现的龙山文化刻符有别,却与石家河文化的符号近似,恐也是舶来品。图5-35,5是河南临汝煤山遗址出土的两个龙山文化刻符,②其中的图5～2,何崝认为是两个符号的合体。③ 图5-35,6是在河北永年台口遗址发现的1个刻画符号,考古报告指出:"值得注意的是:文化层中发现有红陶罐内刻有符号的现象,作▷◁状,平行排列,中间距离为1.5厘米,刻法一致,这种现象与西安半坡仰文化和山东城子崖龙山文化陶器上符号相对照,似可解释成当时人们已具有简单的数字观念。"④河北永年发现的这个符号不仅见于北方地区的仰韶文化、马家窑文化、山东龙山文化,还见于南方地区的大溪文化、屈家岭文化、石家河文化、良渚文化等考古学文化中,它是一个分布广泛的史前符号,且符号形态还有横竖之别,实际上,以上诸多考古学文化中出现的符号"Ⅹ""▷◁",其实都是古汉字中数字"五"的字符源头。

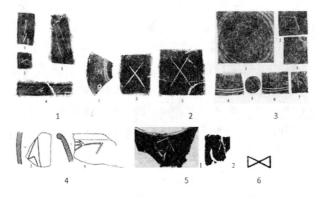

1.河南登封王城岗龙山文化二期陶符:(Ⅱ式杯 WT92H189:1 腹部,Ⅱ式豆 WT221H550:2 盘口沿,Ⅰ式瓮 WT120H291:53 肩部,Ⅱ式豆 WT96H210:13 柄部),龙山文化中期偏晚阶段,距今4500年左右;2.河南登封王城岗龙山文化三期陶符(Ⅲ式杯 WT195H473:3 底外部,Ⅱ式碗 WT152H406:1 腹部,Ⅰ式瓮 WT95H206:16 肩部)龙山文化晚期,距今4000年左右;3.河南淮滨龙山文化陶符(其中,1,2,7 为圈足盘,3 为高柄镂孔杯,4～6 为Ⅲ式小陶杯),距今4500年左右;4.河南禹州市瓦店龙山文化陶符(Ⅳ WT6④:4,Ⅳ T4H24:23);5.河南临汝煤山龙山文化陶符(煤山一期 T25⑧:B;煤山二期 H60);6.河北永年台口龙山文化陶符。

图5-35　河南龙山文化部分原始汉字

---

① 河南省文物考古研究所:《河南禹州市瓦店龙山文化遗址 1997 年发掘》,《考古》,2000 年第 2 期,第 35～36 页。

② 中国社科院考古所河南二队:《河南临汝煤山遗址发掘报告》,《考古学报》,1982 年第 4 期,第 435～447 页。

③ 何崝:《中国文字的起源研究》,巴蜀书社,2011 年,第 190 页。

④ 河北省文化局文物队:《河北省永年县台口村遗址发掘报告》,《考古》,1962 年第 12 期,第 639～640 页。

从上面的介绍可知,河南龙山文化中的陶器刻符仍以单个记号为主,但在形体上已经与古汉字没有违和之感。其中有些符号似可释读,如前面所举的"共"字;此外还有原始数字,如"五"字。虽然还有许多陶文尚不能识别,记音能力尚难以证明,且存在符号借用情况频仍,符号来源多样化的特征。但从总体上,已经不影响河南龙山文化的记号在整体上可归属于原始汉字范畴的初步判定了。

(二) 陕西龙山文化原始汉字

陕西龙山文化(客省庄二期,距今 4300～4000 年)主要分布在渭河、泾河流域。考古发现的陶符仅有数种。图 5－36,1 是商县紫荆遗址出土的 1 件细泥磨光灰陶片,其上有 1 个烧前刻制的龙山文化刻符。[1] 此一符号与陕西绥德小官道 1 件龙山文化彩陶片上发现的符号相似(见图 5－36,2～2)。图 5－36,2 是陕西绥德小官道龙山文化遗址出土的 4 个龙山文化刻符,其中符号 1 发现在折肩罐肩部,符号 2～4 发现于残陶片上。考古报告认为:绥德小官道遗址出土的陶器比较接近庙底沟二期文化。[2] 很可能是中原庙底沟二期文化向西传播的过程中同时附带的符号传播,同类符号不但出现在陕西龙山文化中,而且还出现在遥远的马家窑晚期文化之中。甚至还出现在良渚文化、石家河文化等南方地区的考古学文化中。我们倾向于把这种现象看成是史前时代跨文化传播过程中符号激发扩撒的现象。符号的源头很可能出现在中国东南部的某个早期青铜文化中,符号形体与殷商陶文"矢(簇)"字相似。

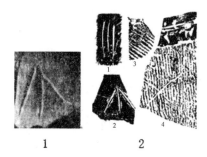

1. H24,商县紫荆,龙山文化;2～1:折肩罐(BG2T2③:7)肩部,绥德小官道,陕西龙山文化;2～4 残陶片之上,绥德小官道,陕西龙山文化。

图 5－36　陕西龙山文化原始汉字

---

① 王宜涛:《商县紫荆遗址发现二里头文化陶文》,《考古与文物》,1983 年第 4 期。
② 陕西省考古研究所陕北考古队:《陕西绥德小官道龙山文化遗址的发掘》,《考古与文物》,1983 年第 5 期,第 17 页。

（三）中原龙山文化陶寺类型原始汉字

中原龙山文化陶寺类型（距今 4300～3900 年）主要分布在晋西南地区。图 5-37,1 是李建民公布的、在龙山文化晚期陶寺遗址 1 件残破扁壶上发现的"朱书文字"。① 该扁壶右侧有一朱书符号，左侧另有两个朱书符号。学术界对陶寺扁壶"朱书文字"有不同的看法。李建民、罗琨、高炜、冯时、何驽等人都认为右侧的朱书已经是"文"字。张政烺先生指出："这个字同大汶口文化陶文、殷墟甲骨文和现在通行的汉字属同一个系统"。② 图 5-37,1 左侧的两个朱书陶文，罗琨认为应为"易文"二字，记述尧的功绩；③何驽认为应为"文尧"二字，"文"是尧的尊号。④ 冯时认为朱书陶文应为"文命"二字，正好与文献记载里所说的夏禹的名字"文命"相应。⑤ 田建文则不认同上述按甲骨文的路径解读陶寺符号的研究方法，而倾向于把陶寺朱书看成是与我们熟悉的甲骨文不同的文字，其用途不一定是记事，而是与祭祀和占卜有关的表意符号。⑥

2017 年，何驽发表了在陶寺遗址ⅠM26 墓底北侧壁龛中新发现的另一件骨耜文字。他认为该骨耜未见使用痕迹，因此，可能是"与农事有关的礼器"，其上的人工刻画符号形态类似象形，或许标示了墓主农官的职位，似为"辰"字，并指出："ⅡM26 骨耜刻文若确为"辰"字，则不仅丰富了陶寺文化文字的字形数量，而且将汉字体系的出现年代再次提前，进一步证明陶寺文化文字是甲骨文、金文文字系统的先河。"⑦同年，陈治军撰文认为：陶寺遗址ⅡM26 出土骨器不是骨耜，而是仿制玉圭或玉笏的骨礼器，其上刻辞不是一字，而是"家有"两字，意思是"家国能大有"。⑧ 我们认为，或许陈治军释读第一字为"家"应较释读"辰"字更为合理，但是他所说的第二字"有（右）"在骨上的刻痕是否真为人工刻画？尚待进一步核实。

① 李建民：《陶寺遗址出土的朱书"文"字扁壶》，《中国社会科学院古代文明研究中心通讯》第 1 期，2001 年 1 月。

② 转引自高炜：《陶寺出土文字二三事》，载解希恭：《襄汾陶寺遗址研究》，科学出版社，2007 年，第 175 页。

③ 罗琨：《陶寺陶文考释》，《中国社会科学院古代文明研究中心通讯》第 2 期，2001 年 7 月。

④ 何驽：《陶寺遗址保护朱书"文字"新探》，《中国文物报》，2003 年 11 月 28 日。

⑤ 冯时：《文字起源与夷夏东西》，《中国社会科学院古代文明研究中心通讯》第 3 期，2002 年 1 月。

⑥ 田建文：《我看陶寺遗址出土的朱书"文字"扁壶》，《考古学研究》（辑刊），2012 年 12 月 31 日。

⑦ 何驽：《陶寺遗址ⅡM26 出土骨耜刻文试析》，《考古》，2017 年第 2 期，第 101 页。

⑧ 陈治军：《陶寺遗址出土"家有"骨刻辞的意义》，《安徽大学学报》，2017 年第 3 期，第 4 页。

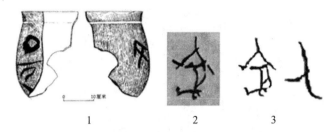

1.陶寺扁壶上的"朱书文字"(H3404);陶寺文化晚期,距今 3900 年左右;2.陶寺遗址发现的骨耜文字(放大 15 倍照片);陶寺文化中期,距今 4000 年左右;3.陶寺遗址骨耜文字(陈治军摹写)。

图 5 - 37　中原龙山文化陶寺类型"朱书文字"

(四) 中原腹地夏、商早期原始汉字

距今 3800～3500 年,中原腹地的河南偃师二里头文化已经出现初步的王国形态。二里头遗址发现了宏伟的宫殿建筑、青铜器及其各类手工艺作坊、普遍共存和成群出现的陶器、墓葬中以成组陶制酒器陪葬的现象,这些遗物说明二里头文化已具备最初的王国和礼文化的特征。1999 年出版的《偃师二里头》考古报告全面汇集了 1958～1978 年该遗址考古发掘成果,将二里头文化区分为二里头、东下冯、下七垣、下王岗、豫东等五个类型。认为河南偃师二里头遗址是夏、商二代的遗址,又可区分为五期:新砦期、二里头一期、二里头二期、二里头三期、二里头四期。其中,二里头一至三期为夏代之都城,二里头四期为夏灭亡之后的商代遗存。[①]

"新砦期"处在河南龙山文化向二里头文化过渡阶段,其突出特征是在继承王湾三期文化的基础之上,大量吸收泛东方文化、西北文化和南方文化系统的因素而发展起来的。[②] 比如,使用复合范技术制造的铜礼器残片,有可能来自于对山东龙山文化陶鬶的仿制;夔龙纹亦然。[③] 磨光黑陶器盖残片上发现的"兽面纹",同样具有东夷文化风格,其造型且有虎的因素。[④] 巩义市花地嘴遗址祭祀坑内出土的墨玉牙璋,又见于大汶口晚期、龙山文化时期的海岱地区。[⑤]

---

① 中国社会科学院考古研究所:《偃师二里头》,中国大百科全书出版社,1999 年,第 389 页。

② 张海:《公元前 4000 至前 1500 年中原腹地的文化演进与社会复杂化》,博士论文,北京大学,2007 年。

③ 北京大学震旦古代文明研究中心:《新密新砦:1999～2000 年田野考古发掘报告》,文物出版社,2008 年。

④ 顾万发:《试论新砦陶器盖上的饕餮纹》,《华夏考古》,2000 年第 4 期。

⑤ 顾万发、张松林:《论花地嘴遗址所出墨玉璋》,《商都文明》,2007 年第 4 期。

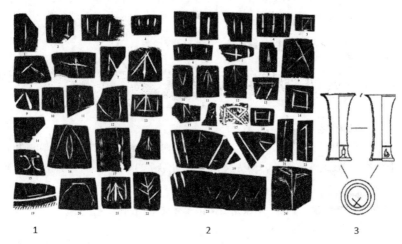

1.二里头遗址三期陶器刻划符号,约当夏代,其中 1.Ⅳ H60:45;2.Ⅶ H73:2;3.Ⅴ T201
③:2;4.Ⅳ H76:64;5.Ⅳ T6③:2;6—7.Ⅳ H76:66、65;8.Ⅷ T14④G:2;9.Ⅳ T20⑤:
5;10.Ⅳ H37:15;11.Ⅱ·VT103 采:19;12.Ⅶ T13⑥:21;13.Ⅷ H72:32;14.Ⅳ H99:
3;15.Ⅶ T14④G:1;16.Ⅷ T14④B:13;17.Ⅶ H65:1;18.Ⅶ T22③:4;19.Ⅳ H73:12;
20.Ⅷ T13⑥:20;21.Ⅱ T206③:1;22.Ⅳ T8③:7;2.二里头遗址四期陶器刻划符号,约
当早商时期,其中,1.Ⅶ T13④:12;2.Ⅴ T201③:22;3.Ⅴ T201③:20;4.Ⅴ T13C:1;5.
Ⅳ H73:13;6.Ⅴ T201③:21;7.Ⅶ T18⑤A:2;8.Ⅶ T13③:12;9.Ⅴ T12B③A:5;10.Ⅶ
T13③:13;11.Ⅴ H52:4;12.采:20;13.Ⅳ T12④:20;14.Ⅴ H79:6;15.Ⅴ T210③A:5;
16.采:44;17.Ⅴ 她10③:17;18.采:27;19.Ⅳ I23④:50;20.Ⅴ H57:31;21.Ⅳ H81:10;
22.采:41;23.Ⅱ·Ⅴ T104③:31;24.采:28.3.二里头文化陶符:商县紫荆,约当夏代,
其中左上和右上的两个陶符,王宜涛释读为文字。

图 5-38 中原腹地夏、商早期原始汉字

　　偃师二里头遗址发现了 20 余种刻画符号,这些"刻画符号,多在大口尊
的口部。刻道粗细不同,有的是一次刻成,有的多次刻成,有竖道、交叉形、
交角形、镞形、井字形、锯齿形等。"①"这些记号的用意,我们现在还不知道,
或许是一种原始的文字,值得我们进一步地加以探讨。"②其中有些符号"近
似象形文字。"③

　　图 5-38,1~2 是二里头遗址三期(约当夏代晚期)和四期(约当早商
期)出土的刻画符号。两期刻画符号不但形状和风格如出一辙,而且许多
符号重复出现,如表示原始数字的几个符号,以及交叉形、交角形和镞形
符号,等等。图 5-38,3 是河南商县紫荆遗址出土的 1 件磨光灰陶瓿下部

---

　①　中国社会科学院考古研究所:《偃师二里头》,中国大百科全书出版社,1999 年,第 304 页。
　②　中国科学院考古研究所洛阳发掘队:《河南偃师二里头遗址发掘简报》,《考古》,1965 年第
5 期,第 222 页。
　③　中国社会科学院考古研究所:《偃师二里头》,中国大百科全书出版社,1999 年,第 202 页。

两侧和器底部发现了 3 个二里头文化陶符,王宜涛指出:"紫荆陶刻符,可能是接近早商时代的古文字,或者更确切一点说,它有可能是我国夏代文字的孑遗。"①图 5～38,3 左上的符号ゑ,被认为与甲骨文ゑ(交)基本相似,右上的符号む,被认为与甲骨文む(迺)相似。至于最下面的符号,则与此前遇到的原始数字"五"相似。

曹定云将《偃师二里头》三、四期刻画符号笼统看成是夏代晚期的刻画符号,并以此为基础讨论了二里头刻符的性质。认为二里头文化陶器刻符中的一部分是原始的数字,如丨、丨丨、丨丨丨、×等;另有一部分符号,如↑、↑、ロ、☑、⊞、∪、∪、↓、△、州、)(、⟩等已经是夏代晚期的文字。他还对其中的 13 个符号进行了考订,并逐一论定其与甲骨文、金文某字的对应情况,如表 5-4 所示。②

表 5-4 二里头陶文与甲骨文、金文的对应:夏代晚期(图表来源:曹定云)

陶文	↑	↑	ロ	☑	⊞	∪	∪	↓	△	州	)(	⟩	⤳
甲金文相对	↑	↑	井	井	/	∀	∀	丰	/	쌔	쌔	丨	釆
隶释	矢	矢	井	井	冓	皿	盥	丰	反	衍	行	丨	來

综合考虑二里头遗址的地望、年代、出土器物、技术应用和社会发展程度等因素,我们认为:二里头陶文与殷商中、晚期陶文已然存在字符形态上的联系。商代陶文就是在二里头陶文基础之上的进一步发展。二里头陶文应是后世古汉字的直根系之一,也是以殷商甲骨文、金文为代表的商代通行汉字的字符来源。我们认可曹定云先生提出的二里头陶文是夏代文字的观点,至于对每一个陶文的具体考释,应该还有一定的讨论空间。许多学者都认可汉字体系形成于夏代前后,"汉字的'体系'又是什么时候形成的呢?从目前材料推测,大约形成于夏代的中、晚期。"③"汉字的产生和应用,在我国已经进入青铜时代,可能在夏代前后。"④"总之,中国古代的文字首先是在夏代初期由居住在中原地区的夏人创造的,汉字与中国古代文明是同时产生的,是中国古代文明的重要组成部分。"⑤

---

① 王宜涛:《商县紫荆遗址发现二里头文化陶文》,《考古与文物》,1983 年第 4 期,第 360～361 页。

② 曹定云:《夏代文字求证——二里头文化陶文考》,《考古》,2004 年第 12 期,第 77～82 页。

③ 陈炜湛:《汉字起源试论》,《中山大学学报》,1978 年第 1 期,第 75 页。

④ 高明:《论陶符兼谈汉字的起源》,《北京大学学报》,1984 年第 6 期,第 54 页。

⑤ 李先登:《试论中国文字之起源》,《天津师范大学学报》,1985 年第 4 期,第 79 页。

三、山东大汶口—龙山系原始文字

（一）大汶口文化晚期陶尊上的图像文字

从地望、社会发展程度、骨卜传统、史前符号的多种形态等因素来综合判断，大汶口文化晚期—山东龙山文化时期各遗址出土的陶器和玉器上的图案和符号，很有可能是古汉字的另一条直根系。

据 1974 年出版的《大汶口》考古报告，在山东莒县陵阳河、大朱村，诸城前寨等遗址出土和采集的大型陶缸和陶瓮腹部，发现了数种大汶口文化晚期的图像文字，如图 5 - 39 所示。于省吾（1973：32）、唐兰（1975：72～73）等人对这些文字进行了释读。其中图 5 - 39，1～1 唐兰释为"炅"字；图 1 - 2 于省吾释为"旦"字，唐兰释为"炅"字的繁体；图 1 - 3 唐兰释为"斤"字；图 1 - 4 唐兰释为"戉"字。

1986 年，王树明（1986：249～303）结合新发现的考古发掘材料和采集到的大汶口文化晚期陶器刻符材料，将大汶口陶尊文字重新确定为 17 个，并对其进行了系统的释读。1987 年，李学勤（1987：75～80）在于、唐二人已经释读出的 4 个文字的基础之上，将王树明确定的 17 个符号区分为两类：一类是已经释读的、比较象形的文字，如图 5 - 39，1～1. 炅；2. 炅山；3. 斤；4. 戉（钺）；另一类是纹饰图案和抽象的记号，如图 5 - 39，1 之 5～8。李学勤对后一类纹饰图案和抽象记号进行了进一步的识读：图 5 - 39，1 之 5 图案王树明释为"享"（酒神图像），李学勤释读为"象不加羽毛的冠"；图 5 - 39，1 之 6 抽象符号王树明释为"凡"字，李学勤释读为"人名"或"族氏"；图 5 - 39，1 之 7 图案王树明释为"南"字，李学勤释读为"封"字；图 5 - 39，1 之 8 图案王树明释为滤酒器之象，李学勤释读为"象饰有羽毛之冠"。结合大汶口—龙山文化区域自古以来就有鸟崇拜习俗来考虑，有学者[①]认为：图 5 - 39，1～1 当为太阳鸟（金乌）负日运行之象，应隶定为上日下鸟之形；图 5 - 39，1～2 当为太阳鸟负日飞临山巅之象，从上自下可隶定为日＋鸟＋山之形，亦即图 5 - 39，1～1 之繁体，两者应为繁简关系。此类图像又见于良渚文化和石家河文化，其含意的解读应与中国东南地区鸟图腾崇拜现象联系起来。另外，逄振镐将大汶口晚期彩陶器上的一些彩绘太阳纹（图 5 - 39，2 之 1～3）加入大汶口原始文字之列，指出大汶口原始文字的数量为 12 个，并认为："我国

---

①　陈勤建：《太阳鸟信仰的成因及文化意蕴》，《华东师范大学学报》，1996 年第 1 期，第 61 页。

商代甲骨文的主要源头当来自古东夷文字。"①其中的图 5 - 39,2 之 3 为彩陶背壶上的朱书符号,先前已被唐兰先生释读为"**杢**"字。

图 5 - 39　大汶口文化晚期陶器上的原始文字(图片来源:1.李学勤;2.逄振镐)

以上 12 个大汶口晚期陶器符号的性质,多数学者都认可其已经是原始文字,并且是跟汉字起源有关的原始文字,如于省吾、唐兰、李孝定、张光裕、邵望平、王树明、李学勤等人。唐兰(1979:80~81)指出:它们和商周文字一脉相承,在不同遗址重复出现,既有象形文字,又有意符文字,还有繁简之分,已经脱离了草创阶段,是比较进步的文字。李学勤(1987:77)指出:大汶口晚期陶符其形状和结构与后世的甲骨文、金文很像,且见于特定器种、特定位置,与金文在器物上的位置类似;既有象形而又有相当程度的抽象化,且与一般的装饰性花纹不同,不能分解成若干图案单元;其符号形态也有变化;应当与中国文字起源有密切的关系。高广仁、栾丰实指出:"与大汶口文化类似的图像文字,在良渚文化、屈家岭文化中也有发现,它们应是形成后来古汉字的基础。"②

大汶口文化不但发现了上述"图像文字",而且还出土了"阳鸟纹"或"金乌纹"、圆点太阳纹、八角星纹、双鸟对飞纹以及数量较多的实足和空足鸟形鬶陶器,以上图像文字、太阳鸟崇拜纹饰和鸟形陶鬶都是史前东夷文化太阳鸟崇拜习俗的可靠证据,也是史前东夷文化太阳鸟神话的图像叙事形式,如果把以上图像叙事形式与中国上古丰富的太阳鸟崇拜神话结合起来考察,或许可以得出更加完善的结论,参见第二章第二节讨论。

大汶口文化晚期图像文字在形态上比较象形,与殷商甲骨文、金文等古汉字在形体比较接近,或许对甲骨文、金文的形成产生了积极影响,很可能是古汉字的另一个直根系。

---

① 逄振镐:《从图像文字到甲骨文——史前东夷文字史略》,《中原文物》,2002 年第 2 期,第 30 页。

② 高广仁、栾丰实:《大汶口文化》,文物出版社,2004 年,第 135 页。

（二）山东龙山文化原始文字

1. 山东龙山文化的图像表意

迄今为止，在山东龙山文化的考古发掘中尚未发现与大汶口文化晚期图像文字近似的史前图像文字，但却发现了神奇的兽面纹、陶塑鸟、鸟形鬶，而且在三足盘和盆形鼎中还首次出现了以鸟头作脚，鸟嘴着地，面如鹰隼一类的猛禽形足，由于其面貌丑陋，此类猛禽形足被称为"鬼脸式""鸟首式""鸟喙式"足。

山东龙山文化兽面纹图案多见于玉器，个别黑陶残片上也有发现，纹饰面貌与商周铜器上常见的兽面纹类似。因此被认为是头戴皇冠的"神灵""神徽"，它与中原二里头殷商文化的兽面纹和良渚文化的神人纹既有联系，又有区别（参见第三章第五节）。山东龙山文化盆形鼎"鸟喙式"足通常被认为是鹰鹫类猛禽鸟喙的模拟，"这一器物的产生与史前太阳崇拜活动有关，具有'金乌负日'的观念意义。此足的形象来源于'三足乌'的喙部，是对鸟喙的夸张与神化，并以此象征背负太阳的金乌。"[①]刘敦愿先生指出："东夷族以鸟为图腾是其突出的特征，这在'典型龙山文化'中应有反映，事实上也多少有些迹象可寻。……此外小型的陶鸟或鸟头形的器盖屡有发现，陶器全形拟立鸟之状，或部分结构形如鸟喙的情况更是多见。陶鬶大都前二足较小而略高，流部尖长前伸或上指，其根部左右各有泥丸饰一个，其形略如立鸟……较早的陶器上有一种附加装饰形如小钩（见于陶瓶口沿和背水壶腹部），似在模拟鸟喙。可能模拟鸟喙的还有'鬼脸式'鼎足，这种陶鼎是'典型龙山文化'的典型器物，出现较晚而分布极广。"[②]

以上所述山东龙山文化鸟喙式足、鸟形鬶、鸟形塑等图像表达方式，皆与中国上古文献记载的有关鸟图腾部落集团的神话有关，传说中的少昊部落集团就以鸟来命名所有的官职。上古文献的记载，显然不是子虚乌有，而是对鸟图腾部落集团的真实写照。不但如此，历史时期的殷商族、周族，甚至秦人的起源都与东方的鸟图腾部落有一定关联（参见第二章第二节讨论）。

2. 山东龙山文化的单个记号和记号组合

山东龙山文化考古发现的单个记号和成组的记号组合数量较少。单个记号仅有 7 种 8 个，如图 5-40 所示，其中的图 1 和图 2 应为同一记号的重

①　安立华：《龙山文化"鸟首式鼎足"的象形及造型特点》，《管子学刊》，1989 年第 4 期，第 91 页。

②　刘敦愿：《古史传说与典型龙山文化》，《山东大学学报》1963 年第 2 期，第 15～16 页。

复,并没有类似大汶口文化的图像文字出现。图 5 - 40,5 是新发现于栖霞市杨家圈村落遗址二期龙山文遗存一件平底器上出现的"十"字形记号,图 5 - 40,6 是发现于同一遗址的一件夹砂红陶缸口沿下方"▢▢"记号。① 图 5 - 40,7~8 出是土于滕州岗上龙山文化遗址的两个记号,分别发现在标本 M2:9 黑陶罐的底部和标本 M5:18 泥质黑陶豆底座。从符号形态观察可知,山东龙山文化发现的 8 种单个记号与大汶口文化晚期的图像文字之间应该没有什么关联,它们至多只能算是陶器上的标记符号或原始的数字。

1~3.城子崖;4.青岛北郊赵村;5~6.栖霞杨家圈;7~8.滕州岗上村。

图 5 - 40　山东龙山文化陶器单个记号

目前所知山东龙山文化发现的记号组合仅有两例。图 5 - 41,1 是山东邹平丁公遗址发现的龙山时期的记号组合。据发掘简报介绍,考古人员在该遗址 H1235:2 灰坑中发现了 1 片刻写有 11 个符号的龙山文化晚期陶片,该片陶文的顺序应为自上而下,从右到左,文字刻写在烧制好的碎陶片之上,笔道纤细。"从右数第一行第二个字、第二行第一个字,第三行第一个字等字的结构看,分别与甲骨文中的"见""复"和"扇"比较相近。因此,有可能是甲骨文的前身之一,只是由于书体的不同,加大了其与甲骨文的区别。"②"丁公陶文"发表之后,引起了广泛的学术讨论。

对于陶片是否属于龙山文化,陶片上的刻符是否属于龙山文化或龙山时代的文字,学者们就有不同的看法。多数学者认为,丁公陶文出自龙山文化灰坑之中,考古层位清楚,且同一灰坑中没有发现晚于龙山时期的遗物,可以排除人为掺入的可能,应该是龙山文化或龙山时代的文字。但也有专家持怀疑态度。如郑笑梅认为:"遗憾的是,此件独一无二的文字陶片未能在发掘现场清理中出土,而是在一段时间后的室内整理的最后工序时被发现的。这难免引人发疑和揣测。"

虽然大多数学者认为丁公陶文已经是文字,但丁公陶文究竟是一种发展到什么程度的文字,认识仍然有很大的分歧。王恩田认为:"丁公陶文使

①　北京大学考古实习队等:《栖霞杨家圈遗址发掘报告》,载《胶东考古》,文物出版社,2000年,第 185~186 页。

②　山东大学历史系考古专业:《山东邹平丁公遗址第四、五次发掘简报》,《考古》,1993 年第 4 期,第 299 页。

用连笔,字的写法、结构与甲骨文、金文有很大差距,似应属于东夷文化系统的文字。"李学勤认为:"邹平丁公的陶片文字,或者就是当时的俗体。"他将陶文释读为:"何父以燮(扰)犬牥(献),又(有)愬(恼),叟抑.口。"张学海认为:"这些陶文似属草书,有的多笔字,只用一两笔写成,运笔潇洒自如,笔画连贯流畅,有的如铁线,刚劲有力,足见刻字者的深厚功力。"裘锡圭认为:丁公陶文不可能是成熟的文字,只是一种原始文字。而且"不是一种处于向成熟的文字发展的正常过程中的原始文字,而是一种走入歧途的原始文字。"高明认为:"这块陶片上的文字,无疑是当时人为了表达某种意识而刻画的。……但可以肯定,它是为了表达某种意愿而刻,反映了当时人的意念和语言,它是已被人们淘汰了的古文字。"

对丁公陶文在汉字发展史上的定位问题,学者们同样有不同的看法。刘敦愿认为:丁公陶文无论从时间空间,还是从与前后文字的联系来看,都是"令人费解的"。陈公柔认为:"邹平所出陶片,乃是龙山文化中期偏晚的遗存,其上的刻字,实际上是上承大汶口文化中所谓的'日月山'陶文,而下接二里头、二里冈、吴城陶文的一系列属于殷商文字系统的一个重要环节。"张学海认为:"它和大汶口陶器文字、甲骨文,都可能同属汉字方块字体系,代表了古汉字发展的一个重要阶段。"俞伟超认为:"龙山文字和商代的甲骨文,即使有某些相似处,却不见得是一脉相承的;也就是说,龙山文字和商代甲骨文,很可能是两种文字。"裘锡圭认为:丁公陶文中第二行第一字与甲骨文的"燮"字相似只是一种巧合。"从目前已有的资料来看,无法断定丁公'文字'跟包括甲骨文在内的早期古汉字有关。"[①]饶宗颐(1996)把丁公陶文与龙虬庄南荡文化发现的多字陶文相互比较,认为两者一脉相承。王蕴智认为:"毫无疑问,这种原始文字不但在书款上与早期的古文字保持着统一性,而且其结字和书风皆在视觉上与传统汉字存在着几乎相同的线条造型格局和审美条件,因此,它与古汉字的亲缘关系亦不言而喻。"[②]孙莹莹认为:"丁公陶书是一种非常有意义的符合组合表义的尝试,不是像双墩符号和大汶口文化的符号叠合组合方式表意,而是将具有单独意义的单体符号进行联合式的篇章表意,向记录语言的方向行进了很多。"[③]王笑认为:龙山文化的"单个符号多载于生活器物的破碎陶片,且多位于器底较不显眼处,其功能主要用来标记;成组符号以符号组合的形式来记录或表达一定的含义,虽无法对其所记录的语言进行考释,但章句式的结构已经展示了成熟文

---

① 此处所引诸位专家的意见,均见王恩田等:《专家笔谈丁公遗址陶文》,《考古》,1993 年第 4 期,第 344~354 页。

② 王蕴智:《远古符号综类摹萃》,《中原文物》,2003 年第 6 期,第 15 页。

③ 孙莹莹:《试论新石器时代陶器符号的前文字性质》,硕士学位论文,中国海洋大学,2010 年。

字体系的前兆,根据符号出土语境的互文关系,丁公陶文应是龙山时代局部地区人们进行记事的符号。"①综合以上的讨论,我们的观点是:丁公陶文是真实存在的龙山时代的陶文,但陶文的性质可能还是一种地域性的东夷文字,虽如此,它已经向记语的方向迈出了坚实的一步,在汉字起源研究方面仍然具有重要价值。

图 5 - 41,2 是 20 世纪末在山东阳城景阳冈遗址发现的 1 片龙山文化中晚期阶段的残陶片,其上残存三个符号,但字迹比较模糊,几乎无法辨认。该陶片出土之后,山东省文物局、山东省考古所曾召集专家论证,大多数专家认为已经是文字,但同样也有部分专家并不认可其为文字。②

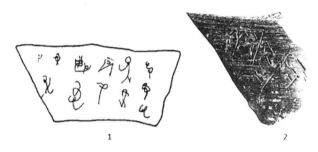

1.丁公陶文摹本:泥质磨光灰陶,平底盆底部残片,陶片宽 3~3.4 厘米,长 7.7~4.6 厘米,厚 0.35 厘米,发现于山东丁公遗址,龙山文化晚期偏早,距今 4200~4100 年;2.景阳冈陶文拓本:泥质磨光黑陶罐肩部残片,陶器成型入窑前刻,残陶片上现存 3 个文字,龙山文化中晚期阶段或晚期早段。

图 5 - 41　山东龙山文化晚期陶文记号组合

(三) 山东龙山文化的骨卜传统

骨卜传统是史前中国仅有的现象。"在殷墟所代表的中国最早期的历史文化中,据一切的经验看来,骨卜不但是那时一切精神生活之所系,中国文字早期之演进大约骨卜的习惯有极大的推力。"③通过对骨卜传统的深入研究,不但能考见史前占卜习俗和原始巫术—宗教观念,还能进一步发现占卜文字出现的内在动力与技术条件,对殷商甲骨文起源研究而言,亦不失为一条有效途径。

---

① 王笑:《山东龙山文化器形、符号、纹饰的互文关系研究》,硕士学位论文,中国海洋大学,2020 年。

② 王守功:《景阳岗城址刻文陶片发现的意义》,载《海岱地区史前考古论集》,文物出版社,2016 年,第 246~250 页。

③ 央研院历史语言研究所:《城子崖》,1934 年,第 85~88 页。

　　据谢端琚研究,史前时期中国北方地区的许多遗址就已经出现了卜骨,"在黄河流域及其以北地区,包括河南、山西、山东、河北、辽宁、内蒙古、陕西与甘肃等 8 个省区,发现有卜骨的遗址或墓地共 43 处,出土的卜骨数量达212 件。"①迄今为止,考古发现最早的卜骨出土于甘肃武山傅家门遗址,其上同时还有阴刻的史前符号。该遗址属于马家窑文化石岭下类型,距今5980～5640 年,如图 5-42,1 所示。据考古报告:"在房子和窖穴内共发现带有阴刻符号卜骨共 6 件。这些卜骨经动物考古学家和古文字学家鉴定:为羊、猪和牛的肩胛骨,器身不加修饰,无钻无凿,符号简单,可能用石制尖状器刻划而成。"②卜骨出土于长方形的祭祀坑内,"表明距今约 5600 年的马家窑文化就出现了占卜习俗"。③ 其次是发现于内蒙古自治区巴林左旗富河沟门遗址的 1 片卜骨,该遗址属于富河文化,距今 5510～5107 年,如图5-42,2。据考古报告:"发现一些卜骨,系利用鹿或羊(?)的肩胛骨,未经修整,仅有灼而无钻。"④这些早期的卜骨带有共同的特点,即卜骨之上只有灼痕,没有钻凿,少数卜骨上还有简单的刻画符号,可见在卜骨上刻符号的传统早在马家窑文化中就已经出现了。在谢端琚列举的 43 处遗址中,明确标明龙山文化属性的考古遗址有 26 处,约占发现史前卜骨遗址总数的 60%左右,即便从比例上来按,龙山文化考古遗址出土的卜骨也更具有典型意义。李济认为:"殷商文化最重要的一个成分,原始在山东境内。"⑤逢振镐认为:"众所周知,甲骨文是一种占卜的文字。商朝人利用龟甲、牛骨进行占卜,将占卜的结果刻在这些龟甲、牛骨上,这就是甲骨文。甲骨文最早当从卜骨开始。而卜骨最早又是起源于东夷的。"⑥尽管从目前掌握的材料来看,最早的卜骨并非起源于东夷,但山东地区的骨卜传统从大汶口文化晚期—龙山文化—岳石文化一脉相承,至龙山时代又成为史前骨卜传统的主要流行地区。骨卜传统对东夷文化应是一种系统性的存在,其实际作用和重要意义都不容忽视。

---

　　① 谢端琚:《论中国史前卜骨》,《史前研究》,1998 年第 9 期,第 115 页。

　　② 中国社会科学院考古所甘青工作队:《甘肃武山傅家门史前文化遗址发掘简报》,《考古》,1995 年第 4 期,第 293 页。

　　③ 同上书,第 296 页。

　　④ 中国社会科学院考古所内蒙古工作队:《内蒙古巴林左旗富河沟门遗址发掘简报》,《考古》,1964 年第 1 期,第 3 页。

　　⑤ 李济:《城子崖·序二》(见央研院历史语言研究所:《城子崖》,1934 年,第 xv～xvi 页)。

　　⑥ 逢振镐:《从图像文字到甲骨文——史前东夷文字史略》,《中原文物》,2002 年第 2 期,第33 页。

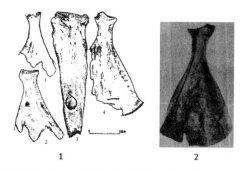

1.马家窑文化石岭下类型卜骨:武山傅家门,其中 1.灼痕卜骨 92KWF11:12;2.灼痕符号卜骨 92KWF25H1:25;3.符号卜骨 92KWF11:84;4.符号卜骨 92KWF11:6;2.富河文化卜骨:H3:24,内蒙古巴林左旗富河沟门。

图 5－42　中国北方地区的史前卜骨

　　大汶口文化晚期的 11 座墓中,就已经发现了随葬龟甲和背腹甲上的人工钻孔痕迹。"很可能这些具有美丽花纹的龟类甲壳,是被他们当作装饰品或殉葬品来使用的"。① 山东龙山文化时期,东夷先民们已经较普遍使用卜骨进行占卜活动了。在山东历城城子崖、茌平尚庄、曹县莘冢集等考古遗址中都发现了卜骨。城子崖遗址龙山文化层发现卜骨 6 件,如图 5－43 所示。其中除图1为鹿肩胛骨之外,其余皆为牛肩胛骨。其攻治方法比较简陋,单面灼兆而无钻凿。② 山东茌平尚庄龙山文化层发现卜骨 5 件,其中 H144:1 为牛肩胛骨,长 25 厘米,较完整,上面有灼痕,但无钻凿,如图 5－43,7 所示。③ 山东曹县莘冢集遗址龙山文化层出土了 1 件卜骨,卜骨为牛肩胛骨,有灼有钻,中间破损,一角缺失,留有 10 个分布较为密集的灼痕,如图 5－43,8 所示。④

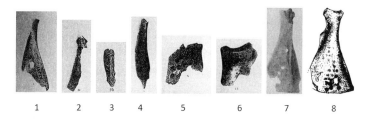

1～6.卜骨:城子崖图版 53;7.卜骨:H75:63,茌平尚庄;8.卜骨:H2,曹县莘冢集。

图 5－43　山东龙山文化卜骨

① 山东省文物管理处等:《大汶口——新石器时代墓葬发掘报告》,文物出版社,1974 年,第159 页。

② 央研院历史语言研究所:《城子崖》,1934 年,第 85～88 页。

③ 山东省文物考古研究所:《茌平尚庄新石器时代遗址》,《考古学报》,1985 年第 4 期,第500 页。

④ 菏泽地区文物工作队:《山东曹县莘冢集遗址试掘简报》,《考古》,1980 年第 5 期,第 389 页。

山东岳石文化上承龙山文化,下接夏商文化。在该文化桓台史家和唐山两处遗址的考古发掘中,发现了多处祭祀、占卜和人殉遗迹,以及专门的木结构祭祀器物窖藏。在桓台史家遗址木结构祭祀器物坑内出土了两件岳石文化晚期的文字卜骨,如图5-44所示。两件卜骨皆为未经修治的羊肩胛骨,已残损,其上兆文大部分已失,但仍残留了一些人工刻画符号和文字。据考古报告,图5-44,1正面有明显的人工划痕,中间一字为"**幸**",即"幸"字;图5-44,2~3两面均刻有文字,一面为"**Λ**""**λ**",可释为"大""卜";另一面有"**ɔ**""**ᕼ**""**X**"三字,未曾释读。桓台史家卜骨是"目前我国发现的最早的甲骨文。它的发现,将甲骨文的历史大大地向前推进了一步,这对研究夏商时期东夷文字和甲骨的占卜契刻源流提供了重要线索。"①

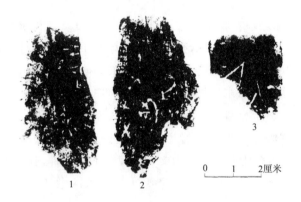

1.96HSF1H:226;2.96HSF1H:232(正面);3.96HSF1H:232(反面)。

图5-44　岳石文化晚期有字卜骨

总之,龙山时代东夷先民们频繁进行的占卜活动显然是他们与神灵沟通的一种极为重要的方式,而在长期的占卜活动中形成的骨卜传统,以及对卜骨和龟甲的占有、对骨卜技术的追求,有可能为殷商文化的发展和甲骨文的出现准备了充足的内在动力和物质条件。因此,如若综合考虑山东大汶口—龙山系考古学文化中发现的图像文字、图像表意、记号组合、卜骨传统以及这个地区流传的太阳鸟崇拜神话的情况,并将这些因素置于龙山时代社会发展的大背景之中观察,应该承认,龙山时代东夷文化多种形式的表意图式对甲骨文、金文的形成同样发生了积极的影响,东夷系统的原始文字应是古汉字的直根系之一。

---

①　淄博市文物局等:《山东桓台县史家遗址岳石文化木构架祭祀器物坑的发掘》,《考古》,1997年第11期,第17页。

四、良渚文化的"先行汉字"

众所周知,良渚社会已经出现国家形态,巨大的宫城、墓葬和水利设施、专门的祭坛、制玉作坊和大量的玉质礼器,以及丰富繁缛的玉琮、玉三叉形器神人纹、数量众多的陶器纹饰等文明遗迹,这些文明遗迹的出现都需要大规模的人力协作和专门的社会分工才能完成,没有复杂的计算能力和良好的表意或记事方式,很难完成准确传递信息,集合成千上万人进行通力协作的任务。虽然良渚文化刻画符号在总体上还是一个庞杂的、性质复杂而不单纯的系统,良渚刻画符号仍具有一定的地域性特征,但其中至少有一部分刻画符号已经初步具备了"原始文字"或"先行汉字"的性质,如果我们承认良渚文化"是中华文明的一个源头""实证中华五千年的新石器时代的人类文化史",那就同时应该把系统出现的良渚文化刻画符号当作汉字体系的另一个直根系来对待。

张炳火主编的《良渚文化刻画符号》(2015)收录了历年来考古发现的良渚文化陶符 632 个,分为象形符号(91 个)、抽象符号(489 个)、其他符号(52 个)三类。实际上,张氏所说的"象形符号"即是该文化的图像表意方式,"抽象记号"及其组合形式即是该文化的记号表意方式,尤其是其中的记号组合,由于已经具有明显的逻辑次序,与成熟文字的关系比较接近,应该从总体上看成是与成熟汉字有所关联的原始文字。但其余的情况还比较复杂,不能一概而论,应予以具体分析。

（一）象形符号

象形符号可再分为两种情况:其一,单个的象形符号,其二,象形符号组合。

1. 单个的象形符号

单个的象形符号主要是刻画的龟、鱼、猪、犬、鹿、飞鸟、燕子等动物,部分植物、部分农具、网、干栏式建筑等良渚先民日常生活中的所见所用的事物。此类象形符号的图形比较写实,表音功能尚不明确,但已经从整体上具有原始文字的性质,作为图像标识与徽号来使用,具有一定的象征功能,部分图像或许还兼具装饰功能,如图 5-45 所示。

2. 象形符号组合

"象形符号组合"是指几个符号出现在同一器物大体同一位置,符号之间按一定的次序无间隙排列的情况。我们所说的象形符号组合,应该排除同一个符号出现在陶器的不同部位或同一部位的不同位置的情况。如图 5-46,

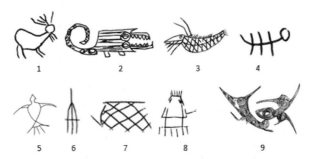

1.鹿:新地里 G1②:117;2.动物:葡萄畈 T0303⑨:9;3.鸟:卞家山 G2⑩:176;4.犬:太史淀(集)010—10;5.燕:美人地 T4046 房基 2B4A;①6.耘草器?:戴墓墩 M2:3;7.网:卞家山 G2⑧:177;8.干栏式房屋:仙坛庙 M52:22;9.鸟符与鸟纹:绰墩 F11②:5。

图 5-45　良渚文化原始文字(图片来源:张炳火)

图 5-46,1 是同一个太阳鸟符号出现在一件陶鼎的三足之上;图 5-46,2 是一个太阳鸟符号被上下排列,刻在一件陶三足盘的每一个足上;图 5-46,3 是出现在同一个盘面之上的同样的太阳鸟符号,被竖立起来相对排列;图 5-46,4 是同一个太阳鸟符号两两相对,出现在同一件陶器的器盖之上。以上四例"象形符号组合"粗看起来似乎都属于符号组合形式,其实不然。因为它们都是同一个符号的重复排列,其符号的排列与组合并不一定具备内在的逻辑顺序,而是遵循审美原则来配置的。它们仅在符号外形上表现为组合形式,但内在逻辑却完全不同。因此,这一类的"符号组合"不宜看成是原始文字,而应看成是仅具装饰功能的史前图案。

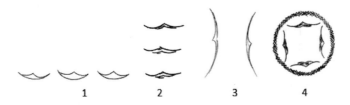

1.庄桥坟 M50:10;2.新地里 G1②:118;3.塔地里 TN5E6④:13;4.戴墓墩 M2:1。

图 5-46　良渚文化中的装饰图案(图片来源:张炳火)

当然,史前时代的纹饰图案与字符的界限有时候并不十分清晰,如上面所举例子中的太阳鸟符号通常是一种纹饰或图案,但在良渚文化、大汶口文化、石家河文化中,这个符号则又构成原始文字的一部分(见图 5-32,1～3)。在良渚文化的象形符号中,我们还发现了个别象形符号与纹饰图案完

---

① 笔者注:良渚玉器上有同形符号,李学勤释读为"燕"字。载《论新出大汶口文化陶器符号》,《考古》,1987年第12期,第78页。

全相同的现象(见图 5-45,9),同一个纹饰图案被安置在不同位置:当鸟纹位于宽把杯流内壁时,鸟纹为单独独立出来的象形符号,应有一定的符号意义;当鸟纹布满宽把杯周身时,则鸟纹本身就是纹饰图案,仅有装饰作用。在这个例子中,象形符号与纹饰图案虽然在形体上是相同的,但功能却有明显的区别。由此可见,当我们遇到史前符号的性质判断难题时,应紧紧抓住符号功能这个关键,谨慎区分。

我们所说的"象形符号组合"是指几个符号间有内在的逻辑顺序,构成一种符号组合关系,已经具有较好的符号记事功能的情况。符号记事和记号组合虽然在仰韶文化晚期就已经出现,但数量较少,形式也比较单一。但在良渚文化中,无论符号记事还是记号组合都有相当的数量,且形式多样,构成了难得的原始文字研究的标本。尽管我们对每一幅组合形式的原始象形符号组合的具体含意的解读尚有很大的空间,但其已经具有初步的叙事能力,其性质当属于原始文字,这一点应该是肯定的。如图 5-47,3 是广富林遗址考古出土的一件圈足陶尊,陶尊腹部有 1 个梅花鹿图案,1 个石钺图案,宋建认为:"梅花鹿石钺图记录了一次大型的由氏族首领亲率的集体活动。石钺就是权杖,代表了权力和有组织的大规模行动,鹿为行动的对象。这可以是一次狩猎,以捕获鹿科动物为目的;也可以是一次祭祀,祭品就是梅花鹿。"[1] 图 5-47,4 是卞家山遗址出土的一件良渚文化黑陶罐,在罐肩部发现了 2 个图案,考古报告认为:"一个为家禽形,一个为栅栏形,似乎在表达一个事件,颇像南湖出土的那件陶罐"。[2] 图 5-47,7 是一件江苏吴县澄湖古井群遗址考古发现的良渚文化泥质灰陶罐,其腹部刻画了猫、鸟、蝶、蛇、鸡等形态的 5 个图案。[3] 图 5-47,8 是一件浙江余杭南湖遗址考古发现良渚文化泥质黑皮陶单把杯,其腹部的象形符号似乎表现了两个动物的对峙。图 5-47,9 是另一件浙江余杭南湖出土的良渚文化黑陶罐,在罐的肩部至腹上部位置按顺时针方向刻画了一组多个图案,报告者指出:"这件器物上的图案如此集中且紧密相连,应具有一定的意义。"[4] 李学勤先生认为罐上的符号是环着罐口刻的,应该从罐子的上方往下俯看,这样就会发现

① 宋建:《广富林考古新发现——梅花鹿石钺图》,《上海文博论丛》,2002 年第 2 期,第 34～35 页。

② 浙江省文物考古研究所:《卞家山》(上),文物出版社,2014 年,第 353 页。

③ 南京博物院等:《江苏吴县澄湖古井群的发掘》,载文物编辑委员会:《文物资料丛刊》(9),文物出版社,1985 年,第 6 页。

④ 余杭县文管会:《余杭县出土的良渚文化和马桥文化的陶器刻划符号》,《东南文化》,1991 年第 5 期,第 184 页。

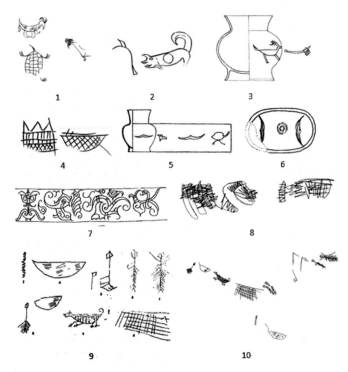

1.龟、鸟、动物?:卞家山 G1②:87;2.符号、猪:茅庵里 T2⑤B:40;3.鹿、钺:广富林 M24:2;4.栅栏、家禽:卞家山 G1②:170;5.飞鸟、太阳鸟、水鸟:西漾淀尊青西 J1:1;6.飞鸟、太阳:南湖 86C3－347;7.猫、鸟、蝶、鸡、蛇:澄湖 74WCH 采 231;8.两头对峙动物:南湖 86C3－600;9～10.动物、符号、图案:南湖 87C3－658:考古报告认为是由 8 个符号组成,张炳火认为是由 12 个符号组成。

图 5－47 良渚文化图像叙事类原始文字(图片来源:张炳火等)

符号是从左往右逆时针方向排列着 8 个符号,他把 8 个符号隶定为"朱𠂇戈石,网虎石封",意思是"朱𠂇去到石地,在石的境界网捕老虎。"[1]王晖认为应从右往左看,第一、第二、第三个符号和最后一个符号还不是文字,只是"文字画",这幅史前图像整体上呈现出文字画和文字的混合形式。[2] 张炳火认为这件器物上应该有 12 个符号,其排列次序当如图 5－47,10 所示,但他并没有进行释读。[3]

在良渚文化中发现这么多史前图像叙事形式,这应该不是一种巧合。

---

① 李学勤:《试论余杭南湖良渚文化黑陶罐的刻划符号》,《浙江学刊》,1992 年第 4 期,第 108～109 页。

② 王晖:《形义之桥与原始思维——史前图画及"文字画"研究》,《学术研究》,2014 年第 10 期,第 138～147 页。

③ 张炳火:《良渚刻画符号研究》,上海人民出版社,2015 年,第 600～611 页。

如果说零星散见的图像叙事形式是由于缺乏社会条件的强有力支撑而不好解释,那么,对良渚文化出现的如此丰富的史前图像叙事类原始文字则不能熟视无睹。

(二) 抽象记号

良渚文化的抽象记号也可区相应分为两类:其一,单个的抽象记号,其符号功能主要是制陶标记,个别情况下有可能是记名的标牌。其二,记号组合的原始文字,这是一种与上述符号组合形式的图像叙事相对应的记号组合形式,原始记号成串地出现在陶器的同一位置,构成一种具有内在逻辑次序的组合符号关系,具备明显的符号记事功能,它们与象形符号的组合形式一样,已经是记号类原始文字了。

1. 单个的抽象记号

相对象形符号而言,抽象记号的情况比较复杂一些。良渚文化中单个的抽象记号往往出现在器物较为隐蔽的部位,如在双鼻壶、罐的底部,鼎足面或侧面等部位。良渚文化中的单个抽象记号应是原始的表意符号或制陶标记,其中有些单个记号可能作为标牌文字使用(见图 5 - 49);有些记号可能具有象征含义,如图 5 - 48,6、10;有些记号可能是原始的数字,如图 5 - 48,1、11。

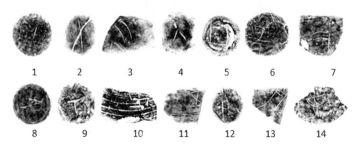

1.庄桥坟 M112:2;2.庄桥坟 T302⑨:15;3.卞家山 T2⑫:14;4.庄桥坟 T403⑤:4;5.庄桥坟 M221:5;6.庄桥坟 M249:3;7.马家坟 G1:48;8.庙前 J1①:5;9.庄桥坟:M30:11;10.庙前 H9:16;11.卞家山 G2①B:39;12.庄桥坟 M31:16;13.庄桥坟 T204⑤:16;14.新地里 H1:80。

图 5 - 48　良渚文化中的单个记号(图片来源:张炳火)

伍淳(2019)发现在张炳火所说的"抽象符号"中有三块打磨过的陶片,其中标本 T2⑪:11 被特意磨成臂章形,上刻"木"字状符号;标本 G2②B:197 被磨成了不规整的扁圆形,上刻一网格状符号;标本 G1②:381 被磨成三角形,其上刻一圆角"田"字状符号。以上三块"臂章"正中交叉点上都有穿孔,如图 5 - 49 所示。① 据《卞家山》考古发掘报告:后两件陶片可能先有

<hr />

① 伍淳:《良渚文化刻画符号研究》,硕士学位论文,中国海洋大学,2019 年。

刻符,再经打磨,前面一件"是迄今所见唯一的明确专为一个刻符磨制的陶牌。这块令牌一样的陶片,边缘已磨得浑圆,表明随身使用了很长时间。这个'木'一定具有指事功能,所以它应该是最接近原始文字的一个符号。"①如若此言不虚,则以上三块刻意打磨过的圆陶片很有可能已经具有史前时代的"标记牌"或"名牌"的功能,其上的单个记号就有可能是良渚文化中指涉名号的史前"徽标文字"了。

无独有偶,远在中原腹地的河南偃师二里头文化遗址墓葬同样发现了一定数量的圆陶片,而且各期都有一定数量。李志鹏指出:"(二里头墓葬中)随葬有青铜礼器、玉礼器、绿松石器和比较精致的陶礼器(如白陶器),往往还随葬有漆器和圆陶片。圆陶片的数量一般与墓葬随葬品的丰富程度成正比。"这种圆陶片的性质"仍然是铜器墓必出的身份象征物"而非礼器。②许宏认为:此类圆陶片很有可能是某种随葬物上的、具有原始的标记功能的附件。③ 我们认为:结合磨光陶片的功能和其上发现的符号两者来考虑,该陶片的性质可能具有原始标牌的性质,其上的符号则很可能已经是一种原始"徽标文字"或"记名陶文"了。

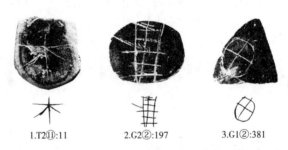

1.T2⑪:11   2.G2②:197   3.G1②:381

图 5-49　良渚文化的史前"徽标文字"(图片来源:伍淳)

2.记号组合的原始文字

在良渚文化遗址中,还发现了数十例记号组合形式的原始文字。记号组合的数量多少不等,少者有 2～3 个,多者有 4～6 个,记号数量最多者达 12 个。记号组合排列形式丰富多样,既有左右结构(图 5-50,1),又有上下结构(图 5-50,2),还能看到结构分散的记号组合(图 5-50,3)。图 5-50,4 是在庙前遗址一件泥质黑皮陶肩部残片上发现的四个依此排列的记号组合;图 5-50,5 和 6 是卞家山遗址出土的两件碎陶片 G1⑥:333 和 G1④:

---

① 浙江省文物考古研究所:《卞家山》,文物出版社,2014 年,第 404 页。

② 李志鹏:《二里头文化墓葬研究》,载《中国早期青铜文化——二里头文化专题研究》,科学出版社,2008 年,第 28 页。

③ 许宏:《二里头 M3 及随葬绿松石龙形器的考古背景分析》,《古代文明》(第十卷),2016 年,第 49～52 页。

335 两者的拼合，《卞家山》考古报告认为：拼合后"共有 5 个个体，其形体和风格更像南湖出土的刻符陶罐"，应表达了某种意义或记录了什么事情。①张炳火对这组记号的数量进行了重新考订，考定其为 6 个记号，并为其重新编定了序号，但未见考释，如图 5 - 50,6 所示。②

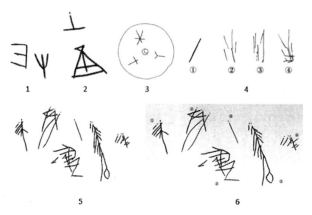

1. 两个记号的组合：新地里 G1②:111;2. 两个记号的组合：G2⑧:178;3. 三个记号的组合：大观山 74C3 - 28(B 面);4. 四个记号的组合：庙前 H16:17;5～6. 卞家山 G16:333 和 G1④:335。

图 5 - 50　良渚文化记号组合类原始文字(图片来源：张炳火等)

此外，在浙江平湖庄桥坟遗址的 20 余件器物之上发现了两个和两个以上的记号组合，其数量之多，出土之集中，符号形态之简朴，皆令人印象深刻。此处仅以其中的两件石钺为例说明如下。图 5 - 51,1～2 是编号为 T101②:101 的 1 件石钺，石钺的两面都有记号，且记号形态迥异，A 面整齐排列着符号抽象程度较高的 6 个记号，全部 6 个记号似乎可分三组，每组两个符号，上下排列，重复出现，应该"相对完整地表达了某种意义";B 面石钺左上角有一形状颇类似古汉字的符号，右侧下部似为一头动物图形，上部似为一船形符号，图画的含意尚难解读;图 5 - 51,3～4 是另 1 件编号为 H41:1 的青灰色残破石钺，石钺两面同样分布着记号组合，符号形态比较一致，但同样难以解读。③ 庄桥坟考古报告的作者徐新民等人认为："庄桥坟遗址的这些原始文字已是较为成熟且初具系统的文字。"④

①　浙江省文物考古研究所:《卞家山》(上),文物出版社,2014 年,第 353 页。
②　张炳火:《良渚文化刻画符号》,上海人民出版社,2015 年,第 597 页。
③　同上书,第 683 页。
④　徐新民等:《平湖庄桥坟遗址发现良渚文化原始文字》,《中国文物报》,2013 年 6 月 21 日,第 6 版第 2 页。

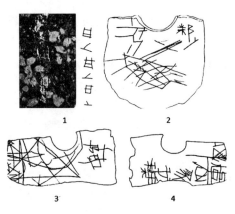

1.石钺 A 面:左拓本;右摹本放大图,平湖庄桥坟 T101②:10;2.石钺 B 面摹本:平湖庄桥坟 T101②:10;3.石钺 A 面摹本:平湖庄桥坟 H41:1;4.石钺 B 面摹本:平湖庄桥坟 H41:1.

图 5－51　良渚文化石钺上的记号组合类原始文字(图片来源:张炳火)

　　另有几例良渚文化发现的记号组合,被学者们明确认定为原始文字,并加以明确的释读。如美国哈佛大学沙可乐博物馆(Sacklei)收藏的良渚文化晚期陶壶圈足内就刻画有一行 9 个记号,饶宗颐、李学勤两位先生都倾向于认为其已经是文字,并且对其进行了释读,如图 5－52,1~2 所示。饶氏将这 9 个字隶定为𡥑子人土宅坙(厥)肱……育,认为"总括而言,良渚此一陶文乃有关古代奇肱民之记载。"[1]李氏认为这组符号在"其圈足的内壁,横向成一直行",其中"第三四两字实系一字"。[2] 江苏吴县澄湖古井群遗址发现了一件良渚文化黑陶鱼篓形罐,在罐腹部有五个排列成行的记号,[3]如图 5－52,3 所示。李学勤认为这些记号的"结构非常接近殷墟甲骨文",并将其分别释为"巫、戉(钺)、五、俞(偶)"四字,意思是指"神巫所用的五对钺"。[4] 美国学者萨拉·艾兰(Sarah Allian)认为第一字当释读为"方"字。[5] 饶宗颐释读为"茻戉五个"[6]董楚平释读为"方钺会矢"[7]近年来,张炳火(2015)还对这

①　饶宗颐:《哈佛大学所藏良渚黑陶上的符号试释》,《浙江学刊》,1990 年第 6 期,第 11 页。
②　李学勤:《良渚文化的多字陶文——吴文化历史背景的一项探索》,载潘力行、邹志一:《吴地文化一万年》,中华书局,1994 年,第 7 页。
③　南京博物院等:《江苏吴县澄湖古井群的发掘》,文物编辑委员会:《文物资料丛刊》(9),文物出版社,1985 年,第 8 页。
④　李学勤:《良渚文化的多字陶文——吴文化历史背景的一项探索》,载潘力行、邹志一:《吴地文化一万年》,中华书局,1994 年,第 8~9 页。
⑤　〔美〕艾兰:《龟之谜:商代神话、祭祀、艺术和宇宙观研究》,商务印书馆,2010 年,第 85~93 页。
⑥　饶宗颐:《符号·初文与字母——汉字树》,上海书店出版社,2000 年,第 45 页。
⑦　董楚平:《"方钺会矢"——良渚文字释读之一》,《东南文化》,2001 年第 3 期,第 76 页。

件黑陶鱼篓形罐上的每个记号进行了重新编号与排列,如图5-52,4所示。张氏认为:"符号①与符号②之间为断笔,结合符号布局来看,应该是一个有意刻画的符号,而非符号①的飞笔。"①但他并没有对这五个原始文字做进一步的释读。

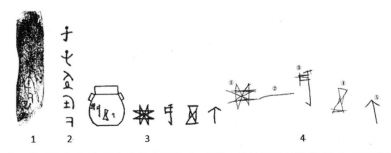

1.良渚文化原始文字:良渚文化陶壶圈足内,哈佛大学沙可乐博物馆藏;2.李学勤摹本;
3.良渚文化原始文字:江苏吴县澄湖古井群黑陶鱼篓形罐(J127:1)腹部;4.张炳火新近排列的原始文字摹本。

图5-52　良渚文化记号组合类原始文字
(图片来源:1.饶宗颐;2.李学勤;3.余杭县文管会;4.张炳火)

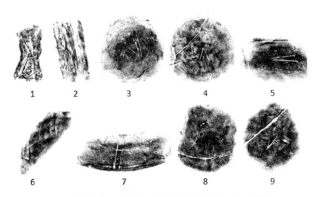

1～2.陶鼎器盖把手记号(放大图)、陶鼎T形足足侧记号:金石墩M12:10;3～4.陶簋底部记号(放大图)、陶簋器盖捉手部位记号(放大图):金石墩M8:12;5～7.泥质黑皮陶豆器盖上的记号、圈足内壁记号、器盖内壁记号:庄桥坟M75:7;8～9.泥质黑皮陶圈足盘盘面上的记号、圈足盘底的记号:塔地TN3E5④:42。

图5-53　良渚文化陶器上的标识记号

在良渚文化发现的记号组合中,我们同样也会遇到同一个记号出现在同一件陶器的不同部位或不同位置的现象,如图5-53,1～2是同一个符号分别出现在同一件夹砂陶鼎器盖把手和T形足足侧的例子,符号均为烧前

———————————

① 张炳火:《良渚文化刻画符号》,上海人民出版社,2015年,第593页。

刻制;图5-53,3～4也是同一个符号出现在同一件泥质黑皮陶簋的底部和盖捉手之上的例子,但符号为烧后刻制;图5-53,5～7是庄桥坟M75:7出土的同1件泥质黑皮陶豆不同位置上分别出现的3个记号;其中,图5的记号发现于盖外壁,图6的记号发现于圈足内壁,图7的记号发现于盖内壁,三种符号形状都不同,皆为烧前刻;图5-53,8～9是塔地TN3E5④:42出土的同一件泥质黑皮陶盘上不同部位发现的两个记号,记号的形状不同,其中,图8的记号出现在陶盘的盘面位置,为烧后刻;图9的记号出现在陶盘底部,为烧前刻。这几个例子的情况跟我们前面讨论过的图像叙事类似,并不属于真正的记号组合,在讨论记号组合现象时应予以排除。

（三）良渚文化玉器上的刻画符号

在良渚文化晚期发现的玉璧、玉琮等玉礼器之上也发现了一些刻画符号,但这些有刻画符号的玉礼器大都是没有经过考古发掘的采集品和收藏品,如图5-54所示。经过正式考古发掘的反山、瑶山等王陵1级大墓中,虽然陪葬的玉礼器种类齐全,但除了在玉琮、玉三叉形器之上发现了著名的良渚文化"神人纹"图案外,并没有在玉璧和玉琮等玉礼器上发现有其他符号或图案,这是一种很有趣的现象。夏勇认为:这种情况说明有刻符的玉璧只出现在次一级的贵族墓葬中,虽然仍然具有祭祀功能,但已经不能代表王权祭祀。这可能反映了"良渚文化早期显贵阶层所拥有的宗教祭祀权力的一种下移"。① 我们推测:或许良渚社会应该已经有分工明确的"王族"、巫觋团体和手工业阶层,神人纹为"王族"所垄断,一般民众不得看见和使用;有刻符的玉璧或许为良渚社会的知识阶层——巫觋所掌握;至于上面讨论过的陶器上的记号和象形符号则很有可能已经流通于手工业阶层之中。就符号形态而言,玉器上的大部分符号与陶器上的符号在形态上是基本一致的,这说明良渚社会的知识阶层(巫觋)和手工业阶层之间存在某种社会联系或共同认知,或许良渚社会使用的符号已经是通用于全社会的,并不局限于某种特定的介质和特殊语境。

良渚文化晚期玉琮和玉璧以及其上出现的刻画符号,应是良渚社会的巫师们在祭祀活动中使用的表意图式原始祭祀文字。邓淑苹先生在对台北故宫博物院藏多件有刻画符号的玉琮做了电镜分析之后,发现刻在玉琮直

---

① 夏勇:《简析良渚文化刻符玉璧》,《杭州文博》(集刊)2018年第10期,第62页。

1～2.玉璧 A 面的 2 个符号和玉璧边沿侧面的 1 个符号:玉架山 M16:22;3.玉璧残面上 1 个符号?:少卿山 M9:8;4.玉璧残面上 1 个符号:少卿山 M9:9;5～6.玉璧 A 面和 B 面各 1 个符号:百亩山(征集),浙江省博物馆藏;7.玉璧正面近边缘处 1 个符号:福泉山 M40:111;8.玉璧 A 面 1 个符号:良渚博物馆藏 2232;9.玉璧 A 面 1 个符号:上海博物馆藏;10.玉璧 A 面 1 个符号:余杭博物馆馆藏 3341·2-331;11.玉琮上射口处 1 个符号:上海博物馆藏;12.玉琮上射口处 1 个符号:北京故宫博物院藏;13. 玉琮近射口处 1 个符号:首都博物馆藏;14～15.玉琮直槽上方相对两面各 1 个符号:台北故宫博物院藏;16.玉璧近缘处 1 个符号:台北故宫博物院藏;17.玉璧边缘处 1 个符号:美国弗利尔美术馆藏 F1919.58;18.玉璧穿孔处正上方 1 个符号:美国弗利尔美术馆藏 F1917.346;19.玉璧穿孔处正上方 1 个符号:美国弗利尔美术馆藏 F1917.79;20.玉璧穿孔处正上方 1 个符号:美国弗利尔美术馆藏 F1917.348;21.玉臂镯外壁一侧 1 个符号:美国弗利尔美术馆藏 F1917.385;22.玉臂镯外壁令一侧 1 个符号:美国弗利尔美术馆藏 F1917. 385;23.玉璧周缘空格处两个相对的符号,英国伦敦维多利亚与阿尔伯特博物馆藏;24. 玉琮竹节上 11 个符号,其中 3 个符号在直槽近上方射口处:法国吉美博物馆;25.立鸟:福泉山 M126:3。

图 5-54　良渚文化晚期玉璧、玉琮及其表意图式(图片来源:张炳火等)

槽上方的符号被刻意磨损过,她认为:"可能当初良渚先民将符号当作通神的密码,刻绘符号祭祀神祇祖先之后,就将符号磨去,避免让他人偷窥到他与神祖对话的密码。"①邓氏的研究,恰好说明此类镌刻在玉琮、玉璧以及其上的原始文字具有隐秘性质。除此之外,良渚文化晚期出现在玉璧、玉琮等玉神器之上的刻画符号并非都是神秘莫测的表意图式原始文字,至少有一部分原始文字的字符具有一定的社会属性,而且在符号形态、结构方式等方面,与我们前面介绍过的良渚文化陶器刻画符号具有一些共同特点。

其一,在良渚文化中,少量的字符图案或符号既出现在陶器上,也出现在玉器上。比如出现在陶器器盖和盘面上的、重复率较高的飞鸟图案,如图5-55,1所示符号,也发现在玉琮的射口之上(图5-55,2);又发现在石耘田器A面图案上部符号(图5-55,3)。再如在塔地一件泥质黑皮陶圈足罐肩部和下腹部发现的"台形"符号,如图5-55,4所示,就与玉璧上被称为"灯台""三层台"的右侧符号或图案相同(5-55,5)。在马桥遗址一件泥质黑皮陶杯把手外侧发现的八角星纹符号,如图5-55,7所示,就与江苏吴县澄湖发现的黑陶鱼篓形罐上的记号组合中的右侧第1个符号相同(图5-55,6之1)。而且,被称之为"八角星纹"的史前符号,不仅出现在良渚文化黑陶器上,还出现在更早的崧泽文化陶纺轮之上;不但出现在良渚文化中,出现在山东大汶口文化和红山文化的彩陶器之上,还出现在安徽凌家滩发现的玉鹰之上。这一符号在不同地域文化中的普遍出现,正好是中国境内史前文化充分交流的符号证据之一。

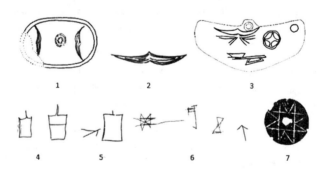

1.泥质黑皮陶盘面两侧的飞鸟符号:南湖86C3:347;2.玉琮射口处的飞鸟符号:上海博物馆藏;3.石耘田器A面符号之一:小六旺,桐乡市博物馆馆藏81-1-81;4.泥质黑皮陶残片肩部和下腹部各一个符号:塔地TN6E4H8:11;5.玉璧正面图案右侧符号,玉架山M16:22;6.黑陶鱼篓形罐记号组合之①:江苏吴县澄湖古井群J127:1;7.陶纺轮八角星纹:绰墩M19:3,崧泽文化。

图5-55　陶器、玉器、石器共用的良渚文化表意符号(图片来源:张炳火等)

---

① 邓淑苹:《良渚晚末期玉器变化及纹饰流传初探》,载《东南考古研究》第四辑,厦门大学出版社,2010年,第137页。

　　当然,陶器和玉器图案或符号完全一致的情况仅占少数,多数情况下它们陶器符号与玉器符号还是有一定区别的,这一点也应该明确。

　　其二,无论陶器符号,还是玉器刻画符号,其结构方式基本相同,两者都有符号组合现象,出现了一些类似后世文字构字部件的基本符号,如图 5 - 56 之右下角原图编号 3、5、14、25 所示就是一些基本符号,其中编号 3、5 通常被称之为"三层台"符号,一般认为这两个符号用来表示"祭坛";编号图 14 是表示"立鸟站立的长杆"符号,编号图 25 是一件表示"太阳神鸟"或"立鸟"的鸟形雕塑,可以看成是一种广义的符号。以上三种符号(编号图 3 和 5,图 14,图 25)均有单个出现的情况(如上图 5 - 54 所示),但同时又具有符号组合功能,如图 5 - 56,8、9、13、18、19 等几个组合图像就是由"立鸟""灯杆""三层台"等符号组合而成的。

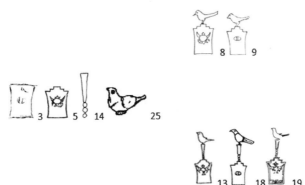

图 5 - 56　良渚文化玉器上的符号组合表意图式①

　　通过以上分析可知,在良渚文化中,无论陶器符号,还是玉器符号,无论象形符号,还是抽象记号,都大致可以区分为单个符号与组合符号两种类型,其组合形式的表意图式大都是由单一的符号组合而成的。这一现象充分说明:良渚文化的刻符已经既具有单个表意能力,也有"组合成字"的能力,甚至已经表现出一定的字符结构类型。王晖(2013)认为:"陶文是否组词成句是判断原始文字成熟的标志,这种陶文也就是最早的正式汉字。良渚文化的时代在距今 5300 至 4300 年之间,这可证明良渚文化中组词成句类的正式汉字产生在这一时期。"②我们认为,尽管以"组词成句"的能力来判断原始文字是否已经进入成熟文字阶段总体上应没有问题,但若说良渚

---

　　①　笔者注:为了方便读者查考,此处图的顺序号与图 5 - 55 顺序编号一致,特予说明。

　　②　王晖:《从甲骨金文与考古数据的比较看汉字起源时代——并论良渚文化组词类陶文与汉字的起源》,《考古学报》,2013 年第 3 期,第 283～296 页。

文化组词成句的记号组合和图画组合就是正式的汉字,尚有待进一步验证其与古汉字之间的联系,至少目前还没有找到良渚文化刻画符号与甲骨文、金文之间有直接继承关系的证据。目前为止,我们还只能说良渚刻画符号是一个复杂的符号系统,其中部分图像叙事形式和记号组合都可能有一定记录语言的功能,但并非全体符号或符号组合皆能如此。良渚文化刻画符号的性质,在总体上还是应定性为具有一定的地域特色的“原始文字”为宜,当然,相对前仰韶时期和仰韶文化早期的史前陶器刻画符号而言,良渚刻画符号显然可以看成是古汉字的直根系之一,虽然并不是唯一的根系,但却对古汉字体系形成产生了广泛而深远的影响,这一点是毋庸置疑的。

(四) 龙山时代石家河文化的地域性原始文字

在江汉平原地区的石家河文化(距今 4600～4000 年)肖家屋脊和邓家湾两个遗址中共发现了陶器刻符 55 个,其中的 48 个符号发现在泥质灰陶大口尊的腹部,其余 7 个符号分别出现在陶缸的腹部、高领罐的肩部和残陶片之上。“这些符号以象形符号为主,大多以简练的笔画勾勒出某一事物的外部形态。一件陶器上只有一个符号,而且绝大多数为单体符号,少数几个为合体符号。”[1]郑中华按其形状将 55 个符号中比较清晰的 45 例符号归为15 类,其中有容器、农具、纺织工具、自然现象等,如图 5-57 所示。

与龙山时代其他地域文化发现的陶符相比,石家河文化的陶符不但象形程度较高,而且具备较为明显的符号传播踪迹,反映出龙山时代各相邻史前文化之间的文化交流频繁发生乃至辐辏中原的文化现象。石家河文化的符号载具及其上的符号形态似乎都与大汶口—龙山、崧泽—良渚、中原龙山文化王湾三期文化符号的情况有许多牵连,如图 5-57,1 之 1～3、10～11,图 5-57,2 之 1、20 就与大汶口文化陶缸上发现的象形符号相近;图 5-57,2 之 8～10 则与良渚文化玉器和陶器上的部分符号形体近似。除此之外,在石家河文化中,图 5-57,1 之 4～5、8～9 等几例符号,即是对该文化数量众多的红陶斜腹杯实物的描摹,参见图 5-32,6。

龙山时代石家河文化不但发现了 55 个陶器符号,还伴随出土了数量庞大,种类繁多的陶制小动物偶。这些陶偶跟原始巫术——宗教观念密切相关,“陶偶的功用,应属巫术活动中的施术用品,反映出石家河文化巫术的盛行和活跃,并可能已有较复杂的仪式。”[2]

---

① 郑中华:《论石家河文化的刻划符号》,《江汉考古》,2000 年第 4 期,第 54 页。
② 任式楠:《长江中游新石器时代的显著成就和特色文化现象》,《江汉考古》,2001 年第 1 期,第 48 页。

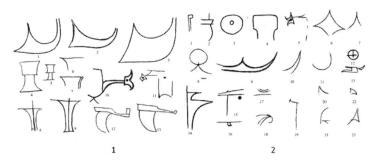

1.其中之 1.邓 AT302 - T30 陶尊遗迹;2.肖 JY5;3;3.肖 B34②;80;4.肖 H57;15;5.邓 H2;6.肖 AT1720③;9;7.邓 AT508③;8.邓 AT302 - T304 陶尊遗迹;9.邓 H65;10.邓 AT3060②下陶尊片层;11.肖 JY4;2;12.邓 AT302 - T304;13.邓 H18;2.其中之 1.肖 AT1704②;8;2.肖 AT1818③;3;3.邓 AT35④;4.肖 AT1219②;70;5.邓、肖 JY5;2;6.肖 JY5;2;7.肖 AT2021③;28;8.肖 H327;3;9.肖 AT812③;10;10.肖 ATA2022④;85;11.F12 灶;12.肖 ATA2021③;28;13.肖 H424;1;14.肖 H489;50;15.肖 ATA1924⑤;4;16.肖 AT3406③;64;17.肖 ATA1920⑤;94;18.肖 ATA3406④;5;19.肖 H457①;89;20.肖 H457①;4;21.肖 ATA1717④;91;22.肖 H450②;42;23.肖 H450②;43。

图 5 - 57 石家河文化原始文字(图片来源:郑中华)

除了数量巨大的陶偶,在石家河文化的瓮棺中还发现了作为随葬品的玉人头像以及虎头像、玉蝉、玉龙、玉凤、玉鹰、玉羊、玉鹿等像生动物小雕像,这些玉人和玉制小动物雕像都是石家河文化中的"玉神器",它们生前被佩戴在巫师的身上,作为通神的用具,死后随葬。张绪求指出:"石家河文化中出土的人面雕像,个个穿戴整肃,仪态不凡,有的还戴着兽角形的头饰,这些人看来并不像是普通的部落成员,倒有可能是巫觋一类的宗教人物。古人大概认为,挂戴这些人像,便可以依靠他们,沟通人和神的关系,从而得到神灵的庇护。至于龙、凤、兽、蝉等动物形象,则有可能是巫师通神的工具。"[1]相关讨论参见第四章第三节。因此,若综合考虑石家河文化上述玉神器、陶偶及其瓮棺葬习俗,则该文化瓮棺上的刻画符号的性质应该是具有一定地域性的原始文字。

总之,如果我们承认社会发展程度是文字系统形成的先决条件之一,并且充分关注仰韶晚期—龙山时代广泛发生的跨文化交流现象,那么也应该承认,汉字系统的形成和建立最有可能出现在距今 5300~4000 年的仰韶晚期—龙山时代,汉字最有可能的直根系应在中国境内中原地区和东南地区的中原龙山文化、江南良渚文化、山东龙山文化,甚至包括西部的老虎山文

---

① 张绪求:《石家河文化的玉器》,《江汉考古》,1992 年第 1 期,第 60 页。

化、齐家文化等史前考古学文化之中。

汉字系统的形成最可能实现的途径应是兼容并蓄各史前文化的众多符号，并在此基础之上加以改进扩充，乃至发扬光大。因此，针对汉字字符来源的研究，应该紧紧围绕仰韶文化晚期—龙山时代以上几大考古学文化类型，以及以上所述几大史前文化的交流与互动情况展开，而不是漫无目标地四处寻找与往上追溯。换句话说，如果我们认可汉字的传承与中华文明的延续具有高度的一致性，那就应该看到，仰韶文化晚期—龙山时代中原和周边各大史前文化的激烈碰撞与迅速融合，以及其符号的交流借鉴、吸纳融汇才是促使中华文明形成和汉字体系出现的最根本原因。

第四节　商代陶文

许多年前，高明先生在讨论陶符与汉字起源的关系时，指出了"陶文"与"陶符"的区别，并列出了两者不同的理由：其一，"文字必须在一定的社会经济条件下产生，新石器时代母系氏族内部不能产生文字"；其二，"文字与语言结合并表达语言，陶符不能表达语言"；其三，"文字随着语言不断发展，陶符孤立存在停滞不前"；其四，"陶符与文字是两种不同的事物，各有不同的用途"。[①] 现在看来，高明先生列出的第一、二条理由强调文字系统产生的社会经济条件和文字的记语性质，仍然是区分"陶符"与"陶文"的关键所在，应在略微修正的基础上予以重申并坚持，但先生提出的第三、四条理由似可进一步商榷。[②]

应予部分修正者如下：其一，即使新石器时代母系氏族社会尚不能产生成熟文字，但也会有文字萌芽出现，即便是保守的估计，大汶口文化晚期的象形文字、良渚文化的记号组合，龙山时代中原腹地二里头遗址的陶文，陶寺遗址的朱书陶文等，即便它们还都有一定的地域性质，但已经是明确的原始文字了。如果把时间延伸到殷商时期，则殷商社会完全具备成熟文字出现的社会条件，并且已经出现了甲骨文、金文等成熟文字，显然不能从理论上否认"商代陶文"存在的可能性。其二，"文字与语言结合并表达

---

① 高明：《论陶符兼谈汉字的起源》，《北京大学学报》。1984 年第 6 期，第 52～56 页。

② 此一部分内容已经以《论"商代陶文"应单独列为一系——兼谈"陶文"与"陶符"的区别原则》为题公开发表在《中国文字学报》第十二辑，商务印书馆，2022 年，第 21～32 页；该文全本又见黄亚平：《汉字与文明研究》，中国社会科学出版社，2022 年，第 102～126 页。本节又做了进一步地补充与完善。

语言"的表述不够清晰,文字与语言结合到什么程度才算是"结合"？如果承认部分商前期陶文已经是与甲骨文、金文形体近似的早期汉字,难道它们没有"表达语言"的能力吗？由此可知第二条原则的表述不够完善,需要略作修正,若修正为"有限记语性"原则,或许更接近商代陶符和陶文的事实。

似可商榷的内容如下:其一,就考古发现的商代"陶符"和"陶文"的实际材料来看,"陶符"和"陶文"并非界限明晰、用途不一的"两种不同的事物",两者之间始终存在着相互纠缠的情况,很难截然划分为互不相容的两大符号系统。而且,即便"陶符孤立存在",那至少也是一个独立的符号系统,其系统内部同样存在符号发展演变的现象,不应出现"孤立存在停滞不前"的情况。从实际材料观察,所谓的"商代陶器符号"应是一个庞杂的符号混合体,其中既有各类标记符号,又有数字符号,还有部分文字。这些不同性质和功能的符号或文字,有可能是陶器生产者制造陶器时留下的种种记号或记数符号,也有可能是陶器所有者家族的标记徽号,虽然它们承担的符号功能各不相同,但相互补足,共同构成"商代陶器符号"这一庞杂的符号混合体,并非界限明晰,互不相干的两种事物。其二,我们在讨论商代汉字的发展和演变问题时,显然无法排除"商代陶器符号"与商代通行汉字之间的关联性。黄德宽指出:"从小屯陶文与成熟的甲骨文系统的关联性,我们有理由认为已发现的商代前期各批陶文对探讨当时文字系统的发展都具有标本价值,由这些标本我们可以推断商代前期应该有一个广泛流行的文字系统,并且殷墟甲骨文应该是这个系统的进一步发展和完善,他在商代前期的发展水准已与甲骨文系统相差不远。"①

无论从社会发展程度、汉字体系形成并普遍应用这一客观事实出发,还是从文字的记语性来判断,整个商代都已经存在一个广泛流行的文字系统并且通行于商王朝示例范围之内,这个通行于殷商王朝统治势力范围之内的文字系统应由许多部分组成,其中包括甲骨文、金文、陶文和可能存在的竹简书等。"商代陶文"应是广泛流行的商代通行文字系统的重要组成部分之一,并且在商代通行文字中出现较早。既然商代陶文已经是一种较早出现的、系统性的存在,那就应该专门独立出来,与甲骨文、金文和将来可能会发现的商代竹简书等商代文字并列,作为成熟汉字或汉字体系形成早期的活水源头来对待。

为了方便下面的讨论,我们在这里尝试提出区分殷商陶文和陶符的三

---

① 黄德宽:《殷墟甲骨文之前的商代文字》,载《汉字理论丛稿》,商务印书馆,2006年,第13页。

条原则：

其一，字符传承原则，凡字符来源清楚、符号传承链条明确，且能在同时代的成熟文字（甲骨文、金文）中找到相对应符号者，可视为陶文；相反的情况，则仍可视为地域性的标记符号。在这里，我们需要特别强调"表意文字"体系的普通文字学价值。"记语性"原则作为文字体系或成熟文字性质的判定标准是合适的，但却未必完全适用于表意文字体系，尤其是早期表意文字性质的判定。在表意文字体系中，符号的性质更多受制于符号出现的语境和符号功能，而非符号的记语能力。可以说，在文字史上，"符号"与"文字"混同的现象越早越严重，只是发展到了成熟文字时期，其间的畛域才逐渐分明起来。对于早期"表意文字"体系而言，某一符号若被置于一定的语境之中，用于记事，有了相对固定的读音，它就是"文字"；即使是同一个符号，但若将其置于器物的某些显著位置，用于装饰和表现美感，在这种情况下它就有可能是具有装饰功能的图案。至于究竟是记语的"文字"还是装饰性的"图案"，尚不能完全固定，而是根据使用者赋予其什么样的功能，将其置于何种语境来加以确定。此一现象在我们上节讨论良渚文化单个象形符号和象形符号组合时已经遇到过，此不赘述。

其二，从第一条原则，我们推出第二条原则，即"有限记语性"原则。记语的成熟文字或文字系统是社会发展到一定阶段的产物，只有社会发展到较高阶段，出现了类似国家形态的社会组织，需要动员更多社会人群参与大规模的社会活动之时，才有可能诞生记语的文字系统并使用成熟文字，具体表现为文字能够有效地记录语言，并形成文本。而在史前社会和部落社会的语境中，在一定范围内反复出现和使用且形义俱全的符号，无论单个的，还是偶尔"成串"的符号，即便达到了地域性原始文字的程度，已经能够部分满足当地社会的需求，也不适合使用成熟文字的标准来加以衡量。很显然，对早期表意文字使用成熟文字的标准来加以衡量并不恰当，但若使用"有限记语性"原则，则没有问题。

其三，若要确立殷商陶文，则还需要提出第三条原则，即"时空符合"原则。即凡在殷商王朝统治势力范围内发现的商代陶符，才具备我们所说的"商代陶文"的资质；而在殷商时期众多相对独立的方国或边远之地发现的陶文或符号，其符号性质则要视其与中原殷商文化的亲疏远近来加以确定。凡受殷商王朝影响较大，与其存在明确的朝贡关系者，其陶文应具有殷商陶文的属性；反之，受中原殷商文化影响较少者，地域特色明显者，则仍可视为地域性标记符号，而不应看作商代陶文。

基于此,我们将"商代陶文"单独列为一系,并将其暂分为"商代前期陶文"与"商代后期陶文"两类,分别讨论,以求教于大方之家。

一、商代前期陶文

"商前期陶文"是指二里头商早期至殷墟(距今约 3600～3300 年)的商代陶文,包括中原腹地的河南偃师商城、郑州商城二里岗期、郑州小双桥等遗址,以及河北磁县下七垣、河北藁城台西、江西清江吴城、江西新干大洋洲等考古遗址出土的陶文。

距今约 3600 年的河南偃师商城为商早期的都城遗址,许多学者认为偃师商城即史书记载的"成汤灭夏"后始建都城"西亳"。1984 年,在偃师商城的宫殿遗址考古中发现了两例刻画符号,如图 5-58 所示。[①] 其中,图 5-58,1 是在一件夹砂灰黑陶鼎口沿内侧刻画的"↓"形符号;图 5-58,2 是另一件件泥质灰黑陶杯器身中部外壁上刻划的"↑"形符号。这两个符号出现在陶杯和陶鼎等日用器皿之上,而非用于葬具的大型陶瓮、陶缸或大口尊之上,符号形态与二里头遗址夏代晚期同类陶器的符号一致,其性质已经是标记器物所有权的记名陶文"俞"和"矢"字。

1 **2**

1. 夹砂灰黑陶鼎口沿内侧符号:J1D4H24:52;2. 泥质灰黑陶杯器身外壁符号:J1D4H36:I。

图 5-58 偃师商城记名陶文

距今约 3500 年的郑州商城实际上是商代前期的一个遗址群,该遗址被认为是商王仲丁建立的"隞都"。[②] 考古发掘地点包括二里岗、南关外、白家庄、铭功路西侧、紫荆山北、人民公园等多处。其主要考古内涵是距今3500 年左右的商前期(二里岗期)文化。2001 年出版的《郑州商城》考古报告将二里岗期遗存分为下层和上层两个文化层,下层文化是从夏末到商代鼎盛期的文化遗存,上层文化则是从商代鼎盛期到"武丁中兴"之前

① 中国社会科学院考古研究所河南二队:《1984 年春偃师尸乡沟商城宫殿遗址发掘简报》,《考古》,1985 年第 4 期,第 329～330 页。

② 安金槐:《试论郑州商代城址——隞都》,《文物》,1961 年第 4～5 期。

的文化遗存。①

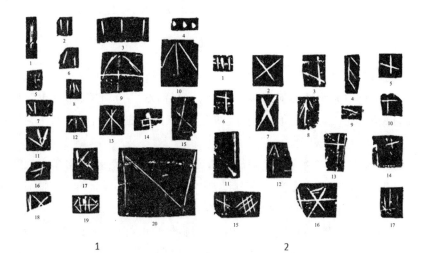

图1之1. C1H2：107；2. C1T18②：145；3. C5H19：18；4. C1H5：49；5. C1T18②：141；6. C5T91③：26；7. C5T90③：65；8. C1T8②：107；9. C1T13②：8；10. CIH13：90；11. C1T37②：109；12. C1T18②：148；13. C5T94③：97；14. C5T91③：26；15. C1T4①：68；16. C5.3T302②：86；17. C1T13②：4；18. C5T94③：93；19. C5T56②：29；20. ZWH4：6（1、2、4、5、8～12、15、17. 二里岗遗址；3、6、7、13、14、16、18、19. 南关外商代遗址；20. 郑州卫生学校；图2之1. C1T18②：14；2. C1H15：40；3. C11T106③：170；4. C1H17：138；5. C11T103③：117；6. C1H17：19；7. C1T37②：110；8. C5T89③：40；9. C1T18②：174；10. C1T4①：59；11. C1H2：107；12. C1T4①：68；13. C1H12：61；14. C5.2T203②：14；15. C5T86③：39；16. C1H13：9；17. C1T18②：143（1、2、4、6、7、9～13、16、17. 二里岗遗址；3、5. 铭功路制陶遗址；8、14、15. 南关外遗址。②

图5-59　商代二里岗期下层二期陶符和陶文

据考古报告，在下层二期大口尊口沿内侧刻有数十种陶文和陶符，如图5-59所示。虽然仍有不少陶符或难以释读的符号混杂其中，但已经有一部分符号与二里头陶文，甚至龙山时代的原始文字存在形体上的联系，如图5-59,1之10、11、13、14,图5-59,2之8、9、10、12等；另有许多表示原始数字的陶文。

二里岗期上层一期的大口尊口沿内侧同样发现数十种刻画符号，而且许多符号与下层二期陶文相同。除较多的抽象符号之外，二里岗期下层和上层陶文中已经有一部分图像表意式的象形文字，如矢、木、网、龟（鼋）等字，

　　①　河南省文物考古研究所：《郑州商城：1953～1985年考古发掘报告》，文物出版社，2001年，第5～6页。

　　②　同上书，第657～659页。

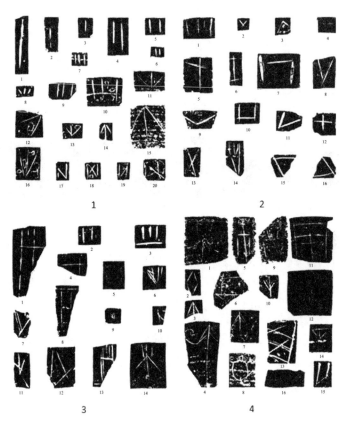

图 5 - 60,1 之 1. C1T18①:205;2. C5. 2T201①:78;3. C5. 2T201①:81;4. C1T18①:206;
5. C7T37②:176;6. C5T11①:26;7. C1T18①:147;8. C7T37②:181;9. C5. 2T203①:14;
10. C7T37②:182;11. C5. 2T201①:84;12. C1H13:17;13. C5. 2T201①:83;14. C5.
2T201①:82;15. C1H13:90;16. C5T92②:80;17. C5. 2T201①:85;18. C5. 3T302①:86;
19. C5. 2T201①:86;20. C5T90②:41(1、4、7、12、15. 二里岗遗址;2、3、6、9、11、13、14、16~
20. 南关外遗址;5、8、10. 人民公园遗址);图 5 - 60,2 之 1. C5T90②:65;2. C5. 1T201②:
94;3. C1T21①:21;4. C5. 3T302①:87;5. C5T90②:66;6. C1H1:6;7. C5T90②:40;8.
C5. 2T201①:78;9. C1T18①:140;10. C5. 2T202①:33;11. C5. 1H124:9;12. C1H13:26;
13. C5T51①:34;14. C5T94②:97;15. C1H1:61;16. C1H1:62(1、2、4、5、7、8、10、11、13、
14. 南关外遗址;3、6、9、12、15、16. 二里岗遗址);图 5 - 60,3 之 1. C1H13:6;2. C5175②:
13;3. C1T52①:19;4. C5. 2T201①:70;5. C1H6:7;6. C7T37②:126;7. C5T90②:64;8.
C5T51①:34;9. C5T90②:41;10. C1H13:7;11. C5T94②:87;12. C1T4①:67(1、3、5、10、
12. 二里岗遗址;2、4、7~9、11. 南关外遗址;6. 人民公园遗址);图 5 - 60,4 之 1. C5T90
②:42;2. C5T90②:63;3. C5. 3T302①:102;4. C7137②:173;5. C5T90②:44;6. C5.
2T201①:68;7. C7T37②:172;8. C8T11③:152;9. C5T90②:42;10. C5. 2T202①:33(1
~3、5、6、9、10. 南关外遗址;4、7. 人民公园遗址;8. 商城宫殿区)。

图 5 - 60　商代二里岗期上层一期陶符和陶文

如图5-61,1~4所示。此外,在郑州市法院内出土的陶文也发现了两例象形文字"鸟""目",如图5-61,5~6所示。实际上,还有许多文字并没有被释读出来。黄德宽指出:(二里岗期)"这些陶文有一些是记数的数字,下层二期与上层一期不少是重复的,如'一、二、三、四、五、六、七、十'等;有些是象形字,如'矢、木、网、龟、臣、鸟'等;有些虽不可识,但应属于文字一类。"①

1.矢字:二里岗期下层二期 C5T89③:40;2.木字:二里岗期下层二期 C5T94③:97;3.网字(右侧):郑州南关外 C5T86③:39,二里岗期下层二期;4.龟(鼃)字:二里岗期上层一期 C8T11③:152;5.鸟字:郑州法院内 ZFH1:45;6.目(臣)字:郑州法院内 ZFH1:46。

图5-61　二里岗期部分象形文字

陶文之外,二里岗遗址还出土了两件商代字骨,其中一件是牛肋骨,骨长7.3厘米,宽3.8厘米,厚0.3厘米,经中国社会科学院考古所专家鉴定为商代习刻字骨,肋骨上习刻有10字,隶定后为"**又屯土羊乙贞从受十月**",其"字迹和安阳小屯殷墟出土的甲骨文很相近";另1件是牛肱骨,骨上刻有一字,经考古所鉴定为"**屮**"字,②如图5-62所示。

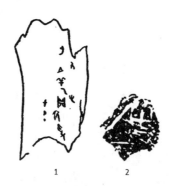

1.肋骨刻字,郑州二里岗遗址;2.肱骨刻字"**屮**":郑州二里岗遗址 T30。

图5-62　二里岗遗址骨刻文字

从以上材料可知,在郑州商城遗址二里岗期陶器刻画符号中,已经实际

---

① 黄德宽:《殷墟甲骨文之前的商代文字》,载黄德宽:《汉字理论丛稿》,商务印书馆,2006年,第11~12页。

② 河南省文化局文物工作队:《郑州二里岗》,文物出版社,1959年,第38页。

出现了许多早期汉字,不但有数字、抽象符号、象形字,而且还发现了成句的骨刻文字,"不仅表明二里岗期商代文字已能记录语言,而且更将殷墟甲骨文的源头直接追溯到商代前期。"①因此,应将二里岗期陶文纳入古汉字范畴之中,其性质应归属于商代陶文,并作为古汉字的活水源头来认真对待。

郑州小双桥遗址(距今 3400 年左右)约当商代中期早段,大致比殷墟遗址早 100 年左右。在小双桥遗址宫殿祭祀区灰坑、灰沟内发现了 16 件祭祀用的大型、小型陶缸残片,部分残器可以复原,在陶缸的口沿、腹部和内壁位置发现了一些朱书陶文,朱书陶文多为单字,但也有少数 1 个字以上朱书文字。宋国定将其区分为三类:第一类,数字,如图 5 - 63,1～3 标本 T74④:21 的"二"字、标本 H100:16 和标本 H51:9 的"三"字,这些数目字均在口沿位置,字体与缸体方向互相垂直;第二类,象形文字或徽记类,如图 5 - 63,4～14 标本 H101:1 大型陶缸口沿外正面人形的"天"字,标本 185:1 器表腹部的鸟形徽记,以及动作的象形如标本 H81:1,不明意义的象形如标本 H50:4,标本 G3:62(宋国定释读为"旬"字),等等,"这些象形文字构成了商代中期早段朱书中以象形文字为主的特色,其中有些象形文字显然又具有徽记意义,有的甚至可能与族徽有关。"②第三,其他类,这类字应有一定意义,但意义如何,目前尚不明确,此类字如标本 H100:17 大型陶缸口沿内壁朱书文字、标本 T92④:1、G3:234、G3:235、H29:51、H29:52,等等。

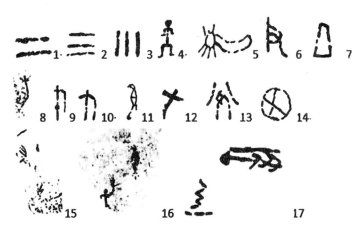

1. T74④:21;2. H100:16;3. H51:9;4. H101:1;5. 185:1;6. H81:1;7. H50:4;8. G3:62;9. H100:17;10. T92④:1;11. G3:234;12. G3:235;13. H29:51;14. H29:52;15. H43:21;16. H165:1;17. T105③:01。

图 5 - 63　小双桥遗址商前期朱书陶文(图片来源:宋国定)

_____

① 黄德宽:《殷墟甲骨文之前的商代文字》,载《汉字理论丛稿》,商务印书馆,2006 年,第 11 页。

② 宋国定:《郑州小双桥遗址出土陶器上的朱书》,《文物》,2003 年第 5 期,第 43 页。

单字之外,小双桥朱书陶文中还发现了 3 件多个字符的标本,如图 5 -
63,15～17 所示。其中,在标本 H43:21 腹上侧有两行三个朱书文字,应构
成某种特定意义。左上方的那个朱书文字,宋定国释为"帚"字;标本
H165:1 上腹部绳纹表面发现的两个朱书文字,右上方的那个字宋定国释
读为"东"字,左下方的那个字释读为"夭"或"走"字;标本 T105③:01 弦纹
间有三个朱书文字,已局部残缺。小双桥文字的性质及其与甲骨文金文的
关系,宋国定指出:"小双桥朱书文字与甲骨文、金文是属于同一体系的古代
文字,明显早于甲骨文和金文,是中国古代文字早期发展过程中的一个重要
阶段。……小双桥的朱书文字与甲骨文、金文之间有着比较密切的内在联
系,有的还存在着明显的承袭关系。"①

曹建敦认为图 5 - 63,4 朱书陶文"天"字应是"天"族的徽记,"'天'族在
商代前期已经存在,且和商王室关系密切,当系一重要族氏";图 5 - 63,8 朱
书陶文"东"字应是"东"族所在之地。郑杰祥考证"东地"在今天的河南濮阳
一带,为《左传·定公四年》所云'取于相土之东都'的东都";图 5 - 63,16 右
一字朱书陶文是"吴"字,当指族名;图 5 - 63,9 大型陶缸上的朱书陶文"尹"
字,应是指商前期"尹"族。并指出:"小双桥陶器上的朱书文字和甲骨刻辞
或青铜器铭文记载氏族相互印证,表明上述文字为族氏的标记,为我们探索
殷商以前的族氏提供了难得的材料。"另,他还将小双桥遗址出土的朱书数
字解释为"祭祀位序",认为"这些朱书陶文当与祭祀活动有关系,极有可能
是表示祭祀活动中器物陈列的位序。"②何崝认为:"小双桥朱书文字在后来
的甲骨文和商周金文中大部分都可找到相似的字形",他还用表格的形式将
小双桥朱书文字与殷墟甲骨文和商周金文逐一加以比较,并将图 5 - 63,8
(标本 G3:62)朱书陶文释读为"旬",将图 5 - 63,9(标本 H100:17)朱书陶
文释读为"犬"字。③ 小双桥遗址发现的朱书陶文和多个字符组成的符号组
合,显然是与殷商甲骨文、金文一脉相承的商前期陶文。

除了朱书陶文,小双桥遗址同时发现了许多陶符,其中同样夹杂一些文
字。马保春等人汇总了 1995 年、1999 年、2000 年小双桥遗址三次考古发掘
的 48 件有刻符陶器,并对符号作了初步的释读,如图 5 - 64 所示。他把两
件陶缸腹部器表腹部的符号和一件陶缸腹部内壁的符号,即图 5 - 64,1～3
(标本 99ZXM20:9、标本 99ZXIXT203③:02、标本 99ZXIXH42:26)释读为
"像是一个目形";将图 5 - 64,4(标本 95G3:25)陶盆口沿上的陶符释读为

　　①　宋国定:《郑州小双桥遗址出土陶器上的朱书》,《文物》,2003 年第 5 期,第 43 页。
　　②　曹建敦:《郑州小双桥遗址出土陶器上的朱书文字略探》,《中原文物》,2006 年第 4 期,第
35～36 页。
　　③　何崝:《汉字起源研究》,巴蜀书社,2011 年,第 443～447 页。

"像是矢形";将图 5-64,5~10(标本 99ZXⅣT132④:12、00ZXVT135④A:529、00ZXVT135④A:544、00ZXVT197④A:183、00ZXVT129④A:54、00ZXVT135④A:390)等六件器物上的陶符释读为"三竹叶(草叶)形符号";将图 5-64,11~13(标本 00ZXVT129③:3、00ZXVT135④A:528、00ZXVT53H60:64)等三件器物上的符号释读为"斜交十字形";将图 5-64,14~17(标 95ⅣT194④:2、00ZXVH96:9、99ZXIXH63:9、95GHO3:3)等四件器物上的符号释读为"垂直相交十字形"。认为图 5-64,16~17 的两个符号从构形上看很像简化字"艹"字头;由一条、两条、三条、四条短横线组成的符号"或许代表数字一、二、三、四,或许就是随意刻画的"。另外,马保春还讨论了一些"其他类"的符号性质,并对其中的一些符号进行了符号比对和初步的解读。通过对小双桥符号的系统整理,马保春等认为:"综上所述,郑州小双桥商代遗址发现的陶符中,由线段构成的刻画符号占多数,接近 90%,只有少数是线条构形类的符号,即象形符号。……说明郑州小双桥遗址的先民所使用的这些符号已经具有相当广泛的认同度。单从形体上看,其中有些符号已经和甲骨文、金文的字形十分相似。"[①]

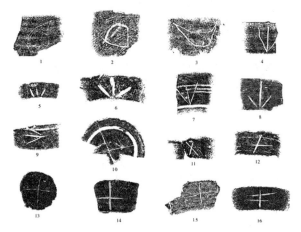

1.缸腹部器表 99ZXM20:9;2.缸腹部器表 99ZXIXT203③:02;3 缸腹部内壁 99ZXIXH42:26;4.缸口器表 99ZXⅣT132④:12;5.豆口沿沿面 00ZXVT135④A:529;6.豆口沿沿面 00ZXVT135④A:544;7.罐肩部磨光处 00ZXVT97④A:183;8.盆口沿沿面 00ZXVT129④A:54;9.瓮肩部 00ZXVT135④A:390;10.缸底部外侧 00ZXVT129③:03;11.豆口沿沿面 00ZXVT135④A:528;12.豆口沿沿面 00ZXVT53H60:64;13.缸底部 95ⅣT194④:2;14.盆口沿沿面 00ZXVH96:9;15.盆口沿沿面 99ZXIXH63:9;16.豆口沿 95GHO3:3。

图 5-64　小双桥遗址陶符与陶文(图片来源:马保春等)

① 马保春等:《郑州小双桥商代遗址陶符研究》,《文物》,2012 年第 1 期,第 62 页。

早在商王朝的鼎盛阶段,殷商王朝的势力就已经辐射到中原之外的广大区域,如河北南部、长江流域、西北东部、四川盆地等地,在这些区域同时还有诸多殷商时期的方国,它们与商王朝存在或近或远的关系。

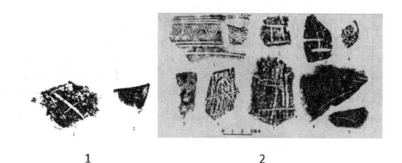

1.其中之1.H99:1235;2.T1③:1439,河北磁县下七垣遗址第三层;2.其中之1.T8②:1460;2.T3②:1442;3.T13②:1443;4.纺轮(M17);5.窑具(T10②:1449);6.T10②:1450;7.14②:580;8.T17②:1452;9.T13②:1447,河北磁县下七垣遗址第二层。

图5-65　河北磁县下七垣遗址商前期陶符和陶文

河北磁县下七垣遗址从上而下共分四层,地层叠压关系清楚。最底部的第四层为二里头文化层,其文化属性大体上属于"先商文化漳河类型"。其余三层为商代文化层,其中第三层为早商层,第二层为中商层,第一层为晚商层。在河北磁县下七垣遗址1~3层遗存中,在残陶片上发现部分"陶文或记号",[①]如图5-65所示,但考古报告并未具体释读。实际上,下七垣遗址出土的部分符号不但与郑州商城、郑州小双桥陶文相似,而且跟甲骨文、金文也有形体上的联系,如图5-65,2~5"矢"字,2~7"戈"字等。

河北藁城台西遗址分早、晚两期,早期相当于郑州二里岗上层或稍早,属于商代前期;晚期接近于殷墟遗址早期,属于商后期的早段。在该遗址早晚两期墓葬中还伴随出土了许多经过修整和钻凿的卜骨和卜甲,出土遗物的基本面貌既与安阳殷墟、郑州商城遗址有许多共同点,同时与江南地区一些商代遗址也有一些联系。与磁县下七垣遗址出土陶符相比,藁城台西遗址出土的陶符虽然数量不算很多,但却是与殷墟陶文密切关联的商前期陶文的代表。季云首先汇总了1973发掘的十二件有字陶片,并对陶文进行了初步的释读,认为图5-66,1之1灰陶肩部的符号是"止"字,2也是瓮肩部"止"字,3灰陶豆圈足"刀"字,4也是灰陶平底器下"刀"字,5黑陶簋口沿"臣"字,陶豆腹部"巳"字,7灰陶残片"鱼"字,8灰陶罐中部"四足兽形",9灰陶罐中部"屮"(或"干"字),10黑陶簋口沿内壁近口处"大"字,11瓮肩部

① 河北省文物管理处:《磁县下七垣遗址发掘报告》,《考古》,1979年第2期,第196~205页。

表面"矢"字,12磨光黑陶片表面N形,字形不全,不能辨识。他指出:台西陶文比郑州陶文前进了一大步,且与殷墟同类陶文存在一定的承袭关系。台西陶文的发现在一定程度上弥补了人们对武丁以前商代文字的认识缺憾,反映了商代前期文字的基本面貌,正是殷墟文字的前行阶段。[①]

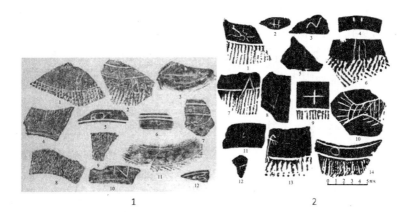

1.其中1.T7:0126;2.T10:0119;3.T6:010;4.T8:028;5.T10:095;6.M51:01;7.T7:020;8.T6:011B;9.T6:011A;10.T9:037;11.T9:038;12.T9:033;2.其中1.T11:016;2.T12:038;3.T5:08;4.T10:0182;5.F8:010;6.T5:085;7.T8:052;8.T7:08;9.M109:1;10.T17:14;11.TI:057;12.F14:30;13.H1:01;14.T17:07。

图5-66　藁城台西遗址商前期陶文

1979年发表的台西遗址考古简报又发表了14件有字陶片,"在遗址早晚两期居址中发现七十七件陶器上刻有文字和符号。……文字、符号都是陶器未烧前用竹、木刀刻上去的。一般只有一个单字或符号,也有两个字和符号的。"[②]据考古报告,图5-66,2之1是罐颈部的"X"字,2器底"丰"字,3器底"乙"字,4豆唇部"二"字,5豆盘内"五"字;6瓮肩部"三"字,7鬲颈部"六"字,8罐内壁"九"字,9罐颈部"×"字,10罐内壁"鱼"字,11罐口沿"卜"字,12器底部"肉"字,13瓮肩部"戈"字,14瓮肩部"丁"字。经以上两文释读的台西陶文,除去重复字以外,共有"止、刀、臣、巳、贯(干)、大、矢"X、丰、乙、二、五、三、六、九、×、鱼、卜、肉、戈、丁"等21个单字,它们都是殷墟文字之前的商前期的陶文。

江西清江(今樟树)吴城遗址同样发现了数量较多的商代陶符和陶文。1973年冬至1974秋,江西省博物馆等单位对吴城商代遗址进行了三次考

---

① 季云:《藁城台西商代遗址发现的陶器文字》,《文物》,1974年第8期,第50～53页。
② 河北省文物管理处台西考古队:《河北藁城台西村商代遗址发掘简报》,《文物》,1979年第6期,第37～38页。

古发掘。根据出土文化遗物的不同,考古报告将吴城商代遗址初步区分为早、中、晚三期:吴城一期早于殷墟,约当商代前期;二期相当于河南安阳殷墟文化早、中期;三期相当于商代晚期。在吴城全部三期文化层中均发现了商代的陶器和石范文字。

吴城遗址前三次考古共发现有字陶片 38 件,陶符和文字 66 个,这些文字和符号多用刻划和戳印的方式,施于器物的口沿、肩部和底部。其中,吴城一期出土 14 件陶器和石范,计有 39 个文字和符号,但数量分布不均,最多的一件泥质黄釉陶罐肩部达到 12 字,又有 7 字、5 字、4 字、1 字等不同情况;吴城二期出土 16 件陶器和石范,计有 19 个文字和符号,其中单字有 15 例,刻 2 字者仅有两例。据我们的粗略统计,在该遗址前三次考古发掘的吴城一期、二期(商前期)陶文和符号中,除去多字和多符的情况,单字陶文和陶符计有 21 例,其中已识陶文约 10 例,其余未识,如图 5 - 67 所示。其中,图 5 - 67 之 1,2 为记数文字"五",14 为记数文字"七";4 为"俞"字,10 为"刀"字,11 为"曲"字,12 通"有"和"又"字,15 为"州"字,16,17 为"戈"字。[①]

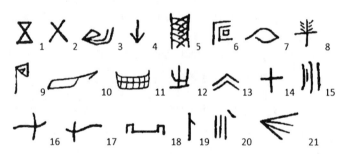

1～9 吴城一期,其中,1.74 秋 T7⑤:79;2.74 秋 T7⑤:57;3.74 秋 T7⑤:42;4.74 秋 T7⑤:44;5.74 秋 T7⑤:40,41 等三件;6.74 秋 T7⑤:41;7.74 秋 T7⑤:60;8.74 秋 T7⑤:80;9.74 秋 T7⑤:18;10～21 吴城二期,其中,10.74ET10③:19;11.74ET13H6:25;12.74ET6H2:17;13.74ET13H6;14.74ET9③、④等三件;15.74ET10:56;16.73T6③;17.73 正 Ml;18.73 杨 H2:3;19.73T4⑤;20.73T4⑤;21.74WT4②。

图 5 - 67 吴城遗址前三次发掘出土的商前期单字陶文

1975 年,江西省博物馆等单位对吴城遗址进行了第四次考古发掘。在这次发掘中,又在 63 件陶器和石范上发现了 77 个文字和符号,其中属于一期的 10 件(片)有 10 个字或符号,二期 43 件(片)有 56 个文字或符号。第四次发掘出土的部分文字和符号,如"五、矢、在、戈、大"等与前三次相同,但也有新发现的单个陶符和陶文,在如图 5 - 68 所示的 15 个陶符中,约有 6

---

① 唐兰:《关于江西吴城文化遗址与文字的初步探索》,《文物》,1975 年第 7 期,第 73～74 页。

个符号被释读为陶文。其中,图5-68,1被认为是"两个字合书";图4被认为与甲骨文"上"字相同;图5被认为是一个"族徽";图9被认为与甲骨文"工"字近似;图11被认为与甲骨文"卜"字近似;图12被认为是甲骨文中的"亚"形族徽;其余陶文未释,但都已经是文字。吴城遗址第四次发掘出土文字和符号多数是单个的,但也有2例两个以上的符号组合,还有1例由11个组合的符号。考古报告认为:在吴城遗址的第四次发掘中又发现这么多的符号,"说明这种文字当时在江西确是广泛使用的,它与中原商文化有着密切的联系。①

1~4.吴城一期:其中1.75T5③:153;2.75T4②:209;3.74秋T7扩④:171;4.74秋T7扩⑤:172;5~15.吴城二期:其中5.75T21④:151;6.75T8②:807;7.75T8H1:818;8.75T8H3:844;9.75T7②:703;10.74T4H1:189;11.74WT10②:35;12.标本75大源T2②:774;13.标本75大源T2②:777;14.75T21②:788;15.75T6③:667.

图5-68　吴城遗址第四次发掘出土的商前期单字陶文

2005年出版的《吴城:1973~2002年考古发掘报告》对吴城遗址前后10次发掘出土的总共120件陶文和符号做了汇总和分类,首先将这些符号区分为文字(86件)、符号(33件)和图像(1件)三大类。其中"文字类"又分记事类(47个)和记数类(39个)两小类,"符号类"又分单线交叉(6件)、复线交叉(6件)、田字格(3件)、其他类(18件)等四小类,图像类仅1件,不再区分。考古报告认为:"文字类"中的4组多字陶文已经是成句的、具有记事功能的文字;记数符号已经是记数性文字;部分合文数字,如十五、五十、十六等数字通过组合可能与易卦有关。②

据考古报告,在吴城遗址一期陶文中发现了4组成句类多字陶文,如图5-69所示。其中,图5-69,1在一件灰胎黄褐釉小口折肩罐肩部刻画了12个陶文,文字呈环状排列,字体圆润疏朗,布局疏密有间;图5-69,2在一件橙红色硬陶盂饼足底部刻画了约5个陶文,左右两行对称排列文字,中间有三排穗纹,文字刻画纤细繁密,结构紧凑,布局规范有序;图5-69,3在一件浅灰色硬陶钵饼足底部刻画有7个陶文,文字呈环状排列,字体粗犷自然,笔画酣畅遒劲;图5-69,4在一件泥质陶钵底足部出现4个陶文,文字

① 江西省博物馆等:《江西清江吴城商代遗址第四次发掘的主要收获》,《文物资料丛刊》第二辑,文物出版社,1978年,第2~13页。

② 江西省文物考古研究所等:《吴城:1973~2002年考古发掘报告》,科学出版社,2005年,第375~378页。

呈左右两行对称排列,字体方正归整,笔道圆润宽深。关于这4组多字陶文的含义,唐兰、李学勤、裘锡圭等人都做了考释。其中,图5-69,1的文字,唐兰释读为"旱止豆木□帚十中"等;①李学勤释读为:"帚臣燎豆之宗,仲,七",认为"帚"是地名,"燎豆"是人名,该器物是"帚"地一个燎豆的做官的人的祭器;②萧良琼释读为:"中宗之豆,燎臣帚,七。""中宗"即仲丁之子"祖乙","燎臣"是官名,"帚"为方国,在今清江吴城附近;③饶宗颐释读为"中宗之豆,燎,臣帚七。"④图5-69,4的四个陶文分两行排列,唐兰释读左行为"帚田",右行下字为"且(祖)"字;李学勤释读为"帚田人土",并推测"帚"为地名,"田人"即官名"甸人","土"是人名;萧良琼认为:这四个陶文的意思是"在帚地的甸人之官在社庙用的祭器";黄德宽认为:"尽管对这两件陶器的文字读法和理解还可以讨论,但是有两点已成为共识:一是它们属于与甲骨文一个系统的商代中期的文字,二是器物和文字记录的内容与祭祀活动有关。"⑤至于图5-69,2和3,唐兰、裘锡圭、黄德宽等人都倾向于把它们看成是与殷商文字区别较大的、不属于商文化系统的另一种地域性文字。

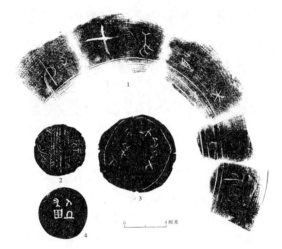

吴城一期多字陶文:其中1.1974秋QSW17⑤:46;2.1974秋QSW17⑤:58;3.1974秋QSW17⑤:51;4.1974秋QSW(采):38。

图5-69　吴城遗址出土商前期多字陶文

　①　唐兰:《关于江西吴城文化遗址与文字的初步探索》,《文物》,1975年第7期,第74页。
　②　李学勤:《谈青铜器与商文化的传布》,载《新出青铜器研究》,文物出版社,1990年,第28页。
　③　萧良琼:《吴城陶文中的"帚"与商朝南土》,载《尽心集》,中国社会科学出版社,1996年,第92~97页。
　④　饶宗颐:《符号·初文与字母——汉字树》,上海书店出版社,2000年,第57页。
　⑤　黄德宽:《殷墟甲骨文之前的商代文字》,载《汉字理论丛稿》),商务印书馆,2006年,第8~9页。

对于吴城陶文与甲骨文、金文之间的关系,学术界有不同的看法。唐兰认为:"这些字的意义还不能理解。但和由大汶口陶器文字以来,一直到商周时代的青铜器、玉石器、陶器、甲骨等文字是同一体系,是无可疑的。"①李孝定认为:"这批陶文和前此的各期陶文,及后乎此的甲骨金文,原就是一脉相承的。"②赵峰认为:(这些陶文证明)"远在公元前 11 世纪,今天的清江地区,不仅有着同中原一样发展的农业生产,而且有着同一语言、文字。"③李家和等人认为:吴城陶文和石刻文字是"当时南方地区比较普遍应用的一种商代文字"。与甲骨卜辞相比,吴城陶文和石刻文保留了较多的原始刻画因素,但其与甲骨卜辞乃至仰韶文化的刻符同属一个系统。④ 李伯谦认为:只有一部分吴城刻符与甲骨文可能具有一定关系,但多数刻符在甲骨文中未见,因此不能简单认为这些陶符与甲骨文属同一文字体系。吴城文化与中原殷商文化在商代早期偏晚的阶段就有密切接触和交流,但又保有自己的地域特色,很可能就是先越文化的一支。⑤ 黄德宽认为:"吴城陶文中确实有一部分与汉字差别较大,如一期泥质灰陶钵(74 秋 T7⑤:51)器底上的 7个文字符号、泥质黄陶盂(74 秋 T7⑤:58)器底上的 5 个文字符号,'作风比较独特,似乎不属于商文化的系统'。但是,有许多陶文无疑属于商代汉字系统,其中一些可与台西陶文相印证,一些可与商代晚期甲骨文和青铜器铭文相比勘。"⑥"吴城文字中,有与郑州二里岗 T30 出土的肱骨文字屮字,浙川下王冈 H34 所出陶豆豆把上刻画的Ⅹ字,河北藁城台西遗址出土的陶文,以及殷墟甲骨卜辞文字相似者,如有、五、土、中、祖、甲、网、田等字;但也有一些象形者,如齿、刀、矢、戈、目、月等字。很显然,它已经是比较进步的一种文字。不过,总的看来,吴城文字比甲骨卜辞较多地保留了原始因素,比如"五(Ⅹ)、在(↓)、甲(十)、木(米)"等字,在仰韶彩陶器上的刻画符号和二里冈出土的刻画文字或记号中是可以见到。"⑦

江西新干大洋洲商墓发现的 10 余例陶文出现在陶折肩罐、陶瓮、陶大口尊肩部和底部,其上的陶文与吴城二期陶文非常接近,以单字为主,重复出现较多,如图 5-70 之 5、12、13、14 的"戈"字。单字主要是"五、七、十"等

---

① 唐兰:《关于江西吴城文化遗址与文字的初步探索》,《文物》,1975 年第 7 期,第 74 页。

② 李孝定:《再论史前陶文和汉字起源问题》,载《汉字的起源与演变论丛》,台湾经联出版社,1987 年,第 217 页。

③ 赵峰:《清江陶文及其所反映的殷代农业和祭祀》,《考古》,1976 年第 4 期,第 227 页。

④ 李家和等:《江西刻划文字符号与甲骨卜辞文字》,《中原文物》,1989 年第 4 期,第 72~84 页。

⑤ 李伯谦:《试论吴城文化》,载《中国青铜文化结构体系研究》,科学出版社,1998 年,第 227~229 页。

⑥ 黄德宽:《殷墟甲骨文之前的商代文字》,载《汉字理论丛稿》),商务印书馆,2006 年,第 8 页。

⑦ 江西省博物馆等:《江西清江吴城商代遗址发掘简报》,《文物》,1975 年,第 7 期,第 60 页。

数字,如图 5-70 之 10~11、12~13、14 等,其他类型文字则较少。新干大洋洲陶文中还有 2 例多字陶文,如图 5-70、17~18 肩部出现的"戈革(?)"两字。[①] 李学勤指出:"大洋洲墓的陶器,不但形制和质地与吴城遗址所出相类,连陶文也是一致的。墓中最多见的陶文是横书的'戈',还有作'戈革'(疑为'革'字初文)'二字。吴城遗址也有这样的'戈',多为二期;'革'亦出现过,也属二期。"[②] 黄德宽指出:"新干陶文与吴城陶文的一致,既表明商代中原文明对地处长江以南的吴城地方文化的影响,也证明商代中期到商代后期早段汉字在这一区域内的广泛使用和流行。"[③]

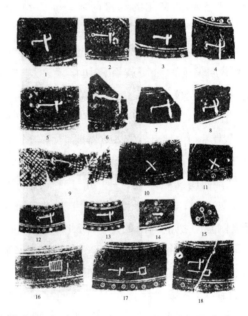

1、4、6、7、8、14.折肩罐肩部(标本 728、726、730、729、721、734);2、3、5、10、11、12、13.原始瓷罐肩部(标本 541、509、501、508、510、518、511);9.圆腹罐肩部(标本 722);15.小口折肩削腹尊肩部(标本 715);16.大口折肩尊肩部标本(537);17、18.原始瓷折肩瓮肩部(标本 534、535)。

图 5-70 江西新干大洋洲出土的商前期陶文与陶符

以上河北磁县下七垣、河北藁城台西、江西清江(樟树)吴城 1~2 期、江西新干大洋洲等考古遗址发现的陶文与陶符,尽管还有各自的地域特色,但在总体风格上已经基本趋向一致。虽然陶符与陶文仍然混杂出现,但能够

---

① 江西省文物考古研究所等:《江西新干大洋洲商墓发掘简报》,《文物》,1991 年,第 10 期,第 18~21 页。
② 李学勤:《新干大洋洲商墓的若干问题》,《文物》,1991 年,第 10 期,第 33 页。
③ 黄德宽:《殷墟甲骨文之前的商代文字》,载《汉字理论丛稿》,商务印书馆,2006 年,第 9 页。

释读的陶文越来越多。藁城遗址出土符号甚至全都是陶文,吴城遗址出土的陶文也数量很多,不但有单个的陶文,而且有多字的陶文,陶文书体风格与甲骨文、金文都比较接近,完全可以用解读甲骨文的办法进行释读。

综上可知,无论中原腹地的商前期陶文,还是中原周边的商前期陶文,都已经可以从总体上归属为商代通行文字的一部分,而且是早于甲骨文、金文的商前期文字,应将其纳入汉字发展史的研究范畴来加以研究。

在这里,我们按照同一个符号仅收一例,前期出现的符号后期不再重复收录的原则,尝试把商代各遗址出现的、经过文字学家释读的陶文汇集在一起,供读者参考。见图 5-71。

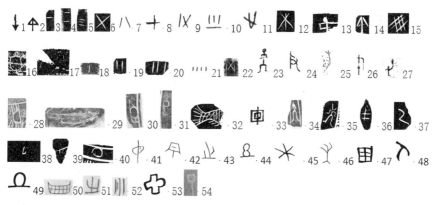

1～2.“矢”或“镞”字,偃师商城;3.“一”字,南关外;4.“二”字,郑州商城;5.“三”字,南关外;6、22.“五”字,郑州商城;7.“六”字,郑州商城;8.“七”字,郑州商城;9.“十五”合文,南关外;10.“三十”合文,郑州商城;11.“五十”合文,郑州商城;12.“木”字,南关外;13.“戈”字,南关外;14.“俞”字,郑州商城;15.“网”字,南关外;16.“龟”字,郑州商城宫殿区;17.“鸟”字,郑州商城;18.记名文字或数字“▮”,郑州商城;19.记名文字或数字“▮”,郑州商城;20.记名文字或数字“▮”,郑州商城;21.记名文字“丨丨丨丨”,郑州商城;23.“天”字,郑州小双桥;24.“尹”字,郑州小双桥;25.“東”字,郑州小双桥;26.“▮”字,郑州小双桥;27.“吴”字,郑州小双桥;28.“止”字,藁城台西;29.“刀”字,藁城台西;30.“臣”字,藁城台西;31.“巳”字,藁城台西;32.“鱼”字,藁城台西;33.“▮”字,藁城台西;34.“大”字,藁城台西;35.“▮”字,藁城台西;36.“丰”字,藁城台西;37.“乙”字,藁城台西;38.“卜”字,藁城台西;39.“肉”字,藁城台西;40.“丁”字,藁城台西;41.“中”字,吴城一期;42.“宗”字,吴城一期;43.“之”字,吴城一期;44.“豆”字,吴城一期;45.“燎”字,吴城一期;46.“帚”字,吴城一期;47.“田”字,吴城一期;48.“人”字,吴城一期;49.“土”字,吴城一期;50.“曲”字,吴城二期;51.“又”或“有”字,吴城二期;52.“州”字,吴城二期;53.“亞”字,吴城二期;54.“革”字,新干大洋洲。

图 5-71　商前期陶文

二、商代后期陶文

河南安阳殷墟是公元前 14～公元前 11 世纪商王朝晚期的都邑遗址,

自从商王盘庚迁徙至此,直至被周王朝取代,在长达 273 年之久的时间里,殷商王朝都没有再次迁都。从 1928 年开始至今,在河南安阳殷墟先后进行过数十次现代意义上的科学发掘,发现了大墓、祭祀坑、宫殿、宗庙、手工作坊等遗址,出土了青铜器,玉、石、骨、角、蚌、象牙器,以及大量的陶器等丰富的商代遗物,尤其是发现了大量的甲骨文、部分铜器铭文、部分陶文和符号。殷墟甲骨文的发现,确证汉字成熟文字体系的真实存在。

如果从记录语言的程度来观察,殷墟遗址考古发掘中出土的甲骨文、铜器铭文都已经成句,且有篇章结构,能较好地记录语言,因此被公认为成熟的汉字,许多人并因此坚持认为汉字体系形成于殷商时期。

殷墟考古不但发现了数量众多的甲骨文、金文,而且发现了一部分陶文。

殷墟陶文常常与陶符混杂在一起,其书写风格比较草率,而且大都是单个出现的,其记语功能显然不如甲骨文、金文强大。但如果从我们本节开头确立的"三原则"出发看待这一问题,殷墟陶文显然是商代文字通行文字的重要组成部分。这是因为:殷墟陶文是与甲骨文、金文同期同地发现的商代文字,殷墟陶文的商代文字属性无论时间还是地域都没有任何问题。当然,殷墟陶文中还夹杂较多的"符号","文字"与"符号"的界限有时还难以确定,而且部分陶文未见于甲骨和金文。但殷墟陶文的这些特点正是由早期文字尚未完全成熟、只能有限记语的原因造成的,并不能因此而否定殷商陶文的独立性,更不能无视殷商陶文的文字史价值。此外,殷墟陶文以单字为主,多字形式较少且书写潦草的特征是由陶文的功能决定的。如果把金文看成是商代文字的"正体",甲骨文看成是特殊用途的文字,那么,陶文和今后有可能发现的商代竹简书或许就是商代的"行草书"。但无论正体字、特殊用字,还是"行草书",它们总归都是商代通行文字系统的重要组成部分。

曾长期主持殷墟遗址考古发掘的李济先生依据"形声义三者俱全为文字,有形有义而无声可考者为符号"的原则,将他所收集的 82 件带有陶文的殷墟陶器及其陶器残片汇集起来,并将其区分为数码符号与文字、位置符号与文字、象形符号与文字、人名及其他符号与文字、符号与文字杂例和待问诸例等六种情况,[1]并请李孝定先生详加考订,[2]董作宾先生参订,[3]具体考释了殷墟陶文。在这里,我们选择其中比较典型的例子介绍如下,对其所列

---

① 李济:《殷墟陶器研究》,上海世纪出版集团,2007 年,第 177～183 页。

② 李孝定:《陶文考释》,载李济:《殷墟陶器研究·附录》,上海世纪出版集团,2007 年,第 184～204 页。

③ 董作宾:《附董作宾先生来函及陶文考释》,载李济:《殷墟陶器研究·附录》,上海世纪出版集团,2007 年,第 204～205 页。

入待问诸例者则不予介绍,如图 5 - 72 所示。

图 5 - 72　殷墟单字陶文(图片来源:李济)

在这些典型的例子中,被李济先生归入数码符号与文字,并经李孝定先生考释者,如图 5 - 72 之 1~3 殷商数字"一、三、四";4~7 数字"五";9~11 数字"七"等;位置符号与文字有:16 1~7"左";18~19"中";20~22"右";象形符号与文字有:26~27"虫";31"龙";人名及其他符号与文字有:33"己";35"夔";36"父";39"戈";40~41"戊";42~43"木";46~47"井";符号与文字杂例有49~51"中";52"车";53"糕(?)";54"飨";55"田";56"来";81"祀(墨书写)",等等。

殷墟陶文中还有若干多字陶文,其体例与甲骨卜辞更加贴合,如图 5 - 73 所示。对这些多字陶文,李孝定先生考释如下:其中,图 5 - 73,24"鱼鱼龟"三字,李氏认为属于"图形文字",用作文饰,故其体较繁,而与用作文字之简写卜辞有别;25"犬虫犬(虎?)"三字,其中的第一个"犬"字"取象甚简,已为较进步之文字";29"犬益?"二字,"象一犬就食之形",恐亦"以图画为文饰,尚未跻身于文字之域,正不必拘拘以文字之结体说之也";34"乙丁(石)?"二字,"卜辞与此同,惟二字均为天干合书,不详其义";37"戊母十🍴"四字的"戊"当为商代早期字形,"戊母"即"母戊",为祖甲之妻。"🍴"字未释,当为一器物之名。38"妇𡥀𠨰"三字,当为"妇某之名";60"今𠂤且"三字,

413

其意未知；61"中🔲曰🔲多六百友"八字，不详其意；YH053"庚见石旨"四字为朱笔书写之陶文，不详其意。①

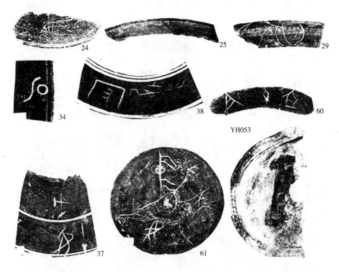

图 5-73　殷墟多字陶文

　　殷墟陶文与甲骨文、金文同出，且有数十例陶文字符与甲骨文、金文相近。从陶文的形体考察，既有象形者，又有几何形记号，既有单个的符号，又有多字的组合；从陶文的功能考察，既可以用于记数，又可以标示位置和名称，显然具有文字的性质和功能。殷墟陶文的这些特点，"自然可以作为它们所处时代汉字的样本，进而推测它们与所处时代通行文字的关系。"②

　　商代后期，在中原腹地殷商统治势力范围所能及之处的一些周边地区的商代遗址中也发现了一些陶文和符号。这些陶文和符号除了是商代通行文字的组成部分之外，部分陶文和陶符还带有一定的地域性特征。如河北磁县下七垣遗址第一层、江西清江（樟树）吴城遗址三期、上海马桥遗址第四层、福建漳州市虎林山商代晚期遗址，山东历城（章丘）城子崖遗址上层，等等。而且，在殷商势力范围所及之处的这些商代遗址中，除了陶符和陶文并存的现象，也都有青铜器和卜骨出现，这几乎是殷商文化遗址的共同点。

　　河北磁县下七垣遗址第一层为晚商层，在这一地层中出土了两件有刻符的陶器碎片，陶片上有陶文或记号。另在一件夹砂红陶壶矮圈足一侧及底部刻画有 3 个"十"字形符号，③如图 5-74 所示。

―――――――――

① 李孝定：《陶文考释》，载李济：《殷墟陶器研究》，上海世纪出版集团，2007 年，第 184～204 页。
② 黄德宽：《殷墟甲骨文之前的商代文字》，载《汉字理论丛稿》，商务印书馆，2006 年，第 6 页。
③ 河北省文物管理处：《磁县下七垣遗址发掘报告》，《考古》，1979 年第 2 期，第 206～207 页。

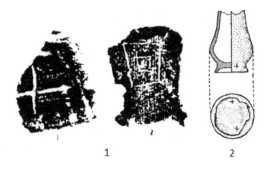

1～1,标本 T18①:1453;1～2.标本 T18①:1455;2.标本 T29①:1216。

图 5-74　河北磁县下七垣第一层商后期陶文与符号

江西清江吴城(樟树)遗址三期为晚商期文化层,年代约当殷墟帝乙、帝辛时期。据吴城遗址第四次考古发掘报告,在该遗址三期晚商文化层共发现了 10 件刻有陶文的陶器残片和石范,其上有 11 个陶文和符号。《吴城:1973～2002 年考古发掘报告》(2005)又增加了几个三期陶文与符号,如图 5-75 所示。其中,图 5-75,1 和 6 属于在一件器物上有两个陶符的情况。图 5-75,5 是在一件釉陶片里表刻划的 1 个陶文,考古报告认为该字字形与《甲骨文编》(第 790 页)4267 号标本近似。[①] 图 5-75,11 唐兰认为当是 1 个吴城三期圈点纹折肩罐肩部的阳纹镟形;图 5-75,12 唐兰释读为横刻的"戈"字,字形与吴城二期一件红陶罐肩部的"戈"字相同。[②]

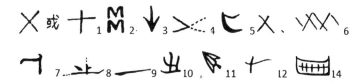

1.75 大源 T2①:152;2.74 秋 ET7②:60;3.74H:903;4.74H:727;5.75 大源 T2①:775;6.75 大源 T1①:781/782;7.74 秋 EH3:5;8.74H:665;9.74H:670;10.74 秋 QSW(E)T6H2:17;11.74 秋 QSWT13H16:25;12.73QSW(正)M1;13.73QSW(正)M6:1。

图 5-75　吴城遗址三期商后期陶文与符号

上海马桥遗址第四层出土了有大量拍印绳纹和编织纹的印纹陶,以及形制和纹饰与商文化有密切联系的灰、黑陶,其年代"大致在商代的中晚期至西周早期这一时期"。据考古报告:"出土的扁平三角形石镞,陶瓴、觯、

① 江西省博物馆等:《江西清江吴城商代遗址第四次发掘的主要收获》,《文物资料丛刊》第二辑,文物出版社,1978 年,第 3 页。

② 唐兰:《关于江西吴城文化遗址与文字的初步探索》,《文物》,1975 年第 7 期,第 74 页。

尊、簋，以及许多仿青铜器的纹饰等，与河南偃师二里头、郑州二里冈的商代早中期文化有着紧密的联系。"陶符主要出现在泥质灰、黑陶器之上，约40余种。"大部分印纹陶上刻有各种符号，标志这些陶器为谁所有或是谁制作的，这反映了私有观念的普遍存在。"①实际上，考古报告所说的"陶符"中有一部分已经是商代后期的陶文，如图5-76,1之4就与吴城遗址三期图5-75,5陶文相同，图5-76,1之14与殷墟陶文图5-72,51相同，图5-76,1之16与殷墟陶文图5-72之20～22"右"字接近，图5-76,1之18与殷墟陶文图5-72之16～17"左"字相近，等等。

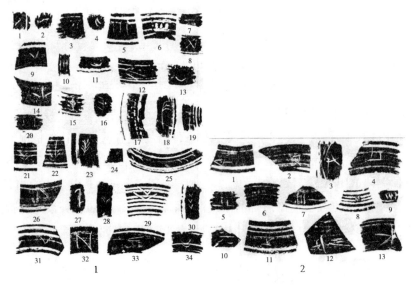

1之1. T103:19；2. C12:22；3. B14:4；4. D10:41；5. D4:2；6～8. C11:20、60、61；9. C10:20；10. TⅢ:8；11. D12:17；12. D4:4；13. T102:16；14、15. BⅡ:37、39；16. Al:21；17～19. CⅡ:20～22；20. T101:5；21. T103:17；22. CⅡ:62；23～25. DⅡ:28、35、52；26. C15:6；27. T103:20；28. Dl:8；29. C14:1；30. C12:24；31. A10:22；32. B4:5；33. BⅡ:39；34. T101:6；2之1. A5:12；2. E10:33；3. T102:17；4. E10:12；5. B12:19；6. T102:18；7. CⅡ:24,8；9. E11:8、11；10. DⅡ:52；11. B13:3；12. DⅡ:9；13. A10:25。

图5-76　上海马桥遗址第四层商后期陶文和符号

福建漳州虎林山遗址出土了一批商代遗物，据考古报告，虎林山遗存分为早、晚二期，第一组遗存约在商代晚期早段，第二组遗存具有商代晚期的特点。出土遗物包括铜器、玉器、石器、陶器等，但未见卜骨卜甲。出土遗物主要发现在墓葬中，其中大部分是石器和陶器。在部分陶器器内和圈足底

①　上海市文物保管委员会：《上海马桥遗址第一、二次发掘》，《考古学报》，1978年第1期，第135～136页。

部发现一些刻符,如图 5-77 所示。虎林山陶符"一般较简单,但也出现了如人形的笔画较多、形态较复杂的符号。"[1]其中,图 5-77,10～11 应是陶文数字"七",见于商代许多遗址。

3、4、8、10、11(M12:2、M13:25、M18:1、M17:5、M16:6)。

图 5-77　福建漳州市虎林山商代晚期陶符与陶文

山东历城(今属章丘)城子崖遗址上层出土了 88 件有陶器记号的陶片,其上有 18 种记号,除其中的第 12 种外,其余记号均属于商周时期(公元前 1200～公元 200 年)的"谭国"遗存,如图 5-78 所示。记号所依附的器物主要是日常生活中使用的泥质黑陶豆,记号多出现在豆盘心或盘托旁等醒目位置上。有记号陶片先刻后烧者 9 件,其余 79 件皆为先烧后刻。《城子崖》考古报告指出:"凡这些先刻而后烧的(如图版 16:5b,12a,13),颇有陶人所作之可能。……至于先烧而后刻者,作者以为是物主所刻。"[2]考古报告将城子崖刻符与甲骨文、金文作了比较,认为其中部分刻符已经是商代的陶文,并将图 5-78,10 释读为"子"字,图 5-78,14 释读为"犬"字,"由此两字,可知城子崖上层文化与殷文化是一个系统,至少是很接近的";还将图 5-78,1 释读为数字"十",图 5-78,5 释读为数字"七",图 5-78,7 释读为数字"十二"的合文,图 5-78,11 释读为数字"三十"的合文,"陶器的底上或口缘上,往往有数字一个,这也许是一种特别的记号,这种记号有七、十、十二、二十、三十,五种,也都和甲骨文金文为近。"[3]

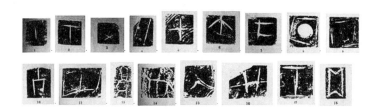

图 5-78　山东城子崖遗址上层商代晚期陶文

---

①　福建博物院等:《福建漳州市虎林山商代遗址发掘简报》,《考古》,2003 年第 12 期,第 49 页。
②　央研院历史语言研究所:《城子崖》,1934 年,第 54 页。
③　同上书,第 70～73 页。

　　我们同样把商后期各遗址出土并由文字学家释读的陶文汇总如下,供大家参考,如图 5-79 所示。

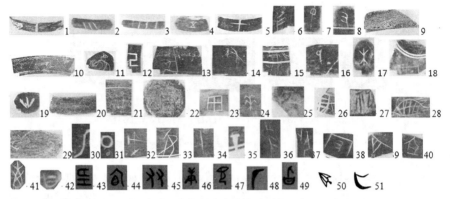

　　1.“一”字,殷墟;2.“三”字,殷墟;3.“四”字,殷墟;4.“五”字,殷墟;5.“七”字,殷墟;6.“左”字;7.“中”字,殷墟;8.“右”字,殷墟;9.“虫”字,殷墟;10.“犬”字,殷墟;11.“龍”字,殷墟;12.“己”字,殷墟;13.“斝”字,殷墟;14.“父”字,殷墟;15.“戈”字,殷墟;16.“戉”字,殷墟;17.“木”字,殷墟;18.“井”字,殷墟;19.“屮”字,殷墟;20.“車”字,殷墟;21.“糟”字,殷墟;22.“飨”字,殷墟;23.“田”字,殷墟;24.“來”字,殷墟;25.“亞”字,殷墟;26.“羽”字,殷墟;27.墨书“祀”字,殷墟;28.“魚”字,殷墟;29.“龟”字,殷墟;30.“乙”字,殷墟;31.“丁”字,殷墟;32.“戊”字,殷墟;33.“母”字,殷墟;34.“十”字,殷墟;35.“𠂤”字,殷墟;36.“帚”字,殷墟;37.“﹏﹏”字,殷墟;38.“﹏”字,殷墟;39.“今”字,殷墟;40.“且”字,殷墟;41.“更”字,殷墟;42.“日”字,殷墟;43.“多”字,殷墟;44.“六百”合文,殷墟;45.“友”字,殷墟;46.“庚”字,殷墟;47.“見”字,殷墟;48.“石”字,殷墟;49.“旨”字,殷墟;50.“镞”字,吴城三期;51.“乚”字,吴城三期。

图 5-79　商后期陶文

　　据笔者初步统计,商代陶文的单字数量,保守一点讲也在百例以上,这其中还不包括众多的未识字。如果今后能有更多的新材料发现,或者我们对陶文的释读能力进一步提高,殷商甲骨文前后出现的陶文总数很有可能达到数百例以上的规模。这样一个数量和规模,对于早期表意汉字而言已经不算小了。正因为如此,我们主张把甲骨文发现前后,中原殷商王朝势力范围内各考古遗址发现的陶器刻画符号从整体上纳入“商代陶文”的框架中加以讨论。

　　总之,无论从社会发展条件和社会需求的角度,还是从文字制度和书写习惯的形成与积累程度来看,我们认为商代都已然存在通行范围甚广的通行文字系统,这其中当然应包括陶文在内。

三、商代陶文的构成

　　既然我们把商代陶文看成是商代通行文字的重要组成部分,而且是其中较早出现的部分。那么,商代陶文的内部组成就可以在下面进一步讨论了。

在本节中,我们尝试把商代陶文区分为"记数陶文"和"记名陶文"两类,以考察其不同功用及其内部构成。

(一)商代陶文中的"记数陶文"

数字往往是各大文字系统中起源较早的部分。殷墟甲骨文的数字系统已经非常完善,不但能够满足当时社会对大宗物品计数和记录往来账目的需求,而且从根本奠定了我国古代的 10 进制计数法的坚实基础。殷墟甲骨文的数字系统和数字符号都不是凭空而起,而是有渊源的。如前所述,在商代前、后期陶文中,都已经较多出现"一、二、三、四、五、六、七、十"等数字符号,甚至还有部分数字合文。在殷墟甲骨文中,既有从"一"至"九"的 9 个数字,又有十、百、千、万以及一些数字合文。其数字计算虽以 10 进位制为主,但也包含 12 进位制和 60 进位制(可能与甲骨文中的"干支"纪年、纪日有关)。[①] 据陈梦家的研究,甲骨文的表数方式主要有三种方式:其一,整数+名词+(又)+零数,如"十羌又五";其二,整数+名词+(又)+零数+名词,如"十犬又五犬";其三,名词+整数+零数或整数+零数+名词,如"二千六百五十六人"。[②]

在这里,我们以江西鹰潭角山遗址出土的商晚期数字陶符为参照系(见表中注明为"角山"字样者),将目前发现的商代各遗址考古报告中能与甲骨文、金文对应的陶文数字列举如下,如表 5-5 所示。

表 5-5　商代陶文数字与甲骨文、金文对照表

数字	商代前期陶文	商代后期陶文	甲骨文	商周金文
一	▮▬郑州商城,小双桥,吴城 1~2 期	▬▬殷墟 ﹚角山﹙角山		
	▮南关外,新干大洋洲	▬角山▬角山	▬合 9950 正	▬散氏盘
二	▮郑州商城,小双桥,台西,吴城 1~2 期	▮城子崖上层 ‖角山﹚﹚角山﹙﹙角山		
	▮郑州商城▬▬小双桥朱书陶文	≈角山	≈合 10408 正	═盂鼎
三	▮郑州商城,小双桥,台西,吴城 1~2 期	≋殷墟,马桥 4 层 ﹚﹚﹚角山﹙﹙﹙角山		
	▮南关外▬▬▬小双桥朱书陶文	≋角山	≣合 4963	☰明公簋

① 陈良佐:《先秦数学的发展及其影响》,载"央研院历史研究所集刊",第四十九本第二分,1974 年,第 263~287 页;吴文俊:《中国数学史大系》(第一卷),北京师范大学出版社,1998 年,第 131~139 页。

② 陈梦家:《殷墟卜辞综述》,中华书局,1988 年,第 106~113 页。

（续表）

数字	商代前期陶文	商代后期陶文	甲骨文	商周金文
四	川郑州商城，川吴城1～2期； ||||郑州商城	殷墟，马桥4层)))角山 (((角山	三合24769 三甲504 三前4. 29.5	三昌鼎 三国差镎 四郘钟 四坪 安君鼎
五	区郑州商城，台西，吴城1～2 期，新干大洋洲	殷墟，吴城3期，城 子崖上层 ㄨ角山 ㄨ角山	ㄨ後上22.1	ㄨ五青 ㄨ成 11898 ㄨㄨ葡爵
五	区吴城1～2期 区郑州商城，小双桥	殷墟，庄浪徐家碾	ㄨ花东32 三合15662	ㄨ簋 ㄨ颂鼎 成1234
六	八郑州商城，吴城1～2期 台西	殷墟 八西和栏桥)十角山 ㄥ角山	八粹238 八合13452 八合5597	八克锺 八毛 簋 八六年 剑
七	十郑州商城，小双桥，台西， 吴城1～2期，新干大洋洲	殷墟，吴城3期， 城子崖上层，庄浪徐家碾 吴城3期，新干大洋洲 十吴城3期 十角山 十角山	十合12509 十合23439	十矢簋 十旬鼎 十乙簋
八		十川角山 (((角山	)(合10405反	八禹鼎 八静簋
九		))十)角山	合10003 合15612	戍嗣子鼎 孟鼎 邓公簋 九年吕不韦戈
十		殷墟，城子崖上层 十 十角山	合32198	孟鼎 虢季子 白盘
十五	南关外 ㄨ吴城1～2期	角山 马桥4层	甲732 前3.23,6	ㄨㄨ爵
三十	郑州商城 郑州商城	山城子崖上层 山城子崖上层 角山	山後上，23 山前1,35	山昌鼎 山牧 作父丁 山辰簋 山格伯簋
五十	郑州商城 吴城1～2期	角山	合672正	孟鼎

表中"商代陶文"数字出自商代遗址各考古报告，其中形近而重复出现者仅收入1例而
不计复现率；江西鹰潭角山数字符号系统呈现了当地数字陶文，该遗址的性质属于晚商
时期地域性越人文化，并非中原系统的陶文数字，今收入表中作为参照系。表中甲骨文
字形以刘钊主编《新甲骨文编》(修订本)为主，部分合文符号转引自傅斯年、李济等主编
《城子崖》；表中金文字形大部分出自容庚主编《金文编》(修订本)，部分金文符号出自王
心怡主编《商周图形文字编》，特此说明。

从表5-5可以看出,商代陶文中已有一、二、三、四、五、六、七、十等数字,但缺少八和九两个数字,吴城考古报告将符号"▮""◐"释读为"九",与甲骨文、金文形体相差较远,恐误。另,商代陶文中已有少量的数字合文,如十五、三十、五十等,但数量相对较少。可以说,在目前所见的中原系商代陶文中并没有发现成系统的十进制应用的例证,其一至九的数字不全即为例证之一。此外,虽然一至五的数字在商代陶文中普遍存在,但由于同时也存在着六、七、十等数字,因此,也很难用"5进制"解释得圆满,至少不是单纯使用"5进制"的情况。所以,仅从目前发现的殷商数字陶文的材料来看,尚不足以支撑商代陶文数字中明确实行"5进制"或"10进制"的结论。① 我们大胆推测,商代陶文中的数字系统大体与甲骨文相似,可能还是混合使用的多种数字进制。

从上表汇总的商代陶文材料及其与甲骨文、金文的对照表中,我们大体可以看出商代通行文字系统中数字词的部分特征,并循此追踪商代陶文数字的演变踪迹。

其一,无论商代前期,商代后期,还是在甲骨文、金文中,从一至四,五至七的几个数字都是一脉相承的,其间存在着明显的符号继承关系,这一点应明确无误。但在商代陶文中尚未真正发现数字"八"和"九"的痕迹,商代前期陶文中似乎也没有发现"十",这说明商代陶文的数字系统尚不够完善,"5进制""10进制"之类的数字系统并不适用于对陶文材料中数字的描写。当然,商代陶文中尚未形成唯一的数字系统的原因也很有可能是目前发现的陶文材料还比较少。虽然江西鹰潭角山遗址发现了比较成系统的"5进制"陶文数字,但该遗址文化的主体属于地域性的"越人"文化,虽然与中原殷商文化有一定的联系,但毕竟不是纯粹的中原殷商系统,因此还不能作为中原殷商系陶文数字系统的直接证据。当然,至今尚未发现完善的殷商陶文数字系统的原因,除了发现材料较少的原因之外,还有可能是陶文自身的功能局限所致。总之,造成商代陶文数字系统不够完善的原因比较复杂,需要进一步深入讨论。

其二,商代文字中的数字一、二、三、五几个数字都有竖写和横写的区别。唯有数字"四"在陶文中只有竖写,在甲骨文、金文中只有横写,这似乎是一个例外情况。我们发现:金文和甲骨文中竖写的一、二、三、五仅出现在"记名金文"之中,用来表示名称,如"▮瓤""▮▮又父乙觯""▮▮▮子父丁曡""✕葡爵"或"▨鼎",并未用于数字;只有横写的一、二、三、五才明确表示数字。

---

① 何崝:《中国文字起源研究》,巴蜀书社,2011年,第439页。

这一现象或许证明一、二、三、五几个通常所说的数字符号在商前期陶文中兼具"记名文字"和"记数文字"的双重身份，而在进入甲骨文、金文之后，竖写的一、二、三、五仍保留着"记名文字"的用法，用为数字词时则必须使用横写形式。甲骨文、金文中数字"四"只有横写形式，没有竖写形式，但在商代陶文中却相反，形成一个鲜明的对比，这种情况正好可作为一个旁证，用来佐证数字词"一"至"五"在进入成熟文字系统后，只允许横写形式来表现，并固定下来，成为商代文字系统中数字词固定书写形式的事实。

　　其三，商代陶文中的数字词书写形式多样，如数字陶文"五"不但有横写的"Ⅹ"，竖写的"▨"之分，还有简写的"Ⅹ"和繁写的"Ⅹ"之别。张世超等指出："然则'Ⅹ'本象交午之意，假以纪数，后增画为'Ⅹ'也。"①数字陶文"六"有"∧""∨""⋀""▨"三种写法，这三种符号当有不同的符号来源，其中的符号"∧"见于寺洼文化，其形似与"干支"和"卦爻"符号近似，符号"▨"在陶文、甲骨文和金文的数字符号中出现，当为假借。张世超等认为："甲骨文作⋀、⋀若⋀、⋀，实古屋庐之两种形象，为庐之象形初文，假以纪数。"②数字陶文"七"有"十""一十"两种书写形式，符号"十"之形当为甲骨文、金文数字"七"字符源头；符号"一十"主要出现在江西吴城、江西鹰潭角山遗址中，显然有越人文化的地域色彩。丁山指出：（"七"之本义为"切"）"七古通十者，刌物为二，自中切断之象也。"③殷商陶文中未见数字"八""九"，甲骨文、金文中作数词使用的"八""九"均为假借。"八"字的构型为"象分别相北之形"，借用为纪数词"八"；"九"字构型初为"肘"之象形，其后借用为纪数词"九"。④数字"十"之构型初以直竖表十位数，金文将直竖变为肥笔，其后再变为直竖加点或环，最后简化为短横，以区别于战国文字之"七"。⑤　从以上所述可知，甲骨文、金文中的"五""六""九"等数字乃借字为之，"七""十"则借意为之。

　　据考古报告，商代陶文中的个别合文有不同写法，而与甲骨文、金文合文有一定的形体差别，如"十五"的合文在商代前期陶文中为"∣Ⅹ""Ⅹ∣"，甲骨文"十五"合文也有"▨""▨"两体，但陶文与殷商甲骨文的结构方式相同而书写形式均有所区别。陶文用简写的"Ⅹ"构字，甲骨文则使用繁写的"Ⅹ"构字；再如"五十"的合文，在商前期陶文中作"∀""∀"两形，但在甲骨文、金

----

① 张世超等：《金文形义通解》（上）中文出版社，1996 年，第 3379 页。
② 同上书，第 3382 页。
③ 转引自张世超等：《金文形义通解》（上）中文出版社，1996 年，第 3384 页。
④ 张世超等：《金文形义通解》（上）中文出版社，1996 年，第 3387 页。
⑤ 同上书，第 470 页。

文中通常作"⚹""⚹"两形。将商前期陶文中的合文"五十"与商周甲骨文、金文合文两相对照，会发现陶文的形体比较草率，这或许是受了南方吴越文化的影响，而甲骨文、金文的形体则相对规范，明显具有中原殷商文化的风格。

甘肃寺洼文化中发现了一些商代晚期的陶文和符号，其中有部分数字符号，如"五、六、七"等与殷商甲骨文近似，但数量较少。[①] 寺洼文化属于殷商晚期的羌人文化，当与中原殷商文化有着密切的关联，甲骨文中屡屡发现征伐羌人，并以其俘获的羌人作为牺牲献祭的卜辞。故寺洼文化的陶文数字似亦可作为商代同期"王畿外"陶文的佐证材料来使用。

江西鹰潭角山遗址发现了数量众多的商晚期的数字符号以及"5进制"使用的痕迹，但由于该文化虽与中原殷商文化有所接触或受其影响，但并没有完全纳入商人统治范围之内，而是带有明显的地域文化特色。角山遗址数字符号形态较原始质朴，多呈左右单括号形状，多数符号是在陶器烧制前，陶工用左、右手指甲刻画在产品之上的，少数符号见于生产工具，廖根深认为：刻画在产品上的记数符号有部分是作为氏族、家族或个人标记来使用的。"角山记数符号便有表数与标记的双重职能。"[②]我们认为，角山符号的形态明显与中原殷商文化的数字不同，带有鲜明的地域性特征，因此，并不适宜作为殷商陶文"五进制"的直接证据来使用，但把它作为中原殷商系数字陶文的参照系来加以比较研究应该是没有问题的。

（二）商代陶文中的"记名陶文"

与殷商陶文中的数字陶文一样，"记名陶文"也是商代陶文中出现较早且数量较多的一类文字。甲骨文、金文中保留下来的沿用商代陶文的"记名文字"，大致可区分为几种情况：其一，仅用为标记或徽号一类的图形文字；其二，主要用作记语的专有名词，其三，兼具图形文字、专有名词和普通名词中的两种，或三种全用的情况。至于与甲骨文、金文没有对应关系，暂时无法释读的陶文，或许是因为出土陶文材料有限，或许是因为另有渊源，情况比较复杂，我们就不在这里讨论了。

为了简要了解商代"记名陶文"和甲骨文、金文在字符方面的联系，按照前面确立的原则，我们同样列举商代"记名陶文"如下，如表5-6所示。

---

① 甘肃省文物工作队等：《甘肃西和栏桥寺洼文化墓葬》，《考古》，1987年第8期，第682页。

② 廖根深：《鹰潭角山商代记数符号的初步研究》，载《百越民族研究》，江西教育出版社，1990年，第349～351页。

表 5-6　商代陶文"记名文字"与甲骨文、金文对照

	商代前期陶文	商代后期陶文	甲骨文	商周金文
丁	二里岗	城子崖		丁觚　交觚
辛	小双桥朱书陶文　下七垣三层	城子崖　殷墟		父癸爵　作父乙觯
口	二里头四期（早商）	城子崖		口鼎　己口觚
冉	二里头三期（夏代）　南关外	虎林山		盂鼎　复尊
仝	上海马桥四层			卣　录遗 243
I	郑州商城，小双桥，吴城1～2期	殷墟		I 觚
II	郑州商城，小双桥，台西，吴城1～2期	城子崖上层		共鼎　又父乙觯
III	郑州商城，小双桥，台西，吴城1～2期	殷墟，马桥4层		觚
亞	吴城2期	殷墟	合 914 正　屯 502　西周 H11:181	亞止雨鼎　匋簋　南宫乎钟
戈	南关外　藁城台西？　吴城2期，新干大洋洲　新干大洋洲　吴城2期	殷墟　吴城3期　吴城3期	屯 2194　合 10713　合 33208	戈父丁簋　戈卣　戈觚
毌	藁城台西		乙 5248　甲 3115　林 2.3.16　乙 6305　后下 37.2.	作父乙卣　宅簋　秉中鼎
木（燎）	南关外　吴城1期	殷墟	合 32806　后上 24.1　后上 24.7　乙 8683	昌鼎　郦伯段簋
帚	吴城1期	殷墟	合 17534　合 709 正	妇好盉　妇好斗　妇好圆鼎
龍		殷墟	乙 3797　前 4.53.4　合 289	龍子觯　龍母尊
俞	藁城台西　吴城2期　郑州商城，小双桥	殷墟　殷墟		豆闭簋　不娶簋

（续表）

	商代前期陶文	商代后期陶文	甲骨文	商周金文
中	二里岗期卜骨 吴城 2 期（考古报告释为"九"）	殷墟 殷墟 殷墟	合 18661 合 15396 反	作父戊簋
乙	藁城台西 吴城 2 期	马桥四层	合 19851 西周 H11:1	父乙觯 且乙卣
卜	藁城台西 吴城 1 期		合 13004 合 31669 西周 H1:38	啓鼎 卜淲□高戈 卜孟簋
中	吴城 1 期	殷墟 殷墟	合 1064 合 29791	何尊
土	吴城 1 期	马桥四层	合 6057 正 合 9738 后下 38.3 合 33272 合 36975	大保簋 亳鼎
目	市法院内 藁城台西 吴城 1 期		合 13625 正 合 21740 合 3201 正	目爵 芦目父簋爵 目 且壬爵
臣	小双桥	吴城 3 期	合 217	颂鼎 小臣鼎
矢（镞）	偃师商城，小双桥 吴城 2 期 偃师商城 小双桥 吴城 2 期 吴城 2 期 藁城台西	吴城 3 期 马桥四层 吴城 3 期 吴城 3 期	合 36481 正 合 23053 文 336	簋 盂鼎 伯晨鼎
鱼	藁城台西 藁城台西	殷墟	屯 1054 合 10480	鱼父丁鼎 鱼父丁爵
天	小双桥朱书陶文		合 20975 合 22054	天父乙觯 颂鼎
止	藁城台西 藁城台西		合 20221 合 35242	五年 生簋 止爵 宅止癸爵
田	吴城 1 期	吴城 3 期 殷墟	合 32026 合 27915	告田觯 盂鼎 啓鼎 何尊 成周戈
网	南关外 吴城 2 期 吴城 1 期		合 10754 怀 319 人 2111	卣 仲 父簋

　　表5-6所收商代记名陶文,可依其与甲骨文、金文关联程度或记语能力的大小区分为三种情况加以讨论。

　　其一,仅有标记功能的"商代记名陶文",表中所列的"丁、丰、口、ㄇ、仐"等商代陶文,多保留在甲骨文、金文的图形文字中,或作为构字部件用于构成图形文字,主要作为标记和宗族徽号来使用,罕见有作为记语的通行文字独立使用的情况。在早期文字中,"丁、丰、口、ㄇ、仐"一类的图形文字的数量应该是较多的,此类图形文字多作为附录收录在金文、甲骨文字典中,今后应予以深入挖掘。我们推测,这一类的图形文字起初只是氏族或部落社会里专门从事手工业劳动的家族或宗族使用的标记,或被用于标记所有权,或被用来指代生产者和产品拥有者。它们应该已有读音,可以读出声来,但其主要功能还是标记而不是记语,尚未真正融入记语的通行文字系统之中。

　　表中所列的"丨、丨丨、丨丨丨"等抽象符号在"5-1:商代陶文数字与甲骨文、金文对照表"中已经介绍过。众所周知,在二里头遗址考古发现的陶文中就出现了"丨、丨丨、丨丨丨、×"等抽象记号,曹定云认为这些抽象记号是"原始的数字"。[①] 实际上,夏商以来陶文中的数字1~5等并非仅作数字使用,它们同时兼有"记名陶文"的功能。数字词一至五在甲骨文、金文中仅有横写形式,可能预示着它们有不同的史前来源。

　　如前所述,商代前期陶文中的"一、二、三"有竖写和横写两种形式。如果我们承认商前期陶文和后期甲骨文、金文是一脉相承的同一个大文字系统,就会发现,商前期竖写形式的陶文"丨、丨丨、丨丨丨"常常出现在"丨觚""丨丨又父乙觯""丨丨丨子父丁罍"等器物名称中,并未用作数字词。只有横写的"一、二、三"在甲骨文、金文中用作数字词。竖写和横写的区别在甲骨文、金文中截然分明。数字"四"在商前期陶文中仅有竖写的"丨丨丨丨",没有出现横写形式,但在甲骨文、金文中却只有横写的"三",并不使用竖写形式,似可作为旁证。至于数字"五",在商代陶文中就有"×""区"等简、繁不同的书写形式,或许另有渊源。到了战国时期,数字词的竖写和横写的形式再度出现混淆,这或许是一种复古现象,或许与不同的地域传统有关,应进一步深入讨论。

　　综合考虑各方面因素,我们认为,商代陶文中的1~5等抽象记号,至少在商前期应同时兼有数字和记名文字的双重功能。在甲骨文、金文之后,1~5等记号的书写形式以横写为主,也有少量竖写形式,横写、竖写形式的区分比较严格;到了春秋战国时期,各地域文化有所抬头,竖写与横写形式又变得比较自由,以至于出现新的混淆。

---

① 曹定云:《夏代文字求证——二里头文化陶文考》,《考古》,2004年第12期,第77~82页。

其二,具有部分记语能力的商代"记名陶文",这部分商代陶文早在商前期就已经开始使用,在商代后期的甲骨文、金文中延续下来,主要作为"记名文字"来使用,同时亦兼有图形文字或图形文字构件的功用。这一类的陶文如"亞、戈、田、木、帚、龍、俞、屮、乙、卜"等。

商前期陶文"亞"字如吴城二期"✛",考古报告明确指出:"此字似与甲骨文早期'亞'字一样,有可能是族徽。"[①]商后期陶文"亞"字如殷墟遗址陶文"▨",李孝定认为:"当释亞",其意义与甲骨文、金文中的"亞"字近似。[②]在甲骨文、金文中,"亞"字表示人名、族名、职官名、宫室名等专名,主要作为专有名词使用。如"庚申卜,□,贞,亞亡不若。"(铁:37.1)"乎亞获豕。"(合105)"卜贞多马亞其有祸"(前5.6.5)"其作亞宗"(後下27.1)"亞中,'異医',矢。"(亞盂)"诞令臣谏以□□亞旅处于軝。"(臣谏簋)等例。商代陶文"亞"字在商周金文中得以延续,但同时还作为图形文字或图形文字的框廓或构件使用,承担着徽号标记的功能。在商周金文、甲骨文中,作为族徽使用的"亞"甚多,仅容庚《金文编》附录上(第1053~1072页)就收录了数十例。甲骨文、金文未见有使用《说文》所列"亞"之本义和引申义的辞例,可见在殷商时期,"亞"字属于典型的"记名文字",仅有图形文字和专有名词的用法,没有作普通名词来使用的辞例,也没有更多后世常见的引申用法。

"戈"字取形于青铜戈,应是青铜时代才能出现的文字,而且有不同的地域风格。"戈"字出现在商前期者,如郑州二里岗期南关外发现的"▣"字的残留部分,商后期者如殷墟陶文中的"▤"字,其符号形态与殷墟小屯村发现的陶文"⼘"基本相同。除了上述中原地区的陶文"戈"字,在江西清江吴城二期、三期,江西新干大洋洲陶文中发现的"戈"字似有明显的地域性风格。两种风格的商代陶文"戈"字在甲骨文和金文中都被继承下来,并具体表现为"⼘"和"⼇"的区别。但无论哪种书写风格,"戈"字在甲骨文、金文的实际用例中,主要作为记名文字或专有名词来使用,用来表示制造"戈"的族团名、方国名、人名,或者作为这个族团的徽号来使用。卜辞中用作族团名、方国名和人名者如"辛丑卜,宾贞,叀彗令以戈人伐昌方戈十三月。"(金522)"庚寅,令戈人步。"(林25.11)"壬子贞,子戈亡祸。"(京3147)。"戈"字还是金文中常见的图形文字之一,或者作为图形文字中的框廓和构件出现,如父丁盂、父乙壶、父丁爵等,并没有后世普通名词和动词的用法。

商前期藁城台西陶文中出现的"田"字,同样属于青铜时代的产物,

①　江西省博物馆等:《江西清江吴城商代遗址第四次发掘的主要收获》,《文物资料丛刊》第二辑,文物出版社,1978年,第3页。

②　李孝定:《陶文考释》,载《殷墟陶器研究》,上海人民出版社,2007年,第199页。

"田"字是对与青铜戈相匹配的青铜方盾的象形,其形状有填实者,亦有留有空隙者,皆为青铜方盾之写实图形。后世才演变为"干戈"之字。此一形体在金文和甲骨文中都有出现,尤其是在以"田"作为构件构成的"㘽"(且丁尊)、"㘽"(父乙鼎)、"㘽"(父乙虎觥)等图形文字中,其形状都是非常逼真的。在西周金文中,该字表示族名和武器名,作为专有名词使用,如"秉￢父乙爵。"(秉￢父乙爵)"伯赐小臣宅画￢十、戈九、金车马两。"(宅簋)在甲骨卜辞中,该字作"中""田""甲""田""￢"诸形,不但与金文近似,而且同样用作专有名词,表示方国名和祭祀名,如"田弗戈周十二月。"(铁 26.1)"辛亥卜,妣庚田。"(人 3021)由此可知,在甲骨文和金文中,该字同样作为专有名词和图形文字使用,还没有普通名词和动词的用法。

前面我们已经介绍过,早在良渚文化卞家山墓地中就发现了一件被特意磨成臂章形、如同后世的令牌或臂章一样的圆陶片(标本 T2⑪:11),其上刻画了一个"木"字形符号。考古报告认为:"这个'木'一定具有指事功能,所以它应该是最接近原始文字的一个符号。"①另,河南偃师二里头文化遗址墓葬中也发现了一定数量的圆陶片。② 此类圆陶片很有可能是某种随葬物上的、具有原始的标记功能的附件。③ 如果仅仅发现了圆陶片而没有刻画符号,那可能还是标牌一类的东西;但若在圆陶片上发现了符号,则其上的刻符就有可能已经是一种原始的"徽标文字"或"记名文字"了。作为记名文字的"木",在商前期和商后期陶文中都有发现。商前期陶文如郑州南关外发现的二里岗期竖写的"木"字,商后期陶文者如殷墟发现的"㮀"字。相对而言,商前期陶文"木"字的书写比较潦草率真,商后期殷墟陶文的"木"字则相对规整。商代陶文甲骨文和金文中都有形体一脉相承的"木(尞)"字。在金文中,"木"首先作为图形文字的框廓或构字部件来使用,这种情况如《金文编》附录下(第 1211~1214 页)列举的㮀伯鼎、官㮀父簋、舀鼎、散盘等例。甲骨文、金文中,又有许多"木"字用作记名文字或专有名词,用来表示方国名和地名的情况,如"壬午贞,癸未,王令木方步。""王令木其福告。"(甲600)"戊辰王……贞,田木往来无灾。"(簠游 90)"燎于木。"(南南 1.50)"抵木關。"(鄂君启节)"木,父辛。"(父辛爵)等等,可见"木"字在商代通行文字中,主要承载着记名文字和专有名词的功能。另外,"木"字虽在金文中有少

① 浙江省文物考古研究所:《卞家山》,文物出版社,2014 年,第 404 页。

② 李志鹏:《二里头文化墓葬研究》,载《中国早期青铜文化——二里头文化专题研究》,科学出版社,2008 年,第 28 页。

③ 许宏:《二里头 M3 及随葬绿松石龙形器的考古背景分析》,《古代文明》(第十卷)2016 年,第 49~52 页。

数表示树木和木制品的普通名词的用法,但还不是该字的用字主流,且相对出现较晚。《说文》所说的"木"之本义,很可能是对图形文字或记名文字的借用,而为我们所熟悉的后世常用的引申义,则更是文字演变所致,已与"木"字的早期用法大相径庭。

另,吴城一期有横写的"✳"(尞)字,此字在卜辞中作"✳""✳""✳"三形,其原始构意与吴城陶文一致,但字形已经与陶文有异,或竖写或横写,但皆在周围加上小点表示"火星四溅"之意。在卜辞中,"尞"字仅用作祭祀专名,同样具有专有名词的属性,如"辛巳卜,王上甲尞十犬"(乙8683)。拙以为:商代陶文中的"木"与"尞"虽然都是记名文字或专有名词,但两者的用法似有所区别。"木"主要表示方国名和地名,多竖写形式;"尞"主要用作祭名,多横写形式。或许是由于"尞"祭须使用木材焚烧动物或玉帛,逐渐混同起来。

"帚"字在商前期和商后期陶文中均有出现。商前期者如吴城一期陶文的"丬"字,商后期者如殷墟陶文"▮"。这两种"帚"字之形与甲骨文、金文一脉相承。相对而言,甲骨文合17534"▮"等例近似吴城一期陶文,甲骨文合709正"丬"等例则近似殷墟陶文。在卜辞中,"帚"字仍有用作神祇之名的用例,如"贞于帚御卓三月"(甲2121)之例。但绝大多数"帚"字已经借指商代"诸帚",作为专有名词使用。商代诸帚的人数多达数十人,如帚好、帚妌、帚娘、帚侄、帚妥、帚汝等。卜辞中商代诸帚的地位崇高,她们可以参与国家大事,带兵打仗,戍守边防、主持祭祀,死后还能享受商王或贵族的祭祀。我们认为,卜辞中的"诸帚"应是已归顺于商王朝的姻亲族团,其地位类似于周代的"世妇"。在金文中,"帚"之作"丬""丬""丬"等形,其体简略写真,象扫帚之形。金文中常用来表示男性之配偶,或用于表示商王配偶,如"帚好""帚妌""帚妥"等私名之中,常常作为图形文字的构件,用来宣示器主的所有权。可见商代甲骨文、金文中的"帚"字当与商代陶文存在字形上的关联,在甲骨文和金文中,"帚"字虽仍保留图形文字的用法,但已经主要作为专有名词来使用了。

"龙"在商后期殷墟陶文中作"▮",该字上部从"'▮'像相传龙之肉冠,及为文字,则讹为小篆'辛'",龙身体部分象张口长身之蛇躯。金文邿钟、龙母尊、昶钟无冎龍、昶钟无龙匕等器图形文字皆与陶文近似,其字形应较卜辞更早。① "龙"字当源于史前时期的龙形造像,且种类繁多,形态各异。龙山文化陶寺遗址发现的彩绘龙、偃师二里头考古发现的绿松石龍均是"龙"字的史前原型之一。后世作为华夏民族的图腾徽号,"龙"字的图腾和徽标

---

① 李孝定:《陶文考释》,载《殷墟陶器研究》,上海人民出版社,2007年,第189页。

属性上接史前,在中国历史上始终盛行不衰。在甲骨文和金文中,"龙"字主要用来表示神祇名、祖先谥号、方国名、人名,以及龙形物、龙形饰等专有名词,如"壬寅卜……帝佳兹邑龙不若"(遗 620)"御妇好于龙甲"(戬 8.12)"王👤龙方伐。"(续 4.26.3)"昶仲无龙作宝鼎。"(昶仲无龙鬲)尚无后世的引申用法。

与"矢"形体近似的商代陶文较多。商前期和商后期箭头状的陶文大体区分为箭头朝上、箭头朝下和大角度三线分叉等几种书写形式。其中,箭头朝下者,如吴城二期的"↓",唐兰释读为"俞"。"俞"当为史前箭矢状剜木工具,用于掏空树心制作独木舟,故常与"舟"组合成字,如豆闭簋、不👤簋、黄韦俞父盘等例,此种用法的陶文"↓"字,其文字属性应为图形文字或图形文字构件。金文"俞"虽有用作表示人名和普通动词的用法,但相对晚出。

殷墟陶文有"▮""▮""▼"三形,李孝定皆释读为"丫"(草)字。古文"丫"(草)字除有三线分叉较大的特点外,中间一竖线必穿透三线交叉点而下行,然殷墟所见以上三形皆无中线下行者,疑当非丫(草)字。吴城二期陶文中发现数例"↓""↓"形的符号,符号外形接近殷墟分叉较大者,考古报告释为数字"九",[1]不知何据,恐亦非是。商前期小双桥遗址陶文中亦有"▮""▮"形符号,马保春释读为"三竹叶形",[2]马说或近似。拙以为,以上所说殷墟陶文三形中,其箭头状的前两种符号(箭头朝上朝下应无区别)很可能表示史前时代的石质尖头状剜木工具,当依唐兰说,释读为"俞"字;后一种大角度三线分叉而无中线下沿者,当依马保春的意见,暂释读为"三竹叶形"。在此类构型之中,只有三线分叉而又有中线下沿者,始为古文"中"(草)字,此类情况卜辞有合 18661"丫",合 15396 反"丫"等形,金文中盉、作父戊簋可证。在卜辞中,"中"字主要用作国族名,如"自中十"(合 302 反)。由此可见,殷墟陶文中的以上三形当皆非"矢"字,而分别属于图形文字构件或记名文字的"俞""三竹叶形"和"中"字。

"乙"字在商前期陶文中有两例,其一,在藁城台西遗址陶文中发现的"〰",台西考古报告释读为"乙"字;其二,在吴城二期发现的"〰"形符号,吴城考古报告释读为"乙"字。吴城二期陶文"乙"字形体与藁城台西陶文有明显差异,但却与上海马桥四层商代晚期发现的陶文"〰"近似,藁城台西陶文"乙"字似为横写的两个弯弧,吴城二期和马桥四期陶文"乙"则只有一个弯弧。我们认为,吴城二期陶文与上海马桥四层陶文"乙"形近的原

---

① 江西省文物考古研究所等:《吴城:1973~2002 年考古发掘报告》,科学出版社,2005 年,第 476~477 页。

② 马保春:《郑州小双桥商代遗址陶符研究》,《文物》,2012 年第 1 期,第 56 页。

因,或许是因为两者的地域文比较接近的缘故。甲骨文和金文中的"乙"字较近似藁城台西陶文,如合19851"乙",合7803作"乙",但竖着排列,未见横排的情况。个别西周甲骨文,如H11:1作"乙",其字形形态比较接近吴城二期与马桥四层出土的陶文,同样竖排而无有横排的情况。据此可知,卜辞中的"乙"字或许有不同的符号来源。在甲骨文和金文中,"乙"字被借用为表示"十天干"之第二位,或表示先公先王及先妣之庙号,用作记名文字或专有名词,如"岁于祖乙太牢一牛。"(甲806)"乙丑贞,王宾大乙,翌,亡尤。"(後上1.11)并无《说文》所列本义及其引申用法。

"卜"字应是史前骨卜习俗的产物。因烧灼后出现在骨面之上的裂痕不一,"卜"字既有横画左右两出者,如合13004"卜"等例右出,合31669"卜"等例左出;又有横画上出、下出之别,如合13004"卜"等例横画上出,粹973"卜"等例横画下出。"卜"字在商前期陶文中就已经出现,藁城台西陶文作"卜",台西考古报告释读为"卜"字;吴城一期陶文作"卜",吴城考古报告释读为"卜"字。《说文》古文所收"卜"与藁城台西陶文风格近似,唯弯曲的横画下出,与陶文不同。西周卜辞H1:38"卜"字,横画为一平行右出小短横,其形状与吴城一期陶文近似,亦是横画方向不同而已。古文字正写、反写,笔画上出、下出,左出、右出往往不固定,故台西陶文与《说文》古文、吴城一期陶文与西周卜辞的"卜"字同类。在甲骨文和金文中,"卜"字仅用作灼烧龟甲兽骨进行占卜之本义,或用作表示职官名和地名等专有名词,如"戊寅卜……"(乙8869)"乙卯王卜……"(前2.9.6)"卜孟作宝尊彝。"(卜孟簋)"卜淦□作铸,永宝用逸,宜。"(卜淦□高戈)等例,尚无后世之引申用法。

其三,具备完全记语能力的"商代陶文"。这一部分商代陶文在甲骨文、金文的用例中兼具图形文字、记名文字和专有名词、普通名词和动词的用法,用途广泛,已经完全融入商代通行的记语文字体系。此类陶文有"中、土、目、臣、矢、魚、天、止、田"等字。

"中"字出现在商前期和商后期陶文中,商前期者如吴城二期陶文的"中"字,商后期者如殷墟陶文"中""中"。殷墟陶文两种"中"字,前者为繁写形式,后者为简写形式。在甲骨文和金文中,"中"字的繁写和简写形式均被沿用下来。相对而言,繁写形式"中"源于氏族社会在部落居住区的中间位置竖立旗帜以聚众的习俗,简写形式的"中"则是对繁写形式的省变。[①] 甲骨文、金文的"中"既用作表示宫室名、人名、庙号名等记名文字或专有名词,如"丁巳卜,中小臣刺……以勹于中室。"(甲624)"丙子,小臣中。"(前4.27.6)"己

---

① 唐兰:《殷虚文字记》,上海古籍出版社,2016年,第53～54页。

卯卜，翌庚辰$于大庚至壬中丁一牢。"(后下 40.11)又用作表示空间位置和时间次序、建立中间位置等含义的普通名词，如"中日至墉兮启。"(甲547)"丁酉贞，王作三师右中左。"(粹 597)"己亥卜，夬贞，王勿立中。"(粹1218)可见卜辞"中"字用法，已经一身而兼记名文字(专有名词)与普通名词二职。金文"中"字有许多用作专有名词的例子，如中戈、中父乙爵、中作宝鼎、中鼎、中觯等，同样也有用作表示空间和时间次序的"中庭""中厥"等普通名词的用法。由此可见，商代陶文、甲骨文和金文的"中"字一脉相承，甲骨文、金文的"中"字已经完全融入记语的文字系统之中，其用法灵活，使用广泛。

"土"字，在商前期吴城一期陶文中作"Ω"，在商后期马桥四层陶文中作"▨"，两者形体近似，区别仅在于顶部的尖与圆。卜辞"土字"有较多的书写形式，如合 9738 作"Δ"，后下 38.3 作"Δ̇"，其顶部两侧皆有表示尘土的小点，且点数多少也有分别。发展至晚期，还有将一圆形轮廓减省为一竖画者，如合 36975"▲"等例。卜辞"土"字的书写形式虽然多样，但其基本轮廓仍保留商代陶文中尖头和圆头两种书写形式，这两种书写形式始终是卜辞"土"字字形的主要来源，如合 6057 正等例作"Δ"，顶部呈圆形，合 33272 等例则呈尖形"▲"。在甲骨文和金文中，"土"字作为方国名、族团名、神名、人名等记名文字或专有名词使用，如"王从伐土方。"(合 6087)"贞，勿正土方。"(合 6448)"贞，寮于土(社)。"(合 14395)"于亳社御。"(合 32675)"王位于宜，入土(社)，南向。"(夨簋)"吴王孙无土之腽鼎。"(吴王孙无土鼎)又作"土地""疆土""国土"等普通名词使用。如"东土受年。"(合 9335)"西土受年。"(合 9741)"北土受年。"(合 9745)"南土受年。"(合 9738)"粤我其遹省先王受名受疆土。"(盂鼎)等等。在金文中，"土"字的形状有"▲""▲"两种，前者为一竖笔肥写，后者则在竖写肥笔中部还添加了一个圆点，这两种形状介于卜辞的圆笔和尖笔之间，当是卜辞"土"字的简省形式。金文中又有少量的专有名词"土"，或以"土"为框廓或构字部件的例子，如作父己觯、↓父癸爵、幾父壶、戈▨盉，等等。这种情况充分说明，"土"字在金文和甲骨文中既主要作为方国名、族团名、神名等记名文字或专有名词使用，同时还兼有普通名词的用法，已经完全融入记语的文字系统之中。

"目"字在商前期陶文中有两种书写形式，其一，装饰风格的"目"字，如郑州市法院内发现的"▨"和藁城台西遗址发现的"▨"(季云释读为"臣"字)，此一符号与卜辞合 13625 正"▨"、合 21745"▨"等例形似，皆为左眼角低垂、右眼角上扬之形，但具有一定的装饰风格；若其形竖立，则近似于卜辞"臣"字；其二，写实风格的"目"字，如吴城一期的"▨"酷肖人目。河南舞阳贾湖遗址中早就出现了横写的"目"，但因为缺乏可靠的依据，我们还只能将其看成是史前时代的"目形符号",并非如贾湖考古报告所言已经是"目"字。而在卜辞中出现的"目"字,其形状已脱离写实风格,而用来表示人目、窥看等义,作为普通名词和动词使用,如"贞,王其疾目。"(合 165 正)"贞乎目𬀩方"(前 4.32.6)。此外,在卜辞中,"目"字也有专有名词的用法,表示方国,如"贞乎雀𬀩目。"(合 302)金文的"目"字除了日常用法之外,也可作为框廓和构件构成图形文字,表示神秘意象。如且丁爵、子辛卣、父己觚、父癸鼎等例。另,在金文中偶见竖写的目字,如目爵之"𫭟"形;又有以独立的竖目作图形文字,或以竖目作框廓和构件构成图形文字者,如臣睪、臣戈、臣父乙爵、父乙臣辰鼎等例,此为目字用法之特例,或许与三星堆地域文化中的纵目有关。

　　"臣"字在商前期和商后期陶文中皆竖写。商前期小双桥陶文"𬀩","𬀩""𬀩"(标本 99ZXM20:9、标本 99ZXIXT203③:02、标本 99ZXIXH42:26),马保春将以上三形皆释读为"像是一个目形",恐非。拙以为,标本 99ZXM20:9 竖写符号应为商前期陶文"臣"字,标本 99ZXIXT203③:02 横写符号似为"目"字,至于标本 99ZXIXH42:26,则应与"臣""目"皆无关系。商后期吴城 3 期陶文有竖写的"𬀩"形符号,当为"臣"字。甲骨文、金文"臣"字有与商前期小双桥陶文形近者,如合 217"𬀩"等,颂鼎"𬀩"等;也有与吴城 3期陶文近似者,如小臣鼎"𬀩"等例,但均为竖目之形。在卜辞中,"臣"字用作职官名,如"贞𬀩小臣令众黍一月。"(前 4.30.2)"乎多臣伐𬀩方。"(前 4.31.3),等等。金文中"臣"字的用法更加宽泛,既有作族名、人名等专有名词的用法,如"臣辰,册𬀩"(臣辰簋),"臣作父乙宝"(臣爵),又有做奴隶、臣僚、为臣下等普通名词和动词的用法,如"赐臣三品。"(井侯簋)"定君臣之位。"(中山王𬀩壶)"臣保天子。"(师𬀩鼎)拙以为,商代陶文"目"字为横写"人目"形,其形态写实;相对而言,商代陶文"臣"字则应为竖写,其形态略具装饰风格。"目"与"臣"在商代陶文中已有区别,甲骨文、金文中的横写"目"、竖写"臣"当各有其传承,因其符号构意均与"目"有所关联而出现讹混。在战国文字中,竖写的目字较为常见。小篆则承继战国竖写之形而以圆篆之形出现,后世沿用,反以竖写之形为正。[①]

　　"矢"(镞)亦当为铜石并用时代的产物,其物虽源于石器时代,但作为常用兵器之一而大量制造,且形成一定规模,则应在铜器时代。"矢"字头部较大,尾部分岔,为该字基本造型。商后期陶文中的"矢"(镞)见于商王畿内外各考古遗址。偃师商城发现的陶文"矢"字作"𬀩""𬀩"两形,若忽略其朝向,似

------

① 张世超等:《金文形义通解》(上)中文出版社,1996 年,第 804 页。

皆为"矢"（镞）字。小双桥遗址发现的"🔺"与偃师商城发现的后一符号相似。

商王畿之外，吴城遗址 2～3 期发现的陶文"矢"（镞）字有两种风格：其一是填实头部的箭镞形"↓""↓"，此为实用的铜制箭镞之象；其二是突出头部的铜制簇形"🔻""🔻"。两者比较，前一种箭镞形或为商王畿腹地内的"矢"（镞）形，其特点是强调实用和规范；后一种是商王畿之外的"矢"（镞）之形，带有南方地域文化特色，较多装饰风格。甲骨卜辞和金文中的"矢"（镞）则兼两者之长，既保留了头部填实的写实风格，又吸收了南方装饰性风格。如"↑"（合 36481 正）、"↑"（合 23053）等例，金文"↑"（🔳簋）、"↑"（盂鼎）等例。在卜辞中，"矢"（镞）字除了作为"箭矢"的普通名词外，又用为神祇名、地名和方国名等专有名词，如"丁巳卜，行贞，小丁岁眔矢岁饮。"（文 336）"循矢方。"（续 5.9.3）"矢伯获作父父癸彝"（矢伯卣）"矢"（镞），在金文中，"矢"字同样可以独立作图形文字，或作为图形文字中的构字部件，如↑盉、↑鼎、↑爵、🔶瓶、↑鼎等例。

"鱼"字两见于藁城台西陶文，作"🐟""🐟"二形，两者均残，前一字仅留鱼尾，从字形上看，似为草鱼、鲤鱼一类河中常见之鱼，后一字鱼尾上翘，难以确认其为何类鱼，或者只是一种水生动物。殷墟陶文中有一例连写"鱼鱼龟"，李孝定认为该例为三个图形文字。卜辞"鱼"字"并与陶文相类，但繁简有别耳，盖陶文用作文饰，故其文繁，卜辞用作文字，故其体简也（金文鱼字甚多均与此同）。"[①]在甲骨文和金文中，除了通常用法的普通名词"鱼"和动词"捕鱼"的用法外，又有用作祭名、国族名、人名等专有名词的用法，如"贞，王鱼"（掇 2.54）"王勿延鱼不若。"（乙 6751）"鱼伯彭长子🔳作🔳彝。"（鱼伯卣）"犀伯鱼父作旅鼎。"（犀伯鼎）金文中又有以"鱼"为图形文字或图形文字框廓构件者甚多，如鱼卣、鱼尊、鱼鼎、鱼父乙爵、鱼父癸卣、亚鱼父丁爵、亚鱼鼎，等等。此种用法的图形文字"鱼"来源甚早，其源头应为氏族部落社会里史前族团的徽号与标识。

"天"字在商代通行文字中有繁写与简写两种书写形式。商前期小双桥朱书陶文中出现的陶文"🔺"当为繁写之祖形，曹建敦认为：小双桥朱书陶文"天"字是天族的徽记，"'天'族在商代前期已经存在，且和商王室关系密切，当系一重要族氏。"[②]此形在金文图形文字中常见，容庚《金文编》附录上（第1023～1032 页）收录此类以"天"字作为图形文字框廓或构件者不下数十百

---

　　① 李孝定：《陶文考释》，《殷墟陶器研究》，上海人民出版社，2007 年，第 188 页。
　　② 曹建敦：《郑州小双桥遗址出土陶器上的朱书文字略探》，《中原文物》，2006 年第 4 期，第 35 页。

例,如父乙斝、父乙尊、父戊盉、父癸鼎,等等;另,在金文中出现的"天"字亦有与此形相类者,如父乙觯"🧍"等例,即是对繁写形式的延续。相对而言,卜辞中的"天"字,其字形比金文图形文字和铭文都要简略,虽然部分字形仍保留圆圈来表示头部,但已经有许多形体以短横线表示头部,陶文和金文图形文字中填实的圆点被置换成圆圈,弧线已经被拉成直线,有些形体分开的两腿也使用直笔来代替圆笔,如合 20975 中的"🧍"字等例,就是用圆圈代替填实的圆点;合 22054 中的"🧍"字等例,就使用短直线来代替圆点和弧笔。虽然卜辞中"天"字的字形比较简化,但其用法之中仍保留着较早的方国名、人名等专有名词的用法,同时也有表示人的头顶,表示大小之"大"等普通名词和形容词的用法。如"辛酉卜,七月,天方不其来品。"(合 87)"重苫豕于天。"(天 50)"庚辰王弗彳朕天。"(乙 9067)"天戊五牢"(前 4.16.4)

"止"字在商前期藁城台西陶文中有"🦶""🦶"等形,皆表现脚掌。金文图形文字,如止爵、宅止癸爵、父丁鼎、小子夫尊、父癸尊、龙母尊出现的"止"形与陶文基本相同。金文又有省变的形体"ᵛ""ᵛ",以及进一步简化的形体"ᵛ""ᵛ"诸形。在金文中,"止"仅作人名等专有名词。卜辞中的"止"有繁简之分但区别不大,其繁体如合 20221"ᵛ"等例,仅用三指代替全部五指;其简体如合 35242"ᵛ"等例,仅用歧出之拇指代替五指。卜辞"止"字除了用作普通名词的"人足"之外,还有用作方国名、人名、祭名等专有名词的用法,如"长侯戈止"(库 1670)"止眔专宅。"(京 2510)"王其……止雨……"(南上 92)。

"田"字,在商前期吴城一期陶文中作"田",在商后期吴城三期陶文中作"田",殷墟陶文中作"田"。吴城陶文的"田"字字形上部不完全封顶,内部有写作一横者,也有写作两横者;殷墟陶文则完全封顶,内部只有一横一竖。卜辞中的"田"字有"田""田""田""田""田"诸形,其繁简不一,但总体上都是阡陌纵横之象。金文"田"字比较规范,基本上都写作"田"。甲骨文、金文的"田"显然与商代陶文一脉相承。甲骨文、金文的"田"字既有普通名词、动词和量词的用法,表示"农田"和"田猎"等义,相对出现较早,如"癸卯……宾贞卓贵田于京"(合 9473)"土方侵我田,十人"(菁 3)"其舍田十田。"(卫盂)卜辞"田"字表示田猎,字又作"畋",如"壬子卜,贞,王其田,向亡戈。"(合 33530)甲骨文、金文中的"田"又有作专有名词,表示"外服之田"的用法,字又作"甸",但相对出现较晚。如"令望乘先归田"(金 568)。"佳殷边侯甸(田)与殷正百辟率肆于酒。"(盂鼎)林沄说:"'田'是一个较晚发生的称号。"[1]裘锡圭指出:"在商代晚期'田'应该已经大量发展成为诸侯,并且商

---

① 林沄:《甲骨文中的商代方国联盟》,载《古文字研究》第六辑,1981 年,第 85～88 页。

王有可能已经在主动建立称为田的诸侯了。"①在金文中,"田"与"周"同字,表示殷商的藩属周邦,亦属专有名词,这种用法有两种书写形式:其不封顶者有三横而不是两横,如何尊、舀鼎,等等;有些字内部还有表示粟米众多的小点。其封顶者,用法与卜辞基本相同,如成周戈等例。

"网"字在商前期二里岗期陶文和吴城1~2期陶文中都有所发现,作"▦""▦""▦"等数形,陶文"网"字虽分横写竖写,但构型皆为两横或两竖间分布若干交叉线之形,其为史前时代狩猎、捕鱼之网的写实图像。甲骨文"网"字构型当继承商前期陶文而来,甲骨文作"▦""▦""▦""▦",其构型大体可分繁、简两种风格。卜辞中,"网"字用作普通名词和动词,如"弜网鹿弗单。"(人3116)"甲申卜,其网……。"(前6.38.2)金文"网"字作"▦""▦""▦"等,中间网格皆简化为一交叉线。张世超等认为:"金文所见皆取简省之形。"②拙以为,金文所取简省之形当源于商前期陶文"▦""▦"。殷墟陶文"▦",李孝定释读为数字"五",或许兼有记名文字的性质。金文"网"字用作族氏名和人名等专有名词,如"▦作宝彝,▢(网)。"(▦卣)"仲▢父作殷。"(仲▢父簋),并无普通名词和动词的用法,这种情况一方面可证金文之简省之形另有来源,另亦可说明陶文中简省之形横写者,或许兼有记名文字之功用。

从以上我们对商代"记数陶文"和商代"记名陶文"的讨论中可知,"商代陶文"已经是一个不宜轻易否认的系统性存在了。可以明确地说:殷商陶文与甲骨文、金文在形体和符号构意方面都是一脉相承的,它们应属于同一个商代通行的大文字体系,而且都是这个通行的文字系统的重要组成部分。以上论述可以简要总结如下:

其一,商代陶文与甲骨文、金文之间有为我们所熟知的历时层面的字符传承关系,上文列举的商代数字"一、二、三、五、六、七、十"等记数文字,"亞、戈、田、木、帚、龍、俞、屮、乙、卜""中、土、目、臣、矢、魚、天、止、田"等记名文字都是其典型例证。部分甲骨文、金文字符还有不同的史前来源,如甲骨文、金文的数字"一、二、三、五"皆为横写形式,该类字符源于商前期陶符的横写形式;商前期另有竖写形式的"丨、丨丨、丨丨丨、×",虽然通常被认为是商代数字,但在金文和甲骨文中却未见有作为数字使用的情况,相反,却是在金文图形文字中得以保留下来,仅作为专有名词出现。再如甲骨文的"网"字

---

① 裘锡圭:《甲骨卜辞中所见的'田''牧''卫'等职官的研究——兼论'侯''甸''男''卫'等几种诸侯的起源》,载《文史》十九辑,中华书局,1983年,第5~7页。

② 张世超等:《金文形义通解》(上),中文出版社,1996年,第1943页。

可区分为繁、简两种书写形式，两者皆源于写实的狩猎、捕鱼之网形；金文的"网"字则通常认为取形于简写形式"M"，与甲骨文的字符来源不同，其符号形态比较接近商代陶文数字"五"的横写形式。

其二，商代陶文、甲骨文、金文之间存在共时层面的字符借鉴与相互影响，这一点实际上也是商代通行文字的突出特征之一，引而申之，甚至也可以说是汉字发展演变过程中的基本特征，但在以往的研究中却没有受到应有的重视。我们发现：在商代文字的共时层面，相同的字符和符号构意，会出现在不同的书写媒介之上，如陶器、骨器、石器和金属器等之上，其间虽有些许的变化，但总体特征是大致相同的。比如在商代文字的共时层面中，部分字符的构成既具有繁简或雅俗（殷商与方国）对立的特征，却又能在更高层面上实现对立统一，相互渗透和相互补足。比如"戈"是青铜时代制造的兵器，不同制造地点会造出不同风格青铜戈，而以这种兵器为实物原型造出的文字同样具有不同风格。商代王畿内制造的此种兵器及其陶文"戈"字相对具有写实风格，商王畿外吴城遗址 2～3 期，新干大洋洲等商王畿外制造的此种兵器及其陶文"戈"则具有地域特点，较多装饰风格。但这两种风格的兵器及其文字在商代兵器制作及其甲骨文和金文中都被很好地保留和继承下来，并在甲骨文和金文中具体表现为"✝"和"↑"的区别。再如，作为常用兵器之一的"矢"（镞）也是铜器时代的产物，无论青铜"矢"的制造，抑或是以"矢"为实物原型所造的文字同样都会保留头部较大，尾部分岔的基本造型，但又具有不同的地域风格。偃师商城、小双桥遗址发现的陶文"矢"是较为写实的"矢"（镞）形，吴城遗址 2～3 期发现的陶文"矢"（镞）字则是突出头部、具有装饰风格的铜簇形。甲骨卜辞和金文中的"矢"（镞）则兼两者之长，既保留了头部填实的写实风格，又吸收了南方装饰性风格，在更高的层面实现了对不同风格的兼收并蓄。

其三，字符与符号构意都会主动适应不同时代的需求而组构出不同的表现形式，此种情况下字符的借鉴和相互影响同样不可避免。比如"亞"形符号本源于史前时代的礼仪建筑，但又在商代陶文中作为字符出现。在进入甲骨文、金文之后，字符"亞"一方面仍保留着来自史前的神秘意象，单独作为图形文字或图形文字的框廓或构件来使用；另一方面又被部分赋予记语功能，表示人名、族名、职官名、宫室名，作为记名文字或专有名词使用。其组合形式多样，功能各异且相互影响与渗透。再如"田"字，本源于青铜时代与青铜戈相互匹配的"青铜方盾"，作为这种兵器的写实图形，该形体既在商前期藁城台西陶文中出现，又在金文和甲骨文中被沿用下来，作为金文图形文字的构件，与其他构字部件一起组构出若干金文图形文字，一方面仍保留了来自史前的意象，另一方面又被赋予部分记语功能，在甲骨文和金文中表示族名、方国名、祭祀名和武器名等，具备部分记语功能。

通过上面的讨论可知，以上列举的商代陶文中的"记数陶文"和"记名陶文"，在字符形态和符号构意方面与同时期的甲骨文、金文存在明显的符号传承关系。这一符号传承关系既是中国文明延续性的符号证据，又充分说明了商代通行文字系统内部不同"书体"形式自由流动状态。因此，我们要再次重申："商代陶文"是一种体系性的存在，它是商代通行文字的重要组成部分，而且是较早出现的那一部分。在商代通行文字系统中，各类书体的文字之间有明显的相互交流借鉴的痕迹，其形体基本近似或相通，且字符源头均指向更早的龙山时代乃至仰韶文化庙底沟二期之后的各考古学文化，并与之存在千丝万缕的字符传承与符号构意方面的联系。商代通行文字内部不同书体之间的区别是由文字功能的不同决定的：甲骨文是延续殷商骨卜传统的、特殊用途的文字，铜器铭文、陶文和可能存在的竹简书属于非骨卜传统的记名与记事文字。但无论特殊用途的文字，还是记名与记事的文字，它们显然都是商代通行文字的重要组成部分。至于商代陶器刻画符号中还存在较多的"符号"与"文字"夹杂混同、部分陶文未见于甲骨文和金文的现象，则应是早期文字尚未完全成熟、只能有限记语的原因造成的。

第六章 文字制度的建立与汉字的激发扩散

前面我们说过,汉字字符有悠久的历史渊源,汉字字符的演变具有深刻的理据性,汉字字符的来源是"渐变"的,字符之间是相互传承的,这些特点充分体现了汉字的历史传承性。至于汉字体系的形成或成熟汉字的出现,则是社会发展到一定阶段的产物,它是汉字与中国文明发展进程中的必经之路,体现了汉字的成熟与中国文明的定型,而非汉字和中国文明的起源。

汉字成熟或汉字体系形成有两个重要标志:一是文字具有完善的记语能力;二是建立了一整套围绕着文字创制、文字应用与普及、文字传输与激发扩散的"文字制度"。

第一个标志可以落实到殷商语言研究的领域之中,在这一方面,学术界目前已有许多研究成果:比如对殷商语语音框架的讨论,就有赵诚《商代音系探索》(1984)和《上古谐声和音系》(1996),管燮初《从甲骨文字的谐声关系看殷商语言声类》(1988)和《据甲骨文谐声字探讨殷商韵部》(1990),郭锡良《殷商时代音系初探》(1988)和《西周金文音系初探》(1994),陈代兴《殷墟甲骨刻辞音系研究》(1993),郑张尚芳《上古音系》(2003)等。对殷商语言中"复辅音"问题的讨论,如何九盈《商代复辅音声母》(1994),邹晓丽《甲骨文字学述要》第二章(1999),梅祖麟《甲骨文里的几个复辅音声母》(2008)等。对甲骨文词汇和词源的研究,如王绍新《甲骨刻辞时代的词汇》(1992),黄健中《试论甲骨刻辞的词汇研究》(2016)等。对甲骨词汇的分类研究,如陈年福《甲骨文动词词汇研究》(2001),巫称喜《甲骨文名词词汇研究》(1997),梁银峰《甲骨文形容词研究》(1998),杨逢彬《殷墟甲骨刻辞词类研究》(2003)等。对甲骨文记载的殷商语语法框架的研究,如管燮初《殷墟甲骨刻辞的语法研究》(1953),姜宝昌《殷墟甲骨刻辞句法研究》(1990),沈培《殷墟甲骨卜辞语序研究》(1992),张玉金《甲骨文语法学》(2001),李曦《殷墟卜辞语法》(2004)等。还有将卜辞应用于殷商历史文化研究之中的成果,如胡厚宣、宋镇豪主编的《甲骨文与殷商史》(1~7,1983~2017),胡厚宣主编《甲骨学商史论丛初集》(2002),等等。上述甲骨文语言研究都能自觉使用历史比较研究法,重视对甲骨文所记语言的描写与分析,但相对缺少对汉藏语底层语言的深入挖掘和殷商语系构拟重建方面的研究。

至于第二个标志,即成熟汉字出现或汉字体系形成初期文字制度的建立对文字系统形成所起的关键作用,至今尚未引起学术界足够重视,以至于国内外的文字学界在这方面的研究基本上都还是一个空白。有鉴于此,我们在这里以商代为例,提出一些初步的看法,尝试揭示商代文字制度的建立及其对汉字应用、普及、汉字激发扩散的影响,以就教于大方之家(见本章第二节讨论)。

第一节　文字制度的建立

在讨论商代文字制度的建立及其对汉字应用、普及、汉字激发扩散的影响之前,先交代一下文字制度的概念、功能及文字制度的核心要素。

"文字制度"的概念脱胎于德国学者格尔格·爱德华的"读写教育的社会机制关联(The social and institutional context of literacy),[①]这一概念原指文字社会里影响文字的应用与传播的社会组织,如口述文化交际对社会组织交流的影响,读写教育和社会机制之间关系的变化,一种社会读写机制的存在能稳定语言的使用,以保证社会进程不断向前,等等。

我们这里所说的"文字制度",指的是文字形成初期就开始建立、事关文字使用者在文字创制、应用、规范、推广、传播、激发扩散等方面的一整套社会调节机制。

文字制度一经建立,它一方面会保持着区别于他者的独特个性和持久的魅力,另一方面,在同一文明的不同阶段,"文字制度"也会根据自己所处的实际情况做出主动的调适与改变,并非千年一面。

一、文字制度的功能

(一)"文字制度"在文字系统形成之初建立

两河流域的苏美尔文明是迄今为止世界范围内最早创制出文字系统的古文明之一,其文字制度的建立主要围绕着经济贸易、管理以及口头学习的

---

① 〔德〕格里格·爱华德:《读写教育的社会机制关联》,刘晓宁译,华西语文学刊(第二辑)四川文艺出版社,2010 年,第 197～211 页。

记录展开,最终形成的是经济文献。苏美尔文明文字制度的建立围绕着经济活动这个中心展开,其最初的文字主要承担经济管理的职能。具体表现为:发达的商业贸易带来的高度的社会分工,负责书写文字的书匠只是掌握书写技术的百工之一,他们自幼学习泥板制作和书写技能,学成后进入政府管理部门充当官吏,从事记账和统计一类的经济管理工作。其次表现为围绕着"大母神"崇拜观念建立起来的神庙、宫殿、金字塔、女祭司的住处等大型礼仪性建筑中的经济管理机构,以及各种祭祀仪式所需要的经济和贸易管理活动。

苏美尔楔形文字早期仅有少量的经济文献,直至乌尔第三王朝(公元前2112~公元前2004)之后,文字应用领域才逐渐扩充到记录史诗、神话、咒语、颂神诗、智慧书等,出现了著名史诗《恩美卡与阿拉塔》,神话故事《伊楠娜与恩基》等。因此,最早出现的原始楔形文字仅仅是简单记录商品交换中的物名和数量的经济类文献,如记录金、银、天青石、铜、木材,以及绵羊、山羊、猪、牛、奶桶、啤酒和谷物等物品及其数量,如图6-1所示。

容器　　　　　　蜜蜂　　　　　　公牛　　　　　羊

图6-1　乌鲁克Ⅳ～Ⅲ文字(图片来源:Joachim Marzahn)

早期楔形文字文献主要体现文字的经济管理职能。如图6-2左图为一块楔形文字经济管理文献泥板的正面,右图为泥板反面。左图文本可分为四个区:上方三个区,下方一个区,阅读顺序从右到左。上方三个区每个区的头顶都有一个数字符号,分别是3、4、1;上方最右边一个区的数字下面有一个像"眼睛"的符号,这个符号在苏美尔语中具有"分发"的意思,上方中间一个区数字符下面的符号表示不确定的项目,上方左边一个区的数字符号下有一个像"芦苇"的符号。左图下方一个区从右到左的符号依次是"战俘""统治者"和"交纳"。右图只有一个确定数字8。这块楔形文字经济文献文本的意思大体上是:3分发,4接受分配,1取消,战俘上交统治者;总数为8。[①] 迄今为止发现的早期楔形文字文献大都是这一类的经济文献,这些文献"似乎都是一种固定的表格,书吏的任务似乎就是填写表格,即把数字

---

① Dorte Borchers, Frank Kammerzell und Stefan Weninger. *Hieroglyphen alphabete schriftreformen*, Gottingen. 2001, p. 23.

或物名(产品或商品的名字)填写在固定的位置。"①

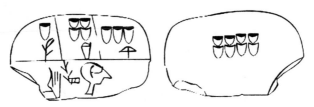

图 6-2 乌鲁克Ⅳ楔形文字档案(图片来源:Dorte Borchers)

当然,苏美尔文明早期也有记录与再现原始祭祀活动,宣扬神权的神话的文学文献。但文学文献却主要使用滚印\陶瓶图案等图画记事的手法来进行,并不习惯用文字来记录。如图 6-3,1 是一件出土于乌鲁克遗址(距今 5000 年左右)大理石圆筒形印章上的展开图,"印章上描绘了一位长胡子的统治者正在用花枝喂羊的情景,象征其恩泽子民。图案中还有代表爱情与战争女神伊南纳的几束弯曲的芦苇及神庙仪式中用的高脚花瓶。顶部的卧羊用作印章之柄。"图 6-3,2 是一件出土于(距今 5000 年左右)乌鲁克遗址的石膏花瓶,花瓶上的浮雕分为上中下三部分:最下面是水、庄稼和羊群,这是人们生存所必需依赖的基本物质;中间部分是裸体搬运祭品的祭司;最上面部分描绘了爱与战争女神伊南纳接受盛装国王进献礼品的场景。整幅

1.乌鲁克滚印,距今 5000 年左右;2.乌鲁克瓦尔卡石膏花瓶图像叙事:距今 5000 年左右。

图 6-3 乌鲁克早期图像叙事(图片来源:戴尔·布朗)

---

① 拱玉书、颜海英、葛英会:《苏美尔、埃及及中国古文字比较研究》,科学出版社,2009 年,第 14 页。

图按顺序描述了乌鲁克国王向城邦保护女神伊南纳进献礼品的场面,这是当时苏美尔城邦国家奉行女神祭祀礼仪的生动写照。①

古埃及文字被认为是由图特神创造的"神圣文字"。其"文字制度"主要表现为围绕神权统治而进行的永恒书写。这种神圣文字据说能将事物放置在最合适的位置,因此,最初仅被用来书写王名和神名,因为神的名字和国王的名字具有神力。在古埃及,法老王被认为是神在人间的化身,他们本身就是神。古埃及人相信,文字是神赋予世界的具体形式,是神的创造物的印记,伤害一个人的名字就能伤害这个人本身,抹去这个人的名字就能抹去这个人的一切。

古埃及文明的文字制度集中体现在追求来世的神圣观念、对神圣书籍的储存和展示,以及围绕以上目标建立起来的王权管理和政治制度方面。扬·阿斯曼指出:"与两河流域有所不同的是,古代埃及的文字不是在经济领域里发展起来的,而是在政治制度的形成过程中成型的。"②如图6-4,1是一座发现于埃及阿拜多斯神庙的古埃及王名碑,其上记录了从公元前2920年创建第一王朝的美尼斯到公元前136年即位的塞提一世,共76位国王的名字。图左面为首的较大的神像是塞提一世,紧挨着的小图像是他的儿子,埃及历史上的伟大国王拉美西斯;③图6-4,2是著名的古埃及《亡灵书》的一个片段,其中的图像和文字是对死者亡灵通行阴间期间的指引,以图像为主,文字只是对图像的辅助说明。古埃及人创作亡灵书一类的神圣文献,

1　　　　　　　　　　　2

1.古埃及阿拜多斯神庙中发现的王名表;2.古埃及《亡灵书》片段。

图6-4　古埃及神圣文字的图像叙事
(图片来源:1.戴尔·布朗;2.James Wasserman.)

---

① 〔美〕戴尔·布朗:《苏美尔:伊甸园的城市》,王淑芳译,广西人民出版社,2002年,第92～97页。

② 〔德〕扬·阿斯曼:《文化记忆——早期高级文化中的文字、回忆和政治身份》,金寿福、黄晓晨译,北京大学出版社,2015年,第180页。

③ 〔美〕戴尔·布朗:《埃及:法老的领地》,池俊常译,广西人民出版社,2002年,第8页。

其目的是为死者应对冥界鬼神提供密码与暗号，并向冥界神灵展示自己的真实身份，希冀得到神灵的指引和帮助，通过图画和文字，呼吁众神引导和接纳死者顺利进入来世。

甲骨文在一定程度上满足了王公贵族与祖先神灵沟通、借此实现行政管理的需求。甲骨文的文字功能与古埃及神圣文字比较接近，即具备神圣功能和社会政治功能。但两者也有区别：因为古埃及的法老们宣称自己为神，而殷商的君主们虽然相信鬼神，但自身已经从鬼神的行列中分离出来，它们崇拜的只是自然神和祖先神，并不包括自己在内。古埃及的法老王使用圣书字的目的是向自己同类的神展示，而殷商君主和高级贵族们使用甲骨文的目的则是向祖先神卜问及其对卜问结果的储存与记录。正是这种区别导致这两种古文字的表达方式不尽相同。圣书字是展示性和储存性兼具的，因而图文并茂，文字构型比较写实和逼真，而且刻制在不易朽烂的石板和墙壁之上，直接封存在不见天日的墓室和金字塔内部；甲骨文是储存性和记录性的，因而仅保留文字记录而没有图像，文字构型相对圣书字而言比较写意和抽象，仅保管在隐秘的房屋或藏在地窖内，不会轻易出示而已，如图6-5所示。因此，以甲骨文为代表的殷商文字的文字制度主要包括祖先神庇护的观念、王朝和高级贵族拥有的专司龟甲进贡和收藏的机构、掌握书写技艺的贞人集团及其贞人子弟对贞卜技能的练习等方面。

图6-5　YH127坑出土的殷商王室的"文献档案"（图片来源：李宗焜）

以上三大文字皆为世界历史上自源创制的表意文字，但三者的旨趣与功能皆有一定的区别：相对而言，楔形文字偏向于经济功能与社会交际功能，圣书字和甲骨文比较偏向神圣功能与社会政治功能。当然，这三种古文字之间也有共同点，即三种自源创制的文字体系都是在较短的时间内突然出现的，而且都以文字制度的建立为其重要标志。

（二）"文字制度"随时代变迁而自我调适

在不同的历史时期，或者在不同的社会条件下，"文字制度"的内容并不完全相同，文字制度并非是一成不变的。

若以汉字为例，殷商时代的文字制度与周秦乃至汉代不尽相同，汉代的文字制度与唐代的文字制度并不一样，而唐代的文字制度与今天的文字制度也不一致。

殷商时期，在巫风盛行、祖先神庇护的观念之下，围绕着甲骨文的记录，殷商王朝和高级贵族建立了专司龟甲进贡和收藏的机构，出现了一大批专业人才——贞人集团，而且规定干支表为候补贞人技能练习的专用教材。周秦乃至汉代，具有社会道德规范价值的礼乐制度得以建立和推广，史官凭借其卓越的读写能力在王朝中担当记言、记事的工作，成为官僚体系的重要组成部分。春秋以降，礼崩乐坏，官僚集团对有读写能力人士的掌控力度下降，识字能力培养的职能部分转入民间，私人兴学、著书立说，诸子百家各逞其能，思想文化领域百家争鸣，官僚集团以开放心态延纳人才，择优录用，又助长了士人积极进取的风气，"士阶层"在此时兴起并进入社会生活的中心，成为一股既能左右政局，又能引导民众的社会中坚力量。

周秦乃至汉代，围绕着一定社会人群读写能力培养建立起来的文字制度的内容主要包括：其一，私学和公学系统的建立，公学系统如在国都中建立的太学及博士制度，私学系统如允许各地设立蒙学识字和启蒙教育，等等；其二，经学领域的今古文之争，导致儒家经典的经典化过程在这一时期完成；其三，经学教材、蒙学教材的编订以及以文字为研究重点的小学兴盛；其四，通经取士制度逐渐成为选拔人才的主要途径，等等。

唐代的文字制度较之汉代更加完善，地方官学系统建制齐备，规模宏大；私学系统除了私塾和家学之外，还出现了书院制度；经学教材和蒙学教材之外，又有"正字学"著作出现，为汉字规范化做出了历史贡献。

（三）文字的激发扩散与文化心理认同互为条件

文字的社会文化心理认同是文字制度的重要组成部分，文字的激发扩散必须以社会文化心理认同为基本条件。文字创制之后的字形演变和存续与发展,文字规范与正字工作,都必须以社会文化心理认同为前提。而文字教材的编订和书面读物的编写,也必须契合广大社会人群文化心理的需求。在语言差异巨大,方言分歧各异的情况下,汉字在身份认同方面发挥出不可替代的作用。汉字不仅跨过了方言的分歧,成为各大汉语方言区共同使用的文字,而且它还进一步跨越了语言的障碍,构建起东亚文明圈内共同的社会文化心理,为世界这一地区奠定了共同的社会文化心理认同基础。①

另一方面,围绕文字教育的社会文化心理认同也为文字系统的稳定和持久使用提供了可靠的保证,在长期的文字习得和书写中形成的社会心理惯性、文化习俗、审美取向很难改变,甚至还会形成许多围绕文字的禁忌与习俗,如造字神话、敬惜字纸、灯谜和射覆等等,这些心理惯性、禁忌与习俗同样在塑造共同的社会文化心理方面发挥着重要作用。②

二、"文字制度"的几个要素

无论中外,"文字制度"的组成都有一些共同的构成要素,这些要素概括起来主要包括:社会观念和文教政策、教育机构、教学队伍、教材等方面,它们共同构成了文字制度的基本内容。

(一) 社会观念与文教政策

社会观念体现了人们的价值取向,文教政策则是为了实现这一价值取向而制定的方针、政策、计划、措施等行动纲领。

在早期的苏美尔社会,其社会价值取向总体上趋于"神造万物"观,尤其是女神崇拜。这一观念即苏美尔人的"me"③。据说乌鲁克城邦的保护女神伊南娜从他的父神恩基那里骗取了正义、洗劫城市的能力、伤心、欢喜、骗术、仁爱、木工手艺、冶铜手艺、书写手艺等 100 多种"文化财产",可见包括书写手艺在内的百工们的众多手艺,都来自城邦保护女神伊南娜的恩赐。因此,整个乌鲁克城的城市建筑依照其与女神关系的亲疏远近而分布。城市中心是规模宏大的神庙、金字塔、王宫和女祭司的住所等宗教和行政建筑,城市四周则分布着各种分工明确的百工们的工坊和住所,神庙—宫殿分

---

① 黄亚平:《论汉字身份认同对中华民族文化复兴的重大意义》,载《广义文字学研究自选集》,中国社会科学出版社,2017 年,第 68～75 页。

② 夏洁:《文字的认同性及文化心理》,硕士学位论文,中国海洋大学,2006 年;孟凡杰:《汉字文化圈的书同文现象》,硕士学位论文,中国海洋大学,2007 年。

③ 笔者注:"me"是与古埃及的"玛阿特"、中国的"道"类似的观念。拱玉书将"me"译为"道"。参见拱玉书《论苏美尔文明中的"道"》,《北京大学学报》,2017 年第 3 期,第 100～114 页。

别掌管城邦国家神圣生活和世俗生活,神庙管理者和国王共同执掌土地所有和财产分配的权力。

乌鲁克人经常在大型的宗教场所举行各种祭祀活动,向女神进献各种宝物,祈求女神保护。几乎每年都要举行城邦保护女神(一般由高级女祭司担当)与国王们(男神杜姆兹的替身)的圣婚礼,女神身着盛装高高在上,接受国王的礼拜和敬献,国王则赤身露体而虔诚礼敬,手持礼品进献女神。这一特别的国王与城邦保护女神的成婚仪式年年进行,通过国王与神的替身的婚媾和生育,极大地强化了人神关系,乌鲁克城邦也因此切切实实地得到了女神的眷顾和保护。圣婚礼不但出现在乌鲁克,也频繁出现在苏美尔文明各大城邦国家,如阿伽什城的妮萨巴,埃利都和基什城的宁胡尔萨格,等等。据说圣婚礼具有三大功能,即掌管丰产、权力和文学。女神们在人间都有若干个丈夫和无数个孩子。因此,女神们既是高高在上的接受献祭的神灵,也是国王的妻子和孩子们的母亲,她同时要担当起保护城邦、保护丈夫和儿子的双重职责。正因为如此,在苏美尔神话中,女神们总是以受苦受难和哀号的形象出现在史前艺术中,这是因为她们时刻都有可能遭受丧亲之苦。①

古埃及人的头脑中存在根深蒂固的追求来世和永垂不朽的观念,这一观念即古埃及所谓"玛阿特(Maat,类似于苏美尔的"me",中国的"道")的概念,"玛阿特"赋予个人以超越死亡的永存身份,这一身份以视觉图像和文字互补的形式在大型建筑物如神庙、金字塔、王陵、方尖碑、墙壁以及埃及法老木乃伊制作的装饰艺术和传记铭文中反复呈现出来,向神灵和子孙后代展现其辉煌的事迹。与苏美尔社会不同,古埃及盛行父神崇拜,而且法老王本身就是神或者神的化身,具有神的法力。所以,刻制在不易朽烂的石板和墙壁之上的圣书字同时具备储存与展示的双重功能:一方面是为了防止遗忘,帮助记忆,储存文化记忆;另一方面则是呈现事实,向神灵展示和说明情况。

殷商社会巫风盛行、祭祀活动在社会生活中具有不可替代的重要地位。文字制度的建立和运作目的是为了确保祀典礼仪的正常进行,针对先公、先王、先妣和名臣们的繁复的祀典,比如选祭和周祭的频繁举行,确立了殷商的受祭王名、次序和应受祭仪和祭礼的规格,等等。通过频繁的祭祀,殷商王室的统治谱系——"王名表"得以最终确立,现任商王因为建立了这样的祭祀谱系而得到祖先神灵的庇护,并在现实生活中获得了至高无上的政治和祭祀权力。其文字制度具体体现为围绕着祖先神的祭祀礼乐和政治管理文献。周秦乃至汉代,儒家经典从原先诸子之一的地位上升为主流文化的

① 金立江:《苏美尔神话历史》,南方日报出版社,2014年,第235～246页。

经典,至汉代而完成了经典化的过程。经典化之后,儒家的经典——"五经"及其主要注释取得了至高无上的地位,成为中国文化的原典。自此以后,对列入经典的文献及其主要注释,一字一句都不能随意更改,后人陈述自己的见解,也只能采用委婉申述的办法,在经学注释领域中形成"疏不破注"的传统。周秦乃至汉代的经典化关闭行为和经学人才的官僚化,客观上促进了文字的激发扩散与书写规范。只有具备一定的读写能力才能成为有用之才,读书识字、通经致仕成为社会各阶层人士进阶的必由之路。文字制度锚固了汉字的社会地位,帮助确立了士人的身份认同,反过来,在这种文字制度中培养选拔出来的士人一旦掌权,必然会自觉维护这一机制模式,并运用手中权力不断强化自己受惠的文字制度,因而会在主观上再次强化汉字的权威,促使汉字的激发扩散和文字规范活动再次推动文字制度的高速运转。通过文字制度和汉字激发扩散与汉字规范的双向锚固,汉字的权力得到极大的强化。唯有识文断字方能拥有话语权,成为封建社会选拔人才的既定方针。[①] 隋唐时期,朝廷大力推行"科举制度",从制度层面彻底解决了对朝廷对统治人才的需求,从根本上保证了维护封建制度所需要的储备丰富的人力资源,成为中国历史上有关文教政策方面的最大创举,这一措施从根本上维护了中国封建制度的长盛不衰。[②]

(二) 学校和档案室

在文字社会的早期,担负培训和输送人才、储存文献档案的机构就已经建立起来。

在苏美尔文明中,神庙和宫殿中的"泥板室(house of tablets)"或"档案室"是保存文字的最好场所。1899 年,美国宾夕法尼亚大学主持的尼普尔遗址第二次发掘中,在恩利尔神庙发现一处泥板文献"档案室"或"图书馆",该处收藏了 2.3 万余块公元前 2700 年～公元前 2000 年的楔形文字泥板文献;1902 年～1903 年,德国考古学家在法拉遗址发掘出早王朝时期(公元前 2500 年～公元前 2000 年)的 300 多块属于"古朴文字"的楔形文字泥板,同时还发现了一处档案室。

20 世纪 30 年代,法国考古学家安德烈·帕罗特在两河流域上游的马里城发掘出了一所公元前 2100 年左右的古巴比伦时期的房舍遗址,与尼普尔和法拉遗址不同的是该房舍没有坐落在神庙附近,而是位于政府机关与宫殿之

---

① 王景:《汉字的推广应用与社会读写机制的关联——以汉代为例》,硕士论文,中国海洋大学,2015 年。

② 李萍:《唐代汉字推广应用与社会读写机制关联》,硕士学位论文,中国海洋大学,2012 年。

间,因此被认为是一种世俗教育机构。"马里校舍"是经现代考古发掘发现的世界上最早的学校之一。古巴比伦的"寺庙学校"初等教育主要教授算术、苏美尔楔形文字、天文学的初步知识;高等教育则学习文法、苏美尔文学以及诸如神学、法学、医学、音乐等专门学问,学成后进入宗教和行政管理机构,在政府部门从事统计和管理工作。另外,担任祭司者还要学习"圣象的秘密",一旦掌握了这些秘密知识,便可以洞察高尚的圣象艺术,并取得伟大的声誉。①

古埃及的教育比较发达。学校类型众多,职责分明。包括宫廷学校、书吏学校、寺庙学校等不同类型。古王国时期(公元前 2500 年左右)埃及就有了世界上最早的"宫廷学校"。培养王室子弟的读写能力、数学和天文基础知识,学成后进入国家管理机关,作为各级官吏。中王国时期(公元前 2040~公元前 1786 年)埃及政府的司马机关、司档机关设立"书吏学校",起初专门招收和培养贵族子弟,其后也接纳部分手工业者的子弟,教授书写、计算、有关法令的知识以及初步的数学、天文和地理知识。职业教育是古埃及书吏学校中最重要的教学内容,教师一般由现任官吏直接担任,其目的是为国家培养能写会算的下级官吏。古埃及的"寺庙学校"以研究学术和传播科学文化知识为己任,教授数学、天文学、地理学、历史、礼仪文化、医学、建筑学方面的较为高深的内容,培养高级祭司和知识渊博的学者,作为王室的智囊和高级顾问。

殷商考古中也发现了类似西亚"泥板屋"或"档案室"的甲骨文窖穴YH127,内藏甲骨 1.7 万余片,如图 6-5 所示。据传世文献记载,殷商的学校在官方有"大学(又称右学)"和"小学(又称左学)",大学供养"国老",小学供养"庶老",是国家尊老、进行伦理教育的场所,也是举行相关祭祀活动的场所;另有"瞽宗",专门教授宗庙祭祀音乐。在民间有"庠",它是专门供养老人的场所,培养敬老风俗,推行教化的场所;"从古文献记载和出土文物来看,商代的学校有固定的校舍,通过选拔德高望重的人为师来传授礼、乐等典章文化,以培养奴隶主贵族的接班人,尤其是商代的'学'和'瞽宗',已经初步具备了现代学校的某些专门特点,标志着我国学校的正式建立。"②西周时期,学在官府,学校分为中央主办的"国学"和地方政府主办的"乡学"两类,国学分为"大学(辟雍和半宫)"和"小学",以贵族子弟为教育对象,推行礼乐和道德教化;乡学包括"塾""庠""序""校"等,以普通奴隶主的子弟为教育对象,培养德行道艺。

---

① 朱家存、徐瑞主编:《外国教育史》,山东人民出版社,2008 年,第 5 页。
② 谢长法、彭泽平:《中国教育史》,西南师范大学出版社,2012 年,第 5~6 页。

（三）神圣书吏及其职责

在文字社会早期，神圣抄写员、祭司、贞人、经师、史官等拥有书写专长的人员替代了原先仅具有口传能力的吟游诗人、萨满和格里奥，他们的工作得到官方的认可，取得了无上的荣耀。"做一个抄写员，你的手臂将变得圆滑，你的手将变得柔软，你将穿上白色的衣服，荣耀啊，朝臣们会向你致敬。"①

古巴比伦寺庙学校的学生必须学习楔形文字，首先学会制作泥板，然后学习书写和阅读楔形文字。教学方法主要是师徒传授方式的问答式教学，尤其重视书写能力，学生机械的练习书写和背诵，经常受到体罚。

古埃及学校特别重视道德教育，教导学生服从法老、敬神和孝亲。古埃及书吏学校教育以学会书写和阅读为重点，教授学生首先书写常用的事物名称，然后学习公文、书信、契约、格言等，学生要学会用各种书写体抄书，用行书体写事务文件，用圣书体写宗教文件。另外还教授数学、地理、几何、天文和医学等知识。古埃及学校的教学方法简单机械，以灌输为主，纪律严格，经常出现体罚。②

西周时期的教师和教学管理者由大司徒、乡师、乡大夫、州长、党正、乐师、师氏、保氏、大胥、小胥、大师、少师等政府官员担任。西周统治者比较重视学校教育，天子和高官每年都要到学校"视学"。视学活动往往与敬老礼仪结合，以"孝悌之道"维系人心。

"在书写传统的例子中，人们一天又一天持续抄写和用心学习文本，传给孩子们以后，孩子们又继续抄写和用心学习。通过这种方式，孩子们习得的就不仅仅是书写的艺术，而且获得了管理的技巧和文明行为的原则。"③

（四）文字文献及其用途

乌鲁克Ⅳa～Ⅲ（公元前4000～公元前3000年），考古发掘出土的楔形文字泥板文献是各种表格的经济文献和辞书文献，如人表、官职表、牛表、鱼表、飞禽表、猪表、树木表、贡物表、植物表、容器表、金属表、食物表、城市表、地域表、借词表等，这些经济和辞书类的表格式泥板文献作为教材在书吏学校中使用，由掌管这些知识的书吏教给准备进入经济管理机构工作的学习者。这一按义类归属知识并进行教学的模式成为锚固楔形文字传播方式的

---

① 转引自〔美〕布赖恩·费根：《地球人：世界史前史导论》（13版），方辉等译，山东画报出版社，2014年，第376页。

② 朱家存、徐瑞：《外国教育史》，山东人民出版社，2008年，第7～9页。

③ 〔德〕扬·阿斯曼：《宗教与文化记忆》，黄亚平译，商务印书馆，2018年，第37～52页。

典型社会读写机制,在很大程度上影响了楔形文字文明圈内重视归纳和分析,不重视推理和综合的社会思维方式。①

古埃及书吏学校以学会书写和阅读为重点,学生要学会用行书体写事务文件,用圣书体写宗教文件的技能,另外也包括数学、地理、几何、天文和医学等知识。教学方法简单机械,以灌输为主,纪律严格,经常出现体罚。②古埃及神圣书吏(the Hierogrammateus)必须熟悉 10 部象形文字书,这些书的内容是对天文和地理、尼罗河的知识,以及寺庙的土地、建筑、供给品的记录。古埃及的祭司必须熟悉 10 部"僧侣书",这些书与法律、众神和整个的祭司教育有关,同时还有税收的内容。

西周无论国学还是乡学,都高度重视对学生的考核与奖惩。官学考核分为"小成"和"大成"两个阶段,按照不同标准分年考核。乡学也有考察和奖惩的具体办法。

扬·阿斯曼指出:"在那个时代,'文字'与我们今天所理解的这个词的意思非常不同。文字是最重要的统治世界的手段,能够书写和能够管理是一回事。学习写字的目的不是要变成一个书法家或一个作者,而是想成为一位祭司或一位官员。除了官僚机构和寺庙,没有什么地方需要书籍,也没有图书市场。书写者不但要为官僚政治和宗教目的,为维护传统流而书写,顺便说一声,在更早时期,还要为书写艺术、为神和世界的知识,为人类和社会做出贡献的目标,而且这些目标的实现与否总是与书写能力联系在一起的。"③

总之,在表意文字早期,文字的记语性还没有后世那么严格和完善。因此,并非如我们通常理解的那样,文字的记语性促成了文字系统的形成,而是不同的社会需求催生了文字制度的建立,文字制度的建立极大地推动了文字的激发扩散,文字制度与文字系统的形成相互促进,生生不息。

第二节　殷商甲骨文文字制度探索④

前面我们说过,殷商时期已经有一个通行范围较广的文字系统,甲骨

①　转引自拱玉书等:《世界文明起源研究——历史与现状》,昆仑出版社,2015 年,第 12～13 页。

②　朱家存、徐瑞:《外国教育史》,山东人民出版社,2008 年,第 7～9 页。

③　〔德〕扬·阿斯曼:《宗教与文化记忆》第一章,黄亚平译,商务印书馆,2018 年,第 31～57 页。

④　笔者注:本节主要内容已经以《社会读写机制的建立和激发扩散是文字系统形成的真正动力——以甲骨文为例》为题公开发表在《广义文字学研究自选集》,中国社会科学出版社,2016 年,第 117～139 页。此处我们做了进一步的修订与完善。

文、金文、陶文和可能存在的竹简书都是其中重要的组成部分。殷商通行文字在社会上能够较为普遍的应用与激发扩散，应得益于殷商社会建立起来的"文字制度"。

甲骨文是商代通行文字体系的重要组成部分，它是一种特殊用途的文字，不但具有完善的记语功能，而且还是商王和大贵族通过文字媒介垄断与神交流的权利，从而获得政治权力，控制与管理一个庞大国家的管理手段。

甲骨文的记载给我们管窥殷商文字制度的蛛丝马迹提供了极大的便利，据我们的初步梳理，甲骨卜辞中体现出来的殷商文字制度至少包括宗教观念、祖先神祭祀、围绕占卜活动的技术发展条件，以及书面语对口语的锚固与规范等。

一、宗教观念

早期社会的宗教观念决定着这一时期的价值取向与意义建构，而这些价值取向与意义建构又影响了这个时期的社会观念与社会意识。殷商时期普遍盛行各种祭祀活动，社会生活中最为重要的祭祀与征伐，以及天象、收成、田猎、吉凶、疾梦、往来、婚娶等大大小小一应事务都需要举行相应的占卜，并依卜筮结果来决定如何办理。

殷商去古未远，巫风盛行。"巫"作为一种专门同鬼神打交道的职业，巫事活动作为社会宗教观念的有机组成部分都习见于当时，尤其是在降神、驱逐旱魃、驱鬼、占梦、问病、治疗等方面，卜辞中都有相应的记载。

卜辞中，有关巫的降神活动的记录，如：

> □□卜，殼贞：我其祀宾作，帝降若？（合 06498）
> □□卜，殼贞：我勿祀宾作，帝降不若？（合 06498）
> 癸亥卜，翌日辛帝降，其入于□大宎，在□（合 30386）

以上三条卜辞都在卜问帝神是否会降临，第三条卜辞直接卜问第二天帝神是否会降临，这显然是巫术活动中有关降神的内容。

有关巫的占星活动的卜辞，如：

> 己巳卜，争□：火，今一月其雨？（合 12488 乙）
> 七日己巳，夕𡇢，□，新，大星，并火。（卜辞通纂 432）

这两条卜辞通常被认为是占星活动的记录。

巫术活动中驱逐旱魃、焚女巫求雨、以舞求雨的活动在卜辞中也有记载，如：

勿炆妏，亡其雨。（佚 1000）

□惠妏炆，有雨。（乙 1228）

甲辰卜，炆妍。（合 19802）

戊申卜，其炆三妍。（续存下 744）

炆羊有雨。（轶 1000）

于丙炆，雨。（人 2372）

于翌日丙舞，有大雨，吉？（合 30041）

辛巳卜，宾贞：呼舞，有从雨？（合 12831 正）

丙辰卜贞，今日奏舞，有从雨？（合 12818）

□□卜，缓贞，舞（雩）炆亡其雨。（合 12852）

以上 10 条卜辞中，前 1～6 条是炆祭（焚巫和焚羊）以求雨的记录；第 7～9 条是用舞/雩祭求雨的记录；第 10 条是同时使用炆祭和舞祭求雨的记录。

卜辞中有驱鬼的记录，如：

……旬亡田。王占日：生（有）祟，其史（又）来妖，……魁，亦（夜）方相二邑。十三月。（合集 6063）

卜辞中有占梦的记录，如：

己巳卜，贞：有梦王尿，八月。（合 17446）

口寅卜，贞：王梦兄丁，惟□？（合 00892 正）

口丑卜，贞：王梦有死大虎，惟□？（合 17392 正）

卜辞中有因为疾病而向祖先祈祷并希望得到治疗的记录，如：

癸巳卜，愨贞：子渔疾目，福告于父乙？（合 13619）

贞：有疾身，御于祖丁？（合 13713 正）

丁巳卜，争：疾足，御于姚庚？（合 00775 反）

据史书的记载，殷商的重臣如伊尹、伊陟、巫咸、甘盘等人，都明显具有巫的身份。如：

"甲辰卜，贞：下乙宾于[咸]？贞：下乙不宾于咸？贞：咸宾于帝？贞：咸不宾于帝？贞：大甲宾于咸？贞：大甲不宾于咸？"（合1402正）

从这条卜辞看，显然巫咸已经成为可以配享上帝的人物，致祭时需要下乙、大甲等王的神灵陪同。殷商的开国先祖商汤，也颇具大巫的神奇色彩。①

巫风炽盛、巫术盛行，这些普遍流行于史前萨满教社会的习俗，在进入殷商时期之后，不但依然盛行，而且用文字正式记录在案。卜辞中出现的数以百计的祭名，残忍地祭牲用法和繁复的祀典，祖先神和部分自然神宗庙的出现，王的祭祀谱系的最终定型等方面，均透露出殷商社会经由史前社会阶段向文字社会过渡过程中发生的社会激变，而在这一社会激变的过程中，文字发挥了无可替代的作用，它将原本即时性的祭祀活动——记录在案，起到了固化、定型与规范的作用，形成了比较完备和规范的祭祀规程，初步奠定了历史时代早期的宗教观念。

二、巫、史混合的祭祀制度

殷商社会存在一种巫史混合的祭祀制度而非成熟的礼乐制度。在殷商社会中，只有极少一部分上层人士，如商王、部分大贵族、巫史、贞人集团才具有读写能力。殷商社会读写能力教育的主要内容即是对祀典议程的熟悉与掌握，虽有记事性的书面文献与典册，但针对上层人士的教育并未专注于对此类书面文献的学习与记诵，只有世袭的"太史"一类的少数专门人才具有记事能力。

殷人虽然崇拜天神上帝、日、东母、西母等，崇拜河、岳、云、雨、雪、土/社等自然神。然而，在殷商时期的社会生活中，就其社会作用而言，最为重要的却不是天神和自然神祭祀，而是繁复的针对先公、先王、先妣等祖先神的祀典，包括对名臣，如伊尹、伊陟、傅说（悦）等人的配享制度在内的祖先神祭祀。

在殷商的宗教观念中，祖先神祭祀具有不可替代的重要作用。

卜辞中出现的祖先神祭祀大体上可分为两类：在一次祭祀活动中有选择的祭祀部分先公、先王、先妣和重臣（如伊尹、巫咸、甘盘等人）的"选祭"；在一年左右的时间里按照祀典的次序轮番祭祀自上甲至时王之父的"周祭

---

① 《吕氏春秋·顺民》(1988:86)："昔者汤克夏而正天下，天大旱，五年不收，汤乃以身祷于桑林，曰：'余一人有罪，无及万夫。万夫有罪，在余一人。无以一人之不敏，使上帝鬼神伤民之命。'于是翦其发，㯻（枷）其手，以身为牺牲，用祈福于上帝，民乃甚说（悦），雨乃大至。"

（又叫殷祭或衣祭）"。①

选祭的对象通常包括先公、先王、先妣,五世以内的直系先王以及五世以内含旁系的先祖。针对先公、先王、先妣的选祭卜辞,如:

> □未卜桒自上甲,大乙,大丁,大甲,大庚,大戊,中丁,祖乙,祖辛,祖丁十示率羧。(佚 986)(祭祀直系 10 代先王,武乙卜辞)
>
> 乙未酚兹品,上甲十,报乙三,报丙三,报丁三,示壬三,示癸三,大乙十,大丁十,大甲十,大庚七,燎三□,[大戊□,中丁]三,祖乙十,[祖辛□](粹 112)(祭祀直系 15 代先公、先王,庚甲卜辞)
>
> [甲]子卜,侑大甲母妣辛。(粹 182)(祭祀直系先妣,武丁卜辞)
>
> [太戊,中]丁,祖乙,祖[辛]。(祭祀五世以内直系先王,武丁卜辞)
>
> 祖辛一牛,祖甲一牛,祖丁一牛。(上 27.7)(祭祀五世以内含旁系先王,庚甲卜辞)
>
> 不维父甲,不维父庚,不维父辛,不维父乙。(乙 2523)(祭祀五世以内含旁系先王,武丁卜辞)

从以上所引几条卜辞可以看出,商人针对祖先的祭祀既包含直系,又包括旁系先祖,似乎没有明显的偏祖。但在以上的例子中,有些例证仍只有直系的先王,而没有旁系的先王,这种祭祀待遇的差异反映了宗法地位和等级。

与"选祭"相比,在一年左右的时间内系统的祭祀先王、先妣(含配享重臣)的"周祭"在殷商后期(帝乙、帝辛时期)的祖先祭祀中具有核心地位。周祭包括肜祭、羽祭、协祭三种祭祀。三种祭祀组成一个完备的祭祀议程,每个周祭轮回都从甲日开始祭祀上甲开始,依次遍祭现任商王之父前的历代祖先。三种祭祀举行一遍大约需要 1 年左右的时间,三种祭祀交接时还有"工册"仪式,每个"工册"也需要占用约 1 旬的时间。

"周祭"制度萌芽于武丁时期,成熟于祖甲时期,真正达到系统完备的程度是在乙辛时期。越往后"周祭"制度越完善,作为致祭对象的商王的祀谱也越长,周祭所费时日也愈久。如祖甲时期,肜、羽两种祭祀所需时间各 9 旬,协祭需时 11 旬,作完一遍周祭祀需要 29 旬,290 天左右;到了乙辛时期,羽、协两祭需要时间拉长至各 11 旬,协祭需要 12 旬,中间还有 3 个"工

---

① 陈梦家:《殷虚卜辞综述》,中华书局,1988 年版,第 373 页。

册"需 3 旬,作完一遍周祭所需时间总数延长至 37 旬,370 天。①

在周祭的仪程中,被祭祀的直系先王的配偶称之为"奭",她们所受的祭祀仪典与先王同。而且,即便是有多位妻子的先王,如中丁、祖乙、祖丁有两位妻子,武丁有三位妻子,其多位配偶在"周祭"制度中都具有同等地位,并没有嫡庶的分别。

"周祭"中祭祀直系先王和配偶的卜辞,如:

> 癸酉卜,洋贞:羽甲戌乞,酚协自上甲衣至于多后。(安 2.1.15)(祖甲卜辞)
>
> 甲辰卜,贞,王宾桒祖乙、祖丁、祖甲、康祖丁、武乙衣,亡尤。(后上 20.1)(乙辛卜辞)
>
> 己卯卜,尹贞:王宾祖丁奭妣己协,亡尤。(前 1.34.3)(祖甲卜辞)
>
> 甲申卜,贞:王宾祖辛奭妣甲,羽日,亡尤。(珠 62)(乙辛卜辞)

"周祭"中祭祀旁系先王的卜辞,如:

> 己卯卜,行贞:王宾兄己协,亡尤。(粹 279+310)(祖甲卜辞)
>
> 庚寅卜,贞:王宾般庚,协日,亡尤。(前 1.14.7)(乙辛卜辞)

在"周祭"系统内:先王、先妣无论直系、旁系都可享受祭祀;只有直系先王的配偶可以入祀典,其他先妣则不能;不同时期(如武丁时期,祖甲时期,康丁、武乙、文丁时期,乙辛时期等)的致祭对象会依据其在祀谱中的位序或者与现任商王的亲疏关系而有所变化。

因此,在殷商的后期阶段,在"周祭"先王的祭礼活动中逐渐建构出了历代商王的祀谱。而历代商王祀谱的出现,在本质上反映了致祭者在王的序列中的政治地位,以及与现任商王的血亲关系和远近亲疏。卜辞中被称为"元示""上示"或"大示"的都是直系的先公、先王,大示的祭祀从上甲开始,祭牲用牛。如卜辞中的"二示"(上 28.7)、"自上甲六示"(明续 457,甲 712)、"自上甲十示又二"、"自上甲廿示"都是大示;称之为"小示"的是含旁系的先公、先王和重臣在内的祀谱,"小示"祭祀从大乙(成汤)开始,祭牲用

---

① 董作宾:《殷历谱》上编卷二"祀谱"、卷三"帝乙帝辛五种祀典祖妣祭日表",中国台湾"央研院历史研究所专刊",1945 年;陈梦家:《殷虚卜辞综述》"周祭祀谱",中华书局,1988 年,第 386~388 页。

羊。如卜辞中的"自祖乙至父丁十示又四"（明续655）、"伊廿示又三"（京津4101，佚211）等都是小示。直系（大示）和旁系（小示）的区分，祭品用牛和用羊的不同，实际上反映了受祭者政治地位的差异以及王朝的政治统绪。

通过对商王祀谱的一再确认，如图6-6所示。商王的世系由此确立起来，王室的正统得以延续，统治的秩序和威权由此建立，构成了殷商王朝的权力正统。董作宾指出：上甲—示癸的6代，大乙—祖丁的9代，都是武丁中兴之后，重修祭典时重新确定的商王世系。[①] 陈梦家指出："殷人不是漫无标准的遍祀其先，周祭制度证明只有一定的先王先妣可以参加正式的周祭。亲疏尊卑的差等，是存在的。旁系先王及其配偶不能享受直系的待遇。这种祭祀上的差等，正是宗法的具体表现。"[②]

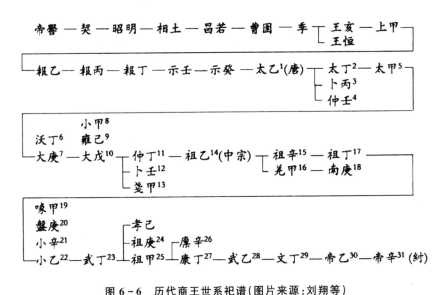

图6-6　历代商王世系祀谱（图片来源：刘翔等）

三、围绕占卜活动的技术发展程度

从古至今，新技术的发明与成熟应用既是促使文明进步的利器，又是文字制度的重要内容之一。早在新石器时代晚期，骨卜技术就已经出现在中国境内的一些考古文化中了。至龙山时代，在山东龙山文化区域、中原腹地和西北东部的考古发掘中都出现不少的骨卜遗物，但大量应用龟甲来占卜的技术，应成熟于殷商时期。在殷商时期，围绕着占卜活动的一系列收纳、

---

①　董作宾：《甲骨文断代例》，载《董作宾先生全集》甲编第一册，艺文印书馆，1978年，第363～464页。

②　陈梦家：《殷虚卜辞综述》，中华书局，1988年，第631页。

整治、记录和储存甲骨的技术发明被广泛应用于祭祀活动中，成为活跃的殷商祭祀管理机制的推进剂。

殷商时期出现了专门使用和推广此一技术的机构，如商王和大贵族分别建立的贞卜机构，贞人集团的形成、贞人子弟对占卜技术的学习，等等。占卜技术的发达满足了占卜活动的需要，间接促成了文字系统对书写技术的要求与依赖，从技术条件上支撑和确保了文字系统的应用与有序运行，也为文字向殷商王朝统治势力范围内外的激发扩散创造了便利的条件。

（一）占卜技术

1. 卜龟、卜骨的来源

按照董作宾先生的说法，殷商占卜用龟甲和牛骨的来源主要有三个渠道："一是进贡，二是采集，三是致送。"[①]卜辞中对所入藏的龟甲和牛骨都有明确的记录，这些记录中包含了龟甲和牛骨的来源地或赠送者，龟甲和牛骨的数量，收藏者的签名，等等。其作用类似于龟甲收藏情况的流水账。

记事刻辞中记录方国进贡卜龟多达 500 余次，进贡数量不均，少的一次只进贡数片数十片，如：

> "雀入三。"（乙 5318）
> "六来龟三。"（轶 991）
> "雀入廿。"（乙 4510）
> "义来四十。"（乙 6736）

多者一次可达数百甚至达到上千片。如：

> "雀入一百五十。"（乙 4543,4743,4967）
> "雀入二百五十。"（乙 7153）
> "雀入五百。"（合 9774 反）
> "卜，永贞，我以……其八百。"（合 9018）
> "我以千。"（合 116 反）

据董作宾的统计，其中仅"雀"一个方国入贡的龟甲就达 433 片之多。

---

① 董作宾：《商代龟卜之推测》，载《董作宾先生全集》甲编第二册，艺文出版社，1978 年，第 813～884 页。

而据胡厚宣的估计,武丁在位的 59 年中,卜辞中记载的贡龟的总数有 4130 只,如果包括中研院的材料在内,贡龟总数达 12334 只,数量十分惊人。[①]

2.龟壳、牛骨的整治

作为卜筮用龟和用骨,使用前都需要进行一种专门的祭祀,类似于宗教议程中的"洁净仪式"。目的是确保祭祀用龟的灵性。经过此种专门的祭祀之后,卜用的龟、骨还需要经过专门的修治,以便于后一道工序的加工。针对龟壳和牛骨的初步修治是用金属的锯、锉、刀、钻等工具锯除龟甲和牛骨上的多余,锉平高处,去除胶质鳞片,刮磨龟壳表面,使之光滑平整,以便于其后的钻凿。这是卜筮之事的准备阶段。

3.钻凿和灼烧

卜人负责对龟甲和牛骨的加以钻凿,即在龟甲和牛骨的背面施以钻凿,形成马蹄形的坑洞,以便于其后的烧灼。一般是先凿后钻:凿后的痕迹是竖枣核形的坑,钻后的痕迹是圆形的坑。钻凿的数量和大小都是依照龟甲的大小和占卜的需要来决定的。完成钻凿后的龟甲、牛骨就可以灼烧了。灼烧会在相对应的龟甲的正面留下横向的兆璺;如果对着椭圆形的凿的部位灼烧,则会在相应的龟甲正面形成竖直的兆璺。

4.读兆并判定吉凶

烧灼程序完成之后,龟甲正面会显现出兆璺。此时卜人要把有兆璺的卜骨或卜甲送交给贞人或者王,由贞人或者王根据兆璺来判断吉凶祸福,然后将判读后的结果契刻在甲骨的正面,所以称之为卜辞。卜辞常刻写在甲骨的正面,一条完整的卜辞通常包括前辞、命辞、占辞和验辞四部分。前辞刻写的是占卜的日期和占卜者的名字,命辞是卜问的事情和内容,占辞是卜问之后得到的结果,验辞是占问的结果在实践中应验的记录,大部分验辞能得到证实,少见不能证实,或者出现验证结果(验辞)与占卜结果(占辞)不符的情况,尤其是王亲自卜问的卜辞。并非每一次的占卜都是完整的体现这四个过程。缺乏占辞和验辞的结果也比较常见。

5.刻辞、编册和收藏

据董作宾推测:殷商太仆似有按年编排卜辞,并储藏于太室的制度。有成套出现的卜辞,见于《殷墟文字丙编》图版 11、13、15、17、19,以及 31、32、33、34、35 等。殷商成套卜辞应不限于此,如合 6482 正/丙 12、合 6483 正/丙 14、合 6484 正/丙 16,以及合 22283/乙 8728、合 22284/乙 8814 等成套三版卜辞,合 6486 正/丙 20 等成套五版卜辞,等等。

---

① 胡厚宣:《武丁时五种记事刻辞考》,载《甲骨学商史论丛初集》(上),河北教育出版社,2002年,第 343～453 页。

（二）巫史的职责

《史己鼎》《史史爵》《父丁史觚》《史父辛爵》《作册又史》《尹兽爵》等商周铜器及其上的铭文,都能旁证殷商祝宗卜史等职官及其机构的存在。[①]

在殷商官制中,有专门掌管占卜的"卜某""多卜",以及为数众多的贞人,有执掌向鬼神祈祷的巫祝,卜人、贞人、巫、祝一类的职官所掌多近巫事;又有掌记载和保管典册的史官,卜辞中提到众多职责不同的史:如史、北史、御史、卿史,吏、大吏、我吏、东吏、西吏等出使四方或专任一方的史官或武官,尹、多尹、又尹、某尹等掌作田、作寝、飨祭之官,以及专门负责簿记、图书档案管理的作册等官职。前一类职官即是商代的官方背景的巫师,专门负责组织王室和大贵族的各类祭祀活动,并在祭祀活动中任职;后一类职官是王室的任事官,负责王室跟诸侯、方国的事务,作田、作寝、戍边的事务,等等。

王室之外,一些跟王室有血亲关系的旁系大家族,如子族、方族、多子族等,也都有自己相对独立的祝、宗、卜、史,可以独立进行占卜。如:

"帚卜?""多子族卜?""敉卜?"(屯 1132)[②]

巫风的盛行、祭祀仪式的程式化、占卜技术的发达、文字记录的出现,让这些原本生活在萨满传统中的巫师们摇身一变成为文字社会中的祝宗卜史,他们掌握了文字应用技术,而且设立了专门的官僚机构。这一类的技术性职官因掌握文字书写技术成为时代宠儿,乃至于成就了后世的知识群体。

（三）贞人集团

贞人是殷商占卜活动的参与者和见证人,他们是一批拥有独特的占卜技术,充当王与祖先中介的技术性职官。贞人对卜筮结果的记录储存了当时的社会文化记忆,因此,我们把贞人集团归入到殷商的技术条件之中加以讨论。

董作宾《殷代文化概论》列出贞人 68 人,《殷历谱》(上编卷一第一章)和《乙编》自序又增加 2 人,总数达 70 人,经陈梦家的参订后的贞人名单如下[③]:

---

① 陈梦家:《殷虚卜辞综述》,中华书局,1988 年版,第 517～522 页。

② 黄天树:《关于非王卜辞的一些问题》,《陕西师范大学学报》,1995 年第 4 期。

③ 笔者注:贞人的数量,学者们有较大的分歧。董作宾最初确定的贞人数量为 68 人,经陈梦家参订后将董氏的贞人数确定为 70 人。陈梦家本人列出的贞人多达 120 人(见《殷墟卜辞综述》,科学出版社,1956 年),饶宗颐定为 117 人(见《贞卜人物通考》,香港大学出版社,1959 年);〔日〕岛邦男定为 110 人(见《殷墟卜辞综类》,汲古书院,1977 年);姚孝遂、肖丁定为 108 人(见《殷墟甲骨刻辞类纂》,中华书局,1988)。

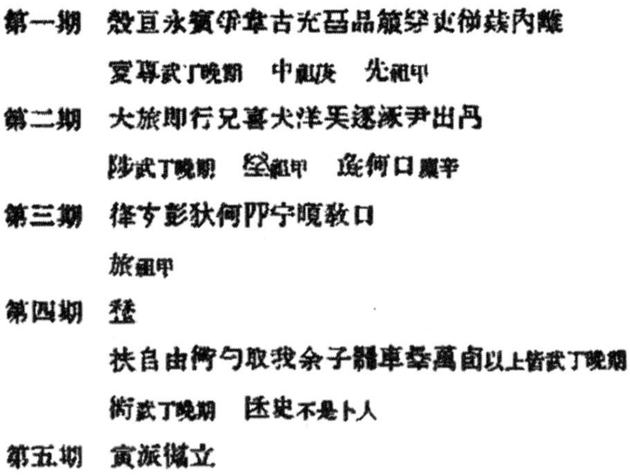
第一期　殻亘永賓争韋古充吕品箙𡦹吏彵兟内雔
㝵専武丁晚期　中祖庚　先祖甲
第二期　大旅即行兄喜犬洋矢逐涿尹出丹
陟武丁晚期　㞢祖甲　逘何口廪辛
第三期　徣亐彭狄何卯宁暊教口
旅祖甲
第四期　𤓰
扶自由𢓊勺取我余子𠯑車𡍲萬𠂤以上皆武丁晚期
𧗿武丁晚期　㐁史不是卜人
第五期　黄派𠈌立

图 6－7　殷墟贞人名单(图片来源:陈梦家)

董作宾认为:贞人即史,武丁时代执笔记事的史官们,同时也作了武丁时代的贞人,并具体指认亘、韦、永、古等 9 位贞人即是殷商的史官。① 其后,董氏进一步指出全部五期卜辞中贞人即是史官的有 32 位。② “当时的史官,可以考证的如韦彭都是当时的侯伯。”这两人上古文献《竹书纪年·武丁记》《国语·郑语》都有明确记载。“可见在其国则为诸侯,在王朝则为卿士,有时也作贞卜记事的史官了。”③

(四) 贞人子弟的习刻

《干支表》在整个甲骨文中具有时间坐标的重要作用,几乎每篇卜辞的开头都要标明具体的干支所属来表示占卜的时间坐标。正因为如此,《干支表》及其习刻是每位预备贞人正式上岗之前必须熟练掌握的基本技能,几乎每位准备作贞人的贞人子弟都拿《干支表》作为练习书写的样本。

郭沫若《殷墟粹编序》指出:卜辞“六甲表(即干支表)”的前 12 行是商人教子弟刻写文字的记录。张政烺也肯定“是学书者所为,事情或许相同。”④ 殷墟出土的干支表以外的习刻约计 270 版。其中一部分较为集中著录于《合集》第五册 11730～11738 版,第六册 17849～17863、17866、17870 版,第十册末的 35261～35276、35279～35282 版,《补编》6933～6945 版等。据我们的粗略统计,仅姚孝遂、肖丁主编的《殷墟甲骨卜辞摹释总集》(第十二册,

① 董作宾:《妇矛说—骨臼刻辞研究》,《董作宾先生全集》甲编第二册,艺文出版社,1978 年,第 619～660 页。

② 同上书,第 413～414 页。

③ 同上书,第 363～464 页。

④ 张政烺:《试释周初青铜器铭文中的易卦》,《考古学报》,1980 年第 4 期,第 409 页。

该书第 869～874 页)就明确标出第 37991、37992、37993、37994、38019、38020、38021 等 100 余片甲骨为"习刻"。

观察这些所谓"习刻"甲骨,发现甲骨上 60 甲子的多数字迹是残缺的,100 多片"习刻"中,几乎没有一片习刻内容是完整的。其中的 38111 片算是最为完整的一片甲骨,也只有 40 个左右的干支名,而不是完整的 60 个干支名。"习刻"甲骨从"甲子"开始刻写的数量最多。但也有从甲申、丁巳、己卯、辛卯等顶格开始的,如 38029、38065、38045。有从己巳、甲辰、辛未低一格开始的,如 37990、37996、37999。从中我们可以看出:大部分"习刻"都符合学习者练习书写的习惯,从头开始而后有所省略;少量的"习刻"从中间开始,前后都有省略,具有一定的随意性。另外还发现了全片只刻写了一个"辰字"的几种异体的,如 38081、38108。虽然数量不多,但显然是"习刻"练习遗留的痕迹。由此可知郭、张二人认为干支表被用为商人子弟练习刻写文字的说法是正确的。

四、书面语对口语成熟度的提升与规范

一种口语的成熟须经过书面语的规范,通过书面化的过程将口语中的遣词造句、行文措辞、语法规则、篇章结构等锚固于其书写形态中。书面语对口语成熟度的促进和完善主要体现为书面语帮助口语建立了显性的语法和句法形式及其规则,排斥不符合书面语结构规则的语言形式,如复辅音、多音节、合文现象等。通过书面语的参与,口语传统中的即时性特征被转化成跨越时空的显性语法和句法规则,不符合书面语的因素被排除在外,极大地促进了语言的精确和完善。有关商代口头语言与甲骨文的关系,主要体现如下:

(一)文字和语言的结构单位基本吻合

甲骨文的单字总数估计在 4000 字左右,已经辨认出来的单字约 1400 个。[①] 这 1400 个单字中,绝大部分的单字字形和字音能够一一对应(包含多音多义字在内)。甲骨文的单字由图形符号、抽象符号和记号三种符号组成,单一的图形符号和抽象符号可以构成一个完整文字,几种符号共用也能构成一个完整的文字。前者是单一结构,后者是合成结构。

单一图形或抽象符号本身就是一个整字的情况有两种:人、子、女、目、耳、鼻、口、鸟、隹、蛇、虎、象、马、豕、山、水、日、月一类的字是 1 字 1 个图形 1 个概念,不能再拆分;一、二、三、四、上、下、方、圆、小、丩一类的字也是 1

---

① 笔者注:对甲骨文的单字数量,学者们有不同的认识:孙海波《甲骨文编》4672 字;〔日〕岛邦男《殷墟卜辞综类》3323 字;姚孝遂《殷墟甲骨刻辞类纂》3673 字;沈建华、曹锦炎《甲骨文字形表》4026 字;黄德宽《古汉字发展论》3904 字。

字1个图形1个概念,同样也不能再拆分。单一图形的构型和构意都是约定俗成的。

几个部件构成一个整字的情况又分三种:

一是本、末、刃、亦、天、元、夫、母、尻、尾一类的指事字,它们虽然由两个符号构成,但却是1个图形符号+1个记号=1个整字1个概念。

二是取、及、企、孕、羌、从、休、令、即、印、之、正、韦、出、各、陟、降、逐(之后面的8个字用了象征手法,不全是图形会意)一类的会意字,它们都是由1个图形符号+1个图形符号=1个整字1个概念。

三是御、汝、祥、祀、鸡、齿、何、职、弦一类的形声字,虽然也是由两个图形符号构成,但其中的一个图形符号已经被借用为示音符号,因此,其构成模式就是1个图形符号+1个示音符号=1个整字1个概念。

以上三类合成结构的文字实际上存在着层级结构,两个图形表示的义符相加,可以会合出新的意义,如上举第二类的取、及等字;一个图形与另一个象征含义的义符相加,也可以会合成新的文字,如上举的之、正等字;第三类情况是一个由图形表示的义符与一个虽然是图形但已经被人为规定为代表声音的声符的结合。

无论义符叠加构成的会意字,还是声符+义符构成的形声字,都与单一结构的"文"不同,合成结构的文字的构型、构意都是以"文"为理据的。从形体上看,合成结构的文字是借用了上一层级的独体的、象形字作为部件构成了新字。从语音形式上看,形声字整字的读音与声旁读音相同或相近,声符具有示音作用,如御、侄、汝、帛、祥、祀等字;甚至声旁也可能表意,如娶、何、职、羞等字。因此,合成结构的新造字无论字形字义,还是字音,都与上一层级的象形字有所关联,合成结构的文字的产生是有理据的。

形声字与上一层级的象形字的语音语义单位关联,在文字上表现为合成的或可拆分的层级结构,在语音上则继承了来自上一层级的辅音+元音的二合结构。因此,可以说甲骨文的书写从根本上奠定了方块汉字的格局,真正完成了"1个字/1个音节/1个概念"的汉语基本结构单位,促使语言成熟度极大增强。①

(二)语言的结构单位与文字的结构单位并不完全一致

商代的语言有可能存在"复辅音",因为在汉藏语系的诸多亲属语言,如藏缅语族、侗台语族、苗瑶语族大部分都有复辅音,其中时代较早的藏文、缅

---

① 笔者注:此处关于汉语基本结构单位的概念借用了徐通锵先生(1994)"字本位"理论的观点,特此说明。

文、傣文、泰文的书面语都经历过复辅音声母简化为单辅音声母的过程,如果上古汉语没有复辅音,是难以让人理解的。① 许多学者认为甲骨文中存在复辅音,②何九盈在甲骨文中找到了复辅音的证据:1.谐声字:姜、羌、洛、驶、庞等字;2.假借关系的词:每通晦,各通落,吏通使,立通位等;3.异词同字的现象:卿/饗/鄉,令/命,考/老,等等。何氏根据这些从卜辞中找到的本证,结合上古文献材料等旁证,为商代构拟出四组复辅音:轻擦音 s+其他辅音(sp,sph,sb,st,sth,sr,sl 等),带 l/r 复辅音(pl,pr,phr,gl,gr 等),章组+舌根音(klj,khlj,glj),其他(? k,? r,mg,ng 等),总共 32 个复辅音。并指出:"甲骨文时代有复声母,金文时代(西周中后期至春秋战国时期)已基本消失。"③如果承认甲骨文中存在复辅音,那就等于承认商代语言在 1字/1 词/1 个音节的基本结构单位之外,还可能存在 1 字/1 词/多音节的现象。梅祖麟给殷商汉语拟构了 7 组复辅音:1.gr—洛落/kr—格;2.gl—羊浴/k1—姜谷,khl—羌;3.r—林吏/s—r—森使;4.kh—卿考/s—kh—饗孝;5.m—每尾灭墨/sm—晦娓,s—m—灭黑;6.b—败/s—b—败;7.g—解/s—g—解。复辅音词头不但会影响声母的清浊和韵母的等、呼甚至韵尾,而且能够区别意义。梅氏尤其关注甲骨文中清辅音 s—词头的在构词上的两种功用:一是使动化,如败(—b)/败(—p)、解(g—)/解(k—)等证,都是因为加了 s—词头的原因,自动词转化为使动词;二是名谓化,如墨(m)/黑(sm),吏(r)/使(sr),卿(kh)/饗(s—kh)等例,也都是因为 s—词头的加入,名词转换为动词、形容词。④

除了上述例证,我们再补充一些甲骨文中多形一字和一形多义的例子:

氐/以(《诂林》认为氐、以同字)

聽/聖/聲(于省吾认为古聽、聖乃一字;郭沫若认为卜辞聽、聖、聲三字乃一字)

疋/足(李孝定认为古文疋、足当是一字)

龠/籥/禴/龢(《诂林》认为龠、籥、禴、龢古本同字)

言/音(于省吾认为言与音初本同名,后分化为二)

奭/爽(于省吾认为奭即爽之初文)

---

① 郑张尚芳:《上古音系》,上海教育出版社,2003 年,第 76 页。

② 参见赵诚(1984)、陈代兴(1993)、何九盈(1998)、梅祖麟(2008)等。

③ 何九盈:《商代复辅音声母》,《北京大学百年国学文粹语言文献卷》,北京大学出版社,1998年,第 265~277 页。

④ 梅祖麟:《甲骨文里的几个复辅音声母》,《中国语文》,2008 年第 3 期。

夭/走(《诂林》认为夭即走之初形)

其中的第1~4例为多形一字，第5~7例为一形多义。从这些例子中，语言学家看到的是语音变化对词义的影响，我们却从中看到了文字结构对语音的规范，以及文字结构对语言成熟度的提升。我们大胆推测：如果说早期汉语是有复辅音的话，那么，复辅音的消失过程应与汉语早期书面文字体系的形成和完善的步调基本一致。在这一发展进程中，汉字对早期汉语口语的规范化与锚固起到了决定性的作用。换句话说，正是汉字构造的层级结构锚固了汉语的音节结构，帮助汉语排除了复辅音、多音节现象，规范并最终促成了汉语1个字/1个音节/1个概念的基本结构单位。

(三)语言单位大于文字单位

甲骨文中约有370个左右的合文，占总字数的1/12左右。[①]"合文"现象显然不符合我们所说的汉语基本结构单位——1个字/1个音节/1个概念。但甲骨文中的合文在总体数量上所占比例并不高，而且在商周金文中明显下降，并在战国中晚期最终退出历史舞台，未能进入隶楷阶段的汉字系统。所以，甲骨文中的"合文"并没有从根本上动摇由甲骨文奠定的1个汉字/1个音节/1个概念的基本结构框架。我们认为：合文是图画文字的遗迹，在文字化的过程中，合文这种不符合汉语书面语基本结构规律的现象逐渐被淘汰出局，是符合汉语发展规律的。

(四)甲骨文书面语法的形成和完善提升了商代语言的成熟度

如前所述，甲骨文已经是成熟的文字系统，能够完善的记录语言。所以，这样的文字系统必然有成熟的语法规则。按照目前通行的汉语语法教材中的语法体系，[②]结合学界对甲骨文语法的研究现状，我们将甲骨文的语法分为词法和句法两大类[③]，简单介绍如下：

1. 词法

张玉金(2001)将甲骨文区分为11个词类：它们是名词、动词、形容词、代词、数词、量词、副词、叹词、介词、连词、感叹词等。前5个词类属于实词，后4个词类属于虚词。实词在句子中主要是表示事物的名称、时间、地点、方位、处所、动作、性状、程度、性质等语汇意义；而虚词的则主要用来黏结实词，表示语法意义。虽然具体的词类数量和语法作用不尽相同，但实词和虚

---

① 据孙海波《甲骨文编》的统计，在总数4672字中，有370个合文，约占总数1/12强。

② 黄伯荣、廖序东主编：《现代汉语》(下册，增订六版)，高等教育出版社，2017年。

③ 笔者注：最早研究甲骨文语法的著作是管燮初先生的《殷墟甲骨刻辞的语法研究》，科学出版社，1953年。

词的分别以及两大类词的语法功能,自甲骨文至今都是基本一致的。

2.句法

甲骨文有非常完善的句式。现代汉语中的判断句,祈使句、疑问句、感叹句等等句式在甲骨文中一应俱全。除了完善的句式,甲骨文同样也有完善的句型。姜宝昌(1990)将甲骨文句型概括为简单句、复杂句和特殊句三大类。

(1)简单句又分主谓句和非主谓句两类:

A.主谓句包括:

"王获。"(合 10410)

"我受年。"(佚 550)

"王逐鹿。"(合 10294)

"帝其令风。"(合 195)

"王往于田。"(甲 2129)

与目前通行的黄、廖本《现代汉语》(增订六版)中的同类型主谓句相比,甲骨文中的动词谓语句式一应俱全,形容词性主谓句和名词性谓语句则相对比较缺乏。

B.非主谓句包括:

"勿入。"(丙 29)

"其自南来雨。"(缀 240)

"至于商。"(林 1.23.1)

与上述情况类似,甲骨文中的动词性非主谓句一应俱全,形容词性非主谓句和名词性非主谓句则相对较少。

(2)复杂句

复杂句包括双宾语句、连谓句、同位语句、兼语句、省略句、宾语前置句等类型,在甲骨文中,这些类型一应俱全。

双宾语句如:"我受土方祐。"(文 634),"授我祐。"(甲 2907);连谓句如:"雀追亘有获。"(丙 304),"往逐豕。"(甲 3339);同位语句如:"三师左中右。"(合 33006),"高祖王亥。"(合 30447);兼语句如:"雀弗其呼王族来。"(合 302),"呼妇好往若。"(遗 168);省略句如:"其呼永行,有遘,亡蕃。"宾语前置句如:"王亥不我祟。"(丙 3),"王惟犬从。"(粹 925),等等。

（3）特殊句

甲骨文中的特殊句包括使动用法、意动用法、词类活用等现象。使动用法如"宁风。"（卜 588），"其先马。"（拾 6.5），"今夕宁王。"（合 26176）；意动用法如："王吉兹卜。"（佚 894），"余弗子妇侄子。"（前 1.25.3），等等。

充足的词法和句法概念、丰富的语法形式，说明甲骨文语法体系比较完善。完善的书面语法体系，又极大地提升了商代口语的成熟度指数。语言和文字相得益彰，协调发展。

从上面的讨论中，我们初步得出如下结论：

第一，宗教观念决定了甲骨文存在的意义和价值

商代普遍流行的祭祀天神、地神、祖先神的宗教观念，激发了商王祀谱、商王与臣属等级关系的建构，而对频繁举行的祭祀活动进行记录的现实需求，反过来赋予甲骨文以存在的价值和意义。

第二，巫史混合的祭祀管理制度确保了文字系统的得以存续和运行

殷商时期，占卜事务主要由祝、宗、卜、史一类的官僚机构来负责，这些巫史混合的祭祀管理体制确保了文字记载的内容发挥出类似后世"法律"的效应，确保文字系统获得其神圣性，使文字具备充分的权力话语性质。

第三，高度发达的书写技术确保了文字系统的普遍应用与规范

围绕着占卜活动的一系列收纳、整治、卜筮、记录和储存甲骨的占卜机构以及这些机构对一整套的甲骨占卜技术的使用和推广，包括王和贵族的贞卜机构、贞人集团、贞人子弟对占卜技术的学习等。这些高度发达的技术条件满足了文字系统对书写技术的要求和依赖，从技术上确保了文字系统的规范和有序运行。

第四，书面语的形成促进了口语的成熟度

以甲骨文为代表的商代书面语言对字形、书体规范、行款、篇章结构以及书面语法（词法和句法）等方面的内在要求，推动并最终完善了相对规范的汉语书写系统，而且排除了不符合书面语形式要求的语言形式，如复辅音、多音节、合文等现象，确保了殷商语言和文字系统的相互协调发展，极大地促进了语言形式的精确和完善。

宗教观念、巫史混合的管理制度、技术条件和书面语的形成是殷商社会文字制度中最为重要的部分。它们既是文字系统形成的重要推手，同时也是判断成熟的文字系统是否形成的最重要标志，鉴于此，我们认为：对殷商社会文字制度的深入挖掘，才是我们讨论汉字体系形成问题时所最应该关注和着力研究之处。

行文至最后，笔者想用这么一段话重申我们对前文字与汉字起源关系

研究的基本观点：对汉字起源问题的研究，我们持有广义文字学的立场。这一立场认为应从文明史的高度关注汉字起源问题，首先把汉字传承与中国文明的延续看成是一对既相互成就、共同成长，又变动不拘、绵延不绝的辩证发展关系，这一辩证发展关系在历史的长河中始终保持着高度的一致性。汉字字符的孕育及其符号构意起源于仰韶晚期—龙山时代众多史前文化在中原地区的相互作用，从源头上就与中国文明早期的"多元"性质保持一致。汉字体系在约距今 4000 年左右的夏商之际最终完成，又与中国文明发展进程的"一体"状态保持一致。中国文明和汉字体系最终定型于中原之后，汉字传承活动和文明延续方式主要表现为对儒学文献和汉字文言传统的共同维护和自觉传承，以儒学文献和汉字文言为代表的文化传统在历史上产生了极大的影响，成为东亚文明圈内全体人民心目中不可磨灭的"文化记忆"。汉字文言跨越方言和语言的鸿沟，成为东亚文明最具代表性的文化符号。儒学文献塑造了东亚汉字文明圈内各民族、各国共同的价值观，表达了"天下大同"的政治理想，和谐共生、安居乐业的生活理念。在中国文明再度复兴的历史发展进程中，对汉字传承与中国文明延续辩证发展关系的充分揭示和自觉维护，仍然具有重大的理论价值和现实指导意义。正因为如此，汉字是中国文明的标识而不仅仅是记录汉语的辅助工具。

　　汉字起源研究应区分为汉字字符来源和汉字系统形成两个方面：汉字字符来源包含汉字结构技巧、汉字构意方式等内容，它们与史前艺术有密切的关联，应坚持广义文字学的言文观，将文字置于文明史的核心位置，将前文字研究与史前艺术、神话叙事和考古学文化类型学研究结合起来，深入挖掘汉字字符的构成和构意方式，尽可能还原字符出土语境，增强对汉字字符的解读能力；汉字系统的形成则是中国文明发展到一定社会阶段的产物，当强烈的社会需求出现时，文字制度会自发建立起来并逐步完善，为文字的应用、推广和激发扩散提供强有力的制度保障，汉字系统会在较短的时间里形成。因此，对汉字系统形成问题的探索，应坚持狭义文字的言文观，注重文字功能研究，充分利用汉藏语系内部亲属语言比较研究、汉藏语同源词研究成果，建构原始汉藏语音系与语法框架，充分讨论文字制度的建立与完善对汉字体系的形成和汉字传承活动的影响，认真发掘汉字体系形成过程中汉字对汉文明奠基和发展所起到的"锚固"作用。说到底，汉字字符的来源表示汉字的发生和萌芽，汉字体系的形成则表示汉字的成熟和定型。两者密切联系，不可分割。

　　广义文字学立场的汉字史研究主张将一部汉字史首先区分为两个时期三个阶段，即前文字时期和成熟文字两个时期，原始汉字阶段、古汉字阶段、隶楷阶段三个阶段。没有前文字时期原始汉字阶段研究的汉字发展史是不完善的。前文字是指史前社会和部落社会里虽无文字，但使用繁复多样的表情达意方式记数、表意、记事与叙事的状况；古汉字阶段和隶楷阶段处在历史时期。在历史时期，人们创造出能够逐一记录语言的成熟文字用来交流信息，记录历史，强化管理并通过不间断的文字记录，跨越了时间的鸿沟，建构出代代相沿的历史文化。

汉字史研究一方面应融入世界文字研究大潮之中，自觉成为世界文字史的有机组成部分；另一方面应充分保持其研究个性与独立性，尤其关注汉字史早期的情况，关注汉字功能研究和汉字应用研究，直面汉字字符来源与汉字体系形成两方面的问题，深刻揭示汉字字符传承与中国文明延续之间的高度一致性，深入挖掘汉字体系形成过程中文字制度所起的关键性推动作用，以及汉字体系形成对中国文明成熟定型发挥的巨大作用。为普通文字学理论建设和世界文明史研究贡献更多的"表意元素"与东方智慧，重构既充分吸收了汉字学研究丰硕成果，又具有普遍意义的普通文字学理论体系。

参 考 文 献

著　作

〔澳〕A. W. 里德等：《澳洲土著神话传说》，史昆选译，中国民间文艺出版社，1988 年。

〔苏〕A. И. 别尔什茨：《原始社会》，苗欣荣等译，中央民族学院出版社，1987 年。

〔俄〕B. A. 伊斯特林：《文字的产生和发展》，左少兴译，北京大学出版社，1987 年。

〔苏〕д. E. 海通：《图腾崇拜》，何星亮译，广西师范大学出版社，2004 年。

G. 托塞罗：《旧石器时代洞穴岩画和可携带艺术遗址名录》第 3 卷，巴黎：1983 年。

〔英〕J. C. 纳斯菲尔德：《英文法讲义》第二册，宁阳、赵灼编译，群益出版社，1905 年。

〔德〕J. L. 赫尔德：《论语言的起源》，姚小平译，商务印书馆，1998 年。

〔英〕R. H. 罗宾斯：《简明语言学史》，许德宝等译，中国社会科学出版社，1997 年。

〔法〕埃马努埃尔·阿纳蒂：《艺术的起源》，刘建译，中国人民大学出版社，2007 年。

〔美〕埃维·利明，埃德温·贝尔德：《神话学》，李培茱等译，上海人民出版社，1990 年。

〔美〕爱得蒙·卡彭特：《爱斯基摩人的艺术家》，载夏洛特 M. 奥腾编：《人类学与艺术》，
　纽约：1971 年。

〔美〕爱德华·萨丕尔：《语言论》，陆卓元译，商务印书馆，1985 年。

〔英〕爱德华·泰勒：《原始文化》（重译本），连树声译，广西师范大学出版社，2005 年。

〔英〕安德鲁·罗宾逊：《唤醒沉睡的文字》，杨小麟、张志清译，北京大学出版社，2014 年。

安徽省考古所：《蚌埠双墩——新石器时代遗址发掘报告》（上、下），科学出版社，2008 年。

〔日〕安居香山、中村璋八：《纬书集成》（全三册），河北人民出版社，1994 年。

〔瑞典〕安特生：《甘肃考古记》（地质专报甲种第五号），乐生瑃译，农商部地质调查所印
　行，1925 年。

〔日〕安藤正次：《言语学大纲》，雷通群译，商务印书馆出版，1930 年。

〔丹麦〕奥托·叶斯伯森：《语法哲学》，何勇等译，语文出版社，1988 年。

〔德〕奥托·泽曼：《希腊罗马神话》，周惠译，上海世纪出版集团，2005 年。

〔汉〕班固：《汉书》（全十二册），中华书局，1962 年。

〔英〕保罗巴恩：《剑桥插图史前艺术史》，郭小凌、叶梅斌译，山东画报出版社，2004 年。

北京大学震旦古代文明研究中心：《新密新砦：1999～2000 年田野考古发掘报告》，文物
　出版社，2008 年。

〔美〕布莱恩·费根：《地球人：世界史前史导论》（第 13 版），方辉等译，山东画报出版社，
　2014 年。

岑祺祥:《语言学史概要》,世界图书出版公司北京公司,2008 年。

岑麒祥:《语言学史概要》,世界图书出版公司,2008 年。

岑运强:《语言学基础理论》,北京师范大学出版社,2006 年。

常载:《发现之美》,中央民族大学出版社,2001 年。

陈泓法:《亚欧草原岩画艺术论集》,中国人民大学出版社,2005 年。

陈梦家:《殷墟卜辞综述》,中华书局,1988 年。

陈梦家:《中国文字学》,中华书局,2006 年。

陈年福:《甲骨文动词词汇研究》,巴蜀书社,2001 年。

陈望道:《中国文法革新论丛》,中华书局,1958 年。

陈炜湛、唐钰明:《古文字学纲要》(第二版),中山大学出版社,2009 年。

陈星灿:《中国出土彩陶全集》(全十卷),科学出版社,2021 年。

陈永生:《汉字与圣书字表词方式比较研究》,人民出版社,2013 年。

陈兆复:《古代岩画》,文物出版社,2002 年。

陈兆复、邢琏:《世界岩画Ⅱ》(欧美大洋洲卷),文物出版社,2011 年。

陈兆复、邢琏:《世界岩画Ⅰ》(亚非卷),文物出版社,2010 年。

陈兆复、邢琏:《外国岩画发现史》,上海人民出版社,1993 年。

陈兆复、邢琏:《原始艺术史》,上海人民出版社,1998 年。

陈兆复:《中国岩画全集》(全五册),辽宁美术出版社、人民美术出版社,2017 年。

〔美〕戴尔·布朗:《埃及:法老的领地》,池俊常译:广西人民出版社,2002 年。

〔美〕戴尔·布朗:《爱琴海沿岸的奇异王国》,李旭影译,华夏出版社,2002 年。

〔美〕戴尔·布朗:《安第斯之谜:寻找黄金国》,陈雪松译,广西人民出版社,2002 年。

〔美〕戴尔·布朗:《安纳托利亚:文化繁盛之地》,王淑芳译,广西人民出版社,2002 年。

〔美〕戴尔·布朗:《北美洲:筑丘人和崖居者》,张黎新等译,广西人民出版社,2002 年。

〔美〕戴尔·布朗:《灿烂而血腥的阿兹特克文明》,万锋译,华夏出版社,2002 年。

〔美〕戴尔·布朗:《非洲:辉煌的历史遗产》,史松宁译,广西人民出版社,2002 年。

〔美〕戴尔·布朗:《古印度:神秘的土地》,李旭影译,广西人民出版社,2002 年。

〔美〕戴尔·布朗:《辉煌、瑰丽的玛雅》,张燕译,广西人民出版社,2002 年。

〔美〕戴尔·布朗:《苏美尔:伊甸园的城市》,王淑芳译,广西人民出版社,2002 年。

〔美〕戴尔·布朗:《印加人:黄金和荣耀的主人》,段长城译,华夏出版社,2002 年。

〔美〕戴尔·布朗:《早期欧洲:凝聚在巨石中的神秘》,高峰、王洪浩译,广西人民出版社,2002 年。

〔美〕丹尼丝·斯曼德-贝瑟拉:《文字起源》,王乐洋译,商务印书馆,2015 年。

〔日〕岛邦男:《殷墟卜辞综类》,汲古书院,1977 年。

〔法〕蒂费纳·萨莫瓦约:《互文性研究》,邵炜译,天津人民出版社,2003 年。

丁山:《中国古代宗教与神话考》,上海书店出版社,2011 年。

董作宾:《董作宾先生全集》甲编第一册、甲编第二册,艺文印书馆,1978 年。

〔德〕恩格斯:《家庭、私有制和国家的起源》,载中央编译局:《马克思恩格斯全集》第二十一卷,人民出版社,2002 年。

〔瑞士〕菲尔迪南·德·索绪尔:《普通语言学教程》,高名凯译,商务印书馆,1980 年。

〔美〕弗朗兹·博厄斯:《原始艺术》,金辉译,贵州人民出版社,2004 年。

富育光:《萨满教与神话》,辽宁大学出版社,1990年。

盖山林:《巴丹吉林沙漠岩画》,北京图书馆出版社,1998年。

盖山林:《世界岩画的文化阐释》,北京图书馆出版社,2001年。

盖山林:《乌兰察布岩画》,文物出版社,1989年。

盖山林:《阴山岩画》,文物出版社,1986年。

盖山林:《中国岩画学》,书目文献出版社,1995年。

甘肃省大地湾文物保护研究所:《大地湾遗址出土文物精粹》,商务印书馆,2016年。

甘肃省文物考古研究所:《秦安大地湾:新石器时代遗址考古发掘报告》,文物出版社,
  2006年。

高广仁、栾丰实:《大汶口文化》,文物出版社,2004年。

高火:《古代西亚艺术》,河北教育出版社,2003年。

高名凯:《汉语语法论》,商务印书馆,1947年。

高名凯:《普通语言学》(增订本),新知识出版社,1957年。

高名凯、石安石:《语言学概论》,高等教育出版社,1959年。

高业荣:《万山岩画——台湾首次发现摩崖艺术之研究》,台湾东益出版社,1991年。

[汉]高诱注:《吕氏春秋》,收入上海书店影印《诸子集成》第6册,上海古籍出版社,
  1988年。

〔英〕戈登·柴尔德:《考古学导论》,安志敏、安家瑗译,上海三联书店,2008年。

葛英会:《古汉字与华夏文明》,上海古籍出版社,2010年。

拱玉书等:《世界文明起源研究——历史与现状》,昆仑出版社,2015年。

拱玉书、颜海英、葛英会:《苏美尔、埃及及中国古文字比较研究》,科学出版社,2009年。

管燮初:《殷墟甲骨刻辞的语法研究》,科学出版社,1953年。

郭大烈、杨伟光:《东巴文化论集》,云南人民出版社,1985年。

郭沫若:《两周金文辞大系图编序说——彝器形象学试探》,科学出版社,1958年。

国立中央研究院历史语言研究所:《城子崖》,1934年。

国务院三峡工程建设委员会办公室、国家文物局:《秭归柳林溪》,科学出版社,2003年。

《国语》(全二册),上海古籍出版社,1988年。

〔丹麦〕郝尔格·裴特生:《十九世纪欧洲语言学史》(校订本),钱晋华译,世界图书出版
  公司北京公司,2010年。

何景成:《商周青铜器族氏铭文研究》,齐鲁书社,2009年。

何九盈等:《中国汉字文化大观》,北京大学出版社,1995年。

何九盈:《汉字文化学》,辽宁人民出版社,2000年。

何九盈:《中国现代语言学史》,商务印书馆,2008年。

何新:《诸神的起源》,生活·读书·新知三联书店,1986年。

何崝:《中国文字起源研究》,巴蜀书社,2011年。

和志武:《祭风仪式及木牌画谱》,云南人民出版社,1992年。

河南省文化局文物工作队:《郑州二里岗》,文物出版社,1959年。

河南省文物考古所:《舞阳贾湖》(上、下),科学出版社,1999年。

河南省文物考古研究所:《河南史前彩陶》,河南美术出版社,1996年。

河南省文物考古研究所:《郑州商城:1953～1985年考古发掘报告》,文物出版社,2001年。

河南省文物研究所等:《登封王城岗与阳城》,文物出版社,1992 年。

贺兰山岩画管理处:《文明的印痕:贺兰口岩画》,上海古籍出版社,2011 年。

〔加拿大〕亨利·罗杰斯:《文字系统:语言学的方法》,孙亚楠译,商务印书馆,2016 年。

胡厚宣:《甲骨学商史论丛初集》(上、下册),河北教育出版社,2002 年。

胡厚宣、宋镇豪:《甲骨文与殷商史》(1~7),上海古籍出版社,1983~2017 年。

胡明扬:《语言学概论》,语文出版社,2000 年。

胡奇光:《中国小学史》,上海人民出版社,1987 年。

湖北省文物考古研究所:《宜昌杨家湾》,科学出版社,2013 年。

湖南省文物考古研究所:《凤舞潇湘:桂阳千家坪出土陶器》,故宫出版社,2020 年。

湖南省文物考古研究所:《洪江高庙》,科学出版社,2022 年。

黄伯荣、廖序东:《现代汉语》(增订六版),高等教育出版社,2017 年。

黄德宽等:《古汉字发展论》,中华书局,2014 年。

黄德宽:《汉字理论丛稿》,商务印书馆,2006 年。

黄弗同:《理论语言学基础·内容简介》,华中师范大学出版社,1988 年。

黄亚平、白瑞斯、王霄冰:《广义文字研究》,齐鲁书社,2009 年。

黄亚平:《广义文字学研究自选集》,中国社会科学出版社,2006 年。

黄亚平:《汉字符号学》(上编),上海古籍出版社,2001 年。

黄亚平:《文字与文明研究》,中国社会科学出版社,2022 年。

〔美〕霍华德·斯波德克:《全球通史:从公元前 500 万年至今天》,陈德民等译,上海社会
  科学院出版社,2018 年。

〔美〕霍凯特:《现代语言学教程》(上、下),索振羽、叶蜚声译,北京大学出版社,1987 年。

〔美〕加里克·马勒里:《美洲印第安人的图画文字》(全二卷),闵锐武、孙亚楠译,商务印
  书馆,2023 年

〔美〕加里·乌尔顿:《印加结绳符号》,孙立新译,商务印书馆,2020 年。

江西省文物考古研究所等:《吴城:1973~2002 年考古发掘报告》,科学出版社,2005 年。

姜亮夫:《古文字学》,云南人民出版社,1999 年。

蒋善国:《汉字的组成和性质》,文字改革出版社,1960 年。

蒋善国:《汉字形体学》,文字改革出版社,1959 年。

蒋善国:《汉字学》,上海教育出版社,1987 年。

蒋书庆:《破译天书:远古彩陶花纹揭秘》,上海文化出版社,2001 年。

蒋书庆:《破译天书:远古彩陶花纹揭秘》,上海文化出版社,2001 年。

蒋卫东:《玉器的故事》,杭州出版社,2013 年。

金立江:《苏美尔神话历史》,南方日报出版社,2014 年。

〔法〕卡罗尔·弗里兹:《史前艺术》,颜宓译,华中科技大学出版社,2020 年。

〔法〕孔狄亚克:《人类认识起源论》第二编,洪洁求、洪丕柱译,商务印书馆,1989 年。

乐嗣炳:《语言学大意》(国语讲义第九种),中华书局,1923 年。

黎锦熙:《新著国语文法》,商务印书馆,1924 年。

李洪甫:《太平洋岩画——人类最古老的民俗文化遗迹》,上海文化出版社,1977 年。

李洪甫、武可荣:《海州石刻——将军崖岩画与孔望山摩崖造像》,文物出版社,1990 年。

李济:《殷墟陶器研究》,上海世纪出版集团,2007 年。

李建伟、牛瑞红:《中国青铜器图录》,中国商业出版社,2000年。

李淼、刘方:《世界岩画资料图集》,中国工人出版社,1992年。

李水城:《半山与马厂彩陶研究》,北京大学出版社,1998年。

李曦:《殷墟卜辞语法》,陕西师范大学出版社,2004年。

李孝定:《汉字的起源与演变论丛》,中国台湾经联出版社,1987年。

李永彩:《东方神话传说第三卷:非洲古代神话传说》,北京大学出版社,1999年。

李运富:《汉字学新论》,北京师范大学出版社,2012年。

李泽厚:《美学三书》,安徽文艺出版社,1999年。

李兆同、徐思益:《语言学导论》,新疆人民出版社,1981年。

梁东汉:《汉字的结构及其流变》,上海教育出版社,1959年。

辽宁省文物考古研究所编:《牛河梁红山文化遗址与玉器精粹》,文物出版社,1997年。

〔法〕列维·布留尔:《原始思维》,丁由译,商务印书馆,1981年。

林语堂:《吾国吾民》,江苏人民出版社,2014年。

林玉山:《汉语语法学史》,湖南教育出版社,1983年,第95页。

刘斌:《神巫的世界》,杭州出版社,2013年。

刘丹青:《新中国语言文字研究70年》,中国社会科学出版社,2019年。

刘敦愿:《美术考古与古代文明》,人民美术出版社,2007年。

刘凤君:《美术考古学导论》,高等教育出版社,2014年。

刘宏民:《具茨山岩画探秘》,中州古籍出版社,2010年。

刘坚:《二十世纪的中国语言学》,北京大学出版社,1998年。

刘伶等:《语言学概要》,北京师范大学出版社,1987年。

刘五一:《具茨山岩画》,中州古籍出版社,2010年。

刘钊:《新甲骨文编》(增订本),海峡出版发行集团、福建人民出版社,2014年。

刘志基:《汉字文化综论》,广西教育出版社,1996年。

陆思贤:《神话考古》,文物出版社,1995年。

〔美〕路易·亨利·摩尔根:《古代社会》(新译本),杨东莼等译,中央编译社,2007年。

吕叔湘:《中国文法要略》,商务印书馆,1942年。

〔美〕伦纳德·布龙菲尔德:《语言论》,袁家骅等译,商务印书馆,1980年。

〔英〕洛克著:《人类理解论》,洪洁求译,商务印书馆,1989年。

马建忠:《马氏文通》,商务印书馆,1898～1899年。

〔英〕马克·科利尔、比尔·曼利:《古埃及圣书字导读》,陈永生译,商务印书馆,2015年。

〔美〕马丽加·金芭塔丝:《女神的语言:西方文明早期象征符号解读》,苏永前等译,社会
科学文献出版社,2016年。

〔英〕马林诺夫斯基:《巫术科学宗教与神话》,李安宅译,中国民间文艺出版社,1986年。

马学良:《语言学概论》,华中理工大学出版社,1981年。

茅盾:《北欧神话ABC》(上下册),世界书局印行,1930年。

孟华:《符号表达原理》,青岛海洋大学出版社,1999年。

孟华:《汉字:汉语和华夏文明的内在形式》,中国社会科学出版社,2004年。

孟华:《文字论》,山东教育出版社,2008年。

纳西东巴古籍译注全集编委会:《纳西东巴古籍译注全集》(100卷),云南人民出版社,

1999 年。

内蒙古自治区文物考古研究所:《白音长汗——新石器时代遗址发掘报告》,科学出版社,2004 年。

牛克诚:《原始美术》,中国人民大学出版社,2004 年。

庞进:《飞龙福生》,重庆出版社,2012 年。

彭泽润、李葆嘉:《语言文字原理》,岳麓书社,1995 年。

濮之珍:《中国历代语言学家评传》,复旦大学出版社,1992 年。

钱锺书:《管锥编》(第三册),中华书局,1979 年。

潜明兹:《中国神话学》,上海人民出版社,2008 年。

青海省文物管理处考古队、中国社会科学院考古研究所:《青海柳湾:乐都柳湾原始社会墓地》(上、下),文物出版社,1984 年。

〔美〕琼斯、莫里努:《美洲神话》,余世燕译,希望出版社,2007 年。

裘锡圭:《文字学概要》(修订版),商务印书馆,1988 年。

饶宗颐:《符号·初文与字母——汉字树》,上海书店出版社,2001 年。

饶宗颐:《贞卜人物通考》,香港大学出版社,1959 年

容庚著、张震林、马国权摹释:《金文编》,中华书局,1985 年。

〔美〕萨拉·艾兰:《龟之谜:商代神话、祭祀、艺术和宇宙观研究》,商务印书馆,2010 年。

〔美〕萨缪尔·诺亚·克拉莫尔:《苏美尔神话》,叶舒宪、金立江译,陕西师范大学出版社,2013 年。

山东大学历史系考古教研室:《大汶口文化讨论文集》,齐鲁书社,1979 年。

山东省文物管理处、济南市博物馆:《大汶口:新石器时代墓葬遗址发掘报告》,文物出版社,1974 年。

申小龙:《语言学纲要》,复旦大学出版社,2003 年。

沈步州:《言语学概论》,商务印书馆,1931 年。

沈兼士:《沈兼士学术论文集》,中华书局,1986 年。

沈建华、曹锦炎:《甲骨文字形表》,上海辞书出版社,2008 年。

沈培:《殷墟甲骨卜辞语序研究》,文津出版社,1992 年。

石安石、詹人凤:《语言学概论》,高等教育出版社,1988 年。

石家河考古队:《肖家屋脊》,文物出版社,1999 年。

〔美〕史蒂夫·吉尔伯特:《文身的历史》,欧阳昱译,百花文艺出版社,2006 年。

史习成:《东方神话传说第八卷:东北亚神话传说》,北京大学出版社,1999 年。

束锡红、李祥石:《岩画与游牧文化》,上海古籍出版社,2007 年。

四川省文物考古研究所:《三星堆祭祀坑》,文物出版社,1999 年。

苏秉琦:《中国文明起源新探》,辽宁人民出版社,2009 年。

〔清〕苏舆:《春秋繁露义证》,中华书局,1992 年。

孙承熙:《东方神话传说第二卷:西亚、北非古代神话传说》,北京大学出版社,1999 年。

孙海波:《甲骨文编》,中华书局,1965 年。

〔清〕孙诒让:《墨子间诂》,中华书局,1986 年。

〔清〕孙诒让:《周礼正义》(全七册),中华书局,2013 年。

唐兰:《古文字学导论》,齐鲁书社,1981 年。

唐兰:《殷虚文字记》,上海古籍出版社,2016年。

唐兰:《中国文字学》,上海古籍出版社,2001年。

田自秉、吴淑生、田青:《中国纹样史》,高等教育出版社,2003年。

汪馥泉:《中国文法革新讨论集》,上海学术社,1940年。

[晋]王弼注:《老子道德经》,载上海书店影印《诸子集成》卷三,1986年。

王德春:《语言学教程》,山东教育出版社,1987年。

王凤阳:《汉字学》,吉林文史出版社,1989年。

王古鲁:《言语学通论》,世界书局,1930年。

王琯撰:《公孙龙子悬解》,中华书局,1992年。

王海利:《古埃及神话故事》,吉林人民出版社,2001年。

王红旗:《语言学概论》,北京大学出版社,2008年。

王克荣等:《广西左江岩画》,文物出版社,1988年。

王力:《汉语语法纲要》,开明书店,1946年。

王力:《中国古代语言学》,山西人民出版社,1981年。

王琳:《印度艺术》,河北教育出版社,2003年。

王宁:《汉字构型学讲座》上海教育出版社,2002年。

王青:《远方图物》,上海古籍出版社,2019年。

王仁湘:《史前中国的艺术浪潮—庙底沟文化彩陶研究》,文物出版社,2011年。

[清]王先谦:《荀子集解》,中华书局,1988年。

[清]王先谦:《庄子集解》,载上海书店影印《诸子集成》卷三,1986年。

王霄冰:《玛雅文字之谜》,上海古籍出版社,2006年。

王兴运:《古代伊朗文明探源》,商务印书馆,2008年。

王元鹿:《比较文字学初探》,广西教育出版社,2001年。

王振昆等:《语言学基础》,中央广播电视大学出版社,1983年。

〔德〕威廉·冯·洪堡特:《洪堡特语言哲学文集》,姚小平译,湖南教育出版社,2001年。

〔德〕威廉·冯·洪堡特:《论人类语言结构的差异及其对人类精神发展的影响》,姚小平译,商务印书馆,1999年。

〔丹麦〕威廉·汤姆逊:《十九世纪末以前的语言学史》,黄振华译,科学出版社,1960年。

〔美〕威廉·特罗布里奇·拉尼德:《印第安神话故事》,王喆、李晨译,北京联合出版公司,2017年。

[唐]魏征等:《隋书·经籍志》,中华书局修订本,2022年。

闻一多:《伏羲考》,上海古籍出版社,2006年。

吴为章:《新编普通语言学教程》,北京广播学院出版社,1999年。

吴文俊:《中国数学史大系》(第一卷),北京师范大学出版社,1998年。

伍铁平:《普通语言学概要》,高等教育出版社,1993年。

西北大学文博学院考古专业:《扶风案板遗址发掘报告》,科学出版社,2000年。

西北第二民族学院:《大麦地岩画》(全四册),上海古籍出版社,2007年。

西北第二民族学院:《贺兰山岩画》(全三册),上海古籍出版社,2007年。

谢长法、彭泽平:《中国教育史》,西南师范大学出版社,2012年。

徐通锵:《汉语结构的基本原理——字本位语言研究》,中国海洋大学出版社,2005年。

徐通锵:《基础语言学教程》,北京大学出版社,2001年。

徐通锵:《语言论》,东北师范大学出版社,1997年。

徐旭生:《中国古史的传说时代》(增订本),文物出版社,1985年。

徐志民:《欧美语言学简史》(修订本),学林出版社,2005年。

许宏:《何以中国:公元前2000年的中原图景》,生活·读书·新知 三联书店,2014年。

〔汉〕许慎:《说文解字》,上海古籍出版社,1981年。

薛克翘:《东方神话传说第四卷:印度神话传说》,北京大学出版社,1999年。

〔法〕雅克·德里达:《论文字学》,汪堂家译,上海译文出版社,1999年。

〔美〕亚瑟·考特瑞尔:《欧洲神话》,余蘅译,广州新世纪出版社,2011年。

严志斌、洪梅:《巴蜀符号集成》,科学出版社、龙门书局,2019年。

〔德〕扬·阿斯曼:《文化记忆——早期高级文化中的文字、回忆和政治身份》,金寿福、黄晓晨译,北京大学出版社,2015年。

〔德〕扬·阿斯曼著:《宗教与文化记忆》,黄亚平译,商务印书馆,2018年。

杨逢彬:《殷墟甲骨刻辞词类研究》,花城出版社,2003年。

杨晶:《中国史前玉器的考古学探索》,社会科学文献出版社,2011年。

杨雨蕾等:《韩国的历史与文化》,中山大学出版社,2011年,第11页。

姚孝遂、肖丁:《殷墟甲骨刻辞类纂》,中华书局,1988年。

姚孝遂:《殷墟甲骨刻辞类纂》(上、中、下三册),中华书局,1989年。

叶蜚声、徐通锵:《语言学纲要》,北京大学出版社,1981年。

叶蜚声、徐通锵著,王洪君、李娟修订:《语言学纲要》,北京大学出版社,2010年。

〔墨西哥〕依兰·依兰斯塔,〔萨尔瓦多〕加芙列拉·拉里奥斯:《波波尔·乌》,湖南文艺出版社,2020年。

佚名:《吉尔伽美什》,赵乐甡译,辽宁人民出版社,1988年。

尤玉柱:《史前考古埋藏学概论》,文物出版社,1989年。

袁博等:《西方神话经典》,长江文艺出版社,2009年。

〔法〕约瑟夫·房德里耶斯:《语言》,岑麒祥、叶蜚声译,商务印书馆,1992年。

〔英〕詹·乔·弗雷泽:《金枝》(上、下),徐育新等译,中国民间文艺出版社,1987年。

张炳火:《良渚刻画符号研究》,上海人民出版社,2015年。

〔美〕张光直:《美术·神话与祭祀》,郭净、陈星译,辽宁教育出版社,2002年。

张光直:《商周青铜器与铭文的综合研究》,中国台湾央研院历史语言研究所,1973年。

张朋川:《中国彩陶图谱》,文物出版社,2005年。

张荣生:《非洲岩石艺术》,上海人民美术出版社,1982年。

张世超等:《金文形义通解》,〔日本〕中文出版社,1996年。

张世禄:《语言学概论》,中华书局,1934年。

张玉安主编:《东方神话传说第六卷、第七卷:东南亚古代神话传说》(上、下),北京大学出版社,1999年。

张玉金:《甲骨文语法学》学林出版社,2001年。

章念驰:《章太炎演讲集》,上海人民出版社,2011年。

赵世开:《美国语言学简史》,上海外语教育出版社,1989年。

浙江省文物考古所:《反山》(上、下),文物出版社,2005年。

浙江省文物考古所:《瑶山》,文物出版社,2003年。

浙江省文物考古研究所:《卞家山》(上、下),文物出版社,2014年。

浙江省文物考古研究所:《河姆渡:新石器时代考古遗址发掘报告》(上、下),文物出版社,2003年。

[汉]郑玄注、[唐]贾公彦疏:《周礼注疏》,载[清]阮元:《十三经注疏》(上),中华书局,1980年。

郑张尚芳:《上古音系》,上海教育出版社,2003年。

中国大百科全书出版社编辑部:《中国大百科全书·考古卷》,中国大百科全书出版社,1986年。

中国国家博物馆等:《失落的经典:印加人及其祖先珍宝展》,中国社会科学出版社,2006年。

中国科学院考古研究所编著:《沣西发掘报告:1955~1957年陕西长安县沣西乡考古发掘资料》,文物出版社,1963年。

中国科学院考古研究所、陕西省西安半坡博物馆:《西安半坡:原始氏族公社聚落遗址》,文物出版社,1963年。

中国青海柳湾彩陶博物馆等:《青海柳湾彩陶选粹》,上海古籍出版社,2014年。

中国社会科学院考古研究所:《偃师二里头:1959~1978年考古发掘报告》,中国大百科全书出版社,1999年。

中国社会科学院考古研究所:《偃师二里头》,中国大百科全书出版社,1999年。

中华炎黄文化研究会等:《中华第一龙——1995濮阳"龙文化与中华民族"学术研讨会论文集》,中州古籍出版社,2000年。

周兴华:《解读岩画与文明探源——聚焦大麦地》,宁夏人民出版社,2008年。

周有光:《比较文字学初探》,语文出版社,1998年。

周有光:《世界文字发展史》,上海教育出版社,1997年。

朱狄:《雕刻出来的祈祷——原始艺术研究》,武汉大学出版社,2008年。

朱狄:《艺术的起源》,武汉大学出版社,2017年。

朱家存、徐瑞主编:《外国教育史》,山东人民出版社,2008年。

朱天顺:《中国古代宗教初探》,上海人民出版社,1982年。

[宋]朱熹注:《论语集注》,上海古籍出版社,1987年。

朱星:《语言学概论》,天津人民出版社,1957年。

论 文

〔苏联〕A. П. 奥克拉德尼科夫:《博格多乌拉山麓石崖上的蒙古古代人像、铭文和图形》,载陈泓法:《亚欧草原岩画艺术论集》,中国人民大学出版社,2005年。

〔俄〕阿列霞(Volkova Olesia):《四大早期文明原始文字的比较研究:早期中国、美索不达米亚、古埃及及古中美洲》,博士学位论文,复旦大学,2019年。

〔美〕爱得蒙·卡彭特:《爱斯基摩人的艺术家》,载夏洛特 M. 奥腾编:《人类学与艺术》,纽约:1971年。

安徽省文物考古研究所:《安徽含山县凌家滩遗址第三次发掘简报》,《考古》,1999年第11期。

安徽省文物考古研究所:《安徽含山县凌家滩遗址第五次发掘的新发现》,《考古》,2008

年 3 期。

安徽省文物考古研究所等:《安徽蚌埠双墩新石器时代遗址发掘》,《考古学报》,2007 年第 1 期。

安徽省文物考古研究所等:《安徽含山县凌家滩遗址第三次发掘简报》,《考古》,1999 年11 期。

安金槐:《试论郑州商代城址——隞都》,《文物》,1961 年第 4～5 期。

安金槐:《试论郑州商代城址——隞都》,《文物》,1961 年第 4 期。

安金槐:《再论郑州商代城址——隞都》,《中原文物》,1993 年第 3 期。

安立华:《龙山文化"鸟首式鼎足"的象形及造型特点》,《管子学刊》,1989 年第 4 期。

安立华:《龙山文化"鸟首式鼎足"的象形及造型特点》,《管子学刊》,1989 年第 4 期。

〔古希腊〕柏拉图:《柏拉图全集·克拉底鲁篇》(第 2 卷),王晓朝译,人民出版社,2018 年。

北京大学考古实习队等:《栖霞杨家圈遗址发掘报告》,载《胶东考古》,文物出版社,2000 年。

北京大学考古系等:《石家河遗址调查报告》,《南方民族考古》第五辑,1992 年。

蔡运章、张居中:《中华文明的绚丽曙光——论舞阳贾湖发现的卦象文字》,《中原文物》,2003 年第 3 期。

曹定云:《夏代文字求证——二里头文化陶文考》,《考古》2004 年第 12 期。

曹建敦:《郑州小双桥遗址出土陶器上的朱书文字略探》,《中原文物》,2006 年第 4 期。

陈代兴:《殷墟甲骨刻辞音系研究》,载《甲骨语言研讨会论文集》,华中师范大学出版社,1993 年。

陈公柔、张长寿:《殷周青铜容器上兽面纹的断代研究》,《考古学报》,1990 年第 2 期。

陈良佐:《先秦数学的发展及其影响》,"央研院历史研究所集刊",第四十九本第二分,1974 年。

陈年福:《殷墟甲骨文词汇概述》,浙江师范大学学报,2016 年第 1 期。

陈玭:《青海柳湾彩绘符号研究》,硕士学位论文,西北大学考古学及博物馆学,2008 年。

陈勤建:《太阳鸟信仰的成因及文化意蕴》,《华东师范大学学报》,1996 年第 1 期。

陈炜湛:《汉字起源试论》,《中山大学学报》,1978 年第 1 期。

陈星灿:《丰产巫术与祖先崇拜——红山文化出土女性塑像试探》,《华夏考古》,1990 年第 3 期。

陈昭容:《从陶文探索汉字起源问题的总检讨》,"史语所集刊"第 57 本,1986 年。

陈兆复:《具茨山岩画序》,载《具茨山岩画》,中州古籍出版社,2010 年。

陈治军:《陶寺遗址出土"家有"骨刻辞的意义》,《安徽大学学报》,2017 年第 3 期。

承德县文管所、滦平县博物馆:《河北滦平县后台子遗址发掘简报》,《文物》,1994 年第 3 期。

〔日〕大塚和義著,魏坚译:《雕刻的船型——富戈佩洞穴岩画的历史背景》,《内蒙古文物考古》,1997 年。

〔加拿大〕戴维·麦克唐纳著:《印第安人的图腾柱》,张振鑫译,《民族译丛》,1984 年第 3 期。

戴应新:《回忆石峁遗址的发现与石峁玉器》(上),《收藏界》,2014 年第 5 期。

戴应新:《我与石峁龙山文化玉器》,载《中国玉学玉文化论考》续编,紫禁城出版社,2004 年。

〔美〕道格拉斯·普赖斯:《欧洲中石器时代》,潘艳译,《南方文物》,2010 年第 4 期。

邓淑苹:《故宫博物院所藏新石器时代玉器研究之二——琮与琮类研究》,《故宫学术季刊》第六卷第二期,1988 年。

邓淑苹:《良渚晚末期玉器变化及纹饰流传初探》,载《东南考古研究》第四辑,厦门大学
　　出版社,2010 年。

丁雯:《大溪文化陶符研究》,硕士学位论文,中国海洋大学,2019 年。

董楚平:《"方钺会矢"——良渚文字释读之一》,《东南文化》,2001 年第 3 期。

董作宾:《妇矛说——骨臼刻辞研究》,载《董作宾先生全集》甲编第二册,艺文出版社,
　　1978 年。

董作宾:《附董作宾先生来函及陶文考释》,载李济:《殷墟陶器研究·附录》,上海世纪出
　　版集团,2007 年。

董作宾:《甲骨文断代例》,载《董作宾先生全集》甲编第一册,艺文印书馆,1978 年。

董作宾:《商代龟卜之推测》,载《董作宾先生全集》甲编第二册,艺文出版社,1978 年。

董作宾:《殷历谱》上编卷二"祀谱"、卷三"帝乙帝辛五种祀典祖妣祭日表",载中国台湾
　　《中央研究院历史研究所专刊》,1945 年。

杜金鹏:《论临朐朱封龙山文化玉冠饰及相关问题》,《考古》,1994 年第 1 期。

方殿春、魏凡:《辽宁牛河梁红山文化"女神庙"与积石冢群发掘简报》,《文物》,1986 年第
　　8 期。

〔日〕峰山岩:『謎の刻画フブッペ洞窟』(富戈贝洞崖岩刻之谜),东京:1983 年。

冯时:《文字起源与夷夏东西》,《中国社会科学院古代文明研究中心通讯》第 3 期。

福建博物院等:《福建漳州市虎林山商代遗址发掘简报》,《考古》,2003 年第 12 期。

福建省文物管理委员会:《华安汰内仙字潭摩崖的调查》,《文物参考资料》,1958 年第
　　1 期。

〔德〕格里格·爱华德:《读写教育的社会机制关联》,刘晓宁译,华西语文学刊(第二辑)
　　四川文艺出版社,2010 年。

盖山林:《福建华安仙字谭石刻性质考辨》,《美术史论》1988 年第 3 期。

甘肃省博物馆文物工作队等:《永昌鸳鸯池新石器时代墓地的发掘》,《考古》,1982 年第 5 期。

甘肃省博物馆:《武威皇娘娘台遗址第四次发掘》,《考古学报》,1978 年第 4 期。

甘肃省文物工作队:《大地湾遗址仰韶晚期地画的发现》,《文物》,1986 年第 2 期。

甘肃省文物工作队等:《甘肃东乡林家遗址发掘报告》,载《考古学集刊》(第 4 集),中国
　　社会科学出版社,1984 年。

甘肃省文物工作队等:《甘肃西和栏桥寺洼文化墓葬》,《考古》,1987 年第 8 期。

高广仁、邵望平:《史前陶鬶初论》,《考古学报》,1981 年第 4 期。

高明:《论陶符兼谈汉字的起源》,《北京大学学报》,1984 年第 6 期。

高天麟:《黄河流域龙山时代陶鬲研究》,《考古学报》,1996 年第 4 期。

高炜:《陶寺考古发现对探讨中国古代文明起源的意义》,载《襄汾陶寺遗址研究》,科学
　　出版社,2007 年。

高炜:《陶寺出土文字二三事》,载解希恭:《襄汾陶寺遗址研究》,科学出版社,2007 年。

葛治功:《试述我国古代图腾制度的遗痕在商周青铜器上的表现》,南京博物院建院 50
　　周年科学报告会论文(邮印本),1983 年 2 月,图三。

巩启明:《姜寨遗址考古发掘的主要收获及其意义》,《人文杂志》1981 年第 4 期。

拱玉书:《论苏美尔文明中的"道"》,《北京大学学报》,2017 年第 3 期。

拱玉书：《楔形文字起源新论》，《世界历史》，1997 年第 4 期。

顾万发：《试论新砦陶器盖上的饕餮纹》，《华夏考古》，2000 年第 4 期。

顾万发、张松林：《论花地嘴遗址所出墨玉璋》，《商都文明》，2007 年第 4 期。

管燮初：《从甲骨文字的谐声关系看殷商语言声类》，收入"中国古文字研究会成立十周年学术研讨会论文"，1988 年。

管燮初：《据甲骨文谐声字探讨殷商韵部》，收入"纪念王力先生九十寿辰语言学讨论会论文"，1990 年。

广东省博物馆：《广东南海西樵山遗址出土的石器》，《考古学报》，1959 年第 4 期。

广西壮族自治区文物工作队、桂林市文管会：《广西桂林甑皮岩洞穴遗址的式掘》，《考古》，1976 年第 3 期。

郭沫若：《古代文字之辩证的发展》，《考古学报》，1972 年第 1 期。

郭锡良：《殷商时代音系初探》，《北京大学学报》，1988 年第 6 期。

郭治中：《论白音长汗发现的女神像及其崇拜性质》，载《青果集——吉林大学考古专业成立二十周年考古论文集》，知识出版社，1993 年。

韩建业：《斜腹杯与三苗文化》，《江汉考古》，2002 年第 1 期。

何德亮：《山东史前时期的陶塑艺术》，《文物世界》，2003 年第 1 期。

何德亮：《山东史前玉器及相关问题探讨》，载《东方博物》（二十二辑），2007 年第 1 期。
中国社会科学院考古研究所山西工作队等：《1978～1980 年山西襄汾陶寺墓地发掘简报》，《考古》，1978 年第 1 期。

何介钧：《中国古代陶鬲研究》，载中国考古学会：《中国考古学会第七次年会论文集》，文物出版社，1992 年。

何九盈、胡双宝、张猛：《简论汉字文化学》，《北京大学学报》，1990 年第 6 期。

何九盈：《商代复辅音声母》，《北京大学百年国学文粹·语言文献卷》，北京大学出版社，1998 年。

何驽：《二里头绿松石龙牌、铜牌与夏禹、萬舞的关系》，《中原文化研究》，2018 年第 4 期。

何驽：《陶寺遗址保护朱书"文字"新探》，《中国文物报》，2003 年 11 月 28 日。

何驽：《玉器能充当货币吗——齐家文化玉器功能解读新思路》，《中国社会科学报》，2017 年 4 月 27 日第 7 版。

何驽：《陶寺遗址Ⅱ M26 出土骨耜刻文试析》，《考古》，2017 年第 2 期。

何余华：《汉字"形构用"三平面研究的回顾与展望》，《语文研究》，2016 年第 2 期。

河北省文管处台西考古队：《河北藁城台西村商代遗址发掘简报》，《文物》，1979 年第 6 期。

河北省文化局文物队：《河北省永年县台口村遗址发掘报告》，《考古》1962 年第 12 期。

河北省文物管理处：《磁县下七垣遗址发掘报告》，《考古》，1979 年第 2 期。

河南省文物考古研究所：《河南禹州市瓦店龙山文化遗址 1997 年的发掘》，《考古》2000 年第 2 期。

菏泽地区文物工作队：《山东曹县莘冢集遗址试掘简报》，《考古》，1980 年第 5 期。

胡厚宣：《甲骨文商族鸟图腾遗迹》，载《历史论丛》第一辑，中华书局，1964 年。

胡厚宣：《甲骨文所见商族图腾的新证据》，《文物》，1972 年第 2 期。

胡厚宣：《武丁时五种记事刻辞考》，载《甲骨学商史论丛初集》（下册），河北教育出版社，2002 年。

黄德宽:《殷墟甲骨文之前的商代文字》,载《汉字理论丛稿》,商务印书馆,2006 年。

黄河水库考古队华县队:《陕西华县柳子镇考古发掘报告》,《考古》,1959 年第 2 期。

黄厚明:《考古学研究中跨学科问题刍议》,《四川文物》,2004 年第 2 期。

黄厚明:《中国东南沿海地区史前文化中的鸟形象研究》,博士学位论文,南京艺术学院,
    2004 年。

黄健中:《试论甲骨刻辞的词汇研究》,载《训诂与文字:黄健中自选集》,华中师范大学出
    版社,2016 年。

黄天树:《关于非王卜辞的一些问题》,《陕西师范大学学报》,1995 年第 4 期。

黄亚平:《从整体上看"龙山时代"前后中原和周边的"文字萌芽"》,《汉字汉语研究》,2022
    年第 1 期;该文又见"人大报刊复印资料·语言文字学"全文转载,2022 年第 11 期。

黄亚平:《广义文字研究刍议》,《青岛大学师范学院学报》,2004 年第 3 期。

黄亚平:《汉字起源和汉字体系演变形成问题的探索与思考——兼谈汉字起源"渐变说"
    与"突变说"的融通》,载《出土文献与古文字研究》第九辑,上海古籍出版社,2021 年。

黄亚平:《论"二次约定"》,《语言研究》,2007 年第 1 期。

黄亚平:《论汉字传承与中国文明延续的辩证发展关系》,《深圳社会科学》,2022 年第
    1 期。

黄亚平:《论"商代陶文"应单独列为一系——兼谈"陶文"与"陶符"的区别原则》,《中国
    文字学报》第十二辑,商务印书馆,2022 年。

黄亚平:《前文字、类文字、广义文字学》,中国海洋大学学报,2014 年第 6 期。

黄亚平:《史前符号与"视像时代"的因缘际会》,载朱自强主编:《中国文化产业》(第一
    辑),2008 年。

黄仲琴:《汰溪古文》,《岭南大学学报》,第 4 卷第 2 期,1915 年。

季云:《藁城台西商代遗址发现的陶器文字》,《文物》,1974 年第 8 期。

江西省博物馆等:《江西清江吴城商代遗址第四次发掘的主要收获》,《文物资料丛刊》第
    二辑,文物出版社,1978 年。

江西省博物馆等:《江西清江吴城商代遗址发掘简报》,《文物》,1975 年第 7 期。

江西省博物馆:《江西万年大源仙人洞洞穴遗址第二次发掘简报》,《文物》,1976 年第 12 期。

江西省文物管理委员会:《江西万年大源仙人洞洞穴遗址试掘》,《考古学报》,1963 年第
    1 期。

江西省文物考古研究所等:《江西新干大洋洲商墓发掘简报》,《文物》,1991 年第 10 期。

姜宝昌:《殷墟甲骨刻辞句法研究》,《殷都学刊》,1990 年第 3 期。

蒋修若:《20 世纪普通文字学史概览》,载西南大学汉语言文献研究所:《比较文字学研
    究》第一辑,人民出版社,2015 年。

蒋修若:《二十世纪西方普通文字学著作述论》,博士学位论文,北京师范大学,2013 年。

蒋远金:《从史前文化看日本列岛和华南的亲缘关系》,《史前研究》,2000 年。

来国龙:《文字起源研究中的"语言学眼光"和汉字起源的考古学研究》,载《考古学研究
    (六)——庆祝高明先生八十寿辰暨从事考古研究五十年论文集》,科学出版社,2006 年。

兰伟:《东巴画与东巴文的关系》,载郭大烈、杨伟光:《东巴文化论集》,云南人民出版社,
    1985 年。

黎锦熙、刘世儒:《语法再讨论——词类区分和名词问题》,载《中国语文》,1960 年 1 月号。

李葆嘉：《荀子的王者制名论与约定俗成说》，《徐州师范学院学报》，1986 年第 4 期。

李伯谦：《试论吴城文化》，载《中国青铜文化结构体系研究》，科学出版社，1998 年。

李恭笃、高美璇：《试论小河沿文化》，载《中国考古学学会第二次年会论文集》，文物出版
　　社，1980 年。

李恭笃：《昭乌达盟石棚山考古新发现》，《文物》1982 年第 3 期。

李家和等：《江西刻划文字符号与甲骨卜辞文字》，《中原文物》，1989 年第 4 期。

李建民：《陶寺遗址出土的朱书"文"字扁壶》，《中国社会科学院古代文明研究中心通讯》
　　第 1 期，2001 年 1 月。

李萍：《唐代汉字推广应用与社会读写机制关联》，硕士学位论文，中国海洋大学，2012 年。

李先登：《试论中国文字之起源》，《天津师范大学学报》，1985 年第 4 期。

李孝定：《从几种史前及有史早期陶文的观察蠡测中国文字的起源》，〔新加坡〕《南阳大
　　学学报》，1969 年第 3 期。

李孝定：《陶文考释》，载李济：《殷墟陶器研究·附录》，上海世纪出版集团，2007 年。

李孝定：《再论史前陶文和汉字起源问题》，载《汉字的起源与演变论丛》，台湾经联出版
　　社，1987 年。

李学勤：《良渚文化的多字陶文——吴文化历史背景的一项探索》，载潘力行、邹志一：
　　《吴地文化一万年》，中华书局，1994 年。

李学勤：《良渚文化玉器与饕餮纹的演变》，《东南文化》，1991 年第 5 期。

李学勤：《良渚文化玉器与饕餮纹的演变》，载《走出疑古时代》，长春出版社，2007 年。

李学勤：《论二里头文化的饕餮纹铜饰》，载《走出疑古时代》，长春出版社，2007 年。

李学勤：《论新出大汶口文化陶器符号》，《考古》，1987 年第 12 期。

李学勤：《试论余杭南湖良渚文化黑陶罐的刻划符号》，《浙江学刊》，1992 年第 4 期。

李学勤：《谈青铜器与商文化的传布》，载《新出青铜器研究》，文物出版社，1990 年。

李学勤：《新干大洋洲商墓的若干问题》，《文物》，1991 年第 10 期。

李仰松：《柳湾出土人像彩陶壶新解》，《文物》，1978 年第 4 期。

李仰松：《秦安大地湾遗址仰韶晚期地画研究》，《考古》，1986 年第 11 期。

李永魁等：《临夏市发现马厂类型人像彩陶》，《考古与文物》，2003 年第 3 期。

李运富：《汉字学"三平面理论"申论》，《北京师范大学学报》，2016 年第 3 期。

李运富：《汉字语用学纲要》，载《励耘学刊》第一辑（语言卷），学苑出版社，2005 年。

李振翼：《甘南出土的人头形器口彩陶瓶》，《考古》，1995 年第 4 期。

李志鹏：《二里头文化墓葬研究》，载《中国早期青铜文化——二里头文化专题研究》，科
　　学出版社，2008 年。

李志鹏：《二里头文化墓葬研究》，载《中国早期青铜文化——二里头文化专题研究》，科
　　学出版社，2008 年。

李志鹏：《二里头文化墓葬研究》，载《中国早期青铜文化——二里头文化专题研究》，科
　　学出版社，2008 年。

李子贤：《韩国济州岛传承的活形态神话》，《民间文化论坛》，2017 年第 5 期。

李子贤：《试论云南少数民族的洪水神话》，《思想战线》，1980 年第 1 期。

梁银峰：《甲骨文形容词研究》，渝耘学院学报，1998 年第 1 期。

辽宁省文物考古研究所：《辽宁牛河梁红山文化女神庙与积石冢群发掘简报》，《文物》，

1986 年第 8 期。

辽宁省文物考古研究所：《牛河梁第十六地点红山文化积石冢中心大墓发掘简报》，《文物》，2008 年第 10 期。

廖根深：《鹰潭角山商代记数符号的初步研究》，载《百越民族研究》，江西教育出版社，1990 年。

林蔚文：《福建华安仙字潭摩崖石刻试考》，《福建文博》，1984 年第 1 期。

林沄：《甲骨文中的商代方国联盟》，载《古文字研究》第六辑，中华书局，1981 年。

刘德银：《石家河文化的玉器》，《收藏家》，2000 年第 5 期，第 2 页。

刘敦愿：《古史传说与典型龙山文化》，《山东大学学报》1963 年第 2 期。

刘敦愿：《古史传说与典型龙山文化》，载《山东龙山文化研究文集》，齐鲁书社，1992 年。

刘敦愿：《记两城镇遗址发现的两件石器》，《考古》，1972 年第 4 期。

刘敦愿：《考古学与古代艺术研究》，《文史哲》，1986 年第 6 期。

刘敦愿：《论(山东)龙山文化陶器的技术与艺术》，载刘敦愿：《美术考古与古代文明》，人民美术出版社。

刘云辉：《仰韶文化"鱼纹""人面鱼纹"内含二十说述评——兼论"人面鱼纹"为巫师面具形象说》，《文博》，1990 年第 4 期。

柳春诚：《青海彩陶上的史前"维纳斯"——柳湾"裸体人像彩陶壶"解读》，《青海社会科学》，2010 年第 4 期。

龙丽朵：《马家窑文化人物形象分类研究》，《文博学刊》，2018 年第 2 期。

罗琨：《陶寺陶文考释》，《中国社会科学院古代文明研究中心通讯》第 2 期。

马保春、袁广阔、宋国定：《郑州小双桥商代遗址陶符研究》，《文物》，2012 年第 1 期。

马晓京：《加拿大西北沿岸印第安人图腾柱文化象征意义阐释》，博士学位论文，中央民族大学，2007 年。

Д.迈达尔：《蒙古历史文化遗存》，载陈泓法：《亚欧草原岩画艺术论集》，中国人民大学出版社，2005 年。〔蒙古〕

梅祖麟：《甲骨文里的几个复辅音声母》，《中国语文》，2008 年第 3 期。

孟凡杰：《汉字文化圈的书同文现象》，硕士学位论文，中国海洋大学，2007 年。

孟华：《动机性文字与任意性文字——中西文字比较》，载刘重德：《中国英汉语比较研究会第二次全国学术研讨会论文集》，1996 年。

孟华：《汉字符号学理论的形成及其基本观点》，载黄亚平、白瑞斯、王霄冰：《广义文字研究》，齐鲁书社，2009 年。

孟华：《试论类文字》，《符号与传媒》第 3 辑，四川大学出版社，2011 年。

孟华：《在言文关系中研究汉语词汇》，戚晓杰、高明乐：《汉语教学与研究文集：纪念黄伯荣教授从教 50 周年》，高等教育出版社，2005 年。

苗利娟：《关于商代金文中族名的界定与思考》，《考古与文物》，2012 年第 6 期。

〔日〕名取武光：《北海道富戈佩洞窟的发掘》，《民族学研究》十六卷二号，东京：1951 年。

牟永抗：《良渚玉器上神崇拜的探索》，载《庆祝苏秉琦考古五十五年论文集》，文物出版社，1989 年。

南京博物院等：《江苏吴县澄湖古井群的发掘》，文物编辑委员会：《文物资料丛刊》(9)，文物出版社，1985 年。

宁如雪:《仰韶文化陶器符号研究》,硕士学位论文,中国海洋大学,2019 年。

牛清波:《从刻画符号看汉字形成的相关问题》,《中州学刊》,2017 年第 3 期。

牛清波:《中国早期刻画符号整理与研究》,博士学位论文,安徽大学,2013 年。

逄振镐:《从图像文字到甲骨文——史前东夷文字史略》,《中原文物》,2002 年第 2 期。

裴文中:《中国古代陶鬲及陶鼎之研究》,载《裴文中史前考古学论文集》,文物出版社,1987 年。

彭苡:《文字、书写与图像:论徐冰创作的三种形式》,《艺术评论》,2021 年第 11 期。

〔泰〕蓬猜·素吉:《湄公河畔班恭村岩壁画》,《艺术与文化》,1981 年第 11 期。

皮道坚:《召唤神灵——战国楚的绘画与雕刻》,《文艺研究》,1994 年第 2 期。

皮特·T.丹尼尔森:《文字系统的研究》,陈永生译,载西南大学汉语言文献研究所:《比较文字学研究》第一辑,人民出版社,2015 年。

濮阳市文物管理委员会等:《河南濮阳西水坡遗址发掘简报》,《文物》,1988 年第 3 期。

秦海鹰:《互文性理论的缘起与流变》,《外国文学评论》,2004 年第 3 期。

青海省文物管理处考古队等:《青海乐都柳湾原始社会墓地反映出的主要问题》,《考古》,1976 年第 6 期。

青海省文物管理处考古队等:《青海乐都柳湾原始社会墓葬第一次发掘的初步收获》,《文物》,1976 年第 1 期。

裘锡圭:《汉字形成问题的初步探索》,《中国语文》,1978 年第 3 期。

裘锡圭:《甲骨卜辞中所见的"田""牧""卫"等职官的研究——兼论"侯""甸""男""卫"等几种诸侯的起源》,载《文史》第十九辑,中华书局,1983 年。

裘锡圭、沈培:《二十世纪的汉语文字学》,载刘坚:《二十世纪的中国语言学》,北京大学出版社,1998 年。

〔法〕让-雅克-卢梭:《论语言的起源——兼论旋律与音乐的模仿》第五章"论文字",洪涛译,上海人民出版社,2003 年。

饶宗颐:《哈佛大学所藏良渚黑陶上的符号试释》,《浙江学刊》,1990 年第 6 期。

饶宗颐:《谈高邮龙虬庄陶片的刻划图文》,《东南文化》,1996 年第 4 期。

任式楠:《长江中游新石器时代的显著成就和特色文化现象》,《江汉考古》,2001 年第 1 期。

任式楠:《我国史前骨刻记事实物的发现》,《东南文化》,1991 年第 5 期。

山大历史系考古专业:《山东邹平丁公遗址第四、五次发掘简报》,《考古》1993 年第 4 期。

山东省文物考古研究所:《茌平尚庄新石器时代遗址》,《考古学报》1985 年第 4 期。

陕西省考古研究所陕北考古队:《陕西绥德小官道龙山文化遗址的发掘》,《考古与文物》1983 年第 5 期。

上海市文物保管委员会:《上海马桥遗址第一、二次发掘》,《考古学报》,1978 年第 1 期。

尚民杰:《中国古代龙形探源》,《文博》,1995 年第 8 期。

石安石:《二十世纪的中国普通语言学》,载刘坚:《二十世纪的中国语言学》,北京大学出版社,1998 年。

石虎:《论字思维》,载解冕、吴思敬:《字思维与中国现代诗学》,天津社会科学出版社,2002 年。

石兴邦:《我国东方沿海和东南地区古代文化中鸟类图像与鸟祖崇拜的有关问题》,载田昌五、石兴邦:《中国原始文化论集》,文物出版社,1989年。

石兴邦:《有关马家窑文化的一些问题》,《考古》,1962年第6期。

宋国定:《郑州小双桥遗址出土陶器上的朱书》,《文物》,2003年第5期。

宋建:《广富林考古新发现——梅花鹿石钺图》,《上海文博论丛》,2002年第2期。

宋豫秦:《石家河文化红陶杯与陶塑品之功用》,《江汉考古》,1995年第2期。

苏秉琦:《关于仰韶文化的若干问题》,《考古学报》,1965年第1期。

苏秉琦:《陕西省宝鸡县斗鸡台发掘所见瓦鬲的研究》,载《苏秉琦考古学论述选集》,文物出版社,1984年。

〔泰〕素拉奔·丹里军:《丧葬的山崖》,《艺术与文化》,1981年第11期。

孙濰昌:《良渚文化陶器纹饰研究》,《上海博物馆集刊》,1992年。

孙莹莹:《试论新时期时代刻画符号的前文字属性》,硕士学位论文,中国海洋大学,2010年。

汤池:《黄河流域的原始彩陶艺术》,《美术研究》,1982年第3期。

汤池:《试论滦平后台子出土的女神像》,《文物》,1994年第3期。

汤惠生:《关于宁夏大麦地岩画新闻报道的几点看法》,《中国文物报》2005年11月25日,第3版。

唐兰:《从大汶口文化的陶器文字看我国最早文化的年代》,载山东大学历史系考古教研室:《大汶口文化讨论文集》,齐鲁书社,1979年。

唐兰:《关于江西吴城文化遗址与文字的初步探索》,《文物》1975年第7期。

唐兰:《关于江西吴城文化遗址与文字的初步探索》,《文物》,1975年第7期。

田建文:《我看陶寺遗址出土的朱书"文字"扁壶》,《考古学研究》(辑刊),2012年。

汪宁生:《从原始记事到文字发明》,《考古学报》,1981年第1期。

王伯熙:《文字的分类和汉字的性质》,《中国语文》,1984年第2期。

王长启:《石峁文化玉刀》,《收藏界》,2012年第6期。

王恩田等:《专家笔谈丁公遗址陶文》,《考古》,1993年第4期。

王刚:《从兴隆洼石雕人像看原始崇拜》,《昭乌达蒙族师专学报》,1998年第3期。

王海滨:《他留人铎系文图符研究》,《民族语文》,2011年第6期。

王晖:《从甲骨金文与考古数据的比较看汉字起源时代——并论良渚文化组词类陶文与汉字的起源》,《考古学报》2013年第3期。

王晖:《形义之桥与原始思维——史前图画及"文字画"研究》,《学术研究》,2014年第10期。

王晖:《形义之桥与原始思维——史前图画及"文字画"研究》,《学术研究》,2014年第10期。

王景:《汉字的推广应用与社会读写机制的关联——以汉代为例》,硕士论文,中国海洋大学,2015年。

王景:《汉字应用推广与社会读写机制的关联——以汉代为例》,硕士学位论文,中国海洋大学,2018年。

王宁:《汉字与文化》,《北京师范大学学报》,1991年第6期。

王宁:《试论汉字与汉语的关系》,《民俗典籍文字研究》,2015年第1期。

王青:《镶嵌铜牌饰的初步研究》,《文物》,2004年第5期。

王绍新:《甲骨刻辞时代的词汇》,载程湘清《先秦汉语研究》,山东教育出版社,1992年。

王守功：《景阳岗城址刻文陶片发现的意义》，载《海岱地区史前考古论集》，文物出版社，
　　2016年。

王树明：《谈陵阳河与大朱村出土的陶尊"文字"》，载《山东史前文化论文集》，齐鲁书社，
　　1986年。

王笑：《山东龙山文化器形、符号、纹饰的互文关系研究》，硕士学位论文，中国海洋大学，
　　2020年。

王宜涛：《商县紫荆遗址发现二里头文化陶文》，《考古与文物》，1983年第4期。

王元鹿：《读〈汉字文化学简论〉》，《书城》，1995年第3期。

王蕴智：《双墩符号的文化特征及其性质》，《中国海洋大学学报》，2011年第5期。

王蕴智：《远古符号综类摹萃》，《中原文物》，2003年第6期，第15页。

王蕴智：《中原地区与汉字体系早期形成》，载《黄河文明与可持续发展》第3辑，2012年。

王震中：《龙之原型》，载庞进主编：《飞龙福生》，重庆出版社，2012年。

王震中：《濮阳龙之原型》，《濮阳职业技术学院学报》，2012年第4期。

王志芬：《云南壮族坡芽歌书符号意义解读》，博士学位论文，中央民族大学，2009年。

王志俊：《关中地区仰韶文化刻划符号综述》，《考古与文物》，1980年第3期。

〔汉〕伪孔安国传：《尚书叙》，载〔清〕阮元：《十三经注疏》（上），中华书局，1980年。

魏京武、杨亚长：《陕西南郑龙岗寺半坡类型墓地发掘简报》，《史前研究》，1988年第6期。

文物参考资料委员会：《文物参考资料》，1956年第3期。

翁牛特旗文化馆：《内蒙古翁牛特旗三星他拉村发现玉龙》，《文物》，1984年第6期。

〔美〕沃尔特A.费尔斯沃斯、吉尔：《印度河文明的古文字》，廉珍译，载黄亚平：《广义文
　　字研究》，齐鲁书社，2009年。

巫称喜：《甲骨文名词词汇研究》，硕士学位论文，西南师范大学，1997年。

伍淳：《良渚刻画符号研究》，硕士学位论文，中国海洋大学，2019年。

武仙竹：《邓家湾遗址陶塑动物的动物考古学研究》，《江汉考古》，2010年第4期。

夏洁：《文字的认同性及文化心理》，硕士学位论文，中国海洋大学，2006年。

夏勇：《简析良渚文化刻符玉璧》，《杭州文博》（集刊），2018年第10期。

萧良琼：《吴城陶文中的"帚"与商朝南土》，载《尽心集》，中国社会科学出版社，1996年。

谢端琚：《论中国史前卜骨》，《史前研究》1998年第9期。

信阳地区文管会等：《河南淮滨发现新石器时代墓葬》，《考古》1981年第1期。

徐通锵：《语言与文字的关系新探》，载黄亚平、白瑞斯、王霄冰：《广义文字研究》，齐鲁书
　　社，2009年。

徐新民等：《平湖庄桥坟遗址发现良渚文化原始文字》，《中国文物报》，2013年6月21
　　日，第6版。

徐中舒：《结绳遗俗考》，载《徐中舒历史论文选辑》，中华书局，1998年。

许宏：《二里头M3及随葬绿松石龙形器的考古背景分析》，《古代文明》（第十卷）2016年。

许宏：《二里头M3及随葬绿松石龙形器的考古背景分析》，《古代文明》（第十卷），2016年。

许玉林等：《辽宁东沟县后洼遗址发掘概要》，《文物》，1989第12期。

〔古希腊〕亚里士多德：《工具论·解释篇》（修订译本），刘叶涛等译，上海人民出版社，
　　2018年。

严汝娴：《普米族的刻划符号——兼谈仰韶文化刻划符号的看法》，《考古》1982年第3期。

严文明:《〈鹳鱼石斧图〉跋》,《文物》,1981 年第 12 期。

严文明:《龙山文化和龙山时代》,《文物》,1981 年第 6 期。

严文明:《文明的曙光——长江流域最古的城市》,载《农业发生与文明起源》,科学出版社,2000 年。

颜海英:《阿拜多斯 U-j 号墓发现的埃及早期文字》,载《古代文明》第 2 卷,2002 年。

颜海英:《前王朝时期埃及的陶器刻画符号》,《世界历史》,2006 年第 2 期。

〔德〕扬·阿斯曼:《有文字的和无文字的社——对记忆的记录及其发展》,王霄冰译,《中国海洋大学学报》,2004 年 4 期。

杨伯达:《"巫·玉·神"泛论》,载《中国玉文化玉学论丛》(三编下),紫禁城出版社,2005 年。

杨伯达:《牙璋述要》,《故宫博物院院刊》,1994 年第 3 期。

杨伯达:《"一目国"玉人面考》,《考古与文物》,2004 年第 2 期。

杨建芳:《玉琮之研究》,《考古与文物》,1990 年第 2 期。

杨建芳:《云雷纹的起源演变与传播——兼论中国古代南方的蛇崇拜》,《文物》,2012 年第 3 期。

杨敏、刘景云、束锡红:《大麦地岩画与汉文字的关系》,《西北第二民族学院学报》,2007 年第 5 期。

杨敏、刘景云、束锡红:《大麦地岩画与汉字的关系》,《西北第二民族学院学报》,2007 年第 5 期。

杨晓能:《中国原始社会雕塑艺术概述》,《文物》,1989 年第 3 期。

杨竹英、张敬国:《论凌家滩玉器与中国史前玉器》,载《中国玉文化玉学论丛》(三编),紫禁城出版社,2005 年。

姚小平:《洪堡特〈论差异〉中译本序》,商务印书馆,1999 年。

姚孝遂:《古文字的符号化问题》,载《古文字学论集初编》,香港中文大学出版社,1983 年。

叶茂林:《齐家文化玉器研究——以喇家遗址为例》,载张忠培、徐光冀:《玉魄国魂》,北京燕山出版社,2008 年。

叶秀山:《美的哲学》,载《叶秀山文集·美学卷》,重庆出版社,2000 年。

殷玮璋:《二里头文化探讨》,《考古》,1978 年第 1 期。

于省吾:《关于古代文字研究的若干问题》,《文物》1973 年第 2 期。

于省吾:《关于古文字研究的若干问题》,《文物》,1973 年第 2 期。

于省吾:《略论图腾与宗教起源和夏商图腾》,《历史研究》,1959 年第 1 期。

余杭县文管会:《余杭县出土的良渚文化和马桥文化的陶器刻划符号》,《东南文化》,1991 年第 5 期。

余秀翠:《宜昌杨家湾在新石器时代陶器上发现的刻划符号》,《考古》,1987 年第 8 期。

〔美〕约翰 S.加斯滕森:《语言的普遍性和文字的普遍性》,刘志波译,载黄亚平、白瑞斯、王宵冰:《广义文字研究》,齐鲁书社,2009 年。

〔美〕约翰·查德威克:《克里特岛出土线形文字 B 的解读》,夏洁译,载《广义文字研究》。齐鲁书社,2009 年。

张长寿:《论神木出土的刀形端刃玉器》,载香港中文大学考古艺术研究中心:《南中国及古邻近地区古文化研究》,香港中文大学出版社,1994 年。

张春凤:《关于良渚符号的定性》,《中国文字研究》,2015 年第 2 期。

张光直:《从九鼎传说看上古艺术与政治之关系》,载《青铜挥尘》,上海文艺出版社,2000年。

张光直:《谈"琮"及其在中国古史上的意义》,载《中国青铜时代》,生活·读书·新知三联书店,1999年。

张广立等:《黄河中上游地区出土的史前人形彩绘与陶塑初释》,《考古与文物》,1983年第3期。

张海:《公元前4000至前1500年中原腹地的文化演进与社会复杂化》,博士论文,北京大学,2007年。

张朋川:《甘肃出土的几件仰韶文化人像陶塑》,《文物》,1979年第11期。

张绪求:《石家河文化的玉器》,《江汉考古》,1992年第1期,第60页。

张绪球:《石家河文化的陶塑品》,《江汉考古》,1991年第3期。

张玉安:《东南亚神话分类及其特点》,《东南亚纵横》,1994年第2期。

张玉安:《印度神话传说在东南亚的传播》,《北京大学学报》,1999年第5期。

张玉金:《二十世纪殷代语音研究的回顾暨展望》,《古汉语研究》,2001年第4期。

张政烺:《试释周初青铜器铭文中的易卦》,《考古学报》,1980年第4期。

章琼:《二十世纪汉字文化研究述评》,《语言教学与研究》,2002年第2期。

赵诚:《商代音系探索》,《音韵学研究》第一辑,中华书局,1984年。

赵诚:《上古谐声和音系》,《古汉语研究》,1996年第1期。

赵峰:《清江陶文及其所反映的殷代农业和祭祀》,《考古》,1976年第4期。

赵康民:《临潼原头、邓家庄遗址勘查记》,《考古与文物》,1982年第1期。

赵平安:《现代汉语文字学研究的回顾》,载北京市语言学会:《中国语言学百年论丛》,北京语言大学出版社,2004年。

浙江省文物管理委员会等:《河姆渡遗址第一期发掘报告》,《考古学报》,1978年第1期。

浙江省文物考古所反山考古队:《浙江余杭反山良渚墓地发掘简报》,《文物》,1988年第1期。

郑振香:《殷墟发掘60年概述》,《考古》,1988年第10期。

郑中华:《论石家河文化的刻划符号》,《江汉考古》,2000年第4期。

中国科学院考古研究所二里头工作队:《偃师二里头遗址新发现的铜器和玉器》,《考古》,1976年第4期。

中国科学院考古研究所洛阳发掘队:《河南偃师二里头遗址发掘简报》,《考古》1965年第5期。

中国社会科学院考古所甘青工作队:《甘肃武山傅家门史前文化遗址发掘简报》,《考古》1995年第4期。

中国社会科学院考古所内蒙古工作队:《内蒙古巴林左旗富河沟门遗址发掘简报》,《考古》1964年第1期。

中国社会科学院考古研究所二里头工作队:《1981年河南偃师二里头墓葬发掘简报》,《考古》,1984年第1期。

中国社会科学院考古研究所二里头工作队:《1984年秋河南偃师二里头遗址发现的几座墓葬》,《考古》,1986年第4期。

中国社会科学院考古研究所二里头工作队:《河南偃师二里头遗址中心区的考古新发现》,《考古》,2005年第7期。

中国社会科学院考古研究所河南二队：《1984 年春偃师尸乡沟商城宫殿遗址发掘简报》，《考古》1985 年第 4 期。

中国社会科学院考古研究所山西工作队：《1978～1980 年山西襄汾陶寺墓地发掘简报》，《考古》，1983 年第 1 期。

中国社科院考古所河南二队：《河南临汝煤山遗址发掘报告》，《考古学报》1982 年第 4 期。

周晓晶：《红山文化动物形和人形玉器研究》，载《中国玉文化玉学论丛》（三编下），紫禁城出版社，2005 年。

周兴华：《大麦地岩画是图语，不是文字》，载《解读岩画与文明探源——聚焦大麦地》，宁夏人民出版社，2008 年。

周有光：《六书有普遍适用性》，《中国社会科学》，1996 年第 5 期。

朱乃诚：《二里头文化"龙"遗存研究》，《中原文物》，2006 年第 4 期。

朱乃诚：《仰韶文化庙底沟类型彩陶鸟纹研究》，《南方文物》，2016 年。

朱维安：《福建古代闽族的摩崖文字》，《福建文博》，1984 年第 1 期。

淄博市文物局等：《山东桓台县史家遗址岳石文化木构架祭祀器物坑的发掘》，《考古》，1997 年第 11 期。

邹晓丽：《甲骨文字学述要》第二章，岳麓书社，1999 年。

外文文献

I. J. Gelb, A *Study of Writing*. University of Chicago Press. Chicago, 1952/1963.

Willian Haas, *Determining the Level of a Script*, edited by Florian Coulmas Konrad, Ehlich, Berlin New York Amsterdam: *Writing in Focus*, *Mouton Publishers*, 1983.

Wayne M. Senner, *Theories and Myths on the Origins of Writing: A Historical Overview*. University of Nebraska press, 1989.

H. Breuil, *Four Hundred Centuries of Cave Art*, Centre d'études et de documentation préhistoriques, 1952.

Paul G. Bahn, Jean Vertut, *Images of the Ice Age*, New York: Facts On File, Inc, 1988.

Jean-Maire Chauvet et al., *Dawn of Art: The Chauvet Cave*, *The Oldest Known Paintings in the World*, trans: by Paul G. Bahn, New York: Harry N. Abrams, Inc, 1996.

Jean-Clottes, Jean-Courtin, *The Cave Beneath the Sea: Palaeolithic Images at Cosquer*, Harry N. Abrams, Inc. 1996.

Annette Laming-Emperaire, *Lascaux: Paintings and Engravings*, trans: by Eleanore Frances Armstrong, Penguin Books, 1959.

Campbell, C., *Images of War: A Problem in San Rock Art Research*, World Archaeology 18.

David S. Whitley, *Handbook of Rock Art Research*, Altamira Press, 2001.

Lewis Darrell, *The Rock Paintings of Arnhem Land*, *Australia*, Oxford(BAR): 1988.

Bradshaws, *Ancient Rock Paintings of North-West Australia*, Geneva: Bradshaws Foundation, 1994.

Crawford, I. M., *The Art of the Wandjina*, Melboume: Oxford University Press. 1968.

Walsh, G. L., *Australia's Greatest Rock Art*, Bathurst: E. J. Brill-Robert Brown & Assoc. ,1988.

Carroll,Peter J. ,*Mimi From Western Arnhem Land*. From in Indigenous Arted. by P. J. UCKO, AIAS, Canberra,1977.

Flood, Ⅰ. ,*Rock Art of the Dreamtime*,Sydney:Harper Collins,1997.

David Coulson and Atec Campbell,*African Rock Art*,New York:2001.

D. Coulson & A. Cambell,*African Rock Art:Paintings and Engravigs on Stone*,New York:Harry Abram,2001.

Lewis Williams,D. L. ,*The Rock Art of Southern Africa*,Camberidge(CUP),1983.

Woodhouse,H. C. ,*The Bushmen Art of Southern Africa*. Purnell:Cape Town. 1979.

Willcox,A. R. ,*Rock Paintings of the Darkensberg*, London: Parrish,1956.

Coe,Michael,Dean Snow,and Elizabeth Benson,*Atlas of Ancient American*(New York: Facts on File,1986.

Campbell Grant,The Rock Art of the North America Idians,Camberidge(CUP),1983.

Alfred E. Dittert Jr. ,and Fred Plog,*Generations in Clay-Pueblo Pottery of American Southwest*. Northland Press,1985.

Schaafsma,P. ,*Rock Art of the Southwest*,in School of American Research,Albuquerque:Santa Fe & University of New Mexico Press,1980.

David Gebhard: *Indian Art of the Northern Plains*, University of California, 1974.

Tomkins W. *Indian Sign Language*. Courier Dover Publications,2012.

Michael. D. Coe & Richard A. Diehl: *In the Land of the Olmecs*,Austin: Univrsity of Texas Press, 1980.

Coe,*The Maya*,7th ed,London and New York:Thames & Hudson,2005.

Schele,Linda and David Freidel,*A Forest of Kings*,New York:William Morrow. 1990.

Evans,Susan Toby,*Ancient Mexico and Central America*, London and New York: Thames & Hudson. 2004.

Blanton Richard E. *Monte Albán:Settlement Paterns at the Ancient Zapotec Capital*. New York:Academic Press. 1978.

Berrin,Kathleen,and R. Pasztory,eds. *Teotihuacan. London:Thames & Hudson*. 1994.

Gary Urton,*Sings of the Inka Khipu*,University of Texas Press. 2003.

Julie Cruikshank,*Life Lived Like a Story:Life Stories of Three Native Yukon Elders*, University of Nebraska Press,1990.

George F. MacDonald. *Haida Monumental Art: Villages of the Queen Charlotte Islands*,Vancouver: UBC,Seattle:University of Washington Press, 1994.

Ronald William Hawker. *Tales of ghosts:First Nations Art in British Columbia*,1922 – 61. Vancouver:UBC Press. 2003.

Damerow, Peter,*The Origins of Writing as a Problem of Historical Epistemology*. Presented at symposium, "The Multiple Origins of Writing: Image, Symbol, and Script", Center for Ancient Studies, University of Pennsylvania, March 26 – 27, 1999.

Garcilaso de. La. Vega,*Royal Commentaries of the Incas*. 2 vols. Translated and with an intro duction by Harold V. Livermore. Austin: University of Texas Press. 1966.

Alexander Marshack, *The Roots of Civilization* , New York: McGraw-Hill, 1972.

Joseph H. Greenberg: *Anthropological Linguistics: an Lntroduction* , Random House Press, 1968.

Ulrich Friedrich Kopp: *Bilder und Schriften der Vorzeit* 1821.

Karl Faulmann *Geschichte und Schriften der Vorzeit*. 1880.

Isaac Taylor *The Alphabet: An Account of The Origin and Development of Letter*. New York, 1883.

Edward Clodd. *The Story of the Alphabet*. New York: Appleton, 1900.

David Diringer *The Alphabet: A Key to the History of Mankind* , New York: Funk&.Wagnalls. 1948.

A. C. Moorhouse *The Triumph of the Alphabet: A History of Writing* , New York, 1953.

Geoffrey Samposon, , *Writing Systems: ALinguistic Introduction*. Stanford University Press, Sheffield, Britol. 1985.

John De Francis, *Visible Speech: The Diverse Oneness of Writing Systems* , University of Hawalii Press, Honolulu, 1989.

Florian Coulmas, *The Writing Systems of the World* , Oxford: Blackwell, 1989.

Florian Coulmas, *Writing Systems: An Introduction to Their Linguistic Analysis* , Cambridge University Press, 2003.

Georg Elwert, *The social and institutional context of literacy* , by Heribert Hinzen, German, Adult Education Associtaion, *Adult Education and Development September* , 1988, Number 31.

Dorte Borchers, Frank Kammerzell und Stefan Weninger, *Hieroglyphen Alphabete schriftre formen Gottingen*. 2001.

后　记

读者诸君看到的、以国家社科后期资助项目(18FYY016)结项成果形式呈现出来的这本小书，是作者多年来研究前文字的一点心得。虽然研究过程漫长而艰辛，但结果却是令作者欣慰的。原始艺术、中外神话与考古学散发出来的巨大学术魅力，不但催生了作者对美的感受与理性思辨的能力，为本书的研究提供了源源不断的内在动力，而且让作者在长达20年的研究过程中始终充满着欣喜与感动！

衷心感谢研究初期饶宗颐先生、徐通锵先生、孟华先生的学术指引！

感谢华东师范大学的王元鹿先生，在我接触比较文字学研究之初，就得到了先生的慷慨帮助，他为我复印了成箱的英文专业书籍，对这些书籍的初步了解，让我对国外比较文字学研究成果有了一定的认识。感谢与白瑞斯(Berthold Riese)、王霄冰、拱玉书诸位先生的相识与愉快合作，正是他们，让我初步了解国外文字学研究领域的最新成果。感谢北京大学葛英会先生和他的高徒张军先生，当我列出一长串的相关考古报告书单求助之时，他们毫不犹豫地伸出援助之手，为我复印了数量众多的考古报告和参考书籍，由此我开启了自己的考古学探索之旅！感谢改革开放以来国家层面巨大而切实的科技进步，它让学人如虎添翼。日益完善的中国知网、各种逼真如初的电子书，为我的研究提供了极大的便利。而将这些科技进步成果变成手头可供阅读的文字资料，则得益于陈永生、李聪、石从斌诸位先生的倾情帮助。只要我发出求助的信息，他们都会帮我分分钟搞定，其效率与质量之高，常令我倍受鼓舞！

特别感谢国家社科后期项目评审的各位匿名专家，感谢商务印书馆匿名审稿专家，各位专家在书的内容、结构、书写格式、脚注和参考文献规范等方面都提出了十分宝贵的修改意见，为本书增色良多！感谢中国文字学界各位同仁一直以来的热情鼓励与大力支持！感谢杨自俭先生、姚小平先生、罗颐荣先生、修德健先生、冷卫国先生、罗华彤先生的热心帮助！感谢商务印书馆汉语中心朱俊玄主任提出的宝贵编审意见！

　　最后,还要感谢多年来听我讲授"广义文字学""前文字研究"课程的各位研究生同学,你们的亲身参与和全力支持,始终是我坚持广义文字研究的最大动力! 感谢我的妻子何谋艺女士多年来的全力襄助,她的支持同样是我砥砺前行的最大动力!

　　能有机会与读者诸君分享个人二十余年的研究心得与工作热忱,对我而言是莫大的荣幸,愿此书能给各位读者带来阅读的快乐!

黄亚平

2023 年 6 月 22 日

改定于青岛李沧诚园居